Musikunterricht aus Schülersicht

Für Franziska, Johannes, Sophia und Simon

Magnus Gaul

Musikunterricht aus Schülersicht

Eine empirische Studie an Grundschulen

SCHOTT

Mainz · London · Berlin · Madrid · New York · Paris · Prague · Tokyo · Toronto

Bibliografische Information der Deutschen Nationalbibliothek
Die Deutsche Nationalbibliothek verzeichnet diese Publikation in der Deutschen Nationalbibliografie; detaillierte bibliografische Daten sind im Internet über http://dnb.d-nb.de abrufbar.

Diese Publikation wurde aus Mitteln der Carl Orff-Stiftung, Dießen am Ammersee, sowie der Hochschule für Musik und Theater Rostock gefördert.

CARL ORFF-STIFTUNG
DIESSEN AM AMMERSEE

Hochschule für Musik und Theater Rostock

Bestellnummer ED 20529
ISBN 978-3-7957-0632-6

www.schott-music.com
www.schott-buch.de

Umschlaggestaltung: WEGA-VERLAG GmbH Mainz
Satz: Magnus Gaul
Druck und Bindung: Books on Demand GmbH, Norderstedt
Printed in Germany • BSS 53194

Inhalt

Vorwort

In einer Zeit, in der viele wissenschaftliche Untersuchungen in Fachzeitschriften stark komprimiert erscheinen und oftmals einen Umfang von etwa zwanzig Seiten nicht übersteigen, stellt sich die Frage, warum die vorliegende Studie nicht ebenfalls kurz und bündig, sondern als umfassender Beitrag zur Unterrichtsforschung vorgelegt wird. Es ist das Interesse an der Sache, die Struktur und Komplexität des Phänomens »Musikunterricht«, die nach einer ausführlichen Darstellung verlangen, die mehrere Ebenen des Themas einbeziehen, die eine interdisziplinäre Vernetzung sowie umfassende forschungsmethodische Zugänge berücksichtigen. Dass es gelang, diesen Forschungsprozess über einige Jahre wach zu halten, ist einer Reihe von Personen zu verdanken, die den Autor in zahlreichen Gesprächen unterstützten. In erster Linie sind dabei die Schülerinnen und Schüler zu nennen, die in den geführten Befragungen geduldig antworteten und damit eine wertvolle Grundlage für die Untersuchung bereitstellten. Gleichermaßen trifft diese Bereitschaft auf die Lehrerinnen und Lehrer mit den jeweiligen Schulleitungen zu, die die Schülerbefragungen ermöglichten und zuvorkommend über ihre Unterrichtssituation Auskunft gaben.

Die Entstehung dieser Arbeit begleitete Herr Prof. Dr. Hans Günther Bastian, dessen Impulse und Denkanstöße richtungweisend waren. Ihm sei an dieser Stelle ebenso Dank ausgesprochen wie Herrn Prof. Dr. Wolfgang Pfeiffer (Universität Erlangen-Nürnberg) und Frau Prof. Dr. Adelheid Sievert (Goethe-Universität Frankfurt/M.), die sich als kompetente Kenner empirischer Arbeitsweisen und didaktischer Zugänge zum Kind erwiesen. Ohne die Unterstützung weiterer zahlreicher Kolleginnen und Kollegen, die bei der Erörterung von Forschungsfragen Pate standen, hätte die Studie nur schwer zu Papier gebracht werden können. Fachvertreter aus ganz Deutschland und dem benachbarten europäischen Ausland begleiteten die Entstehung mit Interesse und konstruktivem Rat. Hervorzuheben ist an dieser Stelle insbesondere die statistische Auswertung der umfangreichen Datensätze, die nicht gelungen wäre ohne fachkundige Anleitung von Frau Dr. Dipl.-Psych. Ewa Jonkisz (Abteilung für Psychologische Methodenlehre, Evaluation und Forschungsmethodik der Goethe-Universität Frankfurt/M.), Herrn Dr. Dipl.-Psych. Frank Goldhammer (Deutsches Institut für Internationale Pädagogische Forschung, DIPF) und Herrn Prof. Dr. Gunter Kreutz (Carl v. Ossietzky Universität Oldenburg). Herrn Dr. Kai Lothwesen (Hochschule für Musik und Darstellende Kunst Frankfurt/M.) und allen Teilnehmern des

Musikpädagogik-Doktorandenkolloquiums der Goethe-Universität Frankfurt/M. sei Dank für zahlreiche Anregungen ausgesprochen sowie für die Tatsache, dass sie als Expertenteam zur interindividuellen Konkordanzprüfung des Fragebogens zur Verfügung standen. Wichtige Hintergrundinformationen zum Forschungsfeld »Musikunterricht« gaben weiterhin Prof. Dr. Ingrid M. Deusinger, Ulrike Fuchs, Ingeborg Grosz (geb. Handerer), Georg Hahn, Prof. Dr. Christian Pfeiffer, Dr. Werner Schrom, Dr. Helmut Wittmann sowie Otto Wolf. Die studentischen Hilfskräfte der Universitäten Regensburg und Frankfurt/M., beteiligt an der Entstehung der Interviews und der zugehörigen Transkripte, waren gleichermaßen unverzichtbar wie die sorgfältigen Korrekturlesearbeiten, die Frau Annelie Kisselbach gewissenhaft durchführte. Nicht unerwähnt bleiben dürfen die Carl Orff-Stiftung, Dießen am Ammersee, sowie die Hochschule für Musik und Theater Rostock, die die Druckkosten für diese Publikation übernahmen.

Schließlich ist dies der Ort, meinen persönlichen Freunden, meiner Frau Bianca und meinen Kindern zu danken, die mir die Kraft für diese wissenschaftliche Betätigung gaben, da sie mich bisweilen liebenswürdig auf andere Gedanken brachten und mich nachdrücklich die musikalischen Perspektiven und Interessen von Kindern lehrten.

Magnus Gaul

Zum Geleit: Ein Plädoyer für den Musikunterricht

© Anja Frers / Deutsche Grammophon

An den Grundschulen in Deutschland fallen nach Erhebungen des Verbandes Deutscher Schulmusiker 82 Prozent der Musikstunden aus oder werden von fachfremden Lehrern gegeben. Da müssen schon mal Mütter mit Gitarrenkenntnissen einspringen, damit Kinder ein paar Lieder lernen. Musik läuft nebenher – unter der Dauerbeschallung der MP3-Player. Eine völlig unverständliche Situation, zieht man die wissenschaftlichen Untersuchungen zu den positiven Auswirkungen von Musikerziehung auf die Persönlichkeitsentwicklung und das Sozialverhalten in Betracht. Musikalische Bildung fördert nicht nur die soziale Kompetenz, die Entwicklung von Sensibilität und Empathie sowie die Intelligenz, sondern auch die allgemeinen schulischen Leistungen und die Konzentrationsfähigkeit von Kindern und Jugendlichen. Musikunterricht steigert die allgemeine Lernmotivation und -leistung und bietet somit einen Mehrwert für alle anderen Fächer. Musik ist kein Randfach, sondern Grundlage für alle anderen Fächer.

Magnus Gaul fokussiert in seiner repräsentativen Studie, für die über 1.300 Personen empirisch befragt wurden, den Musikunterricht an (bayerischen) Grundschulen. Dabei unterscheidet Gaul zwischen der in Deutschland üblichen Grundschule und der bayerischen Ausprägung, die aufgrund des »erweiterten Musikunterrichts« seit den 1960er Jahren einen Sonderstatus einnimmt. Einzigartig an Gauls Arbeit ist sein Forschungsansatz: Erstmals wird der Stellenwert des Faches Musik aus der Perspektive von Schülerinnen und Schülern ermittelt.

Gaul zeigt eindrücklich die Auswirkungen einer frühen musikalischen Förderung auf, so auch im Hinblick auf den Medienkonsum. Die Jungen in der vierten Grundschulklasse verbringen täglich 88

Minuten ihrer Freizeit mit Fernsehen oder am Computer, die Mädchen bringen es im Schnitt auf 70 Minuten. Bei musizierenden Kindern dagegen reduzieren sich diese Werte um 20 Prozent. Gauls Studie belegt zudem, dass das Instrument ein hohes Maß an Selbstsicherheit verleiht und diese Kinder eher ein soziales Wohlbefinden in der Klasse und eine deutliche Verbesserung der sozialen Einstellungen untereinander erleben als Kinder, die nicht musizieren. Gaul hat seine jungen Probanden auch nach ihren Lieblingsfächern befragt: Bei den musikalisch-ästhetischen Disziplinen Kunst, Sport und Musik vergaben die Kinder Bestnoten.

Magnus Gaul ist seinem Forschungsgegenstand von ganzem Herzen verbunden; er hat über viele Jahre als Musiklehrer in der Grundschule unterrichtet. Nur mit seiner persönlichen Verbundenheit, ja Leidenschaft, war es wohl möglich, eine derart umfangreiche wie zeitintensive Studie zu erarbeiten – die Untersuchungen dauerten von 2001 bis zum Jahresende 2006! Exemplarisch erwähnt sei hier nur seine Feldforschung, bei der er u. a. mit seinem Aufnahmegerät 64 bayerische Haushalte besuchte, nur um die jungen Probanden in vertrauter Umgebung interviewen zu können. Und zur Konstruktion seines Interviewleitfadens führte er vielfältige Pretests durch, darunter Videoaufzeichnungen, Schüleraufsätze, Bildermalen zum Musikunterricht und Befragungen.

Ich bin Magnus Gaul von ganzem Herzen dankbar für diese Studie, die in ein Plädoyer für grundlegende musikalische Förderung in allgemein bildenden Schulen mündet. Von der heutigen Elterngeneration kann diese Aufgabe nur schwerlich geleistet werden – denn bereits zu ihrer Schulzeit wurde der Musikunterricht sträflich vernachlässigt. Letztendlich geht es nur um das Wollen – dann ist auch Geld für musikalische Ausbildung verfügbar. Schon Sokrates wusste: »Wer die Welt bewegen will, sollte zuerst sich selbst bewegen.«

Anne-Sophie Mutter

Einleitung

»Von einem guten Anfang hängt alles ab«
(Johann Amos Comenius, 1592–1670)[1]

Musik ist ein integraler Bestandteil im Leben vieler Kinder und Jugendlicher. Insbesondere in ihrer Freizeit beschäftigen sie sich mit den unterschiedlichsten Musikangeboten, zeigen vielfältige Interessen am Singen, Tanzen oder Spiel auf einem Musikinstrument und entwickeln teils erstaunliche Expertisen im Umgang mit (neuen) technischen Möglichkeiten. Der Grundstock für diese (musikalischen) Fähig- und Fertigkeiten wird bereits in früher Kindheit gelegt. Den Erkenntnissen der Entwicklungs- und Lernpsychologie sowie den Befunden zur Sozialpsychologie und zur allgemeinen Didaktik zufolge sind gerade die ersten Erfahrungen nicht nur im Hinblick auf die individuellen Anlagen und die Interessenweckung der Kinder, sondern in gleicher Weise für das Lifespan Learning, den lebenslangen Lernprozess von besonderer Bedeutung.[2]

---

1 Erfreulicherweise wenden sich zahlreiche wissenschaftliche Fachtagungen wieder verstärkt dem musikalischen Lernen in frühen Kindheitsjahren zu. Der Bayerische Musikrat beispielsweise thematisierte auf einer Arbeitstagung im Jahre 2003 »Elementare Musikpädagogik und Möglichkeiten der musikalischen Arbeit mit Kindern«. Der Arbeitskreis Musikpädagogische Forschung e. V. (AMPF) widmete seine Jahrestagung 2004 dem Thema »Musiklernen im Vor- und Grundschulalter«. Die Europäische Arbeitsgemeinschaft Schulmusik (EAS) stellte auf ihrem Kongress 2005 das Lernen in Kindergarten und Grundschule ebenfalls in den Mittelpunkt von Präsentationen, Diskussionen und Workshops. Schließlich sei eine weitere musikpädagogische Fachtagung zum Thema »Welchen Musikunterricht braucht die Grundschule?« an der Pädagogischen Hochschule Freiburg erwähnt (2006), die bei der Aufzählung keinen Schlusspunkt bildet, die jedoch das anhaltende Interesse an der Thematik verdeutlicht. – Das Motto »Von einem guten Anfang hängt alles ab«, das die vorliegende Studie eröffnet, greift einen Leitgedanken des bedeutenden Pädagogen J. A. Comenius auf, der auch im Rahmen des EAS-Kongresses 2005 thematisiert wurde.

2 Der Begabungstheorie von Gordon zufolge muss die musikalische Begabung, die etwa bis zum neunten Lebensjahr herangebildet wird, durch frühzeitige musikalische Erfahrungen aufrechterhalten werden. Vgl. Edwin E. Gordon: *Musikalische Begabung. Beschaffenheit, Beschreibung, Messung und Bewertung*, Mainz u. a.: Schott 1986. – In der Psychologie sind an dieser Stelle die richtungweisenden Arbeiten Jean Piagets (1896–1980) zu nennen, der seit den 1960er Jahren zunächst zur parallelen Entwicklung logischer und psychologischer Kompetenzen bei Kindern Forschungen betrieb, später zu den sozialen und sprachlichen Einflüssen auf die kindliche Intelligenz. Einen wunderbaren Einblick in die vielfältigen Facetten

In vielen Schulen sind wissenschaftliche Erkenntnisse bislang nur begrenzt berücksichtigt worden, am ehesten noch in den Grundschulen, der Eingangsstufe in unser Regelschulsystem.[3] Die organisatorischen Rahmenbedingungen, die Gestaltung der Lernatmosphäre stehen aber hier noch in vielen Fällen einem natürlichen, kindgemäßen Lernen entgegen.[4] Inhaltlich scheinen sich die einzelnen Fachdisziplinen stärker an den Vorgaben der amtlichen Lehrpläne als an den tatsächlichen Bedürfnissen und Interessen der Schüler/-innen zu orientieren. Dabei sollten Lehrpläne die Lern- und Lebenswelten der Kinder einbeziehen. Dieser Missstand ist im Fach Musik besonders augenfällig. Zwar proklamiert der amtliche Lehrplan die große Bedeutung einer musikalischen Förderung in der Grundschule[5], in der unterrichtlichen Umsetzung ist jedoch die »Diskrepanz zwischen Inhalts*angeboten* der Lehrer und Inhalts*erwartungen* der Schüler« eklatant.[6]

---

eines nachhaltigen und zukunftsbezogenen Lernbegriffes gibt Maria B. Spychiger: »Lernforschung. Ein Blick in ihre Grundlagen und Anwendungen im Wechsel der psychologischen Paradigmen«, in: *Diskussion Musikpädagogik* 19/2003, S. 3–26.

3 Gerade zu grundschulspezifischen Themen hat sich in den vergangenen Jahren eine rege Forschungstätigkeit entwickelt, wenn auch bislang noch längst nicht alle Bereiche abgedeckt werden konnten.

4 Die eindringliche Mahnung Hartmut von Hentigs blieb bislang ungehört: »Solange ihr (vor allem sofern ihr Eltern seid) nicht wahrnehmt, was das Schulsystem euren Kindern antut: mit der ständigen Benotung, mit funktionalisierten und überlasteten Lehrern, der Fiktion einer homogenen Klasse, mit der Dreigliedrigkeit (sprich mit der Behauptung, diese werde der Verschiedenheit der Kinder gerecht) statt einer Dreihundertgliedrigkeit oder Dreitausendgliedrigkeit, mit dem 45-Minutentakt, mit den großen Lerngruppen und ihren notwendigen kollektiven Verfahren, solange ihr das nicht wahrnehmt, ist die Krise noch nicht weit genug fortgeschritten.« H. von Hentig: *Bildung*, München u. a.: Hanser 1996, S. 209.

5 Vgl. hierzu exemplarisch: »Musik ist ein wichtiger Bestandteil der kindlichen Lebenswelt und der menschlichen Kultur. [...] Deshalb kommt der musikalischen Förderung aller Kinder in der Grundschule eine bedeutende Aufgabe zu.« Bayerisches Staatsministerium für Unterricht und Kultus: *Lehrplan für die Grundschulen in Bayern*, KWMBl I So.-Nr. 1/2000, S. 43 [im Folgenden: »BayStM: *Grundschullehrplan*«].

6 Heinz Antholz unterscheidet zwischen Schülermusik – der Musik, die Schüler präferieren – und Schulmusik, mit der die Kinder konfrontiert werden. Zu diesem Sachverhalt vgl. auch Heinz Antholz: »›Der Schüler – der findet gar nicht statt‹. Zum Oldenburger Projekt ›Mehr Schülerorientierung‹«, in: F. Ritzel & W. M. Stroh (Hg.), *Musikpädagogische Konzeptionen und Schulalltag*, Wilhelmshaven: Heinrichshofen 1984, S. 124–133. – Ders.: »›Schülermusik‹ – ›Lehrermusik‹. Variationen über das Thema interpersonaler Beziehungsdifferenzen im Musikunterricht der allgemein bildenden Schulen«, in: G. Kreutz & J. Bähr (Hg.), *Anstöße – Musikalische Bildung fordern und fördern*, Augsburg: Wißner 2004, S. 25–40. –

Die Arbeitsweisen vieler Schulen sind jedoch bestimmt durch begrenzte räumliche Möglichkeiten, Defizite in der Ausstattung, das fehlende Know-how vieler Lehrkräfte, die z. T. im Singen und Instrumentalspiel nur unzureichend ausgebildet sind und sich aufgrund der Vielzahl an Anforderungen nicht ständig auf neue Trends in der musikalischen und technischen Entwicklung einstellen können. Demgegenüber stehen im (Musik-)Unterricht ein weit gestreutes Interesse und ein Expertenwissen der Schülerinnen und Schüler im medialen und jugendmusikkulturellen Bereich, das diese sich in ihrer Freizeit erwerben und das kontinuierlich durch neue Eindrücke gespeist wird. Eine zunehmende Unkonzentriertheit der Schüler beklagen Lehrerinnen und Lehrer[7] gerade in den Musik-Unterrichtsstunden. Dies braucht nicht zu verwundern, sondern ergibt sich als unabdingbare Konsequenz aus den beschriebenen Einflussfaktoren.

An den angesprochenen strukturellen Gegebenheiten etwas ändern zu wollen, liegt nicht in der Hand eines einzelnen Pädagogen. Hier sind umfangreichere Reformen vonnöten, die letzten Endes die Bildungspolitiker zu verantworten haben. Sinnvoller, da für jeden Pädagogen umsetzbar, scheint es an dieser Stelle, auf inhaltliche und methodische Ansprüche, die sich aus der Schulpraxis konkret ergeben, einzugehen und die eigene pädagogische Tätigkeit auf diese Erfordernisse auszurichten. Die vorliegende Studie möchte dazu ihren Beitrag leisten, indem sie ein Bild des Musikunterrichts an Grundschulen aus Schülerperspektive und der (Musik-)Lehrerbildung am Beispiel Bayerns zeichnet. Die dazu erforderlichen Recherchen wurden in den Jahren 2001 bis 2006 durch-

---

Hans Günther Bastian: »Musikunterricht im Schülerurteil. Ergebnisse und Konsequenzen aus qualitativer und quantitativer Forschung«, in: U. Günther & S. Helms, *Schülerbild – Lehrerbild – Musiklehrerausbildung*, Essen: Die blaue Eule 1992, S. 112–137. – Günter Kleinen: »Über kulturelle Differenz: Schülererwartungen gegen offiziellen Lehrplan«, in: H. G. Bastian & G. Kreutz (Hg.), *Musik und Humanität*, Mainz u. a.: Schott 2003, S. 62–72. – Schülererwartungen sind jedoch nicht nur bzgl. der inhaltlichen Komponente spürbar, sie betreffen in gleicher Weise die methodische Aufbereitung des Unterrichtsstoffes. Vgl. dazu Maria Luise Schulten: »Welche Unterrichtsmethoden wünschen sich Schüler? Ergebnisse einer empirischen Untersuchung«, in: K. H. Ehrenforth (Hg.), *Musikerziehung als Herausforderung der Gegenwart*, Mainz u. a.: Schott 1981, S. 334–347.

7 Es ist hinlänglich bekannt, dass die meisten Grundschulklassen von Lehrer*innen* unterrichtet werden. Diese seien im weiteren Verlauf der Ausführungen auch dann angesprochen, selbst wenn im Text nicht ausdrücklich die weibliche Berufsbezeichnung gewählt und – dem natürlichen Wortursprung folgend – von »Lehrern« die Rede ist. Die weibliche Form ist in analoger Schreibweise ebenfalls einbezogen, wenn im Text von »Schülern« gesprochen wird.

geführt.[8] Dabei wurden zentrale Aspekte der musikalischen Identität von Schülerinnen und Schülern im Grundschulalter ermittelt. Die Forschung setzte bei der subjektiven Bedeutsamkeit von Musik und dem musikalischen Lernen dieser Zielgruppe an, indem sie der Faktorenkomplexion nachging, aus der sich der Musikunterricht in der Grundschule konstituierte.[9] Hinter allem stand die Frage nach einem Unterricht, der Schüler interessierte und der nicht weitab der Schülerinteressen lag. Wolfgang Schulz' alter pädagogischer Leitgedanke, dass Kinder »am meisten lernen, wenn sie mögen, was sie tun«[10] sollte auch im Musikunterricht heutiger Tage ernst genommen und neu überdacht werden.

Das Interesse für das Thema der Untersuchung ist gewachsen aus einem vielseitigen pädagogischen Engagement des Autors im Lehren und Lernen in der Musik- und in der Grundschule sowie in dem damit implizierten Interesse an gewinnbringenden Vermittlungsstrategien unterrichtlicher Lerninhalte. Die in der pädagogischen Praxis gewonnenen vorwissenschaftlichen Erkenntnisse und Erfahrungen werden jedoch – so plausibel sie bisweilen für den Unterrichtspraktiker auch klingen mögen – in der vorliegenden Studie nicht thematisiert, sondern dienen allenfalls als Grundlage für die Ausrichtung der Forschungsinhalte und -verfahren. Einem mehrperspektivischen Ansatz folgend, sollen vielmehr Sachverhalte ermittelt werden, die helfen, sich dem Musikunterricht in der Grundschule aus empirisch-pragmatischer Perspektive anzunähern und damit einen Beitrag zu tiefergehenden Einsichten in das Unterrichtsgeschehen zu ermöglichen.[11]

---

8 Der Arbeitstitel der Untersuchung lautete: »Musikunterricht an (bayerischen) Grundschulen aus Schülersicht – Ein historischer, qualitativ-hermeneutischer und quantitativ-analytischer Beitrag zur Unterrichtsforschung«. Im Dezember 2007 wurde die Studie vom Fachbereich Sprach- und Kulturwissenschaften der Goethe-Universität Frankfurt/M. als Habilitationsschrift angenommen.

9 Sigrid Abel-Struth: »Allgemeine und musikpädagogische Unterrichtsforschung. Gegenstand – Methoden – Probleme«, in: Arbeitskreis Musikpädagogische Forschung e. V. (Hg.), *Musikpädagogische Forschung. Kind und Musik*, Bd. 5, Laaber: Laaber-Verlag 1984, S. 360–374, insbes. S. 366.

10 Franz Weinert: »Analyse und Untersuchung von Lehrmethoden«, in: Karlheinz Ingenkamp (Hg.), *Beobachtung und Analyse von Unterricht*, Weinheim/Basel: Beltz 1973, S. 174. – Vgl. dazu auch Heinz Heckhausen: *Motivation und Handeln*, Berlin u. a.: Springer 1989².

11 In der scientific community findet der hohe Erkenntniswert, der der empirischen Unterrichtsforschung zu verdanken ist, inzwischen weitgehend Beachtung. Für M. L. Schulten ist dieser wissenschaftliche Zugang »nicht nur ein [...] subjektiver Eindruck« der Realität. Vielmehr »vermag empirische Forschung [wichtige Sach-

Die wissenschaftliche Erschließung des Musikunterrichts in der Grundschule verfolgt mit der Einbeziehung historischer, qualitativ-hermeneutischer und quantitativ-analytischer Befunde eine Vernetzung unterschiedlicher methodischer Zugänge.[12] Ein erster Blick stellt die Grundschule als Institution und deren Geschichte vor, um vor dem Hintergrund historischer Implikationen die Ursprünge und die Konzeption von Musik(erziehung) in Bayern aufzuzeigen (Kapitel I). Die anfänglichen Intentionen werden dabei mit den aktuellen Gegebenheiten des Musikunterrichts in Verbindung gesetzt.[13] Zu dem theoretischen Hintergrund gehört weiterhin das Vorstellen der Grundschülerinnen und -schüler und ihres Entwicklungsstandes, dies meint die Zielgruppe, mit der sich die Studie vorrangig befasst, sowie ein Eingehen auf bisher geleistete Unterrichtsforschung in dem genannten Bereich.

Im empirischen Teil der Studie (Kapitel II) erfolgt die Darstellung der Datenerhebung und -auswertung, die mit dem methodischen Instrumentarium der empirischen Sozialforschung geschah. Die einleitende Interviewstudie, bei der einzelne Probanden ausgewählt und im Rahmen von Leitfadeninterviews zu ihrem Musikunterricht befragt worden sind, lieferte wichtige Daten zur Exploration des Forschungsfeldes, die einerseits der Generierung von Hypothesen für den weiteren Verlauf der Studie, zum anderen der Entwicklung eines standardi-

verhalte, M. G.] zu klären, indem sie Erkenntnisse über die Realität ermittelt, um Realität zu erklären«. Maria Luise Schulten: »Welche Unterrichtsmethoden wünschen sich Schüler?«, S. 335.

12 Der Autor wählt zur Erschließung des Forschungsgegenstandes drei Zugänge, die bereits Abel-Struth als methodische Zentren der Musikpädagogik unterschieden hatte: der empirische, der historische, der geisteswissenschaftliche Ansatz. Sigrid Abel-Struth: »Methodik der Musikpädagogik. Versuch zur methodologischen Situation musikpädagogischer Forschung«, in: H. G. Bastian & D. Klöckner (Hg.), *Musikpädagogik. Historische, systematische und didaktische Perspektiven*, Düsseldorf: Schwann 1982, S. 39–56. – Vgl. auch Hans Günther Bastian: »Empirische Forschung in der Musikpädagogik. Historische, systematische, methodologische, dokumentarische und hochschulische Aspekte«, in: P. M. Krakauer, C. Khittl & M. Mittendorfer (Hg.), *Der Diskurs des Möglichen. Musik zwischen Kunst, Wissenschaft und Pädagogik*, Anif/Salzburg: Müller-Speiser 1999, S. 622.

13 Insbesondere der erweiterte Musikunterricht (im Folgenden mit »EMU« abgekürzt) weist in Bayern eine lange Tradition auf. Die Initiatoren zeigten bzgl. dieser Unterrichtskonzeption bereits seit den 1950er Jahren ein besonderes Engagement, das im deutschsprachigen Raum einzigartig war. Bayern gehörte damit zu den ersten Regionen, in denen wichtige Grundzüge dieser musikzentrierten Unterrichtsform konzeptionell vorbereitet wurden.

sierten Fragebogeninventars dienten, das in einer zweiten Erhebung einer weit größeren Probandenzahl zur Bearbeitung vorgelegt wurde. Insbesondere diese Stichprobe nimmt auf die historische Aufarbeitung Bezug, indem sie nicht nur den Musikunterricht per se evaluiert, sondern gleichzeitig dem Sinn und Nutzen einer erweiterten Musikerziehung aus der Perspektive der Kinder nachgeht. In Kapitel III schließlich werden die Ergebnisse der beiden Erhebungen zusammengefasst und mögliche Konsequenzen für die pädagogische Praxis diskutiert.

Eine musikalische Förderung, sei sie von Seiten der allgemein bildenden Schule oder einer privaten Einrichtung angeleitet, erscheint dem Autor auch und gerade wichtig im Hinblick auf massiv veränderte Kindheitsstrukturen.[14] Die vorliegende Studie möchte nicht nur zur Erhaltung dieser Förderung einen kleinen Beitrag leisten, sondern gleichzeitig versuchen, in echter facheigener »Praxisforschung«[15] den Stellenwert des Faches Musik in der Grundschule neu zu bestimmen und auf seine existenzielle Bedeutung für heranreifende Kinder aufmerksam zu machen. Dazu können die unterschiedlichsten Forschungsansätze beitragen, die das Bild des Musikunterrichts aus ihrer spezifischen Sichtweise erhellen. Letzten Endes lässt auch die Perspektive der Schülerinnen und Schüler wertvolle Einblicke in das Forschungsfeld »Musikunterricht« zu, die für eine Qualitätsentwicklung und -sicherung musikpädagogischer Perspektiven an Schulen, Hochschulen und Universitäten förderlich sind.

---

14 Vgl. Maria Fölling-Albers: »Kindheitsforschung im Wandel. Eine Analyse der sozialwissenschaftlichen Forschungen zur ›Veränderten Kindheit‹«, in: Walter Köhnlein et al. (Hg.), *Kinder auf dem Wege zum Verstehen der Welt*, Bad Heilbrunn: Klinkhardt 1997, S. 39–54.

15 Die Erziehungswissenschaftlerin Annedore Prengel unterscheidet in der »Praxisforschung« zwischen »forschenden Tätigkeiten von PraktikerInnen, die dazu dienen, ihr Handeln zu fundieren«, und »Forschung zu Praxisfragen durch Wissenschaftler«. Vgl. Annedore Prengel: »Perspektivität anerkennen. Zur Bedeutung von Praxisforschung in Erziehung und Erziehungswissenschaft«, in: Barbara Friebertshäuser & Annedore Prengel (Hg.), *Handbuch Qualitative Forschungsmethoden in der Erziehungswissenschaft*, Weinheim/München: Juventa-Verlag 1997/2003, S. 599–627.

Anmerkungen zur Zitierweise

In den Ergebnissen der Interviewstudie (Kap. II. 3.2) sind die wörtlichen Schülerzitate, die einen wesentlichen Kern der Studie bilden, in kursiver Schrift in den Text eingearbeitet, um sie von den übrigen Zitaten abzuheben. Einzelne Begriffe oder kurze Sätze, die häufig keiner einzelnen Person zugeordnet werden können, finden sich in Anführungszeichen zitiert. Die Zugehörigkeit zu den Original-Interviews des explorativen Teils wird mit der Bezeichnung »MB« (Mündliche Befragung) und der jeweiligen Interviewnummer signalisiert (z. B. MB 4). So sind die zitierten Textstellen eindeutig dem erweiterten Kontext der transkribierten Interviews zuzuordnen. Analog dazu sind die in den Text eingestreuten qualitativen Daten, die aus der Fragebogenerhebung gewonnen wurden, mit »SB« (Schriftliche Befragung) und der zugehörigen Nummer des Probanden bezeichnet (z. B. SB 723). Im Anhang findet sich der für die erste der beiden Studien verwendete Interviewleitfaden für musizierende und nicht-musizierende Kinder (A) sowie der Fragebogen, der aus dieser qualitativen Forschungsarbeit hervorging (B). Dieser lag der zweiten Studie zu Grunde, die mit quantitativ-analytischen Verfahren ausgewertet wurde. Im Anhang C sind die im Text verwendeten Abkürzungen verzeichnet.

Das Literatur- und Quellenverzeichnis beinhaltet die verwendeten gedruckten Quellen (I.), Daten, Handschriften und Aktenbestände, die nicht publiziert sind (II.), sowie die konsultierten Internet-Quellen (III.). Die in den Fußnoten zitierte Literatur ist bei der ersten Nennung ausführlich mit Originaltitel genannt, beim zweiten Zitieren in der Regel nur mit dem Zunamen des Autors und einem Kurztitel. Der Titel der Reihe, in der die Literatur erschienen ist, wird allein im Literaturverzeichnis zugeordnet. Belege für einzelne Pressemeldungen (dpa, AP) oder amtliche Bekanntmachungen, die ohne Angabe des Autors erschienen sind, finden sich mit Angabe des Fundortes in die Fußnoten integriert.

I. Zum theoretischen Hintergrund der Studie

1. Grundschule als Institution

Für die Grundschule, der Eingangsstufe in das deutsche Regelschulsystem, sind unterschiedliche organisatorische und strukturelle Bedingungen maßgebend, die sich gerade in jüngster Zeit einem ständigen Wandel ausgesetzt sehen. Ausschlaggebend für diese Entwicklung sind die organisatorische Vereinigung schulischer Einrichtungen, die Neukonzeption einer Reihe von Lehrplänen und nicht zuletzt das Erscheinen einzelner wissenschaftlicher Studien, die das Interesse am Lehren und Lernen im Elementarbereich wieder erwachen ließen. In besonderer Weise gilt dies für die Grundschulen, in denen der Grundstock für das Lernen der Kinder gelegt wird. In vielen Unterrichtssituationen kann man sie hier natürlich, aufgeschlossen und aufnahmebereit erleben, nahezu allen Unterrichtsinhalten motiviert gegenüberstehend. Dass man geneigt ist, gerade in den Grundschulen den Strömungen der Zeit in Reformansätzen zu folgen, um Unterrichtsinhalte so aktuell wie möglich methodisch vorzubereiten und sie auf die Schülerinnen und Schüler abzustimmen, scheint eine natürliche Reaktion zu sein. Bei allen Reformbestrebungen besteht jedoch die Gefahr, dass man einerseits den wissenschaftlichen Erkenntnissen nicht den ihnen gebührenden Raum zukommen lässt und infolgedessen Schwerpunkte setzt, deren Umsetzung für die Bildung und Erziehung sowie für die Vermittlung von Werten und die Motivation der Kinder wenig effizient oder sogar kontraproduktiv sind. Zum anderen drohen manche Reformansätze, die eine ökonomisch günstigere Eingliederung von Lehrangeboten versprechen, die Traditionen zu übergehen, die jahrelang mit Erfolg auf historischem Boden gewachsen sind, um sie vordergründigen Sparzwängen unterzuordnen oder gar zu opfern.

Da sich der empirische Teil der vorliegenden Untersuchung auf Erfahrungen stützt, die unmittelbar aus der Schulpraxis gewonnen wurden, ist es für das Verständnis der gesamten Studie vorteilhaft, die konstitutiven Faktoren der Institution Grundschule zunächst voranzustellen, um in den weiteren Ausführungen darauf Bezug nehmen zu können. Im Folgenden werden daher die historischen Ursprünge dieser elementaren Schulform dargestellt, aus denen das pädagogisch-didaktische Profil heutiger Tage erwachsen ist.

1.1 Historische Ursprünge

Die Geschichte der Grundschule ist – historiographisch und ideengeschichtlich betrachtet – in der Literatur bislang eher randständig herausgearbeitet worden.[1] Das mag zu einen daran liegen, dass die Grundschule lange Zeit nicht als autonome, sondern vorwiegend als vorbereitende Instanz für weiterführende Schulen galt und infolgedessen im Schatten dieser Einrichtungen stand.[2] Zum anderen sind von den Pädagogen, die im Elementarbereich lehrten, zumindest aus den Anfangsjahren wenige eigenständige konzeptuelle Ansätze tradiert, die allgemein verbreitet waren und auch Anwendung fanden. Erst seit den 1960er Jahren hat sich die Position der Grundschule im Schulsystem gefestigt. Sie ist nunmehr als undifferenzierte Elementarschule für alle schulpflichtigen Kinder etabliert, deren spezifische Arbeitsbedingungen, Lerninhalte und Zielgruppen lebhaft diskutiert werden. Analog zu dieser Entwicklung entstand das Aufgabenfeld der Grundschulpädagogik als eigenständiger junger Wissenschaftsdisziplin, die fortan begann, schulartspezifische Themen und Hintergründe – auch unter Einbeziehung benachbarter Disziplinen – forschend zu erschließen.[3]

Die Schulorganisation und Schulentwicklung in ihren unterschiedlichen Ausprägungsformen folgten im Verlauf des 20. Jahrhunderts weitgehend den allgemeinen politisch-gesellschaftlichen Strömungen. Dies betraf in besonderer Weise das deutsche Grundschulwesen, dem gerade seit Beginn des 19. Jahrhunderts in Anbetracht eines erwachenden Interesses an »Kindheit« eine erhöhte Aufmerksamkeit zuteil wurde. Denn die politischen Veränderungen im Gefolge der Revolution von 1918/19 bedeuteten auch für Bildung und Erziehung einen gravierenden Einschnitt, der für die weitere Entwicklung schulstruktureller Formen nicht ohne Folgen bleiben sollte. Die bürgerliche

---

1 Vgl. dazu die kritische Kommentierung bei Heinz-Elmar Tenorth: »Die Historie der Grundschule im Spiegel ihrer Geschichtsschreibung«, in: *Zeitschrift für Pädagogik* 46(4)/2000, S. 541–554.

2 Im Folgenden sei zunächst auf die gesamtdeutsche Entwicklung der Grundschule hingewiesen, um erst in einem zweiten Schritt auf die Ausprägung in Bayern einzugehen, die als Grundlage für diese Studie von besonderem Interesse ist.

3 Das Desiderat einer sachlich fundierten Grundschulforschung ergab sich nicht zuletzt aus der Veränderung etablierter Gesellschaftsstrukturen, die ab Mitte der 1960er Jahre einsetzte und massive Veränderungen der Kindheit nach sich zog. Vgl. Philippe Ariès: *Geschichte der Kindheit*, München/Wien: Hanser 1976. – Michael-Sebastian Honig: *Entwurf einer Theorie der Kindheit*, Frankfurt/M.: Suhrkamp 1999.

Verfassung der Weimarer Republik bereitete die reichsgesetzliche Grundlage für die Einführung einer allgemeinen obligatorischen Grundschule, die im Grundschulgesetz vom 28.04.1920 in die neue Verfassung einging. Damit war die Grundschule erstmals in der deutschen Schulgeschichte gesetzlich legitimiert:

> Die Grundschulklassen (-stufen) sollten unter voller Wahrung ihrer wesentlichen Aufgabe als Teile der Volksschule zugleich die ausreichende Vorbildung für den unmittelbaren Eintritt in eine mittlere oder höhere Lehranstalt gewährleisten.[4]

Ein Blick in die vorausgegangenen Jahre zeigt, dass die Grundschulen bis zu diesem Zeitpunkt niemals eine autonome Stellung im Bildungssystem genossen hatten. Einerseits waren sie dem niederen Schulwesen zugeordnet – als fester Bestandteil des Elementar- bzw. Volksschulwesens –, andererseits kam ihnen die Funktion der Vorbereitung auf die höheren Bildungseinrichtungen zu. Die Gesetzgebung der Weimarer Koalition steuerte erstmals Ansätze zu einer Überbrückung dieser strikten Klassentrennung zwischen niederem und höherem Bildungswesen bei, die fortan der »ständischen Prägung der Gesellschaft mit ihren spezifischen Bildungsbegrenzungen nach sozialer und regionaler Herkunft, nach Konfession und Geschlechtern«[5] entgegenwirkten. Konkret beinhalteten die Vorschriften die Einführung einer für alle Kinder verbindlichen *vier*jährigen Grundschulzeit – die Schüler hatten noch bis zuletzt acht Jahre in der Volksschule zu verbringen – und den damit verbundenen Abbau rein konfessionell ausgerichteter Bildungseinrichtungen. Die Regelungen gingen einher mit der Aufhebung privilegierter kommunaler Privatschulen, insbesondere der sogenannten »Vorschulen«, die sich seit den 1830er Jahren gebildet hatten. Als Standesschulen des gehobenen Bürgertums waren diese

---

4 § 1, Abs. 2 des »Gesetz[es] betreffend die Grundschulen und die Aufhebung der Vorschulen« v. 28.04.1920, zit. nach Michael Berthold & Heinz-Hermann Schepp (Hg.): *Politik und Schule von der Französischen Revolution bis zur Gegenwart. Eine Quellensammlung zum Verhältnis von Gesellschaft, Schule und Staat im 19. und 20. Jahrhundert*, Bd. 2, Frankfurt/M.: Athenäum-Fischer 1973/74, S. 76. – Karl-Heinz Nave: *Die allgemeine deutsche Grundschule. Ideengeschichtliche Grundlegung und Verwirklichung in der Weimarer Republik*, Frankfurt/M.: Arbeitskreis Grundschule e. V. 1961[1], Reprint 1980, S. 161ff. – Hans-Georg Herrlitz, Wulf Hopf et al.: *Deutsche Schulgeschichte von 1800 bis zur Gegenwart. Eine Einführung*, Königstein: Athenäum 1986[2].

5 Margarete Götz & Uwe Sandfuchs: »Geschichte der Grundschule«, in: W. Einsiedler, M. Götz et al. (Hg.), *Handbuch Grundschulpädagogik und Grundschuldidaktik*, Bad Heilbrunn: Klinkhardt 2005[2], S. 13–30.

schulgeldpflichtig und bereiteten die Schülerinnen und Schüler im Verlauf von drei Jahren mit eigenen Lehrplänen auf den Besuch einer höheren Schule resp. des Gymnasiums vor. Obwohl die Vorschulen seit dem letzten Drittel des 19. Jahrhunderts politisch umstritten waren, hatten sie sich noch bis zum Erlass des Grundschulgesetzes halten können und bis zu diesem Zeitpunkt den Ausbau eines für alle Kinder gleichermaßen gültigen Volksschulwesens verhindert.

Ihre konzeptuellen Ansätze verdankt die Institution Grundschule zu einem großen Teil zwei pädagogischen Entwicklungssträngen, die in der Geschichte des Lehrens und Lernens in besonderer Weise für die Humanität von Bildungspotenzialen verantwortlich sind. Zum ersten sind dies die Leitgedanken der *Einheitsschulbewegung*, die auf Liberalisierung und Demokratisierung von Bildung ausgerichtet waren. Nach einer vorwiegend religiösen Ausrichtung bei J. A. Comenius (1592–1670), der politisch-ethischen bei M. J. Condorcet (1743–1794) und der nationalen Akzentuierung bei J. G. Fichte (1762–1814) und J. W. Süvern (1775–1829) schrieben sich von der Revolution des Jahres 1848 an einige Gruppierungen die Forderung nach einer Einheitsschule und die Anerkennung der Volksschule als allgemeine Grundschule auf die Fahnen. Dazu gehörten vor allem die Sozialdemokratische Partei und der Deutsche Lehrerverein, der sich zum Anwalt der Lehrenden machte. In diesem Zusammenhang erwies sich aber eine in Art. 146 vorgesehene Klausel, die aus Zugeständnissen der Sozialdemokraten an das katholische Zentrum entstanden war, als befremdend für die Gesamtidee: Darin war den Erziehungsberechtigten ein Antragsrecht auf Einrichtung von Bekenntnisschulen vorbehalten, eine Zusatzbestimmung, die in einigen Schulsprengeln die Zusammenfassung der Kinder nach Konfessionen weiterhin gestattete und damit den Einheitsschulgedanken konterkarierte.

Neben der Einheitsschulbewegung, die auf organisatorische und strukturelle Maßgaben der Schulentwicklung rekurrierte, waren es die Bestrebungen der *Reformpädagogik*, die auf inhaltlicher Seite eine grundlegende Revision der schulischen Bildungs-, Erziehungs- und Unterrichtsarbeit im Visier hatten. Die Erziehung des Kindes rückte mehr und mehr in den Fokus der Aufmerksamkeit, der Traum der Reformpädagogin Ellen Key (1849–1926) vom »Jahrhundert des Kindes«[6] begann sich zu verwirklichen. Die in der Folge reformpädagogi-

---

[6] Key setzte sich in ihrem im Jahre 1902 erschienenen zukunftsweisenden Werk für eine Kindgerechtheit in den westlichen Industriegesellschaften, für das Verbot der Kinderarbeit sowie für die allgemeine Schulpflicht und die Verwirklichung ih-

scher Strömungen entstandene primär didaktische Ausrichtung des Unterrichts auf die Bedürfnisse des Kindes beinhaltete neue pädagogische Konzepte, deren Ideengut sich z. T. bis auf den heutigen Tag in vielen Schulen gehalten hat.[7]

Als Institution wurde die Grundschule im Gesetzesentwurf von 1920 immer noch der Volksschule zugeordnet und stellte keine eigenständige Schulform dar. Die Funktion der Vermittlung einer Grundbildung und die Vorbereitung auf eine weiterführende Schule blieben erhalten. Trotz zahlreicher Debatten des Weimarer Parlaments, die die Demokratisierung des Aufgabenfeldes »Schule« zum Politikum werden ließen, muss die Akzeptanz und die Einführung der *Grund*schule als bildungspolitischer Glücksfall bezeichnet werden. Weder früher noch später hätte das Grundschulgesetz in dieser Form auf den Weg gebracht werden können. Wie in den preußischen Richtlinien zur Aufstellung von Lehrplänen für die Grundschule (1921) erneut festgelegt war, kam der Grundschule die grundlegende Bildung der Schülerinnen und Schüler sowie die inhaltliche Vorbereitung auf weiterführende Schulen zu.[8] Den Maßgaben der Reformpädagogik folgend war der Lernstoff gemäß dem altersgemäßen Entwicklungsstand der Kinder zu erarbeiten. Der Gesamtunterricht der ersten beiden Grundschuljahre vermied eine fachliche Unterteilung und hatte einen heimatkundlichen Schwerpunkt. Erst ab der dritten Jahrgangsstufe setzte ein fachlich

---

rer pädagogischen Konzeption in einem institutionellen Rahmen ein. Vgl. Ellen Key: *Das Jahrhundert des Kindes*, neu hg. v. Ulrich Herrmann, Weinheim u. a.: Beltz 1992.

7 Dem Unterrichtsprinzip »Kindorientierung« folgte eine Vielzahl freier Schulen, die ihre pädagogische Ausrichtung in privater Trägerschaft umsetzten. Dazu gehörten die Jena-Plan-Schulen nach Peter Petersen (1884–1952), die Freinet-Schulen nach dem französischen Reformpädagogen Célestin Freinet (1896–1966), die freien Waldorfschulen nach dem Konzept Rudolf Steiners (1861–1925) sowie das noch heute sehr erfolgreiche Modell der Montessori-Schulen unter dem Namen der italienischen Ärztin Maria Montessori (1870–1952). Zum Überblick vgl. Johannes Jung: »Reform- und Alternativschulen«, in: Einsiedler, *Handbuch Grundschulpädagogik*, 2005², S. 68–76. – Viele der in den aktuellen deutschen Grundschullehrplänen geforderten Arbeitsweisen, Werte und Einstellungen haben ihren Ursprung in der Reformpädagogik und wurden zu Beginn des 20. Jahrhunderts zum ersten Male selbstbewusst als Forderung artikuliert. Dazu gehörten die Lebensnähe und Entwicklungsgemäßheit der Lerninhalte, der ganzheitliche Bildungsanspruch, spielerische und kreative Tätigkeiten im Unterricht sowie die Selbsttätigkeit der Schüler/-innen u. a. Vgl. dazu exemplarisch die in der Präambel des bayerischen Grundschullehrplans genannten Grundlagen und Leitlinien in BayStM: *Grundschullehrplan*, S. 7–13.

8 Vgl. Nave: *Die allgemeine deutsche Grundschule*, S. 174f.

gegliederter Unterricht ein, der neben den übrigen schulischen Disziplinen die Fächer Gesang resp. Musik sowie Turnen umfasste.

Trotzdem blieben für die weitere Entwicklung einige Fragen offen. Besonders der Fortbestand der privaten Vorschulen, der bis zum Jahre 1939 anhielt, wirkte der Einhaltung einer einheitlichen Grundschulpflicht entgegen. Erst in der Zeit des Nationalsozialismus' erlangte die Grundschule ihren unangefochtenen Status als öffentliche Pflichtschule ohne andere beigeordnete konkurrierende Bildungseinrichtungen, eine Stellung im Bildungssystem, die im Vergleich mit dem Schulwesen in Nachbarstaaten eine Besonderheit darstellte. Sie hatte jedoch für ihre autonome Stellung einen teuren Preis zu bezahlen; denn an den meisten Orten wurde die wertvolle Saat (reform-) pädagogischer Konzeptionen während der Zeit des Regimes der Inbesitznahme durch nationalsozialistisches Gedankengut geopfert. Die »Richtlinien für den Unterricht in den vier unteren Jahrgängen der Volksschule« (1937) führten zunächst zu einheitlichen Curricula, die ihren Niederschlag in den »Richtlinien für die gesamte Volksschule« aus dem Jahre 1939 fanden. Die Grundschule, nunmehr erneut dem Kontext der Volksschule untergeordnet, behauptete weiterhin ihren Lehrkanon in Gesamtunterricht und heimatkundlicher Ausrichtung, der ihr aus der Weimarer Zeit erhalten blieb, war jedoch in ihren traditionsreichen inhaltlichen Elementen wachsend mit nationalsozialistischen Parolen durchsetzt. Die Bezeichnung »Musikerziehung« ist durch diese geschichtliche Entwicklung insofern negativ belastet, als gerade der Gesangsunterricht im Dritten Reich im Dienste des Regimes eingesetzt und für ideologische Zwecke gezielt zweckentfremdet wurde.

Es dauerte bis zum Jahre 1945, bis der politische Niedergang Deutschlands auch auf dem Schulsektor eine Demokratisierung als Leitziel für gesellschaftliche und schulische Entwicklungen im Sinne der alliierten Streitkräfte erforderlich machte. Demokratische Schulformen konnten sich zwar in der Folge zunächst noch nicht durchsetzen, zu stark blieben die konservativen Kräfte auf dem Schulsektor. Entscheidend war jedoch, dass die Grundschule in Art. 7 des deutschen Grundgesetzes aus dem Jahre 1949 als obligatorische elementare Bildungseinrichtung legitimiert wurde. Ihre Konzeption griff das Weimarer Modell auf und führte es bis Mitte der 1960er Jahre weiter. Der Rahmenplan zur Umgestaltung und Vereinheitlichung des allgemein bildenden öffentlichen Schulwesens (1959) bot im Anschluss zunächst bescheidene Reformvorschläge, eröffnete jedoch für die Folgejahre eine rege Bildungsreformdiskussion. Die Grundschule wurde fortan als Lebensstätte, als Schonraum der Kinder betrachtet, in der »ganzheitliche«[9] Bildung und Erziehung beheimatet waren. Diese spiegelten sich in der Beibehaltung des Gesamtunterrichts, des heimatlichen Anschauungsunterrichts sowie in Unterrichtslehrgängen, die auf das Erfassen der Lerninhalte mit allen Sinnen abzielten. Der Deutsche Ausschuss zur Lehrplangestaltung sah im Jahre 1959 keine wesentliche Notwendigkeit zur Neustrukturierung oder zur grundsätzlichen inhaltlichen Reform der Lehrinhalte in der Grundschule, allerdings wurde bereits zu diesem Zeitpunkt auf die »unverantwortbare« Konsequenz der Schülerselektion beim Übertritt an weiterführende Schulen hingewiesen. Als eine Möglichkeit zur Milderung der Auswirkungen, die dieses frühe Ausleseverfahrens für die Kinder nach sich zog, wurde die Beibehaltung der 5. und 6. Klasse als Förderstufe vorgeschlagen.

Das Jahr 1964 brachte bundesweit die Teilung der Volksschulen in Grund- und Hauptschulen. Dadurch waren in den beiden Schulformen mit einem Mal zwei autonome Organisationseinheiten geschaffen. Die Reformbestrebungen in strukturellen und inhaltlichen Komponenten, die mit dem Jahre 1965 lebhaft einsetzten, erfassten fortan die Grundschulen in besonderer Weise, wie es zu einem früheren Zeitpunkt nicht denkbar gewesen war. Vehemente Kritik setzte an der Rückständigkeit der Elementarschule an, die sich auf die konfessionelle Zersplitterung zahlreicher zu kleiner Klassen richtete, an dem Mangel an ausreichender Möglichkeit zu sozialer Integration und zu individueller Begabungsförderung sowie an der undifferenzierten Schulorganisation.[10] Die bereits in dieser Zeit lebhaft diskutierten Fragestellungen drehten sich inhaltlich um die Notwendigkeit frühkindlicher Lernförderung, die Bedeutung der Lernprozesse für die Begabungsentwicklung, die stoffliche Begrenzung des Sachunterrichts. Die Argumente für eine Reform der Grundschule wurden darüber hinaus von der spärlichen Ausstattung vieler Klassenzimmer und der angespannten Lernsituation genährt, die in erster Linie aus übertriebe-

---

[9] Das Unterrichtsprinzip der ›Ganzheitlichkeit‹, das sich heute noch in zahlreichen Lehrplänen und Unterrichtswerken findet, ist inzwischen in Kritik geraten. Der Begriff ist insofern irreführend, als er eine sofortige vollständige und unmittelbare Wahrnehmung suggeriert und den komplexen Lernprozess, der das Wahrnehmen und Erkennen als aktiven, individuellen Vorgang begreift, unbeleuchtet lässt. Vgl. dazu auch das Kap. »Lernen mit allen Sinnen« bei Wilfried Gruhn: *Kinder brauchen Musik. Musikalität bei kleinen Kindern entfalten und fördern*, Weinheim u. a.: Beltz 2003, S. 91–95.

[10] Vgl. Götz & Sandfuchs: »Geschichte der Grundschule«, S. 25.

nen Klassengrößen resultierten. Als Reaktion auf die Krise in der Bildungspolitik entstand im Jahre 1970 der Strukturplan des Deutschen Bildungsrates. Die Kultusministerkonferenz (KMK) reagierte im gleichen Jahr mit einer richtungweisenden Empfehlung »Zur Arbeit in der Grundschule«.[11] Zu den Kernpunkten, die der Strukturplan für die Primarstufe empfahl, gehörten die Einschulung der Kinder nach Vollendung des fünften Lebensjahres mit einer zweijährigen Eingangsstufe im Anschluss, ferner eine stärkere Individualisierung und Differenzierung sowie die Einbeziehung einer Orientierungsstufe in die Grundschule. Im Unterricht selbst sollten selbstständiges, kooperatives, fachspezifisches und entdeckendes Lernen gefördert werden, aufbauend auf Wissenschafts- und Lernzielorientierung, insbesondere im Sachunterricht. Weiterhin wurden eine erste Fremdsprache und die Anfänge der modernen Mathematik als Lerninhalte empfohlen. Im Mittelpunkt der KMK-Empfehlung, die ähnliche Akzente setzte wie der Strukturplan, standen die Gleichheit der Bildungschancen in der Grundschule und die Förderung der individuellen Leistungsfähigkeit des Schülers. Die Maßgaben, die auf der einen Seite im Hinblick auf Modernisierung verhärteter Schulstrukturen und Anpassung an neue Herausforderungen im (Unterrichts-)Alltag gut gedacht waren, mussten sich andererseits einer scharfen Kritik seitens der praktizierenden Grundschulpädagogen erwehren. Denn die vorgebrachten Argumente gingen in einigen Fällen zu weit und nahmen ihren Ausgangspunkt nicht an den realen Gegebenheiten in der Schulpraxis. Sie wiesen überdies eine zu starke – in der Praxis kaum durchführbare – Wissenschafts- und Lernzielorientierung sowie eine Verfachlichung des Unterrichts auf. Insgesamt muss konstatiert werden, dass die Kritik des Strukturplans in großen Teilen berechtigt war, lässt man einmal die etwas unrealistische Einschätzung kindlicher Lernmöglichkeiten außer Acht. Die Bildungslandschaft im Elementarbereich geriet fortan in Bewegung. Dies zeigte sich in neuen Lehrplanentwürfen, die ihrerseits Akzente setzten.[12]

---

[11] Vgl. Götz & Sandfuchs: »Geschichte der Grundschule«, S. 25.

[12] Ein Überblick über verschiedene Lehrplanentwürfe des untersuchten Bundeslandes findet sich in Kap. I. 2.2.

1.2 Pädagogisch-didaktisches Profil

In Deutschland beginnt mit dem Eintritt in die Grundschule für alle Schülerinnen und Schüler die Schulpflicht.[13] Seit 1964 wurden die Kinder eines jeden Jahrganges in das erste Schuljahr aufgenommen, die jeweils bis zum 30. Juni das sechste Lebensjahr vollendet hatten. Ab 1997 war es möglich, den Einschulungsstichtag in den Bundesländern jeweils auch auf den 30. September zu verlegen. Insgesamt trug diese Regelung dem Sachverhalt Rechnung, dass die Entwicklung der Kinder bei gleichem Alter starke Unterschiede aufweisen kann. Insofern ist eine Flexibilität in der Einschulung, die den individuellen Entwicklungsstand der Kinder ernst nimmt, sicher angebracht.[14] In Bayern erfolgte die Einschulung nach dem Beschluss des bayerischen Landtages v. 03.03.2005 sogar noch früher.[15] Als Grund für diese Änderung verwies die Bayerische Staatsregierung auf »wissenschaftliche Erkenntnisse«, dass Kinder bereits in frühen Jahren in hohem Maße aufnahme- und lernbereit seien. Außerdem liege eine frühere Einschulung auf der Linie des europäischen Standards. Der Blick auf die hohe Lernfähigkeit jüngerer Kinder berücksichtigte jedoch nur die Erfolgsseite des Lernprozesses. Die individuelle Entwicklung der Heranwachsenden wurde mit dieser Entscheidung jedoch vernachlässigt. Dass es bei zahlreichen Erstklässlern zu massiven schulischen Lernproblemen kommen kann, wenn sie zu früh einem regelmäßigen Unterrichtsbetrieb ausgesetzt sind, der zudem an eine erhöhte Wochenstundenzahl gebunden ist, blieb in dieser Erklärung unberücksichtigt.[16]

---

[13] Zu den folgenden Ausführungen vgl. auch Gabriele Bellenberg & Klaus Klemm: »Die Grundschule im deutschen Schulsystem«, in: Einsiedler, *Handbuch Grundschulpädagogik*, 2005², S. 30–38.

[14] Im Schuljahr 2000/01 waren im Bundesdurchschnitt mehr als die Hälfte der eingeschulten Kinder sieben Jahre oder älter. – Vgl. Bellenberg & Klemm: »Die Grundschule«, S. 33.

[15] Für das Schuljahr 2005/06 war der 31. Juli eines Jahres maßgebend, für 2006/07 der 31. August. Für die folgenden Jahre ist der Stichtag jeweils einen Monat später terminiert, so dass im Schuljahr 2010/11 Kinder bis zum Geburtstermin 31. Dezember eingeschult werden. Vgl. dazu auch Bayerisches Staatsministerium für Unterricht und Kultus: *EZ. Die Elternzeitschrift des Bayerischen Kultusministeriums*, Nürnberg: Prinovis 2005, S. 14. – Vgl. auch das BayEUG in der Fassung v. 07.07.1994, zuletzt geändert durch Gesetz v. 25.04.2000, Art. 37, Abs. 1.

[16] In der empirischen Unterrichtsforschung gibt es darüber hinaus Erkenntnisse, dass vorzeitig eingeschulte Kinder in der Regel zwar leistungsstark sind, dass sich mit diesem Sachverhalt aber eine erhöhte Scheiterwahrscheinlichkeit verbindet. Vgl. dazu exemplarisch Rainer H. Lehmann & Rainer Peek: *Aspekte der Lernaus-*

Als Einstiegsstufe in das Regelschulsystem, in der die Kinder die ersten vier Jahre ihrer Unterrichtszeit verbringen, bildet die Grundschule in allen Bundesländern eine schulrechtlich selbstständige Organisationseinheit.[17] Obwohl sie als eigenständige Schulform in Bayern etabliert ist, findet sie sich an vielen Standorten in sogenannte »Volksschulen« integriert. Hier teilen sie sich gemeinsam mit Hauptschulen aus organisatorischen Gründen einen Gebäudekomplex.[18] In ihrer Funktion ist die Grundschule Verbindungsglied zwischen dem Elementarbereich und der gegliederten Sekundarstufe I in Haupt- und Realschule sowie dem Gymnasium. Ihrem Bildungsauftrag kommt insofern eine besondere Bedeutung im Bildungssystem zu, als er in seinen Zielen die Vermittlung grundlegender Schulbildung anvisiert und damit die vorbereitende Instanz für weiterführende Schulformen darstellt. Dieser Sachverhalt ist im Bayerischen Erziehungs- und Unterrichtsgesetz (BayEUG) als leitende Idee vorgegeben:[19]

> Die Grundschule schafft durch die Vermittlung einer grundlegenden Bildung die Voraussetzungen für jede weitere schulische Bildung. Sie gibt in Jahren der kindlichen Entwicklung Hilfen für die persönliche Entfaltung. [...] Die Grundschule umfasst die Jahrgangsstufen 1 bis 4. Sie vereinigt alle Schulpflichtigen dieser Jahrgangsstufen, soweit sie nicht eine Förderschule besuchen.[20]

---

gangslage von Schülerinnen und Schülern der fünften Klassen an Hamburger Schulen, Hamburg: Behörde für Schule, Jugend und Berufsbildung 1997.

17 Einzig in Berlin und Brandenburg ist die Grundschulzeit auf die Dauer von sechs Jahren ausgelegt.

18 Daneben existieren in Bayern Schul-Mischformen, die auf die lokalen Gegebenheiten abgestimmt sind. An einigen Schulorten fand sich im Zeitraum der Untersuchung zusätzlich eine Teilhauptschule, die die Jahrgangsstufen 5 und 6 zusammenfasste und seitens der Schüler/-innen als Möglichkeit zur Orientierung für ihren weiteren Bildungsweg genutzt wurde. Seit Beginn des Schulversuchs zur Etablierung der sechsstufigen Realschule mussten jedoch stetig abnehmende Schülerzahlen an Teilhauptschulen registriert werden, ein Sachverhalt, der zu Beginn des Schuljahres 2005/06 die Schließung von 122 (Teil-)Hauptschulen nach sich zog. Die Zahl der Schulschließungen insgesamt erhöhte sich damit auf 339. Weitere 31 Schulen wurden im Folgejahr geschlossen. Lt. Beschluss des Bayerischen Landtages v. 02.07.2004 sollten alle Teilhauptschulen, unabhängig von ihrer Schülerzahl, aufgehoben werden.

19 Vgl. dazu auch die Ausführungen, die zu einem ähnlichen Schluss in der gesamtdeutschen Betrachtung kommen. Götz & Sandfuchs: »Geschichte der Grundschule«, S. 13.

20 BayEUG Art. 7, Abs. 4f.

Die Grundschule ist aber nicht nur der Ort, an dem *grund*legende Schulbildung beheimatet ist, ihre Aufgabe ist ebenso die Bildung einer *Grund*lage der Allgemeinbildung in einer allgemein bildenden Schule.[21] Dafür sind im aktuellen Lehrplan für die Grundschulen in Bayern neben wichtigen Grundlagen und Leitlinien verschiedene Fachprofile und Lehrpläne der zu unterrichtenden Disziplinen zusammengefasst.[22] Die Kernfächer Deutsch, Mathematik, Heimat- und Sachunterricht[23] bilden einen Mittelpunkt, um den sich Religionslehre, aufgeteilt in die beiden großen konfessionellen Ausrichtungen katholisch und evangelisch, Ethik, Sport-, Kunst- und Musikerziehung[24] sowie Werken/Textiles Gestalten ranken.[25] Unter den Fremdsprachen nimmt das Fach Englisch eine Sonderstellung ein. Bereits seit dem Schuljahr 2000/01 gehörte fremdsprachlicher Unterricht als regulärer Pflichtunterricht zum Angebot. Darüber hinaus wurde seit dem Schuljahr 2001/02 an neun Grundschulen der Schulversuch »Fremdsprache ab Jahrgangsstufe 1« mit den Sprachen Englisch und Französisch durchgeführt.[26] Der Versuch mit Französisch lief bis zum Schuljahr 2004/05, das Angebot mit Italienisch lag an einigen Schulen vor, brachte jedoch kaum nennenswerte Nachfrageergebnisse auf Schülerseite. Im Jahre 2004 wurde der Fremdsprachenunterricht in Bayern zu 95,8 % in Englisch erteilt. Die Schulen, die den Schulversuch erfolg-

---

21 W. Einsiedler identifiziert den Terminus »Grundlegung« als Metapher »aus dem Bauwesen, die sich auf die Sicherung eines Gebäudes durch ein Fundament bezieht«. Zu diesem Aspekt vgl. auch Wolfgang Einsieder: »Grundlegende Bildung«, in: Einsiedler, *Handbuch Grundschulpädagogik*, 2005², S. 217–228.

22 Vgl. BayStM: *Grundschullehrplan*.

23 Das Fach »Heimat- und Sachkunde« (HSK) erfuhr im bayerischen Lehrplan des Jahres 2000 eine Umbenennung in »Heimat- und Sachunterricht« (HSU).

24 In den bayerischen Lehrplänen wird das Fach Musik in der Grundschule als »Musikerziehung« benannt, das Fach Kunst als »Kunsterziehung«. Ohne die historische Dimension des Begriffes wachrufen zu wollen, schließt sich der Autor an dieser Stelle der Terminologie des Lehrplanes an. In der Tat ist die musikalische Arbeit in der Grundschule in vielen Fällen mit erzieherischen Intentionen verbunden, so dass der Gebrauch des Terminus in diesem Zusammenhang durchaus gerechtfertigt erscheint. Vgl. dazu auch die Gedanken zur Musikpädagogik zwischen Erziehung zur Musik und Erziehung durch Musik bei Christoph Richter, Karl Heinrich Ehrenforth & Ulrich Mahlert: Art. »Musikpädagogik«, in: *MGG2*, Sachtl., Bd. 6/1997, Sp. 1440–1534.

25 Die Angabe der Unterrichtsfächer sei als erster Überblick gedacht, um die Stellung des Faches Musik im Kontext mit anderen Fächern darzustellen. Genauere Angaben zum Fachlehrplan Musik finden sich im Kap. I. 2.2.

26 Staatsinstitut für Schulpädagogik und Bildungsforschung (Hg.): *1.–4. Jgst. Fremdsprachen*, München: [Eigenverlag] 2003.

reich mit der Fremdsprache Englisch durchführten, stellten sich mit allen anderen bayerischen Grundschulen auf die Übernahme dieser Disziplin in den obligatorischen Fächerkanon ein. Inhaltlich fand das Hinzutreten in der »Konkretisierung des Lehrplans Fremdsprachen ab Jahrgangsstufe 3 für alle Grundschulen« ihren Niederschlag.[27] Durch gezielte Fort- und Weiterbildung der Lehrkräfte seit dem Schuljahr 2004/05, insbesondere im Fach Englisch, wurden für eine verbindliche flächendeckende Einführung die benötigten Lehrkräfte vorbereitet. Gemeinsam steuern die genannten Fächer ihren Teil zum Bildungsauftrag der Grundschule bei, ein Sachverhalt, der sich im Lehrplan in den Fachprofilen eines jeden Faches explizite ausformuliert findet.

In ihrer pädagogischen Arbeit sind die bayerischen Grundschulen in erster Linie der Bildung und Erziehung als vornehmstem Auftrag verpflichtet.[28] Dazu gehören die Unterstützung aller Mädchen und Jungen in ihrer Persönlichkeitsentwicklung und einer Werteorientierung, die im Sinne der bayerischen Verfassung das christliche Menschenbild in den Mittelpunkt stellt, um freiheitlich-demokratische, religiöse, sittliche und soziale Werthaltungen anzubahnen. Als Besonderheit stellt der bayerische Grundschullehrplan den fachlichen Ausführungen die obersten Bildungsziele der Bayerischen Verfassung nach Art. 131 voran und setzt damit einen deutlichen Akzent im Hinblick auf die Werteorientierung in der Grundschule:

(1) Die Schulen sollen nicht nur Wissen und Können vermitteln, sondern auch Herz und Charakter bilden.
(2) Oberste Bildungsziele sind Ehrfurcht vor Gott, Achtung vor religiöser Überzeugung und vor der Würde des Menschen, Selbstbeherrschung, Verantwortungsgefühl und Verantwortungsfreudigkeit, Hilfsbereitschaft und Aufgeschlossenheit für alles Wahre, Gute und Schöne und Verantwortungsbewusstsein für Natur und Umwelt.
(3) Die Schüler sind im Geiste der Demokratie, in der Liebe zur bayerischen Heimat und zum deutschen Volk und im Sinne der Völkerversöhnung zu erziehen.[29]

---

27 Bayerisches Staatsministerium für Unterricht und Kultus: *Konkretisierung des Lehrplans Fremdsprachen in der Grundschule – Englisch* (zu KMS IV.1–5 S 7402.17 – 4.31735), München: [Eigenverlag] 2004. – Diese Lehrplanvorgaben wurden seit Beginn des Schuljahres 2005/06 verbindlich in den 3. Klassen umgesetzt, seit Anfang des Schuljahres 2006/07 in den 4. Klassen.

28 Vgl. BayStM: *Grundschullehrplan*, S. 7–13.

29 Art. 131, Abs. 1–3 der Verfassung des Freistaates Bayern, zit. nach BayStM: *Grundschullehrplan*, S. 7. – Vgl. dazu auch die Einschätzung der Werteerziehung in der allgemein bildenden Schule bei Thomas Schäfer: »Werte in der Schule«,

Im Hinblick auf eine »kontinuierliche Bildungs- und Erziehungsarbeit«[30] und die Koordination der Zusammenarbeit einzelner Fachlehrerinnen und Fachlehrer wird in der Grundschule seit geraumer Zeit das Klassenlehrerprinzip erfolgreich praktiziert. Hier zeigt sich in besonderem Maße, wie das erzieherisch-pädagogische Wirken der Lehrkraft von seiner Vorbildwirkung und Führungskompetenz mitbestimmt wird. Es trägt auch dazu bei, den Übergang von vorschulischen Betreuungseinrichtungen zu Grundschulen möglichst homogen zu gestalten, eine enge Verzahnung, an der gerade in jüngster Zeit in besonderer Weise gearbeitet wird.[31]

Das Lernen der Kinder im Unterricht der Grundschule knüpft an ihre Erfahrungs- und Lebenswelt an. »Aufbauend auf bisherige Erfahrungen entwickeln sie eigene, subjektiv stimmige Vorstellungen, die durch weiteres Lernen objektiviert werden. [...] Damit die Eigenverantwortung der Schüler gestärkt wird, brauchen sie Gelegenheit, selbstständig zu arbeiten und Lernwege zu erproben.«[32] Dabei sollen Neugier und Lernmotivation durch positive Lernerfahrungen und Erfolgserlebnisse gestärkt werden. Den Lernprozess begleiten vielfältige allgemeine und individuelle Differenzierungsmaßnahmen, die ein gemeinsames Lernen erst ermöglichen. Dafür ist eine vertrauliche Atmosphäre und Lernumgebung im Klassenzimmer vorteilhaft, in der sich die Kinder wohlfühlen können.[33] Die Rhythmisierung des Schultages, besonders im »Grundlegenden Unterricht« der ersten und zweiten Jahrgangsstufen, hat dafür eine wichtige Bedeutung.[34] Die didaktische Planung der Lehrkraft orientiert sich nach Möglichkeit zunächst vorrangig an den Aufgaben und Lernbedingungen der Schülerinnen

---

in: Bayerisches Staatsministerium für Unterricht und Kultus (Hg.), *Lehrerinfo* 3/2005, S. 5–8.

30 Vgl. BayStM: *Grundschullehrplan*, S. 8.

31 »Lebenslanges Lernen ist heute wichtiger denn je. Damit sollte schon vor der Grundschule begonnen werden.« Bayerisches Staatsministerium für Unterricht und Kultus: *EZ. Die Elternzeitschrift des Bayerischen Kultusministeriums*, S. 8f.

32 BayStM: *Grundschullehrplan*, S. 9.

33 Vgl. dazu auch Ulrich Barkholz & Hans Günther Homfeldt: »Eine Schule zum Wohlfühlen. Viertklässler/innen artikulieren ihre Vorstellungen«, in: *Pädagogik und Schulalltag* 49/1994, S. 73–86.

34 Der »Grundlegende Unterricht« in den Jahrgangsstufen 1 und 2 umfasst »die Unterrichtszeit für Deutsch, Mathematik, Heimat- und Sachunterricht, Musikerziehung und Kunsterziehung«. Nach Möglichkeit soll auf ein fächerverbindendes Lernen und ein »ausgewogenes Verhältnis der Lehrplananforderungen« geachtet werden. Vgl. BayStM: *Grundschullehrplan*, S. 11.

und Schüler, weniger an dem bekannten 45-Minuten-Takt von Unterrichtsstunden.

Die bayerische Grundschule sieht ihren Erziehungsauftrag im Kontext gemeinsam zu leistender pädagogischer Aufgaben, der auch in Kooperation mit anderen pädagogischen Einrichtungen erfüllt wird. Gerade in Bayern sind aufgrund lokaler Gegebenheiten die Voraussetzungen für die Zusammenarbeit von Grundschulen mit Vereinen oder anderen Bildungseinrichtungen vielerorts gegeben. Ein Blick in die Geschichte zeigt, dass eine Vielzahl von Kooperationen historisch gewachsen ist. In heutigen Tagen betrifft die Kooperation die unterschiedlichsten Freizeitbereiche wie z. B. die Angebote der Kindergärten, Sportvereine, Computer- und Sprachenschulen, Blaskapellen oder der städtischen/privaten Musikschulen, die frequentiert werden.[35] Da sich zum gegenwärtigen Zeitpunkt wie alle anderen Schulformen auch die Grundschulen in einem Umstrukturierungsprozess befinden, der für die Kinder eine verlässliche zeitliche Betreuung am Vormittag und darüber hinaus zu erreichen sucht, werden die Schulen auch in Zukunft von Kooperationen verschiedenster Ausrichtung profitieren.[36] Bemühungen dieser Art sind bereits seit der 1980er Jahre bekannt, verschiedene additive oder integrative Modelle wurden in zahlreichen Bundesländern erfolgreich eingeführt.[37] Als gewinnbringendes Beispiel zur musikalischen Bildung sei auf die Vereinbarung der Bayerischen Staatsministerien in Kooperation mit außerschulischen Einrichtungen vom April 2005 hingewiesen.[38] Die Investition in derartige Angebote,

---

35 Vgl. Arnulf Hopf: »Grundschule und außerschulische Institutionen«, in: Einsiedler, *Handbuch Grundschulpädagogik*, 2005², S. 97–101.

36 Vgl. Heinz Günther Holtappels: »Grundschule mit erweitertem Zeitrahmen: Halbtagsgrundschule und Ganztagsschule«, in: Einsiedler, *Handbuch Grundschulpädagogik*, 2005², S. 77–81.

37 Die Bandbreite der Betreuungsangebote reicht von Schulen mit regulärer Unterrichtsgestaltung und zusätzlichem Betreuungsangebot in den Randzeiten (additives Modell) bis hin zu Halbtagsgrundschulen, deren Stundenplan auf die Kinderbetreuung abgestimmt ist und in dem sich alle Basis- und Zusatzangebote koordiniert finden (integriertes Modell). Vgl. Bellenberg & Klemm: »Die Grundschule«, S. 37.

38 Die Vereinbarung zur musikalischen Bildung in Kooperation mit außerschulischen Einrichtungen v. 25.04.2005 kam zustande zwischen dem Bayerischen Staatsministerium für Unterricht und Kultus, dem Bayerischen Staatsministerium für Wissenschaft, Forschung und Kunst, dem Verband Bayerischer Sing- und Musikschulen e. V. und dem Bayerischen Blasmusikverband. Vgl. *KWMBl* I Nr. 9/2005. – *Schulanzeiger der Regierung von Unterfranken* Nr. 7/2005, S. 139. – *nmz* 4/2005, S. 31.

soweit sie ernsthaft betrieben werden, ist ein guter Weg zur nachhaltigen Förderung von Kindern und zur Anbahnung von sinnvoller Freizeiterziehung, die mit der interkulturellen Erziehung, der Medienerziehung und dem gesamten Bereich des sozialen Lernens ohnehin als wichtige fächerverbindende Bildungs- und Erziehungsaufgaben im Lehrplan formuliert sind.

In der Schule gehen gerade vom Fach Musik wichtige Impulse für den Unterricht in der Klasse und das gesamte Schulleben aus, die an einigen Orten sogar im jeweiligen Schulprofil ihren Niederschlag finden. Musikalische Arbeit beinhaltet sehr gute Förder- und Differenzierungsmöglichkeiten, wie sie sich in kaum einem anderen Fach bieten. Die Gefahr besteht, dass bei zu einseitiger Gewichtung der Leistung in der Grundschule dieses kreative, persönlichkeitsbildende und soziale Potenzial verloren geht. Insbesondere fächerverbindende Lernmöglichkeiten blieben für diesen Fall ausgeblendet. Der Vorgabe des Lehrplans »Bildung und Persönlichkeitsentwicklung vollziehen sich durch Lernen«[39] kann man in Anbetracht der Überbetonung kognitiver Lerninhalte in zahlreichen Klassen nicht vorbehaltlos zustimmen. Musikalische Lerninhalte sind – wie in den nachfolgend beschriebenen Studien des Öfteren zu spüren sein wird – in der Lage, die Schüler/-innen emotional anzusprechen, sie aktiv in das Schulleben einzubinden, zur Bildung eines homogenen sozialen Klimas beizutragen und damit auch ein besseres Verstehen und Behalten der Lerninhalte zu fördern.

1.3 Größenverhältnisse

Im Vergleich der Schülerzahlen in den einzelnen Bundesländern kommt Bayern hinter Nordrhein-Westfalen, jedoch noch vor Baden-Württemberg im Zeitraum der Untersuchung[40] der höchste Schüleranteil an allgemein bildenden Schulen zu.[41] Die drei Bundesländer bilden

---

39 BayStM: *Grundschullehrplan*, S. 9.

40 An dieser Stelle werden vor allem die Schüler- und Schuldaten des Schuljahres 2004/05 dargestellt, da sie für die vorliegende empirische Studie von besonderem Interesse sind. Es kann davon ausgegangen werden, dass sich die Zusammensetzung der Schülerschaft bis auf den heutigen Tag nicht wesentlich geändert hat. Jedoch dürfte die Anzahl der Schüler/-innen stark zurückgegangen sein. Vgl. dazu auch Statistisches Bundesamt (Hg.): *Im Blickpunkt: Jugend und Familie in Europa*, Wiesbaden: [Eigenverlag] 2009, S. 9ff.

41 Im Schuljahr 2004/05 wurden in Nordrhein-Westfalen etwa 2.333.500 Schüler an allgemein bildenden Schulen unterrichtet, in Bayern 1.474.000 und in Baden-

mit Abstand die Spitzengruppe im gesamtdeutschen Vergleich. Dabei ist zu beobachten, dass die Anzahl der Kinder – zwar weniger in diesen drei Bundesländern, dafür um so stärker im Bundesdurchschnitt – im Vergleich zu den Vorjahren z. T. in erheblichem Maße zurückgegangen ist. Unter den Kindern nicht-deutscher Herkunft bilden diejenigen, die aus dem Ausland mit ihren Eltern zugewandert sind, die größte Gruppe. Nur in Berlin gibt es mehr Jugendliche, die in Deutschland geboren wurden, deren Eltern aber beide in erster Generation aus dem Ausland stammen. In Deutschland lebten zum Zeitpunkt der Untersuchung 77,8 % Kinder und Jugendliche ohne Migrationshintergrund, 22,2 % stammten aus Migrantenfamilien. Die einzelnen Bundesländer unterschieden sich dabei erheblich. In Bayern war das Verhältnis 79,5 % zu 20,5 %. Hier nahmen die Jungen und Mädchen türkischer Herkunft den größten Anteil ein. Fokussiert man den Blickwinkel auf deutsche Grundschulen, so war für den gleichen Zeitraum der regelmäßige Schulbesuch von 3.149.500 Kindern in insgesamt 16.932 Schulen festzustellen, eine Anzahl, die gegenüber dem Vorjahr um 0,4 % gefallen ist. Der Anteil ausländischer Kinder war an Grundschulen im Bundesdurchschnitt um 2,2 % auf 361.400 gefallen. Trotzdem blieb dieser mit insgesamt 11,5 % verhältnismäßig hoch, besonders bestimmt von Heranwachsenden türkischer Herkunft (43 %), aus Asien (12,9 %), Italien (6,7 %), Serbien und Montenegro (5,9 %) sowie Griechenland (3,5 %).

Da in die vorliegende Studie vor allem bayerische Schülerinnen und Schüler einbezogen wurden, seien die quantitativen Verhältnisse in Bezug auf diese Zielgruppe genauer dargelegt. Im Schuljahr 2004/05 gab es in Bayern 804.898 Volksschüler/-innen, d. h. Grund- und Hauptschüler/-innen, die an 2.874 Volksschulen in 35.681 Klassen unterrichtet wurden.[42] 1.329 Grundschulen beheimateten den größten Teil der Schülerinnen und Schüler aus den Jahrgangsstufen 1 bis 4 (46,3 % der Gesamtzahl).[43] 344 Schulen führten die Jahrgangsstufen 1

Württemberg 1.321.200. Zu diesen und den folgenden Daten vgl. die Angaben des Statistischen Bundesamtes Deutschland, in: http://www.destatis.de/basis/d/biwiku/schultab5.phb [recherchiert am 12.12.05, 14.12.08].

42 Die folgenden Angaben stützen sich auf die jährlich stattfindenden statistischen Erhebungen, nachgewiesen in folgender Quelle. Bayerisches Landesamt für Statistik und Datenverarbeitung (Hg.): *Volksschulen in Bayern*, München: [Eigenverlag] 2001–2006. Vgl. dazu insbes. den statistischen Bericht des Jahres 2005 (S. 12–19), der für die Untersuchung maßgeblich war.

43 Obwohl den Grundschulen in der Untersuchung das besondere Interesse gilt, sei aus Gründen der Vollständigkeit auch die Anzahl der bayerischen Hauptschulen

bis 6 (12 %), 563 die Jahrgangsstufen 1 bis 9/10 (19,6 %). Schulaufwandsträger war bei 726 der 2.756 öffentlichen Volksschulen ein Schulverband, bei 1.916 eine Gemeinde und bei 39 eine Verwaltungsgemeinschaft. Bei 75 Schulen hatten jeweils mehrere Gemeinden gemeinsam die Zuständigkeit, verbunden durch einen öffentlich-rechtlichen Vertrag. Schulen in privater Trägerschaft spielten an 118 Standorten für das Gesamtbild eine nur untergeordnete Rolle.

Bei der Verteilung der einzelnen Schulen innerhalb Bayerns kommt den einzelnen Regierungsbezirken eine unterschiedliche Gewichtung zu. Von den insgesamt 5384 vierten Klassen wurden im Schuljahr 2004/05 der mit Abstand größte Teil in Oberbayern (1747 Klassen) unterrichtet, gefolgt von Schwaben (834), Mittelfranken (705), Unterfranken (593), Niederbayern (538), der Oberpfalz (494) und Oberfranken (473). Obwohl sich der Großteil bayerischer Kinder an einer mehrzügigen Schule befand, war der Anteil von 252 Schulen, die einzügig, d. h. mit nur einer Klasse in jeder geführten Jahrgangsstufe bestanden, relativ hoch. Dies mag eine Besonderheit bayerischer Gegebenheiten darstellen und auf die individuelle Beschaffenheit der einzelnen Schulsprengel zurückgehen.

Verschiedene Formen der Ganztagsbetreuung[44] existierten an bayerischen Schulen nebeneinander, jedoch betrafen diese Angebote in erster Linie die Hauptschüler/-innen ab Klasse 5. Zunehmend wurden auch Grundschulkinder in den Mittagsstunden und am Nachmittag betreut, vornehmlich dann, wenn ein Schülerheim oder Internat an die Schule angeschlossen war. An 46 Volksschulen fand im Schuljahr 2004/05 der Unterricht über den ganzen Tag verteilt statt. 301 Einrichtungen genossen bereits ein »Ganztagsangebot mit Mindestumfang« in enger Kooperation mit der Schule, 115 Schulen hatten ein »nachmittägliches Betreuungsangebot«. Der Großteil der Kinder erhielt an 966 Einrichtungen eine »Mittagsbetreuung«. Intensivkurse, Förderunterricht, Sprachlernklassen in deutscher Sprache, aber auch

---

genannt, die die Jahrgangsstufen 5 bis 9/10 im Schuljahr 2004/05 führten: 429 (14,9 % aller Volksschulen). Durch den Übertritt zahlreicher Kinder vor allem an die sechsstufige Realschule und die damit implizierte Stärkung dieser Schulart, wurde die Hauptschule permanent geschwächt und ihre Position im Schulsystem in Frage gestellt.

44 Im Zeitraum der Betrachtung wurde hierunter ein Bildungs- und Betreuungsangebot verstanden, das an mindestens drei Wochentagen jeweils etwa sieben Zeitstunden umfasste. Die Mädchen und Jungen hatten sich zur vollständigen oder teilweisen Teilnahme zu verpflichten. Dazu gehörten insbesondere Angebote gemäß KMBek Nr. IV/4–S 7369–4/28702 v. 16.05.2002.

Chorstunden und Arbeitsgemeinschaften in Musik wurden als Möglichkeit für ein Ergänzungsangebot genutzt. In den statistischen Erhebungen blieben diese Kurse weitgehend unberücksichtigt und den individuellen Gestaltungsmöglichkeiten der jeweiligen Schulleitung anheim gestellt. Der Beginn des Schuljahres 2005/06 markierte einen deutlichen Einschnitt, denn fortan wurden diese (Nachmittags-)Angebote seitens des Schulträgers nicht mehr in dem Maße bereitgestellt, wie es aus früheren Jahren bekannt war und dem jeweiligen Schulprofil und den Schülerinteressen entsprach. Hingewiesen sei in diesem Zusammenhang auf die vom Bayerischen Staatsministerium für diese Entwicklung verantwortlich gemachten abnehmenden Schülerzahlen und die in dieser Weise begründete zurückgehende Anzahl der Einstellungen von Lehrkräften. Die Gruppenbildung für Zusatzangebote sei, wie in einschlägigen Organen verkündet, in der Vergangenheit »an manchen Schulen zu großzügig gehandhabt« worden[45], wodurch »die Vermeidung einer großen Klasse oder die Bildung einer erhöhten Mobilen Reserve wichtiger als zu umfangreiche Zusatzangebote an den Schulen« geworden war.[46] Mit dieser Maßnahme unterschätzte man den existenziellen Wert der genannten Zusatzangebote für alle beteiligten Schüler/-innen und Lehrer/-innen. Denn diese Angebote sind für das interne und externe Erscheinungsbild aller Bildungseinrichtungen ebenso unabdingbar wie die positive Ausstrahlung auf das Arbeitsklima insgesamt. Sie besitzen eine weit reichende Bedeutung, deren Tragweite seitens der Schulträger vielfach noch nicht zur Kenntnis genommen worden ist, und sie werden daher allzu gerne vermeintlichen Sparzwängen unterworfen.

Die Gesamtschülerzahl an Grund- und Hauptschulen betrug im Schuljahr 2004/05 804.898 und war gegenüber dem vorhergehenden Jahr um 15.465 gesunken, eine rückläufige Tendenz, die sich in Bayern wie im übrigen Bundesgebiet innerhalb der kommenden Jahren fort-

---

[45] Georg Hahn: »Klassenbildung und Unterrichtsversorgung an den Grund- und Hauptschulen im Schuljahr 2005/06«, in: *SchVw BY* Nr. 5/2005, S. 170.

[46] Hahn: »Klassenbildung«, S. 169. – Dem Fach Musik kam in der Klassen- und Gruppenbildung offensichtlich eine untergeordnete Bedeutung zu. Während die Zusammensetzung der Kurse in Sport und Religionslehre/Ethik in dem Aufsatz ausführlich diskutiert sind, blieb »Musik« weitgehend unberücksichtigt. Der Bedeutung des Faches für den Unterrichtstag und der lebendigen Tradition, auf die viele bayerische Grundschulen zurückblicken, wurde damit in keiner Weise Rechnung getragen.

setzen wird.[47] Der demographische Wandel der Gesellschaftsstruktur wird auch in Zukunft an der Entwicklung der Schülerzahlen recht deutlich abzulesen sein. Die Studie »Demographie als Chance« geht davon aus, dass in 15 Jahren mehr als zwei Millionen Kinder und Jugendliche weniger die deutschen Schulen besuchen werden als heute.[48] Gegenüber dem Jahr 2005 entspräche dies einem Minus von 17 Prozent. In Bayern befanden sich im Schuljahr 2004/05 insgesamt 126.116 Kinder in der vierten Jahrgangsstufe, davon 62.275 Mädchen und 63.841 Jungen. Die durchschnittliche Klassenstärke der dritten und vierten Jahrgangsstufe lag im Schuljahr 2004/05 bei 23,1 Schülern und fiel damit gegenüber dem Vorjahr um 0,4 geringer aus.[49] Die Zahl der ausländischen Viertklässler betrug bei den Mädchen 5.627, bei den Jungen 5.600. Überdies waren 43 weibliche und 50 männliche Aussiedlerschüler zu verbuchen. Der Anteil aller nicht-deutschen Kinder verringerte sich um 687 bzw. 0,8 % auf 87.115. Insgesamt waren die ausländischen Volksschüler/-innen in Bayern mit 10,8 % vertreten; das prozentuale Verhältnis lag damit um 0,7 % unter dem Bundesdurchschnitt. Die größte Gruppe bildeten mit weitem Abstand die Kinder aus der Türkei (43,1 %), gefolgt von denjenigen aus Serbien und Montenegro (7,4 %), Griechenland (6,4 %), Italien (6,3 %), Kroatien (3,1 %) und aus Bosnien/Herzegowina (2,8 %). In 11 privaten Volksschulen wurden ausschließlich griechische Schüler/-innen unterrichtet.

---

47 Auf die sinkenden Schülerzahlen wies auch das Bayerische Staatsministerium hin. Nach offiziellen Angaben hatten im Schuljahr 1999/2000 die bayerischen Grund- und Hauptschulen mit 861.300 Kindern den größten Zulauf. Seit diesem Zeitpunkt nahmen die Schülerzahlen jährlich weiter ab. Nach der Prognose des Bayerischen Staatsministeriums für Unterricht und Kultus wird es im Jahre 2015 nur noch 642.000 Volksschüler/-innen geben. Vgl. Hahn: »Klassenbildung«, S. 164. – Zu der Entwicklung verringerter Schülerzahlen siehe auch Bayerisches Landesamt für Statistik: *Volksschulen*, S. 5.

48 »Demographie als Chance« ist die vierte Teilerhebung im Gesamtkomplex Familie und demographischer Wandel. Die Studie der Prognos AG entstand im Auftrag der Robert-Bosch-Stiftung und in Zusammenarbeit mit der Tageszeitung »Die Welt« (veröffentlicht am 17.07.2006). Siehe http://www.welt.de/print-wams/article144796/Schuelerschwund_bringt_Milliardeneinsparungen.html [recherchiert am 05.04.07, 31.05.09].

49 Die Durchschnittswerte lagen im Schuljahr 2003/04 bei 23,4 und 23,6 (3. und 4. Jahrgangsstufe).

1.4 Erwartungen an die Grundschule

Die Entwicklung, die die Heranwachsenden im Kindergarten und in der Grundschule vollziehen, bildet ein Fundament für ihre Bildung und Erziehung. Von Seiten der Gesellschaft werden daher ebenso Ansprüche an diese Institutionen herangetragen wie von der Politik. Im Interesse und in den Erwartungen der Eltern nimmt insbesondere die Grundschulzeit einen hohen Stellenwert ein. Das mag zum einen an den neuen Eindrücken liegen, die auf die Heranwachsenden einströmen, zum anderen an der zügigen Entwicklung, die die Schülerinnen und Schüler in diesem Lebensabschnitt vollziehen. Es liegt in der Natur der Dinge, dass das anfängliche Interesse der Eltern in den Folgejahren nachlässt, wenn die neuen Erfahrungen erst einmal zu den alltäglichen Gewohnheiten gehören und sich regelmäßige Abläufe in der Betreuung ihrer Kinder einpendeln.[50] In der pädagogischen Arbeit der Grundschule ist eine Zusammenarbeit mit den Eltern für alle Beteiligten vorteilhaft, eine »konstruktive Einbindung der Erziehungsberechtigten« und eine Beteiligung am »Leben der Schule«, die in den Richtlinien – vorgegeben vom Lehrplan für die bayerischen Grundschulen – begrüßt werden.[51] In der Praxis erweist sich die Zusammenarbeit mit den Eltern und deren »Identifikation mit der Schule«, die wiederum auch der Lehrplan als notwendig erachtet, jedoch nicht immer als einfach, gerade in den Situationen, die für die Schullaufbahn der Kinder von Bedeutung sind.[52] Die Kontakte, die aufgrund des Schulversagens zu den Eltern der Schüler entstehen, sind zu Beginn noch vereinzelt.[53] Demgegenüber sieht sich ein Großteil der Erziehungsberechtigten im Verlauf des vierten Schuljahres in besonderer Weise in der Verantwortungsrolle für die Zukunft seiner Kinder.

50 Das Fehlen von Kontakten zu einzelnen Eltern kann die unterschiedlichsten Ursachen haben. Hingewiesen sei u. a. auf die veränderten (Erziehungs-)Bedingungen im Leben vieler Kinder, die beispielsweise durch die Berufstätigkeit beider Elternteile oder durch die hohen Ehescheidungsraten zustande kommen.

51 BayStM: *Grundschullehrplan*, S. 12.

52 Vgl. Sabine Kirk: »Eltern und Schule«, in: Einsiedler, *Handbuch Grundschulpädagogik*, 2005², S. 245–250.

53 Am Ende des Schuljahres 2003/04 hatten 10.654 bzw. 1,4 % der in den Jahrgangsstufen 1 bis 8 Unterrichteten das Ziel der Jahrgangsstufe nicht erreicht. Die weiblichen Schüler schnitten in allen Jahrgängen besser ab als die männlichen. Wie in den Vorjahren wurden erheblich mehr Knaben als Mädchen in Volksschulen zur sonderpädagogischen Förderung überwiesen. Die ausländischen Schüler/-innen verfehlten überdurchschnittlich häufig das Klassenziel (4,2 %). Vgl. auch Bellenberg & Klemm: »Die Grundschule«, S. 34f.

Denn die Schüler/-innen werden in diesem Ausbildungsabschnitt auf den Übergang von der Grundschule in weiterführende Bildungseinrichtungen vorbereitet, den sogenannten »Übertritt«, der am Ende der Grundschulzeit erfolgt. Die folgenden Zahlen verdeutlichen, dass dieses Elterninteresse am Lernerfolg der Kinder nicht unbegründet ist.[54] Zu keinem anderen Zeitpunkt der Schullaufbahn sind die Übergange an andere Schulen so hoch wie am Ende der 4. Jahrgangsstufe; den Grundschulen kommt damit nicht nur der höchste Anteil an Schulen insgesamt, sondern auch der höchste Prozentsatz an potenziellen Übertrittsschülern zu:

Tab. 1: Übergänge aus Volksschulen an weiterführende Schulen (2003–2004)[55]

Zeitraum	Übergänge an weiterführende Schulen aus der 4. Jahrgangsstufe	aus der 3. Jahrgangsstufe	aus der 5. Jahrgangsstufe	aus der 6. Jahrgangstufe
Bayern 2003	53,5 %	0,1 %	13,3 %	14,9 %
Bayern 2004	55,9 %	0,1 %	15,1 %	9,6 %

Zwar sank die Anzahl der Kinder, die von einer Volksschule an eine andere allgemein bildende Schule[56] übertraten, gegenüber dem Vorjahr um 3,2 %, jedoch ist die Zahl von insgesamt 92.301 Volksschülern, für die im Laufe und am Ende des Schuljahres 2003/04 die Weichen für ihre weitere Ausbildung gestellt wurden, beträchtlich. Eine in diesem Kontext interessante Studie, die zu den Schullaufbahnempfehlungen von Lehrkräften für Kinder am Ende der vierten Jahrgangsstufe entstand, hilft, die genannten Daten weiter zu differenzieren: Bei 45,2 % der Kinder plädierten die Lehrerinnen und Lehrer für den Besuch einer Hauptschule, bei 24,9 % lautete die Empfehlung ein Realschulbesuch. 29,8 % erhielten eine Gymnasialempfehlung.[57]

[54] Vgl. Margarete Imhof: »Lehr- und Lernerfolg am Ende der Grundschule«, in: Einsiedler, *Handbuch Grundschulpädagogik*, 2005², S. 116–128.

[55] Bayerisches Landesamt für Statistik: *Volksschulen*, S. 10. – Die Daten wurden für den genannten Zeitraum exemplarisch erschlossen.

[56] Dazu gehören die Gymnasien, Realschulen, Wirtschaftsschulen, auch Realschulen zur sonderpädagogischen Förderung, freie Waldorfschulen oder ausländische/internationale Schulen. An eine Volksschule zur sonderpädagogischen Förderung wechselten 3.817 Volksschüler/-innen.

[57] Die Datenerhebung geschah bereits im Frühjahr 2001, jedoch hat die Studie, gemessen an Relevanz und Aussagekraft für die pädagogische Praxis, nicht an

Neben den Gründen, die die Schullaufbahn der Kinder betrafen, waren es aber auch inhaltliche Aspekte, die das öffentliche Interesse in den vergangenen Jahren wach hielten und die Elterninitiativen auf den Plan riefen. Ausschlaggebend dafür waren verschiedene wissenschaftliche Studien, die das Lernen in der Grundschule näher beleuchteten und mit Ergebnissen aufwarteten, die die Öffentlichkeit aufhorchen ließen. Die deutsche Bildungssituation der vergangenen Jahre evaluierend schlugen diese Untersuchungen aus verschiedenen Gründen Alarm und übten damit indirekt politischen Druck auf die Bildungseinrichtungen und die dafür verantwortlichen Instanzen aus. Die höchsten Wogen, deren Auswirkungen bis heute spürbar geblieben sind, entstanden mit Bekanntwerden der Ergebnisse aus den sogenannten PISA-Studien.[58] Zwar gelang es den bayerischen Schülerinnen und Schülern, im Vergleich der Basiskompetenzen immer noch mit einem achtbaren Erfolg abzuschneiden[59], jedoch ließ der Erklärungsnotstand, der aufgrund des schlechten Abschneidens deutscher Schüler/-innen insgesamt gegenüber den europäischen Altersgenossen entstanden war, von der Veröffentlichung der ersten PISA-Studie an eine neue Ausrichtung konzeptioneller schulpolitischer Ansätze entstehen. Daran vermochte auch die Tatsache nichts zu ändern, dass bei der untersuchten Population nicht alle Altersgruppen vertreten waren, sondern

---

Aktualität verloren. Vgl. Wilfried Bos, Eva-Maria Lankes et al. (Hg.): *IGLU. Einige Länder der Bundesrepublik Deutschland im nationalen und internationalen Vergleich*, Münster: Waxmann 2004, S. 27.

58 Die Abkürzung »PISA« bezeichnet das »Programm for International Student Assessment« zur zyklischen Erfassung basaler Kompetenzen der nachwachsenden Generation, das von der Organisation für wirtschaftliche Zusammenarbeit und Entwicklung (OECD) durchgeführt und von allen Mitgliedstaaten gemeinschaftlich getragen und verantwortet wird. PISA erfasst drei Bereiche: Lesekompetenz (Reading Literacy), mathematische Grundbildung (Mathematical Literacy) und naturwissenschaftliche Grundbildung (Scientific Literacy). Vgl. Jürgen Baumert et al. (Hg.): *PISA 2000 – Basiskompetenzen von Schülerinnen und Schülern im internationalen Vergleich*, Opladen: Leske u. Budrich 2001. – Ders. et al. (Hg.): *PISA 2000 – die Länder der Bundesrepublik Deutschland im Vergleich*, Opladen: Leske u. Budrich 2002. – Manfred Prenzel et al. (Hg.): *PISA 2003. Der Bildungsstand der Jugendlichen in Deutschland. Ergebnisse des zweiten internationalen Vergleichs*, Münster u. a.: Waxmann 2004.

59 In den untersuchten Bereichen Lesen, Mathematik, Naturwissenschaften und Problemlösen hatte Bayern im Vergleich zu den anderen deutschen Bundesländern im Juli 2005 in allen untersuchten Bereichen den 1. Platz belegt. Bemerkenswert ist, dass Bayern gegenüber dem Ländervergleich 2000 seine guten Ergebnisse steigern konnte.

sich die Studie auf 15-jährige Jugendliche konzentrierte.[60] Der verzweifelte Ruf nach Bildungsinitiativen hatte – wie in allen Schulformen so auch in der Grundschule – einen Aktionismus zur Folge, der neue Bildungsziele in den Mittelpunkt rückte und dafür andere in den Hintergrund treten ließ. Der Ruf »Alle Schulen ans Netz!«, eine Initiative des Bundesministeriums für Bildung und Forschung und der Deutschen Telekom AG, die in Form des gleichnamigen Vereins bereits seit über dreizehn Jahren besteht[61], setzte sich beispielsweise eine eigenverantwortliche und kritische Nutzung von neuen Medien in der schulischen Bildung zum Ziel. Die Bildungsoffensive wurde von den Vertretern der Kommunikationsmedien dankbar aufgegriffen und fand in den schulischen Einrichtungen zunächst einen ertragreichen Nährboden. Man begann plötzlich, immense Summen für die Installation von Computern für Bildungszwecke an Schulen zu investieren, um – den internationalen Vorbildern entsprechend – neue Bildungschancen für die Schüler/-innen zu erschließen. Diese Initiative wurde mit Recht auch von Elternseite begrüßt, hatten die Kinder dadurch doch die Möglichkeit, frühzeitig Kompetenzen im Umgang mit technischen Medien zu erwerben. Der vielversprechende Ansatz war jedoch an einigen Schulen bereits früh zum Scheitern verurteilt, da diese nicht mit gezielten Fortbildungsmaßnahmen auf die neue technische Ausstattung vorbereitet wurden. Viele Lehrerinnen und Lehrer konnten die Geräte aufgrund mangelnder PC-Kenntnisse nicht einsetzen, denn die erforderliche fachgerechte Betreuung der Anlagen durch Systemadministratoren blieb aus Kosten- und Organisationsgründen zunächst versagt.

Neben dem Erwerb grundlegender Kenntnisse, die die Eltern von dem Informatikunterricht erwarteten, waren es weiterhin die Kernfächer, die für sie nicht zuletzt aufgrund der PISA-Untersuchungen

---

60 An der ersten PISA-Datenerhebung des Jahres 2000 nahmen rund 180.000 Schülerinnen und Schüler aus 32 Staaten weltweit teil. In jedem Teilnehmerstaat wurde eine repräsentative Stichprobe gezogen zur Abbildung der Schulbevölkerung der 15-Jährigen. In Deutschland bestand diese Stichprobe aus etwa 5.000 Kindern aus insgesamt 219 Schulen, wobei im Durchschnitt 23 15-Jährige pro Schule einbezogen wurden.

61 »Schulen ans Netz e. V.« ist ein gemeinnütziger Verein, der das Lehren und Lernen mit neuen Medien im schulischen Umfeld fördert. Am 18.04.1996 hatten der damalige Bundesminister für Bildung, Wissenschaft, Forschung und Technologie Jürgen Rüttgers und Ron Sommer (Deutsche Telekom) die Bildungsinitiative ins Leben gerufen. Sie sah die Förderung von Projekten vor, den Anschluss von 10.000 Schulen an das Internet sowie die Einrichtung eines deutschen Bildungsservers.

Bildungsstandards setzten. Darüber hinaus kam auch dem Fach Englisch seit seiner Einführung in die Grundschule eine neue Bedeutung zu. Dass eine Fremdsprache im Hinblick auf ein vereintes Europa eine wichtige Hilfe für eine gelingende Völkerverständigung ist, leuchtete ein. Um international den Anschluss nicht zu verlieren, erwies sich die frühzeitige Beschäftigung zumindest mit einer Fremdsprache als unabdingbare Voraussetzung. Das Fach Englisch ist bis heute ein wichtiger Lernbereich der Grundschulen geblieben. In diesem Zusammenhang ist schließlich auch das Fach »Deutsch als Fremdsprache« für die Migrantenkinder zu nennen, das für die gegenseitige Verständigung an deutschen Schulen ebenso wichtig war und ist wie für die erfolgreiche Teilnahme am Unterrichtsgeschehen.

Weniger bekannt, dafür aber für die Grundschule nicht unbedeutend, ist die sogenannte IGLU-Studie[62], die im nationalen und internationalen Vergleich das Leseverständnis von Schülerinnen und Schülern der vierten Jahrgangsstufe untersuchte. In Deutschland fand die IGLU-Haupterhebung im Frühjahr 2001 an 247 Schulen in allen 16 Bundesländern statt.[63] Darüber hinaus ist IGLU/E eine nationale Erweiterung von PIRLS/IGLU, mit der in zwölf Ländern der Bundesrepublik Deutschland die Kompetenzen der Viertklässler im mathematisch-naturwissenschaftlichen Bereich erfasst wurden.

Stützten sich die bisher genannten Untersuchungen vor allem auf die zu erarbeitenden Basiskompetenzen in den Kernfächern, so hatte dies zur Folge, dass das Fach Musik nicht explizit berücksichtigt wurde und dementsprechend auch nicht in Erscheinung trat. Bereits an dieser Tatsache zeigt sich, dass der Disziplin im schulischen Gesamtkontext und der Bedeutung im Leben der heranwachsenden Kinder von offizieller Seite eher eine untergeordnete Rolle zugedacht wurde. Einen Vorstoß, das Fach »Musik« stärker ins Bewusstsein zu rufen und in die allgemeine schulische Bildungssituation einzubeziehen, unternahm der Musikforscher Hans Günther Bastian mit seinem Team in der sogenannten »Berlin-Studie«. Die Längsschnittuntersu-

---

62 Die Bezeichnung »IGLU« steht für Internationale Grundschul-Lese-Untersuchung. Vgl. dazu Wilfried Bos, Eva-Maria Lankes et al. (Hg.): *Erste Ergebnisse aus IGLU. Schülerleistungen am Ende der vierten Jahrgangsstufe im internationalen Vergleich*, Münster: Waxmann 2003. – Dies.: *IGLU. Einige Länder der Bundesrepublik Deutschland*, 2004.

63 PIRLS/IGLU ist eine Studie der International Association for the Evaluation of Educational Achievement (IEA). Die Gesamtverantwortung für die internationale Organisation von PIRLS/IGLU trägt das Boston College Chestnut Hill, MA (USA).

chung zum Musikunterricht, die sich über den Zeitraum 1992 bis 1998 erstreckte und das Verhalten von Berliner Grundschulkindern mit zusätzlicher musikalischer Förderung ins Visier nahm[64], zeigte wesentliche Zusammenhänge zwischen einer (erweiterten) musikalischen Schulbildung und persönlichkeitsbezogenen Parametern der untersuchten Schüler/-innen auf.[65] Die Studie »elektrisierte« und löste im öffentlichen Bildungsdiskurs, der nicht nur auf das Fach »Musik« beschränkt blieb, mannigfaltige Reaktionen aus.[66] Obwohl die Fachdiskussion um die durchgeführten forschungsmethodischen Schritte kontrovers geführt wurde[67], gelang es, die Abgrenzung und Verinselung des Faches »Musik« zunehmend aufzubrechen und auch der musikpädagogischen Forschung ein verstärktes öffentliches Interesse zukommen zu lassen. Bastians Bemühen um die Zukunft des Faches Musikpädagogik[68], das mitunter allgemein kulturpolitisch orientiert

---

64 Hans Günther Bastian: *Musik(erziehung) und ihre Wirkung. Eine Langzeitstudie an Berliner Grundschulen*, Mainz u. a.: Schott 2002³ (unter Mitarbeit von A. Kormann, R. Hafen, M. Koch).

65 Nach Bastians Angaben beeinflusst erweiterte Musikerziehung die Persönlichkeitsentwicklung von Grundschulkindern positiv. Zu den Einzelergebnissen vgl. H. G. Bastian ebd.

66 Vgl. dazu auch Jens Knigge: *Intelligenzsteigerung und gute Schulleistungen durch Musikerziehung: Die Bastian-Studie im öffentlichen Diskurs*, Saarbrücken: VDM Verlag 2007.

67 Herbert Bruhn: »Rezension zu Hans Günther Bastian (2000): Musik(erziehung) und ihre Wirkung. Eine Langzeitstudie an Berliner Grundschulen«, in: H. Gembris, R.-D. Kraemer, G. Maas (Hg.), *Macht Musik wirklich klüger? Musikalisches Lernen und Transfereffekte*, Augsburg: Wißner 2001, S. 271–275. – Maria Spychiger: »Antwort auf Hans Günther Bastian & Adam Kormann ›Transfer im musikpädagogischen Diskurs‹«, in: H. Gembris, R.-D. Kraemer, G. Maas (Hg.), *Macht Musik wirklich klüger? Musikalisches Lernen und Transfereffekte*, Augsburg: Wißner 2001, S. 67–69. – Michael Dartsch: »Musik und Transfer – ein weites Feld. Hans Günther Bastians Untersuchungen und ihre Folgen«, in: *nmz* 2/2003, S. 24. – Zu der Kritik an seiner Langzeitstudie zur musikalischen Bildung bezog Bastian in den folgenden Quellen Stellung. Hans Günther Bastian: »Nach langem Schweigen: Zur Kritik an der Langzeitstudie ›Musikerziehung und ihre Wirkung‹ (2000)«, in: http://www.musik-redaktion.de/HGBastian-replik.pdf. – Vgl. auch http://www.musikpaedagogik-online.de/unterricht/netzspezial/reflexion/bastian/show,17681.html [recherchiert am 07.06.09].

68 Bastian legte begleitend zu seiner Studie wichtige Ergebnisse in Form eines Taschenbuches vor, um sie für Eltern, Erzieher/-innen, Musiklehrer/-innen, Politiker/-innen und Jugendliche auf Landes- und Bundesebene zugänglich zu machen. Diese Maßnahme ermöglichte auch dem Personenkreis eine Beschäftigung mit der Thematik, der sich ansonsten nicht mit einer 700 Seiten umfassenden empirischen Studie befasst hätte. Vgl. Hans Günther Bastian: *Kinder optimal fördern –*

war[69], blieb nicht ohne Wirkungen. Nachhaltige Debatten um musikerzieherische Belange und deren Nutzen für die Entwicklung heranwachsender Kinder folgten. Die bildungspolitische Wirksamkeit dieser Diskussionen blieb bis auf den heutigen Tag lebendig.

Nach all den Erwartungen, die gemeinhin mit der Grundschulzeit verbunden werden, konnten gerade in jüngster Zeit bereits einige Ideen umgesetzt werden, andere harren ihrer Einlösung. Die Tatsache, dass die Institution Grundschule im Laufe ihrer Geschichte starke strukturelle und inhaltliche Veränderungen durchlebt hat und sich konzeptionell bei weitem nicht mehr so starr wie in vergangenen Zeiten präsentiert, macht deutlich, dass diese institutionalisierte Eingangsstufe in das Schulsystem auf Veränderungen in der Gesellschaft wie keine andere Schulform reagiert und dadurch einiges in Bewegung geraten ist. Heute wie in zukünftigen Jahren wird die Position der Grundschule im Schulsystem neu zu bestimmen sein. Die Hoffnungen auf neue Bildungschancen stützen sich nicht zuletzt auf die Profilbildungsinitiativen im Zuge der Verbindung mit einem weit gefassten Ganztagesangebot für Schülerinnen und Schüler. Der Grundschule dürfte es auf diese Weise gelingen, sich weiter zu emanzipieren, um ihren Selbstwert und ihre Eigenständigkeit im Dienste eines grundlegenden Bildungsauftrages zu behaupten. Schließlich ist der »Eintritt in die [Grund-]Schule [...] für das Kind viel mehr als ein Übergang. Es ist der Beginn in einer Einrichtung, die auch in fernerer Zukunft seine Lebensbewältigung beeinflussen wird«.[70] Eingedenk dieser Verantwortung kommt nicht nur den Kernfächern, sondern auch dem Musikunterricht in der Grundschule eine besondere Bedeutung zu, der für viele Kinder ohnehin die erste musikalische Orientierung bedeutet und möglicherweise die Weichen für weitere musikalische Betätigungen stellt.

mit Musik. Intelligenz, Sozialverhalten und gute Schulleistungen durch Musikerziehung, Mainz u. a.: Schott 2001.

69 Siehe dazu Hans Günther Bastian: »Brauchen wir Forschung im kulturpolitischen Alltag?«, in: *Diskussion Musikpädagogik* 27/2005, S. 48–51.

70 Eiko Jürgens: »Schwerpunkt: Übergang. Editorial«, in: *Grundschulmagazin* 74(1)/2006, S. 3.

2. Musikunterricht an bayerischen Grundschulen

Neben den historischen, institutionellen, verwaltungstechnisch-organisatorischen, bisweilen auch politischen Vorgaben sind es die fachliche Ausrichtung der Lerninhalte mit ihren einschlägigen Bildungszielen, aber auch die Vorgaben und individuellen Schwerpunkte in der Ausbildung einer jeden Lehrkraft, die das äußere Erscheinungsbild der Grundschule sowie die interne Unterrichtssituation prägen. Diese sind in jedem Bundesland, in jeder Schule, bei jeder Pädagogin und jedem Pädagogen unterschiedlich akzentuiert. Für das Fach Musik, das seinen Beitrag zur grundlegenden Bildung der Schülerinnen und Schüler leistet, werden derartige Einflüsse im Folgenden näher zu untersuchen sein, um ein weiteres Fundament für den Gesamtkontext der Thematik zu legen und den empirischen Teil der Studie vorzubereiten. Die Beantwortung der Frage, ob Musik im Fächerkanon einer Klasse eine besondere Förderung zuteil wird oder ob das Fach tendenziell vernachlässigt wird, gibt über den Stellenwert der Disziplin in der Unterrichtspraxis und in der Ausbildung der jeweiligen Lehrkraft Auskunft. Dass eine »erweiterte Musikerziehung« seit geraumer Zeit Erfolge zeigt und gerade in Bayern eine längere Tradition aufweist, ist bundesweit eine Besonderheit, die es überdies darzustellen gilt, um die Bedeutung musikalischer Bildung im Schulalltag der Kinder näher zu umreißen. Es ist müßig zu erwähnen, dass eine sich daraus ergebende Programmatik vielerorts einer unnachgiebigen Schulwirklichkeit entgegensteht, die wenig Spielraum lässt, das vorhandene Motivationspotenzial bei Lehrkräften sowie Schülerinnen und Schülern in musikalisch-schöpferische Kräfte umzuwandeln. Auf die Tatsache, dass musikalische Bildung einen wichtigen Beitrag zur Entfaltung persönlicher Werte leisten kann, wurde in der Geschichte der Musik mehrfach hingewiesen. Die Musik in ihrer Bedeutsamkeit für die »Bildung und Persönlichkeitsentwicklung« avanciert damit zu einem essenziellen Element in Unterricht, Erziehung und schulischem Leben insgesamt, dessen Umsetzung und Fruchtbarmachung – zumindest ideell – auch in den schulischen Rahmenplänen permanent eingefordert wird.[71]

[71] BayStM: *Grundschullehrplan*, S. 9.

2.1 Zur Bedeutsamkeit musikalischer Bildung

Die Geschichte der Musikerziehung ist geprägt von den unterschiedlichsten Bildungs- und Erziehungsidealen einer jeden Epoche.[72] Erzieherische Werte und damit wichtige Grundlagen für die Funktion und die Wirkungen von Musik lassen sich bis in die Antike zurückverfolgen. Obwohl die Ordnung der Grundtöne erst auf das dritte Jahrhundert vor Christi Geburt zu datieren und China geographisch zuzuordnen ist, wird in den einschlägigen Quellen gerne ein Diktum Konfuzius' zitiert (551–478 v. Chr.), das der Musik bereits für die Frühgeschichte menschlicher Kultur eine besondere Aussagekraft zuschreibt: »Will man erfahren, ob die Regierung eines Landes in Ordnung und seine Sitten rein seien, so lausche man auf seine Musik.«[73] Sicher wäre es verfehlt, die Interpretation dieser Textpassage am Buchstaben zu verankern und daraus vorschnell Schlüsse abzuleiten. Dass die konfuzianische Sicht aus einer komplexen Weltsicht entstand, die sich aus den soziologischen und religiösen Gegebenheiten ihrer Zeit nährte, dürfte für den Betrachter ebenso erkennbar sein wie der sich dadurch vermittelnde Glaube an ein heraufbeschworenes Prinzip des Gleichgewichts und der Harmonie, die die Musik der Antike – gleichsam einer magischen Kraft – für viele offenbar in der Lage war herzustellen. Eine ähnliche Auffassung vertritt die chinesische Musikerziehung nach Lü Schi Tsch (um 240 v. Chr.):

> Die vollkommene Musik kommt aus dem Gleichgewicht. Das Gleichgewicht entsteht aus dem Rechten. Das Rechte entsteht aus dem Sinn der Welt. Darum vermag man nur mit einem Menschen, der den Weltsinn erkannt hat, über Musik zu reden.[74]

Wenn auch diese Einschränkung im Hinblick auf eine Verständigung über Musik sowie die Einschätzung ihrer Wirkungen und Funktionen sehr weit geht, so manifestiert sich hier der Eindruck von einem »kindlichen Glauben an eine überirdische Zauberkraft [und Heilkraft, M. G.] der Musik«.[75] In ähnlicher Weise ist dieser Sachverhalt auf

---

72 Vgl. dazu Karl Heinrich Ehrenforth: Art. »Musikpädagogik. Geschichte der Musikerziehung«, in: *MGG2*, Sachtl., Bd. 6/1997, Sp. 1473–1499.

73 Zit. nach Otto Riemer: *Einführung in die Geschichte der Musikerziehung*, Wilhelmshaven: Heinrichshofen's Verlag 1970, S. 17.

74 Riemer: *Einführung*, S. 18.

75 Riemer: *Einführung*, S. 20. – Vgl. dazu auch Günther Wille: »Rhythmisch-musikalische Heilpädagogik in der Antike«, in: Orff-Institut an der Akademie »Mozarteum« Salzburg (Hg.), *Jahrbuch* 1962, Mainz u. a.: Schott 1962, S. 41–52.

ägyptische Musik auszuweiten, die mit der Darstellung ihrer Instrumente, Interpreten und den unterschiedlichsten Anlässen musikalischer Darbietungen vorwiegend aus Bilddokumenten hervorgehen und zu denen wenige explizit musikerzieherische Anleitungen überliefert sind.[76] Die Einflüsse aus anderen Hochkulturen Asiens stellen sich in vergleichbarer Form dar. Indische, babylonische und assyrische musikalische Entwicklungen betreffen eher die Findung eines Tonsystems und die dazu verwendeten Instrumente, als dass ein aus dieser Herkunft zu benennender Einfluss auf die Geschichte der Musikerziehung konkret spürbar geworden wäre. Emotionale und charakterdeutende Schlüsse können erst für die überragende Bedeutung der Musikerziehung im antiken Griechenland benannt werden. So maß beispielsweise der griechische Philosoph Platon (427–347 v. Chr.) in seiner Lehre vom idealen Staat *Politeia* (Πολιτεία) der Musik eine besondere Wirkung auf die seelische Entwicklung der Menschen zu:

> Welcher Art soll die Erziehung sein? Ich denke, es läßt sich schwerlich eine bessere finden als diejenige, welche die uralte Zeit erfunden hat[, ...] für den *Leib* die *Gymnastik*, für die *Seele* die *Musiké*.[77]

An anderer Stelle wird die der Musik zugedachte Wirkung auf die Charakterbildung und das Gemüt der Individuen noch deutlicher, wenn Platon dem Sokrates die Frage in den Mund legt:

> Ist nun [...] die Erziehung durch Musiké nicht darum von entscheidender Wichtigkeit, weil Rhythmus und Harmonia am meisten in das Innere der Seele eindringen und sie am stärksten ergreifen, indem sie die rechte Haltung mit sich bringen und den Menschen demgemäß gestalten, wenn er richtig erzogen wird, wo nicht, das Gegenteil?[78]

Mit »Musiké« (μουσική) intendierte Platon die Einheit von gebundener Sprache, Gesang, Instrumentalmusik und Bewegung (Gebärde, Reigentanz). Unter Einbeziehung der Musiké erzog er und bildete

---

76 Vgl. dazu Eckard Nolte: »Zum Musiklernen bei den alten Ägyptern«, in: R.-D. Kraemer (Hg.), *Musikpädagogik. Unterricht – Forschung – Ausbildung*, Mainz u. a.: Schott 1991, S. 265–269.

77 Thrasybulos Georgiades: *Musik und Rhythmus bei den Griechen. Zum Ursprung der abendländischen Musik*, Hamburg: Rowohlt 1958, S. 96. – Das Zitat stammt ursprünglich aus Platons *Politeia* (2.–4. Buch). Die kursive Schreibweise einzelner Termini wurde aus dieser Quelle übernommen. Vgl. dazu auch Albrecht Riethmüller, Heinrich Hüschen & Artur Simon: Art. »Musiké – musica – Musik«, in: *MGG2*, Sachtl., Bd. 6/1997, Sp. 1195–1213.

78 Georgiades: *Musik und Rhythmus*, S. 101.

seine »Wächter« heran, die einen von drei Ständen in seiner Politeia darstellten. Dabei war für ihn entscheidend, dass das Ethos (ἦθος) der Musik in die Seele des Hörers eindränge und dort wirksam werde. Der freie Grieche sah in der Verbindung des Guten mit dem Schönen (καλοκἀγαθία) das höchste ethische Ziel. Obwohl die als Einheit zu verstehende Musiké in der alt-griechischen Darstellung mehrere unterschiedliche Teilbereiche umfasste, bleibt unser heutiger, daraus abgeleiteter Begriff »Musik« weit hinter den damaligen Möglichkeiten. Als Einheit von Wort, Melos und ›Tanz‹ büßte die Musiké im Laufe der Zeit ihre Bedeutung ein zu Gunsten einer Autonomie der Künste. Bereits vom vierten Jahrhundert an begannen die unterschiedlichen Teilbereiche, sich zu emanzipieren. Diese Entwicklung hatte bereits bei Platons Schüler Aristoteles (384–322 v. Chr.) in seiner *Politik* (Πολιτικά), seiner wichtigsten staatsphilosophischen Schrift, eingesetzt. Für Aristoteles hatte die Musik in den drei Bereichen Bildung (παιδεία), Spiel (παιδιά) und Lebensgestaltung (διαγωγή) einen existenziellen Anteil.[79] Obwohl Aristoteles der musikkulturellen Realität näher stand als Platons »Polis-Vision«, konnte er das »schwindende Ansehen der Musikerziehung angesichts des Verlusts ihrer religiös-kultischen Verankerung nicht aufhalten«.[80] Es bleibt jedoch festzuhalten, dass nach aristotelischer Interpretation im Umkreis von Bildung und Erziehung (παιδεία) die Musik dazu beitrüge, das Streben nach Tugend (ἀρετή) zu fördern, den Charakter (ἦθος) zu bilden und damit zur Persönlichkeitsbildung beizutragen. Den Mittelpunkt dieser Anschauung bilde die Wirksamkeit (δύναμις) von Musik:

> Die Charaktere, die in die Mele bzw. Tonarten und in die Rhythmen eingelassen sind, versetzen die Musik in die Lage, den Charakter zu prägen, und machen die Musik daher dazu geeignet, in der Erziehung der Heranwachsenden zur Gemütsbildung herangezogen zu werden.[81]

---

79 Über die Musiké spricht Aristoteles insbesondere im achten Buch seiner *Politik* (Kap. 5–7), das von der Erziehung der Jugend handelt. In einer Reihe der dort diskutierten Probleme wirkt die aristotelische *Politik* ausgesprochen modern. Vgl. Georgiades: *Musik und Rhythmus*, S. 110. – Zur Musiksoziologie resp. zur Musik in der Erziehung bei Aristoteles siehe auch Albrecht Riethmüller: »Musik zwischen Hellenismus und Spätantike«, in: Albrecht Riethmüller & Frieder Zaminer (Hg.), *Die Musik des Altertums*, Laaber: Laaber-Verlag 1989, S. 207–322.

80 Vgl. Ehrenforth: Art. »Musikpädagogik«, Sp. 1478.

81 Vgl. dazu Aristoteles: *Politik*, 1340 a 38 – b 15, zit. nach Riethmüller: »Musik zwischen Hellenismus und Spätantike«, S. 221.

Darüber hinaus ist für Aristoteles der Nutzen der Musik für die Erholung (ἀνάπαυσις), das Vergnügen und den physischen Genuss, den sie bereitet, unbestritten. Nach Riethmüllers Interpretation der aristotelischen Auslegung vergnügt die Musik

> und ist ein unschädliches Genussmittel. Für die Kinder ist sie ein ihnen nötiger Zeitvertreib, und ehe sie sich daranmachen, Hausgerät zu zerschlagen, mag man ihnen Musik in die Hand geben wie eine Rätsche.[82]

In unserem Kulturkreis knüpfte Johann Gottfried Herder (1744–1803) als herausragender Vertreter neuhumanistischen Denkens an diese Überlegungen an und schrieb der Musik die Kraft zu, in die Seele des Menschen einzudringen, um diese zu bewegen. Dass sie sich auf die Entwicklung und die Entfaltung von Individuen resp. Edukanden förderlich auswirken kann, ist eine Annahme, die bis auf den heutigen Tag weit verbreitet ist. Wenn auch ein wissenschaftlicher Nachweis dieser Wirkkräfte nicht für alle Epochen der Musikgeschichte gelingen wird, so dürfte die Existenz von förderlichen Kräften, die der Musik innewohnen, weitgehend angenommen werden.

Die Reihe von Belegen aus der Geschichte der Musikerziehung, die mit der positiven Wirkkraft von Musik in Zusammenhang stehen, könnte noch lange fortgesetzt werden. Im historischen Diskurs wird der Musik – die einleitenden Gedanken verdeutlichen dies sehr schnell – im Vergleich zu der heutigen Bildungssituation ein anderer Stellenwert eingeräumt; die Auffassungen stehen sich in vielen Belangen kontrovers gegenüber. Musik hatte noch in früheren Jahren einen festen Wert in Bildung, Erziehung und im gesamten gesellschaftlichen Leben[83], wenn auch die dazu üblicherweise verbreiteten Kenntnisse und

---

82 Aristoteles: *Politik*, 1340 b 27, zit. nach Riethmüller: »Musik zwischen Hellenismus und Spätantike«, S. 224.

83 Der Wortursprung der lat. Form »Musicus« kann aus dem Griechischen μουσικός (μουσική) abgeleitet werden und impliziert die Kunst der Musen, der Sinnenden, die den Göttervater Zeus rühmen. Die »durch die Gunst [… der] Göttinnen berufenen« Musiker genossen dank ihrer Kunst in den antiken Hochkulturen ebenso ein hohes Ansehen wie die Sänger und Virtuosen des Mittelalters, wenn auch – zugegebenermaßen – ihre gesellschaftliche Stellung seit der Antike stark abgenommen hat und ihre pekuniäre Absicherung nicht zu allen Zeiten gesichert war. Vgl. dazu Walter Salmen & Marianne Bröcker: Art. »Musiker«, in: *MGG2*, Sachtl., Bd. 6/1997, Sp. 1213–1258. – Nach Gruhn war noch »das ganze 18. und 19. Jahrhundert […] geprägt von dem Gedanken der Veredelung des Menschen durch Musik.« Siehe Wilfried Gruhn: *Lernziel Musik. Perspektiven ei-*

Fertigkeiten vornehmlich eine gehobene Bildungsbürgerschicht auszeichneten. Obwohl sich Musik über lange Jahre im Zentrum des Interesses befand, ist nach Ansicht zahlreicher Experten in heutigen Tagen der Verlust allgemeiner Grunderfahrungen, auch musikalischer Art, in Gesellschaft und Schule zu konstatieren.[84] Für Wilfried Gruhn beispielsweise hat das Hören immer mit dem Entdecken vertrauter Muster zu tun. Werden diese Patterns in der unmittelbaren Umgebung entdeckt, wird für die Kinder ein Verstehen möglich; anderenfalls kann in der Regel keine Bedeutungszuschreibung stattfinden, und sie reagieren mit Ablehnung oder Ignoranz. Die Einstellungen gegenüber dem Musikunterricht sind symptomatisch für die Sachverhalte, die in der gesellschaftlichen Entwicklung zurück in die Vergangenheit reichen. In vielen Seminaren der Lehrerausbildung werden musikalische Lerninhalte mittlerweile ebenso wenig akzentuiert wie im Musikunterricht, wenn er in der Schulpraxis überhaupt noch stattfindet. Der wichtigen grundsätzlichen Überlegung, dass eine »musisch-kulturelle Bildung als Gegenpol wissenschaftlich rationaler Weltzugänge« unentbehrlich ist, wird dabei keine Beachtung geschenkt.[85] Gleichzeitig übersieht man, dass sich eine Vernetzung[86] mehrerer Hirnareale

---

ner neuen theoretischen Grundlegung des Musikunterrichts, Hildesheim u. a.: Georg Olms 2003, S. 39ff.

84 Vgl. das Kap. »Anforderungen an den Musikunterricht in einer veränderten Gesellschaft«, in: Gruhn, *Lernziel Musik*, S. 29–38. – Diese Auffassung steht durchaus im Zusammenhang mit der Feststellung D. Elschenbroichs, die Kinder hätten in Deutschland kein »general knowledge«. Siehe dazu Donata Elschenbroich: *Weltwissen der Siebenjährigen. Wie Kinder die Welt entdecken können*, München: Goldmann 2002[4], S. 149–153. – Vgl. dazu auch Hans Günther Bastian: »›Ohne Musik ist die Schule ein Irrtum‹. Nachdenken über Humanisierungspotenziale von (Musik)erziehung«, in: H. G. Bastian & G. Kreutz (Hg.), *Musik und Humanität. Interdisziplinäre Grundlagen für (musikalische) Erziehung und Bildung*, Mainz u. a.: Schott 2003, S. 73–88.

85 Gruhn, *Lernziel Musik*, S. 64f. – Rainer Schmitt: »Musik«, in: Einsiedler, *Handbuch Grundschulpädagogik*, 2005[2], S. 605.

86 Nach den Erkenntnissen mehrerer Hirnforscher erzeugt eine frühe musikalische Förderung vorteilhafte Anpassungsvorgänge des zentralen Nervensystems, die auch für andere Denkleistungen genutzt werden können. Auf Ressourcen dieser Art machte beispielsweise Eckart Altenmüller am 28.11.06 bei seinem Vortrag »Musik als neuronaler Wachstumsfaktor – Zur Natur und zu den Auswirkungen früher musikalischer Erfahrungen« aufmerksam (Vortragsreihe der Polytechnischen Gesellschaft e. V., Frankfurt am Main). Nach Altenmüllers Ansicht ist Musizieren »Vernetzungskunst« der Hirnareale resp. bildet den stärksten Reiz für Neuroplastizität. Vgl. dazu auch Eckart Altenmüller: »Musikerziehung als ›Brainjogging‹. Zu den Auswirkungen musikalischer Aktivität auf neuronale Netzwer-

durchaus wechselseitig bedingen und positiv auf alle Lernleistungen auswirken kann.[87]

Für den Unterricht in der Grundschule erweist sich der Musikunterricht als eminent wichtig, werden hier doch wichtige Grundlagen für das spätere Lernen gelegt und die Gleise für die weitere schulische Bildung der Kinder gestellt. Musikalische Elemente können hier in vielfältiger Weise auch in andere Fächer eingestreut werden, um nicht nur eine individuelle Vernetzung der Gehirnfunktionen, sondern auch eine interdisziplinäre Verknüpfung der Lerninhalte zu fördern.[88] Gerade aber auch im Hinblick auf veränderte Einstellungen von Kindern zum Musikunterricht, die eine Reaktion der Ausbildungsstätten erfordern, und auf die Frage nach neuen Zugängen zu Lernbereitschaft und Motivation ist eine neue Relevanz des Faches Musik zu konstatieren.[89] In den amtlichen Richtlinien für die bayerischen Grundschulen kommt der Musikerziehung insofern eine Bedeutung zu, als ihr eine Beteiligung am »Grundlegenden Unterricht« und am fächerverbindenden Lernen zugemessen wird, wobei hierbei auf ein »ausgewogenes Verhältnis der Lehrplananforderungen« zu achten sei.[90] Insgesamt wird in der Literatur und in Fachdiskussionen unterschiedlicher Art der Stellenwert der Musik immer wieder von neuem herausgestellt.

---

ke«, in: L. Huber & J. Kahlert (Hg.), *Hören lernen. Musik und Klang machen Schule*, Braunschweig: Westermann 2003, S. 16–35. – Manfred Spitzer: *Musik im Kopf. Hören, Musizieren, Verstehen und Erleben im neuronalen Netzwerk*, Stuttgart u. a.: Schattauer 2005. – Siehe dazu auch die Theorie zur Entwicklung musikalischer Fähigkeiten in früher Kindheit bei Edwin E. Gordon: *A music learning theory for newborn and young children*, Chicago: GIA Publ. Inc. 1997.

87 »Lernen« wird in diesem Kontext verstanden als »Klassenbegriff für eine Anzahl verschiedener Tätigkeiten, durch die Lernergebnisse erreicht werden. [...] In der Regel [ist das] ein Prozeß [...], der relativ dauerhafte Verhaltensänderungen bzw. Änderungen von Verhaltensdispositionen zur Folge hat, Änderungen, die nicht auf angeborene Reaktion, Reifung oder nur zeitweilige Körperzustände zurückzuführen sind.« Skowronek 1970, zit. nach Hans-Georg Schönwälder: »Anforderungsstrukturen und Schülertätigkeiten im Unterricht«, in: J. Berndt, D. W. Busch & H.-G. Schönwälder (Hg.), *Schul-Arbeit. Belastung und Beanspruchung von Schülern*, Braunschweig: Westermann 1982, S. 221. – Vgl. dazu auch Wolfgang Einsiedler: »Lehr-Lern-Konzepte für die Grundschule«, in: Einsiedler, *Handbuch Grundschulpädagogik*, 2005², S. 373.

88 Markus Cslovjecsek: »Klingend rechnen und sprechen lernen«, in: L. Huber & J. Kahlert (Hg.), *Hören lernen*, 2003, S. 80–94.

89 Maria Fölling-Albers: »Nicht nur Kinder sind verschieden. Kindheiten unter generationaler und (grundschul-)pädagogischer Perspektive«, in: J. Vogt (Hg.), *Musiklernen im Vor- und Grundschulalter*, 2005, S. 17–36.

90 BayStM: *Grundschullehrplan*, S. 11.

Die Ansicht, dass die Musik – ähnlich wie aus der Musikgeschichte bekannt – »als integraler Bestandteil einer Bildung« gelte, die allen zuteil werden müsse[91], ist mittlerweile salonfähig geworden und daher weitgehend populär. Auch der ehemalige Bundespräsident Johannes Rau wurde in seiner Amtszeit nicht müde, kulturelle Bildung für Kinder stets einzufordern:

> Ich weise immer wieder darauf hin: Kultur und kulturelle Bildung sind keine Luxusgüter, die wir uns leisten können, wenn es uns finanziell gut geht und auf die wir verzichten müssen, wenn die Verhältnisse finanziell enger werden. Kultur und kulturelle Bildung sind ein Grundrecht, auf das alle Anspruch haben.[92]

Seiner Auffassung nach kommt den »musischen« Lerninhalten gerade im Hinblick auf Bildung und Erziehung eine besondere Bedeutung zu:

> Musische Bildung ist nicht allein Privatsache und schon gar nicht Nebensache. Zu unserem gesellschaftlichen Selbstverständnis sollte gehören, dass Kultur eines der Güter ist, auf die Kinder genauso Anspruch haben wie darauf, schreiben, lesen und rechnen zu lernen. Nur eine Schule, die Verstand und Sinne gleichermaßen anspricht, kann jungen Menschen Orientierung geben.[93]

Die Forderung nach einem erhöhten Stellenwert des Faches Musik in Schule, Bildung und Erziehung ist nicht neu und wurde in jüngster Vergangenheit immer wieder formuliert, wenn es auch nicht allen, die sich dafür einsetzten, gelang, ihre Argumente an den kulturpolitischen Schaltstellen derart vorzutragen, dass sie auch auf Gehör stießen. Für die Entwicklung des »erweiterten Musikunterrichts« in Bayern war es Hermann Handerer (1914–1994), der in der Zeit erster Unterrichtsversuche mit seinem schulischem Musikangebot wichtige Pionierarbeit leistete. Der Komponist, Lehrer, Hochschuldidaktiker und Visionär bayerischer Musikpädagogik setzte sich über seine Lehr- und Fortbildungstätigkeit hinaus intensiv mit der »Bildungsbedeutsamkeit« des

---

91 Hans Bäßler: »Töne, Klänge, Farben. Vom Umgehen mit und Leben in der Musik als Horizont der Allgemeinbildung«, in: Hans Werner Heymann (Hg.), *Allgemeinbildung und Fachunterricht*, Hamburg: Bergmann und Helbig 1997, S. 56.

92 »Grußwort von Bundespräsident Johannes Rau [† 27.01.06] bei der Eröffnung des Kongresses der Kulturstiftung der Länder ›Kinder zum Olymp!‹« am 29.01.04 im Gewandhaus zu Leipzig. Vgl. http://www.bundespraesident.de/dokumente/,2.94157/Rede/dokument.htm [recherchiert am 09.04.07, 31.05.09].

93 Ebd.

Faches Musik auseinander[94], artikulierte seine Vorstellungen selbstbewusst gegenüber dem Bayerischen Staatsministerium und leistete mit seinem Einsatz einen entscheidenden Beitrag zur Aufwertung des Faches Musik in der Schule. Seine aktive Mitarbeit in der Unterrichtspraxis, die richtungweisenden Vorgaben für die Lehrplankommissionen sowie seine konzeptuellen Entwürfe in der Hochschuldidaktik beeinflussten maßgeblich die Auffassung zum Musikunterricht seiner Zeit. Obwohl Handerers Initiativen mittlerweile mehr als dreißig Jahre zurückliegen, zeichnen sie sich bis auf den heutigen Tag durch nachvollziehbare Gedankengänge aus, die zum einen anhaltend aktuell geblieben sind, zum anderen großenteils den gebräuchlichen Argumentationsfeldern von heute entsprechen. Sie sollen daher nachfolgend dargestellt werden, um das historische Werden des »erweiterten Musikunterrichts« nachvollziehbar zu machen und zu verdeutlichen, da zahlreiche Problemfelder damaliger Zeiten in der heutigen Diskussion in ähnlicher Form existieren. Denn Handerer beklagte schon vor einigen Jahren den permanenten Ansehensverlust des Faches Musik in der allgemein bildenden Schule:

> In eklektizistischer Manier wird dieses Fach je nach Bedürfnis hin- und herrangiert, herausgehoben, vernachläßigt oder ignoriert. Trotzdem es sich aus dem Raum der »musischen Extravaganz« in die Reihe der didaktischen Fächer eingeordnet hat und seine Grundlagen u. a. wie jedes Unterrichtsfach auch aus der Schulpädagogik bezieht, ist es bis jetzt nicht gelungen, dem Fach Musik jene Form von Kontinuität institutionell zu sichern, die für eine Bildungseffektivität auf breiter Basis notwendig wäre.[95]

Eine flächendeckende musikalische Bildungsarbeit war nach Handerers Ansicht vor seinen Reformen weder im Klassenunterricht noch in Form von Spezialisierungen im Schulalltag gegeben. Bis zu seinem Eingreifen war die Existenz des Faches nur an einzelne Lehrer/-innen und Schulaufsichtsbeamte gebunden, deren Ideen jedoch nicht die Tragweite der von ihm vorgeschlagenen Konzeptionen einnahmen. Die immanenten Bildungs- und Erziehungsfunktionen waren nicht auf andere Fächer übertragbar. Zwar fanden sie sich im aktuellen Lehrplan ausgewiesen, in der Praxis wurden sie aber nicht ernsthaft umgesetzt. Die öffentliche Aufmerksamkeit, die dem Fach Musik und seiner in-

---

94 Hermann Handerer: *Bildungsbedeutsamkeit des Faches Musik in der Primarstufe*, hg. v. Bayerischen Lehrerinnen- und Lehrerverband e. V. (BLLV), Regensburg: Fachbereich Erziehungswissenschaften der Universität 1974 [NHH].

95 Handerer: *Bildungsbedeutsamkeit*, S. 1.

stitutionalisierten Form in der Schule zur Zeit Handerers entgegengebracht wurde, war bereits in den 1960er und 1970er Jahren der Gefahr ausgesetzt, stetig an Ansehen und Anerkennung einzubüßen. Handerer leitete daraus eine Diskrepanz zwischen der Stellung des Faches Musik in der Bildungshierarchie und dem zunehmenden musikalischen Bildungsbedürfnis in der Gesellschaft ab. Die Behebung dieses Bildungsnotstandes war für ihn untrennbar mit der Anerkennung der Bildungsbedeutsamkeit des Faches Musik verwoben, die er nicht mit der gesellschaftlichen Funktion der Musik gleichsetzte, sondern die seiner Auffassung nach viel tiefer begründet lag. Sich auf diese Argumentation einzulassen, setze die Erkenntnis des bislang an musikalischer Förderung Unterlassenen voraus.[96]

Nach heutiger Auffassung ist diese Sichtweise insofern zu korrigieren, als eine Argumentation durchaus denkbar ist, wenn man allein den in den Schulen umgesetzten Ist-Zustand bewertet und die sich daraus ergebenden Möglichkeiten gegenüberstellt. Das Kind bleibt und wird nach wie vor ein Wesen bleiben, das ein »ursprüngliches, natürliches Verhältnis zur Musik« besitzt und von sich aus »ohne Hilfe und Dazutun eines Dritten den Dialog, die Auseinandersetzung, die Identifikation mit Musik« sucht.[97] In dieser Zielrichtung ist auch die Konfrontation der Individuen mit der Musik der Gesellschaft zunächst von der Grundschule zu leisten, stets eingedenk des Prinzips der Chancengleichheit, das im Grundgesetz der Bundesrepublik Deutschland verankert ist. Handerers Appell von einst, der an Aktualität wenig eingebüßt hat, richtete sich an Kulturpolitiker, Pädagogen und Künstler, denen er eine besondere Verantwortung zuschrieb im Hinblick auf eine grundlegende musikalische Bildung. Für Handerer waren musikalische Fähigkeiten nicht nur eine Qualität, die jeden einzelnen Schüler auszeichnen sollte. Er erhob den Musikunterricht einer Gesellschaft zum »Schaufenster« der Musikkultur:

> Soll Musik im Kind […] als »Kulturphänomen« bzw. »Kulturgut« zur Wirkung kommen, muß [… sie] über die syntaktische Struktur hinaus »semantische Dichte« gewinnen, d. h. im kindlichen Bewußtsein zu einem ästhetischen Objekt, also zu einem Objekt mit bestimmten Bedeutungsgehalten, werden.[98]

---

96 Handerer bezieht sich dabei auf die Umsetzung seiner Pläne bzgl. einer flächendeckenden Einführung des »erweiterten Musikunterrichts« in Bayern, denen von Seiten des Schulträgers nur ansatzweise entsprochen werden konnte.

97 Handerer: *Bildungsbedeutsamkeit*, S. 2f.

98 Handerer: *Bildungsbedeutsamkeit*, S. 4.

Um sich ohne Einschränkung mit der Kulturwirklichkeit auseinandersetzen zu können, sollte der Musikunterricht die unterschiedlichsten musikalischen Genres nicht nur abdecken, sondern altersspezifisch erfahrbar machen und dafür die verschiedensten methodischen Zugangsarten berücksichtigen. Nicht nur die Entwicklung eines positiv rationalen, auch ein akustisch-emotionaler Bedeutungsgehalt wird mit Hilfe unterschiedlicher musikalischer Leitbilder aufgebaut.[99] In welchem Maße dieser Zielsetzung in der Grundschule entsprochen werden kann und sich die Musik zum subjektiven Kulturgut der Edukanden entwickelt, wird davon abhängen, welches Verhältnis der Mensch zur Musik gewinnen kann. Mit Nachdruck wies Handerer dem Fach einen wichtigen Platz im didaktischen Gefüge der Nachbardisziplinen Deutsch, Sport und Kunst zu und favorisierte eine interdisziplinäre Vernetzung, die sich nicht zuletzt aus Gründen verwandter methodischer Arbeitsweisen ergebe. Dabei verteidigte er insbesondere die Stellung des Faches Musik und sah die hier zu erwerbenden Fähig- und Fertigkeiten als elementare Förderung der Individuen an, Qualitäten, die in kaum einem anderen Fachbereich erworben werden könnten. Er verwahrte sich gegen eine zu starke Affinität oder gar ein schulpolitisches Wechselspiel mit dem Fach Kunst, denn beide Disziplinen haben ihre Berechtigung. Im Allgemeinen wandte er sich gegen Tendenzen, das Fach Musik im schulischen Kontext zu sehr von seinen fachinternen Lernmöglichkeiten abdriften zu lassen:

> Es besteht die Auffassung, Musikunterricht stehe außerhalb von »Sachzwängen«, sei »Begabungssache«, ein »Hobbyfach«, habe mehr oder minder nur informativen Charakter und sei je nach Neigung mit Kunstunterricht [...] auswechselbar.[100]

Eine Auffassung des Faches Musik, die sich als Unterrichtsprinzip versteht, war für Handerer in starkem Maße von drei Faktoren abhängig, die eine unerlässliche Voraussetzung für das Maß an Bildungseffektivität darstellen: Dazu gehörte die Zeit, die für die Bildungsmaßnahmen notwendigerweise eingeplant werden musste.[101] Ausreichend

---

[99] Auch heute sind die im Musikunterricht vieler Lehrer/-innen wahrgenommenen »emotionalen und affektiven Möglichkeiten« – ähnlich den Arbeitsweisen in den Fächern Kunst und Sport – als Gegengewicht zu einer »vorwiegend rational geprägten Weltsicht« zu interpretieren. Vgl. Schmitt: »Musik«, S. 605.

[100] Handerer: *Bildungsbedeutsamkeit*, S. 1. – Die Bedeutung des Unterrichtsfaches Musik im Hinblick auf die unterschiedlichsten Fördermöglichkeiten wurde bereits zur Zeit Handerers verkannt und unterschätzt.

[101] Handerer: *Bildungsbedeutsamkeit*, S. 10.

Zeit implizierte für ihn, dass es einer Lehrkraft ermöglicht wird, kontinuierlich in einer Klasse zu unterrichten und die für den Unterricht erforderliche Ruhe auszustrahlen, mit der erst eine nachhaltige Wirkung der musikalischen Lerninhalte erzielt werden kann. Zum zweiten war der Lernerfolg für Handerer von der didaktisch-methodischen Konzeption des Musikunterrichts abhängig. Neben den Inhalten fachlicher Art war es eine wesentliche Voraussetzung, dass der Musikunterricht – auch in konzeptuell erweiterter Form – allen Schülerinnen und Schülern, d. h. dem Kollektiv aller sozialen Schichten, zugänglich war und keine Auswahl nach Begabung im Vorfeld stattfand.[102] Schließlich war es für Handerer die Lehrerpersönlichkeit und ihre Einstellung zum Fach, von der der Lernerfolg in starkem Maße abhängig sei. Für den »erweiterten Musikunterricht« seiner Zeit formulierte er, dass man

> vom Lehrer in Modellklassen mit erweitertem Musikunterricht [erwarte], daß er sein musikalisches Engagement im Wirkungskreis des gesamtdidaktischen Arbeitsfeldes sieht und daß seine erzieherische Motivation über den Horizont des Musikunterrichts hinausgeht.[103]

Diese Auffassung hat sich im Wesentlichen bis heute nicht geändert. Ohne geeignete Lehrerpersönlichkeiten, die von der Sache fasziniert sind und sich in ihrem Unterricht über fachliche Grenzen hinaus einsetzen, sind auch (musik-)erzieherische Wirkungen schwerlich zu erzielen. Sollte die Identifikation der Lehrkraft mit Musik gelingen[104], so ergeben sich aus dem Musikunterricht unerschöpfliche Möglichkeiten zur kreativen Arbeit, die ein positiv-emotionales Verhältnis zu den Lerninhalten schaffen und die nicht zuletzt zur individuellen Persön-

---

[102] »Eine Auswahl der Kinder nach musikalischer Begabung wird nicht vorgenommen. Es handelt sich um normale Klassen, deren Kinder sehr oft sogar aus unterprivilegierten sozialen Schichten kommen.« Handerer: *Bildungsbedeutsamkeit*, S. 10.

[103] Handerer: *Bildungsbedeutsamkeit*, S. 11.

[104] »Identifikation mit Musik bedeutet nicht nur ein positiv rationales, sondern auch ein positiv emotionales Verhältnis zur Musik zu haben.« Handerer: *Bildungsbedeutsamkeit*, S. 5. – Vgl. dazu die Anmerkung Hans Bäßlers, der sich mit seiner Einschätzung zum heutigen Musikunterricht an Hans Werner Heymanns Einführung zu gleichnamigem Buch »Allgemeinbildung als Aufgabe der Schule und als Maßstab für Fachunterricht« orientiert: »Die Fähigkeit zu unterscheidendem und folgerichtigem Denken fordert […] von den Künsten, daß die emotionale Dimension eigenen Denkens und Verhaltens in gleicher Weise wie die kognitive einbezogen werden und Eingang in das Handeln finden muß.« Vgl. Bäßler: »Töne, Klänge, Farben«, S. 62.

lichkeitsbildung der Kinder beitragen. Letztgenanntes Kriterium ist ein Desiderat, das sich in der Fachdiskussion um den Stellenwert des Faches Musik bis auf den heutigen Tag gehalten hat.[105] Verantwortungsbereitschaft mit einer Stärkung des Schüler-Ichs, Weltorientierung, die dabei notwendige kritische Vernunft als »Horizont der Allgemeinbildung« sind Eigenschaften, die den Mädchen und Jungen nicht mit einem Mal vermittelt werden können, sondern die im Musikunterricht sukzessive angebahnt werden.[106] Bei Hermann Handerer finden sich diese Ziele des Musikunterrichts zum ersten Mal vorbereitet, strukturiert und selbstbewusst artikuliert, insbesondere im Hinblick auf die Musikerziehung in bayerischen Grundschulen. Er war bestrebt, die Werte des Musikunterrichts innerhalb des Faches zu suchen und ihre Bedeutung nicht auf den Nutzen für andere Fächer zu beschränken. Seine Auffassung liegt durchaus auf der Linie, die auch Johannes Rau für den heutigen Musikunterricht vorgab:

> So nützlich Kunst und kulturelle Bildung ohne jeden Zweifel sein können, so wenig dürfen wir sie auf ihre Nützlichkeit reduzieren. Wir brauchen sie jenseits von Nützlichkeit und Verwertbarkeit, weil sie eine der Formen sind, in denen wir Menschen uns die Welt aneignen und damit auch unsere Möglichkeiten, die Welt zu gestalten.[107]

Handerers Ansätze waren richtungweisend für die gesamte fachliche Diskussion seiner Zeit. Sein Engagement, das auf das Kennenlernen der musikalischen Sprache als Grundvoraussetzung weiterer fachinterner Beschäftigungen abzielte, erwies sich für lange Jahre beispielgebend für die Musikerziehung. Handerers Persönlichkeit blieb mit dem Phänomen des »erweiterten Musikunterrichts« verbunden, ein Unterrichtsprinzip, das sich nach wie vor einer anhaltenden Aktualität erfreut und das daher bis auf den heutigen Tag in zahlreichen didaktischen Entwürfen zum Musikunterricht europaweit wiederkehrt.

---

105 Josef Scheidegger & Hubert Eiholzer: *Persönlichkeitsentfaltung durch Musikerziehung.* Europäischer Kongress für Musikpädagogik (Luzern), Aarau: Musikedition Nepomuk 1997.

106 Nach Bäßler ist es durchaus ein lohnenswertes Unterfangen, im Musikunterricht Verantwortungsbereitschaft bei den Kindern zu fördern, denn Kinder wollen Verantwortung übernehmen. Vgl. Bäßler: »Töne, Klänge, Farben«, S. 63.

107 Grußwort von Bundespräsident Johannes Rau: »Kinder zum Olymp!« – Die »Nützlichkeit« wird empirisch mit sogenannten Transfereffekten in Zusammenhang gebracht. Da es sich jedoch in der vorliegenden Studie nicht um eine Treatment-Untersuchung handelt, soll die Diskussion von Effekten dieser Art anderen Studien vorbehalten bleiben.

Die Grundschule ist der zentrale Ort, an dem alle Schülerinnen und Schüler von der ersten bis zur vierten Jahrgangsstufe vereinigt sind. Um den Anteil der einzelnen Fächer am Bildungsauftrag der Grundschule formal zu regeln und ihnen ihr quantitatives Stundendeputat zuzuweisen, orientiert sich der Unterricht an den im jeweiligen »Fachprofil«, den »Hinweisen zum Unterricht« und den in den amtlichen Fachlehrplänen formulierten Vorgaben.[108] Der Grundschullehrplan des Jahres 2000 erkennt die musikalische Förderung aller Kinder als unersetzbaren Beitrag zum Bildungsauftrag an, da sich die »jedem Kind eigene Ansprechbarkeit und Begeisterung für Musik« gerade im Kindesalter entwickeln könne.[109] Die zentrale Aufgabe des Faches Musik sieht er in einer »musikalischen Bildung, die sich darauf richtet, Menschen zu einem individuellen und eigenen Prozess von lebenslanger Bildung anzuregen [...,] getragen von der Verantwortung[,] den Dingen, den anderen und sich selbst gegenüber, mit den genannten unverwechselbaren Bildungsmitteln der Musik«.[110] Der Blickwinkel ist im Fach Musik nicht von Anfang an auf Selektionsentscheidungen ausgerichtet, sondern orientiert sich weit stärker an den persönlichen Eindrücken der Kinder. Freude an der Musik und Aufgeschlossenheit, die durchaus an Vorerfahrungen anknüpfen können, tragen ebenso zur Persönlichkeitsbildung bei wie die musikpraktischen Aktivitäten, die in der Grundschule vor musiktheoretischen Anknüpfungspunkten stehen sollten. In der Tat zeichnet sich der Unterricht in Musik durch eine Reihe vorzüglicher Lernmöglichkeiten und -zugänge aus, die in kaum einem anderen Fach derart schülerorientiert verfolgt werden können: Übungen zur motorischen Koordination, zur Sprachbildung und zur Förderung der Konzentration bilden eine Selbstverständlich-

---

108 Ulrich Vieluf & Peter Daschner: »Lehrpläne für die Grundschule«, in: Einsiedler, *Handbuch Grundschulpädagogik*, 2005^2, S. 363–372. – Ein Überblick über Inhalt und Entwicklung verschiedener deutscher Lehrpläne geht aus folgenden Quellen hervor. Vgl. Eckhard Nolte: *Lehrpläne und Richtlinien für den schulischen Musikunterricht in Deutschland vom Beginn des 19. Jahrhunderts bis in die Gegenwart. Eine Dokumentation*, Mainz u. a.: Schott 1975. – Ders.: *Die neuen Curricula, Lehrpläne und Richtlinien für den Musikunterricht an den allgemeinbildenden Schulen in der Bundesrepublik Deutschland und West-Berlin. Einführung und Dokumentation. Teil I: Primarstufe*, Mainz u. a.: Schott 1982.

109 Fachprofil Musikerziehung, in BayStM: *Grundschullehrplan*, S. 43.

110 Margot Auer & Horst W. Hartwig: *Lehrplankommentar für die bayerische Grundschule. Didaktische Grundlagen und praktische Umsetzung*, Bd. 1, Donauwörth u. a.: Auer 2001, S. 250.

keit und tragen in gemeinsamem Lernen zu einer immer wichtiger werdenden sozialen Kompetenz bei.

Ein kurzer Blick in die jüngste Vergangenheit bayerischer Grundschulen zeigt, dass die konkrete musikerzieherische Arbeit seit der zweiten Hälfte des 20. Jahrhunderts durch unterschiedliche Lehr- und Bildungspläne angeleitet wurde, die aus den Jahren 1950, 1966, 1971, 1981 und 2000 stammen und in denen das Fach Musik jeweils unterschiedlich akzentuiert war.[111] In den Übergangsrichtlinien der Nachkriegszeit hatte notwendigerweise zunächst eine Rückbesinnung auf frühere Erlasse stattgefunden, in besonderer Weise auf die Lehrordnung für die bayerischen Volksschulen aus dem Jahr 1926.[112] Der Bildungsplan von 1950 orientierte sich organisatorisch an der Dreigliedrigkeit des Schulwesens, wie sie aus Weimarer Tagen bekannt war.[113] Inhaltlich fanden zunächst noch die Ideen des musischen Bildungsgedankens Umsetzung, die der Förderung des Gemeinschaftslebens dienen sollten. Die besondere Beachtung menschlicher Tugenden, Gottesfurcht, Achtung der Würde des Menschen sowie die Aufgeschlossenheit für alles Gute, Wahre und Schöne riefen die Bildungsziele von Antike und Humanismus ins Gedächtnis.[114] Ganzheitliche Zugangsweisen und die psychologischen Voraussetzungen wurden hier ebenso proklamiert wie das Singen, das zunächst zentraler Gegenstand musikalischer Arbeit blieb und sich in der Festlegung eines ausgewählten Liedgutes niederschlug.[115] Übungen in benachbarten Themenfeldern dienten ausschließlich dem Vortrag der einzustudierenden Stimmen. Nachdem der Bildungsplan einige Jahre in der Unterrichtspraxis erprobt und die Ergebnisse daraufhin lebhaft diskutiert wurden, ge-

---

111 Zum Überblick über die verschiedenen Lehrplanrichtlinien vgl. Hans Jürgen Apel: *Lehrplan- und Curriculumentwicklung in Bayern* (1950–1991), München: PimS-Verl. 1991.

112 *KMBl.* 1926, S. 127ff.

113 Bayrisches Staatsministerium für Unterricht und Kultus: »Bildungsplan für die Bayrischen Volksschulen. Bekanntmachungen des Staatsministers für Unterricht und Kultus« v. 22.08.1950, Nr. IV 57477, in: *Amtsblatt des Bayrischen Staatsministeriums für Unterricht und Kultus*, München: [Eigenverlag] 1950. – *KMBl.* 1950, S. 217ff.

114 Zur Einreihung der Lehrpläne in den schulischen Kontext vgl. auch Josef Fenninger: *Untersuchung zum schulischen Musikunterricht in Bayern vom Ende des Zweiten Weltkriegs bis zum Beginn der siebziger Jahre*, Frankfurt/M. u. a.: Peter Lang 1997, S. 23.

115 *KMBl.* 1950, S. 253f.

schah die offizielle Einführung der mehrfach revidierten Fassung im Schuljahr 1955/56.[116]

In den Stoffplänen aus dem Jahre 1966 sind die Ausführungen zum Musikunterricht allgemein formuliert und nicht für jede Jahrgangsstufe konkretisiert; für die Unterstufe der Volksschule behielt der Bildungsplan von 1955 weiterhin seine Gültigkeit.[117] Das Instrumentalspiel als zusätzlicher Lerninhalt im Kernbereich der Klassen 1 bis 4 konnte daher beibehalten werden, ein Indiz dafür, dass der Musikunterricht fortan stärker künstlerisch orientiert war. Ein wichtiges Anliegen der amtlichen Richtlinien war, den Kindern den »Zugang zur Musik« zu eröffnen und »Freude an der Musik« zu wecken. Darüber hinaus lag der Vorstoß aus dem Jahr 1966, bayernweit »Musikmodellklassen« einzurichten, durchaus in dieser Zielrichtung. Er wird daher in Kap. I. 2.4 näher vorgestellt, in dem ausführlich auf die Entstehung eines erweiterten Unterrichtsangebotes im Fach Musik eingegangen wird. Mit der Bildungsreform in den 1970er Jahren, die auf die Schul- und Hochschullandschaft massiv Einfluss ausübte, ging eine wissenschaftliche Orientierung schulischer Lerninhalte einher, die für das Fach Musik einschneidende Veränderungen mit sich brachte.[118] Formal kam dies allein dadurch zum Ausdruck, dass der Musikunterricht mit Beginn des Schuljahres 1970/71 nicht mehr zweistündig erteilt, sondern auf *eine* Unterrichtsstunde in der Woche reduziert wurde.[119] Dies betraf die dritten bis einschließlich sechsten Klassen. Inhaltlich hatten Kritikansätze unterschiedlicher Art – hier sind vorrangig die Einwände Warners und Adornos aus den 1950er Jahren zu nennen – didaktisch-konzeptionelle Neuansätze bzgl. der Art und Vermittlung musikalischer Elemente eingeleitet. Die Tatsache, dass fortan Lied und Singen ihre Dominanz einbüßten und stattdessen mit dem Musikhören, der Einbeziehung von Körperbewegung zur Musik (Gymnastik, Tanz) und der Improvisation neue *Bildungs*inhalte Geltung beanspruchten, machte auch eine Reform der Lehrerbildung vonnöten, um die fachliche und didaktische Ausweitung auf curriculare Inhalte neu

---

116 *KMBl.* 1955, S. 425ff. – Zu der fachinternen Kritik an den Lehrplanfassungen vgl. Fenninger: *Untersuchung zum schulischen Musikunterricht*, S. 55ff.

117 Vgl. die »Richtlinien für die bayerischen Volksschulen« aus dem Jahre 1966, in: *KMBl.* 1966, S. 266ff.

118 Bayerisches Staatsministerium für Unterricht und Kultus: *Lehrplan für die Grundschule* v. 01.04.1971, Nr. III A – 4/41 020, Textausgabe, Donauwörth: Auer 1971. – Anton Kurzka & J. B. Winkler: *Kommentar zum Lehrplan für die Grundschule in Bayern* 1971, 1.–4. Jahrgangsstufe, Kronach: Carl Link 1974[7].

119 Vgl. dazu die zugehörige Stundentafel im Lehrplan ebd., S. 7.

ausrichten zu können. Robinsohns Schrift *Bildungsreform als Revision des Curriculums*[120] hatte dazu den schulpolitischen »Stein des Anstoßes« gegeben.

Die musische Ausrichtung des Faches Musik in der Volksschule gehörte mit der entstandenen Neufassung des bayerischen Grundschullehrplans von 1971 der Vergangenheit an. Die Einsicht, dass »die Grundschule [...] zusammen mit der Vorschulerziehung das Fundament des gesamten Bildungssystems« sei, wurde jedoch erstmals explizit formuliert.[121] Eindeutige Arbeits- und Beobachtungsaufgaben, die auf dem Leistungsprinzip beruhten, verhalfen dem Fach Musik, aus dem Schattendasein herauszutreten und eine Aufwertung im Fächerverbund der Grundschule zu erfahren. Gemeinsam mit der Loslösung vom musischen Bildungsgedanken war diese inhaltliche Aufwertung ein erster Schritt zur Emanzipierung des Faches. Es dauerte bis zum Jahre 1981, bis Musik in der Stundentafel des Lehrplanes für die Jahrgangsstufen 1 bis 4 wieder zweistündig vorgesehen wurde und sich der Neubeginn auf inhaltlicher Seite auch im Stundenmaß niederschlug.[122] Entscheidende Neuerung war außerdem, dass seit dem Schuljahr 1976/77 bereits »Musik- und Bewegungserziehung« unterrichtet wurde und sich der Grundsatz Carl Orffs realisiert fand, dass

> elementare Musik [...] nie Musik allein [ist], sie ist mit Bewegung, Tanz und Sprache verbunden, sie ist eine Musik, die man selbst tun muß, in die man nicht als Hörer, sondern als Mitspieler einbezogen ist. [...] Elementare Musik ist erdnah, naturhaft, körperlich, für jeden erlern- und erlebbar, dem Kinde gemäß.[123]

Aus der folgenden Tabelle geht die Integration des Faches Musik- und Bewegungserziehung in den »Grundlegenden Unterricht« der 1./2. Jahrgangsstufe (LP 1981) hervor. Neben Musik waren hier die Fächer Deutsch, Mathematik, Heimat- und Sachkunde sowie Kunsterziehung angesiedelt. In den Jahrgangsstufen 3 und 4 wurde das Fach Musik in der Regel durch den Klassenlehrer oder einen Fachlehrer erteilt und war wieder mit zwei Unterrichtsstunden in der Stundentafel vorgese-

---

120 Saul B. Robinsohn: *Bildungsreform als Revision des Curriculums*, Neuwied am Rhein u. a.: Luchterhand 1967.

121 Bayerisches Staatsministerium: *Lehrplan für die Grundschule* 1971, S. 5.

122 Bayerisches Staatsministerium für Unterricht und Kultus: *Lehrplan für die bayerischen Grundschulen*, KWMBl I So.-Nr. 20/1981.

123 Carl Orff: »Das Schulwerk – Rückblick und Ausblick«, in: Orff-Institut an der Akademie »Mozarteum« Salzburg (Hg.), *Jahrbuch* 1963, Mainz u. a.: Schott 1964, S. 16.

hen. Die Herstellung eines ausgewogenen Verhältnisses der Lerninhalte blieb zumindest im »Grundlegenden Unterricht« der individuellen Einschätzung des Klassenleiters vorbehalten:

Tab. 2: Lernbereiche im Fach Musik (LP 1981)

Musik- und Bewegungserziehung	Musik
Jahrgangsstufen 1–4	
Sprechen und Singen Spielen auf einfachen Instrumenten Musikhören- und aufschreiben	
Sich-Bewegen und Tanzen 1. Jahrgangsstufe 2. Jahrgangsstufe	Sport: Gymnastik und Tanz, Kennenlernen von einfachen Tanzschritten, -figuren und –formen

Auch im amtlichen Lehrplan des Jahres 2000 für die Grundschulen in Bayern blieben zwei Musik-Unterrichtsstunden obligatorisch, in die eine Reihe von Lerninhalten paritätisch aufgeteilt wurde. Nach einer Erprobungsphase fand die Einführung dieses Grundschullehrplans im Zeitraum 2001 bis 2005 sukzessive statt und löste die Unterrichtsrichtlinien aus dem Jahre 1981 ab. Der Übergang zu den neuen Richtlinien erfolgte zunächst in der ersten Jahrgangsstufe im Schuljahr 2001/02 bis zur vierten Jahrgangsstufe im Schuljahr 2004/05.[124]

Insgesamt betrachtet hatten die Inhalte des Musikunterrichts in der Nachkriegszeit deutliche Umstrukturierungen erfahren. Von vorwiegend musischem Gedankengut, das an reformpädagogische Entwürfe anknüpfte, nahmen sie ihren Ausgangspunkt hin zu einer künstlerisch-fachlichen Akzentuierung und erfuhren schließlich in den Lehrplänen von 1981 und 2000 eine didaktische Schwerpunktsetzung, die zu einer vorher nicht gekannten Profilbildung des Faches Musik beitrug. Wenn die Ästhetische Erziehung heutiger Tage als neuer konzeptioneller Entwurf wieder die »Wahrnehmung des Ganzen« und das »Lernen mit allen Sinnen« und damit die »wechselseitige Erhellung der Künste«[125] ins Zentrum des Interesses rückt, so ist damit keinesfalls

124 Vgl. BayStM: *Grundschullehrplan*, S. 2.

125 Constanze Rora: »Musikunterricht in der Grundschule aus der Perspektive Musisch-Ästhetischer Erziehung«, in: Vogt (Hg.), *Musiklernen im Vor- und Grundschulalter*, 2005, S. 50–62.

eine Reanimation von Musischer Bildung[126] intendiert, sondern eine Bewusstmachung der für das Lernen erforderlichen Sinnestätigkeit und der Ableitung der Erkenntnisprozesse aus der Sinneswahrnehmung.[127] Nach Schmitt handelt es sich bei der Ästhetischen Erziehung um einen Gegenentwurf zur musischen Konzeption, zwei konzeptionelle Ansätze, die jedoch durchaus Gemeinsamkeiten aufweisen.[128]

In der Tat sind in den Lehrplänen der Jahre 1981 und 2000 einige Parallelen erkennbar. Die Lerninhalte bilden die Grundlage, auf der der Unterricht in allen Klassen stattfand, aus denen Schüler in der vorliegenden empirischen Studie befragt wurden. Die inhaltlichen Grundlagen des amtlichen Lehrplans für Grundschulen aus dem Jahre 2000 sollen daher im Folgenden für das Fach Musik näher beleuchtet werden, da sich diese strukturellen Maßgaben in den Unterrichtsstunden an den untersuchten Schulen wiederfanden:

Tab. 3: Lernbereiche im Fach Musik (LP 2000)

Musik machen	Musik erfinden	Musik hören	Musik umsetzen und gestalten
Jahrgangsstufen 1–4			
• Singen und sprechen • Mit Instrumenten spielen	• Experimentieren • Improvisieren und gestalten	• Instrumente erkunden • Musikbegegnung	• Sich zur Musik bewegen • Szenen spielen

126 Der Begriff ist durch die Musikerziehung im Dritten Reich stark vorbelastet. Vgl. dazu exemplarisch Ernst Krieck: *Musische Erziehung*. Vortrag, gehalten auf der III. Reichsführerwoche der Musikantengilde in Lichtental, Wolfenbüttel u. a.: Kallmeyer 1928.

127 Vgl. Adelheid Staudte (Hg.): *Ästhetisches Lernen auf neuen Wegen*, Weinheim u. a.: Beltz 1993. – Gunter Kreutz & Ulrike Wingenbach: »Lernbereich Musik«, in: Joachim Kahlert et al. (Hg.), *Ästhetisch bilden*, Braunschweig: Westermann 2006, S. 169–182.

128 Vgl. Schmitt: »Musik«, S. 607. – Es muss bei dieser Einschätzung in Betracht gezogen werden, dass die Trennung der Konzeptionen nicht in allen Fällen eindeutig vollzogen werden kann. In einzelnen fachlichen Ausrichtungen und Studiengängen existieren mittlerweile durchaus Überschneidungsfelder. An der Goethe-Universität Frankfurt beispielsweise verbindet der Studienzweig »Ästhetische Erziehung« die Disziplinen Deutsch, Kunst, Musik und Sport.

Der aktuelle Lehrplan des Faches Musik ist in die vier Teilbereiche »Musik machen«, »Musik erfinden«, »Musik hören« sowie »Musik umsetzen und gestalten« aufgeteilt.[129] Mit dem Plädoyer für ›ganzheitliche‹[130] Erfahrungen der Kinder findet sich gleichzeitig der Hinweis auf die notwendige Verbindung der verschiedenen Lernbereiche, wie es beispielsweise in einer Liederarbeitung erfolgreich praktiziert werden kann. Für die Auswahl von Liedern, Spielstücken, Tänzen und Liedern bleibt die Lebenswelt der Kinder entscheidend.[131] Während im bayerischen Grundschullehrplan 1981 noch ein Katalog zur Liedauswahl vorgegeben wurde – die Deutsche Nationalhymne waren für die vierte Klasse, die Bayernhymne »Gott mit dir, du Land der Bayern« für die dritte Klasse verbindlich vorgeschrieben –, erkannte man in den Richtlinien des Jahres 2000, dass Liedvorschläge einem steten Wandel unterworfen sind und die Aktualität des Lehrplanes möglicherweise schon nach kurzer Zeit nicht mehr gegeben ist. Man beschränkte sich daher darauf, Kriterien für eine Liedauswahl anzugeben und diese in den Anhang des Lehrplans zu integrieren. Die Melodien sollten sich durch »ansprechende rhythmische und melodische Eigenschaften« und durch »eine für das Kind« überschaubare Gliederung auszeichnen, damit sie »Freude bereiten«, »zum Singen anregen« und auch »unbegleitet singbar« sind.[132] Darüber hinaus wurde für die Altersgruppe empfohlen, einen stimmphysiologisch angemessenen Tonumfang (d'–f'') und einen diatonischen Tonvorrat zu berücksichtigen. Der Text bei Sprechversen und Liedern sollte »der Lebenserfahrung der Kinder« entstammen, »inhaltlich ansprechend« sein, die »sprachliche Bildung« unterstützen und gleichzeitig auch im Fach Musik den Grundsatz verwirklichen, der bereits mit der Integration des Art. 131 der Bayerischen Verfassung in den Lehrplan angeklungen war: die Achtung der »Würde des Einzelnen oder von Gruppen« und die »Anerkennung ethischer Grundsätze«.[133] Insgesamt war für die Liedauswahl vorgesehen, dass sie musikalische, formale, inhaltliche, kulturelle und interkulturelle Vielfalt berücksichtigt und aufbauendes Lernen ermöglicht. Die Aufstellung von Kriterien für einen Liedkatalog ist im Lehrplan

---

129 Vgl. dazu das Fachprofil Musikerziehung, BayStM: *Grundschullehrplan*, S. 43.

130 Im vorangegangenen Text erfolgte bereits eine Abgrenzung gegenüber dem in vielen Lehrplänen gebrauchten Terminus »ganzheitlich«. Vgl. Kap. I. 1.1.

131 Zur Verdeutlichung der Problematik vgl. auch Karl Heinrich Ehrenforth: »Musik als Leben. Zu einer lebensweltlich orientierten ästhetischen Hermeneutik«, in: *MuB* 6/1993, S. 14–19.

132 BayStM: *Grundschullehrplan*, S. 303.

133 Ebd.

sicher ein richtiger Schritt, wenn auch die Auslegung durch die Lehrkräfte rein subjektiv erfolgen musste. Dabei sollten sich das tägliche Musizieren und auch das Singen in anderen Fächern wechselseitig ergänzen, ein fächerverbindendes und auch ein projektorientiertes Arbeiten begünstigen.[134]

Als weiteres wichtiges Anliegen des Musikunterrichts werden die Entdeckung und Förderung musikalischer Begabungen, die Ermutigung zum Singen bei Kindern mit Stimmproblemen sowie die Integration nicht-deutscher Kinder im Lehrplan gesehen.[135] Darüber hinaus wird das Erleben eines »Live-Vortrages«, der von außerschulischen Musikern, von Mitgliedern einer Musikschule oder von örtlichen Musikgruppen ausgehen kann, als Bereicherung empfohlen. In Bayern ist die Öffnung der Grundschule vielerorts sehr gut möglich, da die Infrastruktur eine Vielzahl lokaler und regionaler Kooperationen begünstigt. Es wird daher auch in der empirischen Studie mehrfach erkennbar sein, dass sich zwischen Grundschulen und anderen lokalen Einrichtungen ein individuelles Beziehungsgefüge ergibt.[136] Die traditionellen Vorgaben und regionalen Besonderheiten wirken auf die Grundschulen ein und sind als »schülerfreundlich« zu werten, weil sich die Kinder mit den örtlichen Gegebenheiten identifizieren. Sie sind bisweilen auch für außerinstitutionelle Lernmotivationen verantwortlich. Dieser Zusammenarbeit, bedingt durch Übernahmen von Gewohnheiten traditionsreicher Vereine sowie deren Verflechtung mit schulischen Vorgaben, steht auch der Lehrplan offen gegenüber:

> Die Fachlehrpläne bilden in bestimmten Lernbereichen Auswahlmöglichkeiten. Damit können örtliche oder regionale Besonderheiten, aktuelle Begebenheiten oder auch Wünsche und Interessen von Kindern und Lehrern berücksichtigt werden.[137]

---

134 Vgl. dazu Herbert Gudjons: »Projektorientiertes Lernen«, in: Einsiedler, *Handbuch Grundschulpädagogik*, 2005², S. 402–406.

135 Interkulturelle Erziehung gehört zu den vorrangigen Aufgaben des Schulbetriebes. Vgl. dazu die Hintergründe bei Dorothee Barth: *Ethnie, Bildung oder Bedeutung? Zum Kulturbegriff in der interkulturell orientierten Musikpädagogik*, Augsburg: Wißner 2008.

136 Als eines von vielen Beispielen sei hier der oberbayerische Passionsspielort Oberammergau erwähnt, an dem auch die Schulen in den Verlauf der weltweit bekannten Passionsspiele eingebunden sind. Die Schüler sind mit ihren Eltern beteiligt als Sänger, Statisten u. a. und tragen zum Gelingen des Festspiels bei. Die aufwändigen Aufführungen der Oberammergauer Passionsspiele finden in Abständen von zehn Jahren statt.

137 BayStM: *Grundschullehrplan*, S. 13.

Wie aus den amtlichen Richtlinien erkennbar ist, werden musikalische Beiträge als Gewinn für das Schulleben und den Unterrichtsalltag gesehen, die ein Gemeinschaftsgefühl entstehen lassen und gleichzeitig Erfolgserlebnisse vermitteln. Dass dazu auch musikalische Arbeitsgemeinschaften (Schulchor, Instrumentalgruppen) eine wichtige Funktion einnehmen, ist eine richtungweisende Vorgabe des Lehrplans. Mit den »Hinweisen zum Unterricht« sind in dem Fachprofil Musikerziehung gleichzeitig die Vorzüge der Disziplin als »Beitrag zum Bildungsauftrag der Grundschule« formuliert. Die Ansprechbarkeit und Begeisterung für Musik, die gerade im Kindesalter zu erreichen ist, bilden dabei wichtige Anhaltspunkte für die Freude und die Aufgeschlossenheit gegenüber der Musik. Als Beitrag zur Persönlichkeitsbildung und als Förderung motorischer Koordination, sprachlicher Bildung, Konzentrationsfähigkeit und sozialer Kompetenz bietet Musik zahlreiche Arbeitsmöglichkeiten, die in vielen anderen Fächern weitaus schwerer ansprechbar sind. Im »gemeinsamen Tun«, im Singen, Spielen, Tanzen, Darstellen und Hören sollen die Kinder Musik nicht nur als Mittel der Unterhaltung, Entspannung oder Meditation erfahren, sondern als Möglichkeit des aktiven Umgangs mit (Selbst-)Darstellung und Gestaltung. Neu im Lehrplan 2000 ist dabei der Aspekt der Kreativität: Das Experimentieren mit Klängen, Rhythmen, Tönen, Sprache und Bewegung sowie das Einbeziehen von eigenen Melodie-/Rhythmuskonstruktionen stellt ein weites Erfahrungsfeld dar, das die Individualität der Kinder in besonderem Maße anspricht und das auch in die Leistungsfeststellung einbezogen werden sollte. Das Zeichen, das durch den Grundschullehrplan 2000 gesetzt wird und das mit der Einbeziehung einer Vielfalt neuer Liedkonzeptionen eine Öffnung des Musikunterrichts anstrebt, wurde von vielen Lehrkräften erkannt. Trotzdem blieben einige Unklarheiten, hauptsächlich für fachfremd unterrichtende Musiklehrkräfte, die notwendige Hilfestellungen vermissten. So war beispielsweise der bei den Liedern anzustrebende Tonumfang wenig realistisch, der – trotz fachlicher Argumentation – in den Vorgaben für viele Klassen um eine Terz zu hoch angesetzt und daher in der Schulpraxis schwer umzusetzen war. Angaben zur Leistungsfeststellung blieben fast gänzlich ausgespart.

Der amtliche Lehrplan hat im Laufe der Geschichte bayerischer Musikerziehung unterschiedliche Akzentuierungen erfahren. Mit seinen heutigen Vorgaben gibt er den Grundschulen ein inhaltliches Rahmenprofil vor, in dem sich der Unterricht individuell entfalten kann. Allerorts sollen die Maßgaben dazu beitragen, auch im Fach

Musik »Bedingungen für das Wohlbefinden der Kinder« zu schaffen, »soziale Erfahrungen« zu ermöglichen, »Interessen aus Lebenszusammenhängen« herauszugreifen und zu fördern.[138] Nicht immer gelingt jedoch die Schaffung eines inspirierenden Lebens- und Lernraumes in der Grundschule, da die Kinder von zahlreichen Restriktionen zeitlicher, räumlicher, personeller und organisatorischer Art bestimmt werden. Die zwei Unterrichtsstunden, die seitens des Lehrplanes offiziell in der Woche für Musik vorgesehen sind, kommen zudem häufig nicht dem Fach zugute. Viele Stundenpläne sehen für Musik nur Randstunden vor, denn die Disziplin wird nicht als Haupt-, sondern als Nebenfach behandelt, die für die Versetzung in eine weiterführende Schule in der Regel keine Rolle spielt. Für viele Schüler ist dieser Sachverhalt ein Grund dafür, dem Fach nicht den gleichen Respekt entgegenzubringen wie den Kernfächern. Auf schulischer Seite wird dieses »Schattendasein« des Musikunterrichts erhärtet durch bisweilen spärlich eingerichtete Musikräume mit wenigen technischen Geräten, die in vielen Fällen noch nicht einmal einer Minimalausstattung entsprechen.[139]

Die Realität des Faches Musik sieht seit Jahren anders aus als das Plan-Soll, das der Lehrplan vorgibt: Musik wird im schulischen Kontext in den seltensten Fällen als »wichtiger Bestandteil der kindlichen Lebenswelt«[140] vertreten, und die Vernachlässigung einer »musikalischen Förderung aller Kinder« in der Grundschule gleicht einem Kavaliersdelikt. Abgesehen von den jährlich stattfindenden Aufführungen zu schulischen Anlässen unterschiedlichster Art macht die Grundschul-Lernwirklichkeit vielerorts nicht den Eindruck, als ob die Ressourcen des Musikunterrichts für die Schaffung einer motivierenden Lern- und Lebensumwelt ernsthaft genutzt würden. Dieser Sachverhalt ist kein augenblicklicher Eindruck, vielmehr scheint sich an dem

---

138 Vgl. Wolfgang Einsiedler: »Lehr-Lern-Konzepte für die Grundschule«, in: Einsiedler, *Handbuch Grundschulpädagogik*, 2005², S. 373.

139 Häufig fehlt an Grundschulen sogar ein entsprechender Musikfachraum. »Für einen aufbauenden, die musikalischen Fähigkeiten und Fertigkeiten aller Kinder fördernden und auch das Schulleben insgesamt bereichernden Musikunterricht bildet [jedoch] ein Fachraum die Grundvoraussetzung.« Ernst Klaus Schneider: »Unterrichtsräume«, in: S. Helms, R. Schneider & R. Weber, *Handbuch des Musikunterrichts*, Bd. 1, Primarstufe, Kassel u. a.: Gustav Bosse 1997, S. 79–82. – Ders.: »Musikräume. Lernwirklichkeit für Schülerinnen und Schüler«, in: *MuB* 6/1990, S. 336–340.

140 BayStM: *Grundschullehrplan*, S. 43.

Status des Musikunterrichts seit Jahren wenig verändert zu haben.[141] Die fortschrittlich anmutenden Richtlinien des Jahres 2000 können nicht darüber hinwegtäuschen, dass Musik seit geraumer Zeit ein Mangelfach höchsten Grades ist. Denn das schulische Musikangebot und das musikalische Freizeitverhalten der Kinder, Schulmusik und Schülermusik stehen nicht immer im Einklang.[142] Kinder und Jugendliche, die sich für Musik interessieren, beschäftigen sich nach der Schule meist mit grundlegend anderen musikalischen Inhalten, als dies der offizielle Lehrplan für die Schule vorsieht.

> Insofern sind die stiefmütterliche Behandlung des Faches Musik in den Stundentafeln der Grundschule, die oft unzureichende apparative und räumliche Ausstattung sowie der nach wie vor große Mangel an Fachlehrern kaum verständlich.[143]

Die Öffnung von Schule und Musikunterricht[144], eine zunehmende Aufweichung verhärteter schulischer Rahmenbedingungen, wurde in Bayern im Jahre 2005 mit dem Kooperationsvertrag zwischen allgemein bildenden Schulen und Musikschulen anvisiert. Sie erscheint als richtiger Weg, der ein Potenzial im Hinblick auf eine für beide Seiten fruchtbare Zusammenarbeit birgt.[145] Die Möglichkeit einer derartigen Kooperation wurde im Übrigen bereits von Bähr (2001) wissenschaftlich ausgewertet und als gewinnbringend eingestuft.[146] Die Schulorganisation hat kaum andere Möglichkeiten als sich zu öffnen. Da der Schultag der Kinder in Zukunft zeitlich und inhaltlich stärker ausgeweitet wird und tendenziell eine Ganztagsbetreuung in

---

141 Vgl. dazu auch die Untersuchung von Karl Graml & Walter Reckziegel: *Die Einstellung zur Musik und zum Musikunterricht. Ein Beitrag zur Elternbefragung*, Mainz u. a.: Schott 1982.

142 Vgl. Heinz Antholz: »›Schülermusik‹ – ›Lehrermusik‹. Variationen über das Thema interpersonaler Beziehungsdifferenzen im Musikunterricht der allgemein bildenden Schulen«, in: Kreutz & Bähr, *Anstöße – Musikalische Bildung fordern und fördern*, 2004, S. 25–40.

143 Schmitt: »Musik«, S. 605.

144 Die »Öffnung von Schule« wird vielfach als Maß für allgemeine strukturelle Veränderungen verstanden. Dieses Einwirken auf den schulischen Rahmen hatte bereits in der Reformpädagogik seinen Ursprung.

145 Hier sei auf den Kooperationsvertrag v. 16.03.2005 zwischen der Bayerischen Staatsregierung und einzelnen Musikverbänden hingewiesen, der die Zusammenarbeit allgemein bildender Schulen und öffentlicher Musikschulen weiter intensivierte und ausbaute.

146 Johannes Bähr: *Zur Entwicklung musikalischer Fähigkeiten von Zehn- bis Zwölfjährigen. Evaluation eines Modellversuchs zur Kooperation von Schule und Musikschule*, Göttingen: Cuvillier-Verlag 2001.

Anspruch nehmen wird, ergeben sich gleichzeitig neue Möglichkeiten für ein attraktives musikalisches Angebot. Die individuelle Förderung aller Kinder könnte sich damit zu einem ehrlichen Anliegen schulischer Bildungsinteressen entwickeln und ernst gemeinte Angebote in den Musikunterricht einbeziehen.

2.3 Musikunterricht und Lehrerausbildung

Der Musikunterricht wurde in der Geschichte der Musikerziehung lange Zeit als Gesangsunterricht resp. als Singunterricht verstanden.[147] Die »allgemeine musikalische Bildung als Erziehungsziel der Schule« war erst seit der Schulmusikreform Leo Kestenbergs in den 1920er Jahren fassbar.[148] Zuvor konzentrierten sich die Bemühungen darauf, effektive Methoden zum Erlernen von Liedmelodien zu entwickeln; denn der Singunterricht war im Interesse von Kirche und Staat und half mit seinen einstudierten Liedern, althergebrachte linientreue Strukturen zu bewahren.[149] Ähnlich wie in anderen Bundesländern hatte der Musikunterricht an Volksschulen auch in Bayern das Lied als zentralen Unterrichtsgegenstand. Dies geht noch aus der »Lehrordnung für die bayerischen Volksschulen« aus dem Jahr 1926 hervor. Das Lied, politisch missbraucht als Träger ideologischen Gedankenguts, verlor in den Folgejahren nicht an Bedeutung. Aus Sicht der Musikpädagogik ist die »erzieherische« Arbeit mit Liedern durchaus

---

147 Vgl. dazu Karl-Heinz Reinfandt: »Zur Didaktik des Singens in Gesangslehren des 19. Jahrhunderts«, in: R.-D. Kraemer (Hg.), *Musikpädagogik. Unterricht – Forschung – Ausbildung*, 1991, S. 334–341. – Bernhard Hofmann: »Erziehung zum denkenden Reinsingen? Zur Didaktik und Methodik des bayerischen Schulgesangsunterrichts der 1920er Jahre«, in: H. Gembris, R.-D. Kraemer & G. Maas (Hg.), *Musikpädagogische Forschungsberichte* 1995, Augsburg: Wißner 1996, S. 141–154. – Zur Einreihung des Musikunterrichts in den Gesamtkontext musikalischer Erziehung an Schulen vgl. Siegmund Helms: »Musikunterricht in allgemein bildenden Schulen«, in: S. Helms, R. Schneider & R. Weber (Hg.), *Praxisfelder der Musikpädagogik*, Kassel: Gustav Bosse 2001, S. 115–139.

148 Kestenbergs Neuerungen bezogen sich u. a. auf die Bedeutung der Musik für Gemütsbildung und Volkserziehung, die starke Gewichtung der Inhalte Singen, Lied sowie der Methoden der Arbeitsschule im Unterricht. Vgl. Wilfried Gruhn: *Lernziel Musik*, S. 40. – Ders.: *Geschichte der Musikerziehung. Eine Kultur- und Sozialgeschichte vom Gesangsunterricht der Aufklärungspädagogik zu ästhetisch-kultureller Bildung*, Hofheim: Wolke 1993, S. 239ff.

149 Vgl. Schmitt: »Musik«, S. 604. – Eckard Nolte: *Die Musik im Verständnis der Musikpädagogik des 19. Jahrhunderts. Ein Beitrag zur Geschichte der Theorie musikalischen Lernens und Lehrens in der Schule*, Paderborn u. a.: Schöningh 1982.

zu verstehen, suggeriert die Beschäftigung mit einem gezielt vorbereiteten Liedgut doch ein Gemeinschaftsgefühl, in dem sich Parolen und politische Auswüchse leichter verbreiten ließen. Nach Ende des Dritten Reiches hatte die konzeptionelle musikerzieherische Arbeit daher nicht die Reife, um neue musikalische Themenbereiche einzubeziehen. Selbst die Prüfungsordnung von 1959 bot noch das bekannte Bild: Singen und Stimmbildung waren nach wie vor zentrale Inhalte der musikalischen Ausbildung des Volksschullehrers.[150] Singen ist bis heute ein wichtiger Inhalt des Musikunterrichts geblieben, wenn auch eingeräumt werden muss, dass eine Fülle zusätzlicher Ausgabenfelder dazugetreten ist. Die ungebrochene Aktualität des Gesangs ist nicht nur in der Veröffentlichung zahlreicher Unterrichtskonzepte spürbar, sondern gleichfalls in ihrer wissenschaftlichen Reflexion.[151] Während jedoch der Gesang vor einigen Jahren durchaus eine Selbstverständlichkeit in vielen Unterrichtsstunden war und keiner zusätzlichen Rechtfertigung bedurfte, sieht sich die heutige Lieddidaktik in der Position, das Singen in der Schule und damit primäre Musiziererfahrungen fördern zu müssen, da diese in Kindergarten und Elternhaus nicht mehr ausreichend gepflegt werden.[152] Das »Liedersingen« blieb in Konsequenz ebenso wie der Aufbau eines Liedrepertoires bei vielen Kindern dem schulischen Musikunterricht als ›eigentliche‹ Aufgabe erhalten. Für die Stellung resp. Gewichtung des Faches Musik im Fächerkanon der Grundschule ist es dabei interessant zu sehen, dass die Disziplin in ihrer geschichtlichen Entwicklung gegenüber anderen Fächern stets eine untergeordnete Rolle spielte. Sicherlich ist die Einstufung des »Singens« als alleiniger Mittelpunkt musikalischer Unterweisung, die zudem für andere gesellschaftliche Anwendungsfelder eine »dienende Funktion« einnahm, daran nicht ganz schuldlos. In Rückbesinnung auf die Anfangsjahre der Grundschule in ihrer Funktion als selbstständige Primarstufe eines dreistufigen Schulsystems, die sie seit 1920 innehatte, ist jedoch gerade im Elementarbereich die An-

---

150 Leo Rinderer: *Musikerziehung. Ganzheitlicher Unterricht im Schulgesang*, unter Mitarbeit von Egon Kraus, Innsbruck: Helbling 1955. – Ders.: *Erstes Liederbuch für die Einführung ins Notensingen*, Hamburg: Sikorski 1954. – Siehe auch Fenninger: *Untersuchung zum schulischen Musikunterricht*, S. 81.

151 Vgl. dazu beispielsweise Karl Adamek: *Singen als Lebenshilfe. Zu Empirie und Theorie von Alltagsbewältigung*, Münster/New York: Waxmann 2003[3].

152 Vgl. Peter Brünger: *Singen im Kindergarten. Eine Untersuchung unter bayerischen und niedersächsischen Kindergartenfachkräften*, Augsburg: Wißner 2003, S. 125f. – Jürgen Vogt: »Musiklernen im Vor- und Grundschulalter. Ein Problemaufriss«, in: Vogt (Hg.), *Musiklernen im Vor- und Grundschulalter*, 2005, S. 7–13.

bahnung einer soliden musikalischen (Grund-)Bildung unter Einbeziehung der unterschiedlichsten musikalischen Lernziele immer dringlicher geworden.[153] Denn die Grundschule als vorbereitende Instanz ist maßgeblich an der Zugrundelegung eines Fundamentums für eine allgemeine (Schul-)Bildung beteiligt. So lässt sich die Intention des Musikunterrichts nach Christoph Richter in folgender Art umreißen:

> Mit Unterricht werden Prozesse der Vermittlung und Unterweisung bezeichnet, welche auf Ziele ausgerichtet sind, die einer didaktischen und methodischen Anlage folgen und die planmäßig durchgeführt werden. Solche Prozesse stehen in einem korrespondierenden Zusammenhang von Lehren und Lernen.[154]

Bei den unterschiedlichen Arten musikalischer Ausbildung kommt dem Musikunterricht in der Grundschule im Hinblick auf Planung und Gestaltung eine besondere Bedeutung zu: Funktion, Ziele, Gegenstände, Inhalte, Handlungselemente, Methode, Unterrichtsmittel, Unterrichtsstile und -formen müssen in der Grundschule sorgfältig vor- und nachbereitet werden.[155] Trotzdem stellt – und dies zeigt die Unterrichtserfahrung – »das Nicht-Planbare […] die Normalität von Unterricht« dar.[156] Die zahlreichen Imponderabilien, die den Musikunterricht in der Grundschule bedingen, sind auf den ersten Blick schwer einschätzbar und müssen konstruktiv in eine didaktische Anlage des Unterrichts einmünden.[157] Musik lernen in der Grundschule ist nicht nur aufgrund der Vielzahl gewachsener Anforderungen ein Desiderat gegenwärtiger und zukünftiger strukturell-institutioneller und fachlich-inhaltlicher Ausrichtungen. Im Hinblick auf eine strukturelle

---

153 Die einzubeziehenden Lernbereiche gehen aus den Ausführungen zu den Amtlichen Lehrplänen in Kap. I. 2.2 hervor.

154 Richter, Ehrenforth & Mahlert: Art. »Musikpädagogik«, Sp. 1464.

155 Ebd. – »Musikunterricht« wird generell unterschieden nach Unterweisungen, die Gruppen oder Einzelpersonen zuteil werden, die in der allgemein bildenden Schule, in der Musikschule, im Privatunterricht, in Lehrveranstaltungen der Hochschulen und Universitäten stattfinden.

156 Rainer Maras, Josef Ametsbichler & Beate Eckert-Kalthoff: *Handbuch für die Unterrichtsgestaltung in der Grundschule. Planungshilfen, Strukturmodelle, didaktische und methodische Grundlagen*, Donauwörth: Auer 2003.

157 Einen Überblick über die Integration des Faches Musik in die Grundschule gibt Hermann J. Kaiser: »Die Grundschule als Ort musikalischen Lernens«, in: Vogt (Hg.), *Musiklernen im Vor- und Grundschulalter*, 2005, S. 63–77. – Vgl. auch folgenden interessanten Beitrag, der das Lernen in freien Bildungseinrichtungen thematisiert. Jürgen Vogt: »Musikunterricht in allgemein bildenden freien Schulen«, in: S. Helms, R. Schneider & R. Weber (Hg.), *Praxisfelder der Musikpädagogik*, Kassel: Gustav Bosse 2001, S. 141–158.

Vernetzung fällt darunter die Kooperation mit den Kindergärten/Kindertageseinrichtungen und die konstruktive Fortführung des in den Grundschulklassen Gelernten in der weiterführenden Schule. Inhaltlich sieht sich

> die Unterweisung von Musiklehrern für die allgemeinbildenden Schulen [...] nicht nur dem Problem ausgesetzt, die fachliche mit der pädagogischen Ausbildung auszutarieren, sondern [...] das Fachstudium auf die im Beruf geforderte Breite sowohl der Musikgenres als auch auf jene der musikalischen Umgangsweisen auszurichten.[158]

Da diese Fähigkeit stark von der Ausbildung und den individuellen thematischen Gewichtungen der Lehrkräfte abhängt, setzt die Befähigung für das Lehramt an Grundschulen mit dem Studium eine abgeschlossene wissenschaftliche Vorbildung und mit dem Vorbereitungsdienst eine abgeschlossene schulpraktische Ausbildung voraus.[159] Musikunterricht und Lehrerausbildung, so wird durch die Praxis deutlich, stehen in einem engen, ja interdependenten Verhältnis zueinander. Das BayEUG hat die tragende Bedeutung der Lehrkräfte erkannt und die Tatsache, dass der Unterricht in den Grundschulen mit der Ausbildung der Lehrkräfte steht und fällt. In Art. 59, Abs. 1 ist festgelegt, dass

> die Lehrkräfte [...] die unmittelbare pädagogische Verantwortung für den Unterricht und die Erziehung der Schüler [tragen]. Sie haben dabei insbesondere den [...] Bildungs- und Erziehungsauftrag sowie die Lehrpläne und Richtlinien für den Unterricht und die Erziehung zu beachten.[160]

Das Bayerische Staatsministerium legt seit geraumer Zeit entsprechenden Wert auf die Ausbildung von Lehrkräften und die »Professionalität« des Berufsstandes. Die Ansprüche, die an Grundschullehrkräfte herangetragen werden, ergeben sich aus der geschichtlich gewachsenen Bedeutung ihres Berufes und den Anforderungen, die mit der zunehmenden Verlagerung von Erziehungsaufgaben vom häuslichen Bereich auf die Schule entstanden. Nicht zuletzt äußern sich darin Forderungen, die auf die Akademisierung der Lehrerausbildung zurückgehen und die gerade in der Grundschularbeit immer wieder von neuem ihrer

---

158 Richter, Ehrenforth & Mahlert: Art. »Musikpädagogik«, Sp. 1464.

159 Vgl. dazu auch Walter Heimann: Art. »Musiklehrerausbildung«, in: Helms, Schneider & Weber (Hg.), *Neues Lexikon der Musikpädagogik*, Sachtl., 1994, S. 184–187.

160 BayEUG Art. 59 Abs. 1.

Einlösung harren. Es ist daher interessant zu sehen, wie sich die Lehramtsausbildung entwickelte, um zu dem Stellenwert zu gelangen, der ihr in heutigen Tagen beigemessen wird. Dazu seien vor allem einige Eckdaten des 19. Jahrhunderts skizziert, die teilweise bis auf den aktuellen Stand der Musiklehrerausbildung nachhaltig wirksam sind.

Im Jahr 1934 war es in Deutschland zum letzten Male möglich, nach dem Besuch der Volksschule in die traditionelle sechsstufige »Lehrerbildungsanstalt« einzutreten.[161] Denn fortan wurde dieser Ausbildungsweg in zwei Abschnitten vollzogen: Die neuen sechsstufigen »Aufbauschulen« führten in einem ersten Schritt zunächst zum Abitur und sahen erst im Anschluss den zweijährigen Besuch einer »Hochschule für Lehrerbildung« vor. Obwohl dieser Bildungsweg nur bis zum Jahre 1941 Bestand hatte, war damit ein erster Schritt in Richtung der Akademisierung der Lehrerbildung getan. Diesem Faktum konnte der neuerliche Rückgriff auf die ursprünglich aufgelösten »Lehrerbildungsanstalten« nach Ende des Zweiten Weltkrieges keinen Abbruch tun. Geprüft wurde weiterhin nach der Lehrordnung von 1931, jedoch machte der Mangel an Nachwuchslehrkräften den Rückgriff auf die sogenannten »Schulhelferlehrgänge« des Jahres 1941 erforderlich, die wiederum allein die mittlere Reife voraussetzten und mit einer Ausbildung von zwei Jahren den Volksschuldienst ermöglichten. Das Ende dieser Ausbildungsform war absehbar, denn die Lehrgänge liefen von 1948 bis 1951 sukzessive aus, und man suchte – verstärkt durch die Forderung der Militärregierung – nach neuen Möglichkeiten einer Aufwertung der Volksschullehrerbildung. Ab 1948 wurden schließlich die Lehrerbildungsanstalten in höhere Schulen umgewandelt, zu deren Zulassung wiederum das Abitur Voraussetzung war.[162] Die hier stattfindende viersemestrige Ausbildung erfuhr ab dem Jahre 1951 eine Aufwertung, rein nominell bereits mit der Bezeichnung »Pädagogische Lehrgänge« zum Ausdruck gebracht. Sie beinhaltete fortan den Besuch der siebenklassigen »Oberschule in Kurzform« und einen viersemestrigen »pädagogischen Lehrgang«. Die Umbenennung der Oberschulen in »Deutsche Gymnasien« mit den sich anschließenden Lehrgängen in »Instituten für Lehrerbildung«, die 1953 erfolgte, war eine Formalie. Mit dem Lehrerbildungsgesetz von 1958 schritt die Akade-

---

161 Zu den folgenden Ausführungen vgl. Fenninger: *Untersuchung zum schulischen Musikunterricht*, S. 32ff.

162 Ab 1950 existierten die »Lehrgänge für Bewerber mit Hochschulreife«. Parallel dazu gab es für einen Zeitraum von etwa drei Jahren die Übergangsschulart »Oberschule in Kurzform«, die auf der sechsten Volksschulklasse aufbaute und zum Abitur führte. Dieser Abschluss war zum ersten Male 1953 möglich.

misierung der Lehrerbildung weiter voran und sah das sechssemestrige Studium an den Pädagogischen Hochschulen (PH) der Landesuniversitäten vor. Diese waren aus den Instituten für Lehrerbildung entstanden.[163] Die PH galt fortan als institutionell selbstständige Einrichtung der Universität, ein formaler Schritt, der in Bayern als erstem Bundesland vollzogen wurde. Bis 1972 war die PH zunächst eine geschlossene Abteilung, später wurde sie – und das war der letzte Akt im Zuge der Akademisierung – mit Ausnahme von Nürnberg/Erlangen nach Fächern in die Universität integriert. Der formale Akt der Integration von Lehrerbildung in die Hochschulen erfolgte vor der Aktualisierung der Inhalte, denn das Kultusministerium beklagte noch 1955 die mangelnde Umsetzung von Musikerziehung in den Instituten für Lehrerbildung.[164]

Nach dem Lehrerbildungsgesetz von 1958 war Musikerziehung mit der zentralen Stellung von Singen und Stimmbildung für jeden Lehramtsstudenten Pflichtfach, eine Überbetonung des Faches, die 1959 wieder aufgegeben wurde zu Gunsten des Faches »Methodik der Musikerziehung«.[165] Die unterschiedlichen Konzepte, die in der Folgezeit seitens der PH-Musikdozenten in Bayern und des Staatsministeriums entstanden, boten kaum Alternativen gegenüber vergangener Entwürfe. So verblieb in der Prüfungsordnung von 1961 das althergebrachte Übergewicht des Singens und der Instrumentalausbildung, wenn sie auch erstmals die Didaktik der Unterrichtsfächer als Ausbildungsgegenstand behauptete. Die Volksschule in Bayern war in diesem Punkt richtungweisend und den höheren Schulformen um einige Zeit voraus. Trotzdem muss eingeräumt werden, dass die Didaktik rein nominell und ohne fundierte Hintergrundinformationen in den Statuten verankert war. Erstmals war jetzt eine Einbeziehung der For-

---

163 »In Bayern waren dies die Universitäten Erlangen, München und Würzburg, welche die ›Pädagogischen Hochschulen‹ in Augsburg, Bamberg, Bayreuth, München-Pasing, Nürnberg, Regensburg und Würzburg integrierten. Die ›Katholische Hochschule Eichstätt‹ war den staatlichen gleichgestellt.« Fenninger: *Untersuchung zum schulischen Musikunterricht*, S. 34.

164 Korrespondenz des Bayerischen Kultusministeriums mit den Deutschen Gymnasien und den Instituten für Lehrerbildung v. 15.02.1955, BayHStA MK 61422.

165 Fenninger untersuchte in seinen Ausführungen exemplarisch die Vorlesungsverzeichnisse der PH München-Pasing der Jahre 1958 bis 1960. Vgl. Fenninger: *Untersuchung zum schulischen Musikunterricht*, S. 194f.

schung vorgesehen und ein Überblick über die wichtigste fachdidaktische Literatur.[166]

Es dauerte bis zum Jahre 1963, bis die Fachlehrerausbildung für Musik an Volkschulen einsetzte, um dem permanenten Musiklehrermangel entgegenzuwirken und zur »Gesundung« des Musikunterrichts beizutragen.[167] Die Aufnahmeprüfung vor Beginn der Ausbildung, die in der allgemeinen Volksschullehrerbildung nicht bekannt war, und die Anforderungen innerhalb des Studiums waren insgesamt anspruchsvoller angelegt. Diese Vitalisierung des Faches kam zur rechten Zeit und bildete eine Chance zur Aufwertung von Musik im Fächerkanon, wenngleich die Einführung des Fachlehrers im Hinblick auf die Akademisierung der Ausbildung einen Rückschritt bedeutete.[168] 1964 erfolgte aufgrund der beibehaltenen musischen Argumentation die Einführung des Wahlfachstatus von Musik in der Volksschullehrerausbildung, einem zu dieser Zeit gängigen Prinzip, dem auf Anraten der Kultusministerkonferenz mehrere Bundesländer folgten. In Bayern setzte die Ausbildung mit dem Erlernen zweier Instrumente und einer wissenschaftlichen Ausrichtung des Studiums neue Akzente.[169] Korrespondierend zur Lehrerbildung waren die Richtlinien für bayerische Volksschulen aus dem Jahre 1966 erstmals eindeutig künstlerisch ausgerichtet. Das Fach war fortan jedoch nur für die Prüflinge relevant, die es tatsächlich gewählt hatten. Die Prüfungsordnung von 1964 hatte einige Jahre Bestand und ging nahtlos in die »Volksschul-

---

166 Vgl. Ordnung der Ersten Prüfung für das Lehramt an Volksschulen v. 15.02.1961, in: *KMBl.* 1961, S. 201ff.

167 Zu den unterschiedlichen Aufgabenfeldern und den durch ihre Ausbildung konstituierten Hintergrund ihrer Tätigkeit vgl. Ulrich Günther: »Klassenlehrer – Fachlehrer«, in: Helms, Schneider & Weber, *Handbuch des Musikunterrichts*, 1997, S. 27–31. – 1963 begann an der PH Augsburg der erste einjährige Lehrgang zur pädagogischen Ausbildung von Fachlehrern für Musik an Volksschulen. Weitere fachliche Ausbildungsmöglichkeiten waren gegeben mit den Fächern Leibeserziehung, Werken, Zeichnen, Kurzschrift und Maschinenschreiben. Ab 1970 umfasste die Fachlehrerausbildung einen Zeitraum von drei Jahren. Zusammen mit einer einjährigen Ausbildung am Staatsinstitut in Augsburg erstreckte sich damit die Ausbildungszeit bis zur Fachlehrerprüfung auf insgesamt vier Jahre. Mit der Übernahme als Beamter in den Staatsdienst war eine Eingruppierung in die Besoldungsstufe A 9 verbunden. Vgl. Fenninger: *Untersuchung zum schulischen Musikunterricht*, S. 174f.

168 Für Studierende bot das Fachlehrerstudium einen stärkeren Anreiz, da der akademische Status des Musiklehrers an Volksschulen zu Gunsten der praktischen Ausbildung verlagert wurde.

169 Fenninger: *Untersuchung zum schulischen Musikunterricht*, S. 107ff.

prüfungsordnung I« von 1972 über. Diese wurde erst durch die »Lehramtsprüfungsordnung« resp. LPO I aus dem Jahre 1978 abgelöst[170], die in Bayern das Fachstudium Musik innerhalb der Ausbildung des Volksschullehrers möglich machte[171], schließlich mit der Prüfungsordnung aus dem Jahre 1985[172], die in der Neufassung von 2002[173] mit weiteren Impulsen versehen wurde.

Erste Ansätze empirischer Forschung wurden Mitte der 1960er Jahre in Bayern mit den Arbeiten von Robert Wagner[174], Dozent an der PH München-Pasing, und in den 1970er Jahren von dem Musikpsychologen Adam Kormann vertreten.[175] Die Arbeiten waren nicht zuletzt motiviert durch das Erscheinen von Seashores Musikalitätstests (1919), verbreitet in ihrer deutschen Fassung von Butch & Fischer (1966), sowie Bentleys Erkenntnisse zur Messbarkeit musikalischer Begabung (1968).[176] Hermann Handerer, der für die Musikerziehung Bayerns eine besondere Rolle spielte und dessen Wirken im folgenden Kapitel gewürdigt wird, regte von der PH Regensburg, spä-

---

170 Vgl. LPO I v. 30.05.1978. GVBl, S. 221ff.

171 Hierbei war die Vorrangstellung des Singens relativiert worden. Ein hoher Anteil in der Ausbildung kam nunmehr auch dem Instrumentalspiel zu. Vgl. Johann Winter: »Instrumentalspiel und Lehrerbildung. Zur Instrumentalausbildung in den Lehramtsstudiengängen in Bayern«, in: R.-D. Kraemer (Hg.), *Musikpädagogik. Unterricht – Forschung – Ausbildung*, 1991, S. 363–372.

172 Vgl. LPO I v. 23.07.1985, GVBl, S. 337ff. Eine Änderung trat mit dem 23.07.1992 in Kraft. GVBl, S. 197ff.

173 Vgl. LPO I v. 07.11.2002, GVBl, S. 657ff.

174 Robert Wagner: »Musikalische Leistungsteste mit Kindern«, in: E. Kraus (Hg.), *Quantität und Qualität in der deutschen Musikerziehung*. Vorträge der fünften Bundesschulmusikwoche, Mainz u. a.: Schott 1963, S. 128–135. – Ders.: »Die audio-visuelle Gestaltsauffassung im Vorschulalter«, in: E. Kraus (Hg.), *Der Einfluß der technischen Mittler auf die Musikerziehung unserer Zeit*. Vorträge der siebten Bundesschulmusikwoche, Mainz u. a.: Schott 1968, S. 112–122.

175 Adam Kormann: »Erfahrungen mit dem Seashore-Test zur Prüfung der musikalischen Begabung«, in: *Schule und Psychologie* 7/1968, S. 207–211. – Ders.: *Der Zusammenhang zwischen Intelligenz und Musikalität unter entwicklungs- und kreativitätspsychologischem Aspekt*. Unveröff. Diss. Universität Salzburg 1972. – Ders.: »Die Einschätzung der Zuverlässigkeit von Befragungsbefunden«, in: W. Tack (Hg.), *Bericht über den 30. Kongreß der Deutschen Gesellschaft für Psychologie*, Göttingen u. a.: Hogrefe 1977, Bd. 1, S. 78–80.

176 Vgl. Carl Emil Seashore: *Seashore measurement of musical talent*, New York 1919, rev. Fassungen 1939, 1956, 1960. – Charles Butch & Hardi Fischer (Hg.): *Seashore-Test für musikalische Begabung* [deutsche Fassung], Bern/Stuttgart: Huber 1966. – Arnold Bentley: *Musikalische Begabung bei Kindern und ihre Messbarkeit*, Frankfurt: Diesterweg 1968.

ter von der dortigen Universität aus weitere empirische Arbeiten zur Unterrichtsforschung an in Kooperation mit dem ebenfalls in Regensburg tätigen Adam Kormann.[177] Empirische Arbeiten waren vorrangig motiviert durch Dozenten der Pädagogischen Hochschulen, die bekanntermaßen für die Volksschullehrerbildung zuständig waren.[178] Abgesehen von den genannten Initiativen hatten bis zu diesem Zeitpunkt die empirischen Forschungsansätze bei den Musikpädagogen und -forschern Bayerns keine Resonanz. In die Gymnasiallehrerbildung hielt diese fachliche Komponente ebenfalls keinen Einzug. Das Volksschullehrerstudium gab in diesem Bereich über weite Strecken ein Beispiel für die bayerische Lehrerbildung insgesamt.

Die heutige Ausbildung von Grundschullehrern findet in der ersten Phase der Lehrerausbildung an bayerischen Universitäten statt. Für diesen Bildungsweg kommen die Städte Augsburg, Bamberg, Eichstätt, Erlangen, Passau, Regensburg, Würzburg sowie die Ludwig-Maximilians-Universität München in Frage.[179] In Bayern gilt das Studium für das Lehramt an Grundschulen als eigenständiger Studienzweig und wird selten mit dem Lehramt für andere Schularten kombiniert, allenfalls mit einzelnen Erweiterungsfächern oder mit dem Lehramt für Hauptschulen. Demgegenüber wird in vielen Bundesländern die Lehrbefähigung für Grund- und Hauptschulen »gebündelt« studiert. Ein späterer Wechsel der bayerischen Lehramtsstudierenden in

---

177 Vgl. Adam Kormann: *Zusammenstellung der Hauptbefunde der wissenschaftlichen Untersuchungen zu den Orff-Modell-Klassen Regensburg*. Unveröff. Manuskript 1977 [NHH]. – Der Bericht führt vergleichende Arbeiten auf, die jeweils Schüler von Grund- und Hauptschulen als Gegenstand der Untersuchung hatten und die zur Zulassung für die Erste Staatsprüfung abgelegt wurden. Der Bericht skizziert die wichtigsten Forschungsergebnisse folgender Themenstellungen, die jedoch an dieser Stelle nicht weiter expliziert werden sollen: »Der Zusammenhang zwischen Musikalität und Intelligenz« (K. Gschwendner, 1973; H. Fuchs, 1973), »Der Zusammenhang zwischen Musikalität und Konzentrationsfähigkeit« (R. Ratajak, 1974), »Der Zusammenhang zwischen Intelligenz und Kreativität« (R. Scholz, 1975), unterschiedlich akzentuierte Arbeiten zur »Bewährungskontrolle an Modellklassen mit erweitertem Musikunterricht« (E. Erras, F. Fuchs, B. Beck, R. Scholz).

178 Erfreulicherweise, wenn auch mit wenig Erfolg beschieden, setzte sich Handerer bereits in den 1970er Jahren für fachwissenschaftliche, fachdidaktische und fachpraktische Inhalte ein, die in der Lehrerbildung gleichermaßen berücksichtigt werden sollten. Vgl. Hermann Handerer: »Ein Ausbildungsweg des Musikdozenten an Pädagogischen Hochschulen«, in: *MiU*(B) 1964, S. 359–362.

179 An der Universität Bayreuth wurde die Ausbildung von Lehramtsstudierenden im Fach Musik mit dem Ende des Wintersemesters 2008/09 eingestellt.

ein anderes Bundesland ist damit nur nach Ablegung zusätzlicher Studienleistungen möglich. Auf diese Weise bleiben der Region die ausgebildeten Lehrkräfte für den Einsatz an bayerischen Grundschulen erhalten. Die Ausbildung von Grundschullehrerinnen ist in der Regel dreiteilig und beinhaltet einen erziehungswissenschaftlichen Anteil, das Studium der Didaktik der Grundschule und das Studium eines Unterrichtsfachs. Zum erziehungswissenschaftlichen Studium gehören die Allgemeine Pädagogik, Schulpädagogik, Psychologie sowie ein Fach aus den Gebieten Politikwissenschaft, Soziologie, Volkskunde, Philosophie oder Theologie. Musik kann als sogenanntes Unterrichts-, d. h. Hauptfach gewählt werden oder als Didaktikfach. Vor Aufnahme des Studiums wird eine Eignungsprüfung abgelegt. Im Übrigen besteht für das Lehramt an Grundschulen eine Zulassungsbeschränkung, die die Studierendenzahlen nach Maßgabe eines Numerus clausus regelt. Das Studium für das Lehramt an Grundschulen kann erweitert werden durch das Studium für die pädagogische Qualifikation als Beratungslehrkraft oder anderer Fächerkombinationen, worunter fremdsprachliche Qualifikationen, Ethik, Psychologie mit schulpsychologischem Schwerpunkt, die Didaktik des Deutschen als Zweitsprache oder die Didaktiken einer Fächergruppe der Hauptschule fallen.[180] Ausreichend Kontakt mit der Unterrichtspraxis im Verlauf des Studiums sollen ein Betriebspraktikum, ein Orientierungspraktikum, zwei Blockpraktika in der vorlesungsfreien Zeit sowie zwei studienbegleitende Praktika gewähren.

Nach Ablegung der Ersten Staatsprüfung schließt sich mit dem Vorbereitungsdienst der zweite Abschnitt der Lehrerausbildung an, der sich wiederum in zwei Abschnitte gliedert, die jeweils zwölf Monate dauern. Nach der Zuweisung der Lehramtsanwärter/-innen auf die Regierungsbezirke durch das Bayerische Staatsministerium erfolgen die Festlegung des Dienstortes und die Zuweisung auf Studienseminare durch die Regierung. Der Dienstort kann grundsätzlich jede bayerische Grund- und Hauptschule sein. Der Vorbereitungsdienst beginnt jeweils im September mit dem neuen Schuljahr und umfasst neben den Seminarveranstaltungen, die in der Gruppe stattfinden, bereits von Anfang an eigenverantwortlichen Unterricht in den stu-

[180] Nachträgliche Erweiterungsmöglichkeiten sind mit dem Studium der Medienpädagogik, des Darstellenden Spiels und der Förderung von Schülern mit besonderem Förderbedarf gegeben.

dierten Fächern[181], ein Praktikum im Unterricht eines Betreuungslehrers sowie eine Reihe sorgfältig vor- und nachbereiteter Hospitationen.[182] Der Vorbereitungsdienst endet mit der Zweiten Staatsprüfung.

Zum Untersuchungszeitpunkt waren an bayerischen Volksschulen insgesamt 47.616 Lehrkräfte in Voll- und Teilzeit beschäftigt, darunter 13,0 % Fachlehrkräfte.[183] Außerdem unterrichteten 2.730 Lehramtsanwärter und Fachlehreranwärter eigenverantwortlich.[184] 1,1 % aller vollzeit- und teilzeitbeschäftigten Lehrkräfte waren Ausländer. Von der Gesamtanzahl der beschäftigten Lehrerinnen und Lehrer waren – der Anzahl der Schulen entsprechend – 14.725 in Oberbayern eingesetzt, 4.917 in Niederbayern und 7.507 in Schwaben. Auf die übrigen Regierungsbezirke entfielen 6.374 in Mittelfranken, 5.413 in Unterfranken, 4.455 in der Oberpfalz und 4.225 in Oberfranken. Von den Lehrkräften, die überwiegend an bayerischen Grundschulen eingesetzt waren, kam den weiblichen der größte Anteil zu.[185] Von den 47.616 Pädagogen waren 33.701 Lehrerinnen und 13.915 Lehrer im Einsatz. Davon entfielen auf Volksschulen (ohne Grund- und Hauptschulen) 10.101 Frauen und 2.974 Männer, an reinen Grundschulen (ohne Volksschulen) ergab sich mit 10.086 Kolleginnen gegenüber nur 859 Kollegen eine eindeutige Vorrangstellung der weiblichen Lehrkräfte.[186] Die Lehrerinnen der letztgenannten Gruppe waren im Verhältnis mit einem Alter von 35, 40 und 45 Jahren wesentlich jünger als die Damen, die an Volksschulen (ohne GS/HS) unterrichteten; denn diese hatten mit 50, 55 und 60 Jahren eine wesentlich längere Berufserfahrung.[187] Mit 6.758 Kolleginnen an Volksschulen und 5.661 Kolle-

---

181 Die Fächer Deutsch und Mathematik bleiben zunächst von dieser Regelung ausgenommen. Im zweiten Jahr dieses Ausbildungsabschnitts können Fächer, die nicht studiert wurden, zur Lehrverpflichtung dazutreten.

182 Die Lehramtsanwärter/-innen besuchen an zwei Wochentagen die Seminarveranstaltungen, die an Schulen im Studienseminarbezirk stattfinden. An drei Wochentagen ist der Junglehrer an seiner Einsatzschule in Unterricht, Praktika und Hospitationen eingebunden.

183 Die Anzahl aller Volksschullehrkräfte ist von 48.614 im Vorjahr auf 47.616 zurückgegangen und beinhaltet keine Lehramts- und Fachlehreranwärter mit Unterrichtsauftrag. – Die statistischen Werte stützen sich auf die Angaben in folgender Quelle: Bayerisches Landesamt für Statistik und Datenverarbeitung (Hg.): *Volksschulen in Bayern*, München: [Eigenverlag] 2005, S. 5.

184 Auch diese Anzahl war von 2.868 im Vorjahr auf 2.730 zurückgegangen.

185 Bayerisches Landesamt für Statistik, *Volksschulen in Bayern*, S. 29–34.

186 Bayerisches Landesamt für Statistik, *Volksschulen in Bayern*, S. 32.

187 Da die weiblichen Lehrkräfte bzgl. der Quantitäten vor ihren männlichen Kollegen liegen, seien die Daten im Hinblick auf das Alter dieser Klientel (Grundschu-

ginnen an reinen Grundschulen waren jeweils über die Hälfte der Lehrerinnen teilzeitbeschäftigt. Unter den Fachlehrkräften, überwiegend an Grundschulen eingesetzt, fanden sich 2.676 Frauen und 36 Männer. Insgesamt ist zu verfolgen, wie das Ministerium mit Lehrer-Neueinstellungen Zurückhaltung übte und dabei auf die sinkenden Schülerzahlen verwies. Dies erfolgte mit dem Hinweis auf eine Prognose aus dem Jahr 2005, nach der in den kommenden Jahren stetig sinkende Schülerzahlen in der Volksschule zu erwarten sind.[188]

In heutigen Tagen werden die Lehrtätigkeit und die Ausbildung von Grundschullehrern in der Öffentlichkeit kontrovers diskutiert. Zum einen spüren Grundschullehrer/-innen ein »besonderes Maß an Erwartungslast [...], deren einzelne Elemente sie vielfach als einander widersprechend erfahren bzw. beurteilen«.[189] Diese Bürde ist durchaus nachvollziehbar in Anbetracht »der grundlegende[n] Stellung von Grundschularbeit für alle weiteren Stufen und Formen des Bildungswesens«.[190] Auf der anderen Seite wird – unabhängig von den Erwartungen – die fachliche Qualifikation dieses Berufsstandes in der Gesellschaft stets auf Neue in Diskussionen verwickelt. Nach Terhart (1996) existiert gegenüber Grundschullehrkräften ein unterschwellig stets präsenter »Sub-Text«, ein bei jeder passenden Gelegenheit aufkeimender »Abwertungs- und Degradierungsdiskurs«, der die fachliche Expertise dieses Berufsstandes in Frage stellt und in keiner anderen Schulform derart spürbar ist.[191] Ausschlaggebend dafür mögen verschiedene subjektive Argumentationsweisen sein, die nicht offen ausgesprochen werden, die jedoch latent vorhanden sind. Dazu gehört beispielsweise die Beschäftigung vorwiegend mit »kleinen Kindern«, eine Zielgruppe, der kein hoher Status zukomme, sowie der sehr hohe Anteil von Frauen, der anhaltend als degradierend für den Berufsstand empfunden wird.[192] Objektiv kommt diese Stellung der Grundschul-

---

len ohne VS) genauer dargelegt: 30 Jahre (1.768), 35 J. (2.746), 40 J. (2.193), 45 J. (2.2.76). Weibliche Lehrkräfte an Volksschulen (ohne GS/HS): 50 J. (2.329), 55 J. (4.078), 60 J. (2.550).

188 Vgl. Hahn: »Klassenbildung«, S. 164.

189 Vgl. dazu exemplarisch Ewald Terhart: »Grundschularbeit als Beruf«, in: Einsiedler, *Handbuch Grundschulpädagogik*, 2005[2], S. 129–140.

190 Ebd.

191 Zur Geschichte des Grundschullehrerberufes vgl. Terhart: »Grundschularbeit«, S. 130f.

192 Zu diesen Vorwürfen vgl. auch Helmut Gassen: »Grundschullehrer/Primarstufenlehrer«, in: H. R. Becher & J. Bennack (Hg.), *Taschenbuch Grundschule*, Hohengehren: Schneider 1998[3], S. 99–116.

lehrerinnen in einer verkürzten Ausbildung, einem erhöhten Stundendeputat in den Klassen und in einer gleichzeitig geringeren Besoldung im Vergleich zu Lehrern anderer Schulformen zum Ausdruck.[193] Diese subjetiven Einschätzungen mit ihren formalen Auswirkungen, die in den Besoldungsrichtlinien umgesetzt sind, stehen einem höheren Sozialprestige entgegen, der den Grundschullehrkräften gegenüber ihren Gymnasialkollegen in allgemeinen Befragungen des Öfteren beigemessen wird. Dazu trägt die Tatsache bei, dass sämtliche gesellschaftliche Veränderungen im Bereich der Familienerziehung und des Aufwachsens von Kindern sich vornehmlich in der Grundschule zuerst auswirken.[194] Den Folgen dieses gesellschaftlichen Wandels sind die Grundschullehrer/-innen unausweichlich ausgesetzt; dies birgt für ihre tägliche Arbeit ständig neue Herausforderungen, Belastungen, aber auch einen stetigen Zuwachs an Erfahrungen und an Ansatzpunkten zur innovativen Arbeit im Grundschulunterricht. Die Schulen erleben diese Wandlungsprozesse nicht nur passiv durch veränderte Kinder, die in ihrer Freizeit von vielfältigen Erlebnissen geprägt sind. Sie wirken durch ihre Erziehungsmaßnahmen und Unterrichtskonzepte gleichzeitig auf die Heranwachsenden und deren Familien ein und verhelfen ihnen, ihre Sozialisationserfahrungen aktiv zu verarbeiten. Für die Grundschullehrerausbildung im Allgemeinen und für das zu unterrichtende Fach Musik erweist sich die Schaffung notwendiger Bedingungen an den Universitäten als essenziell für eine qualifizierte forschungsbasierte und berufsfeldbezogene Lehre.[195] Zum anderen muss das Lernen im Beruf, das ständig notwendige Verlangen nach Weiterbildung, in der »dritten Phase der Lehrerbildung« präsent bleiben. Dieses Desiderat stellt sich nicht nur in Anbetracht der zahlreichen Lehrkräfte, die Musik in der Grundschule »fachfremd« unterrichten, da ihnen im Zuge ihres Studiums diesbezüglich eine Ausbil-

---

193 Der unterschiedlichen Eingruppierung der Lehrkräfte in ihren Anfangsgehältern (Besoldungsgruppe A 12 für Grundschullehrkräfte und A 13 für Gymnasiallehrkräfte) liegt überdies die Unterstellung zu Grunde, dass allein das »höhere Lehramt«, das Studium für das Lehramt an Gymnasien, dem Grundsatz der »Wissenschaftlichkeit« genüge, eine Annahme, die die hierarchisch angelegten Schulstrukturen durchzieht, deren Nachweis jedoch noch zu erbringen ist.

194 Vgl. Terhart: »Grundschularbeit«, S. 132. – Maria Fölling-Albers liefert darüber hinaus wichtige Hintergrundinformationen zur Entwicklung von Grundschulkindern im Themenkomplex »Veränderte Kindheit«. Vgl. Fölling-Albers: »Soziokulturelle Bedingungen der Kindheit«, in: Einsiedler, *Handbuch Grundschulpädagogik*, 2005², S. 155–165.

195 Vgl. dazu auch Terhart: »Grundschularbeit«, S. 138.

dung versagt blieb.[196] Ein Unterricht im Fach Musik, der in vielen Fällen nicht mehr von einer speziell ausgebildeten Fachlehrkraft, sondern vom Klassenleiter erteilt wird, erfordert gezielte Fortbildungsmaßnahmen, speziell ausgerichtet auf die Erfordernisse des Grundschulalltages.[197] Schließlich sind im Zuge der Umstellung von Studienstrukturen an Hochschulen, Fachhochschulen und Universitäten im Rahmen des Bologna-Prozesses entsprechende Maßnahmen einzuleiten, die für die Ausbildung von Grundschullehrkräften fachlich angemessene Voraussetzungen schaffen und ihre Lehrtätigkeit – auch im Vergleich zu anderen Schulformen – entsprechend würdigen.

Personell befindet sich der Grundschulunterricht derzeit in einer prekären Situation, denn die Absolventen der früheren Fachlehrerausbildung, die in den 1970er und 1980er Jahren ausgebildet wurden, treten in den Ruhestand ein.[198] Nach Wittmann waren »diese Fachlehrer, die es für den Bereich des Musikunterrichts gab, […] wichtige Impulsgeber, die sich meist intensiv in der Lehrerfortbildung engagierten«.[199] Es muss konstatiert werden, dass »mit der Pensionierung dieser Fachlehrer vielen [Grund-] Schulen die fachkompetente Unterstützung« fehlt. Daher empfiehlt sich, diesem – gerade im Fach Musik – fortschreitenden grundschulinternen Verlust an individuellem musikalischem Profil entgegenzutreten und neue strukturelle Gegebenheiten in der Lehrerausbildung zu schaffen, die dem Bedürfnis der

---

196 Nach Einschätzung des Verbandes deutscher Schulmusiker e. V. (vds) zufolge finden weniger als 20 % des Musikunterrichts in der Grundschule statt und werden fachgerecht erteilt. Wie viele Unterrichtsstunden tatsächlich ausfallen, lässt sich bzgl. der Grundschulen nur schwer ermitteln, weil dieser Unterricht oft von Klassenleitern übernommen wird. Die Daten gehen zurück auf eine Befragung aus dem Jahre 1997 (vds, Landesverband Hessen, unveröff. Untersuchung). Freundlicher Hinweis von Ernst Mai (†), Lehrbeauftragter an der Goethe-Universität Frankfurt/M., Abt. Musikpädagogik, in einem Schreiben v. 21.09.2005, in dem er seine statistischen Berechnungen ausführlich belegt.

197 Ulrich Günther: »Ist der Musikunterricht in der Grundschule noch zu retten? Erfahrungen mit der Fortbildung von Klassenlehrern«, in: H.-J. Erwe & W. Keil (Hg.), *Beiträge zur Musikwissenschaft und Musikpädagogik*, Hildesheim u. a.: Georg Olms 1997, S. 297–311.

198 Dazu gehören auch die ehemaligen Absolventen des Orff-Instituts in Salzburg, die für das Fach Musik entscheidende Impulse bayernweit gaben, nicht zuletzt im Hinblick auf den »erweiterten Musikunterricht«. Vgl. dazu auch die beiden folgenden Teilkapitel.

199 Helmut Wittmann: »Die Chancen nützen! Musikunterricht in der Grundschule«, in: Volksmusikberatungsstellen des Bayerischen Landesvereins für Heimatpflege e. V. (Hg.), *Volksmusik in Bayern* 3/2003, S. 40.

Grundschüler/-innen nach einer Allgemeinbildung im Fach Musik und deren bildungspolitischer Notwendigkeit Rechnung tragen. Denn

> Professionalität ist [...] nicht nur ein Problem auf der Ebene des Wissens, Handelns und Kooperierens der einzelnen. Zur professionellen Arbeit gehört es auch, den institutionellen Rahmen kontinuierlich weiterzuentwickeln, so dass angesichts neuer Herausforderungen eine sachgerechte Aufgabenerfüllung an der ersten und wichtigsten Klientel – der Schülerschaft – möglich ist.[200]

2.4 Erweiterter Musikunterricht in Geschichte und Gegenwart

Die Ergänzung einzelner Fächer mit zusätzlichen Unterrichtsangeboten kann auf vielfältige Weise geschehen und richtet sich in der Regel nach den Erfordernissen in den einzelnen Klassen sowie nach den zur Verfügung stehenden Lehrkräften.[201] Für die damit intendierte Differenzierung von Unterrichtsmaßnahmen – einerseits zum Eingehen auf individuelle Lernschwierigkeiten der Schülerinnen und Schüler, zum anderen zur nachhaltigen Förderung besonderer Begabungen – stand zum Zeitpunkt der vorliegenden Untersuchung vor allem im Elementarbereich jedem Schulamtsbezirk ein Stundenpool zur Verfügung, aus dem zusätzliche Unterrichtsstunden an die einzelnen Klassen aufgeteilt wurden.[202] So kamen beispielsweise viele Schulen in den Genuss, Lese-Rechtschreib-Förderkurse (LRS) für die Kinder anbieten zu können, die im Fach Deutsch starke Probleme erkennen ließen und deren Lernfortschritt hinter der durchschnittlichen Leistungsfähigkeit einer Klasse zurückblieb.[203] In Mathematik wurden bisweilen Zusatzstunden zur Förderung der Rechenfähigkeit und -fertigkeit eingesetzt

---

200 Terhart: »Grundschularbeit«, S. 136.

201 In der Zwischenzeit hat sich diese Situation grundlegend geändert, und es stehen den Schulen erheblich weniger zusätzliche (AG-)Unterrichtsstunden zur Verfügung, als dies noch in den Jahren 2002 bis 2004 zum Zeitpunkt der Datenerhebung dieser Studie der Fall war. Vgl. dazu Hahn: »Klassenbildung«, S. 170.

202 Es lag in der Hand der jeweiligen Schulamtsbezirke, zu Schuljahresbeginn abzuwägen, an welcher Schule die Fördermaßnahmen notwendig werden. Da jedoch nur eine bestimmte Anzahl von Poolstunden zur Verfügung stand, war es von Seiten der Organisation nicht für jede Schule möglich, ein erweitertes Unterrichtsangebot bereitzustellen.

203 Die Lese-Rechtschreib-Störung resp. Lese-Rechtschreib-Schwäche (LRS) ist eine Teilleistungsstörung im Bereich der Schriftsprache. Sie geht weder aus einer allgemeinen Beeinträchtigung der geistigen Entwicklung hervor noch kann sie dadurch erklärt werden.

oder zum individuellen Eingehen auf Teilleistungsstörungen wie z. B. Dyskalkulie. Ein Zusatzangebot fand jedoch nicht nur bei Lernschwierigkeiten in einer bestimmten Disziplin statt, es diente in manchen Fällen zur Förderung einer besonders begabten Schülerklientel oder zur Bildung von Neigungsgruppen. Letzteres trat in der Praxis in Form des differenzierten Sportunterrichts auf (Leichtathletik, Ballsportarten, Schwimmen u. a.), der bei vielen Kindern besonders beliebt war.

Dass eine derartige Förderung aber nicht nur auf die sogenannten »Hauptfächer« oder eine Disziplin wie das Fach Sport, die in der Regel eine starke Lobby besitzt, beschränkt bleiben muss, ist in besonderer Weise am Fach Musik abzulesen. Der sogenannte »erweiterte Musikunterricht« (EMU) stellte eine Sonderform (musik-)erzieherischer Fördermaßnahmen dar, die eine Differenzierung der musikalischen Arbeit erlaubte und gleichzeitig ein Eingehen auf musikalische Begabungen ermöglichte. Den bayerischen Volksschulen[204] kam in der Entwicklung dieser Konzeption eine besondere Bedeutung zu, wurde sie hier doch erstmalig im deutschsprachigen Raum in Modellversuchen getestet und im Anschluss flächendeckend eingeführt. Im Folgenden werden die Entstehungsprozesse dieser konzeptuellen Erweiterung des Musikunterrichts an allgemein bildenden Schulen mit ihren richtungweisenden Fachvertretern zunächst vorgestellt, um im Anschluss neuere Ausprägungen und Erscheinungsformen des »erweiterten Musikunterrichts« herauszuarbeiten. Da die Wurzeln dieser Unterrichtskonzeption gerade in Bayern besonders ausgeprägt waren, soll die Erläuterung des Modells zu einer Standortbestimmung beitragen, um zu einer Bewertung der aktuellen Unterrichtssituation vor dem historischen Hintergrund zu gelangen.

---

[204] Die »Volksschule« ist historisch mit dem Gedanken an eine Bildungseinrichtung für »das Volk« verbunden. Nach der Bildungsreform um 1968 traten an die Stelle der Volksschule die vierjährige Grundschule und im Anschluss die Hauptschule. Letztere sieht einen Unterricht von der fünften bis zur neunten, bei dem zusätzlichen Qualifizierungsmodell »M-Zug« bis zur zehnten Klasse vor. In Bayern werden Grund- und Hauptschulen, die unter gemeinsamer Leitung stehen, an vielen Orten noch unter dem Terminus »Volksschule« subsumiert.

2.4.1 Der Tradition verpflichtet: Vorbilder – Leitbilder

Die Ursprünge des »erweiterten Musikunterrichts« reichen in Bayern bis in die 1960er Jahre zurück.[205] Dank des Zusammentreffens mehrerer glücklicher Umstände, der fachlichen Kompetenz der beteiligten Initiatoren und eines großzügigen Organisationsrahmens der zuständigen ministerialen Behörde gelang es frühzeitig, die Konzeption zunächst in Modellversuchen im Grundschulbereich zu testen, zu erforschen und (auch empirisch) zu belegen, um die Einrichtung im Anschluss an mehreren Schulen bayernweit zu etablieren.[206] Für die vorliegende Studie haben diese EMU-Schulen eine besondere Bedeutung, da sie die ersten im deutschsprachigen Raum waren, an denen der Modellversuch durchgeführt wurde. Einige sind der Tradition bis auf den heutigen Tag treu geblieben; EMU gehört an diesen Orten nach wie vor zum Schulprofil und wird in den Klassen mit großem Erfolg erteilt.[207] Die Schulen mit dieser fachlichen Ausrichtung konstituieren nicht nur einen historischen Hintergrund, sondern knüpfen einen aktuellen Bezug zur Anfangszeit ambitionierter Musikpraxis im schulischen Unterricht und lassen damit ein Stück musikerzieherischer Unterrichtskultur in heutigen Tagen wieder aufleben.

In ihren Anfängen ging die Initiative, EMU in den Unterrichtsalltag einzugliedern, auf Carl Orff (1895–1982) und den bereits erwähnten Hermann Handerer zurück, die in der Ausarbeitung des Modellversuchs eine Schlüsselfunktion einnahmen. Mit der Förderung musikalischer Begabungen von Schülern hatten sie zunächst die Intention,

---

205 Dass sich der »erweiterte Musikunterricht« in Bayern entwickelt und bewährt hat, bevor die Erfahrungen an vielen anderen Orten aufgegriffen und auf die spezifischen Gegebenheiten abgestimmt werden konnten, blieb bislang von wissenschaftlicher Seite weitgehend unbeleuchtet. Ursprünglich entstanden hier die ersten Modellschulen, an denen nach dieser Konzeption unterrichtet wurde.

206 Zu den folgenden Ausführungen vgl. auch Magnus Gaul: »Jeder Volksschullehrer ein Elementarmusikerzieher. Über die Anfänge des erweiterten Musikunterrichts an bayerischen Grundschulen«, in: Vogt (Hg.), *Musiklernen im Vor- und Grundschulalter*, 2005, S. 94–105.

207 Unter diesen traditionsreichen Schulen, an denen EMU auch heute noch zum Unterrichtsangebot gehört, finden sich beispielweise die Volksschule Oberammergau, die Carl-Orff-Volksschule Traunwalchen, die Volkssschule Karl-Heiß Landshut und die Volksschule Regensburg am Sallerner Berg. »In 21 Orten der sieben Regierungsbezirke Bayerns ... [wurden] an 30 Schulen in 153 Klassen erweiterter Musikunterricht für etwa 5000 Schüler erteilt.« Robert Münster & Renata Wagner, Hg. im Auftrag der Bayer. Staatsbibliothek: *Das Orff-Schulwerk*, Tutzing: Schneider 1978, S. 138.

> im Rahmen der Volksschule ein elementarmusikerzieherisches Lehrgebäude zu errichten, das eine kontinuierliche und sich organisch entwickelnde Musikerziehung vom ersten bis achten Schülerjahrgang gewährleistet.[208]

Die Besonderheit elementarer Musikerziehung bestand demnach darin, dass sie in Bayern zunächst nicht allein auf den Unterricht in den ersten vier Jahrgangsstufen beschränkt war, sondern sich idealiter über die gesamte Volksschulzeit der Kinder erstrecken sollte. Die Konzeption war gleichzeitig ausgerichtet auf den Klassenleiter als umfassend ausgebildete und in allen Fächern unterrichtende Lehrkraft. Die Elementarmusikerzieher rekrutierten sich aus den Reihen aller Volksschullehrerinnen und -lehrer. Der Einsatz einer Fachlehrkraft war für diesen Ansatz anfangs nicht intendiert. Um das Unterrichtsmodell genauer auszuführen, ist es erforderlich, die Initiatoren des erweiterten Musikunterrichts bzgl. ihres musikpädagogischen Wirkens im Folgenden kurz vorzustellen:

Carl Orff war einer der herausragenden bayerischen Komponisten seiner Zeit, der nach 1945 eine Reihe von weltweiten Erfolgen feierte. Seinen Personalstil fand er in der Verknüpfung unterschiedlicher Elemente, die er aus Sprache, Musik und Bewegung gleichermaßen einbezog.[209] Neben der fruchtbaren kompositorischen Tätigkeit setzte er sich für die musikalische Aufbauarbeit in den Schulen und Lehrer-Ausbildungsstätten ein. Gerade im Hinblick auf die elementare Musikerziehung stellte er zahlreiche Forderungen an eine grundständige musikalische Bildung. Bereits den Schriften aus den 1970er Jahren

---

208 Hermann Handerer: »Jeder Volksschullehrer ein Elementarmusikerzieher«, in: *Bayerische Schule* 10/1958, S. 10. Ein konzeptueller Entwurf für diese Planung liegt im Archiv des Orff-Zentrums München (OZM) vor. – Ders.: *Kontinuierliche Entwicklung der Musikerziehung in der Volksschule*, Regensburg: Gustav Bosse 1959.

209 Werner Thomas beschreibt Carl Orffs Musik als »originär und in einem vorartistischen Sinn elementar. Ihre Architektonik beruht auf blockhaften, pfeilerartigen Gerüstformen, auf Bordunen und Ostinati als Träger eines differenzierten Melos. Großdimensionierte, rhythmisch durchgegliederte, pointillistisch-farbige Klangfelder von vorharmonischer Flächigkeit bilden die Fundamente.« Vgl. Werner Thomas: »Carl Orff 1895–1982«, in: L. Gall (Hg.), *Die großen Deutschen unserer Epoche*, Berlin: Propyläen Verlag 1985, S. 445. – Überdies ist das Schaffen Carl Orffs nach wie vor Gegenstand der Forschung in den unterschiedlichsten Bereichen. Einen systematischen Überblick über die vorliegenden Quellen bietet Peter Linsenkirchner: »Auswahl-Bibliographie: Carl Orff«, in: H. Gembris, R.-D. Kraemer & G. Maas (Hg.), *Musikpädagogische Forschungsberichte* 1991, Augsburg: Wißner 1992, S. 239–250.

liegt Orffs beispielgebendes musikerzieherisches Credo zu Grunde, Gedanken, die gerade im Hinblick auf eine Erweiterung des Musikunterrichts von Bedeutung sind. Zum einen setzte er sich für die Einrichtung von Modellschulen im staatlichen und kommunalen Bereich ein, an denen eine musikalische Ausbildung in besonderer Weise gefördert werden sollte.[210] Schulen dieser Art hatten seiner Ansicht nach Vorbildcharakter für viele andere Einrichtungen.

Abb. 1: Der Komponist und Musikpädagoge Carl Orff (1895–1982)[211]

Zum zweiten sah er die Ausbildung aller Lehrkräfte im Fach Musik als unabdingbare Voraussetzung für jegliche erzieherische Tätigkeit an und erhob die Forderung, dieses Element als pflichtmäßigen Bestandteil in die Lehrerbildung zu integrieren.[212] Schließlich war Carl Orff einer der ersten Pädagogen, die sich für die Lehrerweiterbildung ein-

210 Carl Orff: »Denkschrift über die Einrichtung von Modellklassen mit erweitertem Musikunterricht an Volksschulen« [1966], in: Werner Thomas & Willibald Götze, *Orff-Institut an der Akademie »Mozarteum« Salzburg. Jahrbuch III*, 1964–1968, Mainz u. a.: Schott 1969, S. 266–269.

211 Foto von Karl Gabor (1980), Abbildung mit freundlicher Genehmigung des Orff-Zentrums München.

212 Zu Orffs musikerzieherischen Grundsätzen gehörte auch die Forderung nach dem »täglichen Musikunterricht« für die Kinder in den ersten Jahrgangsstufen. Vgl. Carl Orff: »Memorandum. Forderung nach Einführung elementaren Musikunterrichts in Kindergärten und Volksschulen in Deutschland« [1965], in: Thomas & Götze, *Orff-Institut. Jahrbuch* III, 1965, S. 263–265.

setzten; die Aus- und Fortbildung von abgeordneten Lehrkräften im »Orff-Institut«[213] in Salzburg sollte die Verbreitung musikerzieherischer Ideen in seinem Sinne sichern.[214] Der Erfolg seines Einsatzes zeigte sich nicht zuletzt durch die Verbreitung des *Orff-Schulwerkes* in aller Welt, später durch die Neufassung *Musik für Kinder*.[215] Das in Zusammenarbeit mit Karl Maendler entwickelte und im Anschluss allgemein verbreitete Orff-Instrumentarium trug in gleicher Weise zu seiner Popularität bei.

Die Literatur im Umfeld Carl Orffs vertritt die Auffassung, dass die Einführung von Musik-Modellklassen allein auf dessen Initiative zurückging.[216] Dieser Sachverhalt ist insofern zutreffend, als Orff ein

---

213 Die Geschichte und Bedeutung des Orff-Instituts sind bislang von wissenschaftlicher Seite weitgehend unerforscht geblieben. Franziska Lettowsky gibt in ihrer historischen Darstellung einen ersten Einblick in die Idee der Gründung einer Institution als Zentrum für das Orff-Schulwerk, die Schwierigkeiten bei der Einrichtung des Hauses und die präzisen Vorstellungen Carl Orffs in der Umsetzung seines Konzepts. Vgl. Franziska Lettowsky: *Gründung des Orff-Instituts*. Unveröff. Diplomarbeit zur Erlangung des Magistergrades, Universität Salzburg 1997.

214 Nach Orffs Ansicht sollten die Kinder in der Schule gerade mit elementaren musikalischen Inhalten konfrontiert werden. »Das Schulwerk ist eine elementare Musikübung, die bei jedem Kind Freude und Verständnis für Musik wecken soll und kann. [... Es] wendet sich an alle Kinder, nicht an eine musikalische Auslese.« Vgl. Carl Orff 1962 in einer hs. Notiz zu einem Vortrag in Japan [NHH]. – Zur Idee des Elementaren in seinem Werk vgl. auch Ulrike E. Jungmair: *Das Elementare. Zur Musik- und Bewegungserziehung im Sinne Carl Orffs*, Mainz u. a.: Schott 1992. – M. Kugler bindet die Bedeutung Carl Orffs darüber hinaus in einen größeren musikerzieherischen Kontext ein. Vgl. Michael Kugler: *Die Methode Jaques-Dalcroze und das Orff-Schulwerk Elementare Musikübung. Bewegungsorientierte Konzeptionen der Musikpädagogik*, Frankfurt/M.: Peter Lang 2000.

215 Carl Orff veröffentlichte sein *Orff-Schulwerk* ab dem Jahre 1930 in mehreren Jahrgängen. Als Mitherausgeber fungierten Gunild Keetman und Hans Bergese. Die Neufassung *Musik für Kinder* entstand in den Jahren 1950–54.

216 Vgl. dazu die beiden folgenden Belegstellen: »Die Einrichtung von Klassen mit erweitertem Musikunterricht geht auf eine Initiative des großen bayerischen Komponisten Carl Orff zurück, der nicht müde wurde, für jedes Kind die ›tägliche Musikstunde‹ zu fordern.« Vgl. Staatsinstitut für Schulpädagogik und Bildungsforschung (Hg.): *Materialsammlung für Klassen mit erweitertem Musikunterricht an Volksschulen*, München: [Eigenverlag] 1996, S. 5. – »Die ersten Modellklassen mit erweitertem Musikunterricht wurde vor nunmehr neun Jahren an Volksschulen in München und Regensburg eingerichtet. Die Initiative geht auf Prof. Carl Orff zurück. Ab Schuljahr 1970/71 wurden dann in allen Regierungsbezirken Modellklassen mit erweitertem Musikunterricht geschaffen.« *Schul-*

großer Teil der Motivation für eine erweiterte Musikerziehung zukam. Aufgrund seiner vielfältigen Aktivitäten war es für ihn jedoch nicht allein möglich, die Maßnahmen zur Ausweitung des Musikunterrichts in den Schulen organisatorisch umzusetzen. Dazu fehlten ihm außerdem die entsprechenden Kontakte zum Staatsministerium. Vielmehr bedurfte es einer zweiten Persönlichkeit, die seine Ideen aufgriff, diese in rein pragmatischer Vorgehensweise mit eigenen Impulsen bereicherte und gegenüber dem Bayerischen Staatsministerium für Unterricht und Kultus mit Nachdruck vertrat: Hermann Handerer (1914–1994) muss als der eigentliche Initiator des erweiterten Musikunterrichts in Bayern gesehen werden, der politische Motor, der weitgehend im Verborgenen wirkte, der die strukturelle Entwicklung gezielt vorbereitete und damit nicht weniger bedeutend für das Gesamtkonzept blieb.[217]

Abb. 2: Musikpädagoge mit Durchsetzungskraft – Hermann Handerer (1914–1994)[218]

Report. Tatsachen und Meinungen zur aktuellen Bildungspolitik in Bayern 5/1976, S. 9.

217 Die tragende Bedeutung Handerers geht nicht zuletzt aus seinen persönlichen Unterlagen, der Korrespondenz, seinen Kompositionen und den handschriftlichen Notizen seines Nachlasses hervor. Dem Weitblick der Tochter Hermann Handeres, Frau Ingeborg Grosz (München), ist es zu verdanken, dass der gesamte Nachlass ihres Vaters komplett erhalten blieb und dem Autor für Forschungszwecke zugänglich gemacht wurde [NHH].

218 Abbildung mit freundlicher Genehmigung von Frau Ingeborg Grosz (geb. Handerer) und Herrn Heinz Furtner.

Er war derjenige, der die konzeptuellen Richtlinien ausarbeitete, der finanzielle Ressourcen mobilisierte und der letztendlich für die Einführung des Unterrichtskonzepts verantwortlich zeichnete.[219]

Handerer besuchte in der Zeit von 1928 bis 1934 die Lehrerbildungsanstalt Lauingen und arbeitete bis 1939 als Lehrer in Deisenhofen bei Höchstädt. Nach 7 Jahren Kriegsdienst und Gefangenschaft nutzte er seine Wartezeit zur Wiedereinstellung in den Schuldienst und studierte 1947 bis 1952 am Deutschen Singschullehrer- und Chorleiterseminar Augsburg, ebendort am Städtischen Konservatorium für Musik sowie an der Staatlichen Hochschule für Musik München die Fächer Chorleitung, Musikwissenschaft sowie Klavier und Gesang. Hermann Handerer knüpfte bereits frühzeitig Kontakt zu Carl Orff. Inspiriert von dessen Ausstrahlung als Komponist und den konkreten Vorstellungen bezüglich einer elementaren musikalischen Ausbildung für Kinder, suchte er des Öfteren Kontakt zu Orff, um einerseits neue Anregungen zu gewinnen, zum anderen, um sich für die praktische Umsetzung seiner Konzepte fachkundigen Rat einzuholen. Orff seinerseits war begeistert von Handerers Elan als Pädagoge und der zielstrebigen Umsetzung seiner musikerzieherischen Leitgedanken. Neben zahlreichen anderen glücklichen Umständen war der Kontakt Orff-Handerer für die »Gewinnung einer echten kulturpolitischwirkenden Kraft«[220] in Bayern eine wesentliche Grundlage, auf der erst die EMU-Konzeption entstehen konnte. Die Korrespondenz, die als unveröffentlichte Briefesammlung im Archiv des Orff-Zentrums München (OZM) vorliegt, zeugt von einem einzigartigen Ideenreichtum und pädagogischen Idealismus, der einen Zugang zu den Kindern nach Pestalozzis Grundsatz, dem Lernen mit »Kopf, Herz und Hand«, erkannte. Handerers musikdidaktische Position war geprägt durch anthropologische Begründungsmuster, in deren Kern der Begriff »Ganzheit« stand.[221] Nach seiner Vorstellung sollte der Musikunter-

219 Förderlich für die Kontakte Hermann Handerers zum Bayerischen Staatsministerium und für seinen Einsatz bezüglich des EMU war die Tätigkeit seines Halbbruders, Ministerialrat a. D. Jörg Handerer, am Bayerischen Kultusministerium. Dieser war ab dem Jahre 1967 an dem Aufbau der bayerischen Fachhochschulen beteiligt.

220 Hermann Handerer im masch. Manuskript »Zur Musikerziehung in Bayern« v. 15.02.1966, das er Carl Orff am selben Tage zur Vorbereitung des Besuches bei Staatsminister Huber nach Dießen/Ammersee zusandte.

221 Vgl. Hermann Handerer: »Zur anthropologischen, soziologischen und psychologischen Grundlegung des Musikunterrichts«, in: *Handbuch des Musikunterrichts* [Manuskript o. J., NHH]. – Ders: »Jeder Volksschullehrer ein Elementarmusik-

richt aber auch auf die anderen Fächer »im Sinne einer allgemeinen Leistungsanhebung wirksam gemacht« werden.[222] Handerer kommt insgesamt das Verdienst zu, die Bedeutsamkeit des Faches Musik aus dem Hypothetischen heraus zu fundierten Argumentationen geführt zu haben. Dazu schickte er sich an, die Vorzüge des erweiterten Musikunterrichts erstmalig empirisch nachzuweisen[223], und damit den Modellversuch gegenüber dem Ministerium, das die Unterrichtsversorgung zu sichern hatte, auf eine wissenschaftliche Grundlage zu stellen.[224] Im ursprünglichen Sinne Orffs und Handerers – und damit auf die historische Perspektive rekurrierend – verstand sich die erweiterte Musikerziehung von Anfang an nicht allein als ein zusätzliches Kursangebot, sondern sie versuchte, die Schüler/-innen »ganzheitlich« zu erfassen. Da der »unproduktive Zustand im Singunterricht der Bay-

---

erzieher«, S. 5ff. – Bernhard Hofmann: Art. »Hermann Handerer«, in: S. Helms, R. Schneider & R. Weber (Hg.), *Neues Lexikon der Musikpädagogik*, Personentl., CD-ROM, Kassel u. a.: Gustav Bosse 2002.

222 Die intendierte Leistungsanhebung bezog sich auf die Fächer Deutsch und »Leibeserziehung«. Vgl. Hermann Handerer: »Plan zum Ausbau von ›Modellklassen mit erweitertem Musikunterricht‹ zu ›Musikvolksschulen‹«, in: *Brief an das bayerische Staatsministerium* v. 01.03.1969, S. 2 [unveröff. Briefesammlung im Archiv des OZM].

223 Handerer stützte sich dabei auf die Untersuchungen des Musikpsychologen Adam Kormann, mit dem er in seiner Regensburger Zeit eng zusammenarbeitete. Kormann hatte im Rahmen von Zulassungsarbeiten zum ersten Staatsexamen im Schuljahr 1972/73 eine Reihe empirischer Studien zum Musikunterricht bei Studierenden in Auftrag gegeben. Dabei interessierte ihn die Frage, wie sich eine erweiterte musikalische Erziehung in der Schule auf Musikalität, Intelligenz, Kreativität, »körperliche Fitness« und die »Kernpersönlichkeit« der Kinder auswirkt. Vgl. die Angaben bei Hermann Handerer: *Schulversuch »Modellklassen mit erweitertem Musikunterricht« an bayerischen Volksschulen*, S. 3–9 [masch. Manuskript, konzeptueller Entwurf o. J. im Archiv des OZM]. – Siehe dazu auch Adam Kormann: »Ergebnisse und Probleme bei der Evaluation der musikdidaktischen Konzeption nach Carl Orff«, in: D. Rüdiger & M. Perrez (Hg.), *Anthropologische Aspekte der Psychologie*, Salzburg: Otto Müller 1979, S. 83–90. – Maria Spychiger: *Mehr Musikunterricht an den öffentlichen Schulen? Entwicklung eines zeichentheoretisch orientierten Begründungsansatzes als Alternative zu einer aussermusikalischen Argumentation*, Hamburg: Kovac 1995, S. 41. – Bedauerlicherweise liegen Folgeuntersuchungen, die sich mit EMU in Bayern beschäftigen, nicht vor.

224 Trotz der angestrebten Transparenz seiner Untersuchungen blieb Handerer realistisch und setzte diese in der Interpretation der ermittelten Daten ins rechte Licht: »Mit Nachdruck ist jedoch darauf hinzuweisen, daß diese Befunde nicht im Sinne monokausaler Beziehungen zu interpretieren sind und zur Klärung des speziellen Forschungsansatzes weitere Untersuchungen an umfangreicheren Stichproben nötig sind.« Handerer: *Bildungsbedeutsamkeit*, S. 7.

erischen Schulen [...] nicht auf einmal zu ändern« war[225], begann Handerer frühzeitig, an einem Modell zu arbeiten, das eine aufbauende, konstruktiv-musikalische Arbeit über Jahre garantierte. Dementsprechend hatte er einst seine Modellklassen als »Langzeitprogramm« konzipiert, das er bewusst von einem »Sofortprogramm« unterschied.[226]

Die ersten Schulversuche an Münchener und Regensburger Grundschulen, später in Würzburg und Schweinfurt begannen in ausgewählten Modellklassen im Schuljahr 1967/68. Seit dem Schuljahr 1970/71 ging man dazu über, in allen bayerischen Regierungsbezirken erweiterten Musikunterricht an Volksschulen einzurichten. Der Ausbau der beteiligten Schulen zu Musikgrundschulen wurde bereits zu diesem Zeitpunkt angedacht, ebenso eine Ausweitung der musikalischen Förderung auf die Hauptschule. Schließlich wurden auf die Initiative Handerers hin die Kontakte zu den Volksschulen, ebenso zu Kreisschul- und Regierungsschulbehörden aufgebaut. Die Anzahl der kooperierenden Klassen war bereits im Schuljahr 1974/75 auf etwa 100 gestiegen. Mit ihrer über vierzigjährigen Tradition waren bayerische Modellschulen die ersten, an denen ein erweiterter Musikunterricht evaluiert und auf Veranlassung der Staatsregierung in allen Regierungsbezirken eingeführt wurde. An einigen dieser ausgewählten Schulen von damals hat sich das Modell gegen Widerstände behaupten können[227]; es wurde anhaltend gefördert und diente der Ausprägung eines individuellen Schulprofils.[228]

Ein entscheidender Impuls, der die Initiatoren des erweiterten Musikunterrichts immer wieder antrieb und der für die Einrichtung der musikalischen Ausbildung beispielgebend war, ging von Hermann Handerers Tätigkeit als Musiklehrer in dem kleinen Ort Oberammer-

---

225 Handerer: »Jeder Volksschullehrer ein Elementarmusikerzieher«, S. 2.

226 Handerers Bezeichnung »Langzeitprogramm« entstammt einem Auszug aus dem Protokollbuch anlässlich der Sitzung des Gemeinderates Oberammergau am 12.04.1976, Blatt 195 [unveröff. Aktenbestände im Stadtarchiv Oberammergau].

227 »Mit Hilfe des Herrn Regierungspräsidenten Dr. Emmerig und des zuständigen Oberschuldirektors ist es in Regensburg trotz des Widerstandes der Stadt gelungen, die Lieblingsidee Professor Carl Orffs[,] nämlich die Errichtung von ›Modellklassen mit erweitertem Musikunterricht‹ zu verwirklichen.« Korrespondenz Hermann Handerer mit MD Dr. Dr. Keim (Bayerisches Staatsministerium für Unterricht und Kultus, München) v. 10.12.1967 [NHH].

228 Die EMU-Konzeption lag nicht nur den Grundschulen in München, Regensburg, Würzburg und Schweinfurt zu Grunde. Auch in Traunwalchen, Landshut und Oberammergau wurde bereits frühzeitig auf Grundlage dieses Modells musikpädagogische Aufbauarbeit geleistet.

gau aus.[229] Handerer erkannte frühzeitig die Notwendigkeit eines Heranführens potentieller Teilnehmer/-innen an die dort stattfindenden Passionsspiele. Die Ausbildung der agierenden Schauspieler, Sänger und Musiker wurde seitens der Gemeinde und des Staatsministeriums nach Kräften unterstützt. Während Handerers Lehrtätigkeit gelang es, eine kontinuierliche Musikerziehung an der Volksschule aufzubauen und eine staatliche Sing- und Jugendmusikschule anzugliedern, deren Leitung er bereits im Jahre 1953 übernommen hatte.[230] Damit stellte er sich einer für ihn reizvollen Aufgabe; dies zeigt die Tatsache, dass er zuvor »ein Angebot vonseiten des Direktors der Augsburger Singschule und Leiters des deutschen Chorleiterseminars, dort als Mitarbeiter einzutreten«, ausgeschlagen hatte.[231] Im Jahre 1958 wurde Handerer als Dozent an die Hochschule für Lehrerbildung nach Regensburg berufen. Bis 1979 vertrat er das Fach »Musik- und Bewegungserziehung« als Honorarprofessor an der Pädagogischen Hochschule, später an der Universität Regensburg.[232] Nach seinem Wechsel verfolgte er weiterhin die musikalische Arbeit in Ober-

---

229 Oberammergau ist der oberbayerische Passionsspielort, an dem die gesamte Entwicklung des erweiterten Musikunterrichts in der Regelschule ihren Ursprung genommen hat. Der Initiative Handerers ist es zu verdanken, dass an diesem Ort über Jahre eine konstruktive musikalische Ausbildung geplant und durchgeführt wurde. Seine Bemühungen fasste er in einem konzeptuellen Entwurf zur Heranbildung und Erziehung des Musiker- und Sängernachwuchses zusammen, den er dem Bayerischen Staatsministerium zur Beantragung notwendiger Ressourcen vorlegte. Vgl. Hermann Handerer: *Aufbau einer kontinuierlichen Musikerziehung in der Volksschule Oberammergau und Angliederung einer staatlichen Sing- und Jugendmusikschule* [konzeptueller Entwurf o. J. im Archiv des OZM].

230 Die Aktenbestände im Stadtarchiv Oberammergau geben Auskunft über das unermüdliche Engagement Hermann Handerers während seiner dortigen Lehrtätigkeit. – Zu den Voraussetzungen, die Handerer in Oberammergau vorfand vgl. auch Ilka Seiderer: *Die Musikerziehung in der Volksschule und in gemeindlichen Einrichtungen in Oberammergau für die Passionsspiele im Laufe der Jahrhunderte.* Zulassungsarbeit zur 1. Lehramtsprüfung an bayerischen Volksschulen, Pädagogische Hochschule Regensburg 1965, Betreuer: Hermann Handerer [NHH].

231 Hermann Handerer: *Brief an die Gemeinde Oberammergau* v. 07.08.1952, in: Ordner Nr. 2/2001, Abt. 312/12 [unveröff. Aktenbestände im Stadtarchiv Oberammergau].

232 Von seiner Ausbildung her brachte Handerer zunächst nicht die formalen Voraussetzungen mit, um eine Lehrtätigkeit an einer Hochschule zu bekleiden. Es spricht jedoch für seinen pädagogischen Impetus, dass er sich die Eintrittsvoraussetzungen für die Hochschullaufbahn sukzessive erwarb, nicht zuletzt auf Empfehlung seines Onkels und Mentors Karl Kapfhamer (freundlicher Hinweis v. Herrn Jörg Handerer).

ammergau und blieb mit dem Passionsspielort verbunden.[233] Wichtig im Hinblick auf eine erweiterte Musikerziehung war, dass das Unterrichtsmodell bereits damals von zumindest einer Musik-Unterrichtsstunde am Tag ausging und im Hinblick auf die praktische Umsetzung durchaus in Verbindung mit der Singbewegung aus der ersten Hälfte des 20. Jahrhunderts zu sehen war.[234] Insgesamt strebte die Förderung seit den ersten Jahren ihrer Einführung die Hervorbringung »solider musikalischer Leistungen« in den Regelschulen an und hatte eine »systematisch-kontinuierliche musikalische Bildungsarbeit« innerhalb des Unterrichts zum Ziel.[235]

Nach Carl Orffs und Hermann Handerers Intention sollte die praktische Umsetzung des *Orff-Schulwerkes* nicht dem Zufall überlassen, sondern fachgerecht betreut werden. Seit 1955 trat Orff daher in Verhandlungen mit dem Bayerischen Staatsministerium ein, um eine zentrale Organisation für Fortbildungsangebote zu schaffen, eine Maßnahme, die im Jahre 1961 mit der Gründung des Salzburger Orff-Instituts ihre Umsetzung fand. Seine Motivation für diesen Schritt fasste Carl Orff in einem Brief an Hermann Handerer zusammen:[236]

> Besonders in Belgien und Kanada gehen die Schulwerkwogen hoch. Aber auch in den Staaten geht die Arbeit voran. Als bedauerliche Minuspunkte sind die vielen Mißverständnisse zu buchen, die bei sogenannten »Orff«-Schulwerk-Kursen zutage treten [...]. Erfah-

---

233 So wirkte Handerer auch bei dem Reformversuch der Passionsspiele im Jahre 1976/77 mit und übernahm die musikalische Oberleitung einer Probeaufführung für das Festspieljahr 1980, der sogenannten »Rosner-Passion«. Vgl. Ammergauer Spiel-Gemeinschaft, Oberammergau (Hg.): *Das Rosner Spiel. Eine Dokumentation über Oberammergaus barocke Passion in der Probe* 1977, Oberammergau: [Eigenverlag] 1987.

234 Die Forderung nach dem »täglichen Musikunterricht« bezog sich vorwiegend auf den Musikunterricht im Primarbereich. Carl Orffs Vorstellungen aus seinem Memorandum (1965) finden darin eine konsequente Umsetzung. Zur Bedeutung des Singens im schulischen Unterricht aus historischer Perspektive vgl. Gruhn: *Geschichte der Musikerziehung*, S. 279ff.

235 Hermann Handerer: *Brief an das bayerische Staatsministerium* v. 01.03.1969 [unveröff. Briefesammlung im Archiv des OZM].

236 Neben den Informationen zur erfolgreichen Installierung der Zentralstelle für das Orff-Schulwerk kommt in diesem Brief auch Carl Orffs Unbehagen bezüglich der praktischen Umsetzung seines Lehrwerkes zum Ausdruck. Die entstandenen »Missverständnisse« in der pädagogischen Arbeit wollte Orff mit den von ihm organisierten Kursen am neu gegründeten Institut ausräumen. Vgl. Carl Orff: *Brief an Hermann Handerer* v. 24.11.1960 [unveröff. Briefesammlung im Archiv des OZM].

rungen und Erwägungen haben dazu geführt, daß ich am Mozarteum Salzburg eine Zentralstelle und Seminar für Orff-Schulwerk gründen musste. Zweck dieser Institution ist nicht nur Ausbildungsunterricht, sondern auch eine Stelle für Aussprachen, Vorführungen und ganze Tagungen zu schaffen.

Um die Qualifikation der Lehrkräfte, die mit der Erteilung des erweiterten Musikunterrichts betraut wurden, zu sichern, wurde bereits im Jahre 1963 eine Kooperation zwischen der bayerischen Staatsregierung und dem Orff-Institut an der Akademie »Mozarteum« in Salzburg ins Leben gerufen, die zwei bis drei Volksschullehrkräften in einem Schuljahr gestattete, unter Beibehaltung ihrer Bezüge von ihrem Dienst beurlaubt zu werden, um ein zweijähriges Fortbildungsstudium wahrzunehmen. Zuvor hatten die Bewerber eine Eignungsprüfung abzulegen; die Auswahl und Beurlaubung erfolgte wiederum durch das Staatsministerium. Seit Oktober 1965 wurden regelmäßig bayerische Lehrerinnen und Lehrer an das Orff-Institut abgeordnet. Die ersten Abschlüsse gingen auf das Jahr 1967 zurück. Bis zum Ende des Studienjahres 2004 wurden dort 79 Musikfachkräfte ausgebildet und im Anschluss mit der Erteilung des erweiterten Musikunterrichts betraut.

Mit Carl Orff und Hermann Handerer blickt die Geschichte bayerischer Musikerziehung auf zwei Persönlichkeiten, die Pionierarbeit für die Einrichtung eines erweiterten musikalischen Unterrichtsangebotes leisteten. Die Idee einer bodenständigen, kontinuierlichen musikalischen Aufbauarbeit hat mit ihnen im deutschsprachigen Raum ihren Ursprung gefunden. Ohne den verdienstvollen Einsatz dieser einflussreichen Vertreter wären die Ursprünge des EMU-Modells nicht nur ohne Tragweite geblieben, sondern ihre erfolgreiche Fortsetzung bis in heutige Tage wäre in Frage gestellt gewesen. Gerade Hermann Handerer bleibt als engagierte, mit Enthusiasmus beseelte, von der Idee einer elementaren Musikerziehung begeisterte, jedoch nicht immer ganz einfache Persönlichkeit in Erinnerung. Dass für die Durchsetzung einer musikalischen Arbeit ein hohes persönliches Engagement und ein hoher Idealismus erforderlich sind, zeigt sich gerade an seinem Lebenswerk. Neben persönlichen Opfern brachte Handerer für die Durchsetzung seiner Ideen auch finanzielle Ressourcen ein. In einem Schreiben an den Landesverband Bayerischer Tonkünstler e. V. beklagte er die notwendig gewordene Eigeninvestition in Höhe von 40.000 DM, um seinen Ideen für die Realisierung des Unterrichtsprinzips »zur Verwirklichung zu verhelfen«.[237] Bekannt ist darüber hinaus, dass zu Lebzeiten Handerers regelmäßig Treffen der an der Umsetzung des Konzepts beteiligten Musikpädagogen stattfanden[238], um einen regen Erfahrungsaustausch in Gang zu halten. Eingedenk dieses Wirkens erscheint das Motto »Vorbilder – Leitbilder«, das diesem Kapitel leitmotivartig voransteht, geeignet, eine musikerzieherische Richtung zu weisen, die sich in den Persönlichkeiten Carl Orffs und Hermann Handerers in vorbildlicher Art und Weise verwirklicht findet.[239] Der Nutzen einer (erweiterten) musikalischen Ausbildung in der Regelschule wurde bereits von diesen beiden Vordenkern maßgeblich vorbereitet. Möglicherweise trägt in heutigen Tagen die Besinnung auf eine über vierzigjährige Tradition dazu bei, den erzieherischen Wert einer Musikausbildung wieder neu zu entdecken und für die geistige Entwicklung unserer Kinder fruchtbar zu machen.

2.4.2 Zur Konzeption des erweiterten Musikunterrichts

Im historischen Kontext waren sich Carl Orff und Hermann Handerer bewusst, dass aufgrund der rudimentären Entwicklung musikalischer Erziehung in Deutschland *der* Musikunterricht per definitionem ebenso wenig existiert, wie man *den* erweiterten Musikunterricht anhand ausgewählter Parameter in der Lage wäre festzulegen.[240] Bei der Untersuchung einzelner EMU-Schulkonzepte ist zu verfolgen, dass die meisten Rektoren ihr Unterrichtsmodell in Eigenverantwortung auf die lokalen Gegebenheiten und daher im Vergleich unterschiedlich ausrichteten. Das mag zum einen daran liegen, dass terminologische Abgrenzungen und inhaltliche Unterscheidungen weder trennscharf

---

237 Korrespondenz v. 09.11.1984 mit Dr. Stümmer, Landesverband Bayerischer Tonkünstler e. V., München [NHH].

238 Freundlicher Hinweis von Herrn Otto Wolf, der von den Anfängen seiner Unterrichtszeit an bis zum Ende des Schuljahres 2005/06 an der Volksschule Regensburg am Sallerner Berg EMU erteilte.

239 Das Leitmotiv ist einer Quelle aus dem Nachlass Hermann Handerers entnommen. Vgl. Josef Schmidt: *Vorbilder – Leitbilder. Wer das Ziel nicht kennt, wird den Weg nicht finden*, Bayreuth: [Eigenverlag] 1989 [NHH].

240 Diese Einschätzung entspricht auch der heute üblichen Sichtweise. Am Unterrichtsgeschehen sind in der Praxis vielschichtige, komplexe Lehr- und Lernvorgänge beteiligt. »Den« erweiterten Musikunterricht zu definieren, entspricht daher nicht den Gegebenheiten der Realität, da hier die unterschiedlichsten Faktoren beteiligt sind. Diese voneinander zu isolieren und eine Art »Laborsituation« entstehen zu lassen, ist in der Schulpraxis kaum denkbar. Vgl. dazu Bastian: »Empirische Forschung in der Musikpädagogik«, 1999, S. 630.

noch einvernehmlich vorgenommen wurden, da sie z. T. spezifischen Voraussetzungen unterlagen und auf eine unterschiedliche Entstehungszeit zurückgingen. Zudem herrschten bisweilen individuelle Bedingungen hinsichtlich der Schwerpunktsetzung (Instrumentalspiel, Tanz, Chorarbeit) und der Gruppenbildung vor, in gleicher Weise im Hinblick auf die Ausbildung der Lehrkräfte oder des Stundenmaßes, das für EMU zur Verfügung stand. Trotzdem hat sich an einigen Orten EMU – inhaltlich und strukturell – nicht nur zum Unterrichtsprinzip, sondern zum Schulprofil entwickelt, das dazu beitrug, in besonderer Weise musikalische Bildung zu vermitteln. An anderen Schulen wurde Musik hauptsächlich als Arbeitsgemeinschaft (AG) erteilt[241], wobei in letzterem Falle die Musik ein Additum einer oder mehrerer Stunden darstellte und nur eine Disziplin von vielen anderen war. Mittlerweile gehört EMU deutschland- und europaweit zu den etablierten Unterrichtsformen, ist in nahezu allen Jahrgangsstufen verbreitet und bringt beachtliche Ergebnisse hervor. Auf wissenschaftlicher Seite sind seit der Einführung der konzeptuellen Erweiterung des Musikunterrichts eine Reihe von Arbeiten entstanden, die sich um eine Dokumentation unterschiedlichster Lernerfolge bemühen, eine Zielsetzung, die letzten Endes nicht nur zur Legitimation der erweiterten Unterrichtsmodelle beiträgt, sondern zugleich für Musik als Unterrichtsfach per se.

Der EMU-Impulsgeber Hermann Handerer gehörte zu der Lehrer- und Forschergeneration, die neugierig auf Erfahrungen in der Erziehung von Kindern und Jugendlichen war. Wie aus seinem Nachlass hervorgeht, in dem zahlreiche Quellen, Aktenbestände und Korrespondenzen gesammelt vorliegen, saugte Handerer Informationen dieser Art förmlich auf, denn seine rastlose Tätigkeit war durchzogen von der Suche nach Möglichkeiten für eine erweiterte musikalische Erziehung. So verschaffte sich Handerer ein Bild von den Schulversuchen mit erweitertem Musikunterricht, mit denen man an einigen Orten europaweit bereits Erfahrungen gesammelt hatte und die zur Findung einer Konzeption für die erweiterte musikalische Erziehung in

---

[241] »Arbeitsgemeinschaften, die für Unterricht und Erziehung in der Grundschule förderlich sind, können angeboten werden, wenn die räumlichen, personellen und organisatorischen Voraussetzungen es zulassen, klassen- oder jahrgangsübergreifend, insbesondere Schulspiel, Schulchor, Instrumentalunterricht, Schulgarten.« Vgl. »Stundentafel Grundschule 5.02«, in: Horst Günter Lott & Horst-Werner Hartwig, *Schulleiter-ABC*, begründet von Willi Weber 1976. Eine Sachkartei für den verwaltungstechnischen Bereich der Schulleitung in Bayern (Volks- und Förderschulen), Kulmbach: Baumann 2002–2004.

Bayern ihren Beitrag leisten konnten. Zur Betrachtung der historischen Entwicklung sollen zunächst einige wichtige Eckdaten anderer Länder im Vergleich aufgeführt werden, soweit sie als Vorläufer für die bayerische Konzeption relevant sind. Hierunter fallen vor allem die Modellversuche in Ungarn; über die Entwicklungen in der Schweiz war Handerer ebenfalls bestens informiert. Die schweizerischen Kollegen haben – ähnlich wie es in Bayern im Schuljahr 1967/68 geschah – bereits frühzeitig erste Erfahrungen gesammelt. Hier liefen die EMU-Projekte im Schuljahr 1972/73 an. Handerer kommt insofern eine zentrale Stellung zu, als er frühzeitig begann, ein Beziehungsgefüge europaweiter EMU-Einflüsse zu knüpfen, um seine eigenen Erfahrungen weiterzuentwickeln und diejenigen, die andernorts gemacht wurden, in seine Entwürfe einzuarbeiten. Österreich war mit der Ansiedelung des Orff-Instituts in Salzburg ohnehin in die Planung und Gestaltung erweiterten Musikunterrichts von Anfang an involviert.[242] Neben Bayern profitierte die Schweiz ihrerseits von den Erfolgen in Ungarn, die bereits auf das 19. Jahrhundert zurückgingen und die die längste Tradition musikerzieherischer Aufbauarbeit aufwiesen. Die Modellversuche in Ungarn werden daher im Folgenden zunächst dargestellt, da sie im europaweiten Netz erweiterter Musikerziehung eine exponierte Stellung einnehmen. Im Anschluss sollen mit Duisburg und Berlin exemplarisch zwei aktuelle Projekte erweiterter musikalischer Förderung in der Grundschule vorgestellt werden.

Ungarn war eines der ersten Länder Europas, in denen Musikerziehung planmäßig durchgeführt und in erweiterter Form flächendeckend vermittelt wurde. Handerer verfolgte diese Entwicklung mit Interesse, unterhielt einen lebhaften Gedankenaustausch mit den dortigen Initiatoren[243] und unternahm selbst Forschungsreisen.[244] Er

---

[242] Handerer war an der Entwicklung in ganz Europa interessiert. Jederzeit willkommen waren ihm dabei Besuche in seinem Regensburger Institut, wie der Kontakt zu einem tschechischen Gesandten belegt, von dem er Carl Orff berichtete: »Es gibt schon wieder Neuigkeiten: der tschechische Beauftragte für das Orff-Schulwerk macht eine Reise durch die Bundesrepublik und will eine Veranstaltung bei mir an der Päd. Hochschule im Juni besuchen.« Hermann Handerer in einem Brief v. 15.02.1966 an Carl Orff (Dießen/Ammersee) [NHH].

[243] Zahlreiche Quellen und Aktenbestände im Nachlass Hermann Handerers zeugen von diesem Sachverhalt. Auch die Beschäftigung mit wissenschaftlichen Befunden ungarischer Einrichtungen hatte er sich ins Deutsche übersetzen lassen und frühzeitig angeeignet. Vgl. z. B. Ilona Barkóczi & Csaba Pléh: *Psychologische Untersuchungen zur Effektivität der Musikerziehung nach der Kodály-Methode* [masch. Manuskript o. J., NHH]. – Siehe dazu ebenfalls die Korrespondenz mit verschiedenen ungarischen Fachvertretern [NHH].

konnte davon Kenntnis gewinnen, dass die Aufbauarbeit in Ungarn bereits in den Kindergärten begann, wo »die Grundlagen der musikalischen Bildung gelegt [und später...] in der achtklassigen Volksschule und im vierklassigen allgemeinen Gymnasium erweitert« wurden.[245] Der Gesangs- und Musikunterricht lag bereits für den Kindergarten, von der ersten Gründerin Therese Brunswick vor etwa 180 Jahren noch als »Engelsgarten« bezeichnet[246], strukturell gegliedert vor. Für das Ende des 19. Jahrhunderts ist hierzu schriftlich fixiertes Liedmaterial in Fülle nachweisbar.[247] Der neben Béla Bartók (1881–1945) wohl bekannteste ungarische Komponist Zoltán Kodály (1882–1967) sichtete diese Bestände und bezog sie in seine umfassende Studie zur Musik im Kindergarten ein (*Zene az óvodában*, 1941). Er übte darin massiv Kritik an dem »unmagyarische[n] und kunstlose[n] Liedmaterial der Kindergärten« mit den »gespreizten Texten und dem übermäßigen Tonumfang«.[248] Gleichzeitig rief er die Erinnerung an die Liedersammlungen von Áron Kiss wach, der für sein Land bereits frühzeitig erkannt hatte, dass die mündlich tradierten Kinderlieder gesammelt und in Kindergärten und Schulen gelehrt werden müssten. Es dauerte bis zum Jahre 1951, bis eine Sammlung mit systematisch geordneten Spielliedern veröffentlicht wurde[249], die fortan für ungarische Kinderliederbücher, für das amtliche Liederbuch der Kindergärten, für die Kinderprogramme des Rundfunks[250] und nicht zuletzt für das Lieder-

244 Als Beispiel dafür sei seine Ungarnreise vom 30.10. bis 05.11.1978 genannt, bei der zum ersten Mal eine Delegation bundesdeutscher Musikpädagogen nach Ungarn eingeladen war. Handerer konnte sich nicht nur ein Bild von dem »hervorragenden Musikunterricht« an den ungarischen Musikgrundschulen machen, sondern informierte sich gleichzeitig über die Erkenntnisse des VI. Internationalen Kodály Seminars, das vom 16.07. bis 12.08.1978 am Musikpädagogischen Institut »Zoltán Kodály« in Kecskemét (Ungarn) stattfand. Vgl. dazu auch den Bericht zur Ungarnreise v. 07.12.1978 [NHH].

245 László Lukin: »Gesangs- und Musikunterricht in den allgemeinbildenden Schulen«, in: Sándor Frigyes (Hg.), *Musikerziehung in Ungarn*, Stuttgart/Budapest: Klett u. Corvina 1966, S. 125.

246 Zit. nach Katalin Forrai: »Musikerziehung im Kindergarten«, in: Frigyes, *Musikerziehung in Ungarn*, 1966, S. 101.

247 Vgl. dazu exemplarisch die Gedicht- und Liedersammlung »Flóri könyve« (1840) von Amália Bezerédi resp. die Liedmelodien von Sámuel Kohányi.

248 Vgl. Forrai: »Musikerziehung im Kindergarten«, S. 102.

249 Vgl. Archiv der ungarischen Volksmusik: *A Magyar Népzene Tára*, Budapest: Akadémiai Kiado 1951.

250 Der ungarische Rundfunk sendete bereits zu dieser Zeit zweimal wöchentlich ein Kindergartenprogramm mit einer Dauer von zwanzig Minuten.

buch der ersten vier Volksschulklassen als Vorlage diente. Den Anstoß zu dieser Besinnung hatte die Studie Kodálys gegeben, durch die der »musikalische[n] Erziehung der Kleinkinder [...] eine wissenschaftliche, allgemeinen Nutzen bringende Aufgabe« zuteil wurde.[251] Die Durchführung seiner Ideen erforderte notwendigerweise institutionelle Konsequenzen im ungarischen Schulsystem. Nach dem Kindergarten mit intensivem Musikangebot (für Drei- bis Sechsjährige) folgte die achtklassige Volksschule, in der die Lerninhalte der einzelnen Klassen im Fach Musik aufeinander aufbauten. Den Musikunterricht der ersten bis vierten Volksschulklassen[252] der allgemein bildenden Schulen erteilten Fach- oder Klassenlehrerinnen und -lehrer, ab der fünften Klassen waren dafür ausschließlich Fachlehrkräfte vorgesehen.[253] Eine entsprechende Eignung für den Musikunterricht war obligatorisch. In der ersten Klasse wurden den Kindern zwei halbe Stunden Musikunterricht in der Woche erteilt. Von der zweiten Klasse der Volksschule an hatten sie zwei volle Wochenstunden Musik. Die darin verwendeten Bücher und Arbeitshefte waren nach den Bestimmungen des Lehrplanes von 1963 konzipiert, der im Vorfeld Gegenstand lebhafter Fachdiskussionen im Land war. Die im Schuljahr erarbeiteten Lerninhalte und die in den Chören einstudierte Literatur brachten alle Schultypen in der jährlich stattfindenden »kulturellen Frühlingsschau der Jugend« zu Gehör.[254]

In der erweiterten Musikerziehung setzten in Ungarn bereits frühzeitig Reformbestrebungen ein, allerdings harrten sie ihrer Umsetzung bis in die Zeit der Ungarischen Volksrepublik nach 1945. Mit der Äußerung Zoltán Kodálys aus dem Jahre 1929, dass der Gesang ebenso wichtig sei wie die Gymnastik, »denn beide benötige der

---

[251] Forrai: »Musikerziehung im Kindergarten«, S. 102.

[252] In der ungarischen Volksschule waren die ersten acht Klassen zusammengefasst. Obwohl sie im Vergleich zur bayerischen Volksschule terminologisch ähnlich bezeichnet wurde, muss betont werden, dass ihr andere schulstrukturelle Voraussetzungen zu Grunde lagen, die der bayerischen Institution nur in der Terminologie entsprachen.

[253] Die Fachlehrer hatten in der Regel das Diplom der Franz-Liszt-Musikhochschule (Budapest) erworben. Die Studienzweige, die dort angeboten wurden, beinhalteten entweder eine fünfjährige Gesangslehrerausbildung und Chorleitung für Mittelschulen oder eine dreijährige Musik- und Gesangslehrerausbildung für allgemein bildende Volksschulen, Musikschulen und Musikgrundschulen.

[254] Die Leistungsfähigkeit einzelner Schüler der 5. und 6. Jahrgangsstufe lässt sich aus der Tatsache ableiten, dass zu diesen Anlässen mittelschwere Madrigale, Volksliedbearbeitungen und Kinderchöre von Bartók und Kodály aufgeführt wurden.

Mensch täglich«[255], hatte die Idee bereits eine »Vorlaufsphase« und überstand die Zeit des Regimes trotz Kriegswirren unbeschadet. »Wir müssen die Menschen der Musik zuführen und uns ein Publikum erziehen, dem gute Musik ein Lebensbedürfnis ist«[256], war der konzeptuelle Leitgedanke.[257] Ebenfalls aus dieser Zeit stammten bereits die ersten Erfahrungen mit dem Solfège-Unterricht, dem die Methode der relativen Solmisation nach John Curwen, Galin-Chevé sowie einige Umsetzungsmöglichkeiten von Fritz Jöde und Agnes Hundoegger (»Tonika-do-Lehre«) zu Grunde lagen.[258] Wöchentlich zwei Unterrichtsstunden waren nach Kriegsende für das Fach Musik vorgesehen. Der erweiterte Musikunterricht setzte sich in sogenannten »Musikgrundschulen« im Jahre 1951 durch, deren Aufbauarbeit mit großzügigen Subventionen staatlich gefördert worden war. Kodálys Idee fiel hier auf fruchtbaren Boden; denn man hatte erkannt, welch wichtige soziale Funktion der Musik in einem umfassenden Bildungssystem zukam. 1950 waren erste Versuchsklassen in Kecskemét, Budapest und anderen Orten entstanden. Bis zum Jahre 1966 existierten 117 Musikgrundschulen. Ziel dieser Einrichtungen war neben der Förderung der emotionalen Entwicklung die Erziehung einer musikalisch gebildeten und interessierten Jugend, d. h. eine Allgemeinbildung auf dem Gebiet der Musik.[259] Der Stundenplan der achtjährigen Musikgrundschule enthielt in den ersten vier Jahren wöchentlich sechs Gesangsstunden. Bis zum Ende des ersten Schuljahres lernten die Schüler in der Regel bereits 80 Lieder, wobei sie mit der Zeit in die Lage versetzt werden sollten, einfachere pentatonische Melodien vom Blatt zu lesen und nach Gehör zu notieren. Weiterhin bereicherte eine Reihe fakultativ zu belegender Instrumentalfächer das Angebot: Die ersten vier Klassen boten den Chorgesang, die ersten beiden Klassen der Unterstufe

---

255 Zit. nach Gábor Friss: »Die Musikgrundschule«, in: Frigyes, *Musikerziehung in Ungarn*, 1966, S. 153.

256 Z. Kodály, zit. nach Friss ebd.

257 G. Friss skizziert die wichtigsten Grundlagen musikalischer Arbeit in dieser Institution, in der wiederum nicht nur die ersten bis vierten Klassen unterrichtet wurden, sondern alle acht Klassen der Volksschule. Zu dieser und den folgenden Informationen zur »Musikgrundschule« vgl. Friss: »Die Musikgrundschule«, S. 153–197.

258 Vgl. Erzsébet Szönyi: »Der Solfège-Unterricht in der Musikerziehung«, in: Frigyes, *Musikerziehung in Ungarn*, 1966, S. 29–100.

259 Der Unterricht bestand aus Notenlesen und -schreiben, Gehörbildung, Rhythmuslehre, Singen, Musiktheorie und -geschichte. Die in den anderen Fächern erworbenen Fähigkeiten und Kenntnisse sollten fächerverbindend in den Musikunterricht einbezogen werden.

das Blockflötenspiel in den Gesangstunden an. Während sich die musikalisch begabten Schülerinnen und Schüler ab der dritten Klasse dem Erlernen eines weiteren Instrumentes widmen konnten, wurde für alle anderen – die weniger begabten Schüler eingeschlossen – der Blockflöteunterricht über die vierte Klasse hinaus fortgesetzt. Der Eintritt in die Musikgrundschulen stand im Grunde jedem schulpflichtigen Kind frei, das ein gutes rhythmisches Gefühl und ein ansprechendes Gehör besaß. Der Unterricht war bis auf den Instrumentalunterricht schulgeldfrei. Zu Beginn eines jeweiligen Schuljahres wurden die Begabungen der angemeldeten Schüler getestet, wobei in den Prüfungen ein guter Durchschnitt nachzuweisen war. Ausnahmen konnten in einem geringen Prozentsatz zugelassen werden, da in der Regel einige Kinder erwarten ließen, dass sie den Ansprüchen entwicklungsbedingt etwas später nachkamen.

Der Gesangs- und Musikunterricht orientierte sich am ungarischen Volkslied als »Grundlage der musikalischen Muttersprache«[260], das den Ausgangspunkt jeglicher Lieddidaktik bildete. Darin spiegelten sich nationale und internationale Volksmusik, Kinder- und Spiellieder, Jugendlieder und Kenntnisse zur klassischen Musik. Grundsätzlich sollte den Kindern ermöglicht werden, dem Lernstoff spielerisch und erlebnisreich zu begegnen. Die Erschließung theoretischer Begriffe erfolgte anhand bereits bekannter Melodien. Neue Rhythmen wurden vielseitig wiederholt, solmisiert, durch Bewegungen wie Schreiten oder durch Klatschen, Klopfen, Patschen einprägsam umgesetzt, um sie im Anschluss auf ein Instrument zu übertragen. Mit Hilfe der ungarischen Volksmusik war es möglich, musikalische Kenntnisse stufenweise an der Konstruktion und der historischen Entwicklung zu verfolgen. Die Pentatonik der alten ungarischen Volkslieder bildete dabei den Ausgangspunkt, um die Siebenstufigkeit des Volksliedmaterials zu vermitteln, das seit Beginn des 18. Jahrhunderts entstanden war. Auf diese Weise entwickelten die Kinder ein Gespür für den Tonvorrat ihrer Volksmusik, der nicht allein auf Dur-Moll-Tonreihen ausgerichtet war, sondern modale Tonarten einbezog. Den Ausgangspunkt für die Formenlehre bildeten ebenso das Volkslied und dessen Analyse. Hier ließen sich zweiteilige Lied- und Reihungsformen finden wie die Trio-, Da-capo- oder Sonatenform.[261] In einer

---

260 Friss: »Die Musikgrundschule«, S. 156.

261 G. Friss gibt im Verlauf seines Berichts den Plan einer Musikstunde in einer 4. Klasse der Musikgrundschule wieder, in der ungarische Tanzmelodien aus dem 16. und 17. Jahrhundert thematisiert wurden. Bezeichnenderweise hat diese skiz-

Turnstunde, die wöchentlich einmal stattfand, wurden darüber hinaus traditionelle Volks- und Gesellschaftstänze gelehrt.

»Erweiterter Musikunterricht« wurde in Ungarn nicht zum Selbstzweck gegeben, vielmehr wird in den einschlägigen Quellen stets betont, dass Auswirkungen auf die allgemeine geistige Entwicklung der Schüler festzustellen waren. Obwohl für die Forschungen in Ungarn noch keine ausgereiften Methoden empirischer Datenerhebung zur Verfügung standen – an der Einführung dieses Instrumentariums arbeiteten Kormann und Handerer in Regensburg –, war man um Dokumentation der Erfolge mit EMU bemüht.[262] Die ungarischen Pädagogen stellten fest, dass sich im Musikunterricht zum Erlernen von Rhythmen und Melodien das Echoklatschen und Echosingen, die Solmisation von Tönen, das Singen und Benennen absoluter Tonhöhen auf Notennamen, das Kanonklatschen und Kanonsingen methodisch bewährten. Die Übungen zum Notenlesen zielten nicht nur auf den aktiven Umgang mit einzelnen Noten, sondern auf das Erfassen ganzer Motive ab. Diese musikimmanenten Fähigkeiten, die für das Verständnis musikalischer Prozesse vonnöten sind, setzten sie gleichfalls in anderen schulischen Lernbereichen ein und stellten wechselseitige Lernfortschritte fest. Beim Erlernen des Schreibens z. B. registrierten die Pädagogen der Musikgrundschulen bereits in den ersten Klassen, dass Musikdiktate bei der Formung und Verknüpfung von Buchstaben den Lernprozess unterstützten. Eine sprunghafte Erhöhung der Rechenfertigkeit war zu gleicher Zeit bei mathematischen Operationen feststellbar. Insgesamt verlieh die erweiterte Musikerziehung an Musikgrundschulen dem ungarischen Schulsystem starken Auftrieb, da die Schüler/-innen unter dem Einfluss von Musik ihre Konzentrationsfähigkeit, die »Elastizität des Denkens« und die »Entwicklung des Gedächtnisses« merklich steigerten und zugleich ihr »Gefühlsleben« bereicherten.[263] Diese Ergebnisse wurden in ihrer Entstehungszeit noch nicht *empirisch* nachgewiesen, was der Tatsache geschuldet ist, dass Musikalitätstests und andere Methoden zur Messung musikalischer Einflüsse nach ihrer Entstehung resp. ihrer deutschen Übersetzung erst zögerlich eingesetzt wurden.[264]

---

zierte Unterrichtsstunde einen äußerst hohen Praxisgehalt und eine Reihe von Singübungen zum Inhalt. Vgl. Friss: »Die Musikgrundschule«, S. 160–165.

262 Vgl. Friss: »Die Musikgrundschule«, S. 168ff.

263 Vgl. Friss: »Die Musikgrundschule«, S. 175f.

264 Die Übersetzung der Seashore-Tests lag seit dem Jahre 1966/1967 vor. Die Unterrichtsversuche mit erweitertem Musikunterricht hatten in Ungarn bereits weit früher in Kindergarten und Musikgrundschule begonnen.

Die aus Ungarn bekannten Ansätze erweiterten Unterrichts wurden in der Folgezeit in einigen Untersuchungen aufgegriffen, in der Schulpraxis etabliert und wissenschaftlich ausgewertet. Dies geschah in einem Schulversuch mit einer Singklasse an der Sekundarschule Muri im Schuljahr 1972/73 durch ein Forscherteam um den Schweizer Pädagogen Ernst Weber. Die Idee wurde in den Folgejahren weiter verfolgt, ab 1986 wissenschaftlich begleitet und bis zum Jahre 1992 ausgewertet.[265] In den Jahren 1990 bis 1993 fand in Deutschland ein Modellversuch an der Gesamtschule Duisburg-Mitte statt, initiiert von Roland Hafen.[266] Als weiteres Beispiel ist der Musikunterricht an Berliner Grundschulen mit musikbetonten Zügen zu nennen, der in den Jahren 1992 bis 1998 in der »Berlin-Studie« von einem Forscherteam um Hans Günther Bastian ausgewertet wurde.[267] Die genannten Forschungsansätze werden in Kap. I. 4.3 näher erläutert.

Die aufgezeigten Modelle erweiterter Musikerziehung zeichnen sich jeweils durch schulspezifische, bisweilen geographisch bedingte Besonderheiten aus und sind durch die Vorgaben der Schulbehörden bisweilen derart determiniert, dass sie dem jeweiligen Schulversuch ein individuelles Gepräge verleihen. Dies wird auch bei den folgenden Ausführungen zum bayerischen Schulversuch »Erweiterter Musikunterricht an Grundschulen« erkennbar sein. Sie zeigen, in welcher Weise sich das Modell aus den historischen Gegebenheiten herausgeschält hat. Gleichzeitig bilden die Daten den Hintergrund für das Verständnis zu den vorliegenden empirischen Studien, die in Kap. II genauer ausgeführt werden.

Der Antrag auf Errichtung von EMU-Klassen, mit dem sich eine in Frage kommenden Schule beim Bayerischen Staatsministerium zu bewerben hatte, war an vorgegebene Richtlinien gebunden.[268] Eine Grundvoraussetzung war zunächst das Vorhandensein geeigneter

---

265 Ernst Waldemar Weber, Maria Spychiger & Jean-Luc Patry: *Musik macht Schule. Biografie und Ergebnisse eines Schulversuchs mit erweitertem Musikunterricht*, Essen: Die Blaue Eule 1993.

266 Roland Hafen: »5 Stunden Musik – und immer noch Lieblingsfach?! Bericht zum Modellversuch ›Vertiefte und erweiterte Musikerziehung‹ an der Gesamtschule Duisburg-Mitte«, in: H. Gembris, R.-D. Kraemer, G. Maas (Hg.), *Musikpädagogische Forschungsberichte* 1995, Augsburg: Wißner 1996, S. 155–167.

267 Bastian: *Musik(erziehung) und ihre Wirkung*, 2002[3].

268 Die Voraussetzungen hatten sich in den Anfangsjahren vor allem aus der pädagogischen Betreuung des Projekts durch Hermann Handerer ergeben. Erst 1978 wurden von ministerieller Seite aus allgemeine Richtlinien erlassen, um die Zulassung der Bewerberschulen genauer festzulegen. Vgl. KMS v. 2.5.1978, Nr. III A4-4/61820.

Räumlichkeiten in den Schulgebäuden und die Übernahme der zusätzlich entstehenden Kosten durch den Sachaufwandsträger. Dazu gehörten beispielsweise die Bereitstellung der benötigten Instrumente und die reibungslose Schülerbeförderung nach den zusätzlichen Unterrichtsstunden. Dass den Kindern zu Schuljahresbeginn die Entscheidung für oder gegen die Unterrichtserweiterung freigestellt war, machte erforderlich, dass zumindest eine Parallelklasse mit regulärem Musikunterricht zur Verfügung stand. Für Forschungszwecke bot diese Konstellation den Vorzug, dass sie einen Vergleich zwischen einer Modellgruppe mit EMU-Treatment und einer Kontrollgruppe ermöglichte. Darüber hinaus konnte die Genehmigung des Projekts nur erteilt werden, wenn das Personal an den einzelnen Schulen eine kontinuierliche Fortführung des EMU für die darauf folgenden Schuljahre erwarten ließ. Die Qualifikationsvoraussetzungen der Lehrkräfte waren im gesamten Genehmigungsverfahren jedoch das entscheidende Kriterium. Demzufolge konstituierte sich der enge Personenkreis, der nach dieser konzeptuellen Art der Unterrichtserweiterung unterrichten durfte, aus den Lehrkräften, die sich bereits in ihrer Ausbildung in besonderer Weise mit Musik beschäftigt hatten. Zum einen waren es Lehrkräfte, die Musik als Hauptfach für das Lehramt an Grund- oder Hauptschulen studiert hatten[269], zum anderen die Absolventen eines Instrumental- oder Vokalstudiums an einer Fachakademie. Letztgenannte Lehrkräfte wurden als Fachlehrer/-in für Musik eingesetzt. Für erfahrene Pädagoginnen und Pädagogen, die sich erst nach einigen Jahren Lehrtätigkeit für das Modell interessierten, gab es die Möglichkeit, ein zusätzliches viersemestriges Studium am Orff-Institut der Hochschule »Mozarteum« in Salzburg zu belegen oder sich durch eine herausragende Qualifikation für die besondere musikpädagogische Arbeit zu empfehlen.[270]

[269] Die Ausbildung im Hauptfach für das Lehramt an Grund- oder Hauptschulen sah Musik als »nicht vertieft studiertes Fach« vor. Die etwas unglücklich gewählte, jedoch bis in die 1990er Jahre beibehaltene Bezeichnung »nicht vertieft studiertes Fach Musik« für alle Hauptfachstudierende der Lehrämter an Grund-, Haupt und Realschulen zielte dabei nicht auf inhaltliche Angaben zum Studium ab, sondern intendierte allein eine Abgrenzung zum Studienzweig »Lehramt an Gymnasien«.

[270] Im Gegensatz zu den heutigen Zulassungsbestimmungen für dieses Erweiterungsstudium am Orff-Institut war es in den 1960er und 1970er Jahren noch möglich, nach der ersten Lehramtsprüfung diese Ausbildung zu beginnen. In heutigen Tagen bestehen für das Erweiterungsstudium starke Auflagen. Es kann erst nach der Zweiten Staatsprüfung aufgenommen werden, zudem dürfen die Bewerber nicht älter als 35 Jahre sein. Durch diese Einschränkungen wird den Junglehrern eine inhaltliche Bereicherung ihres persönlichen Ausbildungsprofils er-

Nachdem der Antrag einer Schule auf Erteilung von EMU seitens des Staatsministeriums positiv beschieden war, galt für die genehmigten Klassen zunächst die reguläre Stundentafel der Grundschule und darüber hinaus eine im Stundenmaß festgeschriebene Erweiterung im Fach Musik.[271] EMU konnte nunmehr im Klassenverband oder in Gruppen erfolgen. Wurde in vergangenen Jahren die Aufteilung der zur Verfügung stehenden Stunden noch individuell gehandhabt, so fand nach positivem Verlauf verschiedener Testphasen[272] eine offizielle Festlegung erstmals im Jahre 1978 statt.[273]

Tab. 4: Stundentafel im Fach Musik für bayerische Grundschulen[274]

Jahrgangsstufe	Zahl der Musikstunden nach der amtlichen Schultafel	Zusätzliche Musikstunden für Klassen mit erweitertem Musikunterricht		Zahl der Musikstunden insgesamt
		ganze Klasse	Kurs	
1	1–2	1	1	3–4
2	1–2	1	2	4–5
3	2	1	2	5
4	2	1	2	5

heblich erschwert. – Im Jahr 1970 wurde die Akademie für Musik und darstellende Kunst »Mozarteum« in Salzburg zur Hochschule erhoben. Seit 1998 trägt sie den Titel »Universität Mozarteum Salzburg«.

271 Die Korrespondenz einzelner Schulen zur Beantragung von EMU-Stunden lag dem Autor vor. Schulen, die sich in der musikalischen Unterrichtsarbeit auszeichneten, bemühten sich auf diese Weise, ihre Aktivitäten erweitern zu können: »Um die so erfolgreiche Arbeit auch in Zukunft zu ermöglichen, wird die Einrichtung des erweiterten Musikunterrichts an unserer Schule beantragt.« Vgl. Brief des Rektors der VS Garmisch-Partenkirchen an die Regierung von Niederbayern v. 24.04.1995.

272 Die Erweiterung des Musikunterrichts an allgemein bildenden Schulen geht in Bayern auf das Schuljahr 1967/68 zurück, als in München und Regensburg erstmals Modellklassen ein zusätzliches musikalisches Angebot auswiesen.

273 Lott & Hartwig: *Schulleiter-ABC*, 2004.

274 BayEUG, Art. 45. – KWMBl 1991, S. 295. – Siehe ebenso Lott & Hartwig 2002: *Schulleiter-ABC*, Stundentafel Grundschule, Karte 2. – Da der erweiterte Musikunterricht ursprünglich nicht nur für Grundschul-, sondern auch für Hauptschulklassen der Jahrgangsstufen 5 bis 9 vorgesehen war, sind in der angegebenen Gesetzesvorlage auch das Regelstundenmaß und die Erweiterungsstunden für die Hauptschulklassen aufgeführt: 5./6. Klasse bis zu drei, 7./8. Klasse bis zu zwei Wochenstunden EMU, 9. Klasse eine Erweiterungsstunde. Da sich die vorliegende Darstellung jedoch vornehmlich auf den Unterricht in der Grundschule bezieht, sind die letztgenannten Daten in der tabellarischen Auflistung ausgespart.

Die Stundentafel für die Grundschulklassen sah vor, zusätzlich zu den für die jeweilige Jahrgangsstufe ausgewiesenen Musikstunden in der 1. Jahrgangsstufe bis zu zwei, in den Jahrgangsstufen 2, 3 und 4 bis zu drei Wochenstunden EMU anzubieten, je nachdem, wie es die Lehrerversorgung und die Stundenplankonstellation erlaubten.[275] Da in der Folgezeit eine Reihe weiterer Schulen hinzutrat, die nach dem Konzept unterrichtete, war es wichtig, mit dieser Regelung einen Aufteilungsmodus zu schaffen, der eine einheitliche Handhabung zur Quantifizierung des EMU in der Unterrichtsversorgung versprach. In der Praxis zeigte sich jedoch schnell, dass das von offizieller Stelle gebilligte Stundenmaß keinesfalls als starre Vorgabe angesehen, sondern seitens der Bezirksregierungen und der einzelnen Schulamtsbezirke in unterschiedlicher Weise ausgelegt wurde. Dabei kam es zum einem auf den Kontakt eines Schulleiters zur Aufsichtsbehörde an, d. h. auf sein persönliches Geschick im Aushandeln der zur Verfügung stehenden EMU-Stunden, zum anderen auf das Profil seiner Schule im Fach Musik resp. auf das Erscheinungsbild in der Öffentlichkeit. Bei dieser Vergabepraxis war zu verfolgen, wie die Stundenzuteilungen im Laufe der Zeit zunehmend von Aufweichung betroffen waren, wie die Einteilungen individuell gehandhabt wurden und wie – nahezu unbemerkt – bei den einzelnen EMU-Schulen Unterschiede in der Stundenplangestaltung entstanden.[276] Eine neuerliche offizielle Festlegung des Stundenmaßes fand nach dem Jahre 1991 nicht mehr statt. An einigen Schulen wurde außerdem bei der Klassenbildung keine Auswahl der Kinder nach ihrer musikalischen Begabung durchgeführt. Diesem Aspekt hatten bereits die Initiatoren des Förderprogramms in der Entstehungszeit äußerste Priorität eingeräumt.[277] Die Klassen waren aus Schülerinnen und Schülern beiderlei Geschlechts zusammengesetzt, die z. T. aus unterprivilegierten sozialen Schichten stammten und zunächst durchschnittliche musikalische Begabungen aufwiesen. Die Erziehungsberechtigten hatten lediglich ihr Einverständnis dafür zu

---

275 Auf den wichtigen Unterschied zum Schweizer Schulversuch, bei dem mit der EMU-Erweiterung gleichzeitig der Verzicht auf Hauptfach-Unterrichtsstunden einherging, wurde bereits hingewiesen. Vgl. dazu auch Weber, Spychiger & Patry: *Musik macht Schule*, S. 19.

276 Bei der Stundenzuteilung trat eine Bandbreite zu Tage, die belegt, dass das EMU-Modell unterschiedlich ausgeschöpft wurde. Einzelne Schulen wurden mit neun zusätzlichen EMU-Stunden bedacht, andere hatten sich mit einer Stunde zu begnügen.

277 Vgl. dazu auch Carl Orff: »Memorandum«, S. 2.

geben, dass ihre Kinder die Musikklassen besuchen durften und sie daher ein zusätzliches musikalisches Programm verbindlich wahrzunehmen hatten.

Unterzieht man die Konzeptionen zum »erweiterten Musikunterricht« einer Prüfung, so ist im Überblick festzustellen, dass diese keinen einheitlichen Richtlinien unterliegen und sich nicht allein mit dem Kriterium der Bereitstellung einer oder mehrerer ergänzender Unterrichtsstunden fassen lassen. Unklar bleiben, solange die Koordination auf unterschiedlichen Ebenen geschieht und nicht zentral gesteuert wird, ebenso die zeitliche Einbettung von EMU in den Schulalltag wie die konkreten Inhalte. Zwar berufen sich die genannten Modelle auf ein unterschiedlich ausgerichtetes EMU-Konzept, jedoch bildet für die Schulen, die die Konzeption ernsthaft betreiben, Musik eine fachliche Ausrichtung über den gesamten Verlauf des Unterrichtstages, die sich als Unterrichts*prinzip*[278] versteht. Für die Lehrkräfte hat dies zur Folge, dass Musik nicht allein nur von ›Musikliebhabern‹ unterrichtet werden soll, die die fachlichen Inhalte allein mit »Singen und Musizieren« identifizieren.[279] Vielmehr geht die Konzeption weit über diese Haltung hinaus. Sie trägt nicht nur zur (musikalischen) Allgemeinbildung bei[280], sondern bildet eine Einheit mit den Heranwachsenden, die für ihr emotionales Wohlbefinden, ihre persönliche Ausgeglichenheit und gerade im Hinblick auf den lebenslangen Lernprozess von besonderer Bedeutung ist.

Mit welcher Zielstrebigkeit die EMU-Aufbauarbeit in Bayern geleistet wurde, kann an einigen statistischen Daten abgelesen werden: Bis zum Jahre 1992 waren an 30 Orten und insgesamt 40 Volksschulen 248 Klassen mit EMU eingerichtet. Das entsprach einer musikalischen Förderung von 5.352 Schülerinnen und Schülern in 466 zusätzlichen Wochenstunden. Überdies sind mittlerweile zahlreiche Erfahrungsberichte bekannt, die EMU auch an weiteren Orten europaweit als etablierte Unterrichtsform herausstellen. Musiklehrerinnen und -lehrer, die mit der Erteilung dieses Angebots betraut sind, bestätigen aus ihrer täglichen Erfahrung positive Wirkungen der Musik auf Schüler in

---

278 Vgl. dazu auch die Unterrichtsauffassung in folgender Quelle: Markus Cslovjecsek & Maria Spychiger: *MUS–IK oder MUS–IK nicht? – Musik als Unterrichtsprinzip*, Hölstein: SVSF Verlag des Schweizerischen Vereins für Schule und Fortbildung 1998.

279 Nach Einschätzung des Rektors einer Schule mit EMU sollten nicht allein Lehrer eingesetzt werden, »die gern singen und musizieren. EMU ist mehr!« Vgl. Feldnotizen SB v. 23.07.04.

280 Vgl. dazu auch Kap. I. 2.1 und Bäßler: »Töne, Klänge, Farben«, S. 55–66.

unterschiedlichen Klassen und Arbeitsfeldern. Bayern hatte in Reaktion auf die inhaltlichen Gegebenheiten einen Arbeitskreis gebildet, um Lieder, Spielstücke und Stimmmaterial gezielt zu erfassen und in systematischer Form zu präsentieren. Das Ergebnis dieser Arbeit wurde zwar nicht veröffentlicht, liegt aber als einsehbares Manuskript aus dem Jahre 1996 vor.[281] Angesichts der Tatsache, dass der erweiterte Musikunterricht mittlerweile an vielen Schulen bundesweit zu den Einrichtungen gehört, die sich eine fundierte musikalische Ausbildung zum Ziel setzen, ohne dass die dazu erforderlichen finanziellen Mittel von Elternseite zu tragen wären, stellt sich die Frage, ob das Modell zukünftig in der Form beibehalten werden kann, wie es sich Anfang der 1970er Jahre und in den Folgejahren bewährte. Dieser Aspekt ist nicht neu, hatten doch bereits der Widerspruch zwischen der erfolgreich verlaufenen Testphase des Modellversuchs und den nach 1981 einsetzenden Sparmaßnahmen des Bayerischen Staatsministeriums bei den betroffenen Pädagoginnen und Pädagogen sowie den Förderern für »Bewundern und Kopfschütteln« gesorgt.[282] Damals wie heute ist eine EMU-Förderung von den vorgegebenen Rahmenbedingungen abhängig und lebt vom Engagement der unterrichtenden Lehrerinnen und Lehrer. In Zeiten massiv veränderter Kindheitsstrukturen ist außerdem das Angebot an Freizeitaktivitäten derart gestiegen, dass für Schülerinnen und Schüler eine musikalische Betätigung nur *ein* Aspekt möglicher Freizeitgestaltung darstellt. Eine Erweiterung des schulischen Musikunterrichts über die Regelstundenzahl hinaus wird daher von den Kindern nicht immer als Bereicherung, sondern in vielen Fällen als Einschränkung der zur Verfügung stehenden freien Zeit empfunden. Eine weitere Aufstockung des schulischen Musikangebots wird in Zukunft sicher im Zusammenhang mit dem Auf- und Ausbau von Ganztagsschulen (GTS) möglich sein; die Kooperation von Regelschulen mit Musikschulen wird bereits an einigen Orten erfolgreich praktiziert. Dass dieses Angebot jedoch ohne die Einbeziehung benachbarter außerschulischer Einrichtungen und ohne wirtschaftliches Engagement der Eltern zu leisten ist, muss bezweifelt werden. Gerade vor dem Hintergrund historischer Implikationen erscheinen die dargestellten EMU-Modelle allesamt in einem besonderen Licht, da sie an

---

[281] Die Erarbeitung erfolgte im Auftrag des Bayerischen Staatsministeriums für Unterricht, Kultus, Wissenschaft und Kunst. Vgl. Staatsinstitut für Schulpädagogik und Bildungsforschung (Hg.): *Materialsammlung für Klassen mit erweitertem Musikunterricht an Volksschulen*, München: [Eigenverlag] 1996.

[282] Karl Graml: »Bewundern und Kopfschütteln. Volksschulklassen mit erweitertem Musikunterricht in Bayern«, in: *MuB* 11/1985, S. 748–753.

die Tradition einer Musikerziehung anknüpfen, deren Grundstock im deutschen Sprachraum bereits vor mehr als vierzig Jahren an bayerischen Grundschulen gelegt wurde.

2.5 Programmatik vs. Schulwirklichkeit

Die Forderung, Erstellung und Einhaltung allgemeiner Bildungsziele ist eine unabdingbare Voraussetzung für jeden Lehr-/Lernprozess. Mit der Aufnahme des Art. 131 der Verfassung in die Präambel der amtlichen Grundschullehrpläne von 1981 und 2000 tragen die bayerischen Grundlagen und Leitlinien seit über 25 Jahren von offizieller Seite aus diesem Anspruch Rechnung.[283] Der Bildungs- und Erziehungsauftrag, den die Schulen zu verwirklichen haben[284], wird im Elementarbereich insofern eingelöst, als den Grundschülern vor allem in den Kernfächern Deutsch, Mathematik, Heimat- und Sachunterricht (HSU) sowie in Englisch[285] die »Voraussetzungen für jede weitere schulische Bildung« geschaffen werden.[286] Weitab von jeglicher Programmatik, in denen sich die Bildungspläne üben, offenbart sich jedoch in der Realität ein ganz anderes Bild: Denn einzelnen Fächern, darunter auch dem Fach Musik, wird dieser Bildungsprozess in beschriebener Weise nicht teilhaftig. Die schulische Beschäftigung mit Musik ist nicht immer für alle gleichermaßen vorgesehen, sie weist nur in Ausnahmen die Kontinuität einer jahrelangen Lernförderung auf[287], die den sukzessiven

283 Die Bedeutung des Art. 131 der Bayerischen Verfassung für das Bildungssystem verdeutlicht nicht zuletzt auch die Gründung der gleichnamigen Stiftung »art. 131« (Bayerisches Staatsministerium für Unterricht und Kultus), die die Förderung künstlerisch-kultureller Bildung in Bayern zum Ziel hat.

284 Vgl. BayEUG, Art. 1, Abs. 1.

285 Seit Beginn des Schuljahres 2004/05 wurde der Fremdsprachenunterricht, d. h. besonders das Fach Englisch, in allen 3. und 4. Klassen angeboten. Der Freistaat hatte hierfür insgesamt 400 Planstellen bereitgestellt. Vgl. Hahn: »Klassenbildung«, S. 168.

286 BayEUG, Art. 7, Abs. 4f. – Die Gewichtung der einzelnen Fächer ergibt sich nicht zuletzt aus der Stundenverteilung, die für jedes Grundschulkind maßgebend ist. Demnach kommen dem Fach Deutsch sieben, Mathematik fünf, HSU vier Wochenstunden zu, während dem Fach Musik zwei Wochenstunden zugeteilt sind. Vgl. BayStM: *Grundschullehrplan*, S. 288.

287 Neben mangelnder Kontinuität, die sich in der Grundschule durch fehlende personelle Abdeckung des Unterrichts ergeben, sind für die Weiterführung des Musikunterrichts vor allem schulstrukturelle Vorgaben bestimmend. Der Musikunterricht in der Hauptschule beispielsweise ist nur bis zur sechsten Jahrgangsstufe verbindlich. Ab der siebten Klasse haben die Kinder eine Wahlmög-

Aufbau von Fähigkeiten und Kenntnissen ermöglicht, und scheint in seltenen Fällen »an die Erfahrungs- und Erlebniswelt der Schüler an[zuknüpfen]«.[288] Der Eindruck, der sich dem Beobachter der Szene im Hinblick auf eine musikalische Förderung vermittelt, muss noch deutlicher gefasst werden:

Schulwirklichkeit ist, dass das Fach Musik an den meisten Schulen, an denen es noch unterrichtet wird, buchstäblich ein »Schattendasein« gegenüber den übermächtigen PISA-Fächern führt.[289] Vom Pathos der Chancengleichheit ist hier wenig zu spüren; denn die Hierarchie der Fächer wird von Schlagworten wie »Auslese« und »Übertritt« determiniert, für die die musikalischen Lerninhalte keinerlei Bedeutung besitzen.[290] Die Konsequenzen aus dieser fachstrukturellen Schieflage sind leicht erkennbar: Musikunterricht fällt (zwangsläufig häufiger) aus als andere Fächer, die dafür vorgesehenen Wochenstunden werden für andere Zwecke verwendet oder gar ersatzlos gestrichen.[291] Ein möglicher Grund mag darin liegen, dass eine ausreichende Anzahl von Musiklehrer/-innen nicht zur Verfügung steht. Der Einsatz fachfremd unterrichtender Lehrkräfte, die in Musik keine Qualifikation oder nur eine Zusatzausbildung aufweisen, soll an vielen

---

lichkeit zwischen den Fächern Kunst und Musik, eine schulorganisatorische Maßgabe, die für die Praxis fatale Folgen hat. Zum Vergleich: Während das Fach »Informatik« im Schuljahr 2004/05 von einer durchaus stattlichen Schülerzahl besucht wurde (33.352), kamen dem Fach Musik in der siebten Klasse 185, in der achten 119 und in der neunten 149 Schüler/-innen zu. Vgl. dazu Bayerisches Landesamt für Statistik und Datenverarbeitung (Hg.): *Volksschulen in Bayern*, München: [Eigenverlag] 2005, S. 26.

288 BayStM: *Grundschullehrplan*, S. 9.

289 Dieser Sachverhalt hat sich seit einigen Jahren nicht geändert. Bereits Hermann Handerer hatte sich intensiv bemüht, dem Fach eine größere Aufmerksamkeit und damit Bildungsbedeutsamkeit zukommen zu lassen. Seiner Einschätzung nach kam dem Musikunterricht gerade deshalb eine Randstellung in der Schule zu, da eine viel zu lange Zeit der musische Bildungsgedanke überbetont wurde. Vgl. Hermann Handerer: »Die Randexistenz der Musikerziehung in Lehrerbildung und Schule als Folge des ›musischen‹ Bildungsgedankens«, in: *MiU(B)* 1968, S. 86–90 [NHH].

290 Es entspricht nicht zuletzt der Realität, dass auch die Eltern der Schüler/-innen auf die Einhaltung der PISA-Bildungsstandards drängen und damit gleichzeitig dem Fach Musik weniger Aufmerksamkeit schenken. Die Bildungsziele, die Musik betreffen, sollten daher nicht euphorisch rezipiert, sondern im Zusammenhang mit anderen Disziplinen gesehen werden.

291 Allein die Einteilung der Musik-Unterrichtsstunden ist bisweilen dafür maßgebend, denn diese werden häufig als Randstunden vorgesehen, z. B. als sechste Stunden an einem Vormittag oder als Arbeitsgemeinschaft am Nachmittag.

Schulen Abhilfe schaffen. Die Realität zeigt, dass dies bei weitem kein Ausnahmefall darstellt, sondern die Erteilung von Musikstunden durch diese Klientel mittlerweile weit verbreitet ist. Der »hohe Stellenwert«, den musikalische Bildung einnimmt, muss insofern in Frage gestellt werden, als der Unterrichtsausfall im Fach Musik in der Grundschule mittlerweile als beträchtlich einzustufen ist und diese Tatsache hingenommen wird, ohne dass ausreichende Maßnahmen zur Behebung des Missstandes eingeleitet würden.

Schulwirklichkeit ist zum zweiten, dass das Projekt »erweiterter Musikunterricht« in der nach Handerer/Orff bewährten Konzeption in naher Zukunft in Bayern nicht mehr existieren wird und damit eine über vierzigjährige erfolgreiche Unterrichtstradition vordergründigen Sparzwängen zum Opfer fällt. Dies geschieht ungeachtet der positiven Effekte, die die erfolgreiche Arbeit im Umfeld der Schulen und bei den Kindern hinterließ. Für die EMU-Stundenzuteilung war in Bayern seit den ersten Modellversuchen in den Jahren 1968/69 allein das Staatsministerium für Unterricht und Kultus zuständig, handelte es sich doch um eine Sonderform musikalischer Förderung, die einigen Auswahlschulen, die unter pädagogischer und bisweilen wissenschaftlicher Anleitung arbeiteten, vorbehalten blieb. In der Zwischenzeit sind die allgemeinen pädagogischen Anforderungen an die Grundschule derart gewachsen, dass eine Vielzahl neuer Herausforderungen und Aufgaben, die ihrerseits Stundenzuteilungen beanspruchen, neben dem EMU-Stundenmaß stehen und in gleicher Weise berücksichtigt werden wollen. Dazu gehören der Unterricht für Schülerinnen und Schüler mit nichtdeutscher Muttersprache[292], der Fremdsprachenunterricht, der Umgang mit Computern, schließlich die immer bedeutender werdende Funktion der Streitschlichter oder die Betreuung eines »Internet-Kaffees«. Mit dem Aufkommen und der Überbetonung von Anforderungen dieser Art ging im Laufe der vergangenen Jahre ein Rückgang erweiterter Musikerziehung implizite einher. Die Veränderung des Verteilungsmodus zusätzlicher Unterrichtsstunden, die ab Beginn des Schuljahres 2004/05 eintrat, hinterließ jedoch den empfindlichsten Einschnitt in dieser Entwicklung. Das Bayerische Kultusministerium stellte die Personal- und damit auch die Unterrichtsversorgung auf ein Budgetierungsverfahren um. Diese »verwaltungsvereinfachende« Maßnahme, die »gleichzeitig die Verantwortung der Entscheidungsträger«[293] stärkte, war ein für das Fach Musik ver-

[292] Hahn: »Klassenbildung«, S. 170.
[293] Hahn: »Klassenbildung«, S. 166.

hängnisvoller Schritt. Maßgebend für die Berechnung des Budgets war fortan allein die Gesamtzahl aller in einem Schulamtsbezirk unterrichteten Grundschüler/-innen, für die eine bestimmte Zahl an Lehrerstunden zur Verfügung stand. Die Schulämter hatten »aufgrund der tatsächlichen Verhältnisse (Klassenzahl, notwendiger Bedarf an Differenzierung, Angebot an Wahlpflichtfächern und AGs)« den »erforderlichen Bedarf« genau auszuweisen.[294] Obwohl dieses System der Personalbedarfsberechnung, wie immer betont wurde, »kein Sparkonzept«[295] sei, ergab die Gleichbehandlung aller »Disziplinen« die Drängung des EMU an der Rand der Fächerkonstellation und die damit verbundene massive Streichung von EMU-Stunden in der Grundschule. Eine Reihe von Schulen, die sich in ihrem fachlichen Profil mit EMU identifiziert hatten, wurde sogar gänzlich aus dem Programm genommen.[296] Dafür war mitunter ausschlaggebend, dass sehr viele Lehrerinnen und Lehrer, Rektorinnen und Rektoren, die in den 1960er Jahren die Orff-Zusatzausbildung in Salzburg absolviert hatten, die Pensionsgrenze erreichten und nicht mehr zum Dienst zur Verfügung standen. Allein dieser Umstand ließ mit vielen anderen Faktoren, die sich auf die Personalkonstellation auswirkten, veränderte Voraussetzungen an den Schulen entstehen. Qualifiziertes Personal könnte in heutigen Tagen nachrücken, wird jedoch häufig nicht an Profilschulen eingesetzt. Es steht zu befürchten, dass der Rückgang der Stundenzuteilungen weiter voranschreitet.[297] Mit der schleichenden Verdrängung musikalischer Inhalte aus dem »heimlichen Lehrplan« muss befürchtet werden, dass nicht nur der Wert einer musikalischen Erziehung sukzessive aufgegeben wird, sondern dass die verantwortlichen Bildungspolitiker ein Stück musikpädagogischer Geschichte und Schulkultur

---

[294] Hier waren Kollegen für die Einteilung der Unterrichtsstunden verantwortlich, die andere Prioritäten setzten, abseits jeglicher musikalischer Interessen.

[295] Hahn: »Klassenbildung«, S. 166.

[296] Folgende Schulen wurden im Beobachtungszeitraum aus dem Förderprogramm genommen, ohne dass sie durch andere Projektschulen ersetzt wurden: Alzenau/Ufr. (Streichung des EMU ab Schuljahr 2003/04), Donauwörth (Streichung ab 2004/05), Garmisch-Partenkirchen (Streichung ab 2005/06) u. a.

[297] Für die Personalzuteilung sind seitens der Regierungen mittlerweile Schulaufsichtsbeamte zuständig, die dem Fach Musik – da es ein vermeintliches ›Nebenfach‹ ist – keinen Förderungsbedarf explizit zubilligen. Da viele das Fach Musik nicht als Ausbildungsschwerpunkt in ihrem Studium kennengelernt haben, setzen sie ihre individuellen Schwerpunkte in anderen Bereichen. Vgl. dazu auch Bernhard Hofmann: *Die Bedeutung des Schulleiters für eine gute Schule und seine Handlungsmöglichkeiten für Schulverbesserungen*, Berlin: Logos Verlag 2002.

preisgeben, ohne dass es möglicherweise in ihr Bewusstsein vordringt.[298]

Schulwirklichkeit ist zum dritten, dass durch den Verlust musikalischer Eindrücke im schulischen Kontext für die Kinder die Möglichkeiten zum Sammeln sinnlicher Erfahrungen insgesamt stark eingeschränkt werden. Denn mit dem Fall des Faches Musik geht der Verlust elementarer Grunderfahrungen einher.[299] Obwohl seit geraumer Zeit die Zunahme an Gewalt und der Verlust an empathischen Beziehungsgefügen in vielen Klassen deutlich spürbar ist[300], werden durch den Verzicht auf das Fach Musik die Chancen zur Förderung des sozialen Miteinanders, des interkulturellen Denkens und Arbeitens sowie zum Ausschöpfen der Humanitätspotenziale verschenkt. Gerade hier ergäben sich mannigfaltige Möglichkeiten, wie sie kaum ein anderes Schulfach aufweist.[301] Die Frage stellt sich, wo die Kinder im schulischen Unterricht ansonsten einen Spielraum für körperlich-sinnliche, geistig-emotionale und kulturell-soziale Primärerfahrungen haben. Als wertvoll sind auch die ästhetischen Erfahrungsprozesse im Fach Kunst und die Anleitung zur Bewegung im Fach Sport einzustufen. Kinder brauchen Musik und andere sinnliche Eindrücke als hedonistischen Erfahrungsraum mehr denn je.[302] Die dem Musikunterricht innewohnende Zielbestimmung nach Karl Heinrich Ehrenforth ist in diesem Zusammenhang gut nachvollziehbar:

---

298 Vgl. dazu auch Reiner Aster: *Schule und Kultur. Zur Rekonstruktion schulischer Wirklichkeit aus dem Blickwinkel von Schülern und Lehrern. Monographie einer Hauptschule als Beitrag zur ethnographischen Schulforschung*, Frankfurt/M. u. a.: Peter Lang 1990.

299 Den Verlust einer »allgemeinen musikalischen Grunderfahrung« bestätigt auch Wilfried Gruhn. Vgl. Gruhn: *Lernziel Musik*, S. 33f.

300 Vgl. dazu exemplarisch die folgenden Berichte: »Gewalt an Schulen nimmt dramatisch zu.« Der Beitrag berichtet über den Anstieg der Delikte um ein Drittel, die in der Schule begangen werden. Es fänden sogar mehr Übergriffe auf Lehrerinnen und Lehrer statt. *Berliner Morgenpost* v. 10.11.2004, S. 1. – Ein weiterer Bericht desselben Tages bringt die Sorge des Schulsenators über die gestiegene Gewaltbereitschaft zum Ausdruck. Ein besonders hoher Anstieg sei bei Körperverletzungen zu registrieren. Elternvertreter begrüßten daher einen offensiven Umgang mit den aktuellen Zahlen von Delikten dieser Art. *Berliner Morgenpost* v. 10.11.2004, S. 15.

301 Durch die Grundlegung der bereits zitierten obersten Bildungsziele (Art. 131,1–3) ist die Werteerziehung ohnehin ein wichtiges Anliegen im bayerischen Grundschullehrplan.

302 Wilfried Gruhn: *Kinder brauchen Musik. Musikalität bei kleinen Kindern entfalten und fördern*, 2003.

> Gegenwärtige Musikerziehung wird die zentrale kulturanthropologische Einsicht betonen müssen, daß Musik in besonderer Weise Ausdruck des Humanum ist. [...] Der Umgang mit Musik erfordert [...] die bewegende und erfüllende Emotionalität. [...] Sie kann daher als Paradigma für ein ungeteiltes und unteilbares Weltverstehen von Leib, Geist und Seele verstanden werden.[303]

Die Gefahr ist jedoch stets aufs Neue gegeben, dass Musik in den Grundschulen nicht mehr als Beitrag zur Allgemeinbildung gesehen wird, obwohl es sich um allgemein bildende Schulen handelt[304] und das Fach im Kern einen Teil grundlegender Bildung darstellen sollte, der gleichermaßen allen Kindern zuteil wird. Die Prämisse des bayerischen Grundschullehrplans, dass »der musikalischen Förderung aller Kinder in der Grundschule eine bedeutende Aufgabe«[305] zukommt, ist insofern widersprüchlich, als die Schulwirklichkeit gänzlich andere Schwerpunkte zu erkennen gibt. Zudem muss konstatiert werden, dass die Forderung nach Einhaltung der PISA-Standards einer musikalisch-ästhetischen Ausrichtung des Unterrichts den Boden entzieht. Arbeitsgemeinschaften (Schulchor, Instrumentalgruppen u. a.) nahmen noch im Grundschullehrplan des Jahres 2000 eine wichtige Funktion ein.[306] Diese einst richtungweisende Vorgabe, die in der Schulpraxis eingelöst werden sollte, ist nicht erst seit den offiziellen Einschränkungen in der Stundenversorgung des Schuljahres 2005/2006 obsolet. Die Ausbildungssituation an Grundschulen wird durch pompöse musikalische Schulaufführungen anlässlich beliebter Gelegenheiten wie Adventfeiern, Frühlings- oder Sommerfesten verschleiert. Die tatsächliche Situation des Musikunterrichts und die Integration *aller* Kinder in den musikalischen Bildungsprozess kommen durch Darbietungen dieser Art nicht zum Ausdruck. Als sicher gilt, dass hinter den offiziellen Lehrplanrichtlinien ein »heimlicher Lehrplan« steht, der für alle am schulischen (Musik-)Unterricht Beteiligten in unterschiedlicher Ausprägung existiert.[307] Dies gilt gleichermaßen für die Verantwortlichen und Organisatoren des Schulbetriebs, für Lehrerinnen und Lehrer, nicht zuletzt aber auch für die Schülerinnen und Schüler.

---

303 Vgl. die Ausführungen Ehrenforths in Richter, Ehrenforth & Mahlert: Art. »Musikpädagogik«, Sp. 1499. – Siehe ebenso Bastian & Kreutz: *Musik und Humanität.*

304 Vgl. Richter, Ehrenforth & Mahlert: Art. »Musikpädagogik«, Sp. 1443.

305 Vgl. BayStM: *Grundschullehrplan*, S. 43.

306 Ebd.

307 Vgl. dazu auch Thomas Ott: »Der heimliche Lehrplan der berufsbildenden Institutionen«, in: U. Günther & S. Helms (Hg.), *Schülerbild – Lehrerbild – Musiklehrerausbildung*, Essen: Die Blaue Eule 1992, S. 33–48.

Alle genannten Phänomene heutigen Musikunterrichts geben einen Einblick in eine schulische Realität, in der dem Fach Musik vielerorts kein ausgesprochen hoher Stellenwert zukommt. Als Bildungsprinzip wird die Disziplin ebenso wenig verstanden. Vielmehr ist sie ein Randfach, ein Spezialinteresse, das scheinbar für die Entwicklung der Mädchen und Jungen nicht als notwendig erachtet wird. Diese Gegebenheit erinnert ein wenig an die Diskussion, die bereits Hermann Handerer vor über vierzig Jahren angestoßen hatte, der die Randexistenz der Musikerziehung in der »geschichtlich gewachsenen Einstellung der Pädagogik zur Musikerziehung« begründet sah, »die sie als einen Sektor der sogenannten ›musischen Bildung‹ betrachtet«. Die dadurch bedingte »Katalogisierung und Typisierung« sei dem Fach nicht zuträglich gewesen.[308] Der Gedanke der »musischen Erziehung« war Mitte der 1920er Jahre von dem Soziologen Hans Freyer geprägt worden und zielte auf pädagogische Leitvorstellungen ab, die im Kinde andere Kräfte ansprechen als allein die »Ratio«. Sowohl die Kunsterziehungsbewegung als auch andere reformpädagogische Strömungen hatten sich bereits an diesem Gedanken orientiert und ihre Forderungen an Didaktik und Pädagogik in unterschiedlichen Konzepten artikuliert.[309] Hintergrund des musischen Bildungsgedankens war der Rückzug der Musik aus der menschlichen »Sprachgestalt« und ihre Lokalisation im »Gemüthaften«. Die Vertreter musischer Bildung verkannten nach Ansicht Handerers jene Form von Musikerziehung, die auf einen Leistungsanspruch und auf Kräftebildung hin ausgerichtet war, ohne den »schöpferischen Vollzug« einzubinden. Damit wurde der Musikerziehung eine begrenzte Dimension der menschlichen Selbstverwirklichung zuteil, die zu einer Isolierung im »musischen Ghetto« geführt habe. Durch den Mangel an konzeptuellen Alternativvorschlägen wurde die Randstellung weiter verstärkt. Die Lösung aus dieser Umklammerung, die durch eine »institutionelle Einzementierung des musischen Bildungsbegriffes« entstehe, hielt Handerer bereits im Jahre 1968 ebenso wie die wissenschaftliche Erschließung von Bildungsinhalten für eine unabdingbare Notwendigkeit, um eine sach- und fachgerechte Weiterentwicklung der Disziplin nicht in Frage zu stellen. Die Grundlagenforschung sah er eingebettet in einen

---

308 Hermann Handerer: »Die Randexistenz der Musikerziehung in Lehrerbildung und Schule als Folge des ›musischen‹ Bildungsgedankens«, in: *MiU(B)* 1968, S. 86–90.

309 Vgl. dazu das reformpädagogische Wirken von Ellen Key (1849–1926), Georg Kerschensteiner (1854–1932), Berthold Otto (1859–1933), Hugo Gaudig (1860–1923) u. a.

Kontext interdisziplinärer Zugänge, denn es gehe »um nichts anderes als um das Problem ›Mensch und Musik‹, das primär einen anthropologischen, soziologischen und psychologischen Komplex darstellt«.[310]

Die Diskrepanz zwischen Programmatik und Schulwirklichkeit scheint sich in heutigen Tagen weiter zu vergrößern, nicht zuletzt aufgrund der vom Staatsministerium und von Elternseite eingeforderten Bildungsstandards, die im Gefolge der PISA-Studien und anderer Erhebungen zur Qualitätssicherung an Schulen entstanden.[311] In der Schul- und Bildungspolitik hat mittlerweile ein Paradigmenwechsel eingesetzt, der schulische Lernprozesse nicht mehr daran zu messen scheint, »was in der Schule gelehrt werden soll«, sondern die Aufmerksamkeit vielmehr auf das lenkt, »was gelernt worden ist«.[312] In dieser Diskussion, die auf kognitive Lerninhalte abhebt, stoßen ästhetisch-musikalische Unterrichtsinhalte auf wenig Resonanz, die den Kindern Spaß bereiten, ihnen zur Kompensation anderer Leistungen dienen, die daher nicht nur aus pädagogischen Gründen unersetzlich sind für einen homogenen Verlauf des Schultages. Für die Zukunft ist wünschenswert, dass Unterrichtsinhalten wie den Fächern Musik oder Kunst, die das Gemüt der Schüler/-innen ansprechen und weit intensiver als gemeinhin angenommen zur Erziehung beitragen, wieder in stärkerem Maße in den Fokus rücken. Die Erkenntnisse, die aus der musikpädagogischen Forschung gewonnen werden, möchten dazu ihren Beitrag leisten.

3. Entwicklungsstand 10- bis 11-jähriger Kinder

Die Entwicklung von Kindern und ihre Einbindung in den gesellschaftlichen Kontext unterliegen eigenen Gesetzen. Diejenigen, die sich im Beruf mit Erziehung beschäftigen, wissen, dass einerseits ein förderndes Einwirken auf Heranwachsende in begrenztem Umfang möglich ist, dass diesen Maßnahmen jedoch bisweilen enge Grenzen gesetzt sind, denn sie erweisen sich als abhängig von mannigfaltigen familiären und gesellschaftlichen Einflüssen. Möglicherweise ist das der Grund dafür, dass über die pädagogische Förderung und die Er-

---

310 Hermann Handerer: »Die Randexistenz der Musikerziehung«, S. 87.

311 »Weil die erfolgreichen Staaten Bildungsstandards entwickelt haben und diese regelmäßig und systematisch durch landesweite Tests überprüfen, hat sich die Kultusministerkonferenz (KMK) eine systematische Qualitätssicherung an Schulen zum Ziel gesetzt.« Fritz Schäffer: »Hilflose Augenärzte«, in: *Bayerische Schule* 59(1)/2006, S. 22.

312 Ebd.

ziehung von Kindern seit Beginn des vergangenen Jahrhunderts sehr viel geschrieben wurde, ja ganze Regalwände gefüllt worden sind. Bereits in den 1920er Jahren waren es die Vorkämpfer der Reformpädagogik, die mit der Akzeptanz und der positiven Verstärkung genuin-kindlicher Eigenschaften einen neuen Weg in der Erziehung einschlugen und einer auf Menschlichkeit ausgerichteten Grundschulpädagogik den Weg ebneten. Reifere Früchte dieser Entwicklung konnten allerdings erst nach den Wirren des Zweiten Weltkrieges im Zuge einer Rückbesinnung auf reformpädagogisches Gedankengut geerntet werden. Dass es vor allem für den Grundschulunterricht wertvoll sein kann, die Schülerinnen und Schüler in den Mittelpunkt pädagogischer Bemühungen zu stellen, sie als »Spezialisten ihrer Lebensumwelt« und »Agent ihrer Lernprozesse« anzusehen[313], gilt für die Ausrichtung des Unterrichts heutiger Tage als pädagogisch wertvoll, und selbst in der Forschung ist mittlerweile das Interesse an der Perspektive der Kinder gewachsen. Vor allem im Bereich der Erziehungswissenschaften sind in den vergangenen Jahren zahlreiche Arbeiten entstanden, die die natürliche, unverblümte Sicht der Kinder als Ausgangspunkt zur Untersuchung pädagogischer Sachverhalte wählten und damit einen neuen empirischen Zugang schafften.[314] Der in den Erziehungswissenschaften längst etablierte Forschungsansatz wurde auch für die vorliegende wissenschaftliche Untersuchung als Ausgangspunkt gewählt, da – wie in anderen Disziplinen – in der Musikpädagogik die Eindrücke von Schülerinnen und Schülern konzeptionelle Überlegungen anstoßen können und in Ergänzung zu zahlreichen anderen Formen der Unterrichtsevaluation zu sehen sind. Gemeinsam haben sie eine Optimierung schulischer Lernprozesse im Blick, die – und dazu kann das Fach Musik seinen Beitrag leisten – nicht allein auf die Anreicherung von Wissen, auf das Trainieren von Fähig- und Fertigkeiten ausgerichtet ist, sondern zum Schaffen einer humanen Lernatmosphäre beiträgt.

---

313 Die beiden pädagogischen Ausrichtungen, die aus Zeiten der Reformpädagogik stammen, sind exemplarisch genannt. Vgl. dazu auch Elard Klewitz & Horst Mitzkat: »Das Kind als Agent seiner Lernprozesse. Science 5–13: Zeit und Zeitmessung«, in: *Die Grundschule* 7/1974, S. 376–381.

314 Vgl. folgenden Sammelband, der die heutige Situation des Kindes in der Gesellschaft aus unterschiedlicher Sicht behandelt: Jürgen Zinnecker & Rainer K. Silbereisen: *Kindheit in Deutschland*, Weinhein u. a.: Juventa 1996. – Als einführende Quelle siehe ebenso Hanns Petillon (Hg.): *Individuelles und soziales Lernen in der Grundschule. Kindperspektive und pädagogische Konzepte*, Opladen: Leske u. Budrich 2002.

Um die in dieser Studie erhobenen Daten in den richtigen Kontext einzureihen, ist es erforderlich, die 10- bis 11-jährigen Kinder, die die vierten Grundschulklassen besuchten, als Zielgruppe der Untersuchung mit den Besonderheiten ihrer Lebenswelt gesondert vorzustellen. Die hier im Überblick dargestellten Informationen zur kognitiven Entwicklung von Kindern, zum Sprachverhalten, zu den Aspekten des Selbstkonzepts und der Sozialisation sowie zu ihrem musikalischen Entwicklungsstand haben nicht den Anspruch, ein vollständiges Bild der Entwicklungspsychologie des Kindes nachzuzeichnen. Vielmehr dienen sie als Hintergrundwissen, das dazu beiträgt, die in den mündlichen Befragungen und in der Fragebogenerhebung ermittelten Daten zu verstehen und sie in den allgemeinen Kontext von Kindheits- und Unterrichtsforschung einzuordnen.

3.1 Kognitive Entwicklung und Sprachentwicklung

Die Frage nach dem Alter ist im Alltag eine weit verbreitete Form, sich ein Bild über die Reife oder den Entwicklungsstand einer Person zu machen. Wenn in der vorliegenden Studie die Schüler/-innen vierter Grundschulklassen im Mittelpunkt des Interesses stehen, so ist damit aus heutiger wissenschaftlicher Sicht noch keineswegs etwas über die psychische Entwicklung der Zehnjährigen ausgesagt, als zu verschieden gilt mittlerweile die individuelle Reifung im Kindesalter.[315] In der Tat bestätigen einige Untersuchungen, dass diese Entwicklungsphase eigenen Gesetzen unterliegt, die »die Wirklichkeit im Zusammenspiel von physischen, kognitiven und emotionalen Komponenten und im Einklang mit [den …] Beweggründen und Handlungszielen« helfen zu konstruieren.[316] Die Kinder verfügen über einen spezifischen Blick auf die Realität, ein anderes Weltbild, als es sich aus der

[315] Dieter Baacke: *Die 6- bis 12-jährigen. Einführung in die Probleme des Kindesalters*, Weinheim u. a.: Beltz 1995[6]. – Auch Helmut Rösing bestätigt in Bezug auf Schulten (1990), dass es sich beim Alter um keine selbstständige Variable, sondern um eine Kovariable handelt. Vgl. Helmut Rösing: »Musikalische Sozialisation«, in: S. Helms, R. Schneider & R. Weber (Hg.), *Kompendium der Musikpädagogik*, Kassel: Gustav Bosse 1995, S. 356.

[316] Vgl. dazu den beachtenswerten Aufsatz von Eva Dreher: »Entwicklungspsychologie des Kindes«, in: Einsiedler, *Handbuch Grundschulpädagogik*, 2005[2], S. 146–154. – Siehe auch Peter Rossmann: *Einführung in die Entwicklungspsychologie des Kindes- und Jugendalters*, Bern u. a.: Huber 1996, S. 111–131. – Franz E. Weinert: »Überblick über die psychische Entwicklung im Kindesalter. Was wir darüber wissen, was wir noch nicht wissen und was wir wissen sollten«, in: Weinert (Hg.), *Entwicklung im Kindesalter*, Weinheim u. a.: Beltz 1998, S. 1–35.

Perspektive eines Erwachsenen ableitet. Zwar ist die Schülersicht durch ein geringeres Erfahrungsspektrum gekennzeichnet, jedoch wird die Charakterisierung als Ausschnitt eines Blickwinkels, den eine Vielzahl von Erwachsenen ohnehin schon ›zu kennen glaubt‹, der erfrischenden Vielfalt und Kombinatorik, mit der Kinder die Dinge des Alltags beurteilen, nicht gerecht.[317] Bereits im Jahre 1895 hatte Wilhelm Preyer prognostiziert, dass sich immer mehr die Erkenntnis Bahn breche,

> Psychogenesis [sei] die notwendige Grundlage der Pädagogik [...]. Ohne das Studium der Seelenentwicklung des kleinen Kindes kann die Erziehung und Unterrichtskunst in der Tat auf festen Boden nicht begründet werden.[318]

Der Beginn der Kinderpsychologie, aus der die heutige Entwicklungspsychologie erwachsen ist, blieb jedoch zunächst auf detaillierte Beobachtungen und Beschreibungen von Säuglingen und Kindern beschränkt.[319] In den bis heute entstandenen empirischen Untersuchungen ist mit der Beobachtung, der Befragung, mit Test und Experiment eine Reihe methodischer Zugänge nachweisbar. Die Untersuchungen wurden in der Regel als Querschnitterhebungen durchgeführt, die die Daten eines Messzeitpunktes zur Auswertung bereitstellten. Obwohl seit Ende des 19. Jahrhunderts das Phänomen »Kindheit« zu einem gesellschaftlichen Interesse geworden ist[320], das seine Aktualität bis auf den heutigen Tag nicht eingebüßt hat[321], blieben Längsschnittstudien, die die Entwicklung der Kinder über einen längeren Zeitpunkt auswerten, eher die Ausnahme. Darüber hinaus hat die Erkenntnis noch wenig Verbreitung erfahren, dass »das Leben eines jeden einzel-

---

317 Die Forschungslage auf diesem Gebiet ist defizitär. Die Autorin Donata Elschenbroich beklagt, dass »die psychologischen Wissenschaften vom Kind und die sozialwissenschaftliche Kindheitsforschung [...] bisher noch nicht viel zur Selbsterkenntnis im internationalen Vergleich beigetragen« haben. Donata Elschenbroich: *Weltwissen der Siebenjährigen*, 2002[4], S. 15ff.

318 Wilhelm Thierry Preyer: *Die Seele des Kindes*, Leipzig: Grieben 1923[4], IX.

319 Zur Entstehung entwicklungspsychologischer Fragestellungen und zentraler Themen vgl. Leo Montada: »Fragen, Konzepte, Perspektiven«, in: Rolf Oerter & Leo Montada (Hg.), *Entwicklungspsychologie*, Weinheim u. a.: Beltz PVU 2002[5], S. 3–53. – Siehe auch Patricia Miller: *Theorien der Entwicklungspsychologie*, Heidelberg u. a.: Spektrum Akademischer Verlag 1993, S. 35–44.

320 Erik H. Erikson: *Kindheit und Gesellschaft*, Stuttgart: Klett-Cotta 1984[9].

321 Renate Kränzl-Nagl, Barbara Riepl & Helmut Wintersberger (Hg.): *Kindheit in Gesellschaft und Politik. Eine multidisziplinäre Analyse am Beispiel Österreichs*, Frankfurt/M. und New York: Campus Verlag 1998.

nen Kindes [...] mehr als diejenigen Aspekte [umfasst], die von den Wissenschaften erforscht worden sind und erforscht werden können«.[322] Obwohl viele Aspekte einer Persönlichkeit in der Kindheit eine explosionsartige Entwicklung erfahren, muss eingeräumt werden, dass nicht alle quantifiziert darstellbar sind. Insofern erweisen sich z. B. ein Schuleignungstest, der zu Beginn der Schullaufbahn vorgenommen wird, um die ›Schulreife‹ oder die ›Notwendigkeit‹ der Zurückstellung eines Kindes bereits vor Schuljahresbeginn feststellen soll, oder aber die für den Beginn der Vollzeitschulpflicht der Schüler/-innen festgelegten Termine[323] mehr als fragwürdig. Denn der individuellen physischen und psychischen Entwicklung des Einzelnen werden diese formalen Vorgaben nicht gerecht. In die Schule fließen entwicklungspsychologische Erkenntnisse bislang noch viel zu selten ein. Häufig sind nicht die erforderlichen Handlungsspielräume vorhanden, mit Hilfe derer es gelingt, innerhalb weit verzweigter organisatorischer Strukturen adäquat auf kindliche Belange zu reagieren. Im Folgenden werden daher Theorien vorgestellt, die unser heutiges Bild von einem Grundschulkind maßgeblich geprägt haben. Sie sind hilfreich, um das »Kindliche des Kindes [in der pädagogischen Praxis] mehr zu respektieren«[324], und bilden nicht zuletzt eine wichtige Voraussetzung für das Verständnis des Untersuchungsansatzes der vorliegenden Studie.

Ein wichtiger Vertreter zur Erforschung der kognitiven Entwicklung des Kindes, dessen Werk für die gesamte Entwicklungspsychologie prägend geblieben ist und auf den noch heute eine Vielzahl von Folgeuntersuchungen zurückgehen, war Jean Piaget (1896–1980). Seine Theorie, für die er bereits in den Jahren 1936 bis 1948 die Grundlagen gelegt hat, bildete ein hilfreiches Instrumentarium, eine Basis zur näheren Betrachtung der für die Unterrichtsprozesse in der Grundschule relevanten Einflussgrößen »Intelligenz« und »kindliches Denken«.[325] Der Ansatz verbindet biologische und erkenntnistheoretische Forschungen auf Grundlage der empirischen Psychologie. Bedeutend für die kognitive Entwicklungstheorie Piagets ist die Unter-

---

322 Maria Fölling-Albers: »Kindheit – entwicklungspsychologisch gesehen«, in: Fölling-Albers (Hg.), *Veränderte Kindheit – Veränderte Grundschule*, Frankfurt/M.: Arbeitskreis Grundschule e. V. 1989, S. 40–51.

323 Vgl. BayEUG, Art. 37.

324 Fölling-Albers: »Kindheit«, S. 40.

325 Vgl. dazu Jean Piaget: *Psychologie der Intelligenz*, Olten u. a.: Walter 1971. – Reinhard Fatke (Hg.): *Jean Piaget. Meine Theorie der geistigen Entwicklung*, Frankfurt/M.: Fischer 1985^2.

scheidung von hierarchisch gegliederten Strukturen geistiger Entwicklung, die aufeinander aufbauen. Nach Piagets Konstrukt ist die Entwicklung des Menschen von der Geburt bis zum Erwachsenenalter in folgende Stadien eingeteilt:[326]

Tab. 5: Allgemeine Stadien der kognitiven Entwicklung (nach Piaget)

	Entwicklungsstadium	Alter
	Reflexe als ererbte Reaktionen	1. Monat
	Erste motorische Gewohnheiten	2.–4. Monat
1.	Sensumotorisches (praktisches) Stadium	5.–24. Monat
2.	Präoperatives (intuitives) Stadium	2–7 Jahre
	Symbolisches und vorbegriffliches Denken	2–4 Jahre
	Anschauliches Denken	4–7 Jahre
3.	Konkretes operatives Stadium	7–11 Jahre
4.	Formal operatives (abstraktes) Stadium	ab 11–15 Jahren

Die Vorstadien kognitiver Entwicklung[327] beschreiben die Periode vom Säuglingsalter bis hinein in die sensumotorische Entwicklung, in der sich der Lernzuwachs noch nicht in verbalen Äußerungen zeigt, sondern hauptsächlich auf Reflexe und motorische Reaktionen beschränkt bleibt. Diese zeichnen sich dadurch aus, dass die Kategorien Ding, Raum, Zeit und Kausalität bei den Kindern sukzessive in Handlungen repräsentiert und noch nicht in Form des begrifflichen Denkens durchdrungen werden. Die Reflexe und motorischen Gewohnheiten der ersten Lebensmonate sind als Vorstufen der folgenden vier Hauptstadien geistiger Entwicklung zu werten, nämlich dem sensumotorischen Stadium, dem voroperationalen, anschaulichen Denken, dem Stadium der konkret-operatorischen Strukturen sowie dem formal-operatorischen Schaffen. Die Binnenstrukturierung der einzelnen

---

[326] Vgl. dazu Leo Montada: »Die geistige Entwicklung aus der Sicht Jean Piagets«, in: Oerter & Montada, *Entwicklungspsychologie*, 2002[5], S. 419–436. – Hans von Oeveste: »Kognitive Entwicklung im Schulalter«, in: J. Berndt, D. W. Busch & H.-G. Schönwälder (Hg.), *Schul-Arbeit. Belastung und Beanspruchung von Schülern*, Braunschweig: Westermann 1982, S. 100–117. – Miller: *Theorien der Entwicklungspsychologie*, S. 45–111.

[327] Die Deutung, Zeitverläufe und terminologische Abgrenzung der Piaget'schen Stadientheorie menschlicher Entwicklung geschieht in der Literatur nicht einheitlich. Das mag zum einen daran liegen, dass Piaget für den Eintritt der Entwicklungsphasen nur eine annähernde Altersangabe machen konnte.

Stadien wird bei Piaget durchaus differenziert betrachtet. Die sensumotorische Entwicklung, die etwa ab dem fünften Lebensmonat einsetzt, umfasst nach seiner Darstellung sechs Stufen.[328] Die Phase der intuitiven Intelligenz beginnt in einem Alter von etwa zwei Jahren und geht mit dem Erwerb der Symbolfunktion und der Sprache einher, wobei die Symbole zunächst an konkrete Gegenstände gebunden bleiben. Das Vorschulalter ist geprägt von der Entwicklung des voroperatorischen anschaulichen Denkens.[329] Das Kind rekonstruiert sein Weltbild mit Hilfe von Generalisierungen und finalistischen Erklärungen, die Piaget als egozentrisch bezeichnet, eine Eigenschaft, die erst später mit der Entwicklung von Kompetenzen zur Perspektiven- und Rollenübernahme überwunden wird.[330] Die Beschränkung des Urteilsfeldes, die isolierte Betrachtung eines einzelnen Aspektes und die fehlende Reversibilität bei Handlungsabläufen bilden für Piaget Charakteristika des voroperatorischen Denkens. Darüber hinaus prägen sich in dieser Phase Fähigkeiten aus, mit Hilfe derer sich das Kind seine Umwelt erschließt: Durch Adaption lernt das Kind, sich an die Umgebung anzupassen. Dies erreicht es entweder auf dem Wege der Assimilation, d. h. durch eine gedankliche Konstruktion der Umwelt zur Anpassung an eigene Bedürfnisse, oder durch Akkomodation, eine Abstimmung der eigenen Verhaltensweisen zur Anpassung an die variierenden Umweltbedingungen. Darüber hinaus entwickelt sich langsam ein Streben nach Organisation, nach Koordination der Interaktionsmodelle in ein übergeordnetes System. Die Herstellung eines Gleichgewichts (Äquilibrium) zwischen der eigenen Person und der Umwelt stellt eine unabdingbare Voraussetzung dar zur inneren Zufriedenheit. Die beschriebenen Tendenzen prägen die in diesem Stadium entstehende psychologische Struktur des Menschen nachhaltig.

---

[328] Im Einzelnen sind darin die Übung angeborener Mechanismen enthalten, primäre und sekundäre Kreisreaktionen, die Koordinierung der erworbenen Kreisschemata, tertiäre Kreisreaktionen sowie der Übergang vom sensumotorischen Intelligenzakt zur Vorstellung. Vgl. Montada: »Die geistige Entwicklung aus der Sicht Jean Piagets«, 2002[5], S. 419f.

[329] Besonders die logischen, arithmetischen und raumzeitlichen Operationen im Vorschulalter werden bei Piaget genauer dargelegt. Vgl. dazu auch Oeveste: »Kognitive Entwicklung im Schulalter«, S. 102–111.

[330] Vgl. dazu ausführlich Jean Piaget: *Das Weltbild des Kindes*, München: Klett-Cotta im Ullstein-Taschenbuch 1981. – Der Quelle ist eine Einführung von Hans Aebli vorangestellt, der mit seiner konstruktiven Kritik entscheidend zur Fortentwicklung des Piaget'schen Gedankenguts beigetragen hat.

Für das Grundschulalter bedeutend ist vor allem der Übergang vom präoperativen Stadium zur Phase der konkret-operatorischen Strukturen. Kinder konzentrieren ihre Aufmerksamkeit hier nicht mehr auf einen Teilaspekt, sondern beziehen die komplementäre Seite mit ein, wodurch sich ihre Wahrnehmungsfähigkeit der Realität weiter annähert. Bei Erzählungen findet nun in der frühen Phase dieses Stadiums eine Reihung von Erlebnissen statt, während es erst später zunehmend gelingt, den Standpunkt des Zuhörers einzubeziehen. Erst »nach dem 11. Lebensjahr erweitert sich das Denken, indem es sich von der konkreten Wirklichkeit zunehmend ablöst«.[331] Die Entwicklungsphase des formal-operatorischen Stadiums schließlich ist gekennzeichnet vom Aufbau kombinatorischer Systeme, den Etappen im Aufbau von Proportionen und Quantifikationen und einer größeren Beweglichkeit des Denkens. Dieses genetische Erklärungsmodell Jean Piagets wurde in der Folgezeit nicht ohne Kritik aufgenommen. Starke Bedenken löste vor allem der Sachverhalt aus, dass sich die stadientypischen Gesamtstrukturen durch Asynchronien in der Entwicklung zahlreicher Kinder nicht aufrechterhalten lassen.[332] Darüber hinaus werden die Kompetenzen des Einzelnen unterschätzt und die permanent an Bedeutung gewinnenden sozialen Faktoren vernachlässigt. Der Vorwurf, Piaget gebe nur Entwicklungsbeschreibungen, aber keine -erklärungen, lässt sich jedoch durch die Tatsache entkräften, dass er seine Modelle vorrangig auf den Nachweis strukturell genetischer Voraussetzungen konzentriert. Zugegebenermaßen bleibt die Entwicklung nach der Adoleszenz vernachlässigt. Mit Hans Aebli ist das Gesamtwerk Piagets insofern mit Distanz zu werten, als er wertvolle Erkenntnisse im Hinblick auf Strukturalismus und Konstruktivismus in die Diskussion eingebracht hat, dass jedoch durch diese Leistung nur ein kleiner Ausschnitt aus dem reichhaltigen Potenzial entwicklungspsychologischer Momente eines Individuums zum Ausdruck kommt.

Die Entwicklungspsychologie heutiger Tage geht davon aus, dass anstelle linearer Zusammenhänge, die bei den Denkvorgängen zu Tage treten, komplexe Wechselwirkungen zwischen unterschiedlichen Entwicklungskontexten beim Menschen stattfinden.[333] Für Uri Bron-

---

331 Oeveste: »Kognitive Entwicklung im Schulalter«, S. 112.

332 Zu einem Überblick über die Piaget-Kritik vgl. Montada: »Die geistige Entwicklung«, 2002^5, S. 441f.

333 Diese können beispielsweise in den Bereichen Familie, Schule, kulturelle Normen und Werte u. a. liegen. Vgl. Rolf Oerter: »Kultur, Ökologie und Entwicklung«, in: Oerter & Montada, *Entwicklungspsychologie*, 2002^5, S. 72–104. – Einflüsse wie

fenbrenner (1914–2005) war die Wirkung eines Ökosystems[334] für die Beschreibung der menschlichen Entwicklung unabdingbar, denn dieses ermöglicht erst die biologische und psychosoziale Entwicklung eines Individuums in seinem »Lebensraum«: Zum einen ist die Entwicklung stark von den unterschiedlichsten Faktoren abhängig, zum anderen unterliegen diese im Laufe der Zeit einem mehr oder weniger stark ausgeprägten Wandel, einem »Setting« unterschiedlicher Umweltausschnitte. Bronfenbrenner spricht daher bei der menschlichen Entwicklung »vom sich verändernden Individuum in einer sich wandelnden Umwelt«.[335] Erwachsene Personen können die Entwicklung der Kinder somit begleiten. Für den schulischen Lernprozess bildet dieser Befund eine wichtige Basis. Bei den Grundschulkindern stehen zwar motorische und kognitive Lerninhalte im Vordergrund. Die Kinder profitieren jedoch von ihren Lehrerinnen und Lehrern – ausgehend von deren fachlicher Qualifikation und Berufserfahrung – im Erlernen von (Kultur-)Techniken, sozialer Kompetenzen und der Heranbildung eines Persönlichkeitsbildes.[336] Diese Entwicklungsaufgaben, die für das Kindesalter implizite gesellschaftlich festgeschrieben sind und in der Grundschule für die Kinder zum ersten Mal in Form von Bildungsprogrammen institutionalisiert vorliegen, leiten einen lebenslangen Lernprozess ein. Es muss jedoch eingeräumt werden – dieser Gedanke ist bereits angeklungen –, dass Erziehungsziele und individuelle Fördermodelle in der pädagogischen Praxis immer weiter auseinanderdriften. Hilfestellungen, die die Lernprozesse begleiten, sind in diesem Kontext in besonderer Weise zu begrüßen, da sie die kognitive Entwicklung fördern und Einblick in den Erwerb und den Verarbeitungsprozess von Informationen gewährleisten.

In diesem Zusammenhang ist ebenfalls der »Informationsverarbeitungsansatz« zu sehen, bei dem versucht wird, die begrenzte Aufnahmekapazität des Menschen durch gezielte Maßnahmen zu steigern.

---

die Schule oder die Peer groups als konstitutive lebensbestimmende Umweltfaktoren sind ebenso im Kontext Sozialisation der Grundschulkinder zu nennen. Vgl. dazu Kap. I. 3.3.

334 Die Bestandteile des Ökosystems waren nach Bronfenbrenner materielle Gegenstände (Häuser, Werkzeuge u. a.), die Regeln des Zusammenlebens, implizite und explizite Handlungsvorschriften, die in einer Gesellschaft für die menschliche Entwicklung vorgesehenen Einrichtungen (Familie, Schule u. a.), soziale Partner und Bezugspersonen, das gesamte gesellschaftliche System.

335 Bronfenbrenner, zit. nach Oerter: »Kultur, Ökologie und Entwicklung«, S. 73.

336 Maria Fölling-Albers: »Soziokulturelle Bedingungen der Kindheit«, in: Einsiedler, *Handbuch Grundschulpädagogik*, 2005^2, S. 155–165.

Diese drehen sich um den sensorischen Input in den Aufnahmeprozessen, die Verarbeitung, Speicherung und Umsetzung von Informationen, sei es durch kognitive Repräsentation oder einen motorischen Output. Die Informationsaufnahme ist geprägt durch die sich einander ergänzenden Teilprozesse der Musterung einer Reizkonfiguration und der Aktivierung bereits erworbener Konzepte und Erwartungen. Die Selektion von Informationen bildet dabei ein wichtiges Kriterium, schließlich sollte die »überinklusive« Aufmerksamkeit des Vorschulkindes im Grundschulalter bereits von der Fähigkeit zu selektiver Aufmerksamkeit abgelöst worden sein. Dementsprechend können Strategien zur Förderung von Gedächtnisleistungen einen essenziellen Beitrag zur Anhebung von Wahrnehmungsleistungen bilden.[337]

Für das Grundschulalter sind hauptsächlich die Wiederholungs-, Organisations- und Elaborationsstrategien zu nennen. Verschiedenen empirischen Belegen zufolge ist im Grundschulalter der stärkste Zuwachs an Gedächtnisleistungen zu verzeichnen. Dem Verarbeitungsprozess, der der Kapazität zur Sicherung von Informationen in dem Kurzzeit- und Langzeitgedächtnis dient, kommt daher in dieser Phase eine besondere Bedeutung zu. Bei den Lerninhalten, bei denen er in besonders gründlicher Weise vonstatten ging, wird bei den Grundschülern eine erheblich höhere Gedächtnisleistung festzustellen sein. Für die strukturelle Gedächtnisleistung insgesamt ist zu beachten, dass durch eine Automatisierung verschiedener Verarbeitungsprozesse der Arbeitsspeicher resp. das Kurzzeitgedächtnis entlastet wird und damit Ressourcen zur Verfügung stehen, die für die Speicherung zusätzlicher Informationen genutzt werden können. Bzgl. des metakognitiven Wissens und der metakognitiven Fähigkeiten ist im Grundschulalter ein permanenter Zugewinn zu verzeichnen. Die Schülerinnen und Schüler sind sich nicht nur über die charakteristischen Merkmale einer Aufgabe bewusst, sondern reflektieren gleichzeitig die stattfindenden Gedächtnisprozesse. Schließlich ist für die Verfügbarkeit eines spezifischen Vorwissens zu konstatieren, dass dieses gedächtnisbezogene Leistungsvorteile schaffen kann, unabhängig vom Alter der Personen.[338] Der Aufbau von Netzwerken, in denen das

---

337 Vgl. dazu die Ausführungen zur Gedächtnisentwicklung zwischen 5 und 15 Jahren. Wolfgang Schneider & Gerhard Büttner: »Entwicklung des Gedächtnisses bei Kindern und Jugendlichen«, in: Oerter & Montada, *Entwicklungspsychologie*, 2002[5], S. 495–516.

338 In der Studie von Chi mit unerfahrenen Schachspielern (1978) waren sogar zehnjährige Kinder gegenüber erwachsenen Probanden überlegen. Der Einfluss des Vorwissens auf die Gedächtnisleistung kann als gesichert angenommen werden,

menschliche Wissen organisiert ist, kann bereits im Grundschulalter gezielt gefördert werden. Dies geschieht beispielsweise durch die Heranbildung der Fähigkeit des Vergleichens. Das Bilden von Gruppen und Kategorien ist in diesem Entwicklungsstadium eine grundlegende Voraussetzung für verschiedene kognitive Operationen sowie später für das Generalisieren und Abstrahieren. Nach Ansicht Drehers beruht der zentrale Entwicklungsfortschritt im Grundschulalter auf der »zunehmenden Flexibilität des Denkens«.[339] Dabei ist zu bemerken, dass der Umgang mit Operationen noch an *konkrete* Abläufe gebunden ist und sich *abstrakte* Regeln erst zu einem späteren Zeitpunkt ausführen lassen. Trotzdem müssen bereits im Grundschulalter »unterschiedliche Formen der Veranschaulichung gewählt werden«, um eine zunehmende Abstraktion kognitiver Leistungen anzubahnen.[340]

Über die Gedächtnisleistungen hinaus erleben in dieser Zeit sowohl die physische als auch die motorische Konstitution des Kindes bahnbrechende Entwicklungsschübe, die in einem wechselseitigen Verhältnis mit der kognitiven Reifung stehen. »Körperliche Bewegung trägt [...] zum Aufbau einer Reihe kognitiver Leistungen bei. Sie trainiert räumliche und zeitliche Wahrnehmungsfähigkeit, rhythmisches Empfinden und das Körpergefühl für Nähe, Distanz und Bewegungsabläufe.«[341] Mangelnde Bewegung stellt umgekehrt nicht nur ein Gesundheitsrisiko dar und trägt zum Aufbau von Spannung und Aggressivität bei, sondern verhindert Aufmerksamkeit und Konzentration. Eine gezielte Förderung von Bewegung – und das ist die Aufgabe von Schule und Familie – ist daher als Chance zu betrachten, physische und psychische Ressourcen im Grundschulalter zu fördern. Die gesteigerte Bewegungsfreude führt zu erhöhter Motivation und Leistungsbereitschaft und schafft darüber hinaus Möglichkeiten zur Körpererfahrung. Dieses wiederum stärkt Persönlichkeitskomponenten wie Selbstvertrauen und Selbstwertgefühl des Individuums, die in einem hohen Maße emotional determiniert sind.

Im Gesamtzusammenhang ist zu erkennen, dass sich das Lernen bei Grundschulkindern nach Erkenntnissen der Entwicklungspsycho-

---

jedoch hängt das Ausmaß dieses Einflusses von der Aufgabenstellung ab. Zit. nach Schneider & Büttner: »Entwicklung des Gedächtnisses«, S. 506f.

339 Dreher: »Entwicklungspsychologie des Kindes«, 2005², S. 151. – Die Flexibilität besteht in der Umordnung von Gedankenabläufen, der Einbeziehung von Transformationen, der Fähigkeit zum Perspektivenwechsel, allesamt Qualitäten, die für das konkret-operatorische Denken charakteristisch sind.

340 Ebd.

341 Dreher: »Entwicklungspsychologie des Kindes«, 2005², S. 152.

logie weniger in der Entwicklung vom Konkreten zum Abstrakten abspielt, wie es noch Piaget vermutete, sondern »durch die Übernahmen von im kulturellen Kontext entstandenen Werkzeugen«.[342] Es ist nachzuvollziehen, dass zur Erreichung dieses Ziels eine »anspruchsvollere [...] Gestaltung der Lernumgebung von Grundschulkindern« gefordert werden muss. Die konstruktivistische Idee bleibt insofern erhalten, als die Lehrkraft den Schülerinnen und Schülern einen vielfältigen Zugang zur Darbietung der Lerninhalte ermöglichen sollte, der als »Angebot« verstanden wird, der jedoch in der Unterrichtsarbeit ausgewählten Modifikationen unterliegen sollte.[343]

In jüngster Vergangenheit sind mannigfache Untersuchungen bzgl. des Zusammenhangs von Musik und Intelligenz entstanden, zum einen mit greifbaren Ergebnissen, zum anderen mit spekulativen Ansätzen. Da jedoch der Nachweis von Transfereffekten bislang nicht immer eindeutig geführt werden konnte (»Mozart-Effekt« u. a.), sollen Ergebnisse dieser Art in der vorliegenden Studie nicht thematisiert werden.[344] Trotzdem dürfen in der Diskussion um Einflüsse und Wirkungen von Musik weitere bahnbrechende Ergebnisse erwartet werden, auch unter Einbeziehung innovativer Möglichkeiten zur Erforschung dieses Phänomens. Für den Neuropsychologen und Hirnforscher Lutz Jäncke (Universität Zürich) sind zum gegenwärtigen Zeitpunkt die Erkenntnisse von Glenn Schellenberg richtungweisend. Dieser war in seiner regen Forschungstätigkeit zunächst ein entschiedener Verfechter des Eindruckes, dass Musik und Intelligenz in der menschlichen Entwicklung unabhängig voneinander seien. Aufgrund seiner stichhaltigen Forschungsergebnisse musste er jedoch diese Position revidieren. Ein im Jahre 2004 abgedruckter Aufsatz Schellen-

---

342 Elsbeth Stern: »Wie abstrakt lernt das Grundschulkind? Neuere Ergebnisse der entwicklungspsychologischen Forschung«, in: Petillon, *Individuelles und soziales Lernen*, 2002, S. 28–42. – Nach Stern gehören zu den benannten Werkzeugen der sich allmählich vollziehende »Strategiewechsel« in kognitiven Strukturen, die Entfaltung »bereichsübergreifender Schlüsselkompetenzen«, der »kompetente Umgang mit einem Zeichensystem« und die Verarbeitung »kultureller Determinanten«.

343 Vgl. Petillon: *Individuelles und soziales Lernen*, 2002, S. 40.

344 Vgl. exemplarisch Adam Kormann: *Der Zusammenhang zwischen Intelligenz und Musikalität unter entwicklungs- und kreativitätspsychologischem Aspekt*. Unveröff. Diss. Universität Salzburg 1972. – Siehe dazu in Reaktion auf Forschungsansätze dieser Art Wilfried Gruhn: »Die Schwierigkeit mit den Transfer-Effekten der Musik«, in: C. Bullerjahn, H. Gembris & A. C. Lehmann (Hg.), *Musik: gehört, gesehen und erlebt*, Hannover: Institut für Musikpädagogische Forschung 2005, S. 221–233.

bergs[345] stellte für Jäncke einen Wendepunkt in der Diskussion um kognitive Leistungen und Transfereffekte im Kontext von Musik dar, der seiner Ansicht nach dazu beiträgt, Folgeuntersuchungen zu ermutigen und weitere positive Ergebnisse bzgl. dieses Sachverhaltes zu ermitteln.[346]

Um das Antwortverhalten zehn- und elfjähriger Grundschüler, ihren sprachlichen Horizont und ihr Verständnis von gelesenen Texten besser einordnen zu können, sollte man sich nicht nur über die kognitive Entwicklung der Probanden Klarheit verschaffen, sondern ebenso über die Reifung der Sprachkompetenz. In der Literatur werden die Spezifika dieser Altersgruppe weniger thematisiert, obwohl die wichtigsten Prozesse bereits im Säuglings- und Kleinkindalter stattfinden und »die wichtigen Meilensteine der Sprachentwicklung«[347] im Grundschulalter in der Regel bereits weitgehend abgeschlossen sind.[348] Da es sich dabei jedoch um einen kontinuierlichen Prozess handelt, bleiben die Grundsätze, die für den Spracherwerb gelten, von den frühen Lernphasen bis in das Grundschulalter erhalten. Als unumstritten gilt für die Sprachförderung dieses Stadiums, dass sie

> zu den besonders wichtigen Entwicklungsaufgaben [... gehört]. Mit der zunehmenden Fähigkeit, Sprache zu verarbeiten, zu verstehen und sie zugleich produktiv als Ausdrucksmittel für eigene Intentionen und Wünsche, als Darstellungsmedium für Bedeutungen und als Steuerungsmittel in der Interaktion mit anderen zu nutzen,

---

[345] Glenn E. Schellenberg: »Music lessons enhance IQ«, in: *American Psychological Society*, vol. 15(8)/2004, pp. 511–514.

[346] Für Jäncke sind »Aufmerksamkeit und Gedächtnis [...] wichtige kognitive Funktionen, die durch die Musik positiv beeinflusst werden«. Lutz Jäncke: »Musiktherapie bei Hirnverletzung«, erschienen bei *Fragile Swiss* 12(3)/2004, S. 3. Vgl. http://www.psychologie.unizh.ch/neuropsy [recherchiert am 24.02.07]. – Siehe dazu auch Jeanne Bamberger: *The mind behind the musical ear. How children develop musical intelligence,* Harvard: University Press 1995.

[347] Hannelore Grimm: »Sprachentwicklung – allgemeintheoretisch und differentiell betrachtet«, in: Oerter & Montada, *Entwicklungspsychologie*, 2002[5], S. 705–749. – Dies. (Hg.): *Sprachentwicklung. Enzyklopädie der Psychologie*, Bd. C3, Göttingen: Hogrefe 2000.

[348] Dazu gehören die phonologisch-prosodische und die lexikalische Entwicklung, schließlich der Weg von den Wörtern zur Satzproduktion und die Aneignung einer pragmatischen Kompetenz. Zur Sprachentwicklung vgl. exemplarisch Hannelore Grimm & Sabine Weinert: »Sprachentwicklung«, in: Oerter & Montada, *Entwicklungspsychologie*, 2002[5], S. 517–550. – Norbert Kühne: *Wie Kinder Sprache lernen. Grundlagen, Strategien, Bildungschancen*, Darmstadt: Primus-Verlag 2003. – Gisela Szagun: *Sprachentwicklung beim Kind*, Weinheim: Beltz 2006.

wächst das Kind in die menschliche Kultur hinein und bildet eine gesellschaftliche und persönliche Identität aus.[349]

Um die Komplexität der Anforderungen zu verstehen, die der Spracherwerb an die Kinder stellt, ist es notwendig, die vielschichtige sprachliche Struktur in ihren Komponenten bewusst zu machen.[350]

Tab. 6: Komponenten der Sprache
(nach Grewendorf et al. 1989, O'Grady & Dobrovolsky 1989)

	Komponenten	Funktion	erworbenes Wissen
	suprasegmentale Komponente	Betonung, prosodische Gliederung	prosodische Kompetenz
Grammatik	Phonologie	Organisation von Sprachlauten,	linguistische Kompetenz
	Morphologie	Wortbildung,	
	Syntax	Satzbildung,	
	Lexikon	Wortbedeutung	
Pragmatik	Sprechakte, Diskurs	sprachliches Handeln, Kohärenz der Konversation	pragmatische Kompetenz

Die suprasegmentale Komponente beinhaltet die Eigenschaften der Tonhöhe, der Lautheit, der Länge von Sprachlauten. Die Intonation dient der prosodischen Strukturierung der verbalen Äußerung, wie es z. B. in Fragesätzen geschieht. Darüber hinaus zielen die phonologischen Bestandteile der Sprache auf grammatikalische Feinheiten ab. Die Morphologie stellt dabei die größere Einheit eines Wortes her und bindet es ein in die Kategorien Numerus, Genus, Kasus und Tempus. Die syntaktische und die lexikalische Ausrichtung sind auf höherer Ebene angesiedelt und gewährleisten eine semantisch eindeutige Kombination von Wörtern und Satzstrukturen. Aus der Sicht der Entwicklungspsychologie wird deutlich, dass das Kind die sprachlich-strukturellen Zusammenhänge als abstraktes Wissen erworben haben muss, um semantische Sinnzuschreibungen zu erkennen und zu produzieren. Die pragmatische Kompetenz schließlich ist gekennzeichnet durch die kompetente kommunikative Anwendungsstrategie sprachli-

349 Grimm & Weinert: »Sprachentwicklung«, S. 517.
350 Vgl. dazu Grimm: »Sprachentwicklung«, S. 706f.

cher Muster und definiert sich über den Kontext konkreter Sprechakte oder -handlungen und die darüber geführte Konversation.

Das Entwicklungsstadium des Kindes ist für Interaktionsprozesse dieser Art nicht unbedeutend, denn die Schüler/-innen, deren Handlungen noch von einem starken Egozentrismus geprägt sind, werden anders agieren als Kinder, die dieses Stadium bereits überwunden haben.[351] Bei diesem Gedankengang wird deutlich, dass die Spracherwerbsprozesse sozial-interaktiv bestimmt sind. Bereits Bühler (1934) hatte den Handlungscharakter der Sprache herausgearbeitet, in dem er in ihr einen subjektiven, intersubjektiven und objektiven Aspekt sah. Sprache hatte für Bühler die Bedeutung eines Werkzeugs (»organon«), damit eine Person einer anderen etwas über einen bestimmten Sachverhalt mitteilen kann. In der Kommunikation sind die Funktion und die Struktur der Sprache nicht getrennt zu sehen. Der kommunikative Gebrauch ermöglicht den Kindern, die zu Grunde liegenden Strukturen sukzessive zu erwerben und sich zur gleichen Zeit neue sprachliche Muster zur aktiven Nutzung anzueignen. In diesem Sinne waren auch die verbalen Äußerungen zu verstehen, die die Grundschüler in der vorliegenden Studie auf spezifische offene Fragestellungen von sich gaben. Es war von Anfang an zu erwarten, dass verbale Äußerungen einen unterschiedlichen Entwicklungsstand erkennen lassen. Bei den Schülern, die sich in ihren Ausdrucksmöglichkeiten dem Themenkomplex »Musikunterricht« weniger sicher nähern konnten, schien es in diesem Zusammenhang von Vorteil, wenn – über die Transkription verbaler Äußerungen hinaus – ein zusätzlicher methodischer Zugang (z. B. in Form von Fragebögen) zur Erforschung der Schülerperspektive zur Verfügung stand. Denn »die sprachlichen Äußerungen, die das

---

[351] Jean Piaget hat sich ebenfalls dem verbalen Verstehen bei 9- bis 11jährigen Kindern in gründlicher Art genähert. Für ihn trat der egozentrische Charakter des kindlichen Denkens und damit auch Sprechens in einem Alter von sieben oder acht Jahren besonders deutlich hervor, bis die Gewohnheiten des »sozialisierten Denkens« deutlicher vernehmbar waren. Sie verschwanden aber nicht sofort, sondern behaupteten ihre Stellung im abstrakten Teil des kindlichen Denkens resp. dem Niveau der verbalen Intelligenz. Nach Piaget ist es durchaus möglich, dass sich in der Wahrnehmungsintelligenz, die sich auf die unmittelbare Beobachtung bezog, bereits eine Ablösung vom Synkretismus des Denkens vollzogen hat, dieser jedoch in der verbalen Repräsentanz erhalten bleibt. Diese Spuren bezeichnete Piaget als verbalen Synkretismus. Die Kennzeichen des Synkretismus sind nach Piaget ein Denkprozess, der »nicht diskursiv« ist, der Gebrauch von bildlichen Schemata und Analogieschemata sowie der Verzicht auf eine Beweisführung in der Argumentation. Vgl. Jean Piaget: *Sprechen und Denken des Kindes*, Düsseldorf: Schwann 1982[5], S. 160–190.

Kind hört [und von sich gibt, M. G.], sind hoch strukturiert, wobei zu dieser Strukturierung alle Komponenten gleichzeitig und auf komplexe Weise verschränkt beitragen«.[352]

Für die persönlichkeitsbestimmende Komponente kann konstatiert werden – und dieser Sachverhalt zeichnet sich bereits in der frühkindlichen Entwicklung ab –, dass sich das Heranreifen einer sprachlichen Kompetenz beim Kinde unabhängig von dem kognitiven Entwicklungsstand vollzieht (Corrigan, 1979). Trotzdem darf das Kind nicht losgelöst vom Erwerb kognitiver, sozial-kognitiver und sozialkommunikativer Prozesse gesehen werden. Denn die kognitive Entwicklung ist nicht vereinfacht »als Schrittmacher der sprachlichen Entwicklung«[353] zu sehen, vielmehr unterliegt der Erwerb sprachlicher Strukturen und Bedeutungen einer Vielzahl von Einflüssen auf unterschiedlichen Ebenen. Während die Kinder zunächst Sprachfähigkeiten vom einzelnen Wort oder Begriff aufbauen, entwickelt sich das »Sprachsystem selbst zum Gegenstand nicht bewusster Reflexionen, die letztendlich zum Erwerb metalinguistischer Bewusstheit« führen.[354] Karmiloff-Smith (1992) hat diesen Vorgang in einem Drei-Phasen-Modell beschrieben:

Tab. 7: Vom impliziten zum expliziten Sprachwissen (nach Karmiloff-Smith)

Phase	Alter	Verlauf
1	ab 5 Jahre	Implizites Sprachwissen: korrekter Sprachgebrauch, erfolgreiche Kommunikation
2	ab 6 Jahre	System-internaler Reorganisationsprozess: Fehler auf der Verhaltensebene, spontane Selbstkorrekturen, Lösen von Beurteilungs- und Korrekturaufgaben
3	ab 8 Jahre	Explizites Sprachwissen: bewusste Reflexion über die Sprache, Erklärung von Sprachregularitäten

352 Grimm: »Sprachentwicklung«, S. 706.

353 Grimm & Weinert: »Sprachentwicklung«, S. 542.

354 A. Karmiloff-Smith: *Beyond modularity. A developmental perspective on cognitive science*, Cambridge: MIT Press 1992, zit. nach Grimm & Weinert, »Sprachentwicklung«, S. 534f.

Für die Datenerhebung der vorliegenden Studie war vor allem die dritte Phase interessant, in der das Kind bewusst über die Sprache reflektierte, sich selbst korrigierte und die verbalen Konstrukte hinsichtlich ihrer Grammatik überprüfte. Von den meisten Schülerinnen und Schülern der vierten Jahrgangsstufe war diese Phase bereits erreicht worden, vorausgesetzt dass die Entwicklung nicht von Ausnahmeerscheinungen beeinträchtigt war.[355] Wichtig zu betonen ist, dass sich das Phasenmodell auf die Kinder bezieht, die deutsch als Muttersprache sprechen. Bei nicht-deutschen Kindern, die möglicherweise zu Hause in einer anderen Sprache kommunizieren, erfolgt der Eintritt in die dritte Phase des expliziten Sprachwissens verzögert, wenn sie überhaupt von allen Schülern vollständig erreicht werden kann. Es wäre insgesamt ein Fehler, den Spracherwerbsprozess als rein quantitative Wissenszunahme zu sehen, die die Kinder nutzen, um sich dem ›Ideal‹ der Erwachsenensprache zu nähern. Das Kind jedoch ist »kein defizienter Erwachsener, sondern ein Analysator und Schöpfer«.[356] Für einen erfolgreichen Spracherwerb kommt den durch Dialog geformten Sprach- und Kommunikationsmustern eine hohe Bedeutung zu. Dieser elementare Sachverhalt lässt sich bereits von den Fähigkeiten des Säuglings ableiten, die sich nur in Lernerfahrungen zeigen, wenn sie »in eine positive emotionale Beziehung zwischen Mutter [...] und Kind eingebettet sind«.[357] Bei den Schülern der vierten Jahrgangsstufe sind die Spracherwerbsprozesse dagegen in der Regel weitgehend abgeschlossen. Dass viele Kinder dieses Alters eine hohe Zeitinvestition für das Fernsehen aufbrachten[358], ist im Bezug auf das Sprachverhalten nicht vorbehaltlos als gewinnbringend einzustufen.[359] Nach Erkenntnissen von Grimm (1990) nimmt auf diese Weise zwar der Wortschatz zu, korrekte syntaktische Strukturen sind jedoch durch dieses Medium mit dem neu erworbenen Wortschatz nicht zu erfahren. Diese

---

355 Vgl. Sabine Weinert: *Spracherwerb und implizites Lernen. Studien zum Erwerb sprachanaloger Regeln bei Erwachsenen, sprachunauffälligen und dysphasisch sprachgestörten Kindern*, Bern: Huber 1991.

356 Grimm: »Sprachentwicklung«, S. 734.

357 Grimm: »Sprachentwicklung«, S. 745.

358 Vgl. dazu ausführlich Kap. I. 3.4 sowie die empirischen Befunde in Kap. II. 5.2.

359 Marco Ennemoser, Kathrin Schiffer, Christiane Reinsch & Wolfgang Schneider: »Fernsehkonsum und die Entwicklung von Sprach- und Lesekompetenzen im frühen Grundschulalter. Eine empirische Überprüfung der SÖS-Mainstreaming-Hypothese«, in: *Zeitschrift für Entwicklungspsychologie und Pädagogische Psychologie* 35(1)/2003, S. 12–26. – Marco Ennemoser: *Der Einfluss des Fernsehens auf die Entwicklung von Lesekompetenzen. Eine Längsschnittstudie vom Vorschulalter bis zur dritten Klasse*, Hamburg: Kovač 2003.

Kompetenz erwerben die Kinder erst in der sprachlichen Auseinandersetzung mit einer anderen Person, in der verbalen Repräsentation eines Themas innerhalb eines Gesprächs.[360]

Es wäre an dieser Stelle sinnvoll, ein noch umfassenderes ganzheitliches Bild des Grundschülers zu entfalten, an dem neben Piagets »Theorie der geistigen Entwicklung« auch Sigmund Freuds »Theorie der psycho-sexuellen Entwicklung« und Eric Eriksons »Theorie der psychosozialen Entwicklung« ihren Anteil hätten.[361] Da jedoch die vorliegenden Hintergrundinformationen im Wesentlichen darauf abzielen, die Ergebnisse der Interview- und Fragebogenerhebungen mit zehn- und elfjährigen Kindern vorzubereiten, müssen die Ausführungen auf ausgewählte Aspekte der kognitiven und sprachlichen Entwicklung beschränkt bleiben.[362] Der Hinweis auf weiterführende Theorien der Entwicklungspsychologie mag an dieser Stelle genügen, um den Bogen der dargestellten Schülerentwicklung nicht allzu weit zu spannen und weitere Aspekte der Persönlichkeitsbildung in die Betrachtung einzubeziehen.

3.2 Subjektive Bedeutsamkeit, Identität und Selbstkonzept

Für Kinder spielt ihr eigenes »Ich« eine besondere Bedeutung: In Zeichnungen, Erzählungen, in Liedern und im Spiel stellen sie ihre eigene Person in den Mittelpunkt und verbinden damit ein gesundes Maß an subjektiver Bedeutsamkeit. Im Heranwachsen identifizieren sie sich fast täglich mit neuen Ideen, mit beliebten Beschäftigungen, mit vertrauten Personen, die für ihr Umfeld eine wichtige Rolle spielen und ihren Beitrag zur Anbahnung einer Persönlichkeitsentwicklung leisten.[363] Eine Basis hierfür, die besonders im Grundschulunter-

---

[360] Ein konkreter Hinweis, dass auch die Musik ihren Teil zu einem phonologischen Bewusstsein beisteuert, findet sich in folgender Studie. J. E. Gromko: »The Effect of Music Instruction on Phonemic Awareness in Beginning Readers«, in: *Journal of Research in Music Education*, vol. 53(3)/2005, pp. 199–209.

[361] Vgl. dazu die Ausführungen bei Patricia Miller: *Theorien der Entwicklungspsychologie*, S. 113ff.

[362] Überblicksartige Zusammenstellungen wie die bereits zitierte Einführung von Rossmann müssen in ähnlicher Weise verfahren, um die didaktische Intention des Lehrwerks nicht zu verfehlen. Vgl. Rossmann: *Einführung in die Entwicklungspsychologie des Kindes- und Jugendalters*.

[363] »Persönlichkeitsentwicklung ist die differentielle Veränderung von Personen im intraindividuellen und interindividuellen Vergleich.« Günter Krampen: »Persönlichkeits- und Selbstkonzeptentwicklung«, in: Oerter & Montada, *Entwicklungspsychologie*, 2002[5], S. 675. – Bei Krampen finden sich auch die Forschungstraditi-

richt zum Tragen kommt, bilden die zahlreichen Affekte, die in Handlungen, Reaktionen, dem aktiven Bemühen um deren Kontrolle sowie in der sozialen Orientierung zu finden sind. Die unterschiedlichen Dimensionen von Temperament versteht man als »konstitutionell verankerte Wurzeln von emotionalen, motorischen und aufmerksamkeitsbezogenen Reaktionen und der Selbstregulierung«.[364] Die Temperamentdimensionen entwickeln sich bereits in früher Kindheit, jedoch bleiben diese Faktoren noch bei den Viertklässlern anhaltend spürbar. Da eine Kontrolle der Reaktionen (effortful control) in diesem Stadium noch nicht allen Kindern gelingt, ist die subjektive Bedeutsamkeit von Unterrichtsinhalten für die Schüler/-innen daran leicht ablesbar. Die Persönlichkeitsentwicklung kann nicht ohne ein erforderliches Maß an individueller Reife einsetzen, da sie sich dadurch auszeichnet, dass sie ihren Sichtweisen, Beurteilungen und Reaktionen objektive Einschätzungen zu Grunde legt. Im Gegensatz dazu sind für die Entwicklung der persönlichen Identität und das Selbstkonzept vorwiegend subjektive Prämissen bestimmend, die in der Grundschule weit verbreitet und noch stark emotional gefärbt sind.[365]

Die aus dem angloamerikanischen Bereich stammende Unterscheidung zwischen »I« und »Me« ist dafür ein entscheidendes Kriterium, das in der Heranbildung sozialer Kompetenzen seinen Ursprung hat.[366] Die erstgenannte Form der Identität ist verantwortlich für die Kontinuität der Entwicklung, die auf die eigene Person zentriert ist. Diese Komponente findet sich bei den Grundschulkindern in besonderer Weise ausgeprägt und wird erst langsam von der sozialen Identität des »Me« abgelöst. Diese tritt dem »I« als objektiver Standpunkt

---

onen zur Persönlichkeitsentwicklung mit ihren Fachvertretern Freud, Erikson, Havighurst u. a. in einem schematischen Überblick dargestellt. – Vgl. dazu auch Rolf Oerter: »Persönlichkeitsentwicklung in der Kindheit«, in: Oerter & Montada, *Entwicklungspsychologie*, 2002^5, S. 210–221. – In diesem Kap. können nicht alle Forschungsstränge dargestellt werden. Vielmehr beschränkt sich die Darstellung auf die für die Grundschule relevanten Faktoren, die zum Verständnis der vorliegenden Studie erforderlich sind.

364 Rothbart & Bates, 1998, zit. nach Oerter: »Persönlichkeitsentwicklung in der Kindheit«, S. 210.

365 Vgl. dazu Reinhard Pekrun: »Schüleremotionen und ihre Förderung. Ein blinder Fleck der Unterrichtsforschung«, in: *Psychologie in Erziehung und Unterricht* 45/1998, S. 230–248.

366 Die Unterscheidung geht ursprünglich auf William James (1890) zurück. Vgl. dazu George Herbert Mead: *Geist, Identität und Gesellschaft. Aus der Sicht des Sozialbehaviorismus*, Frankfurt/M.: Suhrkamp 1973. – Oerter: »Persönlichkeitsentwicklung in der Kindheit«, S. 213f.

gegenüber und hilft, die Interaktionsmuster zu beurteilen und zu bewerten. Dass bei den Grundschulkindern zunächst die Perspektive des »I« in den Handlungsschemata überwiegt, zeigt sich für die Altersgruppe nicht als Nachteil, da die Schüler durch ihre individuelle Schwerpunktsetzung vermeintliche persönliche Nachteile ausgleichen und Leistungsprobleme in anderen Bereichen kompensieren können. Diese Fähigkeit ist eine besondere Qualität, die weit über das Grundschulalter hinausweist; denn Erfolge und Misserfolge in diesem Zeitabschnitt können sich prägend auf das spätere Leben des Individuums auswirken. Negative Erinnerungen, die viele Erwachsene noch nach Jahren mit ihrem schulischen Musikunterricht verbinden, sind dazu als Beispiel hinlänglich bekannt. Der Umkehrschluss dieses Sachverhaltes macht jedoch Hoffnung: Denn wenn es gelingt, die Kinder in der Grundschule im Musikunterricht zu begeistern, mündet dieses Potenzial in eine Motivation ein, die einen lebenslangen Lernprozess tragen und für anhaltendes musikalisches Interesse verantwortlich sein kann. Für die Entwicklung einer Identität im Fach Musik und darüber hinausgehend sind mehrere Faktoren maßgeblich, die im Kinde zusammenwirken:

> Ein gelungenes Zusammenspiel von Selbstkonzept, Selbstwertgefühl und dem Umgang mit Erfolg und Misserfolgserlebnissen ist der Schlüssel für eine positive Identitätsentwicklung.[367]

Identität soll in diesem Kontext verstanden werden »als einmalig und unverwechselbar und zwar sowohl durch die Person selbst wie auch durch ihre soziale Umgebung«.[368] Über das Medium »Musik« können die Kinder in besonderer Weise in den schulischen Unterricht eingebunden werden, um bereichsspezifische Kräfte zu entfalten, die sich in die Persönlichkeitsbildung integrieren. Bei den Schülern, die mit Instrumenten, mit Spielen, Singen, Begleiten, Tanzen konfrontiert sind, entsteht ein Interesse, das von subjektiver Bedeutsamkeit bestimmt ist. Die Chancen, die mit dem Fach Musik verbunden sind, erkennt der Lehrplan für die bayerischen Grundschulen wie folgt:

---

[367] Vgl. Sabine Martschinke: »Identitätsentwicklung und Selbstkonzept«, in: Einsiedler, *Handbuch Grundschulpädagogik*, 2005², S. 262–266. – Krampen: »Persönlichkeits- und Selbstkonzeptentwicklung«, 2002⁵, S. 675–710.

[368] Rossmann: *Einführung in die Entwicklungspsychologie*, S. 146f. – Zur Bildung von Handlungskompetenz und Identität vor dem Hintergrund sozialer Implikationen vgl. Klaus Hurrelmann: *Einführung in die Sozialisationstheorie. Über den Zusammenhang von Sozialstruktur und Persönlichkeit*, Weinheim u. a.: Beltz 1998⁶, S. 158ff.

> Die eigenen musikpraktischen Aktivitäten [...] leisten einen wichtigen Beitrag zur Persönlichkeitsbildung und fördern außerdem die motorische Koordination, die sprachliche Bildung und die Konzentrationsfähigkeit der Kinder.[369]

Musik trägt jedoch in der Grundschule nur zu einem Teil zur Identitätsentwicklung bei. Andere Disziplinen, die Wirkung der Schule auf die Entwicklung[370] sowie die Anlagen und Fähigkeiten, die ein jeder Schüler aus seinem Elternhaus oder aus dem Umgang mit Peer groups in das schulische Umfeld hineinträgt[371], sind ebenso determinierend und für den Einzelnen in unterschiedlicher Weise relevant. Man muss sich bewusst machen, dass die Identität als interner Prozess, auf den die Sozialität Einfluss nimmt, ein hypothetisches Konstrukt darstellt, für das mehrere Theorien existieren. Neben der Heranbildung einer persönlichen Identität sind beispielsweise die im Grundschulalter erwachende Gruppenidentität, die Geschlechtsidentität oder die übernommene Identität zu nennen. Bei letzterer werden Werte und Ziele von den Kindern angenommen, die Autoritätspersonen für sie ausgewählt haben. Für das Grundschulalter kann ein erarbeiteter Identitätsstatus, der durch dauerhafte Auseinandersetzung mit Wertvorstellungen und Überzeugungen anderer entsteht, bei weitem noch nicht vorausgesetzt werden. Dementsprechend wird erst im Jugendalter eine wachsende Kritikfähigkeit am eigenen Verhalten resp. an eigenen Unzulänglichkeiten einsetzen. Für die Heranwachsenden bleibt festzuhalten, dass sie

> schon im ausgehenden Vorschulalter und im Grundschulalter über ein differenziertes relativ stabiles Selbstkonzept [verfügen], das mit zunehmendem Alter immer realistischer wird.[372]

---

[369] BayStM: *Grundschullehrplan*, S. 43.

[370] Rolf Oerter: »Schule als Umwelt«, in: Oerter & Montada, *Entwicklungspsychologie*, 2002[5], S. 240ff.

[371] Vgl. dazu auch Rossmann: *Einführung in die Entwicklungspsychologie*, S. 111–131. – Gerd Mietzel: *Wege in die Entwicklungspsychologie*, Weinheim u. a.: Beltz PVU 2002, S. 379. – Karl Haußer: *Identitätspsychologie*, Berlin u. a.: Springer 1995. – Der Einfluss von Eltern und Gleichaltrigen auf Heranwachsende kann inzwischen als gesichert angenommen werden, da hierzu zahlreiche empirische Befunde existieren. Siehe exemplarisch Kimberly Schonert-Reichl: »Relations of peer acceptance, friendship adjustment, and social behaviour to moral reasoning during early adolescence«, in: *Journal of Early Adolescence*, 19/1999, pp. 249–279.

[372] Oerter: »Persönlichkeitsentwicklung in der Kindheit«, 2002[5], S. 217.

Im Selbstkonzept spiegeln sich die

> Einstellungen des Individuums im Sinne von Attitüden zur eigenen Person [...], das sind Kognitionen des Individuums über – wie auch Emotionen und Verhalten des Individuums gegenüber sich selbst.[373]

Dem Zusammenhang von Identität und Selbstkonzept hat sich Haußer (1995) in einem Konstrukt zur Identität als »Kern der Persönlichkeit« genähert.[374] Das Selbstkonzept bildet dabei eine kognitive Identitätskomponente, für die die Generalisierung von Selbstdarstellungen verantwortlich ist. Darüber hinaus führt diese zum Selbstwertgefühl und zu personalen Kontrollüberzeugungen, die ihrerseits in handlungsvorgängige und handlungsnachgängige Verhaltensweisen unterschieden werden.[375] Bei Korrektur des Selbstbildes wird ein Umkehrprozess eingeleitet, der die Annahmen weiter spezifiziert. In Bezug auf Shavelson, Hubner & Stanton (1976) ist anzunehmen, dass die Gliederung des Selbstkonzeptes hierarchisch angelegt ist und auf einer multifaktoriellen Struktur beruht. Dabei ist bemerkenswert, dass die Existenz eines sozialen Selbstkonzeptes sowie eines Selbstkonzeptes schulischer Leistungen empirisch nachgewiesen werden konnte.[376] Über die Verbindung von sozialer Integration und schulischen Selbstkonzepten ist dagegen wenig bekannt.

Versucht man, von der Schulleistung der Schülerinnen und Schüler auf einen Zusammenhang mit ihrem Selbstkonzept zu schließen, lassen sich weit deutlichere Aussagen treffen. In der Forschung blieb die Frage nach der Richtung einer kausalen Abhängigkeit bislang ungeklärt: Nach dem »skill-development-Ansatz« ist Leistung eine bedeutende Voraussetzung für das persönliche Selbstkonzept, nach dem »self-enhancement-Ansatz« ist das Selbstkonzept ein wichtiges Krite-

---

373 Ingrid M. Deusinger: *Die Frankfurter Selbstkonzeptskalen* (FSKN). Handanweisung, Göttingen u. a.: Hogrefe 1986, S. 11.

374 Vgl. Haußer: *Identitätspsychologie*, zit. nach Martschinke, »Identitätsentwicklung und Selbstkonzept«, 2002[5], S. 262f.

375 Als handlungsvorgängig werden beispielsweise die Selbstwirksamkeitserwartungen bezeichnet, als handlungsnachgängig die Kausalattributionen, die aus den Handlungen entstehen. – Zu Kontrollüberzeugungen vgl. auch Oerter: »Persönlichkeitsentwicklung in der Kindheit«, 2002[5], S. 217f.

376 Vgl. Richard J. Shavelson, Judith J. Hubner & George C. Stanton: »Self-concept. Validation of construct interpretations«, in: *Review of Educational Research,* 46/1976, pp. 407–441. – Herbert W. Marsh: »A multidimensional, hierachical model of self-concept. Theoretical and empirical justification«, in: *Educational Psychology Review,* 2/1990, pp. 77–172. – Susan Harter: *The construction of the self. A development perspective*, New York u. a.: Guilford Press 1999.

rium für das Zeigen von Leistung. Martschinke berichtet, dass in einigen Forschungsarbeiten keine Zusammenhänge festgestellt werden konnten. Ihr Hinweis auf die Untersuchung von van Aken, Helmke & Schneider (1997), die wechselseitige Einflüsse für wahrscheinlich hielten, klingt jedoch nachvollziehbar.[377] Ungeklärt ist ebenfalls die Frage, ob ein realistisches Selbstkonzept oder eine Einstellung, die die eigenen Leistungen überbewertet, zu besseren Leistungen führt. Es kann als gesichert angenommen werden, dass sich Kinder, die sich letztgenannte Verhaltensweise zu Eigen machen, mehr zutrauen, da die Selbstwirksamkeitserwartungen bei ihnen höher liegen. Erfolge werden bei dieser Zielgruppe mit persönlichen Werten belegt, was letzten Endes dazu führt, dass sich diese Kinder tatsächlich durch bessere Leistungen auszeichnen.

Bedeutungsvoll für die pädagogische Praxis ist die Tatsache, dass die bekannten Untersuchungen zur Selbstkonzeptentwicklung übereinstimmend von einem Sinken der realistischen Leistungseinschätzung bei Kindern ausgehen, die im Laufe ihrer Grundschullaufbahn ihre eigenen Fähigkeiten beurteilen.[378] Als besonders deutlich werden aus den Untersuchungen das verhältnismäßig starke Absinken der Selbstkonzeptwerte im zweiten Halbjahr des ersten Grundschuljahres und bei den meisten Kindern im Anschluss an den Übertritt an eine weiterführende Schule berichtet. Allerdings ist ebenfalls bekannt, dass Schüler/-innen, die ihre Leistungen als verhältnismäßig schwach einschätzen und im Anschluss an die Grundschulzeit eine Hauptschule besuchen, von den neuen Lernbedingungen profitieren können.[379]

Die vorliegende Untersuchung zum »Musikunterricht aus Schülersicht« hat als Zielgruppe die Kinder im Alter von zehn Jahren im Visier. Fortschritte in dieser Altersgruppe liegen nach Oerter vor allem in der zunehmenden Fähigkeit, Selbstrepräsentationen zu koordinieren, ein Sachverhalt, der Fischer (1980) dazu veranlasste, diesen Entwicklungsabschnitt als Stufe der Repräsentationssysteme zu bezeichnen.[380] Der Viertklässler ist in der Lage, innere Einstellungen und

---

[377] Vgl. Martschinke: »Identitätsentwicklung und Selbstkonzept«, 2002[5], S. 263.

[378] Vgl. Andreas Helmke: »Vom Optimisten zum Realisten? Zur Entwicklung des Fähigkeitsselbstkonzeptes vom Kindergarten bis zur 6. Jahrgangsstufe«, in: Franz E. Weinert (Hg.), *Entwicklung im Kindesalter*, Weinheim u. a.: Beltz PVU 1998, S. 115-132.

[379] Alex Buff: »Schulische Selektion und Selbstkonzeptentwicklung«, in: R. Pekrun & H. Fend (Hg.), *Schule und Persönlichkeitsentwicklung. Ein Resümee der Längsschnittforschung*, Stuttgart: Enke 1991, S. 100–114.

[380] Vgl. Oerter: »Persönlichkeitsentwicklung in der Kindheit«, 2002[5], S. 215.

Eigenschaften zu formulieren, die als Hintergrundinformationen zu einzelnen Handlungen dienen können. Dies besagt, dass die Lernenden ihre Leistungen in der Schule in einzelnen Fächern subjektiv als negativ beurteilen, wohingegen andere fachliche Ausrichtungen durchaus eine positive Färbung erhalten. Als gegensätzlich schätzen die Kinder ihre persönlichen Stimmungslagen ein: So sehen sie sich gegenüber Fremden eher »vorsichtig« oder »zurückhaltend«, während sie sich bei Freunden tendenziell »heiter« oder bisweilen sogar »ausgelassen« geben. Case & Griffin (1990) bezeichnen diese beginnende mentale Wendigkeit als bidimensionales Denken. Das Individuum gewinnt in dieser Phase die Fähigkeit zu sozialen Vergleichsmöglichkeiten, die die Konstruktion des Selbstbildes reifen lässt. Dies geschieht durch die Leistungsrückmeldungen in der Schule und durch die Eltern, durch die Resonanz über die eigene Position in der Klasse oder Gruppe, über schulische und außerschulische Betätigungen. Das Selbstbild wird »differenzierter, realistischer und hierarchisch komplexer«.[381]

Zur Erforschung von Identität und Selbstkonzept bieten Forschungsansätze aus der Psychologie wertvolle Anregungen. Von der Frankfurter Psychologin Ingrid M. Deusinger beispielsweise sind bereits aus dem Jahre 1986 Selbstkonzeptskalen (FSKN) bekannt, die validiert und umfangreich dokumentiert wurden.[382] In diesen Studien arbeitete Deusinger ebenso mit erwachsenen Probanden wie bei ihren Körperkonzeptskalen (FKKS), die verschiedene Selbstbeurteilungen, psychische und physische Gesundheitszustände bis hin zu unterschiedlichen Krankheitsbildern untersuchten.[383] Das Bemerkenswerte an den Forschungen Deusingers ist ihre Offenheit, nicht nur die verschiedensten Personenkonstellationen abzubilden, sondern daneben die unterschiedlichsten Altersgruppen in ihre Forschungen einzube-

---

381 Vgl. Oerter: »Persönlichkeitsentwicklung in der Kindheit«, 2002[5], S. 215.

382 Deusinger: *Die Frankfurter Selbstkonzeptskalen* (FSKN). – Der vorliegende Band enthält eine ausführliche Beschreibung zur theoretischen Konzeption, zur Konstruktion, zu den Skalen selbst, zur Anwendung, Durchführung, Auswertung und Interpretation der Selbstkonzeptskalen. Hingewiesen sei an dieser Stelle auch auf die tiefer gehenden Ausführungen zum Selbstkonzept als psychologischem Konstrukt.

383 Ingrid M. Deusinger: *Die Frankfurter Körperkonzeptskalen* (FKKS). Handanweisung mit Bericht über vielfältige Validierungsstudien, Göttingen u. a.: Hogrefe 1998. – Dies.: »Gesundheit, Körperliche Effizienz, Funktionserhalt des Körpers – Theorie, Definition und Messung subjektiver Konzepte«, in: Ingrid M. Deusinger (Hg.), *Wohlbefinden bei Kindern, Jugendlichen und Erwachsenen. Gesundheit in medizinischer und psychologischer Sicht*, Göttingen u. a.: Hogrefe 2002, S. 10–30.

ziehen. Interessant für die vorliegende Untersuchung ist daher ihr Ansatz, nach subjektiven Konzepten von Kindern bereits ab drei Jahren zu fragen[384], ebenso wie subjektive Konzepte zu Gesundheit und körperlicher Effizienz von Kindern im Grundschulalter zu erheben.[385] Aufgrund dieser Zielgruppen bot es sich an, in die vorliegende Untersuchung Deusinger-Skalen einzubeziehen, die in ihrem Kern zwar nicht unmittelbar mit musikalischen Fragestellungen im Zusammenhang stehen, die jedoch aus psychologischer Sicht eine genauere Einschätzung von Grundschulkindern bzgl. ihrer Fähigkeiten und ihrer Selbstwahrnehmung versprachen. Für den Einsatz standen Skalen des Frankfurter Kinder-Selbstkonzept-Inventars (FKSI) bereit.[386]

Das FKSI ist ein Persönlichkeitstest, der zur Untersuchung der Entwicklung von Identität eingesetzt wird, von psychischer Gesundheit resp. Stabilität als Aspekte der Persönlichkeit. Die Anwendung des FKSI ist aus unterschiedlichen Arbeiten bekannt. Ein Beispiel ist die Studie »Kreativität als Ressource« von Berlein (2005), an der 121 Kinder der 5. und 6. Klassen aus Hauptschulen im Raum Unterfranken teilnahmen und die im Hinblick auf ihr Selbstkonzept im Kontext »Theaterspielen« untersucht wurden.[387] Zwischen den Klassen, die sich auf der Bühne besonders engagierten, und denjenigen, die ohne dieses Treatment blieben, waren ausschließlich signifikante Testergebnisse bzgl. der Kreativität ($p < ,000$) und der psychischen Gesundheit ($p < ,027$) nachweisbar. Ein Unterschied zwischen den Gruppen in der Ausrichtung ihres Selbstkonzepts blieb jedoch versagt

---

384 Ingrid M. Deusinger, A. Lebküchler et al.: »Untersuchungen zur Entwicklung subjektiver Konzepte von Kindern ab drei Jahren zu Gesundheit und Körperlicher Effizienz – Theorie, Definition und Messung, empirische Befunde«, in: Deusinger, *Wohlbefinden bei Kindern, Jugendlichen und Erwachsenen*, 2002, S. 48–70.

385 Dagmar Baldering & Ingrid M. Deusinger: »Subjektive Konzepte zu Gesundheit und Körperlicher Effizienz von Kindern im Grundschulalter – Normalpopulation und psychisch auffällige Kinder im Vergleich«, in: Deusinger, *Wohlbefinden bei Kindern, Jugendlichen und Erwachsenen*, 2002, S. 31–47.

386 Ingrid M. Deusinger: *Frankfurter Kinder-Selbstkonzept-Inventar* (FKSI). Instrument und Manual, Göttingen: Hogrefe, in Vorbereitung. – Mit bestem Dank an Frau Prof. Dr. Deusinger, die ihre Vorlagen vorab zur Verfügung stellte.

387 Neben der Erforschung des Selbstbildes ging Berlein auch den Kreativitätsunterschieden in den unterschiedlichen Klassen, der Stärkung der psychischen Gesundheit sowie den Veränderungen in den Einstellungen der Schüler nach, die sich durch das Treatment »Theaterspielen« von den anderen Kindern unterschieden. Vgl. Eva Berlein: *Kreativität als Ressource. Ist Theaterspielen eine Maßnahme der Gesundheitsförderung*? Unveröff. Diplomarbeit, Fachbereich Psychologie der Universität Landau 2005.

(p = ,187).[388] Dies kann die unterschiedlichsten Ursachen haben: Ein Grund liegt möglicherweise im Alter der Probanden; denn Deusinger hatte ihr Inventar für die diagnostische Einzelfalluntersuchung den Kindern von drei bis dreizehn Jahren zugedacht. Es muss eingeräumt werden, dass der Persönlichkeitstest für Kinder eine große Altersspanne umfasst und dass er für die Schüler, die sich – vom Alter und ihrer fortgeschrittenen Entwicklung betrachtet – im oberen Grenzbereich befanden, möglicherweise nicht die Aussagekraft besitzt wie für jüngere Kinder. Es steht zu vermuten, dass Deusinger mit ihrem Inventar ein Instrument bereitstellte, das eher einen Zugang zu Grundschulkindern schafft.

Maßnahmen zur Förderung der Identität von Kindern im Grundschulalter kann man nach dem gegenwärtigen Forschungsstand ansonsten nur vereinzelt ableiten. Da Forschungen im Bereich Identität, Selbstkonzept und Persönlichkeit vor allem bzgl. des Übens[389] und Unterrichtens[390], des Laienmusizierens[391] oder der Performanceforschung erwachsener, z. T. etablierter Musiker[392] bekannt sind, bleibt die Erforschung persönlichkeitsbezogener musikalischer Variablen von Kindern und Jugendlichen ein Desiderat für die musikbezogene Grundlagenforschung der Zukunft. Vor allem das musikalische Selbstkonzept Jugendlicher wurde in jüngeren Forschungsarbeiten erfreuli-

---

388 Signifikant positive Ergebnisse waren in den Theaterklassen nur in einzelnen Unterbereichen des Selbstkonzeptes (Körper und Moralorientierung) festzustellen.

389 Christian Harnischmacher: *Instrumentales Üben und Aspekte der Persönlichkeit. Eine Grundlagenstudie zur Erfahrung physischer und psychischer Abweichungen durch Instrumentalspiel*, Frankfurt/M. u. a.: Peter Lang 1993.

390 Anne Niessen: »Musikalische und pädagogische Selbstkonzepte von Musiklehrerinnen und Musiklehrern«, in: *Diskussion Musikpädagogik* 33(1)/2007, S. 30–40.

391 Martin Eibach: *Musikalisches Lernen in der Ensemblearbeit mit erwachsenen Laien. Ein Beitrag zu einer musikpädagogischen Theorie musikalischen Lernens in der Lebensspanne*, Augsburg: Wißner 2003.

392 Gary E. McPherson & John McCormick: »Self-Efficacy and Music Performance«, in: *Psychology of Music*, vol. 34(3)/2006, pp. 322–336. – John McCormick & Gary E. McPherson: »The role of self-efficacy in a musical performance examination: an exploratory structural equation analysis«, in: *Psychology of Music*, vol. 31(I)/2003, pp. 37–51. – Gabriele Hofmann: »Musikbezogenes und persönliches Selbstkonzept. Einzelergebnisse einer Studie über Musiker mit medizinischen Problemen«, in: N. Knolle (Hg.), *Kultureller Wandel und Musikpädagogik*, Essen: Die Blaue Eule 2000, S. 108–123. – Vgl. dazu auch die Ausführungen zu Selbstkonzept und Identität bei Jan Hemming: *Begabung und Selbstkonzept. Eine qualitative Studie unter semiprofessionellen Musikern in Rock und Pop*, Münster u. a.: LIT 2000, S. 51ff.

cherweise aufgegriffen. Zu erwähnen sind hier die Beiträge von Pfeiffer (2007)[393] sowie von Vogt & Gerards (2007).[394] Darüber hinaus liegen mittlerweile dank Spychiger (2007) wichtige Verständnisgrundlagen der mehrdimensionalen Anlage des musikalischen Selbstkonzepts vor.[395] Arbeiten, die sich mit dem musikalischen Selbstkonzept von Grundschulkindern ausführlich beschäftigen, blieben jedoch bislang aus.

Als gesichert kann mittlerweile angenommen werden, dass sich die Grundschüler/-innen in einem Stadium befinden, das als Zwischenphase zu verstehen ist zwischen dem Aufbau von interpersonalem Vertrauen in andere Personen und der Entwicklung von Zukunftsvertrauen.[396] Zum Aufbau von Selbstvertrauen dienen dem Kind in dieser Phase die Entwicklungskontexte, die seitens der Peers in der Schule sowie von Erzieher- und Lehrerseite bereit gestellt werden, von Eltern und außerschulischen Peers sowie den Vorbildern, die sie über die Massenmedien erreichen. Die Entwicklungsmechanismen, die in dieser Phase ablaufen, sind soziale Vergleiche mit anderen Personen,

---

393 In seinem Forschungsplan zur Ermittlung quantifizierbarer Werte zum musikalischen Selbstkonzept bezieht sich Pfeiffer auf Stichproben, die er unter Choristen international renommierter Knabenchöre gezogen hat (Dresdener Kreuzchor, Regensburger Domspatzen, Windsbacher Knabenchor). Die Knaben sind allesamt eingebunden in ein jeweils angegliedertes Musikgymnasium. Diese Studie umfasst eine Quer- und eine Längsschnitterhebung. Man darf gespannt sein auf die Ergebnisse der individuellen Selbstkonzepte der Choristen und dem Verhältnis zu dem in der Öffentlichkeitsarbeit der jeweiligen Chöre vertretenen Anspruch. – Vgl. Wolfgang Pfeiffer: »Das musikalische Selbstkonzept. Effekte und Wirkungen«, in: *Diskussion Musikpädagogik* 33(1)/2007, S. 40–44. – Ders.: »Das musikalische Selbstkonzept. Eine Studie zum Einfluss bereichsspezifischer Expertise auf das Selbstkonzept«, in: Norbert Schläbitz (Hg.), *Interkulturalität als Gegenstand der Musikpädagogik*, Essen: Die Blaue Eule 2007, S. 239–254.

394 Vgl. Sabine Vogt & Marion Gerards: »Musikbezogene Selbstkonzepte von Jugendlichen und ihre Konsequenzen für die Musikvermittlung aus sozialpädagogischer Perspektive«, in: *Diskussion Musikpädagogik* 33(1)/2007, S. 21–30.

395 Maria B. Spychiger: »Nein, ich bin ja unbegabt und liebe Musik.« Ausführungen zu einer mehrdimensionalen Anlage des musikalischen Selbstkonzepts«, in: *Diskussion Musikpädagogik* 33(1)/2007, S. 9–20. – Die Autorin stellt in sorgfältiger Art und Weise wichtige Vorläuferuntersuchungen vor, die für den Kontext von weitreichender Bedeutung sind. Spychiger sieht in der Domain »Musikalisches Selbstkonzept« einen wichtigen Zugang zur Persönlichkeit nicht-professioneller Musiker.

396 Vgl. dazu das Sanduhr-Modell zur Ontogenese der Vertrauenstrias mit zugeordneten Entwicklungsphasen, zit. nach Krampen: »Persönlichkeits- und Selbstkonzeptentwicklung«, 2002[5], S. 705.

intraindividuelle Vergleiche, bezogen auf die eigene Person, sowie kriteriale Vergleiche, die das Selbstkonzept unter Einbeziehung unterschiedlicher Kriterien hinterfragen. Alle dargestellten Mechanismen dieses handlungstheoretischen Partialmodells münden ein in den Aufbau persönlicher Selbstwirksamkeitserwartungen und Überzeugungen, die verantwortlich sein können für die Leistungsmotivation. Die eigenständige Handlungssteuerung, die selbstregulative Pläne für die eigene Zukunft entwirft, bleibt darüber hinaus dem Jugendalter vorbehalten. Möglicherweise ist dies ein Grund dafür, warum die Erforschung des Selbstkonzepts für diese Altersgruppe auf größeres Interesse stößt als die Annährung an Persönlichkeitsvariablen der Jungen und Mädchen in der Grundschule.

Dass die Forschung im Bereich des Selbstkonzepts von Grundschulkindern starke Lücken aufweist[397], entbindet den Grundschulpädagogen nicht von einer gezielten Förderung von Identität und Selbstkonzept seiner Schüler/-innen. Mit dieser Förderung kann er nicht nur einen wichtigen erzieherischen Beitrag leisten zur Heranbildung von Schülern, die Verantwortung übernehmen können, und letztendlich zur Demokratisierung von Schule und Gesellschaft. Er kann mit seinem Wirken außerdem helfen, das Ansehen von Berufen, die sich mit Kindern beschäftigen, weiter zu stärken. Diese Zukunftsaufgabe ist im Unterricht nicht nur durch positive Rückmeldungen an die Schüler, durch Einbeziehung offener Unterrichtsformen[398] oder spielerischer Vermittlungsstrategien[399] einzulösen, sondern bedarf kreativer und gestalterischer Arbeitsweisen, wie sie die Fachdidaktik Musik in reicher Zahl kennt. Diese sind in der Lage, ein positives Selbstkonzept bei den Schülern zu aktivieren und zu stärken. Gegenüber dem Fach Sport, in dem nicht nur bei besonderer Leistungskonzentra-

---

397 Nach Donata Elschenbroich haben die »psychologischen Wissenschaften vom Kind und die sozialwissenschaftliche Kindheitsforschung […] bisher noch nicht viel zur Selbsterkenntnis im internationalen Vergleich beigetragen«. Elschenbroich: *Weltwissen der Siebenjährigen*, S. 15.

398 Eiko Jürgens: *Die »neue« Reformpädagogik und die Bewegung Offener Unterricht: Theorie, Praxis und Forschungslage*, Sankt Augustin: Academia-Verlag 2004[6].

399 Hintergründe zu den Erfordernissen spielerischer Momente im Unterricht bieten Hanus Papousek: »Spiel in der Wiege der Menschheit«, in: Mechthild Papousek & Alexander Gontard (Hg.), *Spiel und Kreativität in der frühen Kindheit*, Stuttgart: Klett 2003, S. 17–55. – Oerter: »Persönlichkeitsentwicklung in der Kindheit«, 2002[5], S. 221ff. – Ders.: »Als-ob-Spiele als Form der Daseinsbewältigung in der frühen Kindheit«, in: Papousek & Gontard, *Spiel und Kreativität in der frühen Kindheit*, 2003, S. 153–174. – Ders.: *Psychologie des Spiels*, Weinheim u. a.: Beltz 1999.

tion, sondern auch in regulären Unterrichtsformen ähnliche Effekte erzielt werden können[400], hat der Musikunterricht den Vorteil, besonders im Grundschulalter sozial-integrativ auf die Kinder zu wirken.[401] Diese wichtige Voraussetzung könnte dazu beitragen, Spannungen im Schulalltag zu verringern und mit der Schaffung eines humanen Schulklimas zu einer Verminderung von Schülergewalt beizutragen. Angesichts zunehmender Konflikte von Kindern im Kontakt mit anderen Schülern und mit Lehrern sowie einer überhandnehmenden Viktimisierung in den Klassen, die bei weitem über die regulären erzieherischen Anliegen hinausgehen[402], ist Handlungsbedarf geboten. In ihren fachinternen Möglichkeiten kann auch die Musik die immer wichtiger werdende Sozialisationsfunktion von Schule in integrativer Art und Weise unterstützen.

3.3 Sozialisation

Während der schulische Musikunterricht vielfältige individuelle Erfahrungsprozesse einleitet, die jeder Schüler zur Entwicklung persönlicher Kompetenzen und eines Selbstkonzeptes nutzen kann, bildet das Lernen in der Klasse oder in einer Gruppe Gleichaltriger eine exzellente Möglichkeit für soziales Lernen.[403] Als Beleg für diesen Sachverhalt sind zahlreiche empirische Befunde anzuführen, die die Bedeutung der Gruppe als zentralen Ort für die soziale Entwicklung des Kindes er-

---

400 Vgl. Rolf Oerter: »Hochleistungen in Musik und Sport«, in: Oerter & Montada, *Entwicklungspsychologie*, 2002[5], S. 787–799.

401 Diese Eigenschaft gilt vor allem in Bezug auf die Schwierigkeiten im sozialen Kontakt, die durch Ablehnung, Nichtbeachtung, Geschlechtsunterschiede, Zuteilung von Außenseiterrollen oder von Schikanieren (bullying) entstehen. Vgl. dazu Rolf Oerter: »Die Gleichaltrigen: Zur Entwicklung sozialer Kompetenz«, in: Oerter & Montada: *Entwicklungspsychologie*, 2002[5], S. 243–257. – Für das Fach Musik bietet der Unterricht in der Grundschule noch den Vorteil, dass alle Jungen integriert werden können, die in späteren Jahren dazu tendieren, sich aus entwicklungspsychologischen Gründen von fachinternen Inhalten (z. B. Singen) zu distanzieren.

402 Oerter: »Die Gleichaltrigen«, S. 254.

403 Vgl. Lothar Krappmann: »Untersuchungen zum sozialen Lernen«, in: Petillon, *Individuelles und soziales Lernen in der Grundschule*, 2002, S. 89–102. – Günther Kleinen: »Sozialisation – Entwicklung – Selbstfindung«, in: Helms, Schneider & Weber, *Handbuch des Musikunterrichts*, 1997, S. 11–20. – Gabriele Faust: »Individualentwicklung und Sozialerziehung«, in: Einsiedler, *Handbuch Grundschulpädagogik*, 2005[2], S. 266–270.

kennen.[404] Vor allem die Vermittlung von Gruppennormen, die Erfahrung von Identitäten, Beziehungen, Kooperationen und Freundschaften, aber gleichfalls die Bewältigung von offenen oder latenten Konflikten, das Üben von Solidarität und Toleranz sind wichtige Voraussetzungen, um Vorstellungen von einem Sozialklima zu gewinnen und ein soziales Selbstbewusstsein heranzubilden. In einem ersten Schritt sollen im Anschluss allgemeine Kriterien benannt werden, die für ein derartiges soziales Verhalten maßgebend sind, um in zweiter Linie abzuwägen, in welcher Weise dazu der Musikunterricht seinen Beitrag leisten kann.[405]

Die Erziehungsziele, die zur Heranbildung einer sozialen Kompetenz an dieser Stelle positiv formuliert sind, können sich bei der Konfrontation in der Gruppe für den Einzelnen belastender darstellen. Das Sozialereignis nimmt eine gruppenspezifische Prägung an und beeinflusst die Bewältigungsstrategien der Individuen. Diese Einschränkung ist allein schon deshalb zu spüren, da die Kinder in der Gruppe oder Klasse unterschiedlich große Freiräume für sich beanspruchen, die sie aus ihrer persönlichen Identität ableiten und auf die Gruppe übertragen. Daneben existieren gruppenspezifische Erwartungen der Interaktion, die über die Rolle des Schülers in der Gruppe entscheiden, ob er im gemeinsamen Miteinander Akzente setzen kann, ob er als Gruppenmitglied akzeptiert ist oder im Zusammensein mit den Gleichaltrigen eher zum Außenseiter wird. Statusspezifische Normen spielen darüber hinaus eine immer wichtigere Rolle. Einerseits verfügen die Kinder über einen stetig wachsenden Spielraum finanzieller Mittel, die sie für die Inanspruchnahme kostspieliger Hobbys oder Statussymbole[406] für sich beanspruchen. Auf der anderen Seite wird in

---

[404] Vgl. Hanns Petillon: *Soziales Lernen in der Grundschule. Anspruch und Wirklichkeit*, Frankfurt/M.: Diesterweg 1993, S. 28ff. – Ders.: »Grundschulkinder und ihre soziale Beziehungen«, in: Einsiedler, *Handbuch Grundschulpädagogik*, 2005², S. 166–175.

[405] Zum theoretischen Hintergrund vgl. auch Hurrelmann: *Einführung in die Sozialisationstheorie*, S. 92–156.

[406] Dazu gehören nahezu bei allen Kindern vor allem die elektronischen Medien. Vgl. Bayerisches Staatsministerium für Unterricht und Kultus (Hg.): *Medienwelten. Kritische Betrachtung zur Medienwirkung auf Kinder und Jugendliche*, München: [Eigenverlag] 2005. – Neben interaktiven Videospielen, die die Jungen in ihrer Freizeit begeistern, sind es bei allen Kindern die MP3-Abspielgeräte und vor allem die Mobiltelefone, die über Funk mit dem Telefonnetz kommunizieren und daher ortsunabhängig eingesetzt werden können. Der Reiz der »Handys« besteht jedoch weniger in der Kommunikationsfunktion, sondern stärker noch in der Verfügbarkeit unterschiedlicher Spiele und neuerdings sogar einer Photo- und

Deutschland das zunehmende Ausmaß der Kinderarmut beklagt, das eine historisch neue Dimension erreicht hat.[407] Die Konflikte, die sich aufgrund dieser Diskrepanz zwangsläufig ergeben, werden in der Gruppe offen ausgetragen und belasten die schulische Gruppendynamik. Nicht zuletzt können auch die Schulleistungen zur Akzeptanz der Schüler untereinander beitragen, die ihrerseits wiederum Interaktionen hervorrufen und den Lernenden in Gemeinschaft mit anderen Sicherheit verleihen oder zu Verunsicherung führen. Soziale Kompetenzen[408] bilden sich demnach vorrangig in der sozialen Interaktion mit Gleichaltrigen: Denn »Kinder brauchen Gleichaltrige, um ihr eigenes Ich, die eigene Perspektive und die eigenen Absichten zu entdecken und mit denen der anderen abzustimmen.«[409]

In der Grundschule sind Kinder vereinigt, bei denen die soziale Kompetenz in unterschiedlicher Weise ausgeprägt ist. Viele Grundschulkinder sind bereits geprägt durch Formen der Interaktion im gemeinsamen Spiel mit Geschwistern, andere haben früh Zugang zu älteren oder gleichaltrigen Nachbarkindern, wieder anderen fehlen diese Kontakte, und sie beschäftigen sich vorwiegend alleine. Die strukturelle Beschaffenheit der Familie, die Berufstätigkeit der Eltern, von der in entscheidender Weise die Betreuungsaufgaben und das

---

Kamerafunktion. Aufgrund der Verbreitung von Mobiltelefonen sah sich Bayern zum Zeitpunkt der Untersuchung frühzeitig dazu veranlasst, ein allgemeines Handyverbot an Schulen zu erlassen. Vgl. dazu folgende Meldung: »Handyverbot an Schulen – Bayern im Alleingang« [dpa, 24.07.2006].

407 Nach Ansicht des Paritätischen Wohlfahrtsverbandes e. V. (DPWV) sind dafür die politischen Entwicklungen verantwortlich zu machen. Durch die Einführung der Arbeitslosengeld-Reform Hartz IV zu Beginn des Jahres 2005 habe sich die Zahl der von Armut betroffenen Kinder auf 1,7 Millionen erhöht. Vgl. http://www.kinder-armut.de [recherchiert am 25.02.07]. – Statistisches Bundesamt (Hg.): *Im Blickpunkt: Jugend und Familie in Europa*, 2009, S. 52ff.

408 Das Konstrukt »Soziale Kompetenz« ist aufgrund der Vielfalt bekannter sozialer Interaktionen und Reaktionen schwer einzugrenzen. In der Literatur finden sich einige Definitionsversuche, von denen zwei Beispiele zitiert werden sollen: Petillon versteht unter dem Terminus »Fähigkeiten, Fertigkeiten, Wissensbestände, Kreativitätsaspekte u. a., die zur Bewältigung sozialer Ereignisse notwendig sind«. Petillon: *Soziales Lernen in der Grundschule*, 1993, S. 46. – Soziale Kompetenz bezeichnet darüber hinaus ein »Repertoire an verbalen und nonverbalen Verhaltensmustern, durch die das Verhalten anderer [derart] beeinflußt wird, […] daß man sich wünschenswerte Ergebnisse sichert und unerwünschte Folgen vermeidet.« Rinn & Markle, 1979, zit. nach Petillon: *Soziales Lernen in der Grundschule*, S. 48.

409 Lothar Krappmann: »Kinder lernen mit und von Gleichaltrigen – auch in der Schule?», in: *Die Grundschulzeitschrift* 2/1987, S. 42–46.

-angebot abhängen, die Wohnumgebung sind entscheidende ökologische Faktoren, die auf soziale Beziehungen in der Gruppe oder Klasse Einfluss nehmen.[410] Kommt es zur Interaktion zwischen den Kindern in Freizeit oder Schule, sehen in der Regel »die Jüngsten [...] in der Freundschaft einen Austausch von begünstigten Handlungen, wie zusammen spielen, oder den Austausch von Objekten wie Süßigkeiten und Spielzeug.«[411] Auf der nächst höheren Ebene suchen sich die Kinder ihre Freunde danach aus, ob sie mit dem Gegenüber interessante Themen besprechen und ihm vertrauen können. Gemeinsame Interessen sind häufig Garant für eine homogene Verständigung. Erst auf einer dritten Ebene wird Freundschaft genauer spezifiziert mit einem psychologischen Hintergrund. Der Terminus »Freunde« wird hier allein auf einen Personenkreis übertragen, in dem ein gegenseitiger Austausch möglich ist und mit dem der Einzelne emotional verbunden ist. Auf jeder der drei Ebenen erweist sich das Kriterium der Gegenseitigkeit als existenzielles Kriterium, als »Schlüsselqualifikation«, die das erforderliche Gleichgewicht in der Interaktion herstellt und die Tragfähigkeit der Beziehungen stets von neuem hinterfragt.[412] Dabei bleibt zu bedenken, dass der Austausch im Grunde von dem Ort der Zusammenkunft, im vorliegenden Falle der Schule, stark geprägt ist. Denn die Gruppendynamik wird nicht allein von einer persönlichen Komponente bestimmt, dem sozialen Entwicklungsstand der Mitglieder in einer Gruppe, sondern auch durch den Zweck und den Ort des Aufeinandertreffens. Nach Schmidt-Denter (1988) ist anzunehmen, dass »die Fähigkeit zu Kooperation [...] im Laufe des Kindesalters zu[nimmt], jedoch hängt die Realisierung kooperativen Verhaltens wesentlich von normativen und erzieherischen Bedingungen des sozialen Kontextes ab.«[413]

In der sozialen Entwicklung des Kindes haben das Verständnis von Personen und der internalen Prozesse ihres Handelns einerseits und der Erwerb von Handlungskompetenzen andererseits eine große Bedeutung.[414] Soziale Entwicklung muss als aktiver Prozess verstan-

---

410 Vgl. dazu auch Jürgen Zinnecker: »Soziale Welten von Schülern und Schülerinnen. Über populäre, pädagogische und szientifische Ethnographien«, in: *Zeitschrift für Pädagogik* 46(5)/2000, S. 667–685. – Monika Keller: *Moralische Sensibilität. Entwicklung in Freundschaft und Familie*, Weinheim u. a.: Beltz 1996.

411 Schmidt-Denter, zit. nach Petillon: *Soziales Lernen in der Grundschule*, S. 64.

412 »Gegenseitigkeit [schließt] die Personen-, Interaktions- und Gruppenebene als interdependente Bereiche ein.« Petillon: *Soziales Lernen in der Grundschule*, S. 99.

413 Schmidt-Denter, zit. nach Petillon: *Soziales Lernen in der Grundschule*, S. 231.

414 Petillon: *Soziales Lernen in der Grundschule*, S. 53ff.

den werden, den sozialen Ansprüchen in der Gruppe zu entsprechen. Mit ansteigendem Niveau bei Rollenübernahmen und der Formulierung eines moralischen Urteils wächst die Bereitschaft zu helfen, persönliche Interessen zurückzustellen und für den vermeintlich Schwächeren in der Gruppe einzutreten.[415] Das Gerechtigkeitsdenken sollte bereits frühzeitig angebahnt werden, um den Schülern ein Verantwortungsgefühl zu vermitteln. Erziehungsziele dieser Art sind wichtiger Bestandteil im Bildungsauftrag der Grundschule. Sie präsentiert sich in dieser Hinsicht als *der* Lernort, an dem grundlegende soziale Kompetenzen im Umgang mit anderen Personen ermöglicht werden; denn nicht jedes Kind hat dazu Gelegenheit in seiner Freizeit. Ein in weiten Bereichen etabliertes spielerisches Lernen in der Grundschule, die praktizierten Sozialformen in der Partnerarbeit bis zum Rollenspiel, die schul- und lehrerspezifischen Rituale sind feste Bestandteile des gemeinsamen Lernprozesses. Diese Ziele finden sich auch in den Grundlagen und Leitlinien vieler Grundschullehrpläne als Herausforderung formuliert. Denn

> die Grundschule als erste und gemeinsame Schule ist Lernort und Lebensraum für eine Schülerschaft von großer Heterogenität in Bezug auf ihre familiäre, soziale, regionale und ethnische Herkunft sowie ihre individuellen Lern- und Leistungsdispositionen. Entsprechend unterschiedlich sind Vorerfahrungen, religiöse und ethische Orientierungen, Lernbedingungen und Leistungsvermögen sowie die geschlechtsspezifische Situation.[416]

Ein wichtiger Unterschied zwischen den sozialen Kontakten in der Freizeit und in der Grundschule liegt darin, dass die Kinder im ersten Fall vorwiegend Kontakt mit unterschiedlichen Altersgruppen und Erwachsenen haben, während es in der Klasse Gleichaltrige sind, mit denen sie sich arrangieren müssen. Für Kinder, die in ihrer Freizeit keinen Umgang mit Gleichaltrigen pflegen, sind diese schulischen Gegebenheiten nicht einfach zu lösen. Werden nach der Schule oder am Wochenende Konflikte meist in »natürlicher« Form ausgetragen, bei denen sich eines der Kinder durchsetzt und das andere nachgibt, so sind die Realisierung von Kompromisslösungen und das Anstreben eines kooperativen Handelns, die für das Zusammenleben in den

---

[415] Vgl. dazu auch Lutz Mauermann: »Moralentwicklung und Werteerziehung«, in: Einsiedler, *Handbuch Grundschulpädagogik*, 2005², S. 271–275.

[416] Exemplarisch seien hier die Ausführungen für das Land Bayern genannt. BayStM: *Grundschullehrplan*, S. 7.

Schulen die Basis darstellen, nicht immer unkompliziert und für alle nachvollziehbar.[417]

Die Anbahnung einer Perspektiven- und Rollenübernahme und eines pro-sozialen Verhaltens sowie die Bereitschaft zur Empathie sind nicht nur bzgl. des Alters der Kinder ein wichtiges Anliegen der Grundschulzeit. Die Integration von Schülern unterschiedlicher ethnischer Herkunft im Klassenverband, sei es mit oder ohne sprachliche Probleme, von Hochbegabten[418] wie von Schülern mit Lernschwierigkeiten[419] oder Verhaltensauffälligkeiten[420] stellt sich ebenso als Herausforderung dar wie das gemeinsame Lernen weiblicher und männlicher Schüler/-innen im Klassenverband.[421] Da in den Grundschulklassen nur in Ausnahmefällen eine Trennung der Geschlechter geschieht, bilden diese ein Aktionsfeld zum Umgang mit den aus der Gesellschaft bekannten »Geschlechterrollen«. Die Lernzielbereiche Toleranz und Solidarität stehen in diesem Zusammenhang unter eigenen Vorzeichen, denn die Grundschule soll ihre Schüler/-innen nicht nur auf demokratische, sondern auf humane Umgangsformen vorbereiten. Im Idealfall wird das Konkurrenzdenken in ein kooperatives Handeln überführt, um den Grundstock für ein soziales Gefüge in den Klassen zu legen: »Die Gruppe [ist] ein wichtiger Ort für die Entwicklung von Geschlechtsrollenidentität, für die Identifikation mit Wertvorstellungen und den Umgang mit aggressivem Verhalten.«[422] Aggressives Verhalten von Schülerinnen und Schülern im Klassenverband abzubauen und eine soziale Sensibilität zu erzeugen, stellt sich in allen Klassen als besondere Herausforderung dar. Denn

> soziale Strukturen in Schulklassen bezeichnen ein mehr oder weniger stabiles Beziehungsmuster zwischen den Gruppenmitgliedern. Mit der Zunahme von Interaktionen entsteht eine einzigartige Konstellation von gegenseitigen Beziehungen, wobei soziale Abläufe dazu tendieren, bestimmten Mustern zu folgen.[423]

---

417 Petillon: *Soziales Lernen in der Grundschule*, S. 69.

418 Godehard Henze, Uwe Sandfuchs & Clemens Zumhasch: »Hochbegabte in der Grundschule«, in: Einsiedler, *Handbuch Grundschulpädagogik*, 2005², S. 205–216.

419 Paul Helbig: »Schüler mit Lernschwierigkeiten«, in: Einsiedler, *Handbuch Grundschulpädagogik*, 2005², S. 187–195.

420 Norbert Havers: »Verhaltensauffälligkeiten«, in: Einsiedler, *Handbuch Grundschulpädagogik*, 2005², S. 196–204.

421 Friederike Heinzel & Annedore Prengel: »Mädchen und Jungen in der Grundschule«, in: Einsiedler, *Handbuch Grundschulpädagogik*, 2005², S. 182–186.

422 Petillon: *Soziales Lernen in der Grundschule*, S. 31.

423 Petillon: *Soziales Lernen in der Grundschule*, S. 97.

Zur Pflege dieser gegenseitigen Beziehungen kann das Fach Musik seinen Beitrag leisten. Die Kommunikationsnetze, die sich in den Klassen durch gemeinsames Singen und Musizieren bilden, reichen weit über die Wirkung stereotyper Muster hinaus. Musik dient nicht nur als Hilfe zur Persönlichkeitsentfaltung[424] im Klassenverband, sondern ebenso zum Erschließen von Erfahrungswelten, die den Kindern ansonsten verborgen blieben. Im Musikunterricht haben sie die Möglichkeit, sich emotional in den Klassenverband eingebunden zu fühlen. Besonders für Problemkinder[425], die sich in einer Außenseiterrolle befinden, hat diese Identifikation eine große Bedeutung und trägt auf positive Weise zur Kommunikation bei. Der Musik im schulischen Kontext kommt mit nur wenigen anderen Fächern die Besonderheit zu, spielerisch eine Stärkung des Selbstbewusstseins der Schülerinnen und Schüler herbeizuführen, um gleichzeitig einen Weg zu finden,

> mit den vielfältigen sozialen Anforderungen innerhalb und außerhalb der Schule in einer Weise zurechtzukommen, die [... ihnen] sowohl eine befriedigende Entwicklung der eigenen Identität als auch das kompetente und einfühlsame Umgehen mit anderen ermöglicht.[426]

Auf fachlicher Seite zeigt sich dies z. B. in der Beschäftigung mit der Musik anderer Länder und Kulturen, die »zur Toleranz gegenüber Fremden und zur Identifikation mit den eigenen Traditionen bei[trägt]«.[427] Bildungschancen dieser Art ergeben sich vor allem im Klassenverband. Der zusätzliche private Musikunterricht, den viele Kinder am Nachmittag in den Musikschulen beanspruchen, legt dagegen ein stärkeres Gewicht auf die Heranbildung technischer Fähig- und Fertigkeiten, wenn auch persönlichkeitsbildende Komponenten stets mitschwingen. Um die Sicherheit, die in den aktiven musikalischen Beschäftigungen entsteht, für möglichst viele Kinder fruchtbar zu machen, empfiehlt sich, dem Fach Musik in der Schulpraxis den erforderlichen Stellenwert zukommen zu lassen. Wenn Petillon die »gerechte Verteilung von Partizipationsmöglichkeiten [...] als ein zen-

---

[424] Helmut Rösing: »Musikalische Sozialisation und Musikpädagogik«, in: Scheidegger & Eiholzer, *Persönlichkeitsentfaltung durch Musikerziehung*, 1997, S. 164–185.

[425] Vgl. Günther Opp, Paul Helbig & Angelika Speck-Hamdan: *Problemkinder in der Grundschule*, Bad Heilbrunn: Klinkhardt 1999.

[426] Petillon: *Soziales Lernen in der Grundschule*, IX.

[427] BayStM: Grundschullehrplan, S. 43. – Vgl. dazu Dorothee Barth: *Ethnie, Bildung oder Bedeutung? Zum Kulturbegriff in der interkulturell orientierten Musikpädagogik*, Augsburg: Wißner 2008.

trales Kriterium sozialen Lehrens und Lernens«[428] fordert, so impliziert das aus Sicht des Musikpädagogen nicht nur die flächendeckende Einrichtung von Musikunterricht, der allen Grundschulkindern zugänglich ist, sondern gleichfalls ein breit gestreutes Angebot unterschiedlicher musikalischer Arbeitsgemeinschaften und Neigungsgruppen. »Kinder wollen gemeinsam musizieren«[429], so formulierte es Marianne Hassler, und sie kann mit ihrer Forderung in unmittelbarem Zusammenhang mit dem Anspruch des bayerischen Grundschullehrplans gesehen werden: »Durch gemeinsames Tun ermöglicht die Musikerziehung in besonderer Weise soziales Lernen.«[430]

Die Diskrepanz zwischen Anspruch und Wirklichkeit, die häufig mit unvereinbaren Positionen gegenüberstehen, wird vor dem Hintergrund des eklatanten Mangels an qualifiziertem Musikunterricht mehr als augenfällig. Die Konsequenz kann daher nur lauten, Musik nicht nur als unverzichtbaren Bestandteil täglicher Unterrichtsarbeit in der Grundschule, sondern als »Unterrichtsprinzip« zu integrieren, um das Erfahrungspotenzial von Schülerinnen und Schülern sowie von Lehrkräften im gegenseitigen Umgang miteinander um eine aktive Komponente zu bereichern. Die Bedeutung der Lehrerpersönlichkeit für das soziale Lernen ist in der Grundschule als sehr hoch einzuschätzen, da die Kinder durch die enge Bindung an den/die Klassenlehrer/-in als Bezugsperson eine große Hilfe haben, die sie bei der Verarbeitung sozialer Kontakte unterstützt. Von der Ausbildung der Lehrenden und ihrem Engagement wird es abhängen, in welchem Maße die Schüler von der gemeinschaftsstiftenden Wirkung der Musik in der Klasse profitieren können. Dieser Einsatz, der über das Einbringen musikalisch-ästhetischer Elemente in den Schultag vonstatten geht, ist in keinem Falle vergebene Mühe und reicht weit über die motivationale Kraft musikalischer Elemente hinaus.[431] Denn unterstellt man, dass sich soziale Beziehungen – lt. weit verbreiteter medizinischer Befunde – »durch das Stützen von positiven gesundheitsbezogenen Einstellun-

---

428 Petillon: *Soziales Lernen in der Grundschule*, S. 30.

429 Marianne Hassler: *Musikalische Begabung in der Pubertät. Biologische und psychologische Einflüsse*, Augsburg: Wißner 1998, S. 119.

430 BayStM: *Grundschullehrplan*, S. 43.

431 Eine differenzierte Betrachtung der Notwendigkeit, musikalisch-ästhetische Erfahrungsräume in der Schule zu inszenieren, ist folgender Quelle zu entnehmen. Christian Rolle: *Musikalisch-ästhetische Bildung. Über die Bedeutung ästhetischer Erfahrung für musikalische Bildungsprozesse*, Kassel: Gustav Bosse Verlag 1999.

gen«[432] auch auf die Gesundheit der Kinder positiv auswirken können, kommt diesem Ansatz eine neue Dimension zu mit weit reichender pädagogischer Tragweite.[433] Die aktive Förderung musikalischer Elemente im Fächerverbund der Grundschule wird in diesem Kontext als gesundheitsfördernde Maßnahme verstanden. Denn »Gesundheit bedeutet nach der Definition der WHO (World Health Organisation, 1986) sowohl physisches als auch psychisches Wohlbefinden«, womit letzten Endes »die Fähigkeit, Verantwortung für die eigene Lebensgestaltung zu übernehmen«, impliziert ist.[434] Die Möglichkeit, mit Musik aktiv auf positive Einstellungskonzepte der Kinder hinzuwirken und damit einen essenziellen Beitrag zu einer sozialen Kompetenz zu leisten, sollte für den schulischen Musikunterricht nicht unterschätzt werden. Öffentlichkeitswirksame Initiativen, die sich anhaltend für die musikalische Bildung von Kindern und Jugendlichen einsetzen, wie »Instrumente statt Instrumentalisierung«[435] oder »Jedem Kind ein Instrument« (JeKi)[436] sind daher unbedingt zu begrüßen.[437] Bundesweite Initiativen dieser Art machen Hoffnung und eröffnen eine poli-

---

[432] Inge Seiffge-Krenke: »Gesundheit als aktiver Gestaltungsprozess im menschlichen Lebenslauf«, in: Oerter & Montada, *Entwicklungspsychologie*, 2002^5, S. 846.

[433] Diese Wirkung auf die Gesundheit der Kinder gilt hauptsächlich für das Grundschulalter. Für Jugendliche ist die positive Ausstrahlung nur bedingt anzunehmen, da mit dem häufigeren Kontakt zu Peer groups zwangsläufig auch Einflüsse einhergehen, die die Gesundheit belasten (Nikotin, Alkohol u. a.).

[434] Seiffge-Krenke: »Gesundheit als aktiver Gestaltungsprozess«, 2002^5, S. 833.

[435] Manfred Spitzer beim Musikschulkongress in Essen, in: *nmz* 6/2005, S. 27.

[436] Diese Initiative hat den Anspruch, dass in den kommenden Jahren an zahlreichen Standorten möglichst allen Grundschulkindern ermöglicht werden soll, ein Instrument zu erlernen. Eine der zentralen Zielsetzungen des Projekts „Jedem Kind ein Instrument" besteht darin, Grundschülerinnen und -schüler aus bildungsdistanten Schichten und insbesondere Kinder mit Migrationshintergrund zu fördern. Die wissenschaftliche Auswertung des Projektes im Auftrag des Bundesministeriums für Bildung und Forschung ist derzeit im Gange. Vgl. http://www.jeki-forschungsprogramm.de/jeki-forschungsprogramm [recherchiert am 10.05.09]. – Matthias Pannes: »Startschuss für ›Jedem Kind ein Instrument‹. Eine erste Einschätzung der Initiative der Landesregierung Nordrhein-Westfalen und der Bundeskulturstiftung«, in: *nmz* 3/2007, S. 17. – Erich & Renate Beckers: *Faszination Musikinstrument – Musikmachen motiviert. Bericht über die zweijährige Evaluationsforschung zum Bochumer Projekt »Jedem Kind ein Instrument«*, Münster u. a.: LIT 2008.

[437] Die Bezeichnung „Jedem Kind ein Instrument" geht ursprünglich auf einen FAZ-Artikel aus dem Jahre 2000 von H. G. Bastian zurück, der der gleichnamigen Stiftung heute als Mitglied des Kuratoriums beratend zur Seite steht. Vgl. dazu auch *nmz* 2/2009, S. 2.

tische Dimension der Thematik, musikalische Bildung als Bestandteil eines umfassenden Bildungsbegriffes zu verstehen. Unter der Voraussetzung, dass die verfügbaren Ressourcen konzeptionell sinnvoll eingesetzt werden, ist damit die große Chance verbunden, musikalische Basiserfahrungen einer großen Anzahl von Schülerinnen und Schülern zugänglich zu machen.

3.4 Kinder und Medien

Die Musik ist ein wesentlicher Teil der kindlichen Lebenswelt, der Sozialisation innerhalb und außerhalb der Schule.[438] Frühere Studien haben gezeigt, dass Schüler nicht erst im Jugendalter, sondern bereits im Grundschulalter vielfältige Musikangebote wahrnehmen und in ihr Umgangsfeld einbeziehen.[439] Neben der Rezeption von Musik auf der einen, der aktiven musikalischen Betätigung im Singen, Tanzen und Instrumentalspiel auf der anderen Seite erwerben die Kinder insbesondere außerhalb der Schule Expertisen im Umgang mit (neuen) technischen Medien, denen in ihrer vielseitigen Freizeitgestaltung wachsende

438 Vgl. dazu auch Rösing: »Musikalische Sozialisation«, S. 349–372.

439 Für Rainer Schmitt kommt den Medien »unter den Einflüssen der Umwelt auf musikalische Verhaltensweisen und Einstellungen der Kinder [… eine] besondere Bedeutung zu.« Schmitt: »Musik«, S. 612. – Vgl. darüber hinaus Heiner Gembris, Rudolf-Dieter Kraemer & Georg Maas (Hg.): *Vom Kinderzimmer bis zum Internet. Musikpädagogische Forschung und Medien*, Augsburg: Wißner 2004. – Renate Beckers: *Die musikalische Lebenswelt 4- bis 10-jähriger Kinder. Eine musikökologische Erkundung*, Münster u. a.: LIT 2004. – Alexandra Lamont, David J. Hargreaves, Nigel A. Marshall & Mark Tarrant: »Young people's music in and out of school«, in: *British Journal of Music Education*, vol. 20(3)/2003, pp. 1–13. – Roland Hafen: »Außermusikalische Interessen und Orientierungen«, in: Bastian, *Musik(erziehung) und ihre Wirkung*, 2002[3], S. 533–541. – Maria Luise Schulten (Hg.): *Medien und Musik. Musikalische Sozialisation 5–15jähriger*, Münster u. a.: LIT 1999. – Hans Günther Bastian: *Musik im Fernsehen. Funktion und Wirkung bei Kindern und Jugendlichen*, Wilhelmshaven: Heinrichshofen 1986 u. a. m. – Zur Bedeutung neuer technischer Medien im Jugendalter siehe Thomas Münch: »Musik, Medien und Entwicklung im Jugendalter«, in: Renate Müller, Patrick Glogner et al. (Hg.), *Wozu Jugendliche Musik und Medien gebrauchen. Jugendliche Identität und musikalische und mediale Geschmacksbildung*, Weinheim/München: Juventa 2002, S. 70–83. – Jan Hemming: »Illeg(eni)al: Kulturelle und wissenschaftliche Dimensionen von MP3-Tauschbörsen im Internet«, in: H. Gembris & R.-D. Kraemer & G. Maas (Hg.), *Vom Kinderzimmer bis zum Internet. Musikpädagogische Forschung und Medien*, Augsburg: Wißner 2004, S. 109–123.

Bedeutung zukommt.[440] Die Frage nach der Nutzung neuer Medien im privaten Bereich und deren Einfluss auf das (Lern-)Verhalten der Kinder wird nach neueren wissenschaftlichen Erkenntnissen kontrovers diskutiert. Unbestritten ist, dass die Entwicklungen in der Unterhaltungselektronik bereits im Grundschulalter und früher den Zugang zu unterschiedlichen technischen Möglichkeiten eröffnen.[441] Für Kinder ist die technische Welt faszinierend, und sie tragen mit ihrem Kaufverhalten einen nicht unerheblichen Teil zu der »Goldgräberstimmung«[442] bei, die während zahlreicher (internationaler) Fachausstellungen unter den Herstellern elektronischer Unterhaltungsmedien vorherrscht.[443] Ohne Folgen bleiben dieses spezifische Interesse der

---

[440] Diesen Sachverhalt bestätigt auch die Studie »Kinder und Medien« (KIM) 2005. Vgl. Medienpädagogischer Forschungsverbund Südwest (Hg.): *KIM-Studie 2005. Kinder und Medien, Computer und Internet. Basisuntersuchung zum Medienumgang 6- bis 13-Jähriger in Deutschland*. Stuttgart: [Eigenverlag] 2006, S. 3–6. – Für die Relevanz dieser Daten bzgl. der vorliegenden Studie sei einschränkend bemerkt, dass die KIM-Studie – wie angegeben – Probandinnen und Probanden im Alter von sechs bis dreizehn Jahren einbezog und nicht alle Ergebnisse im Hinblick auf das Alter unterschieden werden. – Siehe auch Siegfried Hoppe-Graff & Hye-On Kim: »Die Bedeutung der Medien für die Entwicklung von Kindern und Jugendlichen«, in: Oerter & Montada, *Entwicklungspsychologie*, 2002[5], S. 907–922.

[441] Günter Kleinen: *Musik und Kind. Chancen für Begabung und Kreativität im Zeitalter der Neuen Medien*, Laaber: Laaber Verlag 2003. – Der Studie »Deutschland Online 3 – Die Zukunft des Breitband-Internets« zufolge wird sich in den kommenden Jahren vor allem das Internet dauerhaft als elektronisches Leitmedium neben TV und Radio etablieren. Im Ausbau schneller Verbindungen und erhöhter Übertragungsgeschwindigkeiten liegen mannigfache Möglichkeiten des Mediums. Bis 2015 ist mit einer Verdopplung des Anteils der Informationstechnik am Bruttoinlandsprodukt zu rechnen, der bis zu diesem Zeitpunkt bei etwa zwölf Prozent liegen wird. Durchführung der Studie »Deutschland Online 3«: Dr. Bernd W. Wirtz (Professor für Informations- und Kommunikationsmanagement an der Deutschen Hochschule für Verwaltungswissenschaften Speyer) im Auftrag von T-Online und der Hubert Burda Media. In der Studie wurden 114 Experten aus der deutschen Wirtschaft und aus öffentlichen Institutionen befragt. An der Konsumentenbefragung nahmen 6.191 Personen teil. Vgl. dazu folgende Meldungen: »Internet gewinnt an Bedeutung« [dpa, 23.01.06]. – »Drei von vier Haushalten haben Computer« [AP, 04.01.07].

[442] Renate Grimming nach einer dpa-Meldung vom vorhergehenden Tage: »Die neue Zauberformel: HDTV [High Definition Television, M. G.]. Hochauflösendes Fernsehformat – Zukunftstrend und Hoffnungsstern der Industrie«, in: *Dithmarscher Landeszeitung* v. 20.08.05, W1.

[443] Die Unterhaltungselektronik hat mittlerweile auch bei vielen jüngeren Nutzern einen hohen Marktanteil erreicht. Für die Verwendung des Computers weist Wilfried Gruhn zu Recht darauf hin, dass »die Bedürfnisse der Schüler […] weitge-

Kinder und der damit implizierte Medienkonsum andererseits jedoch nicht, denn sie führen zu einer in Freizeit und Schule unterschiedlich ausgerichteten geistigen und emotionalen Beanspruchung von Schülerinnen und Schülern und haben Einfluss auf Lernbereitschaft, Konzentration, Aufmerksamkeit und schulisches Verhalten.[444] Befunde dieser Art sind für die Unterrichtsforschung ebenso wichtig wie Aufschlüsse über die Zusammenhänge zwischen musikalischen, medialen und sonstigen Freizeitaktivitäten, über die bislang nur wenig bekannt ist. Von methodisch-didaktischer Seite aus beurteilt bietet der Umgang mit Medien zahlreiche Möglichkeiten für die Unterrichtsarbeit an allgemein bildenden Schulen. Das Motivationspotenzial, das der Einsatz des Computers bei den Schülern freilegt, ist nicht zu unterschätzen. Im Hinblick auf eine konstruktive Förderung der Kinder, die bereits in Kindergarten und Grundschule ansetzt, ist jedoch auch Vorsicht geboten.[445] Der PC, der bei vielen Kindern bereits zur festen Ausstattung des Kinderzimmers gehört, erweist sich in diesem frühen Stadium noch nicht bei allen Kindern als adäquates Mittel zur gezielten Einleitung von Lernprozessen. In vielen Situationen ruft er gegenteilige Reaktionen hervor, da er sehr oft ausschließlich für Computerspiele statt zur Lernförderung genutzt wird. Zu diesem Ergebnis

---

hend von außen durch die Anbieter, d. h. durch die Angebote der Software-Firmen und Computer-Hersteller, definiert [werden ...] und nicht von den Subjekten, den Schülern und ihren Lernmöglichkeiten«. Gruhn, *Lernziel Musik*, S. 53.

444 Vgl. dazu folgende psychophysiologische Untersuchung, die an 200 Schülern unter Alltagsbedingungen durchgeführt wurde: Michael Myrtek & Christian Scharff: *Fernsehen, Schule und Verhalten. Untersuchungen zur emotionalen Beanspruchung von Schülern*, Bern u. a.: Huber 2000, S. 135–144. – Die Nutzung von Medien setzt jedoch bereits schon im Kindergartenalter und früher ein. Siehe dazu Marco Ennemoser: »Effekte des Fernsehens im Vor- und Grundschulalter. Ursachen, Wirkmechanismen und differenzielle Effekte«, in: *Nervenheilkunde* 9/2003, S. 443–453. – Peter Wilhelm, Michael Myrtek & Georg Brügner: *Vorschulkinder vor dem Fernseher. Ein psychophysiologisches Feldexperiment*, Bern u. a.: Huber 1997. – Jo Groebel: »Kinder und Medien: Nutzung, Vorlieben, Wirkungen«, in: *Media Perspektiven* 1/1994, S. 21–27.

445 G. Schorch gibt einige konstruktive Möglichkeiten zum Umgang mit dem Computer in der Grundschule an, jedoch sollte die Gefahr einer frühen Anbindung an dieses Medium nicht unterschätzt werden. Vgl. Günther Schorch: »Computergestütztes Lernen in der Grundschule«, in: Einsiedler, *Handbuch Grundschulpädagogik*, 2005^2, S. 407–414. – Vor negativen Folgen des Computers hatte bereits Roszak in den 1980er Jahren gewarnt, obwohl er die schier unerschöpflichen Möglichkeiten dieses Mediums damals noch nicht erahnen konnte. Theodore Roszak: *Der Verlust des Denkens. Über die Mythen des Computer-Zeitalters*, Stuttgart/München: Knaur 1986.

kommen Fuchs & Wößmann (ifo Institut für Wirtschaftsforschung e. V., München) in einer im Jahre 2005 veröffentlichten Sekundäranalyse der PISA-Daten.[446] Demnach geht selbst die intensive Nutzung von Computern in der Schule in den PISA-Basiskompetenzen nicht mit besseren, sondern zumeist mit schlechteren Schülerleistungen einher. Nach Erkenntnissen der Studie hat der Computer in vielen Schulen andere effektivere Unterrichtsformen verdrängt.

Empirische Belege, die diesen Sachverhalt stützen, sind immer noch äußerst rar. Denn Musik als Randfach des schulischen Fächerkanons ist bei weitem nicht derart im Mittelpunkt des Interesses wie die Kerndisziplinen des Grundschulunterrichts. Trotzdem geben einige Untersuchungen, die das Freizeitverhalten der Schüler näher beleuchten, auch Aufschluss über den schulischen Unterricht, da beide Bereiche nicht voneinander zu trennen sind. So hat das Kriminologische Forschungsinstitut Niedersachsen (KFN) im Rahmen einer im Jahre 2005 durchgeführten repräsentativen Befragung zum Medieneinsatz im Leben von 10-jährigen Kindern einige konkrete Einblicke in die private Mediennutzung ermöglicht.[447] Den Ergebnissen der Studie zufolge sind die Leistungsunterschiede der Schülerinnen und Schüler[448] seit Anfang der 1990er Jahre stark angewachsen. Beispiele hierfür sind die Geschlechterverteilung in den Schullaufbahnen, d. h. der Schulabbrecher oder der Übertritte an weiterführende Schulen. Auffallend ist die sich in den neunten Klassen abzeichnende Dominanz der Mädchen an Gymnasien und der Jungen an den Hauptschulen. Zusätzlich geben die Studie von Robert Hancox (University of Otago, Neuseeland)[449] aus dem Jahre 2004 und die Sekundäranalyse der PISA-

---

446 Thomas Fuchs & Ludger Wößmann: »Computer können das Lernen behindern«, in: Institut für Wirtschaftsforschung (Hg.), *Ifo-Schnelldienst* 18/2005, S. 3–10.

447 Vgl. Thomas Mößle, Matthias Kleimann, Florian Rehbein & Christian Pfeiffer: »Mediennutzung, Schulerfolg, Jugendgewalt und die Krise der Jungen«, in: *Zeitschrift für Jugendkriminalrecht und Jugendhilfe* 3/2006, S. 1–22.

448 Die befragten Kinder stammten jeweils aus einer vierten Grundschulklasse der folgenden Befragungsorte: München, Schwäbisch Gmünd, Stuttgart, Kassel, Dortmund, Oldenburg, Wallenhorst/Belm, Landkreise Peine und Soltau-Fallingbostel (N = 5529).

449 Robert Hancox hatte von 1972 bis 1973 ca. 1000 Kinder im Alter zwischen fünf und elf Jahren bis zum Alter von 26 Jahren beobachtet. Nach seinen Befunden wiesen diejenigen, die täglich über zwei Stunden fernsahen, ein erhöhtes Risiko auf, an Übergewicht zu erkranken. Die Gefahr des Nikotingenusses wurde bei dieser Zielgruppe ebenfalls sehr viel größer, und sie wies im frühen Erwachsenenalter einen erhöhten Cholesterinspiegel auf. Es wurden der Body-Mass-Index (BMI) zur Messung des optimalen Gewichts, der Blutdruck, der Cholesterin-

Daten durch Fuchs & Wößmann Grund zur Annahme, dass übermäßiger Medienkonsum im Kindesalter nicht nur gesundheitliche Langzeitfolgen nach sich zieht, sondern ebenso die Schulleistungen negativ beeinflusst. Vor diesem Hintergrund näherte sich die Forschergruppe um Christian Pfeiffer[450] dem Medienverhalten der Schüler/-innen und überprüfte die Ausstattung von Kinderzimmern im Hinblick auf TV, PC und Spielkonsolen. Es zeigte sich, dass allein die Verfügbarkeit über eine eigene Spielkonsole bzw. einen eigenen Fernseher im Kinderzimmer zu signifikant höheren Mediennutzungszeiten der Kinder führte. Gleichzeitig waren im direkten Vergleich von Kindern aus Norddeutschland und Süddeutschland, aus Migrantenfamilien und deutschen Familien sowie von Jungen und Mädchen erhebliche Unterschiede in der täglichen Mediennutzungszeit festzustellen.[451] Außerdem führte die unmittelbare Konfrontation der Kinder mit den technischen Geräten in ihrem Zimmer zu einem wesentlich höheren Konsum von Spielen und Filmen, die nach den Regeln des Jugendmedienschutzes erst ab dem Alter von 16 bzw. 18 Jahren erlaubt sind.[452] Schülerinnen und Schüler, die in ihrem Zimmer nicht über Fernseher oder Spielkonsole verfügten, erhielten von ihrer Schule erheblich häufiger die Empfehlung, ab der 5. Klasse ein Gymnasium zu besuchen; im Hinblick auf die Hauptschulempfehlung zeigte sich das umgekehrte Bild. Diese Befunde bestätigten sich wiederum, wenn man sie nach Jungen und Mädchen, nach Migrantenfamilien und deutschen Familien sowie der Herkunft der Schüler aus Nord- oder Süddeutschland

---

spiegel und die kardiokorporale Leistungsfähigkeit erfasst. Vgl. Robert J. Hancox, Barry J. Milne & Richie Poulton: »Association between child and adolescent television viewing and adult health. A longitudinal birth cohort study«, in: *The Lancet*, 364/2004, pp. 257ff.

450 Mit bestem Dank an Prof. Dr. Christian Pfeiffer, den Leiter des Kriminologischen Forschungsinstituts Niedersachsen e. V., der seine Ergebnisse vorab zur Verfügung stellte.

451 Kinder aus Norddeutschland und aus Migrantenfamilien wiesen in der Befragung erheblich höhere Mediennutzungswerte auf als ihre Altersgenossen aus Süddeutschland resp. aus deutschen Familien. Darüber hinaus zeigte sich ein Geschlechtereffekt: Jungen überragten den Medienkonsum der Mädchen um Längen. Mößle et al.: »Mediennutzung«, S. 5ff.

452 »Generell zeigt sich, dass Kinder ohne eigenen Fernseher an Schultagen rund 70 Minuten fernsehen (am Wochenende 101 Minuten). Kinder mit einem eigenen Gerät dagegen mehr als zwei Stunden (124 Minuten; am Wochenende 185 Minuten). Eine eigene Spielkonsole bedeutet bei 10-Jährigen an Schultagen eine Erhöhung der Spielzeit von 20 Minuten auf über 50 Minuten, am Wochenende von 104 auf 191 Minuten.« Mößle et al.: »Mediennutzung«, S. 4.

differenzierte.[453] Auffallend war in dieser Studie, dass Kinder, die angaben, sich in der Familie, mit Freunden und in der Schule wohl zu fühlen, signifikant geringere Fernsehzeiten aufwiesen als andere, die aus ihrem Umfeld über erhebliche Probleme berichteten.

Bei der Reflexion der vorliegenden Befunde zeigt sich die erzieherische Seite einer Medienerziehung für die Grundschule insofern als wichtig, als viele Zehnjährige in ihrem Entwicklungsstadium noch nicht beurteilen können, welche unterrichtlichen Fördermaßnahmen für sie geeignet sind.[454] Die wissenschaftlichen Erkenntnisse zum Lernverhalten der Kinder decken sich mit den starken Bedenken von Lehrkräften und Eltern aus jüngster Vergangenheit, die einen negativen Einfluss von Unterhaltungsmedien auf das (Lern-)Verhalten von Grundschülerinnen und -schülern befürchten.[455] In einer Zeit jedoch, in der die meisten Nutzer nur noch von dem Vorteil technischer Möglichkeiten sprechen[456], drohen die Hinweise auf die schädigenden Ein-

---

453 Letztere Unterscheidung ist im Hinblick auf die Schullaufbahn der Kinder durchaus sinnvoll, da die Schulempfehlungen in Süddeutschland bindend sind und nur in Ausnahmefällen durchbrochen werden können.

454 Einige Medienprojekte aus der schulischen Praxis haben gegenüber der Grundschule den Vorteil, dass sie ihre Anleitungen zum Einsatz des Computers an ältere Schülerinnen und Schüler, meistens aus der gymnasialen Oberstufe, oder an Lehrerinnen und Lehrer adressieren. Gegenüber Grundschulkindern sind diese in der Lage zu sondieren, welche Arbeits- und Umgangsweisen sich für sie als vorteilhaft erweisen. Zudem geschieht die Unterweisung in kleineren Gruppen, und der Umgang mit dem PC ist bereits vertraut. Vgl. dazu das Projekt »Me[i]Mus« (Medienkompetenz im Musikunterricht), initiiert von Niels Knolle und Thomas Münch, das die »praxisorientierte Entwicklung von didaktisch-methodischen Konzepten mit und an Neuen Musiktechnologien im Musikunterricht der Sekundarstufen« in den Mittelpunkt stellte. Vgl. http://www.hfm-wuerzburg.de/en/professors-amp-teachers/muench/publikationen/dokumentationen-von-forschungsprojekten/meimus-neue-medien-als-werkzeugmusikinstrument-und-thema-im-musikunterricht/ergebnisse.html [recherchiert am 31.03.07, 31.05.09]. – Siehe auch Martin Eibach, Thomas Münch & Niels Knolle: »MusiklehrerInnen als Lernende. Überlegungen zu Strategien der Fortbildung im Fach Musik«, in: N. Knolle (Hg.), *Lehr- und Lernforschung in der Musikpädagogik*, Essen: Die Blaue Eule 2006, S. 43–69.

455 Vgl. dazu auch Aletha C. Huston & John C. Wright: »Mass Media and Children's Development«, in: Irving E. Sigel & K. Ann Renninger (Ed.): *Handbook of Child Psychology*, vol. 4, »Child Psychology in Practice«, New York: Wiley 1998, pp. 999–1058. – Frederick J. Zimmerman & Dimitri A. Christakis: »Children's Television Viewing and Cognitive outcomes. A longitudinal analysis of national data«, in: *Archives of Pediatrics & Adolescent Medicine,* 159(7)/2005, pp. 619–625.

456 Die jährlich stattfindende Internationale Funkausstellung in Berlin (IFA) gibt seit über 80 Jahren ein Abbild der Unterhaltungselektronik und hat sich in ihrer

flüsse allzu schnell zu verhallen. Aus der Perspektive, die einen Akzent auf die Förderung von Forschung und Technik in der Erziehungsarbeit legt, ist die starke Betonung technischer Medien zu vertreten. Da sich jedoch viele Kinder in ihrer Freizeit ohnehin mit den unterschiedlichsten medialen Angeboten beschäftigen, bildet die Grundschule einen – zugegebenermaßen bescheidenen – Gegenpol zu dieser Entwicklung. Dessen Ausgestaltung darf den Lehrerinnen und Lehrern nicht gleichgültig sein, da sie hier erzieherisch wirksam werden können. Im Primarbereich legen sie wichtige Grundlagen für die Erziehung, das Einhalten gesellschaftlicher Normen und Werte sowie für die Entwicklung des lebenslangen Lernprozesses. Daher sollten hier vor allem die Anlagen in den Mittelpunkt gerückt werden, deren Förderung durch persönlichen Kontakt der Lehrkräfte, durch Erfahrungen aus erster Hand und durch Einwirken sozialer Interaktionen weit effizienter möglich ist als es die Sekundärerfahrungen durch elektronische Medien in Aussicht stellen.

Für den Forscher stellt sich darüber hinaus die Frage, ob die Schüler/-innen, von denen die überwiegende Mehrheit in ihrer Freizeit gerne Musik hört, auch für den Musikunterricht in der Schule, für das Singen in Schule und Freizeit aufgeschlossen sind. Tatsache ist – darin stimmen zahlreiche Vorläuferstudien überein –, dass Musikhören zwar eine bevorzugte Freizeitbeschäftigung der 12–25-Jährigen darstellt[457], dass jedoch viele Personen dieser Altersgruppe mit dem Fach Musik in der Grundschule keine angenehmen Erinnerungen verbinden. Sie wurden »bereits […] ab Schuleintritt zum Konsumenten und nicht mehr zum Produzenten musikalischer Ereignisse« erzogen.[458] Ergebnisse dieser Art lassen die Frage entstehen, warum die Kinder in der Schule nicht mehr so zum Musizieren angeleitet werden, wie es aus früheren Jahren bekannt ist. Mittlerweile wird von den Schulen eine Reaktion auf den wachsenden wirtschaftlichen Faktor »Medien« erwartet; und diese ist dringend erforderlich. Medienerziehung stellt sich als fächer-

Geschichte zum einem Milliardenmarkt mit weltweiter Geltung entwickelt. Lt. Einschätzung von Experten kommen mittlerweile auf der Ausstellung jährlich etwa 10.000 Neuerungen im Bereich Consumer Elektronics incl. der IT-Technik auf den Markt.

457 Vgl. Shell Deutschland Holding (Hg.): *Jugend 2006. Eine pragmatische Generation unter Druck*. Konzeption & Koordination: Klaus Hurrelmann, Mathias Albert & TNS Infratest Sozialforschung, Frankfurt/M.: Fischer 2006, S. 78ff.

458 Oerter: »Hochleistungen in Musik und Sport«, S. 799. – Ders.: »Warum hören Kinder auf zu singen? Folgen einer einseitigen Enkulturation«, in: *ESTA-Nachrichten* 34/1995, S. 22–46.

verbindende Aufgabe[459], sie ist ebenfalls in den Familien unabdingbar geworden. Wenn Mößle et al. bekennen, dass »die Lebenswelt von Kindern und Jugendlichen im Deutschland des 21. Jahrhunderts [...] maßgeblich [...] von den Faktoren Schule, Familie, Peers und Medien«[460] geprägt ist, so ergibt sich als Konsequenz, dass die Mediennutzung der Kinder auch von den Eltern kontrolliert werden sollte. Diese Forderung ist nicht neu, hatten doch bereits Hentig (1975) von der Existenz einer »Fernsehkindheit«, Charlton & Neumann-Braun (1992) von einer »Medienkindheit« gesprochen.[461] Zwar zeichnen sich Kinder, »die viele verschiedene Medien nutzen, darunter auch das Fernsehen«, durch ein höheres Faktenwissen über Ereignisse und Daten aus, jedoch besteht die Gefahr, dass sich längerfristig fiktionale Inhalte mit der Realität vermischen.[462] Dies geschieht verstärkt durch die Entwicklung vielfältiger Computerspiele, die in jüngster Vergangenheit eine neue Dimension angenommen hat.[463] Eine Möglichkeit, die Mediennutzung gezielt für erzieherische Belange zu nutzen, besteht darin, die Eltern und Erzieher an Computerspiele heranzuführen, wie es beispielsweise der Medienpädagoge Hartmut Warkus (Uni-

---

459 Vgl. dazu Dieter Spanhel: »Medienerziehung«, in: Einsiedler, *Handbuch Grundschulpädagogik*, 2005², S. 657–661.

460 Mößle et al.: »Mediennutzung«, S. 1.

461 »Heutige Kindheit ist Medienkindheit.« Vgl. Michael Charlton & Klaus Neumann-Braun: *Medienkindheit – Medienjugend. Eine Einführung in die aktuelle kommunikationswissenschaftliche Forschung*, München: Quintessenz 1992, S. 120. – Günter Kleinen & Gunter Kreutz: »Kommunikationsmedien«, in: S. Helms, R. Schneider & R. Weber (Hg.), *Kompendium der Musikpädagogik*, Kassel: Gustav Bosse 1995, S. 373–392.

462 Groebel: »Kinder und Medien«, S. 26.

463 Auf der seit dem Jahre 2002 jährlich stattfindenden Sommermesse »Games Convention« in Leipzig, Europas Leitmesse für interaktive Unterhaltung, Info-, Edutainment und Hardware, werden u. a. stets neue (interaktive) Videospiele vorgestellt. Mittlerweile beläuft sich die Anzahl auf 18.000, eine Größenordnung, bei der selbst die Kenner des Marktes kaum mehr den Überblick behalten. Zu erwähnen sind in diesem Zusammenhang auch die sogenannten »LAN-Partys« als neue Art des Gesellschaftsspiels. Vgl. dazu das Kap. »Marathon an der Maus: LAN-Partys«, in: Bayerisches Staatsministerium für Unterricht und Kultus: *Medienwelten*, 2005, S. 109–111. – Hartmut Warkus & Thomas Jacob: »Von LANs und Clans. Gespräche am Rande der Games Convention in Leipzig«, in: *medien u. erziehung* 1/2003, S. 32–34. – Dass immer mehr Kinder Computer nutzen, ist außerdem ein Kernergebnis der Studie »Kinder und Medien« (KIM) 2006. Vgl. Medienpädagogischer Forschungsverbund Südwest (Hg.): *KIM-Studie 2006. Kinder und Medien, Computer und Internet. Basisuntersuchung zum Medienumgang 6- bis 13-Jähriger in Deutschland*, Stuttgart: [Eigenverlag] 2007.

versität Leipzig) vorschlägt.[464] Wesentlich anspruchsvoller und effektiver sind darüber hinaus konstruktive, griffige Konzepte für eine realitätsnahe Medienerziehung, um einem unreflektierten Umgang mit den »Medienwelten« zu begegnen. Wenn das ifo-Institut nach der oben zitierten Studie zu dem Ergebnis kommt, dass wir »nicht unbedingt mehr Computer, sondern ihren wirkungsvolleren Einsatz« benötigen, so ist das eine Feststellung, die durch vielfältige Eindrücke von Kolleginnen und Kollegen aus der Unterrichtspraxis erhärtet wird. Demgegenüber wenden Eltern und Schulen erhebliche Summen für die Ausstattung z. B. mit Computern auf, ohne dass in allen Fällen eine ausreichende Heranführung an die Medien in der Schulpraxis gesichert wäre. Der Bereich »Singen und Musizieren« an den Grundschulen, der durch einen wesentlich kostengünstigeren Haushalt aktiviert resp. am Leben erhalten werden könnte, wird hingegen sträflich vernachlässigt.

Diese Entwicklung für einen Ansatz konstruktiver Medienerziehung zu nutzen, stellt für Pädagoginnen und Pädagogen keine leichte Aufgabe dar. Als übermächtig präsentiert sich der Bereich der Unterhaltungselektronik, den die Kinder in ihrer Freizeit für sich beanspruchen und der gezielt von den Unternehmen beworben wird. Wenn es auch in der Vergangenheit noch nicht ausreichend gelungen ist, die Fernsehsender und andere Anbieter in die Pflicht zu nehmen und sie auf ihre Verantwortung gegenüber heranwachsenden Kindern hinzuweisen[465], sollte eine Forschung einsetzen, die sich im Dienste einer umfassenden Medienerziehung in Schule und Freizeit versteht. Denn die Informationen, die die Kinder in ihrer Freizeit erreichen und die auf Umwegen zugleich in die Schule gelangen, sind für den Forscher informativ und instruktiv. Plausibel ist die Auffassung Bastians, für den »Unterrichtsforschung [...] grundsätzlich offen sein [muss] für

---

464 Vgl. dazu folgende Meldung: »Pädagoge: Eltern an Computerspiele heranführen« [dpa, 20.08.05]. – In der Meldung wird die Empfehlung des Medienpädagogen Prof. Dr. Hartmut Warkus (Universität Leipzig) wiedergegeben, die Eltern sukzessive an die für sie neuen Medien heranzuführen, um die bestehenden Vorbehalte abzubauen.

465 Auf das mangelnde Angebot an kindgerechten Sendungen wurde bereits vor mehr als 15 Jahren hingewiesen. Diese Ausgangslage hat sich in der Fernsehlandschaft nicht verbessert. Im Gegenteil: Bei der Vielzahl unterschiedlicher Kanäle leidet das Angebot mehr als früher unter dem Druck der Einschaltquoten. Vgl. Birgit van Eimeren & Paul Löhr: »Kinderfernsehen und gesellschaftliche Verantwortung. Beitrag zu einer notwendigen Diskussion«, in: *Media Perspektiven* 10/1991, S. 649–660.

die Ermittlung typischer lernrelevanter Einflußfaktoren außerhalb des direkten Unterrichtsgeschehens.«[466] Denn diese Befunde helfen, der Lebenswelt der Grundschüler einen entscheidenden Schritt näher zu kommen. Das Spezialistenwissen, das Kinder in den Bereichen Medien und Musik spielerisch erwerben, könnte auch als Expertise für den Unterricht fruchtbar gemacht werden und die Motivation der Schüler über weite Strecken tragen. Für interessierte Lehrer/-innen, insbesondere für den Forscher ergibt sich als Konsequenz, Kinder nach ihren Interessen, Gewohnheiten und Erwartungen, nach ihren Bedürfnissen, nach ihren Einstellungen zur Musik und zum Musikunterricht zu fragen.[467] Hier rechtfertigen sich der methodische Ansatz der vorliegenden Studie und der ernst gemeinte Wunsch, Forschungsergebnisse stärker für die Praxis zu nutzen.[468] Denn qualitative Anregungen, die aus der Perspektive der Lernenden gewonnen werden, geben Einblick in die (musikalischen) Lebenswelten der Kinder. Um die Schülerantworten richtig einstufen und auf ihre Relevanz überprüfen zu können, ist es wichtig, sich über den Entwicklungstand der Probanden im Klaren zu werden. Diese Voraussetzung betrifft nicht nur die kognitiven, sprachlich-kommunikativen oder sozial-integrativen Kompetenzen der Zielgruppe, die notwendigerweise einen hohen Einfluss auf das Design der Studie haben, sondern ebenfalls ihre fachimmanenten Fähigkeiten und Kenntnisse.

3.5 Zum musikalischen Entwicklungsstand der Probanden

Viele Kinder sind nicht nur in der Schule mit musikalischen Inhalten konfrontiert, sondern beschäftigen sich ebenso in ihrer Freizeit in einem hohen Maße mit Musik. Dies gilt z. B. für die Schüler/-innen, die regelmäßig auf einem Musikinstrument üben, das sie bei einem Privatlehrer erlernen. Ihre Klassenkameraden wiederum gehen anderen Freizeitbeschäftigungen nach und nehmen in ihrer Freizeit Musik

---

466 Hans Günther Bastian: »Unterrichtsforschung in der Musikpädagogik. Erkenntniskritische Aspekte und forschungspraktische Perspektiven«, in: Günter Kleinen (Hg.), *Kind und Musik*, Laaber: Laaber-Verlag 1984, S. 348.

467 Vgl. dazu Günter Kleinen: »Qualitative Verfahren bei der Erforschung musikalischer Lebenswelten von Kindern«, in: C. Bullerjahn, H.-J. Erwe, R. Weber (Hg.), *Kinder – Kultur: Ästhetische Erfahrungen. Ästhetische Bedürfnisse*, Opladen: Leske u. Budrich 1999, S. 67–82.

468 Dieses Anliegen findet sich bei Groebel für wissenschaftliche Studien formuliert, von denen die Medienpraxis stärker profitieren könnte. Vgl. Groebel: »Kinder und Medien«, S. 27.

allenfalls rezeptiv wahr. Wenn letztgenannten Kindern in der Schule wider Erwarten auch noch der Musikunterricht versagt bleibt, können sie in der Regel nur sehr spärlich über musikalische Eindrücke berichten. Größere Unterschiede unter den Schülern in den Untersuchungsvoraussetzungen wären kaum in einem anderen Fach denkbar, denn der musikalische Entwicklungsstand reicht von ausgewiesenen, aber extern erworbenen Expertisen bis hin zu äußerst geringen musikalischen Interessen und Kenntnissen. Interessant ist daher die Frage nach der Akzeptanz von Musikunterricht innerhalb der benannten Gruppen, da sie die Voraussetzungen und Einstellungen abbilden, die viele Musikpädagoginnen und -pädagogen in den Grundschulklassen vorfinden. Anders als bei den Untersuchungen von Minkenberg (1991) und Bähr (2001)[469] liegt bei dem hier verfolgten Forschungsplan kein Treatment vor. Es werden demzufolge keine Veränderungen musikalischer Verhaltensweisen erhoben; die Messung der Daten an den jeweiligen Schulen erfolgte nur zu *einem* Messzeitpunkt. Von einem Querschnitt dieser Art ist ein realitätsnaher Eindruck von Schülerperspektiven zu erwarten, von dem wiederum inhaltliche und strukturelle Überlegungen zum Musikunterricht an Grundschulen ihren Ausgangspunkt nehmen können. Die Maßstäbe, die dabei angelegt werden, müssen sich an den musikalischen Fähigkeiten orientieren, die 10-Jährige in der Lage sind zu leisten und die sich aus fachinterner Sicht mit ihrem Interessenshorizont vereinbaren lassen. Diese sollen im Anschluss näher vorgestellt werden. Einige allgemeine Gedanken zur Entfaltung des Musikalitätsbegriffs werden zunächst helfen, den Forschungshintergrund zu erhellen.

Musikalität ist ein gedankliches Konstrukt und ist dementsprechend nicht beobachtbar oder messbar. Unter dem Eindruck verschiedener Verhaltensweisen, die gemeinhin dem Tätigkeits- oder Wahrnehmungsbereich Musik zugeordnet werden, lässt sich jedoch auf die Existenz und die Ausprägung von Musikalität schließen.[470] In der Auf-

---

469 Vgl. Hubert Minkenberg: *Das Musikerleben von Kindern im Alter von fünf bis zehn Jahren. Eine Längsschnittuntersuchung als Basis für die Erforschung von abweichender Musikrezeption*, Frankfurt/M. u. a.: Peter Lang 1991. – Johannes Bähr: *Zur Entwicklung musikalischer Fähigkeiten von Zehn- bis Zwölfjährigen. Evaluation eines Modellversuchs zur Kooperation von Schule und Musikschule*, 2001.

470 Vgl. Heiner Gembris: *Grundlagen musikalischer Begabung und Entwicklung*, Augsburg: Wißner 2002², S. 62ff. – Heiner Gembris, Adam Kormann & Reinhard Steinberg: Art. »Musikalität«, in: *MGG2*, Sachtl., Bd. 6/1997, Sp. 867–921. – Markus Alexander Kopp: *Ist Musikalität messbar? Möglichkeiten und Grenzen von Musikalitätstests*, Marburg: Tectum-Verlag 2002. – Adam Kormann: »Ist musikali-

fassung von Kindern ist dieser Sachverhalt recht deutlich erkennbar, denn sie ordnen einem Mitschüler das Prädikat »musikalisch« zu, wenn dieser entweder ein Instrument spielt oder sich durch musikbezogene Fähigkeiten, z. B. Singen, in besonderer Weise auszeichnet. Der Mangel an Musikalität wird erfahrungsgemäß als Manko empfunden. Trotzdem muss betont werden, dass unter allen eine vollständige ›Unmusikalität‹, ebenso eine Ausnahme darstellt wie eine musikalische Hochbegabung.[471] Es gilt mittlerweile als gesichert, dass Musikalität »in ihren elementaren Voraussetzungen zum gesunden, vollentwickelten Menschen gehört, nur freilich nicht [… durchweg bei allen Menschen] geweckt ist. Radikale Unmusikalität gilt als pathologisch«.[472]

Bereits in verschiedenen historischen Quellen ist die Schwierigkeit erkennbar, Musikalität begrifflich zu fassen.[473] So stellte Billroth (1895) eine Vielfalt musikalischer Erscheinungsformen fest, von Kries (1926) beschrieb »eine unübersehbare Fülle von Formen und Arten des Musikalischen«. Révész (1946) sah mit der »geistige[n] Eroberung der Musik als Kunst« die intellektuellen Fähigkeiten des musikalischen Menschen angesprochen, während Bastian (1989) den Musikern »Ausdrucksvermögen und Empfindungsfähigkeit« als herausragende Merkmale von Musikalität zuordnete. Die anhaltende Beschäftigung mit dem Thema Musikalität, die in den 1990er Jahren einsetzte, verdeutlicht das starke Interesse von Seiten der Forschung. Blacking (1990) und Sloboda (1993) erkannten diese Qualität in der Wahrnehmung musikalischen Sinns und der zugehörigen Bedeutung. Die genannten Autoren arbeiteten jeweils unterschiedliche Schwerpunkte zur Konsistenz des Begriffs Musikalität heraus, die in ihrer Gesamtschau eine bunte Vielfalt offenbaren. Diesen Begriffen von Musikalität liegt das abendländische Musikverständnis zu Grunde.

---

sche Begabung messbar? Über den Aussagewert von Musikalitätstests«, in: *mip-Journal* 10/2004, S. 6–13.

471 Oerter: »Hochleistungen in Musik und Sport«, S. 787–799.

472 Albert Wellek: Art. »Begabung«, in: H. H. Eggebrecht (Hg.), *Riemann Musiklexikon*, Sachtl., Mainz u. a.: Schott 1967, S. 93–94. – Kurt Pahlen: *Es gibt keine unmusikalischen Kinder! Die Entwicklung der natürlichen Musikalität in den ersten Lebensjahren oder eine echte musikalische Früherziehung*, Zürich/Wiesbaden: Orell Füssli 1989.

473 Zum Überblick über die Quellen, die eine Aussage über die Entwicklung der Musikalität beim Menschen treffen, vgl. Gembris: *Grundlagen musikalischer Begabung und Entwicklung*, S. 62ff.

Aussagen zur Struktur der Musikalität wurden im Wesentlichen durch die Entwicklung der Intelligenzforschung genährt.[474] Seashore (1919) ging in seinem multifaktoriellen Ansatz davon aus, dass in der Musikalität verschiedene, weitgehend unabhängige Faktoren zusammenspielen, während sie Révész (1946) im Generalfaktor-Modell als eine einheitliche, geschlossene Fähigkeit ansah. Beide Modelle werden in Gordons Begabungstheorie (1986) miteinander verbunden. Musikalische Begabung (music aptitude) besteht danach aus etwa 20 Fähigkeiten, von denen sieben im »Musical Aptitude Profile« (Gordon, 1965) untersucht werden (tonal, rhythm imagery, musical sensitivity u. a.). Mit diesem Instrument kam Gordon dem Testen und Messen von Musikalität einen entscheidenden Schritt näher, jedoch bleiben die Wechselbeziehungen der einzelnen Dimensionen untereinander unklar. Dass Musikalität aus mehreren Komponenten besteht, war auch für Schaub (1984) klar, allerdings bleibt er eine Aussage über die Gewichtung und den Zusammenhang der Einflussgrößen schuldig. Der renommierte amerikanische Kognitionspsychologe Howard Gardner hat schließlich im Jahre 1985 eine Intelligenztheorie entwickelt, die in unterschiedlichen Kategorien repräsentiert wird: Neben der linguistischen, logisch-mathematischen, räumlichen, körperlich-kinästhetischen, intrapersonalen und interpersonalen Intelligenz bildet für ihn die musikalische Intelligenz eine autonome Form, die bestimmten Gehirnarealen zugeordnet werden kann.[475] Eine Bereicherung gegenüber Vorläufermodellen stellt dieses Konstrukt insofern dar, als hier emotionale und soziale Fähigkeiten wichtige Teilintelligenzen des Menschen abbilden. Als Problem des Ansatzes blieb, dass bis heute kein diagnostisches Instrument entwickelt wurde, die den testtheoretischen Anforderungen entsprechen und Gardners Theorien empirisch stützen.[476] Aussagen über die einzelnen Komponenten musikalischer

---

474 Vgl. Gembris: *Grundlagen musikalischer Begabung und Entwicklung*, S. 100ff.

475 Zu dem hochinteressanten Denkansatz vgl. ausführlich Howard Gardner: *Frames of mind. The theory of multiple intelligences*, New York: Basic Books 1985. – Ders.: *Abschied vom IQ. Die Rahmen-Theorie der vielfachen Intelligenzen*, Stuttgart: Klett-Cotta 1991. – Ders.: *Der ungeschulte Kopf. Wie Kinder denken*, Stuttgart: Klett-Cotta 1993. – Siehe dazu auch Daniel Goleman: *Emotionale Intelligenz*, München: dtv 2007[19].

476 Vgl. die Anforderungen an Tests, dargestellt in den folgenden Quellen: Ewa Jonkisz & Helfried Moosbrugger: »Planung und Entwicklung von psychologischen Tests und Fragebögen«, in: H. Moosbrugger & A. Kelava (Hg.), *Testtheorie und Fragebogenkonstruktion*, Heidelberg: Springer 2007, S. 27–72. – Helfried Moosbrugger & Johannes Hartig: Art. »Klassische Testtheorie«, in: Klaus D. Kubinger & Reinhold S. Jäger (Hg.), *Schlüsselbegriffe der Psychologischen Diagnostik*,

Intelligenz und über ihre Einreihung in den Gesamtzusammenhang multipler Intelligenzen können aus den vorliegenden Befunden nicht abgeleitet werden. Die aus den unterschiedlichen Theorien entwickelten Musikalitätstests sollen daher an dieser Stelle nicht thematisiert werden.[477] Zwar gibt es bemerkenswerte Ansätze zur Messung musikalischer Fähigkeiten bei Webster (1988), Jungbluth (1997)[478] oder Riemer (2005)[479]. Viele Tests liegen jedoch noch nicht in normierter Form vor und lassen damit ein wichtiges Gütekriterium vermissen. Es bleibt demnach weiterhin Forschungsbedarf zur Entwicklung geeigneter Messinstrumente und deren Einsatz in der musikpädagogischen Praxis.

Wenngleich nur wenige Studien existieren, die über die Musikalität von Grundschulkindern der vierten Jahrgangsstufe Auskunft geben können, so ist dieses Manko zu verschmerzen, da sie für die vorliegende Studie weniger relevant sind. Denn diese ermittelt vor allem Schülereinstellungen zur Schule und zur Musik sowie (außer-)schulische Aktivitäten und Interessen. Sie zielt nicht auf eine Bilanzierung des musikalischen Leistungsstandes von Viertklässlern ab. Dagegen sind die Ergebnisse wissenschaftlicher Untersuchungen aus der pädagogischen Praxis, die Teilaspekte musikalischer Fähigkeiten und Erkenntnisse thematisieren, von weit stärkerem Interesse. So ist zu konstatieren, dass Vorläuferuntersuchungen übereinstimmend davon aus-

---

Weinheim u. a.: Beltz PVU 2003, S. 408–415. – Siehe dazu auch die folgende Norm, die vom Arbeitsausschuss »Psychologische Eignungsdiagnostik« im Normenausschuss Gebrauchstauglichkeit und Dienstleistungen (NAGD) erarbeitet wurde. Deutsches Institut für Normung e. V. (Hg.): *Anforderungen an Verfahren und deren Einsatz bei berufsbezogenen Eignungsbeurteilungen*, Berlin: Beuth 2002.

477 Es kann als gesichert angenommen werden, dass Ergebnisse von Musikalitätstests in Verbindung mit musikalischen Leistungen stehen. Vgl. auch die Ausführungen zu Musikalitätstests bei Gembris: *Grundlagen musikalischer Begabung*, S. 106ff.

478 Armin Jungbluths unveröffentlichter Test zur musikalischen Begabung (Paderborn 1997) fand auch in Bastians »Berlin-Studie« Anwendung. Vgl. dazu Adam Kormann: »Ist musikalische Begabung messbar? Über den Aussagewert von Musikalitätstests«, 2004, S. 6–13. – Bastian: *Musik(erziehung) und ihre Wirkung*, 2002[3], S. 232–237 und S. 396–407. – Siehe auch Bähr: *Zur Entwicklung musikalischer Fähigkeiten von Zehn- bis Zwölfjährigen*, S. 71f.

479 Das computergestützte Testverfahren, das vorzugsweise bei Kindern im zweiten Viertel der ersten Grundschulklasse Anwendung fand (N = 65), ist in zeitlicher und materieller Hinsicht ökonomisch einsetzbar. Die Reliabilität des Screening-Verfahrens wird in weiteren Testdurchläufen zu überprüfen sein. Siehe Markus Riemer: *Entwicklung und Erprobung eines computergestützten Testverfahrens zur Diagnostik musikalischer Fähigkeiten in Bezug auf musikalische Begabung im schulreifen Alter*, Diss. Universität Rostock 2005.

gehen, dass die ersten Jahre für die Entwicklung musikalischer Anlagen beim Kind entscheidend sind.[480] Dabei erweisen sich sowohl Wahrnehmungsfähigkeiten im pränatalen Stadium und im Säuglingsalter bis ins Schulalter als relevant, frühkindliche Vokalisationen in der Mutter-Kind-Interaktion ebenso wie die Entwicklung des Singens an sich.[481] Nachdem die Kinder bereits bis zum Schuleintritt elementare Wahrnehmungsfähigkeiten zur Tempounterscheidung erwerben, zum Ausdruck unterschiedlicher Intervall- und Melodienzuordnungen, zu Klangfarben, zur Harmonik sowie zum Nachklopfen einfacher Rhythmen[482], entwickeln sie im Alter von sieben bis acht Jahren ein Gefühl für Tonalität und Harmonik.[483] Sie legen sich zunehmend auf ein tonales System fest[484] und unterscheiden die Tonraumzuordnung »hoch – tief«. Im Alter zwischen acht und neun Jahren können Kinder lernen, das Tongeschlecht eindeutig zu benennen und kleine Intervalle von größeren zu unterscheiden. Schließlich wird in dieser Phase auch das Tonalitätsgefühl weiter stabilisiert. Bis zu zehn Jahren entwickeln die Heranwachsenden ein Verständnis für die Grundfunktionen der Kadenz.[485] Auffällig ist, dass sie in diesem Alter eine klare Präferenz für

---

480 Vgl. dazu exemplarisch die folgenden Quellen: Edwin E. Gordon: *A music learning theory for newborn and young children*, 1997. – Gembris: *Grundlagen musikalischer Begabung und Entwicklung*. – Wilfried Gruhn: *Kinder brauchen Musik. Musikalität bei kleinen Kindern entfalten und fördern*, 2003. – Gunter Kreutz: »Musikerziehung«, in: Lilian Fried & Susanna Roux (Hg.), *Pädagogik der frühen Kindheit. Handbuch und Nachschlagewerk*, Weinheim u. a.: Beltz 2006, S. 194–200.

481 Zur Entwicklungspsychologie und zur musikalischen Entwicklung vgl. Gembris: *Grundlagen musikalischer Begabung*, S. 47ff. – Gembris et al.: Art. »Musikalität«, Sp. 879ff.

482 Ein guter Überblick über die Entwicklung musikalischer Fähigkeiten findet sich bei Gembris et al.: Art. »Musikalität«, Sp. 889f. – Bähr: *Zur Entwicklung musikalischer Fähigkeiten von Zehn- bis Zwölfjährigen*, S. 32ff.

483 Vgl. Minkenberg: *Das Musikerleben von Kindern im Alter von fünf bis zehn Jahren*, S. 40–265.

484 Vgl. Gudrun Schwarzer, Annette Siegismund & Friedrich Wilkening: »Entwicklung des Tonalitätsverstehens bei der Beurteilung und Produktion von Liedschlüsseln«, in: *Jahrbuch Musikpsychologie*, Bd. 10, Wilhelmshaven: Noetzel 1994, S. 75–89.

485 Michel Imberty: »Acculturation tonale et structuration perspective du temps musical chez l'enfant«, in: H. Astrand (Ed.), *Basic musical functions and musical ability*, Stockholm: Uza 1981, pp. 81–106.

Konsonanz, Tonalität und metrisch strukturierte Musik zeigen.[486] Gleichzeitig sind sie in der Lage, einzelne musikalische Merkmale nach Gehör wiederzuerkennen und als Motive musikalischen Einheiten zuzuordnen.[487] Die Veränderung von Melodien benennen sie als Variation[488] und identifizieren gleichzeitig erklingende Melodien.[489] Bei Rhythmus, Metrum und Tempo ist bei den Viertklässlern eine Verbesserung der Fähigkeit erkennbar, auf strukturelle Momente eines Musikstückes zu achten. Dies zeigt sich z. B. in dem Halten des Metrums[490] und der sicheren Unterscheidung von langsamen und schnellen Tempi[491]. Darüber hinaus beginnen Grundschüler, eine Sensibilität für Unterschiede zwischen musikalisch-stilistischen Eigenheiten unterschiedlicher Epochen zu entwickeln.[492] Im Bereich Rhythmus hatte Minkenberg bereits für Kinder von sechs bis neun Jahren nachgewiesen, dass diese einfache zweitaktige Modelle mit zwei verschiedenen Notenwerten nachklatschen konnten.[493] Mit zehn Jahren fangen die Kinder nach den Erkenntnissen von Davidson & Colley (1987) an, komplexe Rhythmen zu reproduzieren.[494] Mit dem Singen und Hören

---

486 Arlette Zenatti: »Children's musical cognition and taste«, in: T. J. Tighe & W. J. Dowling (Ed.), *Psychology and music. The understanding of melody and rhythm*, Hillsdale/N. J.: Erlbaum 1993, pp. 177–196.

487 Mary Louise Serafine: *Music as cognition. The development of thought in music*, New York: Columbia University Press 1988.

488 Marylin Pflederer: »The response of children to musical tasks embodying Piaget's principle of conservation«, in: *Journal of Research in Music Education*, vol. 12/1964, pp. 251–268.

489 Hrafnhildur R. Gudmundsdottir: »Children's auditory discrimination of simultaneous melodies«, in: *Journal of Research in Music Education*, vol. 47(2)/1999, pp. 101–110.

490 Mary Louise Serafine: *A measure of meter conservation in music based on Piaget's theory*, Diss. University Florida 1975.

491 Linda Patricia Young: *An investigation on young children's music concept development using nonverbal manipulative techniques*, Diss. Ohio State University 1982.

492 Vgl. Marius R. Campbell: »Musical Learning and the development of psychological processes in perception«, in: *Council for Research in Music Education*, bull. no. 107/1991, pp. 35–48. – Maria Manturzewska & Barbara Kaminska: »Human musical development«, in: A. Langen & W. Priel (Hg.), *Musik und Heilpädagogik*, Frankfurt/M.: Lang 1993, S. 221–250.

493 Vgl. Minkenberg: *Das Musikerleben von Kindern im Alter von fünf bis zehn Jahren*, S. 184f.

494 Lyle Davidson & Burt Colley: »Children's rhythmic development from age 5 to 7: Performance, notation, and reading of rhythmic patterns«, in: J. Craig Peery, I. Weiss Peery, T. W. Draper (Ed.), *Music and Child Development*, New York: Springer 1987.

von Musik geht für viele Kinder die Ausführung von Bewegungen einher. Aus Sicht der Forschung sind sie bereits im Alter von sechs bis neun Jahren in der Lage, das Metrum eines Musikstückes mit ihren Bewegungen zu koordinieren.[495] Sie passen sich dem Tempo der Musik an[496] und setzen unterschiedliche musikalische Parameter in freie Bewegungen um[497]. Erst im Anschluss an die geschilderten Vorstadien gelingt es den Kindern, etwa im Alter von zehn Jahren, auch einen korrekten Umgang mit künstlerischen Konventionen zu erwerben.[498] Ebenfalls in diesem Stadium erkennen sie die Klangfarbe von Instrumenten im Zusammenspiel mit anderen Klangeindrücken und treffen erste Unterscheidungen bei zusammenklingenden Instrumenten.[499]

Einen besonderen Akzent in der musikalischen Arbeit der Grundschulen ist nach wie vor der Umgang mit der eigenen Stimme. »Trotz aller musikpädagogischer Bemühungen, die unterschiedlichen musikalischen Lernbereiche gleichgewichtig zu behandeln, bildet [dieser Inhalt anhaltend ...] den Schwerpunkt musikalischer Aktivitäten im Musikunterricht der Grundschule.«[500] Nach Erkenntnissen von Manturzewska & Kaminska (1993) gelingt es vielen Kindern, im Alter von sieben bis neun Jahren ein Lied ohne Probleme zu intonieren, die jeweilige Tonart beizubehalten und gängige Musik zu reproduzieren.[501] Im Alter von acht Jahren endet die Entwicklung der Singfähigkeit und lässt sich nur noch mit Unterricht technisch weiterentwickeln. Nach Wassum (1980) sind 50 % der Kinder in der Lage, bereits im Alter von 10 Jahren intonationssicher zu singen.[502] Dass Jungen und Mädchen nicht erst im vierten Schuljahr stimmlich an ihre Grenzen stoßen und

---

495 Manturzewska & Kaminska: »Human musical development«, S. 221–250.

496 Rosamund Shuter-Dyson: »Psychologie musikalischen Verhaltens. Angloamerikanische Forschungsbeiträge«, in: S. Abel-Struth (Hg.), *Musikpädagogik. Forschung und Lehre*, Bd. 14, Mainz u. a.: Schott 1982.

497 Dazu gehört die körperliche Umsetzung der Tondauer, Lautstärke, des Rhythmus', der auftretenden Intervalle, des Tonhöhenverlaufs und der Kadenzen. Vgl. dazu Eliana Ferrara & Johannella Tafuri: »Kinetic patterns in children's responses to music«, in: I. Deliège (Ed.), *ESCOM Proceedings of the 3rd international conference for music perception and cognition*, Liège: Univ. of Liège 1994, pp. 328–330.

498 David J. Hargreaves: *The developmental psychology of music*, Cambridge: University Press 1986.

499 Gabriele Schellberg: *Zur Entwicklung der Klangfarbenwahrnehmung von Vorschulkindern*, Münster u. a.: LIT 1998. – Serafine: *Music as cognition*.

500 Peter Brünger: »Musik mit der Stimme«, in: *Grundschule* 1/1998, S. 25f.

501 Manturzewska & Kaminska: »Human musical development«, S. 221–250.

502 Sylvesta Wassum: »Elementary school children's concept of tonality«, in: *Journal of Research in Music Education*, vol. 28/1980, pp. 18–33.

aus den unterschiedlichsten Gründen sogar eine Abneigung gegen das Singen aufbauen, ist eine hinlänglich bekannte Tatsache.[503] Der Stimmwechsel (Mutation) trägt dazu nicht nur in physiologischer, sondern ebenso in psychologischer Weise bei.[504] In dieser Phase, in der durch die allgemeine Akzeleration pubertärer Abläufe die stimmphysiologischen Wachstumsvorgänge vorverlagert sind und sich immer häufiger bereits im Grundschulalter bemerkbar machen, sind die körperlichen Veränderungen der Kinder beiderlei Geschlechts auch stimmlich zu registrieren.[505] Die Jungen diesen Alters, von einigen Lehrern in der Zeit beginnender Mutation mit der abwertenden Bezeichnung »Brummer« bedacht[506], bilden eine sensible Gruppe und benötigen in Bezug auf sängerische Fähigkeiten eine besondere Zuwendung. Die Auffassung, Jungen in der Zeit ihres Stimmwechsels nicht singen zu lassen, ließ sich durch methodische Forschung bislang weder erhärten noch widerlegen. Erfahrungen zeigen, dass Jungen während der Zeit ihres Stimmwechsels ihre Stimme regelmäßig trainieren sollten, um die physiologischen Entwicklungsprozesse bewusst »stimmlich« mitzutragen. Bei Mädchen, bei denen sich die stimmlichen Veränderungen im Vergleich zu den Jungen nicht derart bemerkbar machen, verschafft sich der ansteigende Geschlechtshormonspiegel in anderen Unterrichtsfeldern sowie im Sozialverhalten Geltung.

Swanwick & Tillman (1986) steuerten, basierend auf ihren Forschungen, ein eigenes Modell der musikalischen Entwicklung bei, das spiralförmig angelegt ist und aus dem optisch recht deutlich hervorgeht, dass es nicht allen Kindern im Alter zwischen zehn und elf

503 Adam Kormann: »Die Angst vor dem Vorsingen«, in: Rudolf-Dieter Kraemer (Hg.), *Musikpädagogik. Unterricht – Forschung – Ausbildung*, 1991, S. 64–78.

504 Vgl. Thomas Pfützner: *Untersuchungen zum Stimmwechselverhalten bei Sängern eines Knabenchores*. Diplomarbeit Hochschule für Musik Dresden 2001. – Gerhard Schmidt-Gaden: *Wege der Stimmbildung für Kinder und Erwachsene*, Frankfurt/M.: Ed. Hieber im Allegra-Musikverlag 2006^2.

505 Nach Marianne Hassler ist die Pubertät eine Zeit »tiefgreifender Umbrüche.« Hassler: *Musikalische Begabung in der Pubertät*, S. 9–27. – Der Stimmwechsel wird bei Mädchen für das Alter von 10 bis 15 Jahren, bei Jungen von 12 bis 16 angenommen. Abweichungen, die mit der Vorverlagerung pubertärer Erscheinungsformen einhergingen, konnten in den vergangenen Jahren immer häufiger auch in Grundschuljahrgängen festgestellt werden.

506 Herbert Bruhn: »Hör auf zu singen – Du bist ja ein Brummer!«, in: Kraemer (Hg.), *Musikpädagogik. Unterricht – Forschung – Ausbildung*, 1991, S. 49–63.

Jahren gelingt, ihre musikalischen Erfahrungen zu reflektieren.[507] Sie untersuchten alterstypische Merkmale in musikalischen Kompositionen resp. Improvisationen von Kindern unterschiedlichen Alters und banden sie in ihr theoretisches Modell ein:

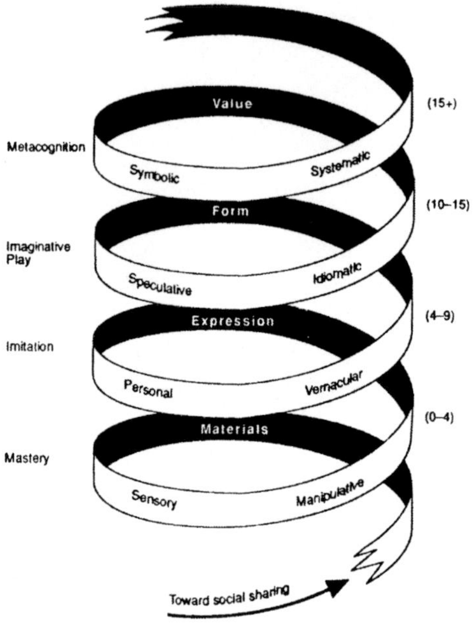

Abb. 3: Spiralmodell der kognitiven Entwicklung nach Swanwick & Tillman (1986)

Dabei stellten sie fest, dass Probanden im Kleinkindalter die Beherrschung von unterschiedlichen Dingen lernten (Mastery). Zwischen dem vierten und neunten Jahr glichen sich die spontanen Imitationen der Kinder in Melodik, Rhythmik und Ordnung der musikalischen Modelle an die gewählten Vorbilder an (Imitation). In der anschließenden Phase zwischen zehn und fünfzehn Jahren wurde das spielerische Abweichen von erlernten Konventionen erreicht (Imaginative play), und erst ab fünfzehn Jahren setzte die Fähigkeit zur metakognitiven Reflexivität ein, zur Artikulation musikalischer Werte und Denkweisen (Metacognition). Einschränkend muss bemerkt werden, dass für die vorliegende Studie das aufgezeigte Modell nicht unreflek-

[507] Swanwick & Tillman 1986, zit. nach Gembris: *Grundlagen musikalischer Begabung und Entwicklung*, S. 250–254.

tiert als Basis dienen kann. Swanwick & Tillman arbeiteten mit rein musikalischen Elementen, indem sie Kompositionen und Improvisationen auswerteten. Im Hinblick auf die Schülerinterviews der qualitativ-hermeneutischen Studie (Kap. II. 3) bleibt zu klären, ob sich die Antworten durch Reflexivität auszeichnen, da die Erhebung zunächst subjektive Einstellungen und Eindrücke fokussiert. Wichtig im Hinblick auf greifbare Ergebnisse wird dabei sein, die Schülerreaktionen vorwiegend als Anregungen zu verstehen, und erst, wenn sich diese Tendenzen in Form mehrerer Antworten erhärten lassen, wird von zuverlässigeren Informationen ausgegangen werden können.

Zusammenfassend muss betont werden, dass sich die musikalische Wahrnehmungsfähigkeit und die Ausübung musikalischer Fähig- und Fertigkeiten bei jedem Kinde entwickelt, jedoch in unterschiedlicher Ausprägung und Geschwindigkeit. Es steht zu vermuten, dass musikalische Fähigkeiten und Eigenschaften angeboren sind[508] und im Laufe der Entwicklung der Kinder hervor- oder zurücktreten, je nachdem, wie sie durch das direkte erzieherische Umfeld angesprochen werden. Die Förderung dieser Anlagen im Kontext Grundschule ist daher unabdingbar, nicht nur um ein Interesse an späteren musikalischen Tätigkeiten zu erhalten. Die Erkenntnis, dass Musik auf die neurobiologische Entwicklung der Kinder Einfluss nimmt, ist jüngeren Forschungsansätzen zu verdanken. Zwar ist für diesen Bereich noch starker Erkenntnisbedarf anzumelden, jedoch gehen wissenschaftliche Untersuchungen mittlerweile davon aus, dass Gehirnfunktionen mit Hilfe von Musik angeregt und unterstützt werden können.[509] Nach Jäncke stützen aktuelle Befunde die These, dass kognitionsfördernde Effekte der Musik nach dem heutigen Stand der Forschung zumindest nicht mehr abzustreiten sind. Mit diesem Gedanken schließt sich der

---

508 Nach Heiner Gembris sind »einige Grundformen melodischer Gesten und ihr emotional-kommunikativer Ausdruck […] offenbar angeboren und interkulturell anzutreffen«. Gembris et al.: Art. »Musikalität«, Sp. 889.

509 Vgl. dazu den Forschungsansatz bei Hassler: *Musikalische Begabung in der Pubertät*. – Menon & Levitin gehen davon aus, dass gern gehörte Melodien bestimmte Gehirnareale stimulieren, die dafür zuständig sind, den Körper mit angenehmen Gefühlen zu »belohnen«. Vgl. Vinod Menon, Daniel J. Levitin et al.: »The rewards of music listening: Response and physiological connectivity of themesolimbic system«, in: *NeuroImage*, 28(1)/2005, pp. 175–184. – Zu den Ergebnissen neurobiologischer Forschung vgl. auch die Erkenntnisse der Forschungsgruppen um Eckhart Altenmüller (Institut für Musikphysiologie und Musikermedizin an der Hochschule für Musik und Theater Hannover), Lutz Jäncke (Institut für Neuropsychologie der Universität Zürich) und Manfred Spitzer (Klinik für Psychiatrie und Psychotherapie des Universitätsklinikums Ulm).

Bogen zu der kognitiven Entwicklung und der Sprachentwicklung der Grundschulkinder, die zu Beginn des Kapitels thematisiert wurden. Die wechselseitige Unterstützung musikalischer und sprachlicher Elemente hatte bereits Marianne Hassler bestätigt, als sie für ihre Untersuchungen bekannte:

> Wir haben über die gesamte Zeit mit statistischen Prüfverfahren einen hohen Zusammenhang zwischen der Dauer des Instrumentalunterrichts und a) der musikalischen Allgemeinbegabung, und b) sprachlichen und räumlichen Fähigkeiten herausgefunden.[510]

Die Leistung der Sprache für ein Verständnis musikalischer Wahrnehmungsprozesse war für Günther Kleinen bereits vor einigen Jahren offensichtlich.[511] Insgesamt ist der Einfluss von Musik auf den Spracherwerb für viele Pädagogen erkennbar, allerdings sind noch zahlreiche Fragen ungeklärt.[512] Man darf gespannt sein auf neue Beiträge aus Forschung[513] und Unterrichtspraxis[514], die die Zusammenhänge von Musik, Sprache und kognitiven Implikationen erschließen, um sich dem Entwicklungsstand des Grundschulkindes weiter anzunähern.

---

510 Hassler: *Musikalische Begabung in der Pubertät*, S. 116f.

511 Günter Kleinen: »Die Leistung der Sprache für ein Verständnis musikalischer Wahrnehmungsprozesse«, in: K.-E. Behne, G. Kleinen & H. de la Motte-Haber, *Musikpsychologie. Jahrbuch der deutschen Gesellschaft für Musikpsychologie*, Bd. 14, Göttingen: Hogrefe 1999, S. 52–68.

512 Einen richtungweisenden Forschungsbeitrag lieferte beispielsweise Daniela Laufer: *Untersuchungen zur Transferwirkung der Musik auf die sprachlichen Leistungen von Menschen mit geistiger Behinderung*, Köln: Dohr 1995.

513 Vgl. z. B. Eva Mittmann: *Musikalische Potenziale hörgeschädigter Kinder. Musikunterricht im Grundschulalter und dessen Einfluss auf Stimmentwicklung und Spracherkennungsfähigkeiten*, Diss. Goethe-Universität Frankfurt, in Vorbereitung.

514 Im März 2008 wurde an der Goethe-Universität Frankfurt/M. der Praxistag »Musik und Sprache« für Erzieher/-innen und Grundschullehrkräfte veranstaltet. Dieser beinhaltete einen themenspezifischen Vortrag, Anwendungsbeispiele und unterschiedliche Workshops. Vgl. Magnus Gaul (Hg.): *Zukunftsmusik. Förderung musikalischer Potenziale in Kindergarten und Grundschule*, Mainz u. a.: Schott 2009. – Veranstaltungen dieser Art dürften auch in Zukunft auf pädagogisch fruchtbaren Boden fallen, da sich die Arbeitsfelder »Kindertagesstätte« und »Schule« wechselseitig bedingen.

»Daß Unterricht dadurch entsteht, daß Lehrer und Schüler interagieren, ist etablierte Erkenntnis der Schulpädagogik und Didaktik.«[515] Betrachtet man jedoch die Unterrichtsforschung im Fach Musikpädagogik, so ist auffällig, dass in den unterschiedlichsten Beiträgen immer wieder die Unterrichts*inhalte* thematisiert werden. Dieser Ansatz hat seine Berechtigung, und für die Weiterentwicklung didaktischer Zugänge zum Unterricht bleibt er notwendig. Empirische Untersuchungen, die die Sicht der Schüler/-innen oder der Lehrkräfte im Musikunterricht zum Ausgangspunkt nehmen, sind dagegen vergleichsweise selten.[516] Damit wird eine wesentliche Möglichkeit verschenkt, Strukturelemente aus anderer Perspektive zum Musikunterricht zu erfahren. Denn die Schüler/-innen und Lehrer/-innen sind diejenigen, die am Unterrichtsgeschehen unmittelbar beteiligt sind und daher am besten über die beteiligten Faktoren Auskunft geben können.[517] Gegenüber dem Forscher, der keinen direkten Einblick in die individuellen Lehr-/Lern-Prozesse der Individuen hat, da der Unterricht üblicherweise in einem geschlossenen Rahmen stattfindet, zeichnet sie in

515 Meinert A. Meyer & Silke Jessen: »Schülerinnen und Schüler als Konstrukteure ihres Unterrichts«, in: *Zeitschrift für Pädagogik* 46(5)/2000, S. 711. – Der Beitrag stellt an einer Englisch-Unterrichtsstunde aus der gymnasialen Oberstufe einige Möglichkeiten der Schülermitbeteiligung vor und gibt zu erkennen, dass die Einbeziehung der Schülersicht in unterrichtliche Belange in allen Fächern und Schulformen möglich ist.

516 Vgl. dazu Jörg Berndt: »Schule aus der Sicht der Schüler: Lernort oder Arbeitsplatz?«, in: J. Berndt, D. W. Busch & H. G. Schönwälder (Hg.), *Schul-Arbeit. Belastung und Beanspruchung von Schülern*, Braunschweig: Westermann 1982, S. 12–29. – Hans Günther Bastian: »Musikunterricht im Schülerurteil. Ergebnisse und Konsequenzen aus qualitativer und quantitativer Forschung«, in: U. Günther & S. Helms (Hg.), *Schülerbild – Lehrerbild – Musiklehrerausbildung*, Essen: Die Blaue Eule 1992, S. 112–137. – An anderer Stelle zitiert Kraemer eine im Auftrag des Bayerischen Lehrerinnen- und Lehrerverbandes (BLLV) durchgeführte Befragung zum Thema »Disziplinlosigkeit im Unterricht« (Salz 1996), die anhand einer kleineren Stichprobe (N = 138) belegt, dass Lehrer/-innen in den letzten Jahren wesentlich häufiger mit Verhaltensauffälligkeiten von Schülern konfrontiert werden, von denen sie glauben, dass sie auf gesellschaftliche Veränderungen zurückzuführen sind. Vgl. Rudolf-Dieter Kraemer: *Musikpädagogik – eine Einführung in das Studium*, Augsburg: Wißner 2004, S. 223ff.

517 Es versteht sich von selbst, dass der in einer Klasse unterrichtende Pädagoge einen Einblick in die spezifische Lernsituation hat. Durch Praxisforschung ist beabsichtigt, über ein vorwissenschaftliches Interesse hinaus zu allgemein gültigen und verwertbaren Aussagen zu gelangen.

der Regel die aktive Partizipation aus. Praxisforschung zu betreiben, ist unabdingbar im Hinblick auf einen Unterricht, der Schüler/-innen interessiert und der nicht abseits der Schülererwartungen liegt. Christoph Richter spricht zu Recht von einer »den Unterricht begründenden Trias Mensch – Sache – Vermittlung«[518], wenn er den Vermittlungsprozess von Lehrenden und ausübenden Musikern näher beleuchtet. Denn um ein passendes Angebot zu entwerfen, ist es notwendig, sowohl den »Musikunterricht an den Bedürfnissen der Schüler [zu] orientieren«[519] als auch »die vielfältigen Lern- und Lebensstrategien der Kinder, Jugendlichen oder Erwachsenen [... zu] erkunden.«[520] Darüber hinaus ist diese Forderung nicht nur auf einen »didaktisch-methodischen Ansatzwert« ausgerichtet, sondern ebenso auf einen »erzieherischen Zielwert«.[521] Die am Unterricht beteiligten Individuen – Lehrer/-innen und Schüler/-innen – sind bisher kaum Gegenstand wissenschaftlicher Auseinandersetzung gewesen, obwohl ihr Anteil am Unterrichtsgeschehen und am Vermittlungsprozess essenziell ist. Viele Veröffentlichungen zur Unterrichtsforschung blenden die Existenz menschlicher Beteiligung am Unterrichtsgeschehen zugunsten fachlicher Problematiken aus. Zwar wird eingeräumt, dass die Unterrichtsinhalte komplexen Vermittlungsprozessen unterliegen, jedoch wird die am Unterricht beteiligte Variable »Mensch« in den wenigsten Untersuchungen thematisiert. Pointiert gesagt: Die Didaktik tut so, als wäre die Variable »Mensch« nicht existent oder als wäre sie bereits erforscht.[522] Zu bedenken ist jedoch die Tatsache, dass »der Schüler [...] nach heutigen Fachkonzepten keine objektiv normierte Größe mehr [ist], sondern ein Individuum mit persönlichen Erfahrungen und Interessen.«[523]

---

518 Richter, Ehrenforth & Mahlert: Art. »Musikpädagogik«, Sp. 1461.

519 Vgl. Gruhn: *Lernziel Musik*, S. 51–53.

520 Annedore Prengel: »Perspektivität anerkennen. Zur Bedeutung von Praxisforschung in Erziehung und Erziehungswissenschaft«, in: Friebertshäuser & Prengel (Hg.), *Handbuch Qualitative Forschungsmethoden*, S. 601. – Vgl. dazu auch Maria Fölling-Albers & Martina Wandelt: »Kindsein – wie Kinder es sehen«, in: Fölling-Albers, *Veränderte Kindheit*, 1989, S. 18–27.

521 Antholz: »Der Schüler – der findet gar nicht statt«, 1984, S. 126.

522 Auffällig ist, dass im Kompendium der Musikpädagogik, einem umfassenden Überblickswerk zur Einführung und Vertiefung in musikpädagogische Fragestellungen, bezeichnenderweise kein Kapitel der Variable »Mensch« explizit gewidmet ist. Vgl. Siegmund Helms, Reinhard Schneider & Rudolf Weber: *Kompendium der Musikpädagogik*, Kassel: Gustav Bosse 2004[3].

523 Bastian: Art. »Schüler«, S. 237–239.

Im Folgenden wird der aktuelle Forschungsstand im Hinblick auf Arbeiten systematisch erfasst, die sich Fragestellungen nach den Individuen, die das Unterrichtsgeschehen konstituieren, verpflichtet fühlen. Obwohl die Aufstellung zahlreiche Beiträge aus dem Bereich Musik aufweist, ist auffällig, dass dieser Forschungsansatz noch nicht in der Form fachlich etabliert ist wie beispielsweise bei Arbeiten, die erziehungswissenschaftlich motiviert sind.[524] Und das ist nicht verwunderlich. Schließlich gehört der Blick auf die Lehrenden und Lernenden und der damit implizierte Perspektivenwechsel zum Alltagsgeschäft der Lehr-/Lernforschung, sei es in der ersten, der zweiten sowie in der dritten Phase der Lehrerausbildung.[525] In jedem Falle können die unterschiedlichsten Ansätze von Unterrichtsforschung, die Fachdidaktiken oder wie man auch immer den Ausgangspunkt einer wissenschaftlichen Untersuchung verorten mag, einen Beitrag zur Gesamtsicht schulischen Unterrichtens leisten und zur Erschließung vielfältiger »Schülerwelten« beitragen. Im Anschluss werden einige Arbeiten aufgeführt, die im Hinblick auf die Erforschung der Individuen, die am Unterrichtsgeschehen beteiligt sind, wichtige Pionierarbeit leisteten. Ohne eine Vollständigkeit beanspruchen zu wollen, seien die zitierten Quellen vornehmlich dazu gedacht, den Ansatz personenbezogener Forschung näher zu erläutern und seine Tragweite bzgl. gezielter Fördermaßnahmen im Grundschulunterricht zur Diskussion zu stellen.

---

524 Die Perspektive der Schüler wird in erziehungswissenschaftlichen, aber auch in unterschiedlichen fachdidaktischen Arbeiten bereits seit den 1970er Jahren thematisiert und gehört damit längst zu den alltäglichen Fragestellungen, sei es in der Grundschuldidaktik oder der (pädagogischen) Psychologie. Hinzuweisen sei an dieser Stelle auf die Fülle pädagogisch fruchtbarer Untersuchungen, die seit dieser Zeit entstanden sind. Vgl. Eva Gläser: »Von der Orientierung am Kind zur Perspektivität von Kindern. Ein didaktisches Prinzip des Sachunterrichts im Wandel«, in: Petillon, *Individuelles und soziales Lernen in der Grundschule*, 2002, S. 153–160. – Ilona K. Schneider: »Wirkungen des Erziehungsverhaltens von Lehrerinnen aus der Sicht von Grundschulkindern«, in: Petillon, *Individuelles und soziales Lernen in der Grundschule*, 2002, S. 169–176.

525 Die erste Phase der Lehrerausbildung beinhaltet das Studium an einer Universität, Pädagogischen Hochschule oder Musikhochschule. Die zweite Phase bezeichnet die Lehramtsanwärterzeit im Referendariat, die ihren Abschluss mit der Zweiten Staatsprüfung findet. Die dritte Phase schließlich umfasst das vielfältige Fort- und Weiterbildungsangebot, das den Lehrern parallel zu ihrer beruflichen Tätigkeit das Kennenlernen neuer fachlicher Perspektiven ermöglicht.

Auf die Tatsache, dass Kindheit im Vergleich zu früheren Jahren einem starken Wandel unterworfen ist und sich heute anders präsentiert, als sie viele Lehrkräfte aus ihrer eigenen Biographie kennen, wurde bereits mehrfach hingewiesen.[526] Die Gründe dafür sind vielschichtig und haben nicht nur ihre Auswirkungen auf das Schulleben insgesamt, sondern ebenso auf die Perspektive der Kinder, die am schulischen Unterricht teilnehmen. Um das erzieherische Wirken und die fachdidaktischen Modelle näher auf die Schüler/-innen einzustellen, ist es erforderlich, sie mit Hilfe der »betroffenen« Kinder zu erforschen, d. h. diese nach ihren Problemen, Bedürfnissen, aber ebenso nach ihren Einstellungen und Interessen zu befragen.[527] Auf diese Notwendigkeit haben bereits einige Forscher früh reagiert, indem sie versuchten, Schule aus der Perspektive des Schülers zu rekonstruieren, um deren Sicht auf die Lehrkraft und den Unterricht konkreter zu bestimmen.[528] Das Interesse am Schüler und die Rückbesinnung auf reformpädagogisches Gedankengut führten in den 1970er- und 1980er-Jahren überdies dazu, sich stärker für den Arbeitsprozess der Schüler/-innen an allgemein bildenden Schulen zu interessieren. Diese ersten Ansätze zur Erforschung von »Schul-Arbeit« im weitesten Sinne sind aus heutiger Sicht wertvoll, da sie eine Belastung von Kindern dokumentieren, die in jeder Art von Unterricht geschieht. In der Planung sollten sie daher nicht unterschätzt werden, um Lernprozesse effektiv zu gestalten und das Motivationsgefüge dauerhaft zu erhalten. Für Jörg Berndt bedeutet »schulisches Lernen [...] Vollzeit-Arbeit«[529], da die Schüler/-innen in intensiver Art und Weise gefordert sind. Viele Erwachsene ordnen ein »Gefordert-Sein« ihrer eigenen Berufstätigkeit zu, gehen jedoch keinesfalls so weit, dass sie dem schulischen Unter-

---

526 Vgl. dazu auch Fölling-Albers: »Kinder heute – aus der Sicht von Lehrerinnen und Lehrern«, in: Fölling-Albers, *Veränderte Kindheit*, 1989, S. 126–133. – Dies.: *Schulkinder heute. Auswirkungen veränderter Kindheit auf Unterricht und Schulleben*, Weinheim/Basel: Beltz 1992.

527 Bastian unterscheidet zwischen subjektiven Schülerinteressen, die als Handlungsziele den Schülern bewusst sind, und objektiven Schülerinteressen, die »als überindividuell gültige Handlungsmotive und Bedürfnisstrukturen zu verstehen« sind. Vgl. Bastian: Art. »Schüler«, S. 237.

528 Vgl. Hanns Petillon: *Der Schüler. Rekonstruktion der Schule aus der Perspektive von Kindern und Jugendlichen*, Darmstadt: WBG 1987. – Ders.: *Das Sozialleben des Schulanfängers. Die Schule aus der Sicht des Kindes*, Weinheim: PVU 1993.

529 Berndt: »Schule aus der Sicht der Schüler: Lernort oder Arbeitsplatz?«, S. 20.

richt eine ähnliche Belastung zuschreiben. In Berndts Arbeitszeitanalyse schlagen sich zahlreiche Faktoren nieder, die den Schulalltag der Kinder begleiten. Er kommt zu dem Ergebnis, dass bei einer »Faktorenkomplexion« (Abel-Struth) dieser Art »Erwachsenenarbeit und schulisches Lernen zahlreiche strukturelle Ähnlichkeiten« aufweisen.[530] Zudem seien »beruflicher und schulischer Erfolg [...] von ähnlicher Bedeutung für Selbstgefühl und Wohlbefinden, soziales Ansehen und materiellen Lebensstandard.«[531] Diesem Entwurf soll im Folgenden nachgegangen werden. Wie aus dem Belastungs-/Beanspruchungsmodell erkennbar (Abb. 4), ist der Schüler, der sich im Zentrum schulischer Einflüsse befindet, in erheblichem Maße unterschiedlichen Mechanismen der Reizverarbeitung ausgesetzt.

In der Regel steht der Heranwachsende zwischen Belastung und Beanspruchung. Seine genetische Ausstattung, die körperliche Verfassung, die Persönlichkeitsstruktur, seine Entwicklungsgeschichte sowie die außerschulischen Lebensbedingungen wirken auf die Persönlichkeit ein und prägen die Handlungsweisen im Unterricht. Die Beanspruchung, die daraus entsteht, wirkt zum einen durch Erfolgs-, Lern- und Trainingsmechanismen auf die außerschulischen Lebensbedingungen, die Persönlichkeitsstruktur und die körperliche Verfassung zurück, zum anderen führt sie erneut über Leistung zur Belastung und wird im Anschluss von außen durch die Selektionsfunktion reguliert. Das Verhalten schließlich, das durch Beanspruchung ausgelöst wird, führt darüber hinaus zu Interaktionen, die wiederum in unterschiedliche Formen der Belastung einmünden. Auffallend an Berndts Belastungs-Beanspruchungs-Konzept ist die Tatsache, dass es sich um ein geschlossenes Modell mit zahlreichen persönlichkeitsbestimmenden Variablen handelt. Schülerinnen und Schüler befinden sich mit ihren Reizmechanismen hier in einem Kreislauf, aus dem sie nur schwer ausbrechen können. Das Modell sieht ein Ventil für Misserfolge, die die unterschiedlichsten Ursachen haben können, nicht vor. Für den Einzelnen bedeutet es, dass die zu vollziehenden schulischen Tätigkeiten, die in der Regel unter räumlicher und zeitlicher Bindung ausgeführt werden, vorgegeben sind und nur wenige Spielräume offen halten. Darüber hinaus sind bereits Anforderungen an die Ergebnisse dieses Schülerverhaltens formuliert, die im Falle von überdurchschnittlichen Leistungen eine Belohnung, im Falle von Nicht-Erfüllung Sanktionen vorsehen.

---

530 Berndt: »Schule aus der Sicht der Schüler«, S. 12.

531 Ebd.

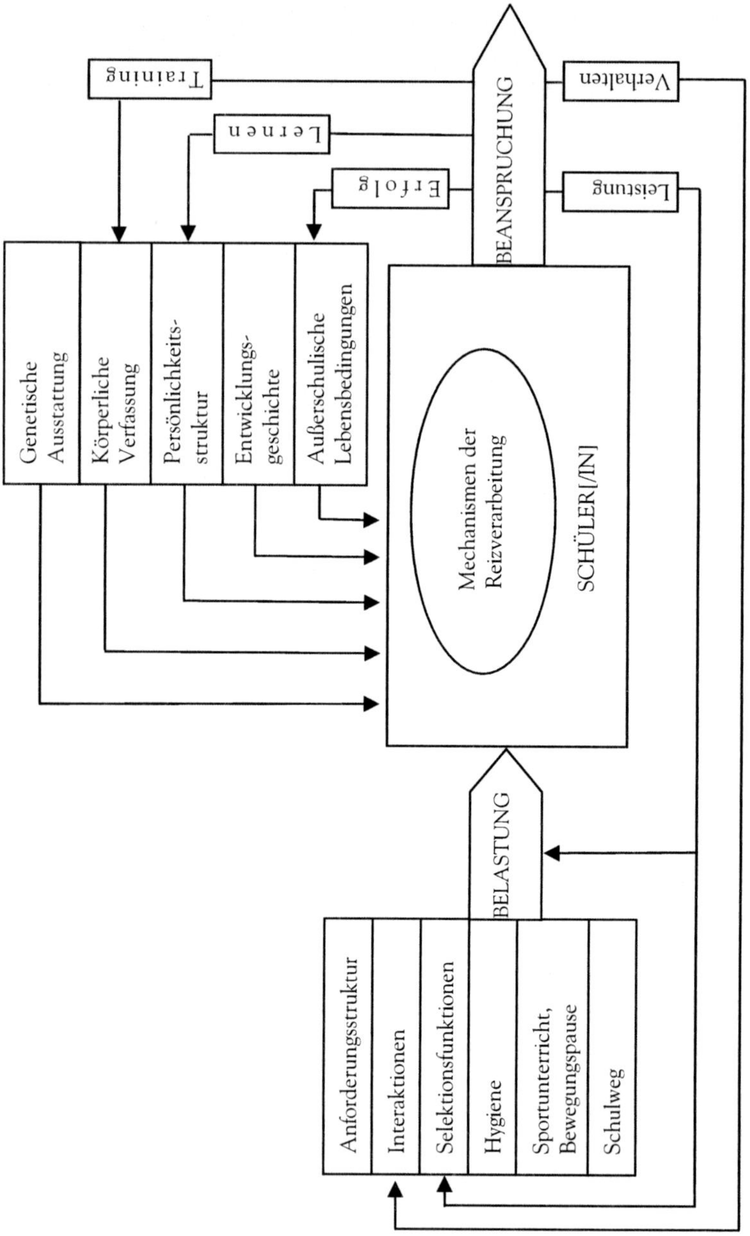

Abb. 4: Das Belastungs-Beanspruchungs-Konzept in der für die Analyse der Schülerbeanspruchung modifizierten Form[532]

[532] Vgl. Berndt, Busch & Schönwälder: *Schul-Arbeit*, S. 9.

Diese Einschränkungen persönlicher Handlungsmuster beanspruchen die Schüler in hohem Maße und lösen bei ihnen physische und psychische Reaktionen aus, die zu akuten und langfristigen Veränderungen in ihrem Verhalten führen können. Die Schulumgebung, die in Unterrichtsräumen und Pausehöfen vielerorts alles andere als die Motivation und Kreativität der Schüler anspricht[533], hat an dieser Entwicklung einen entscheidenden Anteil, und es muss vermutet werden, dass sie sich in vergleichbarer Weise auf Lernergebnisse der Schüler auswirkt. Über derartige Belastungen können die Pädagogen, die die Schülerleistungen zu bewerten haben, nur Mutmaßungen anstellen. Für Berndt ergibt sich als Konsequenz »die Frage nach der Zufriedenheit mit der Arbeit«[534], die die entstehenden Leistungen in einen Zusammenhang einreiht und die Schülerreaktionen mit zusätzlichen Informationen zu erläutern vermag. Dazu jedoch müssen sich »die Betroffenen selbst äußern.«[535] Die Einlösung dieser Prämisse hat sich die vorliegende Untersuchung zum Ziel gesetzt, da nur in beschriebener Vorgehensweise eine Offenheit im Unterricht erreicht werden kann, die das bei den Schülern vorhandene Potenzial fördert und nicht blockiert. Der Ansatz fühlt sich ebenfalls einem Verständnis von Unterrichtsforschung verpflichtet, das sich als unabdingbarer Beitrag für eine effektive Unterrichts*praxis* versteht.

Im schulischen Fächerkanon bietet der Musikunterricht ein hilfreiches Forum, den Schüler als Mittelpunkt der Forschung zu sehen, denn hier treffen die Freizeitinteressen der Kinder in ihrem medial überrepräsentierten Angebot und die Erwartungen der Institution Schule unvermittelt aufeinander. Eine Vermittlung zwischen diesen scheinbar unvereinbaren Positionen scheint zunehmend schwieriger geworden zu sein, da die Interessen und die Expertisen der Kinder durch die Wissensexplosion in unserer Informationsgesellschaft, die eine zunehmende »Technisierung der Kinderzimmer« nach sich zieht, mittlerweile unüberschaubare Ausmaße angenommen haben. Die Ausbildung und Fortbildung von Lehrkräften konnten bislang darauf nur in Ansätzen reagieren.[536] Die Folge ist ein Unterricht, der die Schüler zu wenig an Unterrichtsinhalten[537] und an der methodischen

---

533 Vgl. Oerter: »Schule als Umwelt«, S. 234–243.

534 Berndt: »Schule aus der Sicht der Schüler«, S. 14.

535 Ebd.

536 Günther: »Ist der Musikunterricht in der Grundschule noch zu retten? Erfahrungen mit der Fortbildung von Klassenlehrern«, 1997, S. 297–311.

537 Antholz hatte bereits vor Jahren ein höheres Maß an Schülerorientierung gefordert. Aufgrund der nach wie vor defizitären Ausbildung von Musiklehrern im

Aufbereitung des Unterrichtsstoffes[538] beteiligt. Stattdessen orientiert er sich nach dem Empfinden der Lernenden zu sehr an den Richtlinien, die der amtliche Lehrplan vorgibt.[539] Schülerinteressen sind dabei anhaltend der Gefahr ausgesetzt, dass sie aufgrund stofflich überfrachteter Rahmenplanvorgaben mehr und mehr aus dem Blickfeld der (Musik-)Pädagogen geraten. Da die Kinder jedoch an den Musikunterricht spezifische Erwartungen knüpfen, geht dieser Prozess an ihnen nicht unbemerkt vorüber, schließlich handelt es sich bei Musik um eine Disziplin, die sie im schulischen Kontext als unbedingt notwendig erachten.[540] Werden die Erwartungen aus Sicht der Schüler nicht erfüllt oder erlaubt das Unterrichtsgeschehen zu große Freiheiten, tendieren viele dazu, ihrer Unzufriedenheit durch Störungen Luft zu machen.[541] Die lohnenswerte Aufarbeitung von Ursachen für dieses Schülerverhalten legitimiert sich durch das Interesse an effektiven Unterrichtsformen und erweist sich aus dem gleichen Motiv als drin-

---

Grundschulbereich muss diese Forderung auch in heutigen Tag ernst genommen werden. Vgl. Antholz: »Der Schüler – der findet gar nicht statt«, 1984, S. 124ff.

538 Vgl. Maria Luise Schulten: »Schülerwünsche zu Unterrichtsmethoden im Musikunterricht«, in: Klaus-Ernst Behne (Hg.), *Musikpädagogische Forschung. Einzeluntersuchungen*, Laaber: Laaber-Verlag 1980, S. 96–111. – Dies.: »Welche Unterrichtsmethoden wünschen sich Schüler? Ergebnisse einer empirischen Untersuchung«, in: Karl Heinrich Ehrenforth (Hg.), *Musikerziehung als Herausforderung der Gegenwart*, 1981, S. 334–347.

539 Günter Kleinen: »Über kulturelle Differenz: Schülererwartungen gegen offiziellen Lehrplan«, in: Bastian & Kreutz (Hg.), *Musik und Humanität*, 2003, S. 62–72.

540 Hans Günther Bastian: »Musikunterricht – Musikkultur. Eine Befragung 13- bis 16jähriger«, in: K. H. Ehrenforth (Hg.), *Schulische Musikerziehung und Musikkultur*, Mainz u. a.: Schott 1983, S. 56–68. – Ders.: »Schüler und Musikunterricht. Neue Daten zu alten Fragen an 13–16jährige«, in: *MuB* 1/1985, S. 34–46. – Ders.: »Musikunterricht im Schülerurteil. Ergebnisse und Konsequenzen aus qualitativer und quantitativer Forschung«, in: U. Günther & S. Helms (Hg.), *Schülerbild – Lehrerbild – Musiklehrerausbildung*, Essen: Die Blaue Eule 1992, S. 112–137 (vgl. hier auch die durch die Schüler vorgenommene Bewertung der Musiklehrer und des Musikunterrichts, S. 121f.). – Herbert Hagstedt & Martin Hildebrand-Nilshon (Hg.): *Schüler beurteilen Schule*, Düsseldorf: Schwann 1980.

541 Vgl. Rudolf-Dieter Kraemer: »Unterrichtsstörungen im Fach Musik. Der mühsame Beginn eines Forschungsprojektes«, in: Kreutz & Bähr, *Anstöße – Musikalische Bildung fordern und fördern*, 2004, S. 41–52. – Daniel Mark Eberhard: »Unterrichtsstörungen im Fach Musik aus Sicht von Schülerinnen und Schülern. Zwischenbericht eines Forschungsprojekts an der Universität Augsburg«, in: W. Pfeiffer & J. Terhag (Hg.), *Schülerorientierter Musikunterricht – Wunsch und Wirklichkeit*, Oldershausen: Lugert-Verlag 2006, S. 271–285. – Matthias Harnitz: »Lehren und Lernen im Schatten von Konflikten. Ergebnisse einer empirischen Studie zum Musikunterricht«, in: *MuB* 3/2000, S. 20–27.

gend erforderlich. Gefragt wird in heutigen Forschungsarbeiten jedoch noch viel zu selten nach Musikpräferenzen von Grundschulkindern[542], nach spezifischen Vorlieben und musikalischen Fähigkeiten im schulinternen Musizieren[543], nach physischen und psychischen Momenten im Vermittlungsprozess.[544] Einen wichtigen Ansatz in der Erforschung subjektiver Erfahrungsmomente bilden Hans Günther Bastians Biographiestudien von 1989 und 1991, in denen er inhaltlich und methodisch Wege aufzeigt zur Annäherung an die musikalische Erfahrungswelt von Jugendlichen.[545] Sein Plädoyer für musikpädagogische Biographieforschung[546] blieb in den folgenden Jahren nicht ungehört und ließ eine Reihe fundierter wissenschaftlicher Untersuchungen folgen, die sich ebenfalls einem qualitativen Ansatz verschrieben. Dabei kamen mannigfache Arbeiten zustande, die sich thematisch nicht unbedingt auf »die Schülerin/den Schüler« als Forschungsgegenstand oder »die Lehrerin/den Lehrer« konzentrierten, sondern auch die vorhandenen Überschneidungsfelder in der unterrichtlichen Interaktion abdeckten.

Neben Inhalts-, Methoden- und Handlungsinteressen bedürfen die Kinder gerade im (Musik-)Unterricht der Grundschule einer Lehrerpersönlichkeit, die selbst zu musizieren versteht, die mit Begeisterung für die fachlichen Inhalte wirbt und mit persönlichem Engagement den Lehrberuf als »Berufung« vertritt. Viele dieser Perspektiven treten zu Tage, wenn man Abstand nimmt von einem Lehrerbild, das von Allwissenheit, Enthusiasmus und beruflicher Zufriedenheit geprägt ist. Stellt man Lehrerinnen und Lehrer in den Mittelpunkt der

542 Vgl. Maria Luise Schulten: *Musikpräferenz und Musikpädagogik. Ein Beitrag zur musikpädagogischen Grundlagenforschung*, Frankfurt/M. u. a.: Peter Lang 1990. – Gabriele Schellberg & Heiner Gembris: »Musikalische Vorlieben von Grundschulkindern für Klassik, Neue Musik und Popmusik«, in: Hermann J. Kaiser (Hg.), *Musikpädagogische Forschung in Deutschland. Dimensionen und Strategien*, Essen: Die Blaue Eule 2004, S. 37–46.

543 Bähr: *Zur Entwicklung musikalischer Fähigkeiten von Zehn- bis Zwölfjährigen.*

544 Vgl. Katarzyna Grebosz: *Der Einfluss musikalischer Ausbildung auf die Entwicklung der Psyche von Kindern. Eine empirische Untersuchung an drei unterschiedlichen Grundschulen in Polen*, Diss. Universität Mozarteum Salzburg 2006.

545 Hans Günther Bastian: *Leben für Musik. Eine Biographie-Studie über musikalische (Hoch-)Begabungen*, Mainz u. a.: Schott 1989. Siehe darin das Kap. »Schule – Musiklehrer – Musikunterricht«, S. 329ff.

546 Hans Günther Bastian: »Dem Leben auf der Spur. Ein Plädoyer für musikpädagogische Biographieforschung. Methodische und methodologische Überlegungen am Beispiel des themenzentrierten narrativen Interviews«, in: R.-D. Kraemer (Hg.), *Musikpädagogik. Unterricht – Forschung – Ausbildung*, 1991, S. 208–220.

Forschung, ergeben sich neue Sichtweisen auf ihre Person und ihre erzieherische Tätigkeit in der Klasse, ein Forschungsansatz, der im Anschluss anhand unterschiedlicher Beispiele vorgestellt werden soll.

4.2 Lehrerinnen und Lehrer im Mittelpunkt der Forschung

In der Grundschularbeit sind für das Unterrichtsgeschäft vor allem die Klassenlehrerinnen und -lehrer zuständig, die mehrere Fächer unterrichten und für die »pädagogische Betreuung« der Grundschulkinder verantwortlich sind.[547] Da Musik nur bei wenigen Grundschulpädagogen zu den Disziplinen gehört, die sie an einer Universität, Musikhochschule oder Pädagogischen Hochschule studiert haben, unterrichten die meisten auf diesem Gebiet fachfremd oder legen keinen besonderen Wert auf die Integration musikalischer Elemente in ihre Unterrichtsarbeit. Unberührt bleibt für letztgenannte Lehrkräfte das Angebot bestehen, sich der Erarbeitung von Liedern und Tänzen in Lehrer-Fortbildungsangeboten zu nähern, um sich eine zusätzliche Kompetenz für ihre Arbeit in den Klassen zu erarbeiten.[548] Für die Grundschule ergibt sich daher in Bayern kein einheitliches Berufsbild des Musiklehrers, da sich zum einen sehr viele Fachlehrer/-innen finden, die ihre Ausbildung noch an Pädagogischen Hochschule abgelegt hatten, zum anderen aber viele universitär ausgebildete Pädagogen, deren studierte Fächerkombination einem »Didaktikschlüssel« entstammt und von denen einige aus studientechnischen Gründen mit dem Fach Musik nie in Berührung kamen.

Für alle Schularten wird das Berufsfeld Lehrer/-in auf unterschiedliche Art und Weise erschlossen. Ähnlich wie bei den Arbeiten, die den Schüler in den Mittelpunkt der Forschung rücken, lag bereits in den 1970er Jahren ein erwachendes Interesse an Lehrerforschung vor. Die Arbeit von Gerstenmaier (1975) bildet einen ersten gelungenen Überblick über Forschungsbeiträge, die sich einem empirischen

---

[547] Thomas Ott geht in seinem gut strukturierten Bild des Musiklehrers von einem Typus aus, der weitgehend im höheren Schulwesen anzutreffen ist. Für die Grundschullehrkraft ist dieses Bild insofern zu ergänzen, als der Pädagoge für vielfältige Aufgaben, die auch aus Aufgabenfeldern außerhalb der Musik an ihn herangetragen werden, zuständig ist und die die rein musikalische Ausrichtung seiner Tätigkeit zwangsläufig beeinträchtigen. Vgl. Thomas Ott: Art. »Musiklehrer«, in: S. Helms, R. Schneider & R. Weber (Hg.), *Neues Lexikon der Musikpädagogik*, Sachtl., Kassel: Gustav Bosse 1994, S. 182–184.

[548] Vgl. dazu Wittmann: »Die Chancen nützen! Musikunterricht in der Grundschule«, S. 38f.

Ansatz verschrieben und sich der Person des Lehrers aus Schülersicht annäherten.[549] Brück (1978) lieferte wenige Jahre später wichtige Informationen zum »Seminar«, d. h. zur zweiten Phase der Lehrerausbildung, zu den Praxisanteilen im »Praktikum« und erschloss wichtige Daten zur Lebensgeschichte einzelner Pädagogen in Form von Tiefeninterviews.[550] Arbeiten dieser Art wurden immer stärker beachtet und zogen Folgeuntersuchungen nach sich zur Erforschung des Lehrerstandes aus Schülerperspektive. Sie erkannten, dass mit Hilfe der Empirie wichtige Erkenntnisse zu Tage gefördert werden, die ansonsten im Verborgenen blieben und im ungünstigsten Falle das Lehrer-Schüler-Verhältnis mit unbekannten Faktoren belasteten.[551] Dies soll keineswegs die Arbeiten schmälern, die darüber hinaus im Forschungskontext »Musiklehrer/-in«, d. h. zu ihren spezifischen Besonderheiten, zu inhaltlichen oder methodischen Arbeitsweisen entstanden[552], jedoch scheint gerade der empirische Zugang ein Forschungspotenzial in sich zu tragen, das Klarheit über wichtige pädagogische

---

549 Vgl. Jochen Gerstenmaier: *Urteile von Schülern über Lehrer. Eine Analyse ausgewählter empirischer Untersuchungen*, Weinheim/Basel: Beltz 1975.

550 Horst Brück: *Die Angst des Lehrers vor seinem Schüler. Zur Problematik verbliebener Kindlichkeit in der Unterrichtsarbeit des Lehrers – ein Modell*, Reinbek bei Hamburg: Rowohlt 1978.

551 Jens Arndt: »Der Musiklehrer und sein Unterricht im Urteil des Schülers«, in: U. Günther & S. Helms (Hg.), *Schülerbild – Lehrerbild – Musiklehrerausbildung*, Essen: Die Blaue Eule 1992, S. 138–142. – Hans Günther Bastian: »Musiklehrer und ihr Berufsbild im Schülerurteil. Teilergebnisse einer Repräsentativstudie«, in: H. J. Kaiser, E. Nolte & M. Roske (Hg.), *Vom pädagogischen Umgang mit Musik*, Mainz u. a.: Schott 1993, S. 208–224. – Armin Langer: »Lehrerkompetenzen aus Schülersicht«, in: *mip-Journal* 6/2003, S. 6–11.

552 Maria Luise Schulten: *Das Berufsbild des Musiklehrers*, Hamburg: Karl Dieter Wagner 1979. – Hans Christian Schmidt: »Der Lehrer im Musikunterricht«, in: H. G. Bastian & D. Klöckner, *Musikpädagogik. Historische, systematische und didaktische Perspektiven*, Düsseldorf: Schwann 1982, S. 152–170. – Werner Jank, Hilbert Meyer & Thomas Ott: »Zur Person des Lehrers im Musikunterricht. Methodologische Probleme und Perspektiven zum Konzept offenen Musikunterrichts«, in: H. J. Kaiser (Hg.), *Unterrichtsforschung*, Laaber: Laaber-Verlag 1986, S. 87–132. – Renate Müller: »Erfolgstyp Musiklehrer. Dimensionen der Interaktionskompetenz«, in: Rudolf-Dieter Kraemer (Hg.), *Musiklehrer. Beruf, Berufsfeld, Berufsverlauf*, Essen: Die Blaue Eule 1991, S. 90–101. – Birgit Jank: »Vom verordneten zum nicht verordneten Lehrerbild!?«, in: U. Günther & S. Helms (Hg.), *Schülerbild – Lehrerbild – Musiklehrerausbildung*, Essen: Die Blaue Eule 1992, S. 67–83. – Werner Jank: »Das implizite Lehrerbild in ausgewählten musikpädagogischen Konzeptionen«, in: U. Günther & S. Helms (Hg.), *Schülerbild – Lehrerbild – Musiklehrerausbildung*, Essen: Die Blaue Eule 1992, S. 11–32.

Sachverhalte schafft, das jedoch bislang nur ansatzweise ausgeschöpft wurde.[553] Wichtige Erkenntnisse ergaben vor allem die Biographiestudien, die mit Lehrkräften durchgeführt wurden.[554] Bastians methodologische Überlegungen zur Durchführung themenzentrierter narrativer Interviews, die er in seinen umfassenden Biographiestudien in die Praxis umsetzte, fanden darin eine wertvolle Ergänzung.[555] Es gelang damit, die Arbeitsweise, die Motivation für den pädagogischen Umgang mit jungen Menschen sowie die Chancen aus der Sicht dieser Berufsgruppe aufzudecken, aber auch die Belastungen und Grenzen pädagogischer Wirksamkeit kennenzulernen. In einigen Studien kommt zum Ausdruck, dass das Berufsethos unter Musiklehrern von sehr vielen Faktoren abhängt. Zwar gehört diese Art pädagogischen Wirkens nach dem Studium noch zu den Wunschvorstellungen vieler Lehramtsanwärter/-innen, jedoch scheint eine Zufriedenheit nach einigen Jahren der Berufszugehörigkeit nicht in allen Fällen selbstverständlich zu sein.[556]

---

553 In einer neueren empirischen Studie, die die heikle Frage des Berufswahlprozesses von Lehrern thematisiert, eröffnet Daniela Neuhaus Perspektiven im Hinblick auf das Schulmusikstudium. Die Untersuchung basiert auf einer Stichprobe aus 209 Studierenden, die an den Universitäten Dortmund, Köln sowie den Musikhochschulen Köln und Saarbrücken den Abschluss »Musiklehrer/-in« anstreben. Daniela Neuhaus: *Perspektive Musiklehrer/in. Der Berufswahlprozess von Lehramtstudierenden mit dem Unterrichtsfach Musik*, Köln: Verlag dohr 2008.

554 Heiner Gembris: »Biographische Untersuchungen zum Berufsalltag von Musiklehrern«, in: R.-D. Kraemer (Hg.), *Musiklehrer – Beruf, Berufsfeld, Berufsverlauf*, Essen: Die Blaue Eule 1991, S. 57–70. – Wolfgang Pfeiffer: *Musiklehrer. Biographie, Alltag und berufliche Zufriedenheit von Musiklehrern an bayerischen Gymnasien. Eine theoretische und empirische Analyse*, Essen: Die Blaue Eule 1994.

555 Einen lesenswerten Ansatz zur Erforschung von Individualkonzepten ausgewählter Lehrkräfte der Sek. II liefert darüber hinaus Anne Niessen. In besonderer Weise gewinnbringend ist die methodologische Reflexion, die den Forschungsprozess plausibel darstellt und im Hinblick auf Folgestudien nachvollziehbar macht. Vgl. Anne Niessen: *Individualkonzepte von Musiklehrern*, Münster/Berlin: LIT 2006.

556 Klaus-Ernst Behne: »Die Zufriedenheit des Lehrers – ein paradoxes, ein utopisches Lernziel«, in: R.-D. Kraemer (Hg.), *Musikpädagogik. Unterricht – Forschung – Ausbildung*, 1991, S. 28–36. – Dirk Hübinger: *Musiklehrer/-in in der Grundschule. Biographie, Alltag und Berufszufriedenheit. Eine theoretische und empirische Studie am Beispiel von Rheinland-Pfalz,* Diss. Goethe-Universität Frankfurt, in Vorbereitung.

Umfassende Studien zum Musikunterricht sind vergleichsweise selten. Aus den 1980er Jahren ist die Studie von Schaffrath & Funk-Hennings (1982) bekannt, die die Situation des Musikunterrichts und der Musiklehrer beleuchtete.[557] Bei dieser Untersuchung ist recht gut zu verfolgen, wie das Fach Musik bereits in damaligen Jahren im Schatten der schulischen Kerndisziplinen lag. Da die musikpädagogische Forschung noch in den »Kinderschuhen« steckte und fachliche Legitimationsversuche allenfalls in Ansätzen gelangen, ist es nicht verwunderlich, dass einige der in der Studie offen gelegten Defizite bis auf den heutigen Tag nicht behoben wurden. Im Gegensatz dazu wurde den Untersuchungen, die die Versuche mit erweitertem Musikunterricht begleiteten, eine weit größere Aufmerksamkeit zuteil. EMU-Evaluationen waren notwendig, um gezielt eingesetzte Forschungsgelder zu rechtfertigen und den Unterricht – meistens im direkten Vergleich zu Kontrollgruppen – auszuwerten. In der Schweiz rekurrierten die Schulversuche mit erweitertem Musikunterricht auf das aus Ungarn bekannte Modell. Sie setzten zunächst in einem Unterrichtsversuch mit einer Singklasse an der Sekundarschule Muri im Schuljahr 1972/73 ein. Der Schweizer Pädagoge Ernst Weber verwirklichte hier als erster seine Vorstellungen von einem erweiterten Musikunterricht, die der Besonderheit unterlagen, dass »an einer Klasse des fünften Schuljahres wöchentlich fünf (statt zwei) Singstunden unterrichtet wurden, in den Fächern Deutsch, Französisch und Rechnen dagegen je eine Wochenstunde weniger.«[558] Mit der Reduzierung der Wochenstunden in den Hauptfächern ging zunächst eine quantitative Aufwertung des Faches Musik einher, die keine zusätzlichen Kosten verursachte, da die Anzahl der erteilten Unterrichtsstunden gleich blieb. Ziel dieses Schulversuches war es, den Nachweis zu führen, »dass intensive Beschäftigung mit Musik sich durch Steigerung der Konzentrationsfähigkeit, Lösen von Spannungen und Disziplinierung auf die anderen Fächer direkt (und auch über grösseren Lerneifer) positiv auswirkt.«[559] Im Juli 1980 legte Weber nach fünfjähriger Laufzeit des Schulversuchs dem Amt für Unterrichtsforschung in Bern einen Bericht vor, der die

557 Helmut Schaffrath, Erika Funk-Hennings et al.: *Studie zur Situation des Musikunterrichts und der Musiklehrer an allgemeinbildenden Schulen*, Mainz u. a.: Schott 1982.

558 Ernst Weber: *Bericht über den Schulversuch mit einer Singklasse an der Sekundarschule Muri im Schuljahr* 1972/73, S. 1 [masch. Manuskript o. J., NHH].

559 Weber, Spychiger & Patry: *Musik macht Schule*, S. 19.

wichtigsten Erkenntnisse seiner Arbeit beinhaltete.[560] Im März 1981 unternahm er eine Forschungsreise nach Salzburg und Deutschland und brachte weitere grundlegende Informationen in Erfahrung, um neue Schweizer Schulversuche anzubahnen. Über die Aktivitäten Handerers war Weber informiert, mit dem er frühzeitig Kontakt aufnahm und der ihm auf dieser Reise einen Einblick in die pädagogische Arbeit der Schule am Sallerner Berg in Regensburg ermöglichte.[561] Möglicherweise stammen die beiden Berichte über Schweizer Schulversuche, die im Nachlass Hermann Handerers vorliegen, aus dieser Zeit und bildeten die Basis für eine Verständigung der beiden Projektkoordinatoren.

Da die Schweizer Forschungsgruppe um Ernst Weber herausgefunden hatte, dass das Modell »Erweiterter Musikunterricht auf Kosten von Hauptfachstunden« leichter in den Primarschulen umzusetzen war als in den Sekundarschulen[562], wurden fortan in der deutschsprachigen Schweiz drei Paralleljahrgänge vom dritten bis zum sechsten Schuljahr ins Auge gefasst, bei denen die zu untersuchenden »Musikklassen« den »Normalklassen« gegenübergestellt werden konnten. Die Musikklassen erhielten wöchentlich fünf Lektionen Musik einschließlich einer Stunde Tanz resp. Bewegung, die Normalklassen hatten die gleiche Stundenanzahl pro Woche. Dass eine Aufnahme der Schüler in die Musikklasse ohne weitere Bedingung zu erfolgen hatte, war eine wichtige Voraussetzung. Es sollte einzig gewährleistet sein, dass alle Schüler der Musikklassen ein Instrument spielten.[563] In den Klassenpaaren waren der soziale Einzugsbereich sowie das durchschnittliche Intelligenzniveau der Schüler etwa gleich. Die Prüfung der schulischen Leistungsfähigkeit war in allen Klassen für den Beginn des Versuchs und jeweils für das Ende der Schuljahre angesetzt. Ebenso wurde zu beiden Messzeitpunkten ein Persönlichkeitstest durchgeführt. Das

---

560 Ernst Weber: *Bericht über den Schulversuch mit einer Singklasse an der Sekundarschule Muri* 1974 *bis* 1979 v. 01.07.1980 [masch. Manuskript, NHH].

561 Weber, Spychiger & Patry: *Musik macht Schule*, S. 23.

562 Josef Scheidegger: »Die schweizerischen Schulversuche mit erweitertem Musikunterricht (1988–1991). Ein nationales Forschungsprojekt des Nationalfonds«, in: Kreutz & Bähr, *Anstöße – Musikalische Bildung fordern und fördern*, 2004, S. 53–70.

563 Diese Bedingung war als kritische Anmerkung aus Webers Erfahrungsbericht v. 01.07.1980 hervorgegangen: »Bei einem allfälligen neuen Versuch würde ich verlangen, dass jedes Kind ein Instrument spielt. Das wäre erzieherisch von grosser Bedeutung und würde den Unterricht enorm bereichern.« Vgl. Weber: *Bericht über den Schulversuch* 1974 *bis* 1979, S. 3 [NHH].

Treatment in den Musikklassen bestand aus Singen, Instrumentenspiel und Tanz, wobei den Lehrkräften die Arbeitsmethode freigestellt war. Zur Vorbereitung ihres Unterrichts wurden den Lehrerinnen und Lehrern Fortbildungsseminare angeboten.

Weber gründete 1984 einen Kreis interessierter Pädagoginnen und Pädagogen, die sich in der Folgezeit regelmäßig trafen und sein musikerzieherisches Anliegen unterstützten. An der strukturellen Umsetzung waren mit Bern, Luzern, Schwyz, Appenzell Ausserrhoden, Solothurn, Waadt und Jura sieben Kantone mit dem Fürstentum Liechtenstein beteiligt. Das Projekt wurde im November 1986 auf der »Plenarversammlung der Kantonsbeauftragten« in Bern genehmigt, die Koordination übernahm fortan die »Interkantonale Arbeitsgruppe für Schulversuche mit erweitertem Musikunterricht« (IASEM).[564] Eine wissenschaftliche Begleitung des Schulversuchs hatte Weber ebenfalls 1986 angeregt, als er sich mit Fritz Oser und Jean-Luc Patry im Pädagogischen Institut der Universität Freiburg traf. Im Jahre 1988 trat Maria Spychiger dem Forscherteam bei, die ihren Beitrag zur wissenschaftlichen Auswertung leistete.[565] Der Schweizer Nationalfonds bewilligte die Unterstützung des Forschungsprojektes von 1989 bis 1992.

In den bei der Schweizer Studie untersuchten Teilbereichen konnte die These vom Bildungswert des Musikunterrichts größtenteils bestätigt werden.[566] Weber bezeichnet die »Gewinne« der Schülerinnen und Schüler als »nicht sehr groß«, jedoch sei es in keinem Fall zu Verlusten gekommen. Im Einzelnen war ein Lern- und Erfahrungszuwachs in der Sachkompetenz der Kinder, dem Sozialbereich und der Motivation zu erkennen. Bemerkenswert erscheint, dass trotz der beschriebenen Reduktion der Stundenzahl in den Hauptfächern um 20 bis 25 % kein Verlust der Leistungen in den Modellklassen gegenüber der Kontrollgruppe spürbar war. Weber berichtet, dass sich die Ausdrucksfähigkeit und sprachliche Entwicklung in der erstgenannten Gruppe sogar in Teilen verbessert habe. Im Hinblick auf das Sozialklima zeichnete sich in allen Klassen eine Verbesserung ab, jedoch waren die Ergebnisse bei den Versuchsklassen deutlicher. Hier konnte

564 Vgl. dazu auch Weber, Spychiger & Patry: *Musik macht Schule*, S. 31.

565 Vgl. dazu exemplarisch Maria Spychiger: »Leistungsfähiger mit Gesang?«, in: *Zytglogge-Zytig*, Nr. 148/1990. – Dies.: »Hören und Zuhören im erweiterten Musikunterricht«, in: L. Huber & E. Odersky (Hg.), *Zuhören – Lernen – Verstehen*, Braunschweig: Westermann 2000, S. 149–165.

566 Eine Zusammenfassung der Ergebnisse findet sich bei Weber, Spychiger & Patry: *Musik macht Schule*, S. 127ff.

eine Zunahme des Gruppenzusammenhalts, der mit Hilfe von Soziogrammen untersucht wurde, nachgewiesen werden. In der Motivation der Schüler/-innen zeigten sich besondere Unterschiede der Modell- gegenüber den Kontrollklassen. Die Schule wurde von den Kindern mit Musik-Treatment nicht nur positiver gesehen, es war gleichzeitig eine positivere Einstellung zur Musik insgesamt zu registrieren. Weber räumt jedoch in der Darstellung der Ergebnisse seiner Studie ein, »dass nicht alle Kinder gleich auf den erweiterten Musikunterricht reagieren.«[567] Die Notwendigkeit ausreichender Zeitreserven war der Forschungsgruppe um Weber bekannt, ein Desiderat, das in der Unterrichtspraxis nur allzu selten Berücksichtigung findet. Ebenso waren es zahlreiche unkalkulierbare Faktoren, die den Forschungsprozess beeinflussten und von denen sich das Forscherteam wünschte, dass sie bei anderen Untersuchungen in angemessener Form berücksichtigt würden. Dazu gehörten der Einfluss der Entwicklungen auf Klassenebene, die Vorbedingungen des Lernens, die Klassenzusammensetzung und Persönlichkeit der Schüler/-innen, Schwerpunkte und Engagement der jeweiligen Klassenlehrer/-innen. Außermusikalische Schulleistungen stufte die Forschergruppe als »keinesfalls spektakulär« ein. Die Gründe für das Interesse und die gute Resonanz des Schulversuches in der Öffentlichkeit und den Medien sahen sie in einer »für musische Experimente günstigen gesellschaftlichen Wert[e]orientierung« in den späten 1980er und frühen 1990er Jahren.[568] Die Durchführung und Dokumentation dieser Studie stellte einen fruchtbaren Nährboden für die Argumentation bereit, dass das Fach Musik an den Schulen zu Recht seinen Platz behauptet, wo Musik tatsächlich Schule macht und man die fachinternen Fördermöglichkeiten für den Schulalltag nutzt. Der erweiterte Musikunterricht ist in der Schweiz bis auf den heutigen Tag etabliert. Dem Forscherteam um Weber kommt damit für sein Land und über dessen geographische Grenzen hinaus ein wichtiges Verdienst für die Konzeption einer erweiterten Musikerziehung zu, deren Auswirkungen und Ergebnisse bis heute spürbar geblieben sind.

In Deutschland fand in den Jahren 1990 bis 1993, also etwa zur gleichen Zeit, in der die Haupterhebung der Schweizer Studie geschah, ein Modellversuch an der Gesamtschule Duisburg-Mitte statt. Er hatte die Auswirkung einer formal erweiterten und inhaltlich vertieften Musikerziehung im Visier, untersucht in drei unterschiedlichen Jahr-

567 Weber, Spychiger & Patry: *Musik macht Schule*, S. 128.
568 Weber, Spychiger & Patry: *Musik macht Schule*, S. 136.

gängen der Sekundarstufe. Besonderes Augenmerk galt hierbei der Integration von Schülern aus unterschiedlichen Sozialisationsfeldern mit heterogenen Lern- und Leistungsvorgaben, die von breit gestreuten elterlichen Ansprüchen an den schulischen Musikunterricht genährt waren.[569] Das durch die Bund-Länder-Kommission unterstützte Projekt beruhte auf der Förderung jeweils einer Klasse in einer Jahrgangsstufe mit je fünf Unterrichtsstunden im Fach Musik, die einer anderen Klasse derselben Jahrgangsstufe mit nur zwei Musikunterrichtsstunden gegenübergestellt wurde. Schülerbeurteilungen von Eltern und Lehrer/-innen sowie halbstandardisierte Schülerinterviews begleiteten die Untersuchung, der eine Gesamtpopulation von 198 Schülern aus sieben Klassen zu Grunde lag. Als Ergebnis trat zu Tage, dass in den Musikklassen nach dem Treatment ein permanent niedrigeres Angstpotenzial festzustellen war. Darüber hinaus war eine deutlich spürbare Auswirkung auf das soziale Miteinander vorhanden sowie eine besondere Wertschätzung der schulischen Arbeit durch die Eltern. Eine Spitzenstellung kam dem Fach Musik in der schulischen Fächerhierarchie direkt nach den Hauptfächern zu, wenn es um die Empfindung von Spaß am Unterrichtsstoff ging. Letzterer Eindruck führte in den Musikklassen zu einer starken Identifikation der Probanden mit der Schule.

Ein jüngeres Beispiel für die Etablierung erweiterten Musikunterrichts in Deutschland ist die Stadt Berlin; denn hier haben Grundschulen mit musikbetonten Zügen bereits eine Tradition. Die Auswertung der »Berlin-Studie«, durchgeführt von Hans Günther Bastian und seinem Team, hat im öffentlichen Diskurs mannigfache und teils kontroverse Reaktionen ausgelöst hinsichtlich des methodischen Vorgehens und der Legitimationsproblematik von Musikunterricht über Transfereffekte.[570] Die Langzeitstudie erstreckte sich von 1992 bis 1998 und strebte eine Vernetzung von qualitativer und quantitativer Forschung an. Die Gesamtstichprobe (N = 170) war aus verschiedenen Klassen zusammengesetzt, die aus fünf Modellschulen mit musikbetonten Zügen und aus zwei Vergleichsschulen stammten.[571] Zu Beginn der Studie waren die meisten Kinder sechs und sieben Jahre alt. Während der Anteil der Geschlechter etwa gleich war, kam der Grup-

---

569 Vgl. Hafen: »5 Stunden Musik – und immer noch Lieblingsfach?! Bericht zum Modellversuch ›Vertiefte und erweiterte Musikerziehung‹ an der Gesamtschule Duisburg-Mitte«, S. 155–167.

570 Bastian: *Musik(erziehung) und ihre Wirkung*, 2002³. – Vgl. dazu auch die Diskussion in Kap. I. 1.4 Erwartungen an die Grundschule.

571 Bastian: *Musik(erziehung) und ihre Wirkung*, 2002³, S. 190ff, S. 655f.

pe der ausländischen Schüler an einer Schule mit 67 % der Kinder ein sehr hoher Anteil zu. Die Schichtzugehörigkeit der Versuchspersonen (Vpn) zeigte die ganze Bandbreite, so dass Impulse aus dem Treatment mit erweitertem Musikunterricht ermittelt werden konnten.[572] Zur Evaluation wurden innerhalb des sechsjährigen Forschungszeitraumes regelmäßig psychometrische Tests zu Konzentration, Intelligenz, Musikalität, Feinmotorik u. a. durchgeführt.[573] Informelle Tests mit der Aufzeichnung sozialer Beziehungen in der Klasse (Soziogramme) und allgemeine Schulleistungstests gehörten ebenso zum Inventar wie graphomotorische Tests zur Kontrolle motorischer Verhaltensweisen. Schließlich waren qualitative Verfahren, z. B. das Malen der Kinder, wichtige Erkenntnisquellen, die sich mit der Befragung der Eltern und Lehrer/-innen ergänzten. Am Spektrum der ermittelten Daten werden die Veränderungen bei den Berliner Grundschulkindern in Verhalten und Leistung unter dem Einfluss von EMU sehr deutlich. Nach Bastians Angaben beeinflusst erweiterte Musikerziehung einige persönlichkeitsbezogene Parameter und damit die Persönlichkeitsentwicklung von Grundschulkindern positiv. Verbesserungen waren darüber hinaus im Bereich des sozialen Miteinanders, der Konzentrationsfähigkeit, der allgemeinen schulischen Leistungen zu registrieren. Bastian stellte ebenfalls einen tendenziellen Einfluss auf die Intelligenz der Kinder fest. Diese Annahme wurde in der Folgezeit von den Medien gerne für eine zugkräftige Schlagzeile verwendet, ohne den forschungsmethodischen Hintergrund aufzuzeigen. An Untersuchungen dieser Art zeigt sich – ähnlich wie bei der Diskussion um die »PISA-Studien« – die Gefahr der unsachgemäßen Verbreitung von Forschungsergebnissen durch Nachrichtenagenturen, die Informationen allzu gerne einer Öffentlichkeit zugänglich machen, wenn sie sich nur als ausreichend publikumswirksam erweisen.

Im Folgenden soll der Musikunterricht aus Schülersicht mit Hilfe empirischer Zugänge untersucht werden. Ein derartiger Ansatz von Unterrichtsforschung im Fach Musik wurde an bayerischen Schulen bislang allein von Hermann Handerer in Kooperation mit Adam Kormann verfolgt. Von einer empirischen Studie sind weiterführende Aussagen zum Musikunterricht an Grundschulen zu erwarten, um daraus Aspekte zur Anhebung des fachlichen Niveaus und zur Effektivität der Musiklehrerausbildung an Hochschulen und Universitäten

---

[572] Hans Günther Bastian: »Beeinflusst intensive Musikerziehung die Entwicklung von Kindern?«, in: *Musikforum* 86/1997, S. 4–22.

[573] Vgl. dazu im Einzelnen Bastian: *Musik(erziehung) und ihre Wirkung*, S. 116–126.

abzuleiten. Die Schülersicht ist in den folgenden Ausführungen Grundlage der Forschungsperspektive, denn, um mit Erich Weniger zu sprechen:

> Es gibt nichts Tieferes und Verantwortungsvolleres, aber auch kaum etwas Schwierigeres als die ganz große Welt dem Kinde und dem Volke einfach und unmittelbar widerzuspiegeln.[574]

[574] Erich Weniger, zit. nach Hermann Handerer: »Ein Ausbildungsweg des Musikdozenten an Pädagogischen Hochschulen«, in: *MiU* (B) 1964, S. 359.

II. Empirischer Teil

1. Fragestellungen und Zielsetzungen

Pädagoginnen und Pädagogen klagen in jüngster Zeit in zunehmendem Maße über Vermittlungsschwierigkeiten unterrichtlicher Lerninhalte im Fach Musik an allgemein bildenden Schulen. Über die einschlägigen Themen hinaus, die die Lehrpläne vorgeben und die in der Fachliteratur in verschiedenartigen Zugängen besprochen sind, ist es offenbar erheblich schwieriger als in früheren Jahren, die Kinder zum Singen, Tanzen und Spielen auf Instrumenten zu bewegen. Dies trifft auch auf die Grundschulen zu, in denen sie sich im Grunde aufgeschlossen für viele Unterrichtsfelder zeigen und vielfältige Interessen an den Tag legen. Die Schüler/-innen für Musik zu begeistern, bleibt aber trotz allem ein schwieriges Unterfangen. Um es auf den Punkt zu bringen: Musikalische Bildung, wie sie an einigen Schulen verstanden und vermittelt wird, ist, wenn der Musikunterricht überhaupt stattfindet, in vielen Fällen farblos, erfahrungsarm und bleibt den Kindern nur mit wenigen Sinneseindrücken im Gedächtnis.

Die Ursachen für diesen Praxisbefund sind nicht einfach zu benennen, handelt es sich bei dem Musikunterricht doch um ein komplexes Handlungsgefüge, an dem eine Vielzahl unterschiedlich gewichteter Variablen beteiligt ist, angefangen von dem Profil der Grundschule, der Zusammensetzung von Schüler- und Lehrerschaft, den räumlichen Gegebenheiten, dem sozialen Einzugsbereich im Schulsprengel bis zu anderen Einflussfaktoren, die zwar auf den ersten Blick nicht sichtbar sind, sich aber latent auf den Schulbetrieb auswirken. Es ist zu erwarten, dass die Frage nach dem Aktionsfeld, in das der Musikunterricht eingebettet ist, möglicherweise Antworten auf eine exaktere Zielbestimmung didaktischer Bemühungen gibt, als es bislang möglich war. Allein bei den Lernenden scheinen mittlerweile gravierende Unterschiede in den spezifischen Interessen vorzuliegen, die zwangsläufig zur Kenntnis genommen und damit aufgearbeitet werden müssen, da die Kinder diese vom Grundschulalter an in den (Musik-)Unterricht einbringen: Weit stärker als in früheren Jahren haben sie z. B. in ihrer Freizeit nicht nur Zugang zu den unterschiedlichsten Musikstilen und -instrumenten, sondern auch zu technischen Geräten, mit denen sie früh vielfältige musikalische Eindrücke sammeln.[1] Die Ausgangslage für die unterrichtende Lehrkraft in der

---

[1] Einen Einblick in die (technisch-)musikalische Erfahrungswelt, die den Kindern heutiger Tage zugänglich ist, bietet Günter Kleinen: *Musik und Kind. Chancen für*

Grundschule hat sich damit entscheidend gewandelt. Massiv veränderte Kindheitsstrukturen, Unkonzentriertheit im Unterricht oder andere auffällige Verhaltensweisen, deren Ursachen weitgehend noch unbekannt sind[2], zollen in allen didaktischen Bereichen des Schulwesens Tribut und fordern von den Pädagogen neue Wege, auf die Kinder einzugehen. Daraus ergibt sich die Frage nach adäquaten Vermittlungsstrategien im Unterricht.[3] Unklar bleibt zunächst, ob die Lehrkräfte im Fach Musik auf Anforderungen dieser Art in angemessener Form vorbereitet sind und dementsprechend reagieren können. Ebenso muss der Frage nachgegangen werden, ob sie aus ihrer Ausbildung die Voraussetzungen mitgebracht haben, um die Lernschritte effektiv und adressatenorientiert zu gestalten. Möglicherweise könnte ihr Musikunterricht beispielgebend für andere Disziplinen in der Grundschule sein, wie effektives Lernen organisiert und unter Einbeziehung aller Sinne vonstatten gehen kann. Die neuen Anforderungen an das Profil eines Musikpädagogen in der Grundschule, die es zu bestimmen gilt, ergeben sich als natürliche Konsequenz aus dem veränderten Lernverhalten der Heranwachsenden, das sich nicht mehr an den traditionellen, ›alt-hergebrachten‹ Vorgaben einer Lehrer-Schüler-Rolle orientieren kann. Lehrerpersönlichkeiten, die Vorbildfunktion einnehmen, die »begeistern« und »mitreißen« können, sind gerade in einem vorwiegend emotional-sozial ausgerichteten Lernfeld wie Musik in besonderer Weise gefragt.

Statt eine Antwort auf Fragestellungen dieser Art zu finden, driften in der Unterrichtspraxis die Positionen von Lehrenden und Ler-

---

Begabung und Kreativität im Zeitalter der Neuen Medien, 2003. – Maria Luise Schulten (Hg.): *Medien und Musik. Musikalische Sozialisation 5–15jähriger*, 1999.

2 Es sind inzwischen keine Einzelfälle mehr, wenn in der Praxis die sogenannten Aufmerksamkeits-Defizit-Hyperaktivitätsstörungen (ADHS) sogar medikamentös behandelt werden. Vielfach geschieht dabei jedoch nur eine Eindämmung der Symptome. Vgl. dazu auch Gerald Hüther & Helmut Bonney: *Neues vom Zappelphilipp. ADS/ADHS verstehen, vorbeugen und behandeln*, Düsseldorf u. a.: Walter 2002[3].

3 Veränderte Kindheitsstrukturen sind bereits seit geraumer Zeit Gegenstand unterschiedlicher Forschungsarbeiten. Einen Überblick geben Maria Fölling-Albers: *Veränderte Kindheit – Veränderte Grundschule*, 1989. – Dies.: *Schulkinder heute. Auswirkungen veränderter Kindheit auf Unterricht und Schulleben*, 1992. – Dies. & Arnulf Hopf: *Auf dem Weg vom Kleinkind zum Schulkind*, Opladen: Leske u. Budrich 1995. – Lothar Krappmann & Hans Oswald: *Alltag der Schulkinder. Beobachtungen und Analysen von Interaktionen und Sozialbeziehungen*, Weinheim/München: Juventa Verlag 1995. – Michael-Sebastian Honig: *Entwurf einer Theorie der Kindheit*, 1999.

nenden weiter auseinander. Beide Parteien zeigen in ihren Interessen große Unterschiede und scheinen – im übertragenen Sinne – eine gänzlich andere Sprache zu sprechen. Im Hinblick auf ein Wecken des Interesses bei Kindern, das nicht nur für die Grundschule, sondern auch für die weitere (musikalische) Entwicklung intendiert ist, liegt die Vermutung nahe, dass eine intrinsische Unterrichtsmotivation und eine anhaltende Aufgeschlossenheit für Musik gefördert werden, wenn das Angebot resp. die Lerninhalte die Kinder qualitativ voranbringen und ihnen Freude bereiten, d. h. wenn sie nicht abseits der Schülerinteressen liegen. Frühere Untersuchungen haben gezeigt, dass »eine erstaunliche Diskrepanz zwischen Inhalts*angeboten* der Lehrer und Inhalts*erwartungen* der Schüler besteht.«[4] Darüber hinaus sind Schülererwartungen an den Unterricht nicht nur bzgl. der inhaltlichen Komponente spürbar, sondern sie betreffen in gleicher Weise die methodische Aufbereitung der Themen.[5] Da der Musikunterricht in den Klassen 1–4 für viele Kinder eine erste musikalische Orientierung bedeutet und die Weichen für weitere musikalische Betätigungen stellt, kommt diesem Forschungsansatz eine besondere entwicklungspsychologische Relevanz zu.

Es stellt sich an dieser Stelle die Frage, ob möglicherweise die Lernenden eine Antwort auf die dargestellten Sachverhalte geben können, um mit ihrer Einschätzung zu einer Anhebung des Niveaus der musikalischen Ausbildung an allgemein bildenden Schulen beizutragen. Da der Unterricht auf sie abgestimmt und didaktisch ausgerichtet sein sollte, ist es durchaus sinnvoll, die Eindrücke dieser Klientel in konzeptionelle Erwägungen einzubeziehen. Die dabei gewonnenen Erfahrungen sind nicht nur für den Forscher instruktiv, der sich mit der Lehr-/Lernforschung beschäftigt, sie dürften ebenso für all jene Musikpädagogen von Interesse sein, die die Schülerinteressen ernst nehmen und die um eine anhaltende Aktualität und Optimierung ihres Unterrichts bemüht sind.[6] Die vorliegende Studie fokussiert den Mu-

---

[4] Antholz: »Der Schüler – der findet gar nicht statt«, 1984, S. 124–133. – Kleinen: »Über kulturelle Differenz: Schülererwartungen gegen offiziellen Lehrplan«, S. 62–72.

[5] Vgl. dazu Maria Luise Schulten: »Welche Unterrichtsmethoden wünschen sich Schüler? Ergebnisse einer empirischen Untersuchung«, 1981, S. 334–347.

[6] Vgl. dazu auch die Einschätzung A. Prengels: »Nur wenn Pädagoginnen und Pädagogen die vielfältigen Lern- und Lebensstrategien der Kinder, Jugendlichen oder Erwachsenen, mit denen sie arbeiten, erkunden, haben sie die Chance, ein angemessenes, ›passendes‹ Angebot entwerfen zu können.« Prengel: »Perspektivität anerkennen«, S. 601.

sikunterricht an allgemein bildenden bayerischen Grundschulen und setzt sich zum Ziel, eine Annäherung an die Vielzahl der Faktoren zu erreichen, die Einfluss auf die Inhalte und ihre didaktische Ausrichtung im Fach Musik haben können. Als Zielgruppe stehen die Kinder der vierten Jahrgangsstufe an exemplarisch ausgewählten Grundschulen im Zentrum des Interesses. Der Forschungsansatz hebt sich insofern entscheidend von anderen Untersuchungen ab, als er die Evaluation nicht aus vermeintlich übergeordneter Perspektive, der Sicht der Lehrkraft oder einer Schulbehörde vornimmt, sondern aus der Sicht der Schülerinnen und Schüler, die im Mittelpunkt unterrichtlicher Bemühungen stehen. Es wird unterstellt, dass die Auskünfte von Viertklässlern in höherem Maße Rückschlüsse auf den Musikunterricht zulassen, als es die Ermittlung von Daten bei jüngeren Kindern verspricht. Daneben dürften dieser Population für das Forschungsfeld Grundschule auch die altersangemessenen sprachlich-intellektuellen Mittel zur Darstellung ihrer Gedanken zur Verfügung stehen. Da Vorläuferuntersuchungen fehlen, auf die die Studie aufbauen könnte, werden die relevanten Forschungsfragen zunächst im »Feld« ermittelt und mit den Methoden der empirischen Sozialforschung zu beantworten versucht.[7] Ob die zitierten »unterrichtlichen Bemühungen« tatsächlich auf die Belange der Heranwachsenden ausgerichtet *sind*, wird an dem Einblick zu messen sein, den dieser Blickwinkel gewährt.

Ziel der Untersuchung ist das Kennenlernen der mentalen Einstellungen von Schülerinnen und Schülern zur Musik innerhalb und außerhalb der Grundschule, insbesondere aber zu dem Musikunterricht, den sie an ihrer Schule genießen. Im Zuge dessen sollen zentrale Aspekte der musikalischen Identität im Grundschulalter aufgedeckt werden, der subjektiven Bedeutsamkeit von Musik und musikalischem Lernen. Interessant ist der Ansatz im Hinblick auf das unterschiedliche Profil des Faches an den Grundschulen und die Lernvoraussetzungen, die sich jeweils aus dem schulinternen Angebot und der Ausbildung der dort unterrichtenden Lehrkräfte ergeben. Fokussiert werden soll weiterhin, wie die Schüler/-innen den Musikunterricht erleben und in welchen Bereichen sie geprägt sind. Um zu erforschen, inwieweit das Freizeitverhalten und die Einstellungen der Kinder auf das schulische Verhalten Einfluss nehmen, bezieht die Untersuchung individuelle Vorlieben in

7 Sozialwissenschaftliche Ansätze übernehmend, wird auch die Schule als Ort sozialer Organisation verstanden. Vgl. Abel-Struth: »Allgemeine und musikpädagogische Unterrichtsforschung«, S. 363. – Zu den Maßgaben der Feldforschung vgl. u. a. Jürgen Bortz & Nicola Döring: *Forschungsmethoden und Evaluation für Human- und Sozialwissenschaftler*, Heidelberg: Springer 2002[3], S. 338–343.

diesem Bereich ein und geht der Frage nach, ob mediale Angebote wie Fernsehen oder Computerspiele mit musikalischen Aktivitäten im Musikunterricht in Zusammenhang stehen. Ziel ist es weiterhin, Bedeutungen und Einflüsse des aktiven Musizierens (Singen, Tanzen, Instrumentalspiel) auf das Freizeitverhalten der Kinder zu erhellen und zu interpretieren, zumal es nicht ohne Folgen für den schulischen Musikunterricht bleibt. Die Rekonstruktion der Schülerperspektive und der damit verbundene Einblick in ihre spezifischen Denkweisen, Lerngewohnheiten, Arbeitsstile, Erwartungen und in ihre Interessenentwicklung lassen möglicherweise Faktoren für einen gelingenden Unterricht erkennen, der weitgehend unabhängig von Imponderabilien ist.

Hinter all den aufgeworfenen Fragestellungen und Zielsetzungen steckt die Frage nach einem Musikunterricht, der Schülerinnen und Schüler interessiert und motiviert. Darüber hinaus sollen »Probleme des Alltags mit Hilfe der Unterrichtsforschung« effektiver bewältigt werden als ohne diese praxisorientierte Hilfestellung.[8] Auf der Suche nach Mitteln und Wegen, sich der Themenstellung zu nähern, werden keine vorwissenschaftlichen Vorstellungen einbezogen, vielmehr wird das Forschungsfeld systematisch erschlossen unter Einbeziehung verschiedener methodischer Zugänge.[9] Der Akzent liegt dabei auf einem historischen und empirischen Forschungsansatz, wobei die Diskussion interdisziplinärer Fragestellungen nicht auszuschließen ist, da die Studie der Entwicklung des Kindes verpflichtet ist. Dieses Interesse überschreitet ohnehin jegliche Fächergrenzen. Mit der Erforschung des »Musikunterrichts aus Schülersicht« hat die Studie letzten Endes die Schaffung günstiger schulischer Lernvoraussetzungen im Visier und setzt sich für die Umsetzung geeigneter Lerninhalte und »Vermittlungsstrategien« im Fach Musik ein, also in einem Bereich, der für die Persönlichkeitsentwicklung unserer Kinder ebenso unabdingbar ist wie für die schulische Bildung. Insgesamt hat die Studie das Ziel, auf den besonderen Wert einer Musikerziehung aufmerksam zu machen, die ihre fachinternen Unterrichtsinhalte auch als Unterstützung zur Werteerziehung und nicht zuletzt als Beitrag zur Allgemeinbildung

---

8 Vgl. dazu auch Schulten: »Schülerwünsche zu Unterrichtsmethoden im Musikunterricht«, S. 96–111. – Hans Günther Bastian: »Unterrichtsforschung in der Musikpädagogik. Erkenntniskritische Aspekte und forschungspraktische Perspektiven«, 1984, S. 357.

9 Zur Entwicklung der unterschiedlichen methodischen Arbeitsweisen in vorliegender Studie vgl. Magnus Gaul: »Chancen und Grenzen des Schülerinterviews. Erfahrungsprozesse in der Vorbereitung einer empirischen Studie«, in: Kreutz & Bähr, *Anstöße – Musikalische Bildung fordern und fördern*, 2004, S. 71–81.

begreift.[10] Die Ermittlung von Schülerperspektiven und Grundeinstellungen, die im Unterricht zu Tage treten, kann für diese Zielsetzung nur hilfreich sein. Die empirische musikpädagogische Forschung leistet dazu einen besonderen Beitrag, denn als »Erfahrungswissenschaft« ist sie in der Lage, Erkenntnisse über die Realität anzubieten, die letztlich der Qualität des Musikunterrichts zugute kommen.

2. Gesamtanlage der Untersuchung

2.1 Forschungsdesign

Die Studie zum Musikunterricht an Grundschulen aus Schülersicht besteht aus drei größeren Themenblöcken und verbindet in forschungsmethodischer Kombination eine historische, eine qualitativ-hermeneutische und eine quantitativ-analytische Vorgehensweise. In der historischen Betrachtung geht sie zunächst den Ursprüngen des Musikunterrichts in Bayern auf den Grund und ermittelt wichtige Eckpfeiler musikerzieherischer Arbeit in Ausbildung und Unterrichtspraxis, die ihre Tragkraft bis auf den heutigen Tag unter Beweis gestellt haben. Da sich der konzeptionelle Entwurf des Musikunterrichts auch heute noch von diesen historisch gewachsenen Wurzeln nährt, ist eine Einbeziehung des Blickes in die Vergangenheit durchaus relevant, um zu prüfen, wie die Ideen von einst umgesetzt wurden und was von den ursprünglichen Richtlinien erhalten geblieben ist.

Obwohl die Studie aus einem reichen Fundus historischer Quellen zum Musikunterricht schöpft[11], soll dieser Zugang nicht im Mittelpunkt stehen. Die im Rahmen der Recherche ermittelten historischen Daten gingen zwar als wichtige Grundlage in die Forschungsarbeit ein, jedoch war es von Anfang an das Ziel, den Grundschulunter-

---

10 Der Autor sieht die Musik als wesentlichen Teil der Allgemeinbildung, zu der alle Menschen gleichermaßen Zugang haben sollten. Er schließt sich damit der Auffassung Christoph Richters an, der »Musikpädagogik [… als] Pädagogik [interpretiert], die sich der Musik als einem Teilbereich menschlicher Kultur und menschlichen Handelns zuwendet, mit dem Ziel, Menschen die Teilhabe an Musik zu ermöglichen und sie zur Musik anzuregen.« Richter, Ehrenforth & Mahlert: Art. »Musikpädagogik«, Sp. 1442.

11 Einem glücklicher Umstand ist es zu verdanken, dass der Autor in den Besitz des gesamten Nachlasses Hermann Handerers gelangte, des entscheidenden Motors bayerischer Musikerziehung ab den 1960er Jahren (Aufführungsmaterial, konzeptionelle Entwürfe, Korrespondenz u. a.). Vgl. dazu auch die Bemerkung unter »II. Ungedruckte Quellen« innerhalb des Literaturverzeichnisses.

richt im Fach Musik realitätsnah abzubilden. Damit lag die Entscheidung für einen empirischen Untersuchungsplan nahe, der jedoch methodisch umfassend ausgerichtet werden musste, da auf keine empirischen Vorläuferdaten zurückgegriffen werden konnte. Zur Exploration des Forschungsfeldes wurde zunächst ein Weg gefunden, um die Inhalte, Bedingungen und spezifischen Einschätzungen bzgl. des Musikunterrichts aus der Perspektive der Schüler/-innen in möglichst vielfältiger Form unvoreingenommen zu ermitteln. Dies geschah mit Hilfe von mündlichen Befragungen (MB), einer bewährten Form der Datenerhebung, die erfahrungsgemäß ein breites Spektrum an Informationen zu Tage treten lässt und nicht zuletzt aus diesem Grund zu den etablierten Techniken wissenschaftlichen Arbeitens gehört.[12] Um in zeitlich knapper Form eine hohe Informationsdichte zu erzielen, hat den Befragungen ein Interviewleitfaden zu Grunde gelegen, mit dessen Hilfe die Schüler/-innen auf die Sachverhalte, die sie im Forschungskontext bewegten, angesprochen wurden (vgl. Anhang A). In der Erprobungsphase war der teilstandardisierte Leitfaden in Blindversuchen über mehrere Monate getestet worden. An diesem Test nahmen sowohl Kinder teil, die sich in ihrer Freizeit aktiv mit Musik befassten, als auch Kinder, die angaben, lieber anderen Beschäftigungen nachzugehen. Zwar können die in der Interviewstudie ermittelten qualitativen Daten aufgrund der Probandenzahl (64) nicht als repräsentativ gelten, der dadurch entstandene Informationspool besitzt jedoch eine hohe Aussagekraft und gibt einen Einblick in die Vielfalt der beteiligten Parameter oder, um mit Abel-Struth zu reden, in die »Faktorenkomplexion« des Musikunterrichts. Diese machen den Reiz des schulischen Musikunterrichts aus, eine Farbigkeit, die in kaum einem anderen Unterrichtsfach derart viele Facetten annimmt:

---

12 Vgl. Robert K. Merton & Patricia L. Kendall: »Das fokussierte Interview«, in: Christel Hopf & Elmar Weingarten (Hg.), *Qualitative Sozialforschung*, Stuttgart: Klett-Cotta 1984², S. 171–204. – Barbara Friebertshäuser: »Interviewtechniken – ein Überblick«, in: Friebertshäuser & Prengel (Hg.), *Handbuch Qualitative Forschungsmethoden*, 2003, S. 371–395. – Bortz & Döring: *Forschungsmethoden*, 2002³, S. 237–253. – Philipp Mayring: *Qualitative Inhaltsanalyse. Grundlagen und Techniken*, Weinheim/Basel: Beltz 2003⁸. – Siegfried Lamnek: *Qualitative Sozialforschung*. Lehrbuch, Weinheim/Basel: Beltz 2005⁴. – H. A. Radnor (Ed.): *Qualitative/interpretative research. Collecting and analysing interview data,* Educational research Monograph Series, vol. 3, Exeter: School of Education, University of Exeter 1994.

> Die für den Unterrichtsbegriff konstitutive Faktorenkomplexion bedeutet zugleich das methodische Problem aller Unterrichtsforschung. Die Unterrichtstheoretiker betonen die Komplexität der Faktoren als das konstitutive Merkmal von Unterricht, die Gleichzeitigkeit der vielen voneinander abhängigen Erscheinungen, halten fest, daß »jedes einzelne Wechselwirkungsverhältnis von der Gesamtsituation der Klasse abhängig« ist (Koskenniemi, 1971). Tatsächlich bedeutet die Isolierung einzelner Faktoren des Unterrichtes die Gefahr unangemessener Bedeutungsakzentuierung und verfälschender Vernachlässigung von Mitfaktoren und öffnet damit subjektiver Interpretation der Ergebnisse Tür und Tor.[13]

Alle am Unterrichtsgeschehen beteiligten Faktoren zu separieren oder gar zu isolieren, entspräche einer Laborsituation, die jedoch in keiner Weise eine lebendige Unterrichtspraxis abbildet und den Anforderungen einer praxisnahen Unterrichtsforschung diametral entgegensteht.[14] Um sich in der vorliegenden Studie dem Musikunterricht aus Schülersicht thematisch zu nähern und um die Vielzahl der beteiligten Faktoren kennenzulernen, eignen sich die Schülerinterviews in idealer Weise. Denn die Probanden haben in ihren Reaktionen auf die offenen Fragen eine große Freiheit genossen. Über die Ermittlung umfangreicher qualitativer Daten hinaus konnte diese erste Phase genutzt werden zur Hypothesen- und Theoriengewinnung, die es im weiteren Verlauf der Studie zu überprüfen galt, zur Erforschung von Hintergründen in Verhalten und Einstellungen der Schüler/-innen sowie zur Entwicklung eines standardisierten Fragenbogeninventars. Der erkundende qualitativ-hermeneutische Teil der Untersuchung (Kap. II. 3) ist von der hypothesenprüfenden quantitativ-analytischen Phase (Kap. II. 5) auch im Aufbau dieser Arbeit deutlich getrennt. Die in Kap. II. 4 herausgearbeiteten Hypothesen werden als Bindeglied dieser beiden Teile verstanden.

Auf die in der Explorationsphase der Untersuchung gewonnenen Erkenntnisse aufbauend, entstand ein standardisierter Fragebogen, der an unterschiedlichen Schulen getestet wurde, damit er im Anschluss

---

[13] Abel-Struth: »Allgemeine und musikpädagogische Unterrichtsforschung«, 1984, S. 361f.

[14] Der Autor schließt sich der Auffassung Abel-Struths an, die sich in ihren Ausführungen auf Winnefeld (1969) bezieht, der bereits vor einer wissenschaftlichen Fehlkonstruktion durch Nichtbeachtung der Komplexität der Unterrichtspraxis gewarnt hatte. Dementsprechend erteilt sie einer Isolation einzelner Faktoren als irreale Rekonstruktion des Unterrichtsgeschehens eine Absage und bezeichnet sie als »unzulässige Vorfixierung von Ursache-Wirkungsverhältnissen.« Abel-Struth: »Allgemeine und musikpädagogische Unterrichtsforschung«, S. 362.

einer repräsentativen Anzahl von Vpn an bayerischen Grundschulen zur Bearbeitung vorgelegt werden konnte (N = 1016). Dabei gingen einerseits Grundschulen mit einem »erweiterten« Musikunterricht in die Untersuchung ein, andererseits Schulen mit regulärem Unterrichtsangebot in Musik. Da in der qualitativen Phase zunächst das Fehlen einer statistischen Absicherung der Antworten in Kauf genommen wurde, blieb diese dem zweiten Teil der empirischen Studie vorbehalten. Für die qualitative Untersuchung hatte »das Kriterium der statistischen Repräsentativität [...] keine Rolle« gespielt.[15]

Die Vorteile einer forschungsmethodischen Kombination verschiedener Zugänge zum Thema liegen auf der Hand, denn sie ermöglicht eine Annäherung an die aufgeworfenen Fragestellungen aus verschiedenen Richtungen. Zur Erhellung einiger Items können die vielfältigen Deutungen und Erklärungen der Kinder aus den qualitativen Interviews beitragen, für andere wird es interessant sein, sie mit statistisch aussagekräftigen Daten aus der zweiten Untersuchungsphase zu belegen. Zum einen können eine Vielzahl von Daten deskriptiv erfasst werden, zum anderen erfordern die Aussagen ein Vorschalten detaillierter Analysen von Einzelergebnissen. In jedem Falle sind die unterschiedlichen Zugänge aufgrund der Beleuchtung des Forschungsfeldes aus den verschiedensten Blickwinkeln zu begrüßen, nicht zuletzt wegen des einander ergänzenden methodischen Potenzials.[16] Trotz dieser methodischen Vielfalt dürfen die Erwartungen aber nicht zu hoch angesetzt werden, denn die Konstitution des Musikunterrichts erweist sich als vielschichtiges Phänomen. Die einzelnen Forschungsmethoden oder auch deren Kombination können, so umfangreich die damit

---

15 Vgl. Hans Merkens: »Stichproben bei qualitativen Studien«, in: Barbara Friebertshäuser & Annedore Prengel (Hg.), *Handbuch Qualitative Forschungsmethoden*, 2003, S. 97–106.

16 »Häufig benötigt der Forscher qualitative *und* quantitative Daten – die einen nicht, um die anderen zu testen, sondern damit sie sich gegenseitig ergänzen, weil [...] sie sich auf die gleiche Sache beziehen.« Barney G. Glaser & Anselm L. Strauss: *Grounded Theory. Strategien qualitativer Forschung*, Bern: Hans Huber 2005², S. 26. – Heiner Gembris: »Das Interdisziplinäre Gespräch. Über das Verhältnis von qualitativer und quantitativer Forschung«, Heiner Gembris im Gespräch mit Philipp Mayring, in: H. Gembris, R.-D. Kraemer & G. Maas (Hg.), *Musikpädagogische Forschungsberichte* 1991, Augsburg: Wißner 1992, S. 138–148. – Steffani Engler: »Zur Kombination von qualitativen und quantitativen Methoden«, in: Friebertshäuser & Prengel (Hg.), *Handbuch Qualitative Forschungsmethoden*, 2003, S. 118–130. – J. W. Creswell: *Research design. Qualitative & quantitative approaches,* London: Sage Publications 1994. – Bastian: »Empirische Forschung in der Musikpädagogik«, 1999, S. 599–637.

zusammengetragenen Datensätze auch sein mögen, stets nur Teilbereiche des Gesamtkomplexes erfassen. So ist der Auffassung Ulrich Herrmanns zuzustimmen, der für den perspektivischen Charakter seiner Untersuchungen festhält, dass die Beschreibung

> notwendigerweise die perspektivische Komposition von *Elementen* aus einem unendlich fakten- und facettenreichen Lebenszusammenhang [erfasst], der *als solcher* nicht zur Darstellung gelangen kann.[17]

Die Studie verspricht in ihrer Gesamtheit eine umfassende Bewertung von Erfahrungen der Schülerinnen und Schüler mit und Erwartungen an den Musikunterricht in der Grundschule. Das wissenschaftliche und das pädagogische Forschungsinteresse stehen dabei nicht nebeneinander, sondern sie verschränken sich in komplementärer Manier: Praxis erhellt die Wissenschaft – Wissenschaft erhellt die Praxis. Von einer Unterrichtsforschung, die sich im engeren Sinne als Bindeglied zwischen Wissenschaft und Praxis versteht[18], dürfen detailreiche Informationen zum Schulleben der Kinder und entscheidende Impulse zur pädagogischen Praxis erwartet werden.

2.2 Chronologie der Untersuchungsschritte

Dem Forschungsplan für die vorliegende Studie lag zu Anfang eine Idee zu Grunde, die sich aus der musikpädagogischen Praxis ergab: Der Autor beobachtete in seiner Lehrtätigkeit an unterschiedlichen Schulen, dass der Musikunterricht in vielen Grundschulklassen aus organisatorischen Gründen nicht fachgerecht erteilt wurde oder dass der Bedeutung anderer Fächer unverhältnismäßig oft Vorrang eingeräumt wurde. Dies hatte zur Folge, dass die individuelle Schülerperspektive in vielen Fällen zwangsläufig nicht wahrgenommen werden konnte. Das Interesse an der Thematik führte dazu, dass sich eine Reihe von Mosaiksteinen ansammelte, die erst langsam ein konkretes Bild vor allem bzgl. der anzuwendenden methodischen Verfahren ent-

---

17 Ulrich Herrmann: »Biographische Konstruktion und das gelebte Leben. Prolegomena zu einer Biographie und Lebenslaufforschung«, in: *Zeitschrift für Pädagogik* 33/1987, S. 303–323.

18 »Das Wissen über die *je spezifischen, je aktuellen* Voraussetzungen und die *täglichen* Wirkungen pädagogischen Handelns am *konkreten* Ort kann nicht anders, als durch Praxisforschung gewonnen werden.« Prengel: »Perspektivität anerkennen«, in: Friebertshäuser & Prengel, *Handbuch Qualitative Forschungsmethoden*, 2003, S. 601.

stehen ließ. Die konkrete Beschäftigung mit Schülerbefragungen musste, um überhaupt zu greifbaren Ergebnissen zu gelangen, der Disponibilität der Schüler/-innen und den Gesetzmäßigkeiten des Schuljahres gehorchen. Darüber hinaus ergaben sich für das Projekt erfreuliche Zufälle, die halfen, das Forschungsvorhaben von unsicherem Gelände auf begehbare Pfade zu lenken. Die folgende Zusammenstellung der Arbeitsschritte mag die Vielfalt der gewonnenen Eindrücke in die Thematik dokumentieren:

Tab. 8: Planung und Durchführung des Forschungsprojektes (2001–2007)

Zeitraum	Maßnahme
Schuljahr 2001/02	Planungsphase; Sichtung von Literatur, Sammeln erster Ideen für die Studie; Malwettbewerb »Musik in der Grundschule«; Inhaltsanalyse von Schüleraufsätzen zum Thema »Wenn ich der Musiklehrer unserer Klasse wäre«; Feldnotizen verschiedener Schülereindrücke; Gespräche über die Gestaltung des Themas und des Forschungsplans; Entscheidung für eine empirische Arbeitsweise als favorisierte Form der Datenerhebung; erster Entwurf des Interviewleitfadens, Test, Überarbeitung; Formulierung des Arbeitstitels der Studie: Musikunterricht an (bayerischen) Grundschulen aus Schülersicht
September/Oktober 2002	Genehmigung der Studie durch das Bayerische Staatsministerium für Unterricht und Kultus: IV/1-O7106-4/112974 MinNr. 3413 v. 23.10.2002
Frühjahr 2003	Übergabe des Nachlasses Prof. Hermann Handerers [NHH] aus Privatbesitz an den Autor
Februar 2003 bis Februar 2004; Einzeltermine mit den jeweiligen Schülerinnen und Schülern	*Explorative Phase der Studie (qualitativ-hermeneutische Untersuchung)* Befragungen von Grundschülern mittels Leitfadeninterviews (N = 64), 4 Interviewer, Erprobung von Fragebögen und Prozeduren; Einarbeitung in das Programm »Maxqda« zur computerunterstützten Datenauswertung; Entwicklung erster Tests zu dem Fragebogen
Februar 2003 bis März 2004	Transkribieren aller Daten zu den mündlichen Befragungen durch ein zweites Forscherteam (5 Personen), das zuvor in die Arbeitsweisen eingewiesen worden war; interindividuelle Konkordanzprüfung
März 2003 bis März 2004	Strukturierung, Codierung und computerunterstützte Auswertung der ersten Datensätze (Maxqda u. a.)
Frühjahr 2004	Formulierung eines Zwischenberichtes der qualitativen

	Forschungsphase: »Chancen und Grenzen des Schülerinterviews. Erfahrungsprozesse in der Vorbereitung einer empirischen Studie« (Gaul, 2004)
August 2003 bis März 2004	Auswertung der Voruntersuchungen, Vorbereitung der Haupterhebung, Test und Überarbeitung der Fragebögen, interindividuelle Konkordanzprüfung
April 2004	Genehmigung des Fragebogens durch das Bayerische Staatsministerium
April 2004	Posterpräsentation im Rahmen der »Conference on Interdisciplinary Musicology«, Graz/Austria: »Music education as perceived by fourth- and fifth-grade students. An interview study at Bavarian public schools«
Mai bis Juli 2004	*Haupterhebung (quantitativ-analytische Studie)* Fragebogenerhebung in den vierten Klassen an bayerischen Grundschulen (N = 1016), 21 Besuchstermine
September 2004 bis Dezember 2005	Dateneingabe (Excel) unter Mitarbeit mehrerer Studierender, Einarbeitung in die Auswertungsprogramme Stat view, SPSS u. a.; erste Analysen
September 2004	Vortrag im Rahmen des XIII. Internationalen Kongresses der Gesellschaft für Musikforschung (GfM), Weimar: »Musikalisches Leben und Erleben von 10- und 11-jährigen Schülern. Eine Interviewstudie«
Oktober 2004	Jahrestagung des Arbeitskreises Musikpädagogische Forschung e. V. (AMPF), Soest. Vortrag: »Jeder Volksschullehrer ein Elementarmusikerzieher. Über die Anfänge des erweiterten Musikunterrichts« (Gaul, 2005)
Mai 2005	Vortrag im Rahmen des Kongresses der European Association for Music in Schools (EAS), Prag/Tschechische Republik: »Musikunterricht an Grundschulen aus der Sicht von Viertklässlern«
September 2005	Bundeskongress des Arbeitskreises für Schulmusik e. V. (AfS) in Nürnberg, Workshop unter Einbeziehung von Forschungsergebnissen: »What's going on in classroom?« – Schülerzentrierung als Antwort auf Schülerinteressen
Oktober 2005	Vortrag im Rahmen der Jahrestagung des Arbeitskreises Musikpädagogische Forschung e. V. (AMPF), Lingen (Ems): »Nach der Schule kann ich singen, was ich mag« – Musikalisches und außermusikalisches Freizeitverhalten von Viertklässlern
Januar 2006 bis April 2007	Analysen, Rechnungen, Prozeduren (Excel, Stat view, SPSS u. a.); Erstellen des Textes der Habilitationsschrift

3. Qualitativ-hermeneutische Studie

3.1 Methodik der Interviewstudie

Die Untersuchung des Musikunterrichts an Grundschulen aus Schülersicht erfordert die Überprüfung einer Reihe unterschiedlicher methodischer Zugangsweisen im Hinblick auf ihre Effektivität. Da von Anfang an eine möglichst umfassende und gründliche Erforschung der Schülerperspektive angestrebt war, ergab sich als Konsequenz, durch methodische Vielfalt ein möglichst prägnantes Bild von der Realität zu erzeugen. Dieses sah vor, dass qualitative und quantitative Verfahren in forschungsmethodischer Kombination eingesetzt werden.[19] Zur Exploration des Feldes bot sich zunächst die Erprobung eines qualitativen Forschungsansatzes an, um die für die Untersuchung relevanten Faktoren deskriptiv zu erfassen. Der Ansatz »operiert [...] mit Verbalisierungen der Erfahrungswirklichkeit, die interpretativ ausgewertet«[20] und in der Regel nicht quantifiziert werden. Diese Vorgabe leitete weitere Entscheidungsprozesse ein, die die Zusammensetzung der Stichprobe, das Erhebungsinstrument, die Erhebungsform sowie die Durchführung der Untersuchung mit der Inhaltsanalyse der erhobenen Daten betrafen.

3.1.1 Stichprobe

Da die Untersuchung auf den Musikunterricht in der Grundschule abzielte, wurden die mündlichen Befragungen vorrangig mit 10-jährigen Schülerinnen und Schülern durchgeführt, die die vierte Jahrgangsstufe einer Grundschule besuchten und von ihren Erfahrungen und Eindrücken im gesamten Verlauf ihrer Schulzeit aus erster Hand berichten konnten.[21] Für die spezifischen Fragestellungen hat sich das Alter der Probanden als vorteilhaft herausgestellt. Von einer Befragung jüngerer Grundschulkinder wurde aus entwicklungspsychologischen Erwägungen bewusst Abstand genommen, da die Beschäftigung

---

19 Die beiden Forschungsmethoden sind in diesem Zusammenhang nicht als Steigerung innerhalb der gesamten Studie, sondern als getrennte Wege zu verstehen, die zum Ziel haben, jeweils Ergebnisse unterschiedlicher Art zu ermitteln. Vgl. dazu auch das Beispiel in Andreas Diekmann: *Empirische Sozialforschung. Grundlagen, Methoden, Anwendungen*, Reinbek: Rowohlt 2002[8], S. 18.

20 Bortz & Döring: *Forschungsmethoden*, 2002[3], S. 295.

21 Die Beschränkung auf Grundschüler/-innen aus einem Bundesland lag nahe, da diese nach dem gleichen Lehrplan unterrichtet wurden (Bayern).

mit der Thematik neben sprachlicher Gewandtheit ein gewisses Maß an reflexiver Kompetenz voraussetzte. Mit Hilfe eines Theoretical samplings[22] gelang es in dieser Phase der Untersuchung, unter den insgesamt 64 Probanden, ein ausgewogenes Verhältnis bzgl. Alter, Geschlecht[23], musikalischer Vorbildung, Schulform[24] und sozialem Einzugsbereich zu gewährleisten, jedoch zum gleichen Zeitpunkt abweichende und extreme Fälle aufzunehmen.[25] Darüber hinaus kamen – und das ist ein essenzieller Aspekt – Kinder zu Wort, die in ihrer Freizeit musikalisch aktiv waren, ebenso wie Schüler/-innen, die sich nach der Schule lieber anderen Aktivitäten widmeten.[26] Ein Gewinn für die Untersuchung war zusätzlich die Einbeziehung von Fünftklässlern, die bereits an eine Haupt-/Realschule oder an ein Gymnasium übergetreten waren und bei denen die Erfahrungswerte zum Grundschulbesuch noch nicht lange zurücklagen. Die Einbeziehung dieser Klientel brachte zusätzliche Erkenntnisse; denn sie beurteilten den Grundschulunterricht retrospektiv, d. h. mit Abstand und nicht mit direkter Betroffenheit. Ihr persönlicher Standpunkt, ihre reflexiv-kognitive

---

22 Bei qualitativen Interviews ist nicht eine große Anzahl durchgeführter Gespräche entscheidend. Wichtiger ist die systematische Auswahl typischer Fälle. Vgl. Barney G. Glaser & Anselm L. Strauss: »Die Entdeckung gegenstandsbezogener Theorie: Eine Grundstrategie qualitativer Sozialforschung«, in: C. Hopf & E. Weingarten (Hg.), *Qualitative Sozialforschung*, Stuttgart: Klett-Cotta 1993[3], S. 91–118.

23 Insgesamt gingen 32 Mädchen und 32 Jungen in die Untersuchung ein.

24 Durch diese Maßnahme bedingt, konnten Schüler/-innen aller Schulformen berücksichtigt werden: Mit 30 Probanden lag der Hauptakzent der Einbezogenen auf der Grundschule, gefolgt von 25 Gymnasiasten. Dass nur vier Hauptschüler und fünf Realschüler teilnahmen, hängt damit zusammen, dass an diesen Schularten sich grundsätzlich weniger Schüler zu einem Interview bereit erklärten. Insgesamt ist der Stellenwert, der dem Fach Musik an bayerischen Haupt- und Realschulen entgegengebracht wurde, unvergleichbar geringer, als dies in der Grundschule und auf dem Gymnasium der Fall war. Dies betraf nicht nur die schulinterne Akzeptanz innerhalb der Hierarchie der einzelnen Disziplinen untereinander, sondern auch das Ansehen der Fächer unter den Schülern.

25 Kriterien für die Zusammensetzung von Stichproben finden sich in folgendem Aufsatz zusammengestellt. Vgl. Hans Merkens: »Stichproben bei qualitativen Studien«, in: Friebertshäuser & Prengel (Hg.), *Handbuch Qualitative Forschungsmethoden*, 2003, S. 97–106.

26 Die Mutter einer Probandin gab beispielsweise ehrlich zu, dass ihre Tochter den individuellen Schwerpunkt ihrer Freizeitbeschäftigungen nicht im Bereich Musik legte: »Jeder hat seine Schwerpunkte ... Mit dem Singen hat sie es nicht« (Feldnotizen zu MB 20).

Kompetenz und nicht zuletzt ihre narrativen Fähigkeiten erwiesen sich als noch ausgereifter als bei den Zehnjährigen.

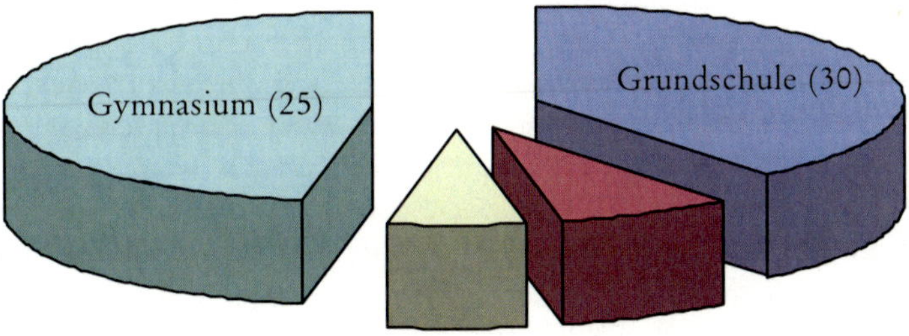

Abb. 5: Aufteilung der Stichprobe nach der Schulform der Probanden (N = 64)

Für die explorative Phase der Untersuchung schien es angebracht, eine angemessene Anzahl Lernender zu befragen, die einerseits eine ausreichende Validität und Repräsentativität gewährleistete und zum anderen stets neue Erkenntnisse erwarten ließ. Eine Stichprobenbegrenzung war aus forschungsökonomischer Sicht angeraten. Heinzel führt in ihrem Beitrag zu »Qualitativen Interviews mit Kindern« Erfahrungswerte einzelner Forscher an, die in ihren Untersuchungen, so unterschiedlich das Forschungsdesign im Einzelfall auch sein mochte, der Qualität der gewonnenen Informationen gegenüber der Anzahl der einbezogenen Probanden Vorrang gewährten.[27] In der einleitenden mündlichen Befragung erwies sich die Einbeziehung von etwa 60 Interviews als Richtwert vorteilhaft, da diese die Untersuchungsfrage aus unterschiedlicher Perspektive beleuchteten.[28] Gleichzeitig zeigte sich,

---

[27] Heinzel berichtet über Interviewstudien, die mit Kindern im Alter zwischen 6 und 14 Jahren durchgeführt wurden. Die genauere Beschreibung der Studien können der angegebenen Quelle entnommen werden. An dieser Stelle wird einzig die Anzahl der in die Befragungen einbezogenen Probanden aufgeführt: Behnken & Zinnecker (7 Kinder), Du Rois-Reymond, Büchner & Krüger (106 Kinder), Breidenstein & Kelle (40 Kinder), Garlichs & Leuzinger-Bohleber (180 Kinder), Hartinger (12 Kinder), Krappmann & Oswald (122 Kinder), Petillon (300 Kinder zu zwei Zeitpunkten), Valtin (76 Kinder), Zeiher & Zeiher (8 Kinder). Vgl. Heinzel: »Qualitative Interviews mit Kindern«, 2003, S. 401.

[28] Diese Anzahl deckt sich mit den Erkenntnissen zum Antwortverhalten in bereits vorhandenen Studien. Vgl. Gerhard Kleining: »Umriß zu einer Methodologie qualitativer Sozialforschung«, in: *Kölner Zeitschrift für Soziologie und Sozialpsychologie* 33/1982, S. 224–253. – Bastian: *Leben für Musik*, S. 51. – Ders: »Empirische Forschung in der Musikpädagogik«, 1999, S. 636.

dass über diese Anzahl hinaus eine »Sättigung« eintrat und keine neuen qualitativen Erkenntnisse zu erwarten waren: Einige Antworten wiederholten sich, in anderen Interviews lag ein stereotypes Sprachverhalten vor.[29] Insgesamt musste vor allem aber darauf geachtet werden, dass die Kinder bereit waren, an einer Befragung zur Musik und zum Musikunterricht teilzunehmen. Denn diese Bereitschaft konnte nicht bei allen Probanden vorausgesetzt werden. Es war bereits in den Pretests deutlich geworden, dass die Arbeit mit Probanden, die ohne Motivation waren oder gegen ihren Willen befragt wurden, im Hinblick auf die Aussagekraft der Interviews wenig gewinnbringend war. In einigen Fällen standen auch die Eltern einer Befragung skeptisch gegenüber. Entsprechend waren diese Schüler/-innen in ihren Antworten tendenziell »wortkarg« und desinteressiert.

In Tabelle 9 werden die einzelnen Probanden vorgestellt, mit denen mündliche Befragungen (MB) resp. Interviews zur Exploration des Forschungsfeldes unter Zuhilfenahme eines Leitfadens durchgeführt wurden. Da trotz einer Vielzahl von Schülereindrücken das Gesamtbild des Grundschulunterrichts im Mittelpunkt stand, wird – im Gegensatz zu einer Biographiestudie – an dieser Stelle auf eine ausführliche Portraitskizze einzelner Vpn verzichtet.[30] Mit der Entscheidung für die Auswertung qualitativer Schülerinterviews wird in der vorliegenden Studie eine Forschungsmethode favorisiert, die bislang in besonderer Weise in Fragen der Schul-, der Kindheits- und der Sozialisationsforschung Anwendung fand. »Grundsätzlich sind [aber durchaus] verschiedene Annäherungen an die Welt der Kinder möglich.«[31] Die mündliche Befragungstechnik wurde von den Vpn akzeptiert und führte in Wissenschaft und Schulpraxis zu mannigfachen Ergebnissen. Da sie das seit den Zeiten der Reformpädagogik stets aufs Neue eingeforderte Postulat nach »Kindorientierung« auch methodisch erfüllte, ließ sie im gesamten Verlauf der Feldforschung eine entspannte Atmosphäre entstehen, in der die Kinder als »produktive Verarbeiter der äußeren und der inneren Realität und als Gestalter ihrer Beziehungen zur sozialen und dinglichen Umwelt«[32] angenommen wurden.

---

29 Glaser & Strauss: *Grounded Theory*, 2005², S. 68f.

30 Vgl. dazu exemplarisch die folgenden Biographie-Studien. Bastian: *Leben für Musik. Eine Biographie-Studie über musikalische (Hoch-)Begabungen*, 1989. – Jan Hemming: *Begabung und Selbstkonzept*, 2000. – Martin Eibach: *Musikalisches Lernen in der Ensemblearbeit mit erwachsenen Laien*, 2003.

31 Heinzel: »Qualitative Interviews mit Kindern«, S. 397.

32 Hurrelmann: *Einführung in die Sozialisationstheorie*, S. 10.

Tab. 9: Teilnehmer an der mündlichen Schülerbefragung (N = 64)

MB	Schüler/-in	Schule[33]	Klasse	Datum[34]	Dauer der Befragung
1	10 Jahre, m	GY Parsberg, zuletzt VS Seubersdorf/Opf.	5 d	16.04.03	30 Min.
2	10 Jahre, m	Willibald-Gluck-GY Neumarkt, zuletzt Theo-Betz-VS Neumarkt	5 a	16.04.03	25 Min.
3	11 Jahre, m	Willibald-Gluck-GY Neumarkt, zuletzt Theo-Betz-VS Neumarkt	5 a	17.04.03	26 Min.
4	11 Jahre, w	Mädchenrealschule Neumarkt, zuletzt Theo-Betz-VS Neumarkt	5 b	17.04.03	34 Min.
5	10 Jahre, w	Theo-Betz-VS Neumarkt	4 c	17.04.03	26 Min.
6	10 Jahre, m	Theo-Betz-VS Neumarkt	4 c	18.04.03	22 Min.
7	10 Jahre, m	VS Parsberg (GS)	4 b	20.04.03	21 Min.
8	11 Jahre, w	Ostendorfer-GY Neumarkt, zuletzt VS Neumarkt/Opf. an der Bräugasse (GS)	5 b	23.04.03	33 Min.
9	9 Jahre, m	VS Neumarkt/Opf. an der Bräugasse	4 c	23.04.03	25 Min.
10	10 Jahre, w	Theo-Betz-VS Neumarkt	4 a	02.05.03	23 Min.
11	10 Jahre, m	Theo-Betz-VS Neumarkt	4 a	02.05.03	28 Min.
12	11 Jahre, m	Willibald–Gluck-GY Neumarkt, zuletzt VS Neumarkt/Opf. in der Hasenheide	5 f	10.05.03	23 Min.
13	11 Jahre, m	Willibald-Gluck-GY, Neumarkt, zuletzt VS Neumarkt/Opf. in der Hasenheide	5 f	10.05.03	25 Min.
14	10 Jahre, m	St.-Marien-GY Rg., zuletzt VS Hainsacker	G 5 c	14.05.03	20 Min.
15	11 Jahre, w	St.-Marien-RS Rg., zuletzt VS Holzheim (GS)	R 5 b	14.05.03	35 Min.
16	11 Jahre, w	St.-Marien-GY Rg.	G 5 d	16.05.03	40 Min.

33 Obwohl die Befragungen bei den Kindern in vertrauter häuslicher Umgebung stattfanden, ist an dieser Stelle die Angabe der besuchten (Grund-)Schulen verzeichnet. Bei den Fünftklässlern, die in der Zwischenzeit den Wechsel auf eine weiterführende Schule vollzogen hatten und ihren Musikunterricht der Grundschule retrospektiv beurteilten, wurde zusätzlich die Angabe der zuletzt besuchten Grundschule aufgenommen. Vgl. Bayerisches Landesamt für Statistik und Datenverarbeitung (Hg.): *Volksschulen in Bayern*, München: [Eigenverlag] 2002–2004. – Bayerisches Staatsministerium für Unterricht und Kultus/Bayerisches Landesamt für Statistik und Datenverarbeitung (Hg.): *Schulverzeichnis*, München: Max Schick GmbH 2001–2006.

34 Die Befragungen wurden im Zeitraum Februar 2003 bis Februar 2004 bei den Schülern zu Hause durchgeführt.

MB	Schüler/-in	Schule	Klasse	Datum	Dauer der Befragung
17	10 Jahre, m	VS Neumarkt/Opf. an der Bräugasse	4 c	17.05.03	26 Min.
18	10 Jahre, w	VS Neumarkt/Opf. an der Bräugasse	4 c	17.05.03	28 Min.
19	10 Jahre, w	VS Berching	4 a	24.05.03	35 Min.
20	10 Jahre, w	GY Neutraubling, zuletzt VS Obertraubling	5 d	17.12.03	45 Min.
21	11 Jahre, m	VS Münchmünster (GTH I)	5 a	12.02.03	49 Min.
22	11 Jahre, w	VS Münchmünster (GTH I)	5 a	19.02.03	28 Min.
23	10 Jahre, m	VS Obertraubling	4 a	27.02.03	34 Min.
24	11 Jahre, w	GY Neutraubling, zuletzt VS Obertraubling	5 b	17.03.03	32 Min.
25	11 Jahre, m	RS Neutraubling, zuletzt VS Hagelstadt	5 a	03.05.03	35 Min.
26	11 Jahre, w	RS Neutraubling, zuletzt VS Alteglofsheim	5 a	03.05.03	33 Min.
27	11 Jahre, m	Werner-von-Siemens-GY Rg., zuletzt VS Nittendorf	5 f	05.05.03	42 Min.
28	11 Jahre, w	RS Neutraubling, zuletzt VS Burgweinting	5 a	06.05.03	40 Min.
29	11 Jahre, m	GY der Rg. Domspatzen, zuletzt private Heimvolksschule der Rg. Domspatzen Pielenhofen	5 c	15.05.03	50 Min.
30	11 Jahre, m	GY der Rg. Domspatzen, zuletzt Karl-Heiß-VS Landshut	5 b	15.05.03	38 Min.
31	11 Jahre, m	GY der Rg. Domspatzen, zuletzt private Heimvolksschule der Rg. Domspatzen Pielenhofen	5 a	19.05.03	34 Min.
32	11 Jahre, m	GY der Rg. Domspatzen, zuletzt private Heimvolksschule der Rg. Domspatzen Pielenhofen	5 a	19.05.03	33 Min.
33	10 Jahre, m	VS Hainsacker (GS)	4 a	30.06.03	38 Min.
34	10 Jahre, w	VS Hainsacker (GS)	4 a	30.06.03	39 Min.
35	10 Jahre, m	Josef-Hofmann-VS Neutraubling	4 a	09.07.03	35 Min.
36	11 Jahre, m	GY der Rg. Domspatzen, zuletzt VS Wiesenfelden	5 a	10.07.03	31 Min.
37	11 Jahre, m	GY der Rg. Domspatzen, zuletzt VS Bogen	5 b	10.07.03	40 Min.
38	10 Jahre, m	VS Nittendorf	4 c	15.07.03	41 Min.
39	11 Jahre, w	Von-Müller-GY Rg., zuletzt VS Rg. am Sallerner Berg	5 bd	17.07.03	38 Min.
40	12 Jahre, w	Von-Müller-GY Rg., zuletzt VS Hagelstadt, VS Alteglofsheim	5 bd	17.07.03	38 Min.
41	11 Jahre, w	Von-Müller-GY Rg., zuletzt Gerhardinger-VS Stadtamhof-Rg.	5 bd	17.07.03	30 Min.

42	11 Jahre, w	Von-Müller-GY Rg., zuletzt VS Pettendorf/Pielenhofen	5 bd	17.07.03	40 Min.
43	11 Jahre, w	Von-Müller-GY Rg., zuletzt VS Burgweinting	5 bd	17.07.03	42 Min.
44	10 Jahre, w	VS Nittendorf	4 b	21.07.03	36 Min.
45	10 Jahre, w	VS Nittendorf	4 a	22.07.03	43 Min.
46	10 Jahre, m	VS Nittendorf	4	22.07.03	45 Min.
47	10 Jahre, w	VS Nittendorf	4	23.07.03	36 Min.
48	11 Jahre, w	Von-Müller-GY Rg., zuletzt VS Laaber	5 bd	17.07.03	38 Min.
49	11 Jahre, w	Von-Müller-GY Rg., zuletzt VS Laaber	5 bd	17.07.03	37 Min.
50	11 Jahre, m	Von-Müller-GY Rg., zuletzt VS Laaber	5 bd	17.07.03	39 Min.
51	11 Jahre, w	Von-Müller-GY Rg., zuletzt VS Burgweinting	5 bd	25.07.03	54 Min.
52	11 Jahre, w	Von-Müller-GY Rg., zuletzt VS Burgweinting	5 bd	26.07.03	44 Min.
53	10 Jahre, w	VS Hainsacker	4 a	06.06.03	38 Min.
54	10 Jahre, w	VS Hainsacker	4 a	06.06.03	52 Min.
55	10 Jahre, m	VS Tegernheim	4 b	28.03.03	39 Min.
56	10 Jahre, w	VS Tegernheim	4 b	28.03.03	65 Min.
57	10 Jahre, w	VS Tegernheim	4 b	04.04.03	35 Min.
58	10 Jahre, w	VS Laaber	4 b	04.06.03	44 Min.
59	10 Jahre, m	VS Laaber	4 b	04.06.03	47 Min.
60	11 Jahre, m	VS Laaber (HS)	5 b	05.06.03	38 Min.
61	11 Jahre, m	VS Laaber (HS)	5 b	05.06.03	31 Min.
62	10 Jahre, m	VS Obertraubling	4	19.01.04	43 Min.
63	10 Jahre, m	VS Nittendorf	4	21.02.04	32 Min.
64	9 Jahre, w	VS Wolnzach (GS)	4	03.02.04	46 Min.

3.1.2 Erhebungsinstrument

Im vielseitigen Repertoire qualitativer Forschungsmethoden gehört die mündliche Befragung zu den etablierten Techniken wissenschaftlichen Arbeitens.[35] Als favorisierte Form der Datenerhebung hat sie sich im Verlauf der vorliegenden Studie bewährt, um in konziser, aber trotzdem kindgerechter Weise die für den Musikunterricht interessanten Sachverhalte anzusprechen und unterschiedliche Reaktionen auszuloten. Der Interviewleitfaden (Anhang A), der der Explorationsphase als Erhebungsinstrument zu Grunde lag, war zuvor mit Kindern der dritten, vierten und fünften Jahrgangsstufe konzipiert und im Rahmen mehrerer Blindversuche mit zufällig ausgewählten Kindern einige Mo-

[35] Bortz & Döring: *Forschungsmethoden*, 2002[3], S. 237–253.

nate getestet worden. Diese hatten sich in offenen Fragen zu ihren schulischen/privaten Beschäftigungen geäußert, zu ihren Hobbys, Vorlieben, Einstellungen zur Schule und den dort behandelten Inhalten. Die Abstimmung auf die Interviewsituation und das jeweilige Profil des Probanden erlaubte zu jedem Zeitpunkt der Befragung eine Reaktion des Forschers auf die individuellen Eigenarten und – gerade bei musikspezifischen Interessen – auf die (außer-)schulischen Gepflogenheiten.[36] Sehr schnell wurde in dieser Phase deutlich, dass sich die Motivation der Kinder in überdurchschnittlich vielen Fällen auf musikalische Inhalte konzentrierte. Um die Schülerantworten, die zunächst in unstrukturierter Form vorlagen, systematisch zu erfassen und eine Gegenüberstellung zu ermöglichen, wurden die Aussagen fünf Themenschwerpunkten zugeordnet, die sich im Verlauf der Interviewarbeit herauskristallisiert hatten:

1. Fragen zur Person
2. Fragen zur Musik und zum außerschulischen Musikleben/-erleben
3. Fragen zum Musikunterricht in der Schule
4. Fragen zur Lehrerin/zum Lehrer
5. Fragen zu den Mitschülerinnen und Mitschülern

Diese Grobkategorien verlangten ein detailliertes Eingehen auf die spezifischen Erfahrungen und Erlebnisse der befragten Kinder, und so entwickelte sich aus den Gesprächen ein Kategoriensystem, das der mündlichen Befragung in ausformulierter Gestalt des Leitfadens zu Grunde lag.[37] Die semistrukturierte Anlage der Interviews garantierte, dass die Schüler/-innen in ihren Antworten die Möglichkeit hatten, thematisch »in die Tiefe« zu gehen und unterschiedliche Auffassungen bzgl. der angesprochenen Sachverhalte zu äußern, dass sie aber trotzdem angehalten waren, sich nicht zu weit von den Forschungsfragen zu distanzieren. Am Ende dieser konzeptionellen Phase stand ein Ge-

---

[36] Die Adaption des Leitfadens von Interview zu Interview garantierte, dass am Ende der Testphase ein Erhebungsinstrument entstand, mit dem alle für den Musikunterricht interessanten Schülereindrücke aufgenommen werden konnten. Zur Methode des »ständigen Vergleichens« in der qualitativen Analyse vgl. Glaser & Strauss: *Grounded Theory*, 2005[2], S. 107–121.

[37] Der Interviewleitfaden spiegelt in seinem Aufbau die Kategorienordnung wider, die in thematischer Zuordnung aus den Schülerantworten der ersten Phase entstanden war. Vgl. dazu den Interviewleitfaden im Anhang A. – Das Kategoriensystem, das zur Auswertung der Befragungen zu einem späteren Zeitpunkt verwendet werden sollte, hatte der Autor als Posterpräsentation auf der »Conference on Interdisciplinary Musicology« vorgestellt (15.–18.04.2004, Graz/Austria).

sprächsleitfaden als Erhebungsinstrument zur Verfügung, um auf die Gedankenwelt der Probanden näher einzugehen: ein Fragenkatalog für die Schüler/-innen, die regelmäßig aktiv musizierten, ein anderer für diejenigen, die vornehmlich anderen Freizeitaktivitäten nachgingen (Anhang A.1 und A.2).

Einer ersten Kategorie der mündlichen Befragung wurden Schüleräußerungen zur eigenen Person zugeordnet, darüber hinaus die persönliche Einstellung zu Schule und Musik. Ziel war es zu ermitteln, in welchen Bereichen die Kinder geprägt sind, welchen Hobbys sie nachgehen, mit welchen Erwartungen sie in die Schule kommen. Eine Fragestellung, die sich im Hinblick auf die PISA-Diskussion anbot, war die Bedeutung der einzelnen Fächer aus der Sicht der Vpn und die Einschätzung der eigenen Schulleistung. Da die Antworten zur Musik im Zentrum des Interesses standen, schlossen sich Fragen zur Beliebtheit des Faches im Fächerkanon an, zur Einstufung der eigenen Musikalität, zu Spaß und Leistung im Musikunterricht sowie zu Musikpräferenzen. Schließlich wurde in zwei abschließenden Fragen die Rolle der Eltern in der Einschätzung der Kinder ermittelt, um einen subjektiv empfundenen Einfluss von Musik auf die eigene und auf andere Personen in der Familie nachzugehen.

Außerschulische musikalische Aktivitäten und Interessen wurden in einer zweiten Kategorie thematisiert, die eine Annäherung an die Frage intendierten, inwieweit Musik mit der Lebenswelt der Schüler verknüpft ist. Die Kinder waren aufgefordert worden, der Musik eine allgemeine Bedeutung zuzumessen und die Entwicklung ihres Musikgeschmacks zu reflektieren. Besonders die Beschäftigung mit Medien beinhaltete für die Kinder eine hohe Zeitinvestition. Viele besaßen die neuesten technischen Geräte, die sie vor allem in ihrer Freizeit für unentbehrlich hielten. Gleichzeitig konnten sie musikalische Beschäftigungen außerhalb der Schule benennen und Vorlieben bzgl. ihrer Hobbys oder ihrer bevorzugten Musikinstrumente signalisieren. Diese Fragen standen in direktem Zusammenhang mit den musikalischen Aktivitäten im Elternhaus, die möglicherweise für eine intensive Prägung musikalischer Interessen im Kindesalter verantwortlich waren.

Ein dritter Befragungskontext zielte auf die Qualität des schulischen Musikunterrichts. Hier ging es um den Kernbereich der gesamten Studie. Besondere Erlebnisse sollten ebenso zusammengetragen werden wie Eindrücke und Ereignisse, Lerneffekte und Empfindungen beim Vorspiel auf einem Musikinstrument, Abstimmung der Unterrichtsinhalte in den Klassen und organisatorische Gegebenheiten des Musikunterrichts, durch die die Kinder beeinflusst waren. Hier konnten sie sich zu ihren musikalischen Aktivitäten in den diversen Neigungsgruppen, Chören und Ensembles äußern, ihre besonderen Interessen (Musikwerke, Komponisten, Instrumentenbau oder andere Projekte) und musikalische Höhepunkte beschreiben, aber ebenfalls negative Eindrücke wie Langeweile im Musikunterricht oder andere Störfaktoren einbringen. Ob die Beliebtheit und die Bedeutung des Faches Musik mit der Lehrersicht konvergierten, kam ebenso zur Sprache wie Schülerwünsche an den Musikunterricht und an fachinterne Arbeitsweisen, Inhalte und Methoden. Exemplarisch wurden einzelne Lehrplanangebote herausgegriffen und auf ihre Verbreitung untersucht. Dazu gehörten das gemeinsame Musizieren im Klassenverband, die Frage nach einem Konzert-/Theaterbesuch als besonderem Erlebnis, musikalische Primärerfahrungen mit Orchestermusikern sowie die schulische Beschäftigung mit elektronischen Medien. Schließlich war der Einfluss der Musik auf das Freizeitverhalten der Kinder angesprochen worden. Die Schüler/-innen äußerten sich über wichtige Inhalte im Unterricht, berichteten über den Stellenwert des Singens, den Anteil der Musiktheorie, und sie machten sich über den Nutzen des Musikunterrichts Gedanken.

Ein vierter Themenbereich erfasste Antworten zu den Musiklehrerinnen und Musiklehrern aus der Perspektive der Heranwachsenden. Zur Sprache kamen ihre Eigenschaften und Arbeitsweisen, ihre Qualitäten im Hinblick auf Instrumentalspiel und Gesang sowie ihre Ausstrahlung gegenüber der Klasse. Die Aussagen über das Instrumentalspiel oder das solistische Singen in der Klasse gaben Einblick in ihre Ausbildung, ebenso den Stellenwert, den sie nach Ansicht der Schüler dem Fach Musik zukommen ließen. Der Einsatz von Medien wie CDs, Kassetten- oder Videofilmen konnte überdies signalisieren, in welcher Weise es den Lehrern gelang, den Musikunterricht abwechslungsreich zu gestalten. Schließlich wurden das Verhältnis der Schüler/-innen zur Lehrkraft fokussiert, Sympathien oder Antipathien, die entgegengebracht wurden und der Aspekt, wie die Lehrerpersönlichkeit den Schülern in Erinnerung geblieben ist. Es hat sich weiterhin die Frage gestellt, in welchem Maße die Qualität des Unterrichts von der Lehrkraft abhängig ist. Möglicherweise ist sie nicht nur von der Ausbildung oder von der Frage bestimmt, ob in den Klassen fachkundig oder fachfremd unterrichtet wird, sondern auch, wie die Lernenden auf ihren Musiklehrer reagieren. Abschließend wurde die Beziehung eines jeden Probanden zu seinen Mitschülern hinterfragt. Denn wie Musik bei den Klassenkameraden ankommt, ob das gemeinsame Musizieren zu besseren Kontakten führt oder damit gar das Klima in einer

Schule positiv beeinflusst werden kann, wurde bislang von vielen Kindern positiv beurteilt, aber nur in wenigen Studien empirisch belegt.[38]

Nach der inhaltlichen Komponente sollen nunmehr die Erfahrungswerte dargestellt werden, die in die Formulierung der Fragestellungen innerhalb des Leitfadens eingegangen sind und deren Bedeutung nicht unterschätzt werden durfte. Elementare Grundsätze zum Wortlaut der Formulierungen sowie zur Bestimmung der Anordnung einzelner Fragen im Leitfaden waren zunächst zu beachten, damit die Schülerinnen und Schüler mit einer präzisen Antwort reagieren konnten. Anderenfalls hätten sich die Kinder unnötig wiederholt, hätten die Fragen nicht in dem intendierten Sinne verstanden oder ihre Antworten nicht »möglichst unverfälscht und eindeutig« gegeben.[39] Im Extremfall hätte dies zur Folge gehabt, dass ein Großteil der Daten für die Auswertung der Interviewstudie unbrauchbar geworden wäre. Daher wurde in besonderer Weise beachtet, dass die Fragestellungen einfach formuliert, kurz und eindeutig waren, dass sie möglichst auf Fachtermini und komplizierte Satzkonstruktionen verzichteten, um zusätzliche Verständnisfragen der Probanden auf ein Minimum einzugrenzen.[40] Zu lange Fragen, die mehrere Sachverhalte gleichzeitig ansprachen, verletzten das Prinzip der Einfachheit und überforderten die Befragten bei Erinnerungsleistungen. Gleichzeitig mussten stereotype Wendungen vermieden werden, um die Motivation für die Antworten zu erhalten. Der Frageimpuls war konkret, nicht zu allgemein vorzusehen. Der Hinweis auf eine möglichst genaue Darstellung von Tätigkeiten, Einstellungen und Zeitpunkten war obligatorisch. Wichtig zeigte sich darüber hinaus die weitgehende Vermeidung von Suggestivfragen, die einseitige Wertassoziationen hervorrufen. Hron räumt in seinen Erfahrungsregeln für Ausnahmefälle ein, dass Suggestivfragen nicht unbedingt vermieden werden müssen, dass – im Gegenteil dazu – ihr geplanter Einsatz sogar die »Intensität einer Einstellung besonders gut erfassen helfen« kann.[41] Bei Kindern, die in der Untersuchung von Natur aus tendenziell lapidare Antworten gaben, konnte ein derartiges Frageverhalten in einigen Situationen Sicherheit vermitteln und zu aussagekräftigen, tiefer gehenden Statements führen. Obwohl dem

---

38 Vgl. Bastian: *Musik(erziehung) und ihre Wirkung* u. a.

39 Aemilian Hron: »Interview«, in: Günther L. Huber & Heinz Mandl (Hg.), *Verbale Daten. Eine Einführung in die Grundlagen und Methoden der Erhebung und Auswertung*, Weinheim/Basel: Beltz 1994², S. 120.

40 Vgl. dazu auch Hron: »Interview«, S. 120–127. – Bortz & Döring: *Forschungsmethoden*, 2002³, S. 244–246.

41 Hron: »Interview«, S. 121.

Forscher die Suggestionswirkung einzelner Impulse nicht verborgen blieb, waren aus den Schülerreaktionen die zunächst latent vorhandenen Einstellungen abzulesen, da viele Antworten auf dem Prinzip der Explikation beruhten.

Die Interviewsituation lebte von den vorwiegend offenen Fragen des Gesprächsleitfadens, bei denen die Kinder in den Antworten eine große Freiheit genossen. Ihre spezifischen Ansichten und Deutungen wurden dadurch individuell erfasst, die offenen Fragen stellten hohe Anforderungen an das Ausdrucksvermögen der Befragten. Die Anordnung der einzelnen Fragen verfolgte stärker eine »psychologisch richtige« als eine »logische Folge«; denn die Interviewsituation lebte von der Spannungskurve der Aufmerksamkeit.[42] Die Eingangsfragen waren demnach leicht zu beantworten, keinesfalls heikel oder kontrovers, und sie hatten die Intention, das Interesse und die Aufmerksamkeit der Kinder zu wecken (Einleitungs-, Kontakt- oder »Eisbrecherfragen«). Ausstrahlungs- und Platzierungseffekte konnten durch die Erfahrungen aus den Pretests weitgehend kontrolliert werden. Die eingebauten Vorbereitungsimpulse verhalfen im Falle eines Themenwechsels zu einem homogenen gedanklichen Übergang. Der gesamte Ablauf der Interviews wurde durch einzelne Filterfragen gesteuert, die den Gesprächsverlauf in eine bestimmte Richtung lenkten.[43] Herausfordernde Fragen wurden erst gegen Ende gestellt, wenn die Kinder entsprechend vorbereitet waren. Die Befragung wurde schließlich mit einigen allgemein gehaltenen Anregungen zur Musik beendet, die halfen, möglicherweise aufgebaute Spannungen zu lösen. Allen interviewten Kindern konnte der Eindruck vermittelt werden, dass sie das Forschungsprojekt mit ihren Antworten bereichert hatten und die entsprechenden Impulse wertvoll waren. Weitere Erklärungen wurden

---

42 Bekannt ist aus zahlreichen Interviewsituationen, dass die Spannungskurve der Aufmerksamkeit zu Anfang und gegen Ende des Interviews flach verläuft und einen deutlichen Zusammenbruch nach zwei Dritteln des Gesprächs zeigt. Daher sollten die entscheidenden Themen im mittleren Drittel angesprochen werden. Vgl. Erwin Karl Scheuch: »Das Interview in der Sozialforschung«, in: R. König (Hg.), *Handbuch der Empirischen Sozialforschung*, Bd. 2, Grundlegende Methoden und Techniken, Stuttgart: Enke und Deutscher Taschenbuch Verlag 1973[3], S. 66–190.

43 Wenn die Frage »Machst du auch außerhalb von der Schule Musik?« (Fragebogen 1 a, Item 14) eindeutig mit »ja« beantwortet werden konnte, erfolgten beispielsweise im weiteren Verlauf genauere Fragen bzgl. der musikbezogenen Tätigkeiten in der Freizeit. Bei einer negativen Antwort auf die Filterfrage konnte dieser Themenblock übersprungen werden.

nach dem Ende der Befragung gegeben, um die Schüler/-innen in einer positiven Grundstimmung aus der Befragungssituation zu entlassen.

3.1.3 Erhebungsform

In der Vorbereitung zu dieser Studie wurden verschiedene Verfahren getestet: die Beobachtung von Kindern im Musikunterricht per Video-Aufzeichnung[44], die Inhaltsanalyse von Schüleraufsätzen[45], das Zeichnen von Bildern zum Musikunterricht[46] sowie die Befragung von Schülerinnen und Schülern. Die Ergebnisse zu diesen unterschiedlichen methodischen Zugängen zeigten, dass allein die Befragung forschungsökonomisch sinnvolle und eindeutige Ergebnisse brachte. Obwohl sich die Schüler/-innen in den Aufsätzen wie in den Zeichnungen erfreulich motiviert zeigten, war bereits zu diesem Zeitpunkt abseh-

---

[44] Das technische Verfahren ermöglicht die teilnehmende oder nichtteilnehmende Beobachtung der Klasse mittels »versteckter Kamera«. Die Aufzeichnung in der Laborsituation einer »Unterrichts-Mitschauanlage« hätte dagegen nur unzureichende Ergebnisse widergespiegelt, da sich die Kinder außerhalb ihrer gewohnten Lernumgebung nicht unvoreingenommen verhalten. Außerdem wäre diese Vorgehensweise rechtlich bedenklich gewesen, da sich nicht alle Eltern – trotz der ausschließlichen Verwendung der Aufnahmen zu Forschungszwecken – mit der Video-Aufzeichnung ihrer Kinder einverstanden erklärten.

[45] In verschiedenen Klassen wurden zwei Themen als Bearbeitungsaufgabe zur Auswahl gestellt: 1. »Mein Wunsch zu unserem Musikunterricht«, 2. »Wenn ich der Musiklehrer meiner Klasse wäre ...«. Zur schriftlichen Fixierung ihres Aufsatzes hatten die Kinder ausreichend Zeit. Im Anschluss wurde eine Inhaltsanalyse der Schüleraufsätze vorgenommen.

[46] Im Schuljahr 2001/02 wurde dazu an einigen Orten ein schulinterner Malwettbewerb »Musik in der Grundschule« vom Autor initiiert. Die Schüler/-innen hatten die Aufgabe, ein Bild zu dem Musikunterricht an ihrer Schule anzufertigen. Dabei war ihnen freigestellt, welchen Teilbereich sie mit ihrer Zeichnung abdecken wollten. Trotz dieser Freiheit in der Bearbeitung traten beachtliche Ergebnisse zu Tage, die prämiert wurden. – Zu weiteren Erkenntnissen bzgl. des Informationsgehaltes von Schülerbildern vgl. Günter Kleinen & Rainer Schmitt: *Musik verbindet. Musikalische Lebenswelten auf Kinderbildern*, Essen: Die Blaue Eule 1991. – Kleinen: »Qualitative Verfahren bei der Erforschung musikalischer Lebenswelten von Kindern«, in: Bullerjahn, Erwe & Weber (Hg.), *Kinder – Kultur: Ästhetische Erfahrungen. Ästhetische Bedürfnisse*, 1999, S. 67–82. – Roland Hafen: »›Ich und die Musik‹ – Kinder malen Bilder zur Musik«, in: H. G. Bastian, *Musik(erziehung) und ihre Wirkung*, S. 511–533. – Christoph Gotthardt: »Kinder malen Konzerte. Musikverarbeitung zwischen Erlebnisreflexion und Selbstvergewisserung«, in: Niels Knolle (Hg.), *Lehr- und Lernforschung in der Musikpädagogik*, 2006, S. 85–103. – Ders.: *Zur Wirkung von kommentierten Schülerkonzerten*, Diss. Goethe-Universität Frankfurt, in Vorbereitung.

bar, dass mit den Interviewtexten die größte Informationsdichte erzielt werden konnte. Die computerunterstützte Datenauswertung von Verbaldaten erwies sich zudem als technisch ausgereifter und kostengünstiger als die Analyse von Videoaufzeichnungen. Die Auswertung von Schüleraufsätzen und Bildern erforderte mehrere Expertenprüfungen, eine Maßgabe, die zu Beginn die Effektivität der Studie hätte in Frage stellen müssen. In Anbetracht der Fragestellungen und Zielsetzungen schien es angebracht, zur Exploration vorwiegend Befragungen einzelner Vpn einzubeziehen, die ihre Einstellungen und Sichtweisen subjektiv wiedergaben, die aber in ihrer Gesamtheit den Untersuchungsgegenstand in den unterschiedlichsten Bewertungsmaßstäben erscheinen ließen.[47]

Um erste relevante Beurteilungskriterien zu eruieren, war es notwendig, die Lernvoraussetzungen der Kinder, die Bedingungen und Begleitumstände, die in ihrem Leben mit Musik zum Tragen gekommen waren, Dissens oder Konsens im Musikunterricht, Aspekte zur Musiklehrkraft und zu Klassenkameraden in einem Querschnittdesign zu erheben. Die zur Verfügung stehenden Interviewarten waren jedoch nicht allesamt für die ausgewählte Zielgruppe geeignet.[48] Mit zehnjährigen Kindern ein narratives Interview zu führen, das in seiner Ausgestaltung sehr wenige inhaltlich-strukturelle Vorgaben hat, erwies sich als schwieriges Unterfangen, da sich die inhaltliche und

---

47 Auf den methodischen Einsatz von Gesprächen mit mehreren Schülern wurde bewusst verzichtet, da die Gruppendynamik gerade im Grundschulalter stark emotional gefärbte Äußerungen hervorruft und sich damit negativ auf das Antwortverhalten der Kinder auswirken kann. Reaktionen dieser Art wurden in den Pretests am 27.02.03 (Gruppeninterview mit vier Kindern) und am 17.03.03 (mit drei Kindern) festgestellt und legten die Entscheidung für Einzelbefragungen nahe. Das Gruppendiskussionsverfahren wird in der Regel vorwiegend in der Arbeit mit Erwachsenen eingesetzt und ist die am weitesten verbreitete Methode der qualitativen Marktforschung. Vgl. Gabriele Kepper: *Qualitative Marktforschung. Methoden, Einsatzmöglichkeiten und Beurteilungskriterien*, Wiesbaden: Deutscher Universitäts-Verlag 1996².

48 Einen Überblick über die verschiedenen Interviewarten geben Uwe Flick, Ernst v. Kardorff et al.: *Handbuch Qualitative Sozialforschung. Grundlagen, Konzepte, Methoden und Anwendungen*, München: Psychologie Verlags-Union 1991. – Philipp Mayring: *Einführung in die qualitative Sozialforschung*, München: Psychologie Verlags-Union 1993². – Hron: »Interview«, S. 119–140. – Siegfried Lamnek: *Qualitative Sozialforschung*, Bd. 2, Methoden und Techniken, München: Psychologie Verlags Union 1995³. – Barbara Friebertshäuser: »Interviewtechniken – ein Überblick«, in: Friebertshäuser & Prengel (Hg.), *Handbuch Qualitative Forschungsmethoden*, 2003, S. 371–395.

sprachliche Kompetenz vieler Viertklässler noch nicht als derart ausgereift zeigte wie bei einem erwachsenen Probanden.[49] Zu umfassenden Stegreiferzählungen sind die meisten Kinder noch nicht in der Lage; eine »erzählgenerierende Frage« wurde von den Schülern zwar beantwortet, jedoch eher als Impuls verstanden, auf die sie in vielen Gesprächen nur eine kurze oder keine passende Reaktion fanden. Das narrative Interview hat daher vorwiegend in der Biographie- und Lebenslaufforschung, d. h. in der Arbeit mit erwachsenen Probanden seinen Platz, in der die verbalen Ausführungen autobiographische Züge annehmen.

Ein weiteres offenes Befragungsverfahren, das problemzentrierte Interview, schien für Viertklässler ebenfalls keine praxistaugliche Methode zu sein, wenn man den Musikunterricht als Forschungsfeld in natürlicher Form und nicht a priori als »problemzentriert« erscheinen lassen möchte. Außerdem steht bei dieser offenen Art der Gesprächsführung wiederum das Erzählprinzip im Vordergrund. Diese Maßgabe ist zwar in jeder Befragung wünschenswert, ihre Anwendung stellt jedoch bei Probanden mit mangelnder Sprachkompetenz keine vielfältigen Ergebnisse in Aussicht. Interessanter erschien das fokussierte Interview, das die Strukturierung mit Hilfe eines Leitfadens vorsieht und die Fokussierung auf einen im Vorfeld bestimmten Gesprächsgegenstand lenkt. Den Befragten wird dabei die Möglichkeit gegeben, ihre Eindrücke frei und auch zu nicht-antizipierten Aspekten zu äußern. Um die Phantasie der Kinder möglichst vollständig auf das Untersuchungsthema zu konzentrieren, empfahl sich bei dieser Befragungsform die Verwendung eines Gesprächsleitfadens als hilfreiches Instrumentarium. So konnten in der vorliegenden Studie mit einem semistrukturierten[50] Interview wertvolle Daten zur Exploration des Forschungsfeldes und zu Bezugssystemen ermittelt werden, die zur Strukturierung des Forschungsvorhabens dienlich waren.[51] Der Leitfaden verhinderte bei den Befragungen ein Abschweifen von der Thema-

---

49 Zur Verbalisierungsfähigkeit der Kinder vgl. Friederike Heinzel: »Qualitative Interviews mit Kindern«, in: Friebertshäuser & Prengel (Hg.), *Handbuch Qualitative Forschungsmethoden*, 2003, S. 396–413.

50 Die Begriffe »semistrukturiertes«, »halb-« und »teilstandardisiertes« Interview werden synonym verwendet. Charakteristisch für diese Befragungsform ist ein Gesprächsleitfaden, der wichtige Inhalte der Befragung vorgibt. Vgl. Bortz & Döring: *Forschungsmethoden*, 2002[3], S. 239.

51 Der Begriff »Leitfadeninterview« wird in Abgrenzung zum »erzählgenerierenden« Interview genutzt. Zur Technik von Leitfadeninterviews vgl. Friebertshäuser: »Interviewtechniken«, S. 375ff.

tik, und gewährleistete zugleich, dass alle relevanten Aspekte zum »Musikunterricht aus Schülersicht« angesprochen wurden. Zum selben Zeitpunkt bildete er die Basis für eine Vergleichbarkeit der Antworten. Dieses notwendige Maß an Offenheit war erforderlich, um die Reaktionen der Kinder nicht zu sehr einzuschränken.[52]

Obwohl vornehmlich in der Kindheitsforschung eine beachtliche Anzahl qualitativer Erhebungen entstanden sind, die »die Sicht von Kindern auf ihr Leben, ihre Wünsche, Interessen, Lernprozesse [...] in Schule, Wohnumwelt und Freizeit wissenschaftlich [...] erfassen«[53] und damit auch die methodologischen Erfahrungen spiegeln, ist das Fehlen von Ausführungen zu forschungstechnischen Vorgehensweisen und Problemen ein Manko. Das Gesprächsverhalten von zehn- und elfjährigen Kindern unterliegt eigenen Gesetzen; daher ist die Forschungsarbeit mit dieser Zielgruppe nicht in der Art kalkulierbar wie beispielsweise mit Jugendlichen oder Erwachsenen. Umso mehr bedurfte es eines Erhebungsinstrumentes, das eine unvoreingenommene, motivierte und gleichzeitig konzentrierte Teilnahme der Probanden an der Interviewstudie gewährleistete.

3.1.4 Durchführung

Um eine möglichst natürliche Befragungssituation als Vorbedingung für authentische Informationen herzustellen, wurden für die qualitativen Befragungen Orte gewählt, die den Kindern vertraut waren, damit sie sich wohl fühlten und nicht durch die Umgebung verunsichert waren.[54] In den meisten Fällen gelang es, sie in alltäglichem Milieu, in vertrauter Atmosphäre zu Hause zu befragen und auf eine schulische Umgebung zu verzichten.[55] Die Interviews wurden jeweils von *einer* Befragungsperson mit dem Probanden ohne Beteiligung eines Elternteils durchgeführt. Die Informationen, die die Eltern gaben, mit denen die Gesprächstermine zu vereinbaren waren, gingen in die Feldnotizen zum jeweiligen Interview ein. Insgesamt stand für die 64 mündlichen Befragungen ein Forscherteam zur Verfügung, das neben dem Autor aus einer weiteren männlichen und zwei weiblichen Interviewern bestand. Geschlechter- und Versuchsleitereffekte sollten dadurch weit-

[52] Vgl. Lamnek: *Qualitative Sozialforschung*, S. 65ff.

[53] Heinzel: »Qualitative Interviews mit Kindern«, S. 396.

[54] Zur Durchführung eines Interviews vgl. auch Bortz & Döring: *Forschungsmethoden*, 2002^3, S. 251ff.

[55] Zu diesem Aspekt, der auf die Befragung entscheidenden Einfluss haben kann, vgl. auch Heinzel: »Qualitative Interviews mit Kindern«, S. 404.

gehend ausgeschaltet werden.[56] Alle Interviewer waren zuvor ausführlich in die Befragungssituation eingewiesen worden und hatten selbst einige Pretests durchgeführt[57], um im Sprach- und Antwortverhalten der Viertklässler Erfahrungen zu sammeln. Bezüglich der verbalen Äußerungen war auffällig, dass manche Kinder einsilbige, andere ausführliche Antworten gaben. Einige erzählten frei und redegewandt, andere nahmen das in der Fragestellung verwendete Wortmaterial auf. Eine Reihe von Probanden antwortete in Dialekt, andere gebrauchten die Schülersprache, wiederum andere artikulierten in gehobener Wortwahl ihre Gedanken.[58] Unabhängig von der Fragestellung reagierten die Kinder inhaltlich bisweilen allgemein, in anderen Fällen auf eine konkrete Situation bezogen. Insgesamt war das Antwortverhalten unmittelbar von der Interviewsituation abhängig und von der Person, von der die Stimuli ausgingen. Aufgrund dieser Erkenntnis waren die Interviewer von Anfang an in den Versuchen angeleitet worden, eine gemeinsame Sprachebene mit den Grundschülern zu finden, die Gespräche »einfühlsam, nondirektiv, auf das Kind zentriert und aufmerksam«[59], im gleichen Maße »vertrauensvoll« und »freundschaftlich« zu führen. Der vorausgehende Kontakt mit der jeweiligen Mutter oder dem Vater diente den Schülern als Ansporn und Hilfe, Unsicherheiten in den Griff zu bekommen. Die teilstandardisierte Interviewsituation gab dazu einen gewissen Rahmen vor. Die Probanden hatten aber trotzdem Gelegenheit, auf die offenen Fragen individuell und uneingeschränkt zu antworten.[60]

---

[56] Nach Bortz' Einschätzung können durch das Aufteilen von Interviews auf ein Forscherteam Interviewereffekte minimiert werden: »Erfordert und ermöglicht eine Befragungsaktion den Einsatz mehrerer Interviewer/-innen, wird man sie zufällig auf die zu befragenden Personen verteilen, um dadurch zumindest grobe, systematische Ergebnisverzerrungen zu vermeiden.« Bortz & Döring: *Forschungsmethoden*, 2002[3], S. 247.

[57] Zu den Maßgaben einer Interviewerschulung vgl. Bortz & Döring: *Forschungsmethoden*, 2002[3], S. 248. Danach sollten die Interviewer mit einem »Mindestmaß an Qualifikationen« ausgestattet sein. Inhaltliche Kenntnisse zum Forschungsgegenstand, Aufbau und Struktur des Fragebogens mit notwendigen Instruktionen sowie der Umgang mit dem Antwortverhalten, insbesondere bei Verweigerungen, sollten dabei geklärt werden. Einige Probeinterviews wurden zur kritischen Revision des Interviewerverhaltens als »Tandembefragung« durchgeführt.

[58] Zum allgemeinen Antwortverhalten von Kindern vgl. Heinzel: »Qualitative Interviews mit Kindern«, S. 408f.

[59] Oswald, zit. nach Heinzel: »Qualitative Interviews mit Kindern«, S. 406.

[60] Das Charakteristikum offener Fragen besteht darin, dass in der Regel keine Frage nur mit »ja« oder »nein« beantwortet, sondern dazu eine umfassendere Stellung-

Eine wichtige Hilfe war darüber hinaus die Zusicherung der Anonymität der Befragten. Die theoretische Strukturierung des Themenfeldes blieb zunächst einer späteren Phase im Forschungsverlauf vorbehalten, bis sich Themenschwerpunkte bei den interviewten Schüler/-innen gezeigt hatten. Die Exploration des Forschungsfeldes mit der Aufnahme aller für die Untersuchung relevanten Faktoren war auf diese Weise sichergestellt. Günter Kleinen hatte aus seinen Erfahrungen bereits berichtet, dass »die Art, wie wir unsere inneren musikalischen Erfahrungen in Worte fassen, analog zum Wahrnehmungsprozeß verläuft.«[61] Dieser Einschätzung ist auch im Rahmen der qualitativen Studie zuzustimmen, da die Sprache neue Einsichten eröffnen kann, die bei Ausklammerung dieses Kommunikationsprozesses verborgen blieben. Die daraus abgeleitete Forderung Kleinens, die Auswertung sprachlicher Äußerungen in das Methodenrepertorie der Musikpsychologie einzubeziehen, ist nachvollziehbar.[62] In vorliegender Studie wurden zur Dokumentation der Daten, die in die geführten Interviews eingingen, die Gespräche mit dem Einverständnis der Versuchspersonen auf Tonträger aufgezeichnet und transkribiert, so dass die Textdateien zu einem späteren Zeitpunkt computerunterstützt codiert, strukturiert und analysiert werden konnten. Die Dauer einer geführten Befragung lag im Einzelfall zwischen 20 und 65, im Durchschnitt bei 36,13 Minuten. Zur Ausrüstung neben dem Aufzeichnungsgerät gehörte ebenfalls ein Notizblock für Feldnotizen, die zeitweise nebensächlich erschienen, die jedoch für die Einordnung der Interviews in den Forschungskontext wertvolle Hinweise gaben.

»Eine Annäherung an die Welt des Kindes erfordert Empathie, die Wertschätzung der Wahrnehmungen und Gefühle der Kinder und ein Interesse daran, die Sicht der Kinder auf ihre Welt zu verstehen.«[63] Zwar ähnelte ein qualitatives Interview im Gesprächsablauf durchaus einem Alltagsgespräch, jedoch war die Annäherung an den Forschungsgegenstand an feste Prinzipien geknüpft, die es zu beachten galt: Der Forscher musste in der Befragung zurückhaltend agieren und sich darüber im Klaren bleiben, dass das Kind als Subjekt das Gespräch sowohl in quantitativer als auch qualitativer Hinsicht bestimmen und

---

nahme erforderlich wird. Verbalisierungs- und Artikulationsvermögen waren demnach in besonderer Weise gefragt.

61 Kleinen: »Die Leistung der Sprache«, S. 55.

62 Kleinen: »Die Leistung der Sprache«, S. 52.

63 James Garbarino & Frances M. Scott: *What children can tell us. Eliciting, Interpreting and Evaluating Information from children*, San Francisco u. a.: Jossey-Boss 1990, p. 189.

seine Wirklichkeitsdefinitionen gestalten sollte. Positiv auf die Motivation der Kinder wirkte sich aus, wenn sie nicht als »unfertige Erwachsene«, sondern als Experten ihrer Lebenswelt und Partner im Interview angesehen wurden, wenn sich die Interviewten dementsprechend »führen und belehren« ließen.[64] Dies konnte bereits zu Anfang geschehen, während der Forscher in einer kleinen Einführung Kontakt zu den Versuchspersonen knüpfte.[65] Dabei erfolgte in der Regel die Inbetriebnahme des Aufnahmegerätes. Dass dieses für das sich anschließende Interview nicht an exponierter Stelle, sondern verdeckt positioniert wurde, erleichterte die Interviewsituation. Im Folgenden wurden einige öffnende Fragen anhand des Interviewleitfadens gestellt, die zunächst auf eine zeitliche Darstellung in der Gegenwart abzielten. Im Gesprächsverlauf hielten sich die Interviewer weitmöglichst zurück, um die Schüler/-innen zu Erzählungen anzuregen und sie nicht in ihrem Redefluss zu hemmen. Der Vorteil dieser Vorgehensweise bestand darin, dass den Kindern mehr Raum für eigene Formulierungen gegeben wurde. Mit Hilfe der halbstandardisierten Interviews gelang es, tiefer in die Materie einzudringen als es die standardisierte Form zu leisten vermocht hätte.[66]

Während der Feldforschung wurde besondere Aufmerksamkeit darauf gelegt, die Probanden nicht zu beeinflussen, da sie allein die Dinge zu ihrem Musikunterricht äußern sollten, die für sie persönlich von zentraler Bedeutung waren. Affektive Reaktionen oder Antworten, die scheinbar wenig mit der Frage in Zusammenhang standen, konnten durch das Einschalten zusätzlicher Verbalimpulse tiefer ausgelotet werden. Allein zu diesem Zweck wurde der Fragenkatalog bisweilen mit zusätzlich eingeflochtenen Hinweisen des Interviewers ergänzt. Dazu gehörte die Ergänzung von »Warum-Fragen« an vorher

---

64 Christiane Schmidt: »›Am Material‹: Auswertungstechniken für Leitfadeninterviews«, in: Friebertshäuser & Prengel (Hg.), *Handbuch Qualitative Forschungsmethoden*, 2003, S. 544–568. – L. Cohen, L. Manion & K. Morrison: *Research Methods in Education*, London: Routledge-Falmer 2000. – Heinzel: »Qualitative Interviews mit Kindern«, S. 406.

65 Dieser Hinweis geschah in einem stets gleich bleibenden Beginn der Befragung: »Du hast doch sicher schon einmal mit einem Aufnahmegerät zu tun gehabt. […] Wir können uns ja später anhören, was wir da fabriziert haben. Tu so, als ob das Mikrofon gar nicht da wäre!« Vgl. dazu den Interviewleitfaden in Anhang A, konzipiert für musizierende und nicht-musizierende Kinder.

66 Ein wichtiges Argument für die Leistung der Sprache im Rahmen qualitativer Befragungen liegt in der »Tiefendimension menschlicher Imagination, Phantasie und Kreativität«, die auf diese Weise erfahrbar gemacht werden. Vgl. dazu Kleinen: »Die Leistung der Sprache«, S. 55.

festgelegten Stellen, um nachzuhaken, wenn die Kinder eine Fragestellung nicht verstanden hatten.[67] Diese Maßnahme eröffnete für die Befragten die Gelegenheit, ungenaue Aussagen zu spezifizieren, zu präzisieren und zu interpretieren. Viele Reaktionen gingen über reine Beschreibungen hinaus und ließen – vorausgesetzt, dass sich der Interviewer nicht mit der ersten Antwort zufrieden gab – eine »Tiefgründigkeit« erkennen, die dem methodischen Prinzip der Explikation entspricht.[68] Das Gesprächsverhalten wurde bei den regelmäßig stattfindenden Feed back-Treffen in der Forschergruppe thematisiert, da die Arbeit mit Kindern stets neu aufzuarbeitende Erfahrungen brachte.[69] Im Laufe der Interviewarbeit konnten auf diese Weise sukzessive Orientierungsmuster ermittelt werden, die hinter den Aussagen standen, an denen die befragten Kinder ihr Handeln ausrichteten. Diese Muster waren zugleich retrospektive Interpretationen ihrer Handlungen, und es ergaben sich Bedeutungsstrukturierungen durch die Probanden. Damit wiederum wurde den Prinzipien der datenbasierten Theorie und der Reflexivität innerhalb der zusammengetragenen Antworten Rechnung getragen.

Es ist bemerkenswert, mit welcher Klarheit und Unvoreingenommenheit Kinder über ihre individuellen Einstellungen zur Musik berichteten, sei es bei Fragen zum Musikunterricht in der Schule oder zum außerschulischen Musik-Erleben. Es muss aber eingeräumt werden, dass die Schülerinnen und Schüler in einigen Fällen mitunter nicht präzise auf alle gestellten Fragen sofort antworteten, sondern zunächst das wiedergaben, was sie bewegte, um zu einem späteren Zeitpunkt den Sachverhalt zu äußern, der für den Interviewer von Interesse war. Den Prinzipien der Offenheit und Flexibilität Rechnung tragend, wurde der Redefluss bei derartigen Antworten nicht unterbrochen. Nach Heinzel (1997) wäre es bei der Beurteilung der Ergebnisse zudem ein methodischer Fehler, von den Schülerinterviews qualitativ gleiche oder »richtige« Antworten zu erwarten. Die unvor-

---

67 Ursachen zu erfragen, gehört zu den wichtigen Voraussetzungen explorativer qualitativer Forschung. »Auch wenn diese nicht immer mit den tatsächlichen Ursachen übereinstimmen, erfährt man auf diese Weise, welche Erklärungen sich der Betroffene selbst ›zurechtgelegt‹ hat bzw. an welchen Stellen diese Erklärungen unstimmig sind.« Bortz & Döring: *Forschungsmethoden*, 2002^3, S. 389.

68 Lamnek: *Qualitative Sozialforschung*, S. 80. – Eine wichtige Interviewstrategie, die auf »Tiefgründigkeit« abzielt, ist die Fokussierung auf Gefühle. Hron: »Interview«, S. 136.

69 Ein weiterer Anlass für Gespräche in der Forschergruppe war beispielsweise der sensible Umgang mit Fragen zum Thema »Zeit« bei Kindern.

eingenommene Sicht der Kinder auf die Dinge, die ihre Lebenswelt betreffen, ginge uns dabei für die Forschung ebenso verloren wie ihre Hoffnungen, Wünsche, Ansichten und Forderungen, die sie aus ihrer individuellen Perspektive ableiten.[70]

3.1.5 Inhaltsanalyse

Die Kinder ließen in ihren Reaktionen ein kaleidoskopartiges Spektrum an Perspektiven entstehen, das die Farbigkeit ihres Musikunterrichts illustrierte. In den Interviews hatten sie die Möglichkeit, ihre Antworten genau darzulegen oder sich bei Unklarheiten über die genaue Intention des Frageimpulses zu vergewissern. Im Umgang mit dem detailreichen Datenpool boten sich im Anschluss unterschiedliche Wege an. Es muss jedoch konstatiert werden, dass »die Methoden der Auswertung, Analyse und Interpretation […] in der Sozialforschung kaum systematisch und generalistisch entwickelt« sind.[71] Als Auswertungsstrategie wurde daher ein inhaltsanalytisches Verfahren angestrebt, das auf einer hermeneutisch-interpretierenden und auf einer empirisch-erklärenden Vorgehensweise beruht. Diese Maßgabe schien den Erfordernissen bei der Interpretation von Schülerinterviews am nächsten zu kommen.

Als wichtige Voraussetzung für die Interpretation war es zunächst erforderlich, alle gewonnenen Daten der insgesamt 64 Interviews, die zur Exploration des Forschungsfeldes durchgeführt und auf Tonträger gespeichert worden waren, zu transkribieren. Zu diesem Zweck war das Auswertungsteam um vier Forscher erweitert worden. Bei der Niederschrift wurde besondere Aufmerksamkeit auf die inhaltliche Komponente gelegt, da in Anbetracht des gesamten Untersuchungsplans die qualitative Phase vorwiegend Basisfakten zum Forschungsfeld ermitteln sollte. Sprechpausen, Versprecher, Betonungen u. a. wurden daher zunächst nur in Ausnahmefällen in die Transkripte aufgenommen. Die Interviews lagen danach nicht nur als wertvoller akustischer Eindruck, sondern auch als Textdokumente vor.[72] Die Bedeutung der Tonaufnahmen war nicht zu unterschätzen, gaben diese doch den Wortlaut der Interviews als emotionale Einschätzung der Probanden stets authentisch wieder, neben der Beobachtung durch

70 Heinzel: »Qualitative Interviews mit Kindern«, S. 409.

71 Lamnek, zit. nach Heinzel: »Qualitative Interviews mit Kindern«, S. 410.

72 Zu der Anfertigung von Interviewtranskripten und Feldnotizen vgl. Schmidt: »Am Material«, S. 546.

den Interviewer selbst. Bei Unklarheiten konnten sie daher in der Interpretation immer als Beleg zu Rate gezogen werden. Nach Anonymisierung aller persönlichen Namensnennungen, Eigen- und Schulnamen, aller Ortsnamen und der auftretenden spezifischen Bezeichnungen fand noch einmal ein Korrekturhören statt, dessen Ergebnisse im Kreise des Expertengremiums diskutiert wurden. Die Interviewpassagen, die Probleme bargen, wurden gemeinsam gehört und mit den Transkripten verglichen, um unterschiedliche Deutungen und Interpretationen bei den Schüleraussagen zuzulassen und ggf. Nachbesserungen anzubringen.

Die Frage, inwieweit eine Studie theoriegeleitet sein sollte, wird in der qualitativen Sozialforschung kontrovers diskutiert. In Anlehnung an Glaser & Strauss' »Grounded theory«[73] nimmt die vorliegende Untersuchung eine weitgehende theoretische Offenheit in Anspruch und versteht sich als explorativ, hypothesen- und theoriengenerierend. Mit der Beschreibung historischer Implikationen steht die Studie zudem nicht im »luftleeren Raum«, sondern bezieht Traditionen ein, die sich aus der Konstitution des Forschungsfeldes in der Praxis sowie aus Vorläuferuntersuchungen ergeben.[74] Zwar existieren daraus keine Daten, auf die sich die Studie hätte stützen können, die Annahme eines theoretischen Konstrukts, das sich aus Unterrichtspraxis und Forschungstradition speist, ist jedoch implizit vorhanden. Die favorisierte Methode der »komparativen Analyse« versteht sich als induktives Verfahren der Theorieentwicklung, da sie den theoretischen Rahmen des Forschungsfeldes aus den ermittelten Daten konstituiert, bereits vorhandene Prämissen weiterentwickelt und die daraus entstandenen Hypothesen fundiert belegt. Mit der Kategorisierung und Codierung eines Vorkommnisses wird dieses zugleich mit vorhergehenden Vorkommnissen derselben Gruppenzugehörigkeit wie auch anderer inhaltlicher Zusammenhänge permanent verglichen. Dieser Prozess führt zur Generierung von theoretischen Eigenschaften der jeweiligen Kategorie. Der Ansatz des »ständigen Vergleichens« geht insofern über die Vorgehensweise einer analytischen Induktion«[75] hinaus, als in

---

73 Glaser & Strauss: *Grounded Theory. Strategien qualitativer Forschung*, 2005².

74 Nach Glaser & Strauss sollte die Theoriegewinnung mittels komparativer Analyse andere Studien einbeziehen, »die sich unabhängig von ihrem sachlichen Gehalt formal auf dasselbe Theorieproblem beziehen«. Glaser & Strauss: *Grounded Theory. Strategien qualitativer Forschung*, 2005², S. 121. – Vgl. dazu auch Schmidt: »Am Material«, S. 545.

75 Vgl. Glaser & Strauss: *Grounded Theory. Strategien qualitativer Forschung*, 2005², S. 101ff. – Doris Bühler-Niedernberger: »Analytische Induktion«, in: Uwe Flick

diesem Verfahren möglichst viele Kategorien, Eigenschaften und Hypothesen zusammengetragen und plausibel eingeführt werden, ohne sie einem vorläufigen Test zu unterziehen. Diese Eigenschaften können als kausale Erklärungen fungieren, jedoch insbesondere auch »Bedingungen, Konsequenzen, Dimensionen, Typen, Prozesse« darstellen.[76]

Die Auswertung und Interpretation der umfangreichen Datensätze erfolgte »am Material«, d. h. sie nahm von den mit Hilfe der Schülerbefragungen erhobenen Informationen ihren Ausgangspunkt, die auch in die Darstellung der Ergebnisse authentisch, d. h. in wörtlichen Zitaten eingingen.[77] Um bei der Auswertung den jeweiligen thematischen Kontext zu eruieren, steht mittlerweile eine Reihe professioneller Datenverarbeitungsprogramme zur Verfügung. Für die gezogene Stichprobe wurde das Textanalysesystem »Maxqda« verwendet, eine speziell für die Verarbeitung von Verbaldaten entwickelte Software, die für den Forschungsprozess in der Explorationsphase eine Vielfalt von Möglichkeiten bereitstellte, die Interviews computerunterstützt strukturieren, codieren und analysieren zu können.[78] Die wichtigsten technischen Verfahren des Datenmanagements, die im Prozess der Auswertung äußerst hilfreich waren, sollen im weiteren Verlauf kurz vorgestellt werden.[79] Um die Antworten den angesprochenen Themenfeldern exakt zuordnen zu können, ermöglicht das technisch-analytische Auswertungsverfahren ein Codieren der Schülerantworten mittels Markier- oder »Drag & Drop«-Funktion. »Ziel

---

et al. (Hg.), *Handbuch Qualitative Sozialforschung. Grundlagen, Konzepte, Methoden und Anwendungen*, München: Psychologie Verlags-Union 1991, S. 446–450. – Lamnek: *Qualitative Sozialforschung*, 1995³, S. 201.

76 Zur Abgrenzung vgl. Glaser & Strauss: *Grounded Theory. Strategien qualitativer Forschung*, 2005², S. 109f.

77 Die Auswertung »wird als Austausch zwischen erhobenem Material in Form von Interviewtranskripten und Feldnotizen auf der einen Seite und dem theoretischen Vorverständnis auf der anderen Seite verstanden. Schmidt: »Am Material«, S. 545. – »Open coding forces him [the researcher] to think and transcend his involved empirical view of his field notes.« Barney G. Glaser & Anselm L. Strauss: *Theoretical sensitivity. Advances in the methodology of Grounded Theory*, Mill Valley: The Sociology Press 1978, p. 56.

78 Udo Kuckartz: »Qualitative Daten computergestützt auswerten: Methoden, Techniken, Software«, in: B. Friebertshäuser & A. Prengel (Hg.), *Handbuch Qualitative Forschungsmethoden*, 2003, S. 584–595.

79 Vgl. dazu auch die Einführung in das Programm bei Udo Kuckartz: *Einführung in das Textanalysesystem Maxqda*, Berlin: Verbi Software, Consult Sozialforschung 2001.

des Codierens ist, Kategorien und Bezüge [...] zu entdecken und zu bezeichnen.«[80] Die eingangs in Aussicht gestellten Auswertungskategorien, die in keiner Weise »vorfixiert« waren, sondern dem Anspruch der Offenheit gehorchten, durchlebten in Auseinandersetzung mit dem Material einen Entwicklungsprozess vor dem Hintergrund theoretischer Überlegungen.[81] Trotz dieses Primats der Offenheit muss eingeräumt werden, dass »das Wiedergegebene nur im Lichte bestimmter Annahmen verständlich und interpretierbar« ist.[82] Als Ergebnis wurden die Kategorien schließlich in einen Codierleitfaden überführt, dem alle codierten Daten zugeordnet wurden. Die Codes, die in unterschiedlichen Hierarchien anzulegen waren, konnten zu einem späteren Zeitpunkt wieder aufgerufen oder eigens mit einem zugeteilten Label angesprochen werden. Das Markieren, Zuordnen und Strukturieren unterschiedlicher Textbezüge war auf diese Weise leicht möglich und auch für denjenigen nachvollziehbar, der nicht direkt an den mündlichen Befragungen teilnahm. Die Verarbeitung der Datensätze mittels »Drag & Drop« ersetzte das zu früheren Zeiten übliche Ausschneiden relevanter Textpassagen der Interviews, das Aufkleben auf Karteikarten und das Herstellen einer individuellen Ordnung in einem Handapparat (»Cut & Paste«).[83] Eine Codierung der Interviews empfahl sich aus pragmatischen Gründen bei der Arbeit mit Zehn- und Elfjährigen. Denn für den Fall, dass Schüler nicht exakt auf die Frage des Interviewers antworteten, sondern zunächst die Gedanken äußerten, die ihnen zu diesem Stimulus in den Sinn kamen, war die genaue Zuordnung der Textpassagen hilfreich. Mit Hilfe der angesprochenen Codierungsebenen ließen sich schließlich in der Analyse alle geäußerten Daten exakt dem zugehörigen Themenbereich zuordnen, auch wenn sie vom Probanden zunächst in einen anderen Kontext gebracht worden waren.[84]

---

80 Schmidt: »Am Material«, S. 553.

81 Zur Theoriegenerierung und Kategorienbildung am Material vgl. Glaser & Strauss: *Grounded Theory,* 2005², S. 38ff. – Schmidt: »Am Material«, S. 547ff.

82 Peter Michael Fischer: »Inhaltsanalytische Auswertung von Verbaldaten«, in: Günther L. Huber & Heinz Mandl (Hg.), *Verbale Daten. Eine Einführung in die Grundlagen und Methoden der Erhebung und Auswertung*, Weinheim/Basel: Beltz 1994², S. 183.

83 Jedes »Coding« ist im übertragenen Sinne die elektronische Variante der Karteikarte und enthält ein Set von Informationen, das für den Auswertungsprozess von Bedeutung ist.

84 Daten konstituieren sich lt. Fischer erst »im Lichte der analytischen Konstrukte, die [...] kategoriale Einheiten definieren, die den ›Daten‹ zugeordnet werden.« Fischer: »Inhaltsanalytische Auswertung von Verbaldaten«, S. 185. – Vgl. dazu

Es muss erneut betont werden, dass die Codierung ein individueller Forschungsprozess ist und bereits eine erste Form der Interpretation des Datenmaterials darstellt. Im Forscherteam waren daher stets neuerliche Absprachen vonnöten, die bei der Einordnung der Daten in das Kategoriensystem Unsicherheiten vermeiden halfen. In diskrepanten Fällen erwies sich das konsensbildende Codieren als Vorteil, bei dem die Auswertung »in gemeinsamer und ausführlicher Falldiskussion zu einer konsensuellen Einschätzung« gelangte.[85] Neben dem Codieren wurde das Wiederauffinden verschiedener Argumentationsmuster durch das »Information-Retrieval«, eine weitere computergestützte Funktion, erheblich erleichtert. Die Platzierung von »Memos« an den Rand der Interviews ermöglichte das Einfügen wichtiger Gedanken und Hinweise für die Auswertung, sie stiftete Sinnzusammenhänge. Das auf diese Weise erfolgte Datenmanagement wies ein hohes Maß an Transparenz auf und war für die Teilnehmer an der Auswertung zu jedem Zeitpunkt der Untersuchung nachvollziehbar. Erst nachdem die Verschlüsselung der Datensätze in der beschriebenen Form erfolgt war, wurden inhaltliche Kategorien identifiziert, die sich langsam aus den Schülerantworten herauskristallisiert hatten.

Das Spannende an empirischer Forschung ist, dass der Forscher anfangs nicht weiß, in welche Richtung ihn die erhobenen Daten aus der Explorationsphase führen. Sehr deutlich wird dieser Sachverhalt am Erstellen eines analytischen Instrumentes zur systematischen Auswertung, da die Vielzahl der Variablen zunächst unbekannt ist. In der Inhaltsanalyse der Interviews werden diese Variablen Grobkategorien, Subkategorien, Feinkategorien, im Bedarfsfall auch Mikrokategorien zugeführt.[86] Mit zunehmender Anzahl der analysierten Interviews werden den einzelnen Sparten neue Informationen zugeordnet, andere erweisen sich mit der Zeit als wenig relevant für das erforschte Gesamtbild. Die Methode des »ständigen Vergleichens der Forschungsergebnisse« und damit des Anpassens des Instrumentariums hat das Ziel, der Diversität der gesammelten Daten gerecht zu werden, »um möglichst viele Ähnlichkeiten und Unterschiede herauszuarbeiten«.[87]

---

auch R. E. Nisbett & T. D. Wilson: »Telling more than we can know: verbal reports on mental processes«, in: *Psychological Review*, 84(3)/1977, pp. 231–259.

85 Vgl. Schmidt: »Am Material«, S. 555ff.

86 H. G. Bastian gibt in seiner Untersuchung den inhaltsanalytischen Prozess im grafischen Modell wieder. Bastian: *Leben für Musik*, S. 66. – Siehe ebenso Philipp Mayring: *Qualitative Inhaltsanalyse. Grundlagen und Techniken*, Weinheim/Basel: Beltz 2003[8].

87 Glaser & Strauss: *Grounded Theory*, 2005[2], S. 120.

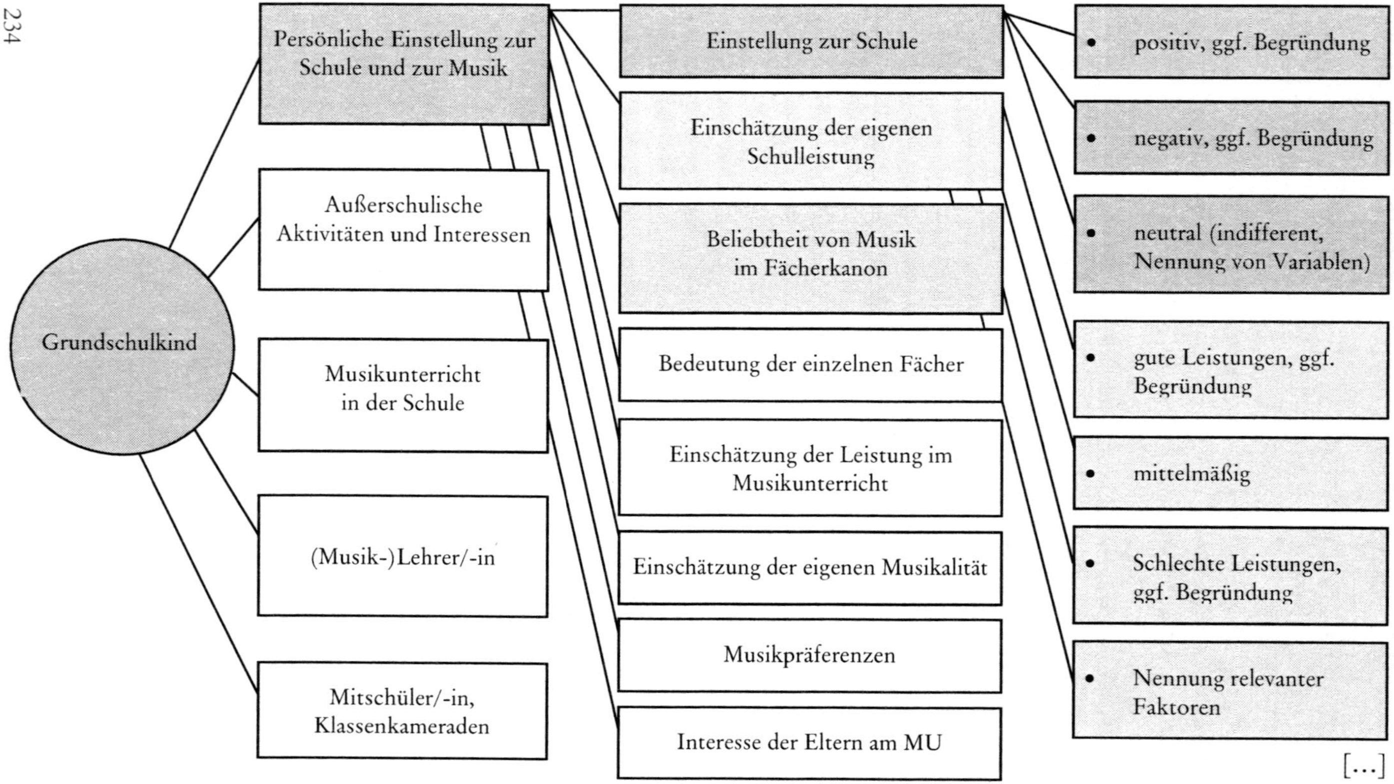

Abb. 6: Entstehung einer Kategorienstruktur der in der Interviewstudie zusammengetragenen qualitativen Daten, exemplarisch ausgeführt an der Subkategorie »Persönliche Einstellung zur Schule und zur Musik«. Vgl. dazu auch Bastian: *Leben für Musik*, S. 66.

Ob dieser Forschungsprozess nun von Hand oder mit technischen Mitteln durchgeführt wird, ist zunächst nur von sekundärem Interesse. Wichtig bleibt, dass sich am Ende ein brauchbares Instrument entwickelt, in das alle Schülerantworten aufgenommen werden können, die zum Forschungsthema gehören. Ein Überblick über die Entstehung des Codierungssystems in der vorliegenden Studie ist Abb. 6 zu entnehmen.

Im Zusammenhang mit der Beschreibung der angewandten Verfahren muss darauf hingewiesen werden, dass sich die bekannten Gütekriterien, die aus quantitativen Studien bekannt sind, in modifizierter Form auch in der qualitativen Datenerhebung wiederfinden.[88] Um die Sachverhalte objektiv deuten zu können, war der Forderung nach »interpersonalem Konsens« (man spricht auch von »interindividueller Konkordanz« der Ergebnisse) mit einem Forscherteam entsprochen worden.[89] Auf Grundlage desselben methodischen Instrumentariums waren die Forscher bei der Untersuchung des Forschungsgegenstandes zu vergleichbaren Ergebnissen gekommen. Dazu war eine Transparenz in der Beschreibung der methodischen Schritte notwendig, ebenso wie ein bestimmtes Maß an Standardisierung, die in vorliegendem Falle mit dem erarbeiteten Gesprächsleitfaden gewährleistet war. Eine Durchführungsobjektivität wurde darüber hinaus durch den beschriebenen diskursiven Austausch angestrebt, eine Auswertungs- und Interpretationsobjektivität durch die gemeinsame Erarbeitung des Codierleitfadens und den Prozess des konsensuellen Codierens in strittigen Fragen.[90] Das Kriterium der Reliabilität ist bei qualitativen Verfahren nicht immer eindeutig einzulösen. Die Einzigartigkeit der Datenerhebung in einer Interviewsituation steht hier einer Zuverlässigkeitsprüfung durch eine wiederholte Erfassung von Verbaldaten entgegen. Bei genauer Prüfung dieser These muss jedoch konstatiert werden, dass eine Reliabilitätsprüfung durch die Vielzahl der durchgeführten Interviews bereits implizit zu Grunde lag, da sich einzelne Messergebnisse ab einer bestimmten Anzahl der Befragungen wiederholten, aber trotzdem eine individuelle Prägung zeigten. Zur Untersuchung der Validität der Daten mussten im Forscherteam die Inter-

88 Vgl. Bortz & Döring: *Forschungsmethoden*, 2002³, S. 326.

89 Ebd. – Der Aufteilung der Interviews auf mehrere Personen lag das Bestreben zu Grunde, Versuchsleitereffekte weitgehend auszuschalten.

90 Vgl. dazu Hans Günther Bastian: »Methoden empirischer Forschung in Musikpsychologie und Musikpädagogik«, in: R.-D. Kraemer & W. Schmidt-Brunner (Hg.), *Psychologische Forschung im Musikunterricht*, Mainz u. a.: Schott 1983, S. 101–144.

viewäußerungen auf ihre Authentizität überprüft werden. Dazu trug nicht nur die mehrfache gegenseitige Prüfung der Transkripte bei, sondern auch die Analyse der dabei angefertigten Feldnotizen. Damit wurde der Versuch unternommen, die subjektiven Facetten der Interviews intersubjektiv zu deuten. Die Beibehaltung des gewohnten sozialen Milieus, der Fragestellungen und der Ausgangssituation für die Befragungen trugen zu einer natürlichen Interviewsituation bei. Die in der Untersuchung angestrebte größtmögliche kommunikative, dialogische und argumentative Validierung wurde erreicht durch die Einbeziehung weiterer Expertinnen und Experten (Investigator Triangulation) und unterschiedlicher methodischer Zugänge (methodologische Triangulation).[91] Die stete Hinterfragung und die interindividuelle Konkordanzprüfung der gewonnenen Ergebnisse war ein erster Schritt zur Objektivierung der qualitativen Daten.

Jede Forschungsmethode wird sich in ihrer empirischen Bewährung an der Qualität der durch sie erbrachten Ergebnisse messen lassen müssen. Das zunächst qualitativ orientierte Vorhaben der explorativen Phase erweist sich als Weg zur Erforschung individueller musikalischer Entwicklungen der Schüler, als Hinwendung zu Subjektorientierung, zu Verlaufsformen subjektiver Aneignung, zu musikalischen Alltagswelten und damit zur Individualsicht der teilnehmenden Personen.[92] Diese werden in der folgenden Darstellung der Ergebnisse konkret greifbar in ihren subjektiven Befindlichkeiten und in ihrer »Höckerigkeit« (Herbart), denn jedes einzelne Kind ist eine »augenscheinliche Verletzung der Syntax der Art« (Gordon W. Allport). Die eingangs getroffene methodische Entscheidung trägt auf diese Weise ihre ersten Früchte, denn »wirklich fruchtbar wird eine Methode erst im forschenden Einsatz, wenn es gelingt, mittels mündlicher Befragung und Erzählung fremde soziale Welten zu erschließen.«[93]

---

91 Vgl. Agi Schründer-Lenzen: »Triangulation und idealtypisches Verstehen in der (Re-)Konstruktion subjektiver Theorien«, in: Friebertshäuser & Prengel (Hg.), *Handbuch Qualitative Forschungsmethoden*, 2003, S. 107–117. – Flick & Kardorff: *Handbuch Qualitative Sozialforschung*, S. 432. – Diekmann spricht in diesem Zusammenhang von einer »cross validation«. Diekmann: *Empirische Sozialforschung*, S. 466.

92 Vgl. Bastian: »Empirische Forschung in der Musikpädagogik«, 1999, S. 610.

93 Friebertshäuser: »Interviewtechniken«, S. 393.

3.2 Ergebnisse und Diskussion

3.2.1 Einstellungen und Interessen der Grundschüler

Es steht zu vermuten, dass sich viele Grundschüler/-innen in ihrer Schule resp. in ihrer Klasse wohl fühlen. Primär verantwortlich dafür ist eine Umgebung, in der sich die Kinder geborgen fühlen. Das Lernen, das in der Grundschule vielfach noch spielerisch geschieht und eine Vielzahl von Sinneseindrücken einbezieht, spricht sie als Individuum an, kommt der kindlichen Neugier und ihrem Wissensdrang entgegen und verschafft den Schülerinnen und Schülern in den ersten vier Jahren ihres Zusammenseins einen »pädagogischen Schonraum«.[94] Diese Lernsituationen werden für jeden Edukanden durch unterschiedliche Faktoren individuell generiert. Sie machen sich positiv bemerkbar oder sind mitunter Ursachen für eine negative Einstellung zu Schule, Unterricht und alle anderen Komponenten, die dieses Aktionsfeld bedingen. Die Ergebnisse der mündlichen Befragung (MB) geben einen näheren Einblick in diese Faktorenkomplexion, aus der sich die persönlichen Einstellungen der befragten Kinder (N = 64) zur Schule und zum Musikunterricht konstituieren.

Auf die Frage, ob die Kinder gerne zur Schule gingen und sich dort wohl fühlten, gaben die meisten Schüler eine Antwort, die ihre positive Einstellung zeigte, nannten jedoch unterschiedliche Gründe. Bei einigen Reaktionen war die permanente Neugier spürbar, *weil man immer wieder was Neues lernt und weil manche Fächer richtig Spaß machen* [...] *und weil's spannend ist* (MB 54). Für einige waren *nette Kumpels, Freunde und auch nette Lehrer* (MB 1)[95] Ausschlaggebend für eine gute Lernatmosphäre an ihrer Schule. Die meisten der Befragten zeigten jedoch eine differenzierte Sichtweise. Sie schätzten, dass sie in der Grundschule »viele Freunde« hatten und diese dort regelmäßig trafen (MB 2, 9, 13, 17, 33, 45, 53, 58). Diese Freunde wurden von den Kindern als »nett« und »hilfsbereit« bezeichnet (MB 15). Das Treffen von Peers, der Gleichaltrigen, mit denen sie vor Schulbeginn, nach der Schule oder im Unterricht in Interaktion traten, wurde immer wieder positiv hervorgehoben.[96] Allein schon das Lernen in Gemeinschaft mit

---

94 Maria Fölling-Albers: »Kind und Schule heute«, in: *Pädagogische Welt* 10/1990, S. 440-444. – Vgl. dazu die Ausführungen in Kap. I. 1.1.

95 Zu den zitierten Interviews vgl. die Auflistung der Probanden aus der Interviewstudie in Kap. II. 3.1.1.

96 Auf den sozialen Aspekt, dass Heranwachsende die Schule weniger als Bildungseinrichtung, sondern vor allem als Ort schätzen, »an dem man ›ohne Eintrittge-

anderen Kindern (*weil so viele um mich sind*, MB 54) schuf für viele Befragten eine angenehme Lernatmosphäre. Schließlich bildeten die Viertklässler nunmehr auch die älteste Jahrgangsstufe an ihrer Grundschule. Ein Schüler betonte, er fühle sich wohl mit seinen Kameraden, *weil* [... sie] *jetzt in der vierten Klasse sind, da sind* [... sie die] *Großen!* [...] *Als wir die Kleinen in der ersten Klasse waren, haben uns die Großen immer geärgert. Jetzt ärgern sie uns nicht mehr* (MB 33). Die Meinung war weit verbreitet, dass gerade die Klassengemeinschaft dafür verantwortlich ist, dass sich die Kinder *bei Problemen* [gegenseitig] ... *helfen* können (MB 59). Ein Schüler, der einen schweren Unfall hatte, durch den am rechten Arm einige Narben zurückgeblieben sind, formulierte treffend, warum er sich in der Zeit nach seinem Unfall in seinem Klassenverband wohl fühlte: *Ich hatte dort viele* [...] *Freunde gehabt, und jeder hat Rücksicht auf mich genommen, und keiner hat sich wegen meines Armes gestört* (MB 12). Andere Schüler fühlten sich wohl, *weil* [... sie] *in einer sehr guten Klasse sind; und weil's da gemütlich ist, weil* [... sie] *nicht so viele Schüler sind* (MB 11). In dieser Antwort kamen zwei Aspekte zur Sprache, die auch in anderen Befragungssituationen immer wieder als wichtig herausgestellt wurden. Zum einen hängt das Wohlfühlen in entscheidender Weise von der Klassenraumgestaltung ab: *Ja, also ich fand das Gebäude so schön und das Klassenzimmer, die Klassenzimmer waren halt gemütlich und so ...* (MB 8). Die Schüler/-innen begrüßen, wenn es »geräumig« ist, »die Stühle [...] bequem« sind (MB 38), und freuen sich besonders, wenn sie ihren Klassenraum »verschönern« und damit aktiv ihre Lernumgebung gestalten dürfen (MB 52).

Zum anderen können geringere Klassenstärken Hilfen sein, dass das Konfliktpotenzial niedriger ist und sich der Klassenleiter intensiver um seine Schüler/-innen kümmern kann.[97] Für das Fach Musik erweist sich dieser Sachverhalt als wichtige Komponente, da in der Grundschule in vielen Fällen der Klassenleiter gleichzeitig auch der

---

bühren‹ und ohne ›Verpflichtung zum Verzehr‹ über viele Stunden am Tag sich mit den Peers über ›die wichtigen Dinge des Lebens‹ austauschen kann«, wies bereits die Erziehungswissenschaftlerin Fölling-Albers hin. Maria Fölling-Albers: »Entscholarisierung von Schule und Scholarisierung von Freizeit? Überlegungen zu Formen der Entgrenzung von Schule und Kindheit«, in: *Zeitschrift für Sozialisationsforschung und Erziehungssoziologie* 20(2)/2000, S. 130. – Vgl. dazu auch Lothar Krappmann & Hans Oswald: »Freunde, Gleichaltrigengruppen, Geflechte. Die soziale Welt der Kinder im Grundschulalter«, in: Fölling-Albers, *Veränderte Kindheit*, 1989, S. 94–102.

97 Zu den Störungen im Fach Musik vgl. auch Kap. II. 3.2.5.

Musiklehrer der Klasse ist. Bringen die Kinder dieser Lehrkraft Sympathien entgegen, werden sie auch dem musikalischen Lernen positiv gegenüberstehen. Ob er sich in der Klasse wohl fühle, machte ein Schüler daher davon abhängig, *ob der Lehrer gut ist oder nicht* (MB 3). Vielen Antworten war eine positive Grundstimmung zu entnehmen, die allein auf eine »nette« Lehrkraft zurückging (MB 4, 5, 14, 23).[98] Die Bedeutung einer »netten Pausenaufsicht« (MB 3) an der Schule kam ebenfalls zum Ausdruck.[99] In den meisten Stimmen wurde deutlich, dass das Klassenlehrerprinzip in den Fällen eine positive Einstellung zur Schule garantierte, in denen es dem Lehrer gelang, die Kinder in seiner Ausstrahlung und in seinem pädagogischen Wirken für sich und seinen Unterricht zu gewinnen.

Negativ waren die Kinder in den Fällen eingestellt, in denen sie in der Schule von ihren Klassenkameraden geärgert wurden; dann besuchten sie – zumindest vorübergehend – ungern den Unterricht (MB 18). Auch wenn sie sich mit ihren *Mitschülern gestritten habe*[n] ... , *dann freue*[n sie] ... [sich] *nicht auf die Schule* (MB 8). Der Hauptgrund jedoch, warum Kinder eine Abneigung gegenüber der Institution Schule aufbauen, ist, dass die meisten der permanente Notendruck stört. Dieser ist bei Hausaufgaben, Probearbeiten, Kurztests und Zeugnissen zu spüren und kann eine Schulfreude stark beeinträchtigen oder manchmal gar nicht erst entstehen lassen.[100] In der vierten Grundschulklasse verschärft sich dieser Eindruck noch einmal, da insbesondere die Lernenden unter Leistungsdruck stehen, die auf eine weiterführende Schule übertreten möchten.[101] Hier spiegelt sich eine

---

98 Die positive Konstellation einer Klassengemeinschaft mit einem Klassenlehrer, der in der Klasse eine hohe Stundenzahl unterrichtet, beurteilen viele Schüler gerade in der Retrospektive als vorteilhaft, die das neue System der Klassenbildung in einer weiterführenden Schule kennengelernt haben. Die methodische Vorgehensweise der Einbeziehung von Fünftklässlern in die qualitative Phase der Untersuchung (z. B. MB 3, 4, 8, 12) erweist sich hier wiederum als vorteilhaft.

99 Die retrospektive Sicht dieses Schülers bezieht die Aspekte der neuen Schule ein und führt dazu, die Gegebenheiten an der alten Schule aus anderer Perspektive zu beurteilen.

100 Vgl. dazu die Benennung der unterschiedlichen Ursachen in den angegebenen Befragungen: »Schlechte Noten« (MB 38, 65), »Proben« (MB 45), »Hausaufgaben regen auf« (MB 38).

101 Der hierfür zu erzielende Notendurchschnitt errechnet sich aus den Jahresfortgangsnoten, die dem Schüler in dem Zwischenzeugnis Mitte Februar eines Jahres und in dem Übertrittzeugnis bekannt gemacht werden. Die Ausgabe des Übertrittszeugnisses an potenzielle Gymnasialschüler findet an den ersten drei Tagen des Monats Mai statt. Vgl. VSO § 5.

Erwartungshaltung der Eltern und eine daraus resultierende (An-) Spannung wider, die sich bereits ab der dritten Jahrgangsstufe aufgebaut hat. Den Selektionsdruck äußern vor allem die Schüler/-innen, die »aufgeregt« in die Schule gehen, wenn sie »Schulaufgaben schreiben« (MB 8, 39).[102] Überdies fangen Kinder frühzeitig an, miteinander ihre Noten zu vergleichen und einen Notendurchschnitt zu errechnen.[103] Eine ablehnende Haltung gegenüber der Schule, zumindest eine Unsicherheit im Umgang mit Leistungen und deren Bewertung trat wie im folgenden Beispiel bereits zu Beginn einiger Interviews zu Tage, als die Kinder nach der Beliebtheit des Schulbesuchs gefragt wurden:

> *Ja, also die Schule mag ich genauso wenig wie die anderen. Also, ich mag sie etwas. Ich hab' jetzt nicht so viel Angst vor der Schule.* [...] *Also manchmal ist es ein bisschen blöd mit den Kameraden. Aber die können auch nett sein.* [...] *Manche nennen mich den Klassenprimus, aber ich finde, na ja. Ehrlich gesagt: einäugig unter den Blinden, also Schnitt ungefähr 2,1 oder so was ...* (MB 30).

Dass eine innere Anspannung der Kinder auch notwendig sein kann, um Leistungen zu erbringen, ist unbestritten. Wenn sie sich jedoch steigert, das Konkurrenzdenken in der Klasse vergrößert und eine Abneigung gegenüber der Schule entstehen lässt, die sich zur Schulangst entwickelt, wird die Stimmung in den Klassen erheblich beeinträchtigt. Ein Schüler einer 5. Klasse, der bereits an ein Gymnasium übergetreten war, formulierte diese Einstellung in folgender Weise:

> *Mir geht's oft so, weil ich ein ängstlicher Typ bin. Bei so Prüfungen und so, da hab' ich jeden Tag Angst, und das ist jeden Tag in der Früh so. Und ich hab' letztes Jahr gemerkt, ich hab' sogar an den letzten drei Tagen, wo ich wusste, dass wir eh keine Probe mehr schreiben können, obwohl ich ja den Übertritt schon gehabt hab', hab' ich da trotzdem jeden Tag noch Angst gehabt, weil ich das schon gewohnt bin. Ich bin das gewohnt: Angst haben vor der Schule oder vor Prüfungen und so. Weil auch jetzt, wo ein Haufen Prüfungen ... Ich hab' manchmal wirklich Angst: Halte ich das durch meine Angst durch oder so?* (MB 29)

---

102 In Bayern werden die zum Nachweis des Leistungsstands angesetzten Probearbeiten von den Schülerinnen und Schülern landläufig auch als »Schulaufgaben« bezeichnet. Vgl. dazu VSO § 15 und BayEUG, Art. 52.

103 Eine Schülerin betonte stolz, dass sie »ein Gymnasialkind« sei: *Also, das heißt, ich kann aufs Gymnasium gehen, wenn ich's will. Also, ich brauche keine Aufnahmeprüfung oder so was* (MB 34).

Nach Ansicht der Kinder kann Musik in »Stresssituationen«[104] einen Ausgleich bringen und Kompensationsfunktion bei Leistungsproblemen übernehmen: *Also in der Pause fühl' ich mich schon wohl, aber im Unterricht eher nicht so, außer in Musik* (MB 60), bekannte ein Schüler einer Hauptschule. Ein anderer Junge lieferte eine knappe Begründung für die Freude an der Schule, indem er seine positive Grundstimmung mit *viele Freunde, Vergnügen, Fußball, Singen* selbstbewusst umriss (MB 36).

Der Stellenwert des Faches Musik in der Schule ist für die Kinder sehr hoch, und für viele resultiert aus der Beschäftigung mit Musik eine positive Einstellung. In ihrer Vorstellung fühlen sich diese Kinder anders als diejenigen, die in Schule und Freizeit ausschließlich Musik rezipieren, *weil man viel fröhlicher ist, wenn man Musik spielt* (MB 22) resp. *weil, wenn man mit Musik umgeht, dann fühlt man sich irgendwie wohler, als wenn man nur Musik hört. Außerdem weiß man dann auch, wie schwer es ist, ein Instrument zu spielen* (MB 26). Für Grundschüler/-innen bedeutet die Musik Ablenkung[105], Beruhigung[106], Entspannung[107], eine Abwechslung zum übrigen Schulalltag, mit der sie

---

104 Ein Schüler bekannte: *Das ist so viel Stress, da muss ich immer viel lernen* (MB 60).

105 Die Bedeutung der Musik und ihren persönlichen inneren Ausgleich gab eine Schülerin mit »Ablenkung« an: *Ja, wenn ich jetzt z. B. eine schlechte Note hab', z. B. in Mathe einen Fünfer, dann setz ich mich erst mal so ans Akkordeon, weil da kann man ja richtig* [...] *drücken und alles, und dann drück' ich mich erst mal aus und dann geht's mir meistens besser* (MB 28).

106 Wenn auch die Ursachen von den Kindern nicht immer sachlich und sprachlich richtig dargestellt werden können, verweisen sie aber in altersangemessener Sprache und entwicklungsgemäßem Ausdrucksvermögen auf positive Empfindungen gegenüber der Wirkkraft von Musik: *Vielleicht weil das Nervensystem irgendwie runter kommt, wenn du Musik hörst, und nicht immer Geschrei ... Man ist nicht mehr so aufgedreht, wenn man z. B. ..., wenn man ein Zeugnis gerade bekommen hat und alle schreien rum: Ich hab' das und das und das und das ... Dann kann man auch, wenn man mal gestresst ist und man setzt sich irgendwo hin und hört Musik, dann beruhigt man sich irgendwie* (MB 51). – *Manche Lieder, die beruhigen auch manchmal, wenn man ziemlich grantig ist* (MB 12).

107 *Es ist schon schön und auch entspannend, wenn man so zuhört* (MB 58). – Der Terminus »Entspannung« ist bei einigen Schülerantworten im Sinne von »Beruhigung« zu werten, z. B. bei einer Fünftklässlerin, die angab, *sonst immer ein bisschen explosiv* zu sein. Bei der gleichen Schülerin hieß es weiter: *Ich seh' das ein bisschen so als Entspannung, da hat man Mathe, Deutsch, Erdkunde, schreibt eine Ex* [unvorbereitet anzufertigende Klassenarbeit, M. G.] *nach der anderen und sitzt da richtig gelangweilt drin eigentlich, und im Musikunterricht kann man eigentlich gar nicht schlafen, weil ständig irgendwie gesungen wird, oder ein Spiel gespielt wird* (MB 28). Vgl. dazu auch MB 13.

Schwächen, die aus anderen Lernfeldern resultieren, kompensieren können.[108] Sie erkennen für sich selbst, dass das Fach Musik *von den Noten her nicht* [so wichtig ist]. *Aber für ...* [den Einzelnen] *schon.* [...] *Es ist doch immer schön, und es ist immer eine Abwechslung* (MB 44). Vor allem die Kinder, die sich im Instrumentalunterricht intensiv mit einem Instrument beschäftigen, können für sich persönlich zusätzlich profitieren, denn ihrer Ansicht nach gehören Konzentrationsfähigkeit, Verantwortungsgefühl und Selbstbewusstsein zu den besonders geförderten Eigenschaften in Vorspielen und Konzerten (MB 14, 31, 51, 59). Als Lernziel definieren sie für sich selbst,

> *dass man sich auch mal vor anderen Leuten trauen soll zu spielen und nicht verstecken, was man kann. Sein Licht einfach nicht untern Scheffel stellen ... Weil wenn du was kannst, dann muss man es schon zeigen, also einfach Selbstbewusstsein zeigen ...* (MB 16).

Vielen Kindern gelingt es in derartigen Vorspielsituationen, sich selbst besser kennenzulernen und beim Instrumentalvortrag ihr »Aufgeregt-Sein« in den Griff zu bekommen. Sie lernen,

> *wie das ist, im Vordergrund zu stehen und nicht hinten im Publikum, und dass es auch ein schönes Gefühl ist, wenn man angeschaut wird und alle einem zuhören. Es ist aufregend und ein ganz anderes Gefühl, als wenn man im Publikum sitzt. Und dann hat man auch Lampenfieber und so. Und im Publikum denkt man, ja die sollen halt spielen und gut und ... Wenn man dann selber vorne ist, versteht man, dass die dann Lampenfieber haben* (MB 48).

Andere Schüler, die befragt wurden, dachten bereits weiter über den Nutzen für den Einzelnen hinaus und betonten, dass Musik nicht nur »gute Laune« und Freude bereitet, da man »dazu tanzen« kann, sondern dass es auch *in der Gruppe* [...] *einfach gut* ist, *wenn mehrere ein Instrument* spielen. Konkret gab eine Schülerin das Beispiel, dass sie *mit dem Andreas* [...] *jetzt viel besser* [spielen könne], *als wenn* [... die beiden] *nur allein spielen würden!* (MB 22). Den Vorteil einer musika-

---

[108] Dazu gehören auch die Momente, in denen Schüler gar nicht so recht wissen, was mit ihnen los ist. Für die Kinder, die in diesem Lebensabschnitt eine entscheidende körperliche und geistige Entwicklung durchleben, könnte das Fach Musik in besonderer Weise zu einer inneren Ausgeglichenheit beitragen. Eine Schülerin drückte diese wechselhafte Stimmung in folgender Weise aus: *Manchmal so, manchmal so. Also ich hab' manchmal so Phasen, da will ich überhaupt nix und Schule auch nicht und Akkordeon auch nicht.* [...] *Da will ich einfach nur Schmollen. Und in anderen Phasen hab' ich so 'nen richtigen Drang, dass ich was tu' und lern' viel und spiel' viel Musik* (MB 28).

lischen Betätigung erkannten die Kinder jedoch nicht nur für ihre Klassengemeinschaft, sondern bisweilen auch für eine Verständigung außerhalb der Schule: *Dass die Menschen* [durch die Musik] *zusammen leben, also besser zusammen leben* [...], *weil man dann zusammen Gemeinschaft findet* (MB 27).

Für eine Vielzahl der Kinder ist die Beschäftigung mit Musik, sei es in der Schule oder in der Freizeit, etwas Persönliches und hat mit individueller Sinngebung zu tun. Sie sind davon überzeugt, dass sie mit der Musikausübung einer sinnvollen Freizeitgestaltung nachgehen, von der sie persönlich profitieren und die sie in musikalischen und außermusikalischen Bereichen weiterbringt. Auf die Frage, ob Musik sie zu einem anderen Menschen mache, entgegnete eine Schülerin:

> *Das glaub' ich eigentlich schon. Weil Musik einen schon sehr verändern kann. Wenn ich mir anschaue: Andere Kinder aus meiner früheren Klasse, die haben überhaupt nichts, kein Musikinstrument oder so. Und die haben einfach gar nichts, wo sie sich irgendwie festkrallen können* [...]. *Sie hocken sich vor den Fernseher oder Computer und machen da irgendwas, und das ist ihnen egal, was aus ihrem Leben wird.* [...] *Musik kann erreichen, wenn man jetzt keinen Job kriegt, wenn man mal ein armer Schlucker ist oder so was, kann man jetzt z. B. sich mit der Geige auf die Straße stellen, und dann kann man halt damit Geld verdienen, dass man was zum Essen oder so hat* (MB 52).

Sicher ist dieser Vorschlag im Hinblick auf eine spätere berufliche Tätigkeit zu relativieren. Er ist jedoch ein Beispiel dafür, wie Kinder eine bunte Vielfalt von Ideen zum Ausdruck bringen, an die sie glauben und die sie in ihren musikalischen Betätigungen beflügeln. Diese Ideen verbinden nicht alle Schüler/-innen mit dem Terminus »Sinn«, der in vielen Situationen von der Erwachsenenwelt auf die Horizonte der Kinder übertragen wird. *Also, einen Sinn, vielleicht nicht so gesagt, aber mir macht es einfach Spaß* (MB 45), war die Reaktion einer Schülerin. Eine andere bekannte: *Also, es hat was mit Spaß zu tun. Und was spielen zu können. Und das fördert ja auch die Konzentration. Das ist eigentlich ganz schön* (MB 44). In der Tat ist der Begriff »Spaß« eine Bezeichnung, die die Probanden sehr häufig gebrauchen, wenn sie eine Tätigkeit mögen. Insofern – und das ist charakteristisch für die qualitative Auswertung der mündlichen Befragungen – werden auch im weiteren Verlauf viele deskriptive Befunde den Begriff »Spaß« beinhalten, der die Einstellungen und Empfindungen der Zehn-/Elfjährigen wiedergibt und der in den meisten Fällen erst in den weiteren Ausführungen der Kinder näher expliziert wird.[109] Interessant wird auch im Hinblick auf die Untersuchung einer höheren Probandenzahl in der quantitativen Studie sein, welcher Anteil der Kinder tatsächlich von »Spaß« im Musikunterricht ausgeht. Es steht zu vermuten, dass sich diesbezüglich Rückschlüsse auf die kindliche Form der sprachlichen Darstellung und eines altersangemessenen verbalen Ausdrucksvermögens ergeben.[110]

Wichtig für die Ausgeglichenheit der Kinder ist die Wahrnehmung der persönlichen Hobbys, denen sie in ihrer Freizeit nachgehen. Nach Helga Zeiher ist »die moderne Lebenswelt ... von vielfältigen zeitlichen Regelungen, von Terminen, Sequenzen, Fristen, Dauern und Tempi durchzogen«[111], die die Freizeitangebote strukturieren. Die Interessen sind dabei sehr vielseitig: Angefangen von sportlichen Aktivitäten wie Fußball, Tennis (MB 33), Judo, Rad fahren (MB 38) oder schwimmen (MB 60) reichen sie über »angeln, [...] Modell bauen« (MB 21) bis hin zu *mit meinem Hund spazieren gehen* oder *mit meiner Freundin* [...] *irgendwie was basteln oder was malen* (MB 52). In der Schule können diese Interessen aufgrund der Lehrplanvorgaben nur z. T. berücksichtigt werden, obwohl es in Einzelfällen die Schüler beflügeln würde und diese Motivation auch in anderen Lernbereichen spürbar wäre.[112]

Einen hohen Stellenwert nimmt bereits bei den 10- und 11-Jährigen die Nutzung technischer Medien ein. Viele verbringen täglich den größten Teil ihrer Freizeit vor dem Fernseher, benutzen ihn als wichtige Informationsquelle[113], finden auch Gefallen an Talk-Shows,

---

109 Der Vorzug einer computerunterstützten Datenauswertung wird nicht erst an dieser Stelle deutlich. Vgl. dazu die beschriebene Vorgehensweise bei der Inhaltsanalyse der Interviews in Kap. II. 3.1.5. Da die eingelesenen Daten allesamt codiert wurden, lassen sich Gedankenzusammenhänge in unterschiedlichen Textpassagen der Interviews erschließen. Zudem erleichtert die Retrieval-Funktion das Auffinden bereits an anderer Stelle zugeordneter Daten.

110 Vgl. dazu Kap. I. 3.1.

111 Helga Zeiher: »Über den Umgang mit der Zeit bei Kindern«, in: Fölling-Albers, *Veränderte Kindheit*, S. 103–113.

112 »Zu different und diffus sind heute die Interessen der Schüler, als daß man immer noch ernsthaft den didaktischen Topos bemühen könne, den Schüler da abzuholen, wo er stehe.« Hans Günther Bastian: Art. »Schüler«, in: S. Helms, R. Schneider & R. Weber (Hg.), *Neues Lexikon der Musikpädagogik*, Sachtl., Kassel: Gustav Bosse 1994, S. 238.

113 Informationen entnehmen die Kinder auch für den Musikunterricht, wie aus folgender Reaktion erkennbar ist: [Habt ihr im Unterricht große Musikwerke be-

Soap-Operas und anderen Fortsetzungsprogrammen. Ein anderer Teil favorisiert den Computer mit den passenden Konsolen, eigens eingerichtet auf die zugehörige Software. Andere Kinder beschäftigen sich bereits im Grundschulalter mit kleineren, für sie reizvolleren Geräten (MP3-Player, Handy u. a.). Eine Anleitung im Sinne echter Medienerziehung findet in den meisten Fällen nicht statt. Dieser Sachverhalt wird im Verlauf der quantitativen Analyse näher zu untersuchen sein, und es stellt sich die Frage, ob sich frühere Studien, die ein düsteres Bild von den Mediengewohnheiten heranwachsender Kinder zeichnen[114], in dieser Untersuchung bestätigen lassen. Auffällig ist jedenfalls bereits zu diesem Zeitpunkt, dass die Probanden bei der Angabe ihrer Hobbys »MP3-Player« oder sogar »Fernsehen« nennen und damit in nicht wenigen Fällen ihre Freizeitaktivitäten über ihre technischen Geräte definieren, die sie in der Familie, in vielen Fällen sogar in ihrem Kinderzimmer stets verfügbar haben.

Künstlerische Aktivitäten werden aus der Perspektive der Kinder ebenfalls als sehr wertvoll eingestuft. Eine Schülerin hatte ihre Vorliebe in der Schule für die Fächer Kunst und Textilarbeit entdeckt,

> *weil ich bin sehr gut in Kunst und ich möchte sehr gerne zeichnen. Und basteln mag ich auch sehr gerne einfach. Das ist so mein Hobby, wenn mir nichts anderes einfällt, bastle ich oder zeichne ich einfach so. Ich kann auch ganz gut zeichnen. Ich hab' mal ein echtes Pferd gezeichnet, und dann haben die anderen behauptet, das wäre abgepaust, obwohl es gar nicht abgepaust ist. Ich brauche mir nur mal irgendwo mal vor zwei Jahren irgendein Bild anschauen, dann kann ich es nach zwei Jahren einfach so abzeichnen* (MB 34).

Auch die Beschäftigung mit Musik ist für viele Viertklässler ein Hobby. Sie singen in Chören[115] und zu Hause[116], betätigen sich auf den verschiedensten Musikinstrumenten, und einige haben bereits in jungen Jahren eine musikalische Früherziehung genossen. Als bevorzugte Instrumente gelten Blockflöte, in späteren Jahren die Querflöte, Gitarre[117], Akkordeon[118], Klavier[119] und Keyboard[120]. Streichinstrumen-

---

sprochen oder woher kennst du sie?] *Im Unterricht nicht, aber aus dem Fernsehen* (MB 41).

114 Wilhelm, Myrtek & Brügner: *Vorschulkinder vor dem Fernseher. Ein psychophysiologisches Feldexperiment*, 1997. – Myrtek & Scharff: *Fernsehen, Schule und Verhalten. Untersuchungen zur emotionalen Beanspruchung von Schülern*, 2000.

115 *Kinderchor, wir spielen auch oft in der Kirche* […], *in der Pfarrgemeinde* (MB 36; vgl. auch MB 11, 31).

116 *Singen tu ich als Hobby zu Hause, aber dann allein* (MB 57).

117 *Gitarre.* […] *Na ja. Mir macht das Spaß. Das ist Hobby für mich* (MB 38).

te[121], Holz- und Blechblasinstrumente[122] sowie Schlagzeug bildeten eher die Ausnahme. In einzelnen Fällen waren in den Befragungen typisch bayerische Instrumente wie das Hackbrett vertreten, die halfen, vor allem in ländlichen Regionen die musikalische Tradition zu bewahren.[123] Da viele regelmäßig auf ihrem Instrument Einzelunterricht beanspruchten und sich daher täglich Zeit zum Üben nahmen, ließen gerade diese Schüler/-innen in ihrer Sichtweise einen gewissen Stolz erkennen:

> *Ich bin froh, weil ich bin jetzt z. B. zu Hause in so einem Trachtenverein, und da sind alle Kinder bis auf meinen Bruder. Da können alle* [Kinder] *Instrumente spielen und das ist wirklich toll. Wenn man weiß, wenn jetzt irgendwie mal so was ist wie Fasching oder so, dann kann ich da oben auf die Bühne gehen und dann sagen sie: Spiel' mal was vor oder so. Dann kann ich sagen, ich kann ein Instrument spielen. Und die anderen Kinder, die schauen bloß unten zu.* [Die] *Buben werden dann aber meistens zwar schon böse auf mich,* [...] *aber die anderen, die, also meine Freunde und so, meine wirklichen Freunde, die sagen dann schon immer: Prima!* (MB 29).

In der ersten und zweiten Jahrgangsstufe hatten viele Kinder bereits Flöte gespielt, einige unter ihnen wechselten nach dieser Zeit ihr Instrument (MB 3, 10, 45), andere entdeckten für sich Alternativen im außermusikalischen Bereich.[124] Da ein Großteil der befragten Kinder der Musik positiv gegenüberstand, ist die lapidare Antwort eines Schülers als symptomatisch zu werten, stellvertretend für andere befragte

---

118 *Ich spiel' nämlich seit drei Jahren schon Akkordeon. Und also ... spielen kann ich eigentlich schon ganz gut. Mit Noten klappt's noch nicht so ganz* (MB 22; vgl. auch MB 21, 28, 58).

119 *Klavier,* [...] *weil es mir Spaß macht. Ich mach' es eigentlich als Hobby* (MB 32).

120 Ein Schüler aus der 5. Klasse berichtete auf die Frage nach dem Musikinstrument, dem er sich widmet, aus jüngster Vergangenheit: *Naja, in der 4. Klasse schon, aber jetzt nicht mehr. Jetzt hab' ich meine Keyboardausbildung abgeschlossen* (MB 13).

121 Dazu gehören Violine (MB 5, 39, 46, 53) und Cello (MB 35).

122 Zum einen gehören dazu die Klarinette (MB 17), zum anderen Trompete (MB 59) und Posaune (MB 50).

123 Spannend im Hinblick auf die Gesamtpopulation der Studie ist die Frage, wie hoch der Anteil der Kinder ist, die sich mit ihrer Instrumentenwahl an einer Bewahrung musikalischer Traditionen in Bayern aktiv beteiligen. Es muss jedoch eingeräumt werden, dass diese Qualität eine lokale Besonderheit verschiedener bayerischer Regionen darstellt und die Beantwortung der Frage stark von der Beschaffenheit der gezogenen Stichprobe abhängt.

124 *Nein, ich spiele kein Instrument. Ja, weil das ist halt nicht so mein Ding. Ich stehe eher auf andere Sachen* (MB 62). Vgl. dazu auch MB 12, 13, 20, 63.

Kinder: *Musik macht Spaß. Das ist ein Hobby* (MB 50). Man muss sich jedoch darüber im Klaren sein, dass die Beschäftigung mit Musik für viele Grundschulkinder nur ein »Hobby« von anderen bedeutet. Einige sind mit der Vielzahl ihrer Freizeitaktivitäten und mit deren Koordination überfordert. Für eine Probandin waren die Auftrittstermine in einem Kinderchor und die dadurch entstehende zeitliche Belastung ein Grund, diesem Freizeitangebot nicht nachzugehen:

> *Also die haben so viele Auftritte* [...] *in der Kirche und auf'm Weihnachtsmarkt und so, und ich hatte schon so viele andere Sachen, und da wollte ich das nicht auch machen. Das wäre dann zu viel geworden* (MB 8).

Bei der Befragung wurde deutlich, ob die Kinder mit Spaß und Ernst bei der Sache sind und sie Musik aus fachimmanenten Gründen, aus eigenem Antrieb heraus betreiben oder ob die Motivation auf andere Gründe zurückgeht.[125] Schüler, auf die Letzteres zutrifft, machten einen deutlichen Unterschied zwischen »Schulmusik« und »Freizeitmusik«. Ein Mädchen erklärte den Unterschied: *Ja, weil man da* [nach der Schule] *Musik macht und nicht irgendwas lernen muss.* [...] *Das ist ein Hobby, das macht man als Freizeit, das ist Spaß* (MB 40). Und viele, die einmal mit dem Instrument Flöte begonnen hatten,

> *mache*[n] *es* [... später] *eigentlich nur noch hobbymäßig, weil Flöte geht einfach, weil man das schon länger kann. Und Flöte kann man auch überall hin mitnehmen und eben was vorspielen* (MB 52).

Ähnlich wie bei ihren Hobbys stehen die Kinder auch dem schulischen Angebot an Unterrichtsfächern offen gegenüber, jedoch werden die Vorlieben in der vierten Jahrgangsstufe eindeutig von den Fächern überlagert, die für das Übertrittsverfahren relevant sind.[126] Dieser Sachverhalt trat in nahezu allen mündlichen Schülerbefragungen recht deutlich zu Tage, als die Kinder einerseits auf die Fächer angesprochen wurden, die sie persönlich in der Schule bevorzugen, andererseits auf die Fächer, die für die Schule ihrer Ansicht nach wichtig seien. Die meisten waren sich einer Diskrepanz bewusst zwischen ihren persönlichen Vorlieben, die sehr oft im musikalisch-künstlerischen Bereich

---

[125] In manchen Situationen mag die Motivation, ein Instrument zu lernen, in dem Willen der Eltern begründet liegen. Anderseits übernehmen die Eltern in vielen Familien auch eine Vorbildfunktion. Dieser Sachverhalt wird noch näher zu untersuchen sein.

[126] Vgl. dazu die Bestimmungen zum Übertrittsverfahren und den Inhalt des Übertrittszeugnisses. VSO § 5 (3).

lagen (Kunst, Musik, Textilarbeit und vor allem Sport), und den sogenannten »Übertrittsfächern« Deutsch, Mathematik, Heimat- und Sachunterricht.[127] Für einige Kinder war es schon selbstverständlich, dass der Unterricht im vierten Schuljahr vor allem diese drei Fächer betont und andere Disziplinen vernachlässigt, in gravierenden Fällen sogar ausblendet:

> *Die anderen Fächer für den Übertritt war'n wichtiger und dann haben sich die Lehrer eigentlich nicht mehr so auf Musik konzentriert, sondern haben mehr so die anderen Sachen für die Hauptfächer, für den Übertritt gemacht* (MB 42).

Die meisten Schüler/-innen waren sich der Bedeutung eines möglichen Übertritts bewusst und kannten die dafür notwendigen Voraussetzungen, wodurch ein Selektionsdruck spürbar wurde:

> *Mathe, Deutsch und HSK, weil über die fragt man am meisten ab. Das sind auch die schwierigsten und die kommen dann auch im Übertrittszeugnis. Von den drei Noten, wenn du mit denen gut bist, dann kommst du rüber aufs Gymnasium* (MB 16).

Wie hier zu sehen, variierte bei den Schülerkommentaren allein die Reihenfolge der genannten Fächer. Da im Zeitraum der Befragung (ab dem Schuljahr 2004/05) in stärkerem Maße auch die Fremdsprachen bayernweit Beachtung fanden und in der Vorlaufzeit einzelne Schulen mit diesem Unterrichtsangebot ausgestattet waren, bezogen die Vpn auch Englisch in ihre Betrachtung ein. Für die befragten Fünftklässler gehörte Englisch ohnehin zu den Hauptfächern:

> *Mathe, Deutsch und Englisch, weil Rechnen muss man einfach können, egal welchen Beruf man ausübt. Dann Deutsch ist überhaupt* [wichtig], *weil wenn man nicht Rechtschreiben kann, kann man keinen Beruf ergreifen. Und Englisch wegen der Fremdsprache, weil man da rumkommt. Das sind die Hauptfächer* (MB 28).

Aber die schulischen Disziplinen sind es nicht allein, die die Motivation der Kinder auslösen. Ihre Entwicklung in der Grundschulzeit kommt nicht ohne Vorbilder aus, und so ist es insbesondere die Lehr-

[127] Eine Antwort soll die bewusste Trennung, die die Schüler vollziehen, exemplarisch veranschaulichen: *Also, besonders gerne, hab' ich schon gesagt, das Textilarbeiten und Kunst. Und wichtig sind Deutsch, Mathe und HSK. Das ist für den Übertritt sehr wichtig in andere Schulen, wegen dem Durchschnitt. Nur mit diesen Noten wird der Durchschnitt gezählt. Dann kommt es natürlich noch drauf* [an], *was du später werden willst. Wenn du z. B. jetzt Religionslehrer werden willst, dann musst du natürlich in Religion gut sein* (MB 34).

kraft, die einen besonderen Einfluss auf sie genießt. Dies kann in den Fällen für die weiteren Interessen und die Gesamtpersönlichkeit des Kindes entscheidend sein, in denen das Kind in häuslicher Umgebung überwiegend auf sich selbst gestellt ist oder wichtige Bezugspersonen im Haushalt fehlen.[128] Das Interesse an den Dingen, die in der Schule als Lerninhalt geboten werden, hängt dann zu einem hohen Anteil von einer extrinsischen Motivation ab, von der Lehrkraft, wie sie sich mit dem Unterrichtsstoff identifiziert und präsentiert.[129] Dass für den Zugang der Kinder zum Unterrichtsstoff der Lehrer und seine methodische Kompetenz entscheidend sind, belegt die folgende Perspektive eines Schülers, der nach seinen bevorzugten Fächern in der Schule befragt wurde:

> *Mathe, weil ich in dem Fach gut bin und weil wir da ein*[en] *netten Lehrer haben, und Biologie. Da haben wir auch einen netten Lehrer, und da machen wir oft Experimente. Und Musik, weil ich gerne Musik mache und weil ich auch viele Instrumente spielen will. Drei mache ich schon, und der Bruder von meinem Großvater hat elf oder zwölf Instrumente gemacht* (MB 50).

Für die Begeisterung im Fach Musik war die Ausstrahlung einer Lehrerpersönlichkeit gerade dann von Bedeutung, wenn zu Hause keine musikalische Anleitung beansprucht werden konnte; und das war bei vielen Schülerinnen und Schülern der Fall. Trotzdem gibt es auf Schulen mit einem musikbetonten Zweig Beispiele, bei denen – wie bereits im vorangegangenen Interviewausschnitt angeklungen – Lernende ihren Antrieb primär aus Erfahrungen in der Familie schöpfen[130]:

> *Ich mag also am liebsten* […] *schon Musik, weil dafür bin ich ja hergekommen, um Musik einmal zu studieren. Und es ist so, dass mein Papa ja schon Musiker ist und dass ich halt an Musik Freude finde. Ich spiel' jetzt schon zwei Instrumente: Akkordeon und Klavier. Akkordeon hab' ich bei meinem Vater gelernt, und das macht mir halt schon am meisten Spaß. Aber auch Englisch und Deutsch und Mathe, ja,*

---

128 Vgl. dazu Gunhild Gutschmidt: »Kinder in Einelternfamilien und Einzelkinder«, in: Fölling-Albers, *Veränderte Kindheit*, S. 75–84. – Die durch die Berufstätigkeit der Eltern resp. durch das Entstehen von Einelternfamilien dargestellte Entwicklung unterlag in der Zwischenzeit weiteren starken Veränderungen.

129 Viele Kinder erkennen sehr schnell das Engagement eines Lehrers. Auf diesen Aspekt wird noch genauer einzugehen sein in Kap. II. 5.5.4.

130 Erfahrungen aus erster Hand sind für die Grundschulkinder eminent wichtig. Besonders der Einfluss und das Vorbild der Eltern erweist sich als bedeutend, wie die Betrachtung in Kap. II. 3.2.2 zeigt.

bzw. Mathe ein bisschen, ja, aber es ist schon Musik das meiste, weil das will ich auch mal studieren (MB 29).[131]

Bemerkenswert ist, dass in der Befragung kein einziger Schüler dafür plädierte, den Musikunterricht aus dem Fächerkanon der Schulen herausnehmen zu wollen.[132] Im Gegenteil: Beim größten Teil der Interviews konnte verfolgt werden, dass das Fach Musik in der Schule äußerst beliebt ist. Vielfach ging davon eine Motivation aus, die unterschiedliche fachinterne Ursachen hatte und andere – möglicherweise negative – Entwicklungen im Grundschulalltag ausglich. In besonderer Weise traf dieser Sachverhalt auf die Schulen mit einem Musikprofil zu, seien es die Vorschulen für ausgewiesene Musikgymnasien oder die Schulen mit einem erweiterten Musikunterrichtsangebot, bei denen viele Unterrichtseindrücke anhaltend in Erinnerung geblieben sind:

> *Wir haben aber auch mal eine Zeit lang zusammen Instrumente gemacht. Da waren wir im Kreis gestanden. Die einen durften, also wir haben ein Lied gemacht, das haben wir vorher im Unterricht gesungen. Dann durften wir dazu trommeln, dann haben wir gewechselt, dass der nächste mal eine Klangschelle oder so kriegt. Wir lernen immer was, und danach dürfen wir immer noch eine Viertelstunde singen. Der Herr* [...] *sitzt am Flügel und begleitet uns und wir dürfen dazu singen* (MB 16).

Bei diesen Schulen rangierte der Musikunterricht noch vor anderen Disziplinen, wie bei folgender Nennung der Lieblingsfächer eines Schülers deutlich wurde: *Musik, Deutsch, Mathe und Latein, weil es die Hauptfächer sind* (MB 32). Wenn sich die schulische Verpflichtung zur Musikausübung jedoch als zu stark erweist oder das tägliche Übepensum einen zu großen Leistungsdruck entstehen lässt, besteht die Gefahr, dass die Musikausübung dem Schüler verleidet ist, wie folgender Proband bekannte, der zudem nur auf ausdrücklichen Wunsch der Eltern seine Schule besuchte: *Ja, die meinten halt, Singen würde halt Spaß machen.* [...] *Das ist eigentlich nicht so schön, wenn man Musik macht, Freizeit ist schöner* (MB 36). Ein anderer Schüler argumentierte

[131] Bei diesem Schüler, der zu seinen Lieblingsfächern retrospektiv Auskunft gab, waren bereits – wie bei vielen seiner Altersgenossen – eindeutige Vorstellungen vorhanden, auch im Hinblick auf eine spätere Berufswahl. Das lag zu einem großen Anteil daran, dass er musikalische Grunderfahrungen aus seinem Elternhaus mitbrachte. Da er zum Zeitpunkt des Interviews die 5. Klasse einer weiterführenden Schule besuchte, sah er die Themen, die für ihn in der Grundschule wichtig waren, in einem neuen Zusammenhang.

[132] *Nein, niemals. Das macht Spaß und das bringt auch was fürs spätere Leben, für den Beruf und als Hobby* (MB 36).

ähnlich. Für ihn bedeutete das Spielen seiner Instrumente, *dass man manchmal üben muss, obwohl man gar nicht will, und dass man regelmäßig zum Unterricht muss* (MB 27). Es ist leicht erkennbar, dass die Beschäftigung mit Musik für die Kinder bedeutsam ist, dass diese jedoch auch im rechten Maß vonstatten gehen sollte:

> *Spaß, dennoch angestrengt sein.* [...] *Dass man sich nicht zu sehr reinhängt, dass man jetzt Tag und Nacht lernt, sondern, dass man sich Zeit lässt, auch mal Spaß machen, aber dennoch nicht übertreiben* (MB 1).

Interessant ist es zu sehen, dass sich die Begeisterung der Kinder für Musik resp. für ein Musikinstrument auch in der Selbsteinschätzung niederschlug, d. h. ob sie sich selbst als musikalisch oder als gute Schüler im Fach Musik empfanden. Die mündliche Befragung zeigte, dass sich gerade diejenigen Heranwachsenden als musikalisch einstuften, die in ihrer Freizeit ein Musikinstrument lernten und regelmäßig eine Rückmeldung über ihre Fähig- und Fertigkeiten im Einzelunterricht erhielten: *Naja, das ist halt für mich fast 'ne Sportart* (MB 14), beschrieb ein Schüler seine Situation am gewählten Instrument. Sprachlich konnten die Probanden den Terminus »musikalisch« weniger fassen. Ein Indiz für Musikalität war für sie allein schon die Beschäftigung mit einem oder mehreren Instrumenten[133] und die Bestätigungen, die sie von Eltern, Geschwistern, Freunden aus ihrem persönlichen Umfeld bekamen.[134] Einige nahmen diese Bestätigung zum Anlass, ihre Fähigkeiten in dem zusätzlichen Unterricht an einer Musikschule zu perfektionieren (MB 41) oder sich einer musizierenden Gruppe, mitunter auch einem Orchester anzuschließen (MB 26). Das Hören von Musik wurde nur in Einzelfällen als ein Kriterium für Musikalität herangezogen (MB 44). Plausibler, wenn auch wenig konkret zu fassen, klang da schon die Bemerkung: *Weil ich Musik gerne mag* (MB 5). Insgesamt waren sich viele Kinder darüber einig, dass die Beschäftigung mit Musik zwar Zeit erfordert, dass man aber dabei viel Freude empfindet und darüber hinaus ohnehin noch Zeit hat, anderen Hobbys nachzugehen oder Kontakte mit Geschwistern und Freunden zu pflegen.[135]

Im Verlauf der mündlichen Befragungen trat eine Vielfalt charakteristischer Eigenschaften und Qualitäten von Grundschulkindern zu Tage, die sich im schulischen Leben und in den Freizeitaktivitäten

---

133 Vgl. dazu MB 3, 6, 33, 36 u. a.

134 Vgl. dazu MB 26, 31, 32 u. a.

135 *Das erfordert auch Zeit. Ich spiel' mit meiner Schwester dann immer noch. Also ich spiel' über eine Stunde Musik am Tag, und das ist einfach schön* (MB 6).

gebündelt zeigten. In den Interviews hatten die Kinder Gelegenheit, ihre Verhaltensweisen genauer darzulegen und zu erläutern, ihre Einstellungen, Hobbys und Interessen in einen übergeordneten Kontext zu reihen. Es wurde deutlich, dass »der subjektive Zugang des Kindes zum Lerninhalt [...] kognitive, emotionale, soziale und körperliche Momente [berührt], die ein ›Nachklingen‹ bewirken, welches Lernen interessant macht.«[136] Der Musikunterricht bietet die Möglichkeit, das Kind in seiner Individualität gezielt anzusprechen und die Unterrichtsinhalte methodisch auf die Bedürfnisse der jeweiligen Gruppe oder Klasse abzustimmen. Als auffälliges Phänomen trat in der mündlichen Befragung zu Tage, dass die Kinder in vielen Situationen des Musikunterrichts lustbetont lernen.[137] Das impliziert, dass sie für sich eine Verlagerung von kognitiven zu emotionalen und sozialen Lerninhalten verspüren, wie man sie in anderen Lernbereichen kaum findet. Das Fach bildet einen deutlichen Kontrast zu anderen schulischen Disziplinen, der von vielen Schülerinnen und Schülern als angenehm empfunden wird und aus dem sie ihre Motivation schöpfen. So überrascht die Reaktion einer Schülerin nicht, die den Sinn einer Beschäftigung mit Musik darin erkennt, *dass man vielleicht ein bisschen mehr Gefühle fühlt* (MB 24). Eine Antwort gab die individuelle Bedeutung der Musik pointiert wieder, und diese Äußerung ist gerade deshalb frappierend, da sie von einem Schüler stammt, der aktiv kein Musikinstrument spielt, der als ambitionierter Fußballer stärker im Bereich Sport engagiert ist und vorzugsweise außermusikalischen Freizeitinteressen nachgeht: *Für mich ist sie* [die Musik] *eigentlich sehr wichtig. Ich würde sagen: Wenn es keine Musik geben würde, wäre das Leben einen Tick langweiliger* (MB 62).

3.2.2 Musikalisches Erleben in Schule und Freizeit

Musik gehörte bei den befragten 10- und 11-jährigen Kindern zu den Disziplinen, denen ein hohes Maß an Aufmerksamkeit zukam, sei es in der Schule oder in der Freizeit. Zwar überwogen die sportlichen Aktivitäten, nahezu alle Schülerinnen und Schüler gaben jedoch an, sich vor allem in ihrer Freizeit mit Musik zu beschäftigen, und zeigten ein breit gefächertes Interesse:

---

136 Hans-Günther Rolff & Peter Zimmermann: »Veränderte Kindheit – Veränderte pädagogische Herausforderungen«, in: Fölling-Albers, *Veränderte Kindheit*, 1989, S. 38.

137 *Musik, das mach' ich mit Lust* (MB 28).

> *Ja, also mir gefällt Singen und auch Spielen. Mir gefällt aber auch die Theorie, weil die eigentlich auch ganz interessant ist.* [...] *Ja, mir ist sie eigentlich schon wichtig, weil sonst – ohne Musik – wäre es eigentlich nicht so schön* (MB 4).

Ein Junge fand für den Zusammenhang von »Musik« und »schön« eine treffendere Umschreibung, wenn er bekannte: *Sie bedeutet für mich sehr viel,* [...] *sie klingt gut, und sie gefällt mir halt.* [...] *Ja, sie ist so wichtig für mich wie Fußball* (MB 3). Die Auskünfte der Kinder über das Musikleben und -erleben erschöpften sich nicht allein im »Musik hören« – nahezu alle befragten Probanden waren gegenüber der Musikrezeption aufgeschlossen –, sondern auch die Ausübung von Musik stand bei ihnen hoch im Kurs; die favorisierten Instrumente und ihre (musikalischen) Freizeitaktivitäten wurden bereits vorgestellt.[138] Der Stellenwert, den die Musik in der Schule im Verhältnis zu außermusikalischen Bereichen behauptet, wird aber von den Kindern unterschiedlich eingeschätzt und hängt von individuellen Vorerfahrungen ab:

> *Also, ich find' sie fast außerhalb noch ein bisschen wichtiger.* [...] *In Musik in der Schule, da nimmt man Komponisten durch und so, und da, außerhalb der Schule, kann man selber spielen und auf Konzerte gehen und so. Und das finde ich halt schön* (MB 8).

Auffällig war, dass Musik in der Schule von einigen Kindern mit der Erarbeitung theoretischer Inhalte in Verbindung gebracht wurde, die Tätigkeiten nach der Schule dagegen mit aktivem musikalischem Tun:[139]

> *Außerhalb der Schule sing' ich in einem Musical, und das gefällt mir eigentlich auch ganz gut. Also, da muss man keine Theorie ..., und das ist halt fast noch schöner, weil in der Schule schreibt man ja Schulaufgaben und Exen*[140] *und das ganze Zeug* (MB 4).

---

138 Vgl. dazu die Erfahrungen der Kinder in Konzert (MB 31, 39), Theater (MB 51, 56) und Verein (MB 29, 60).

139 Es erwies sich als Vorteil, dass in die Befragung eine Reihe von Schülern einbezogen wurde, die privat aktiv musizierte. Erfahrungsgemäß finden auf die Frage nach der Musik innerhalb und außerhalb der Schule nur Kinder eine Antwort, die aufgrund ihrer persönlichen Erfahrungen einen Vergleich ziehen können. Kinder, die in ihrer Freizeit ausschließlich Musik hören, lassen häufig eine ablehnende Haltung gegenüber dem schulischen Musikunterricht erkennen, die zudem wenig reflektiert wird.

140 Umgangssprachliche Bezeichnung der Schüler/-innen für unvorbereitet anzufertigende Klassenarbeiten (Extemporalien).

Einschätzungen dieser Art übertrugen sich unweigerlich auf die Akzeptanz des Faches Musik. Viele Schüler empfanden es gerade deswegen nicht als bedeutsam für die eigene Person, da sie die Inhalte, die im schulischen Unterricht erarbeitet wurden, weniger ansprachen: *Außerhalb der Schule ist mir wichtiger als innerhalb der Schule, weil man außerhalb der Schule hat man mehr die Praxis und innerhalb das Theoretische* (MB 52). Eine Theorielastigkeit des Musikunterrichts ist aber nicht der einzige Umstand, der im Bewusstsein der Kinder zu Kritik anregt. Ihrer Ansicht nach sind für das Dilemma einer unterschiedlichen Musikauffassung in Schule und Freizeit vor allem die organisatorischen Rahmenbedingungen in der Schule verantwortlich zu machen. Restriktionen, die den schulischen Organisationsrahmen betrafen, standen die Kinder ablehnend gegenüber, da sie in den meisten Fällen die Ursachen, die dafür verantwortlich zu machen waren, nicht kannten. Die Einschränkungen waren jedoch vielfältig und kamen bei den Schülerinnen und Schülern nicht als Entwicklungsprozess an, sondern als Ergebnis, als Entscheidung, mit der sie konfrontiert wurden. So war ihnen durchaus bewusst, dass im ordentlichen Unterrichtsablauf an einer Schule gerade bzgl. des Unterrichtsfaches Musik vielfach Probleme entstehen konnten, z. B. mit der Raumzuteilung. Denn viele Grundschulen konnten ihren Schülern noch nicht einmal einen Musikraum bieten.[141] Probleme gab es auch mit Überschneidungen von AG-Angeboten[142], mit Musik-Unterrichtsstunden, die als Randstunden platziert wurden[143], und – daraus resultierend – mit Stundenaus-

---

141 Auf die Frage nach ihrem Musikraum gaben einige Schüler an: *Wir hatten mal einen, aber der wurde zu einem Klassenraum, weil wir jetzt so viele Schüler sind* (MB 35). In anderen Fällen wurde der Musikraum vorzugsweise von einem Chor und nicht von einzelnen Klassen genutzt (Feldnotizen zu MB 62). Die Einrichtung und Ausstattung der Räume ließen darüber hinaus an vielen Schulen einige Wünsche offen, an denen ein Musikraum zur Verfügung stand.

142 Das Problem mit der Überschneidung von Unterrichtsangeboten definierte eine Schülerin wie folgt: *Aber auf jeden Fall haben wir was gehabt, wo man Instrumente lernen konnte. Ich bin da aber nie reingegangen, weil ich so Unterricht hab'* (MB 28). – Nach Auskunft einer Mutter konnten sich die Kinder in ihrer Grundschulklasse aus organisatorischen Gründen nur für ein Wahlfach entscheiden, da dieses zur gleichen Zeit mit anderen Angeboten konkurrierte. In diesem Falle mussten sich die Kinder entscheiden zwischen den Angeboten »Schulgarten« oder »Flöte« (Feldnotizen zu MB 20).

143 Auf die Frage nach einem Musikinstrument, das sie spielt, antwortete eine Schülerin: *Ja, habe ich mal gespielt, Flöte.* [Warum spielst du das nicht mehr?] *Weil ich das immer in der 6. Stunde gespielt habe, und dann hat es nicht mehr hingehauen* (MB 20). – Im Übrigen sind die Schüler ohnehin überzeugt, dass man Randstun-

fällen, die scheinbar nicht zu umgehen sind, weil Lehrkräfte ihre Zusatzstunden »abhängen«[144].

Über diese Faktoren hinaus benannten die Schüler/-innen weitere Gründe, die für sie konkret fassbar waren und die aus ihrer Sicht eine effektive Arbeit im Klassenverband verhinderten. Dazu gehören die mangelnde Zeit in vielen Unterrichtssituationen, die fehlende Einbeziehung der Schüler bei Entscheidungen in der Auswahl der Lerninhalte, die zu hohen Klassenstärken und die Tatsache, dass im schulischen Musikunterricht vielfach keine Instrumente zum Einsatz kommen. Im Einzelnen wurden die strenge Einhaltung des Stundenplans und die damit verbundenen zeitlichen Vorgaben gemeinhin als Einschränkung empfunden:

> *In der Schule ist das halt immer nach Zeitplan und das Schulfach, und das ist halt mit Lehrer, und da muss man was machen, und die Musik außerhalb der Schule macht mir halt richtig Spaß* (MB 28).

Sehr treffend und in direktem Bezug auf die Lehrkraft äußerte sich ein Schüler, der den Vergleich zu dem Unterricht anführte, den er nach der Schule auf seinem Instrument genoss: *Außerhalb der Schule nimmt sich der Musiklehrer mehr Zeit für einen. Das find' ich gut* (MB 25). Es muss eingeräumt werden, dass die Zeit, die den Kindern im privaten Instrumentalunterricht (1:1) geschenkt wird, ungleich höher ist, als dies ein Musikunterricht in der Regelschule (1:25) leisten kann. Immerhin handelt es sich bei dem Privatunterricht um Einzelstunden, die gesondert vergütet werden. Eine größere zeitliche Disposition in der Schule, die die Auseinandersetzung mit einem Unterrichtsinhalt in einer zeitlich großzügigeren Bemessung zulässt, wäre – von der Sache aus gesehen – erforderlich und würde auch aus Schülersicht begrüßt werden. Sie ließe eine notwendige Ruhe im Unterrichtsablauf einkehren, um die Inhalte auf sich wirken zu lassen und diese zu reflektie-

---

den z. B. bei übermäßiger Hitze ausfallen lassen sollte, weil dies ein konstruktives Arbeiten verhindert. Zwar sollte der Musikunterricht insgesamt nicht »abgeschafft« werden, *aber, wenn es heiß ist, schon* (MB 34). Die Antwort der Schülerin macht die Problematik für Fächer wie Musik deutlich, die in den untersuchten Stundenplänen vorzugsweise als Randstunden gesetzt wurden.

144 Diese in Lehrerkreisen übliche Verfahrensweise beschreibt den Ausgleich zusätzlicher Unterrichtsstunden, die Lehrkräfte in ihrer eigenen oder in anderen Klassen über ihr Pflichtkontingent hinaus erteilt haben. Die Erfahrung zeigt, dass die auf diese Weise eingebrachten »Überstunden« meistens in der eigenen Klasse ausgeglichen werden. Weniger beliebte Unterrichtsfächer, wie z. B. das Fach Musik, das in vielen Klassen fachfremd erteilt wird, sind davon betroffen.

ren.[145] Umgekehrt suggeriert ein Unterricht, der durch den 45-Minuten-Takt und den Stundenwechsel bestimmt ist, eine Unruhe und lässt in der Ansicht der Kinder den Eindruck entstehen, als ob die Inhalte in Musik zu einem Pflichtprogramm gehörten, das sie absolvieren müssen:[146] *Ja, in der Schule ist es Pflicht, außerhalb der Schule singt man halt vor sich dahin.* [Was gefällt dir besser?] *Ja, eigentlich außerhalb ..., so freier* (MB 36). Wie bereits hier angeklungen, begrüßten es Schüler/-innen, wenn keine rigiden Vorgaben wie Stundeneinteilungen existierten, und sie im Musikunterricht eine angemessene Entscheidungsfreiheit für die zu bewältigenden Aufgaben hatten: *Außerhalb der Schule ist mir Musik wichtiger, weil ich da einfach mehr Zeit hab', und mir wird nicht gesagt, was ich tun soll* (MB 59). Einen Umstand, den die Kinder ebenfalls bemängeln, sind die zunehmenden Schülerzahlen in den einzelnen Klassen. Sie fühlen sich am wohlsten, wenn sie *nicht so viele Schüler sind* (MB 11). Nicht nur die Pädagogen, auch Schüler/-innen sind sich bewusst, dass ein Unterricht unter einer zu großen Teilnehmerzahl zwangsläufig leidet, da die Inhalte, die behandelt werden, auf die Klassenstärke ausgerichtet werden müssen. So ergibt sich für die Schüler die Konsequenz, dass man

> *in der Schule* [...] *nicht so aufpassen* [muss], *weil da mehr Kinder sind, und außerhalb der Schule, da muss man dann schon mehr aufpassen, weil da ein Lehrer ist, und der beobachtet dich halt die ganze Zeit* (MB 27).

Zum Zeitpunkt der Befragung war es an vielen untersuchten Schulorten für die Kinder noch nicht möglich, im schulischen Musikunterricht aktiv ein solistisches Instrument zu spielen. Die Initiative »Jedem Kind ein Instrument« (JeKi) führte in jüngster Zeit dazu, dass in vielen Grundschulklassen mittlerweile diesem Schülerwunsch entsprochen werden kann.[147] Wie wichtig der Kontakt zu Instrumenten ist, zeigen die folgenden Antworten. Ohne die finanzielle Unterstützung im Rahmen eines Projektes war die Ausstattung von Grundschu-

---

145 Die Vorstellung, ausreichend Zeit zur Verfügung zu haben, könnte sich auch in der Beliebtheit des Faches bemerkbar machen, wie in folgender Antwort spürbar ist: *Musik, das ist eigentlich immer was Schönes. Das kann man eigentlich immer machen. Da verliert man auch keine Zeit, weil das macht Spaß* (MB 15).

146 Viele Musik-Unterrichtsstunden werden in der Praxis nicht vom Klassenlehrer, sondern von einem Fachlehrer erteilt. In diesen Fällen muss die Stundeneinteilung beibehalten werden, damit der reibungslose Wechsel im Stundenplan einer Schule funktioniert.

147 Vgl. dazu die Ausführungen in Kap. I. 3.3.

len mit attraktiven Musikinstrumenten vielerorts lange Zeit nicht möglich.[148] Einigen Schülern war bei den Befragungen daher klar, dass man *im Musikunterricht* [...] *halt kein Instrument* lernte (MB 42) und dass *die Schule ja kein so teures Instrument kaufen* konnte (MB 58). Daher war Musik außerhalb für viele wichtiger, *weil man da halt größere und interessantere Instrumente spielen kann* (MB 59).[149] Trotzdem musste konstatiert werden, dass das Interesse, in der Schule musikalisch aktiv zu werden, stets vorhanden war: *Kommt darauf an, was für ein Instrument es ist.* [...] *Fanfare oder so was ...* [Hast du schon mal eine Fanfare gesehen?] *Nur im Film* (MB 63). Wenn auch dem Wunsch nach Instrumenten nicht in allen Fällen nachgegeben werden kann, so ist es sicher möglich, die Schüleräußerungen zum Ausgangspunkt zu nehmen, um ein Interesse für die Lerninhalte zu wecken. Die originale Begegnung mit einem Instrument oder mit einem Musiker kann dem Unterricht überdies außerordentliche Motivationsschübe geben. Viele Kinder, die sich in ihrer Freizeit bereits regelmäßig mit einem Instrument beschäftigen, würden sogar gerne noch ein zweites spielen[150], um die im Musikunterricht zur Verfügung stehende Zeit sinnvoll zu nutzen:

> *Ich würde mich für Waldhorn entscheiden. Mein Dirigent vom Orchester wollte mir das nämlich mal zeigen, und ich hab' auch schon ein bisschen damit angefangen. Das gefällt mir sehr gut* (MB 59).

Das Interesse, das die Kinder den schulischen und privaten Angeboten entgegenbringen, wird jedoch nicht allein von fachimmanenten Aspekten bestimmt, sondern geht bisweilen zusätzlich auf andere Faktoren zurück. Eine dieser Einflussgrößen ist das Einwirken und die Akzeptanz, die die Eltern musikalischen Aktivitäten insgesamt entgegenbringen. In der mündlichen Befragung zeigte sich, dass die Kinder viele dieser Einstellungen annehmen und daher zu einem großen Teil

---

148 Eine Ausnahme bildeten die Schulen, an denen das Klassenmusizieren als tragendes Unterrichtskonzept eingeführt wurde. Wichtige Voraussetzungen waren hierbei die Eigenleistung, die von den Eltern erbracht wurde, und die Kooperation mit verschiedenen Musikinstrumentenherstellern, z. B. YAMAHA, die durch Leasing-Verträge die dauerhafte Überlassung von Instrumenten ermöglichten. In der Praxis fanden sich diese Angebote jedoch vor allem in weiterführenden Schulen. Grundschulen waren nur in Ausnahmefällen beteiligt.

149 Der Stolz, der aus der Antwort einer Schülerin spricht, ist unüberhörbar: *Klavier spiel' ich außerhalb der Schule. Da fahr ich zu meiner Lehrerin, die hat nämlich 'nen großen Flügel* (MB 56).

150 *Ich* [...] *würde die Kinder halt auch dazu anregen, dass sie ein Instrument lernen oder noch ein anderes Instrument lernen, wenn sie schon eines können* (MB 42).

auch die Elternansichten widerspiegeln. Kinder, deren Eltern an Musik nicht interessiert sind[151], reagieren häufig gleichgültig, legen in der Regel bzgl. des schulischen Unterrichts kein besonderes Interesse an den Tag und haben kein Vertrauen in ihre musikalischen Fähigkeiten.[152] Wenn sich die Eltern allerdings für die Lieder in der Schule begeistern lassen[153], wenn sie ihre Kinder bitten, etwas vorzusingen oder auf einem Instrument vorzuspielen (MB 4, 5), kommt dieses Interesse bei den Kindern sehr gut an. Sie sind sich dabei des »Grades« der Anteilnahme durch die Eltern durchaus bewusst, ob diese den musikalischen Vortrag als Hintergrund zu anderen Tätigkeiten nebenbei verfolgen[154] oder ob sie aktiv (zu)hören und die Kinder sogar anspornen resp. berichtigen:[155]

> *Also meine Mama ist ja auch musikalisch. Die singt ja auch, und ja irgendwie hat man da mehr Lernfähigkeit. Man kann besser denken, auch wenn ich z. B. Klavier gespielt* [habe], *kann ich mich danach besser konzentrieren. Manchmal spiele ich den Eltern ein Stück vor, das ich als Hausaufgabe aufgehabt hab', und dann sagen sie auch: Das ist ein schönes Stück! Und meine Mama sagt mir auch, wenn ich selber die Fehler nicht erkenne, was ich besser machen kann* (MB 51).

Für viele Eltern gehört die Beschäftigung ihres Kindes auf musikalischem Terrain zu den essenziellen Elementen der Erziehung, unabhängig davon, ob sie selbst eine musikalische Ausbildung genossen haben oder nicht. Auf diesem Wege werden Elternwünsche in das

---

151 *Sie fragen mich nicht, sie schauen meine Hefte nicht nach* (MB 1). – [»Interessieren sich die Eltern für das, was du da machst?«] *Nicht sehr viel, eigentlich nicht so* (MB 2). – *Weil die Mama oder Papa schauen die Sachen nicht so an. Auch wenn ich was lerne, dann schauen die das nicht so an. Das ist ihnen nicht so wichtig* (MB 15).

152 *Ich hab' halt mal kein Gespür für Musik* (MB 1).

153 *Ja, denen gefällt's halt auch, und die Lieder kennen sie halt auch von früher her* (MB 3). – *Ja, sie wollen mich halt fördern.* [...] *Sie fragen mich halt auch nach dem Musikunterricht, wie's war, und wenn wir vorspielen müssen, ob mir's gut gegangen ist.* [...] *Sie wollen mich halt schon fördern* (MB 42).

154 Eine Schülerin berichtete von ihrer *Mutter, die* [...] *sich gerne ins Bett rein*[setzt], *wenn* [... sie] *Klavier spiel*[t]. *Die findet das einfach schön. Oder wenn sie bügelt, dann soll ich auch immer Klavier spielen* (MB 34).

155 *Manchmal, wenn ich nicht üben will, dann sagen sie: Dann übe halt* (MB 50). – *Ja, wenn sie dann sagen: Nochmal üben. Wenn ich 10.000 Fehler in so 'nem Lied spiele, und dann* [...] *sagen sie halt, ich soll's noch mal spielen, weil zu viele Fehler drin sind* (MB 21). – *Meine Mama findet es eigentlich ganz gut.* [... Sie] *sagt manchmal, ich soll nicht so ins Klavier reinhauen, aber sonst ist es eigentlich ganz gut* (MB 41). – *Eigentlich hab' ich nicht so große Lust. Aber meine Mama sagt dann immer: »Jetzt mach aber Klarinette!«* (MB 17).

Freizeitverhalten der Kinder hineinprojiziert.[156] Die Gründe für dieses ambitionierte musikalische Verhalten sind sicher vielschichtig und nicht allein fachintern zu suchen; ihnen soll an anderer Stelle nachgegangen werden. Die Kinder spüren in diesen Situationen den Stolz der Eltern, wenn sie z. B. ein Instrument im Privatunterricht erlernen, und schöpfen daraus eine Energie, die ihre Einstellung zur Musik positiv beeinflusst:

> *Sie* [die Eltern] *sind froh, dass ich das mache und auch will. Weil selber haben sie keine Musikausbildung, aber sie würden gerne auch eine haben, und deshalb sind sie froh, dass ich das mache. Und mein Bruder geht auch in Flöte, und ich hatte ja auch in der Grundschule Flötenunterricht. Ja, sie interessieren sich schon. Sie helfen mir auch beim Lernen, und wenn ich was nicht weiß, dann kann ich sie auch fragen und dann helfen sie mir* (MB 48).

In einigen Fällen hatten die Eltern für ihre Kinder eine Vorbildfunktion.[157] Dies galt besonders dann, wenn die schulischen Aktivitäten zu Hause derart Anklang fanden, dass sich sogar die Eltern auf ihre musikalischen Fähigkeiten besannen und erneut eine aktive musikalische Betätigung aufnahmen: *Ja, schon, sie interessieren sich schon dafür, ja.* [...] *Mein Vater hat jetzt erst angefangen, wieder mit seiner Gitarre zu spielen, zu üben. Meine Mutter spielt auch Klavier. Also, wir sind alle schon musikalisch* (MB 44). Die Eltern einer Vielzahl der befragten Viertklässler übten darüber hinaus einen Musikerberuf aus oder waren auf diesem Gebiet sehr engagiert. Vielfach waren es zusätzlich Geschwister (MB 8, 49), Großeltern (MB 50, 56, 58), Bekannte, Mitschüler oder Freunde[158], die einen Einfluss genossen, sodass sich die Erfahrungen aus dem Elternhaus im Tätigkeitsfeld der Kinder niederschlugen und in persönlichen Einstellungen manifestierten:

> *Ich find' sie* [die Musik] *schön ... und es macht Spaß, halt sie anzuhören und zu spielen und selber zu machen.* [...] *Also ich find's schon sehr wichtig, weil man doch zu vielen Sachen Musik braucht, weil wenn man einfach nur singt, dann klingt das nicht so schön, wie wenn man noch Musik dazu spielt oder so ...* (MB 8).

---

156 *Meine Mutter wollte auch immer Klavier spielen, aber sie hat's nicht gelernt.* [...] *Wenn ich ihnen halt irgendwas vom Ausfragen erzähl', dann* [...] *interessieren* [sie] *sich schon dafür* (MB 14).

157 *Meine Mutter spielt Querflöte und Drehleier, und mein Vater spielt Dudelsack und Klavier* (MB 39).

158 *Das kenne ich von einem Freund von mir, der hat das gelernt* (MB 50).

Eine besondere Situation liegt vor, wenn sich die Kinder bereits frühzeitig spezialisieren, z. B. in Vorbereitung auf ein Musikgymnasium. Gezielt bereiten sie sich in diesen Fällen auf ihren Übertritt vor, nehmen ggf. zusätzlich eine private Vorbereitung in Chorgesang und auf dem Instrument wahr und werden von ihren Eltern nach Kräften unterstützt. In dieser für sie wichtigen Phase, aber auch während der Zeit ihres Unterrichts an der neuen Schule lassen sie Neigungen erkennen, die in die Tiefe gehen:

> *Ich übe schon jeden Tag. Also die* [Musik] *ist mir schon wichtig. Ich geh' auch einfach mal so ans Klavier, also Mama und Papa brauchen mich jetzt nicht dazu auffordern. Ich geh' jetzt selber da hin und spiel'* [...] *für mich durch, und wenn ich was nicht kann, dann frage ich einfach den Papa und dann übe* [ich] *das halt einfach immer ... Weil wenn du nicht übst, dann kommst du in Musik auch nicht weiter. Du musst immer dranbleiben. Und wenn du einfach mal zwei Wochen nicht übst, dann kannst du es halt einfach nicht mehr. Das merke ich dann auch: »O Gott, ich kann jetzt das Stück nicht mehr, o Gott, was war das jetzt noch mal für ein Fingersatz? O nein, o Gott«* (MB 16).

Andere Kinder der Stichprobe besuchten auf privater Initiative regelmäßig einen ambitionierten Chor und wurden bereits stimmlich geschult:

> *Wir singen da im Chor, haben Auftritte. Aber mit der Gitarre mache ich da bis jetzt noch nichts.* [...] *Der Vorchor, da geh' ich jetzt dann auf das Gymnasium und dann in den normalen Chor.* [...] *Ich fahr da immer montags und mittwochs in die Stadt. Wir haben immer eine Stunde, und am Montag haben wir eine Dreiviertelstunde* (MB 38).

Einige Kinder, die sich zu spezialisieren begannen, bereiteten sich auf das Leben in einem Internat vor. Sie waren begeistert, im folgenden fünften Schuljahr zu den »Großen« zu gehören, und viele hatten erneut ihre Eltern als Vorbild. Auf ihre musikalischen Fähig- und Fertigkeiten hatte dies einen sehr großen Einfluss, da sich die Kinder ab dem Zeitpunkt der Zugehörigkeit zu der neuen Schule vorzugsweise mit Musik resp. mit Gesang auseinandersetzten, zumal wenn sich aus der Internatsschule ein ambitionierter Knabenchor rekrutierte, bei dem alle anderen schulischen Aktivitäten den Erfordernissen eines Konzertchores untergeordnet sind. So positiv diese Teilnahme für die musikalische Entwicklung der Kinder zu werten ist, so negativ schlug sie sich in den Einstellungen der Schüler zur Musik insgesamt und zum Üben nieder; denn ihr Üben wurde durch die Schulleitung überwacht und sanktioniert:

> *Üben muss man jeden Tag, außer an dem Tag, wo man jetzt also z. B. Klavierunterricht hat, weil den hat man einmal in der Woche. Ansonsten hat man seine gewissen Zeiten, und da muss jeder üben, und da gibt's einen Klavierlehrraum, und da kann man dann halt spielen. Und da gehen manchmal unsere Erzieher bzw. Präfekten durch und hören dann, ob jemand da ist oder nicht. Die stellen sich viel vor die Tür oder gehen sogar rein, und wenn einer nicht da ist, bekommt er einen Strich, und bei drei Strichen dann Verweis oder Verwarnung oder sonst irgendwas* (MB 29).

Es ist anzunehmen, dass Kinder nicht nur unter Leistungsdruck[159], sondern in einer neuen Schulumgebung möglicherweise auch unter mangelnden sozialen Kontakten leiden[160] und vielen das Üben dadurch buchstäblich »verleidet« ist. Auf die Frage nach der Bedeutung des Klavier- und Gitarrespielens antwortete ein Schüler: *Dass man manchmal üben muss, obwohl man gar nicht will, und dass man regelmäßig zum Unterricht muss* (MB 27). Nichtsdestotrotz gibt es hier aber auch eine Vielzahl von Kindern, die stolz auf ihr musikalisches Umfeld sind. Für sie verbinden sich ihr tägliches Üben und die Mühen, die sie aufbringen, mit dem selbstbewussten Traum von einer Musikerkarriere[161]: *Wenn man [...] von 'nem normalen Menschen* [aus] *voll berühmt wird. Und dass man dann jeden Tag in der Zeitung steht oder so. Dass sich das dann steigert. Das kann nun mal schon sein ...* (MB 21). Ein anderer Schüler nennt den Gesang als besondere Herausforderung für zukünftige Aktivitäten:

> *Also ein Ziel ist, irgendein berühmter Sänger zu werden. Und deswegen bin ich ja auch hierher gekommen. Und ich hoff' natürlich, ich weiß es nicht, aber ich hoff' natürlich, dass ich mal weiter komm' als andere ...* (MB 29).

Das Selbstbewusstsein dieser Spezialisten im Fach Musik, ihr musikalisches Leben und Erleben ist für Grundschulkinder, aber auch für

---

159 *Manchmal ist es halt nervig, wenn man üben muss. Das merke ich oft, vor allem beim Klavierspielen. Flöte brauch' ich ja nicht üben für die Schule, weil da kann ich ja schon alles. Wir haben jetzt das zweite Heft und das hab' ich ja schon durchgehabt und das dritte. Und dann gibt es kein Heft mehr* (MB 34).

160 *Weil wenn man ja dann aufs Gymnasium geht, dann verliert man halt seine ganzen alten Freunde. Und das ist dann schon ... Da fühlt man sich dann schon irgendwie allein am Anfang* (MB 31).

161 In einigen Schülerantworten ist dieser Wunsch explizit formuliert: *Vielleicht mach' ich mal Karriere!* (MB 42). – *Schon eher so die 50 %. Über die Hälfte glaub' ich schon, dass ich da in Musik Karriere mache. Na ja, es macht Spaß* (MB 38). – *Ja, das kann schon sein, weil vielleicht wird man ja berühmt* (MB 58).

Fünftklässler sicher als Besonderheit zu werten. In Grundschul-Regelklassen kann von einer derartigen Einstellung zur Musik keineswegs ausgegangen werden. Einem Großteil der Kinder und Eltern ist beispielsweise das Singen sogar unwichtig. Sie singen weder zu Hause noch bringen sie dem Klassensingen in der Schule eine besondere Akzeptanz entgegen.[162] Diese Tatsache mag um so mehr frappieren, wenn man zur Kenntnis nimmt, dass nahezu alle Kinder in der Interview-Studie angaben, täglich zu Hause Musik zu hören und dafür die notwendige technische Ausstattung zu besitzen. Diese reichte von eher traditionellen Geräten wie Kassettenrekorder, Radio über eine modernere Ausstattung wie Stereoanlage, Fernseher, CD- und DVD-Player, Mikrofon bis hin zu MP3-Player, Computer, Keyboard und E-Piano. Die drei letztgenannten Geräte wurden auch zum Hören von Musik verwendet.[163] Einige Kinder konnten in den durchgeführten Befragungen mit den Spielekonsolen »Playstation 2« und »X-Box« über eine Fernseh-Zusatzausstattung berichten, die anderen noch unbekannt war.[164] Viele der genannten Geräte fanden sich nicht im Haus verteilt, sondern installiert im Kinderzimmer.[165] Ein Schüler verriet seine dortige Ausstattung: *Also, in meinem Zimmer hab' ich einen Fernseher, X-Box, einen Media-Player.* [...] *Da hab' ich* [auch] *Boxen* (MB 12).

Da die mündliche Befragung zur Exploration des Forschungsfeldes im Zeitraum Februar 2003 bis Februar 2004 stattfand, ließen die Kinder in ihren Antworten den technischen Entwicklungsstand elektronischer Kleingeräte erkennen, die bis zu diesem Zeitpunkt verfügbar waren. Neuere Tonträger wie z. B. der »MP3-Player« sind in der Zwischenzeit allgemein anerkannt und haben den CD-Player oder auch den »Walkman« im täglichen Gebrauch der Kinder vollständig

---

162 Vgl. auch MB 31, 33, 36. – Dass das Singen bereits in Kindergarten und Elternhaus merklich abnimmt, geht auch aus folgender Studie hervor. Brünger: *Singen im Kindergarten. Eine Untersuchung unter bayerischen und niedersächsischen Kindergartenfachkräften*, 2003. – Viele Eltern interessieren sich allenfalls für die Benotung: *Also, sie interessieren sich für die Noten beim Singen, aber sonst mischen sich meine Eltern da nicht so ein* (MB 57).

163 *Einen Computer, wo man sich halt Lieder runterladen kann ...* (MB 13). – *Dann habe ich noch ein E-Piano in meinem Zimmer, da kann ich Disketten reintun. Dann kann ich's anhören* (MB 32).

164 Bekanntermaßen befinden sich mittlerweile über 18.000 elektronische Spiele auf dem Markt, bei denen selbst einem Experten der Überblick schwer fällt. Andreas Rosenfelder: »Unsere Welt im Zugriff der Konsole. Die besten Spiele auf der Leipziger ›Games Convention‹«, in: *FAZ* Nr. 195/2005, S. 35.

165 Vgl. dazu die Erkenntnisse von Christian Pfeiffer (Kriminologisches Forschungsinstitut Niedersachsen e. V.) in Kap. I. 3.4 Kinder und Medien.

abgelöst. Es muss daher davon ausgegangen werden, dass weitere Trends und Entwicklungen inzwischen von den Kindern aufgenommen wurden und die technischen Geräte in ihren häuslichen Zimmern noch flächendeckender verbreitet sind.[166]

Mit der technischen Ausstattung sind Kinder in der Lage, Musikangebote zu rezipieren, wie es in früherer Zeit kaum möglich war. Sie haben einen weitaus besseren Zugang zu musikalischen Angeboten als ihre Eltern, verfolgen und verwerfen aktuelle Trends, je nach Angebot. Ihre Musikpräferenzen sind unterschiedlich akzentuiert und richten sich nach ihren Vorerfahrungen.[167] Bei Grundschulkindern ist deutlich zu verfolgen, dass sich ihre Vorlieben im Bereich Musik verändern, sobald sie selbst aktiv musizieren. Ein wachsendes Interesse bestätigen sowohl Kinder, die anfangen, Klavier oder ein anderes Instrument zu spielen[168], die einen Chor besuchen[169] oder die sich einfach intensiver mit Musik beschäftigen[170]. Zur gleichen Zeit verspüren diese Kinder auch eine Veränderung in ihrem persönlichen Musikgeschmack wie der folgende Schüler beschreibt:

> *Es war mal eine ganze Zeit lang, da hab' ich bloß so klassische Musik gehört. Und ich hab' daran Freude gefunden. Dann ist das losgegangen, wie dann die »Superstars« da gekommen sind, da wollte ich das auch mal anhören und so. Meine Mama hat gesagt: Du hast dich ja schon total verändert und du willst immer mehr, also auch mehr so wieder flottere Musik auch hören und nicht so klassische ... Aber trotzdem bin ich noch einer, der mehr klassisch hört als andere Kinder. Es gibt Kinder, die hören immer bloß so laute Dinger* (MB 29).

---

166 In den letzten 83 Jahren ihrer Geschichte hat sich die jährlich im Herbst stattfindende Internationale Funkausstellung in Berlin (IFA) nicht nur zu einem Milliarden-Markt mit weltweiter Geltung, sondern auch zu einem Abbild der Unterhaltungselektronik entwickelt. Bei dieser internationalen Messe werden technische Neuheiten, Trends und Entwicklungen aus aller Welt vorgestellt, die sich häufig bereits an Weihnachten unter den Gabentischen der Kinder finden. Jede Messe bringt neue technische Geräte auf den Markt, die in der Regel auch von den Grundschulkindern begeistert aufgenommen werden.

167 Vgl. dazu auch Maria Luise Schulten: »Zur Entwicklung musikalischer Präferenzen«, in: Klaus-Ernst Behne (Hg.), *Musikpädagogische Forschung. Musikalische Sozialisation*, Bd. 2, Laaber: Laaber-Verlag 1981, S. 86–93.

168 *Ja, seit ich Klavier spiel', hab' ich recht gerne Musik* (MB 7).

169 [Hat sich dein Musikgeschmack in der letzten Zeit geändert?] *Ein bisschen.* [...] *Der ist ein bisschen mehr geworden, seit ich in den Chor gehe* (MB 6).

170 *Ja, früher hab' ich mehr Popmusik gehört, und jetzt hör' ich mehr so klassische Musik* [...] *Ja, weil ich halt selber Musik mache, und dann hab' ich halt das Gehör dafür* (MB 42). – *Ja, ich mag Musik halt immer mehr, weil es mir einfach immer mehr Spaß macht* (MB 32).

Mit »Superstars« spielt der Schüler auf die RTL-Fernsehproduktion »Deutschland sucht den Superstar« an, die zur Zeit der Befragung im deutschen Fernsehen erste Erfolge hatte, deren Qualität jedoch im Hinblick auf musikalisch-ästhetischen Anspruch, auf Professionalität in der Ausführung und auf Transparenz in der Bewertung der präsentierten Gesangsdarbietungen alle Wünsche offen lässt.[171] Dass bei dieser Sendung gerade Jugendliche und junge Erwachsene zum Einsatz kamen, also Nachwuchssänger, mit denen Kinder und Jugendliche sich identifizieren konnten, erhöhte den Zuspruch bei denjenigen, die das Angebot rezipierten. Dies betrifft auch die Grundschulkinder, die in dem Sängernachwuchs plötzlich neue Idole für sich entdeckten. In der Interviewstudie machte sich dieser Sachverhalt in zahlreichen Hinweisen auf die Fernsehsendung bemerkbar oder auch mit dem Namen des einen oder anderen Sängers, mit dem die Fragebögen seitens der Schüler/-innen codiert wurden. Es zeigte sich, dass die Kinder diese Sendung regelmäßig verfolgten und dass sich dieses Verhalten direkt in ihrem Musikgeschmack niederschlug. Auf die Frage, welche Musik sie gerne zu Hause höre, antwortete eine Schülerin:

> *Wo neue rauskommen, dann gefallen mir wieder welche ganz gut. Und dann mal wieder gar nicht.* […] *Ja, vielleicht Avril Lavigne. Von »Deutschland sucht den Superstar« das neue Lied, das find' ich auch gut. Dann Eminem, auch noch ein paar Lieder, aber auch nicht so viele. Ähm, dann noch Busted, und das war's dann. Das ist 'ne Jugendband …* (MB 21).[172]

Darüber hinaus zeigte sich, dass zwar viele Kinder ihren Musikgeschmack in eine Kategorie vage einordnen können, z. B. »Popmusik« (MB 15, 43), »Rock« (MB 3, 13), »Blues« (MB 2), »Rapper« (MB 12), dass die meisten sogar Titel und Interpreten benennen[173], dass bei vielen jedoch keine konkreten Vorstellungen vorhanden sind[174] und sie in

---

171 Vgl. dazu Hans Hoff: »Der kurze Augenblick des Ruhms. Eine Fernsehsendung, ein Plattenvertrag, ein Leben im Rampenlicht – wie ein scheinbar harmloser Wettbewerb zu einer großen Geldmaschine wurde«, in: *SZ* 59, Nr. 50/2003, S. 3.

172 Zu den genannten Interpreten vgl. Musikmarkt © – Single Top 100 v. 24.02.2003: Avril Lavigne (»Sk8er Boi«, Nr. 53), Busted (»Year 3000«, Nr. 34); Single Top 100 v. 10.03.2003: Eminem (»Lose Yourself«, Nr. 8). Die 100 Titel mit der größten Verbrauchernachfrage wurden jeweils ermittelt durch media control (Baden-Baden) im Auftrag des Bundesverbandes der Phonographischen Wirtschaft e. V.

173 *Der Steuersong, James Bond und Harry Potter, die Musik gefällt mir auch ganz gut* (MB 46).

174 [Ich höre] *eigentlich alles so* (MB 25). – [Ich höre] *so Pop-Sachen: Shakira oder Sweetbox* (MB 32). – *Ab und zu, so neue Lieder halt. No Angels z. B.* (MB 36). – *Ist*

ihrem Hörverhalten dem »Mainstream« folgen, der durch Hitparaden und Charts allgemein verbreitet ist.[175] Bei Kindern, die in ihrem (Privat-)Unterricht klassische Musik kennengelernt haben oder deren Eltern die Stilrichtung zu Hause des Öfteren hören, überträgt sich dieser Musikgeschmack auf ihr eigenes Hörverhalten und sie bevorzugen ebenfalls klassische Klänge (MB 9, 22, 29, 37). Für die vorliegende Interviewstudie ist es nicht von Belang, welche Stilrichtung oder Songs exakt gehört wurden. Wichtig erscheint die Tatsache, dass der Musikgeschmack vieler Grundschüler/-innen in ihrer Freizeit vor allem von den Hits beherrscht wird, die auch in den Hitparaden erfolgreich sind. Ihr Musikgeschmack zeigt sich im Grundschulalter stark formbar und noch nicht derart ausgeprägt, dass sie einen eigenen Stil favorisieren könnten und darin nicht zu beeinflussen wären.[176]

An den Musikunterricht in der Grundschule stellt sich die Herausforderung, den Schülern eine Orientierung zu bieten und dazu attraktive Angebote zu schaffen, damit er als gemeinschaftsbildendes Element im musikalischen Leben und Erleben erfahrbar gemacht werden kann. Offenbar geschieht das in der Praxis nicht immer, und Kinder spüren nach wie vor den Kontrast zwischen schulischen und außerschulischen Tätigkeiten: *Außerhalb der Schule tu ich halt nicht genau das singen ... Außerhalb kann ich singen, was ich mag* (MB 32). Dieser Sachverhalt ist mehr als ein Ansporn, die Lernenden nach dem Musikunterricht in der Schule zu befragen, um aus erster Hand die Gründe für ihre Einstellung zu ermitteln.

---

eigentlich unterschiedlich. Ich weiß eigentlich gar keinen Namen. CDs habe ich eigentlich nicht. Ich höre halt Radio, und wenn es mir nicht gefällt, schalte ich wieder weg (MB 48).

175 *Ja, mehr so die Bands: Was »in« ist ... Also, Bro'Sis, Madonna und Britney Spears und Alexander* (MB 45). – *Das kommt drauf an, was in der Zeit »in« ist.* [Und welche Gruppen hörst du so gerne?] *Da weiß ich eigentlich direkt keine* (MB 27).

176 Dass sich viele bayerische Grundschüler auch für das Singen der Bayernhymne (vgl. dazu MB 4, 18, 42), andere für das Singen der Deutschen Nationalhymne (vgl. dazu MB 8, 12) begeistern lassen, zeigt das Motivationspotenzial für dieses im Grundschullehrplan der 4. Jahrgangsstufe verbindlich festgeschriebene Lernziel. Vgl. BayStM: *Grundschullehrplan*, S. 278. – In höheren Klassen ist ein Ansporn zum Singen derart traditionsbeladener Stücke ungleich schwieriger anzuleiten. Ein Proband war dermaßen mit Freude und gleichzeitig mit Stolz vom Musikunterricht erfüllt, dass er sogar vorgab, ihn habe das Lernen der »Bayerischen Nationalhymne« [sic!] besonders interessiert (MB 12).

3.2.3 Der Musikunterricht aus Schülersicht

Die Erlebnisse aus ihrer Grundschulzeit sind bei Erwachsenen, Jugendlichen und Kindern in unterschiedlicher Intensität lebendig. Die einen erinnern sich an bestimmte Personen, an Mitschüler/-innen oder Lehrer/-innen, andere denken an ihr Schulgebäude oder ihre Klasse, wiederum andere an Situationen aus dem Unterricht, die ihnen nachhaltig in Erinnerung geblieben sind und von denen sie noch Jahre später Details schildern können. Der Musikunterricht und alle Ereignisse, die daraus erwachsen sind, haben einen besonderen Stellenwert. Dies lässt sich leicht verfolgen, wenn die Schüler aus ihrer Perspektive, die in dieser Studie in besonderer Weise interessiert, ihre Erfahrungen formulieren, die einen prägenden Einfluss auf sie hatten. Dies trifft z. B. auf die Situationen zu, in denen die Kinder in der Schule auf einem Instrument vorspielen durften: *Na ja, da hab' ich irgendwann mal was vorgespielt. Da haben dann alle geklatscht. Das tut dann einfach gut, wenn man sieht, dass man gut ist und dass es auch den anderen gefällt* (MB 16). Die gleiche Schülerin berichtete von einem konkreten Anlass, bei dem mehrere Kinder ihren musikalischen Beitrag zum Gelingen eines Festes geleistet haben:

> *Ja, auf der Geige. Da haben wir auch öfter so Stunden zusammen gemacht, wo eine Gruppe Flöte gespielt hat, und ich durfte auch mal Geige vorspielen. Das war schön.* [...] *Ja, das war in der ersten oder zweiten Klasse, da haben wir so ein Sommerfest gehabt, und da durften ein paar tanzen, so Ritter. Und ich bin halt oben gestanden und hab' Geige dazu gespielt* (MB 16).

Kinder erinnern sich insbesondere an Musik-, Tanz oder Theateraufführungen, an die Präsentation von Geschichten oder andere Gelegenheiten, bei denen sie im weitesten Sinne »Bühnenerfahrung« sammeln konnten.[177] Für viele war gerade eine »erste Aufführung« ein Höhepunkt in ihrer Schulzeit.[178] Die Aufregung, die sie vor der Klasse oder vor einem Publikum empfanden[179], und das Erfolgserlebnis, das sie

---

[177] *AG habe ich gespielt. Und dann im Juni/Juli war meistens ein größeres Vorspiel: Klavier und Flöte. Ja, schon. Es ist einfach schön zu zeigen, wie viel man gelernt hat* (MB 47).

[178] *Ich glaube das war, wo wir das erste Mal irgendwo vorgespielt haben in der Öffentlichkeit. Weil das ist was Besonderes beim ersten Mal. Ich finde, das ist ein Höhepunkt* (MB 48).

[179] *Es macht sehr viel Spaß. Es ist so ein freudiges, aber auch kribbeliges Gefühl. Es macht Spaß, mit allen zu singen, weil es macht einfach Spaß, aber es ist auch ein kribbeliges Gefühl, dass man Schmetterlinge im Bauch hat ...* (MB 62).

nach dem Vorspiel als persönliche Bestätigung hatten[180], blieben ihnen im Gedächtnis. Häufig fanden diese Veranstaltungen im Zusammenhang mit einem Schul-/Sportfest oder einer (Abschluss-)Feier statt, an denen gemeinsam musiziert wurde.[181] Die Einbeziehung musikalischer Vorträge war jedoch nicht das einzige, an das sich die Kinder erinnerten. Ein geschickt gewähltes Rahmenthema, in das die musikalischen Elemente eingebettet waren, konnte ebenfalls für anhaltende Motivation sorgen:

> *Wir haben mal in der Schule so eine Art Musical gespielt, aber das war so zwischen Geschichte und Musical, und da haben wir zwei Lieder singen müssen. Da war ich* [...] *ein Gespenst, und das war ganz aufregend, weil da alle ... da haben halt ganz viele zugeschaut.* [Kannst du dich noch an den Titel erinnern?] *Irgendetwas mit Gespenstern, es war auf jeden Fall eine Gespenstergeschichte* (MB 4).

Erfolgserlebnisse, seien sie durch das gemeinsame Spiel bei der Aufführung oder das Lob des Lehrers oder anderer Beteiligter entstanden, wirkten auf die Schüler/-innen äußerst motivierend und setzten neue Energien frei.[182] Das Klangergebnis musste dabei für die Kinder in keiner Weise meisterhaft sein; allein der Vortrag und die Beteiligung des Schülers waren entscheidend.[183] Insofern lässt sich durchaus eine Parallele zu Marianne Hasslers Untersuchung zur musikalischen Begabung ziehen, die für ihre Versuchspersonen feststellte:

---

180 *Da war mir ganz schön mulmig. Da kann man ganz schön viel falsch machen. Wie dann alle geklatscht haben, das war dann schon schön* (MB 19). – *Wie ich vor der Klasse vorgespielt habe, und dann alle gestaunt haben* (MB 60). – *Das war in der Abschlussfeier, da haben wir ein kleines Theater gemacht, und da durften wir mit Musikinstrumenten mitspielen* (MB 27).

181 *Wenn wir alle zusammen, wenn alle Klassen irgendwas singen, ist das am schönsten.* [...] *Ja, oder am Sportfest oder am Sommerfest* (MB 53). – *Eigentlich nur an den* [Höhepunkt erinnere ich mich], *wo wir vor der ganzen Schule gesungen haben.* [...] *Wir haben es aufgeführt, das war am Schulfest im Juni und jede Klasse hat das vorführen müssen, und da habe ich mit der Klasse was gemacht,* [...] *und im Chor haben wir dann gesungen* (MB 62).

182 Ein Erfolgserlebnis formulierte ein Schüler wie folgt: *Als meine Lehrerin gesagt hat, dass ich ganz gut singen kann* (MB 12).

183 Schüler verbinden mit dem Vorspiel durchaus den Anspruch, überzeugen zu wollen. Viele können den Leistungsstand ihres Instrumentalspiels gut beurteilen und sind sich bewusst, dass ein Instrument zuvor erlernt werden muss. Darüber hinaus wissen sie, dass sich bestimmte Instrumente in den Anfangsjahren für ein Vorspiel besonders eignen, andere weniger: *Wenn du noch nicht so lange spielst, da bist du für ein Dreivierteljahr schon gut, aber das hört sich halt noch so krächzig an. Also bei der Geige muss man so durchhalten* (MB 16).

> Kinder möchten gemeinsam musizieren, auch wenn das Ergebnis noch nicht perfekt ist. Die gemeinsame[n] Chor- und Orchestererlebnisse [... gehören] zu den wichtigsten positiven Erfahrungen.[184]

Für Grundschulkinder aber sind nicht allein Vorspielsituationen Höhepunkte im musikalischen Leben an einer Schule, zumal diese, auch wenn es wünschenswert wäre, nicht in jedem Schuljahr stattfinden. Wichtiger scheint für die Schüler die Motivation, die sie aus dem wöchentlichen Unterricht schöpfen, wenn er Anreize zum Instrumentalspiel bietet und Erfolgserlebnisse verschafft.[185] Vielen Kindern macht der Musikunterricht dann Spaß, wenn sie aktiv in Liedvermittlung und -begleitung einbezogen werden.[186]

Das Singen ist neben dem Spielen von Instrumenten ein zweiter zentraler Inhalt im Musikunterricht der Grundschule, der den Kindern einen Praxisbezug bringt und gemeinhin positiv beurteilt wird:

> *Ach, das war schön, weil der Herr* [...], *der hat uns immer singen lassen. Wir haben also eigentlich die ganze Zeit so gesungen und so. Das war schon schön. Wir haben auch manchmal mit Rasseln und so, also das so gemacht. Wir haben auch trotzdem viel gelernt. Das war halt schön, das war noch so gelassen, das war einfach ruhiger, das war witzig* (MB 16).

In vielen Klassen wird überhaupt nicht mehr gesungen, andernorts steht das Singen derart im Mittelpunkt, dass für weitere Lerninhalte im Fach Musik kaum noch Zeit bleibt.[187] Ob in der Grundschule mehr mit Liederbüchern oder mit Liedblättern gearbeitet wurde, war stark

---

184 Hassler: *Musikalische Begabung in der Pubertät*, S. 119.

185 Dieser Praxisbezug findet sich offensichtlich im Grundschulunterricht noch zu wenig: *In der Grundschule da haben wir ja nicht so viel selber musiziert, also immer nur so ein bisschen, und das finde ich eigentlich wichtig* (MB 8). – *... dass man vielleicht auch einmal ein Musikstück nicht nur mit Flöte begleitet, sondern dass jeder, fast jeder aus der Klasse ein Instrument spielt. Da waren nur einige Stücke dabei, die wir selber machen durften* (MB 33). – *... dass die Kinder auch diese vielen Musikinstrumente, wenn's ginge, selbst ausprobieren könnten* (MB 44). – *... dass die Schüler ausnutzen, viele Instrumente zu lernen* (MB 50).

186 Zu einem ähnlichen Ergebnis kommt M. Hassler, wenn auch sie erkennt: »Kinder wollen möglichst früh verschiedene Instrumente kennenlernen.« Hassler: *Musikalische Begabung in der Pubertät*, S. 119.

187 *In Musik spielen wir eigentlich nie, da singen wir bloß manchmal oder so. Da machen wir viel' Hefteinträge und da spielen wir eigentlich nicht* (MB 7). – [Was hat dir am meisten Spaß gemacht im Musikunterricht in der Schule?] *Singen, weil wir sonst nichts anderes gemacht haben* (MB 50).

von der Lehrkraft abhängig, wie sich in der Befragung zeigte[188]: Tendenziell lagen den Lernenden in der Grundschule meistens Fotokopien vor, die im Laufe des Schuljahres in Liedermappen gesammelt, in wenigen Fällen in Hefte eingeklebt wurden.[189] Bücher standen in Einzelfällen zur Verfügung[190], das Abschreiben von Tafelanschriften gehörte bisweilen ebenfalls zu den Aufgaben der Schüler.[191] In weiterführenden Schulen scheint die Arbeit mit Büchern in stärkerem Maße zuzunehmen.[192] Es gilt als sicher, dass dem Singen in der Grundschulpraxis eine besondere Bedeutung zukommt, da den Kindern an weiterführenden Schulen häufig nicht mehr ausreichend Gelegenheit zum Singen gegeben wird.[193]

Bei Heranwachsenden sind mit dem Singen resp. dem Liederlernen im Musikunterricht grundlegende entwicklungsbedingte Erfahrungen[194], gleichzeitig aber auch gegensätzliche Reaktionen verbunden.[195] Während das gemeinsame Singen in der Klasse oder zu einem

---

188 *Meine Lehrerin hat so 'nen Stapel Bücher, und da gibt's auch 'ne CD dazu* (MB 56). – *Also, das war eine Lehrerin, und die hieß Frau* [...], *und die hat halt immer nur die Liedblätter gemacht hintereinander* (MB 48). – *Mit Fotokopien. Wir haben da immer so Zettel gekriegt. Is' ja auch einfacher* (MB 28).

189 *Ja, zum Teil haben wir Kopien bekommen, also von Büchern raus. Und die haben wir dann, also wir haben einen Ordner gehabt, da haben wir Arbeitsblätter und so Kopien eingeheftet* (MB 31). – *Wir hatten ein Buch, aber da haben wir ja fast nie was draus gesungen. Das war nur so Nebenwerk. Wir hatten eher so Blätter bekommen und dann eingeklebt* (MB 52).

190 Vgl. dazu MB 24, 33, 35, 38, 44, 45.

191 *Wir haben's in der Grundschule eher von der Tafel abgeschrieben. Der hat uns immer etwas vorbereitet, in einer Freistunde, und dann mussten wir das einfach abschreiben* (MB 30).

192 *In der Grundschule* [haben wir] *mehr mit Liederblättern und in der fünften Klasse haben wir mehr mit Liederbuch gearbeitet* (MB 51).

193 Eine Schülerin berichtete retrospektiv von den Erfahrungen, die sie nach dem Übertritt an ihre neue Schule sammelte: *Das Singen* [hat mich am meisten beeindruckt], *weil jetzt singen wir überhaupt nicht mehr, und da haben wir auch immer lustige Lieder gesungen.* [...] *Und wenn die ganze Klasse singt, dann klingt es eigentlich ganz schön* (MB 51).

194 *Und wenn wir einzeln gesungen haben, haben wir gesehen, dass es auch ein bisschen schrill klingt* (MB 51).

195 In vielen Klassen müssen die Lieder nicht nur gesungen, sondern die Strophen auswendig vorgetragen werden. Diese Art von Lernen wird gegensätzlich aufgenommen. Negative Stimmen behaupten, dass *in der Schule, da lernt man halt meistens eigentlich nur Lieder auswendig* (MB 35). Befürwortende Stimmen betonen dagegen: *Das macht schon Spaß. Weil manchmal ist man ein bisschen gefordert, wenn man ein Lied lernen muss oder auswendig lernen muss. Wenn man das nicht hätte, wäre es blöd* (MB 33).

bestimmten Anlass[196] im Allgemeinen positiv beurteilt wird, wenn die Motivation nicht gerade an einer unpassenden Liedauswahl scheitert[197], stehen nur wenige Kinder dem solistischen Vorsingen, das viele Lehrer noch als Bewertungsmaßstab zur Notengebung heranziehen, positiv gegenüber.[198] Diese bezeichneten die Situation, in der sie sich beim solistischen Vortrag befanden, als »peinlich«[199] und verbanden damit in höchstem Maße negative Eindrücke. Bei vielen Erwachsenen sind Situationen aus ihrer Grundschulzeit in ähnlicher Weise lebendig, auch noch Jahre später.[200] Erfahrungen, die in dieser Phase gemacht wurden, registrierten die Kinder als »besonderes« (negatives) Erlebnis.[201] Es ist zu befürchten, dass emotional verortete Schlüsselsituationen dieser Art prägend und damit verantwortlich sind für die negative Einstellung zu Schule und Musik in der Folgezeit:

> *Ja, also der Herr* [...], *das war mein alter Musiklehrer, und der hat immer vorsingen lassen. Und da hab' ich immer gehofft, dass ich nicht dran komme, weil ich da sehr scheu war davor. Und dann hat er mich halt einmal drangenommen, und es ist alles schief gegangen* (MB 31).

---

196 *So richtig erinnern tu ich mich eigentlich nur an unsere Hausmusik-Abende.* [...] *Das war in der zweiten Klasse, bei so 'nem Hausmusikabend, wo wir vorgesungen haben* (MB 57, vgl. auch MB 55, 56).

197 *Also,* [...] *wir haben da vorsingen müssen, und das hat mir eigentlich gut gefallen, weil ich gut singen kann. Aber es gab auch welche in unserer Klasse, die haben halt voll den* [...] *gemacht, wenn wir gesungen haben. Dann haben die immer »Schmarren« gemacht und so, weil wir hatten eine Lehrerin, und die hat eher Babylieder mit uns gesungen. Und dann haben die das halt immer so komisch gesungen* (MB 4).

198 *Mir gefällt das recht gut, wenn wir uns vorne hinstellen müssen und was vorsingen müssen* (MB 22). – *Ich hab' mich schon auch verbessert, vom Singen her. Ja, auf jeden Fall* (MB 38).

199 *Was ich nicht mochte, war, wenn man allein vor der Klasse vorsingen musste, das war dann irgendwie immer peinlich* (MB 26).

200 Vgl. dazu auch die Einschätzung aus der Untersuchung von Graml & Reckziegel aus dem Jahre 1982. Scheinbar hat sich bzgl. des Vorsingens seit dieser Zeit wenig geändert: »Aus unseren Ergebnissen [...] geht klar hervor, daß das Vorsingenmüssen die mit Abstand schlimmste Erinnerung an den Musikunterricht ist, deshalb von mehr als 80 % der Eltern abgelehnt wird, und daß für schlechte Sänger die (vorauszusehende) Blamage und Demütigung vor der Klasse geradezu zum ›traumatischen Erlebnis‹ werden kann.« Graml & Reckziegel: *Die Einstellung zur Musik und zum Musikunterricht*, S. 234. – Siehe auch Adam Kormann: »Die Angst vor dem Vorsingen«, S. 64–78.

201 *Besondere Erlebnisse hatte ich bis jetzt erst eins, und so besonders war es für mich nicht. Ich habe einmal ein Lied* [...] *ganz alleine vorsingen müssen und das war nicht so gut. Weil vorsingen tue ich nicht so gerne, weil ich denke, ich blamiere mich ein bisschen, und ich bin immer so schüchtern dann* (MB 62).

Die Scheu, allein vorzusingen, ist geschlechtsunabhängig, wenngleich eingeräumt werden muss, dass viele Mädchen in der Pubertät noch eine weit größere Hemmschwelle aufbauen als die gleichaltrigen Jungen:[202]

> *Vorsingen zum Beispiel, das war immer ziemlich peinlich. Unsere Lehrer haben uns da Noten drauf gegeben, und da hat man dann schon Lampenfieber gehabt, wenn man dann vorsingen musste vor den Jungen und so ...* (MB 42).

Bei der Einbeziehung aller Schülerantworten tritt zu Tage, dass es sicher geeignetere Lerninhalte im Fach Musik gibt, um die Leistung der Schüler/-innen zu bewerten, als das Vorsingen. Obwohl dieses in der Praxis weitgehend von den Lehrkräften noch als Bewertungsmaßstab herangezogen wird, ist es nur in sehr seltenen Fällen ein geeigneter Weg, eine Motivation herbeizuführen oder den Schülern mit ihren umfassenden Neigungen ein gerechtes Zeugnis auszustellen. Trotzdem bleibt das Singen für eine Reihe von Kindern sehr wichtig und steht im Mittelpunkt ihres musikalischen Interesses in der Schule. Sie mögen ein vertretbares Maß an Aufregung, ein *kribbeliges Gefühl, dass man Schmetterlinge im Bauch* hat (MB 62), und haben ein Gespür für ihre Fähigkeiten und ihren Fortschritt, wie aus der folgenden Antwort erkennbar: *Der Musikunterricht hat mich gesteigert, weil ich halt jetzt besser singen kann* (MB 57). Resümierend muss herausgestellt werden, dass die aktive musikalische Betätigung beim Singen auf die Kinder einen ebenso positiven Einfluss hat wie das Spiel auf Instrumenten oder das Tanzen.[203] Grundschüler/-innen wollen sich in der Schule aktiv mit Musik auseinandersetzen und dabei gefördert und gefordert werden:[204]

---

202 Diesen Sachverhalt, der sich bei der Einstellung zum Vorsingen bemerkbar macht, bestätigt M. Hassler für kreative musikalische Aktivitäten. Nach ihren Erkenntnissen sind die »ansteigenden Geschlechtshormonspiegel und ihr möglicher Einfluß auf Veränderungen der musikalischen Produktivität kein lineares Geschehen. [...] Frauen erreichen ein für kreative musikalische Produktion günstiges hormonelles Muster später als Männer. Insofern brauchen sie eine stärkere Zuwendung, Ermutigung und Unterstützung, weil viele ihrem eigenen Potenzial nicht trauen.« Vgl. Hassler: *Musikalische Begabung in der Pubertät*, S. 118.

203 Zum Singen (neuer) Lieder vgl. MB 6, 12, 15, 38, 53, 58. – Zum Singen und Spielen auf Instrumenten resp. Begleiten von Liedern vgl. MB 2, 15. – Besonders Schülerinnen begeistern sich für das Tanzen resp. im weitesten Sinne für Musik und Bewegung: *Wo wir vorgetanzt haben, das war echt cool* (MB 26).

204 Diesen Wunsch formulieren einige Schüler expressis verbis: *Also, das Flöten fand ich recht gut, weil da war ich ... Da wurde ich besonders gefördert. Das fand ich nicht*

Einmal hat jeder ein Instrument gekriegt. Und da hat jeder einen Text dazu lernen müssen, und das haben wir dann zusammen gespielt. Das war dann ganz schön. Da haben wir lange gebraucht, bis wir das gekonnt haben (MB 22).

Viele Kinder empfinden es auch als angenehm, wenn sie sich z. B. im »erweiterten Musikunterricht« über das Pflichtstundenmaß hinaus mit Musik beschäftigen. Ein Schüler berichtete voller Stolz:

Wir hatten da dreimal pro Woche Musik, also in der dritten [Klasse]. *In der ersten hatten wir einmal, in der zweiten auch einmal, in der dritten und der vierten hatten wir jeweils drei Stunden. Da hatten wir einen anderen Musiklehrer, unseren Direktor, der war nämlich Musiklehrer. Der wollte, dass unsere Schule mehr Musik fördert. Ja und dann haben wir auch richtige Proben geschrieben, also fast so wie im Gymnasium* (MB 30).

Für den Fall, dass sich im Regelunterricht ihre Erwartungen nicht erfüllten, gaben sich die Kinder enttäuscht, fühlten sich unterfordert, und der Musikunterricht machte ihnen keinen Spaß mehr. Die folgende Antwort einer Schülerin war in der Befragung keine Einzelreaktion:

Wir hätten [in Musik] *gleich einen Ordner nehmen können, weil wir ein Heft gehabt hatten, wo wir immer nur was reingeklebt haben. Und wir mussten manchmal was vorsingen, aber es war eigentlich nichts im Vergleich* [zu dem], *was wir jetzt haben. Es war eigentlich so was von Baby ...* (MB 52).

Zu viele Pädagoginnen und Pädagogen scheinen im Musikunterricht vorwiegend theoretische Inhalte zu bevorzugen.[205] Eine übermäßige Beschäftigung mit Theorie allerdings entbehrt für viele Kinder nicht nur jeglichen Zusammenhang mit Musik[206], sondern diese Inhalte

---

so langweilig (MB 30). – *Weil manchmal ist man ein bisschen gefordert, wenn man ein Lied lernen muss oder auswendig lernen muss. Wenn man das nicht hätte, wäre es blöd* (MB 33). – *... dann werde ich halt von der Aufregung her gefordert, und das ist dann also ganz gut* (MB 31).

205 *Manchmal machen wir auch andere Sachen. Also da machen wir nicht immer Musik, und wenn wir es machen, dann nehmen wir so die Noten durch oder machen so einen Dreivierteltakt oder Achteltakt oder so* (MB 45).

206 *Notenlernen ist langweilig* (MB 56). – *Für mich war vor allem das Singen wichtig, ja, und für die Schule vielleicht die Takte oder so* (MB 57). Vgl. dazu auch Ulrike Wingenbach: »Die liebe Not mit Noten – oder: Warum wird die Taste schwarz, wenn der Ton heller wird? Ein Beitrag zum besseren Verständnis für die Schwierigkeiten mit der Vermittlung der traditionellen Notation im Musikunterricht«, in: Kreutz & Bähr, *Anstöße – Musikalische Bildung fordern und fördern*, 2004, S. 199–213.

werden sogar von vielen kategorisch abgelehnt. Es fehlt ihnen dazu der Erfahrungshorizont, der ihnen allein in der praktischen Auseinandersetzung mit Musik eröffnet werden könnte. Einen »musikalischen Höhepunkt« leiteten sie in den Interviews offensichtlich nur dann aus ihrem Unterricht ab, wenn sie darin konkrete Praxiserfahrungen gesammelt hatten. Insgesamt war auffällig, dass ein Großteil der Kinder keinerlei »Glanzlichter« hatte erfahren dürfen; denn sie waren nicht in der Lage, sich in der mündlichen Befragung an ein derartiges Erlebnis aus ihrer Grundschulzeit zu erinnern.[207] Die Frage nach »besonderen Erlebnissen« wurde ähnlich beantwortet, jedoch benannte eine Schülerin den häufigen Stundenausfall als Ursache, warum das Fach Musik für sie derart erlebnisarm geblieben ist.[208] Dieser Sachverhalt ließ sich des Öfteren bestätigen[209], und es ist davon auszugehen, dass der Musikunterricht in der Praxis weit öfter ausfällt, als dies von Seiten der Verantwortlichen bestätigt wird resp. als dies für eine Schulbehörde vertretbar ist.[210] Es muss allerdings eingeräumt werden, dass musikalische Inhalte auch von der Einbeziehung in einen interdisziplinären Kontext leben, der durch das Wechselspiel mit anderen Fächern in der Grundschule entsteht. Im Idealfall sind musikalische Eindrücke über den Unterrichtstag verteilt, lassen sich somit aber weniger dokumentieren, als wenn eine konsequente Aufteilung des Fachunterrichts nach Stundenplan eingehalten würde. Der Grund »Unterrichtsausfall«, der von einigen Schülern für mangelnde musikalische Erfahrungen angeführt wird, bleibt jedenfalls nachvollziehbar. Denn nur, wenn in der Grundschule tatsächlich musiziert wird, können die Schüler von diesen Erlebnissen aus erster Hand berichten. Den organisatorischen Rahmenbedingungen soll jedoch an dieser Stelle nicht nachgegangen werden; sie wurden bereits in Ausschnitten bei der Besprechung des

---

207 Die Frage nach einem »musikalischen Höhepunkt« ergab bei einigen Schülern folgende Antworten: *Keinen* (MB 5, 50). – *Ich kann mich an keinen erinnern* (MB 7). – *An gar keinen* (MB 13). – *Eigentlich an keinen* (MB 14, 63). – *Da weiß ich jetzt eigentlich gar nichts* (MB 15, 58, 61). – *Weiß ich jetzt nichts* (MB 19). – *Nein, das war nichts* (MB 24).

208 *Eigentlich keine* [Erlebnisse], *weil wir fast nie Musik machen* (MB 47).

209 Auf die Frage, ob der Musikunterricht einstündig oder mehrstündig an einem Tag stattfand, antwortete ein Schüler: *Einstündig. Ich weiß es nicht auswendig. Ich habe eigentlich schon lange kein Musik mehr gehabt, weil wir immer was anderes gemacht haben.* [Wann war die letzte Stunde?] *Weiß ich nicht mehr ...* (MB 46).

210 Auf quantitative Angaben der Staatsministerien wird an dieser Stelle verzichtet, da diese Zahlen auf Spekulation beruhen. Zum Anteil der fachgerecht erteilten Musik-Unterrichtsstunden vgl. die Einschätzung des Verbandes deutscher Schulmusiker e. V. in Kap. I. 2.5 Programmatik vs. Schulwirklichkeit.

»Musiklebens und -erlebens« im vorangegangenen Kapitel thematisiert. Vielmehr werden die inhaltlichen Belange des Musikunterrichts, an denen die Schüler/-innen weit stärker interessiert sind, aufgezeigt, stets unter der Voraussetzung, dass der Unterricht an den Schulen planmäßig stattfand.

Einen überragenden Stellenwert nahm neben dem aktiven Singen, Musizieren und Tanzen das Interesse für Komponisten und deren Leben ein:

> *Komponisten interessieren mich schon am meisten,* [...] *obwohl es eigentlich so viel nicht mit Musik zu tun hat.* [...] *Es ist eigentlich mehr so wie Geschichte, aber trotzdem gehört es zu Musik. Aber das gefällt mir am besten, die Komponisten, weil da werden dann immer so Geschichten aufgelegt. Da hören wir fast die ganze Stunde immer nur so Geschichten an, was genau mit denen passiert ist, und dann hören wir auch manchmal, wie der jetzt z. B. gerade Klavier spielt oder Geige spielt, was er halt gerade gespielt hat. Und das ist halt immer recht schön* (MB 29).

Ein historischer Rückblick schien die Kinder in besonderer Weise zu fesseln. Sie verlangten danach, Komponisten kennenzulernen[211], Geschichten zu hören[212], die sich um die überlieferten Werke rankten[213], interessierten sich für die Art der Kompositionen, wie diese klingen[214], und waren aufgeschlossen, kindgerechte Zusammenhänge zwischen dem Werk und seiner Genese zu erschließen.[215] Einen anderen Schwerpunkt räumten die Kinder dem Kennenlernen von Instrumen-

---

211 Vgl. dazu MB 7, 19, 28, 36.

212 *Besonders die Geschichten haben mir gefallen über'n Mozart und was der alles gemacht hat* (MB 3). – Aber es hängt in hohem Maße auch von der Aufbereitung der Lehrererzählung ab: *Von diesen Streichinstrumenten, das weiß ich ja eh, aber wenn wir so Geschichten machen über das Leben, das brauch' ich jetzt eigentlich nicht so. Das hab' ich jetzt nicht mehr so. Das ist nicht so wichtig. Das brauchen wir gar nicht mehr* (MB 16).

213 *... die vielen Instrumente, die schönen Lieder und die ganzen Komponisationen* [!] (MB 44). – *... dass man Werke besprochen hätte* [...], *Stücke besprechen, wer die gemacht hat, warum man die gemacht hat und wie Mozart oder Beethoven oder Bach einfach mal die Person ... die Personen, Personalien also auch 'mal, woher dass sie gekommen sind, wo die gewohnt haben* (MB 1).

214 *Ja, wenn ich über manche Stücke, die mir gefallen, mehr lerne, das find' ich schon gut* (MB 56). Vgl. dazu auch MB 10, 11.

215 *Mich interessiert halt, ... wie die früher halt gespielt haben und so* (MB 3). – *, ... wer das geschrieben hat und wie das dann populär war* (MB 1). Vgl. dazu auch MB 5, 31, 41, 62.

ten im weitesten Sinne ein[216], wozu in der Grundschule üblicherweise elementare Erfahrungen mit Schlaginstrumentarium (Xylophon, Metallophon, Glockenspiel) und Flöte zählten.[217] Dies betraf alle Kinder der Regelklassen, nicht nur diejenigen, die sich bereits im Privatunterricht mit ihrem eigenen Instrument aktiv auseinandersetzten und ein Spezialistenwissen an den Tag legten:

> *Wie die Tonerzeugung entsteht, das haben wir jetzt auch in Musik gelernt. Z. B. bei der Flöte, dass sich dann ein gebündelter Luftstrom in der Schnittkante bricht und dass dann die Luft so ins Schwingen gerät und so. Und dass bei der Geige mit einem Harz die Bogenhaare gerade werden ... Das ist schon interessant! Weil wenn du ein Instrument spielst und gar nichts darüber weißt, wie jetzt der Ton entsteht und wie jetzt die Teile heißen, das ist nicht so gut. Da kennst du dich ja nicht aus. Es ist schon wichtig, dass man ein bisschen was weiß* (MB 16).

Viele Kinder, die am Nachmittag auf einem Instrument übten, konnten in den meisten Fällen mit einem Wissen im Bereich Instrumentenkunde aufwarten, das sie von ihrem Instrumentallehrer erworben hatten. Diese Kenntnisse blieben für die Mitschüler/-innen in vielen Klassen ungenutzt, obwohl sie durchaus interessant gewesen wären. Auch hätten die unter den Kindern verbreiteten »mythos-ähnlichen« Eindrücke und Erzählungen, die sich um die Spielweise verschiedener Instrumente rankten[218], in das rechte Licht gerückt werden können.

---

216 *Besonders interessiert mich, [...] wie ein Musikinstrument eigentlich gebaut ist, ... dass das irgendwas machen kann, z. B. bei der Geige, wenn man jetzt mit dem Bogen drüber streicht, wie dann der Ton rauskommt* (MB 52). – *Eigentlich alles, also vor allem Lieder und Instrumente, wie man mit denen umgeht und so* (MB 25). – *Instrumente wie Xylophon und Schlagzeug* (MB 60). Vgl. dazu auch MB 17, 39, 61.

217 *In der Praxis wird den Kindern häufig erst viel zu spät ermöglicht, Erfahrungen in Klang und Spieltechnik auf diesen Instrumenten zu sammeln. In der 1./2. Klasse hat meine Lehrerin immer mit Keyboard die Lieder gespielt und wir haben dann dazu gesungen. Das hat richtig schön geklungen. [...] Und jetzt in der vierten Klasse hat uns meine Lehrerin versprochen, dass wir mal in den Orff-Raum gehen, und da die ganzen Instrumente kennenlernen* (MB 56).

218 Schüler gelangen manchmal zu irrationalen Vorstellungen bzgl. der Spielweise von Instrumenten, die vielfach durch das Fehlen primärer Erfahrungen zustande kommen. Beispiel: Bei der Gitarre *da muss man die Finger auch ein bisschen weiter ausstrecken, und dann kann ich meine Hände auch ein bisschen vergrößern* (MB 35). – *Also, ich war schon mal zwei Stunden in einem Orchester von »La Musica«, und da hat eine Klarinettenspielerin voll ernst geguckt, wenn sie Klarinette gespielt hat. Und ich glaub' schon, dass das anstrengend ist, so zwei Stunden eine Querflöte zu halten* [!] ... *Das schaff ja ich gerade mal eine Stunde* (MB 54). – *Welche Noten es*

Unmittelbar in Zusammenhang mit diesem Lernziel steht auch das Interesse für den Aufbau und den Klang eines Orchesters, den sich einige Lernende als Unterrichtsgegenstand vorstellen konnten.[219] Darüber hinaus gefiel ihnen die Auseinandersetzung mit den verschiedenen Musikstilen und -richtungen (MB 40, 49). Die Kinder schließlich, die musiktheoretische Lerninhalte mochten, genossen ohnehin Privatunterricht auf ihrem Instrument oder hatten zusätzlich Flötenunterricht in der Schule.[220] Für sie war die »Notengrammatik«, wie es ein Schüler treffend bezeichnete (MB 36), eine notwendige Ergänzung zu ihrem bereits vorhandenen Wissen, das sie sofort – und daher motivationsunabhängig – gezielt einsetzten.[221] Es ist bemerkenswert, dass die Kinder in ihren Antworten ein breites inhaltliches Spektrum ihres Interesses zu erkennen gaben, das jedoch an vielen Schulen allzu schmal abgehandelt wurde. Viele Probanden hatten von ihrem Musikunterricht den Eindruck, dass dieser nach einem festen Schema ablief und ihre Anregungen zudem nicht zur Kenntnis genommen wurden. Die Konsequenz war eine Unterforderung der Schüler/-innen und das Entstehen von Leerlauf im Unterricht durch Langeweile.[222] Dieser Sachverhalt wirft die Frage auf, welche Themen in Musik konkret abgehandelt wurden. Möglicherweise lassen sich aus der Kenntnis dieser Inhalte Anhaltspunkte für einen gelingenden Unterricht ableiten, dem Schüler gerne folgen, da er sie interessiert.

---

sind am Xylophon und wie man die Schlägel besser hält. So Lüftung von der Hand haben wir da noch gelernt, und das war's (MB 62).

219 *Dass man lernt, [...] wie die einzelnen Instrumente heißen und wie man die spielt und wie viele das da ungefähr in den verschiedenen Gruppen sind* (MB 9). Vgl. dazu auch MB 33.

220 Arbeitsgemeinschaften dieser Art genießen die Kinder durchaus: *Ich gehe jetzt auf eine andere Schule. Da werde ich den Flötenunterricht schon vermissen, das war nämlich eine schöne Zeit* (MB 47).

221 *Die Viertel und die Achtel und so weiter, die Noten, wie lange sie dauern und wie sie heißen und so. Bei der Sopran- und bei der Altblockflöte sind ja unterschiedliche Noten, da muss man immer gescheit aufpassen, wenn man spielt* (MB 47). – *Also, interessieren tut mich die Theorie also auch und die ganzen Sachen und die Noten* (MB 4). – *Die Noten sollte man können, find' ich. Ja, gut singen und das ganze, Notengrammatik, was man für Musik so braucht* (MB 36). Vgl. dazu auch MB 13, 18, 59.

222 *Und deswegen war es dann auch langweilig für mich. Weil wir eigentlich nur oberflächlich geredet haben, und das hat mir nichts gebracht* (MB 31). – *Frau* [... sagt] *immer irgend etwas* [...], *was ich schon weiß, und das wiederholt sie dann zehn-, fünfzehn Mal. Das wird dann richtig langweilig* (MB 34). – *Manchmal schon, weil es einfach* [ein] *bisschen langweilig war. Da hab' ich mir immer gedacht, in der Zeit hätte man eigentlich auch was anderes machen können* (MB 39). – *Ja sehr* [langweilig], *weil ich oft nicht spielen durfte, nur weil ich es schon besser kann* (MB 60).

Komponisten wurden in den Musikstunden der befragten Vpn erwartungsgemäß besprochen, in einigen Klassen sehr ausführlich, in anderen Fällen knapp und auf wenige Beispiele beschränkt. Bekannt und beliebt unter ihnen waren vornehmlich die Meister der Wiener Klassik, Wolfgang Amadeus Mozart (1756–1791), Joseph Haydn (1732–1909) und Ludwig van Beethoven (1770–1827). Johann Sebastian Bach (1685–1750), Georg Friedrich Händel (1685–1759), Franz Schubert (1797–1828) und Robert Schumann (1810–1856) traten bei den Nennungen als bekannte Komponistenpersönlichkeiten ebenso hinzu wie Bedřich Smetana (1824–1884), Antonio Vivaldi (1678–1741) und in Ausnahmefällen Christoph Willibald Gluck (1714–1787), Carl Maria von Weber (1786–1826) und Sergej Prokofjew (1891–1953).[223] Die Kinder beschränkten sich bei ihren Antworten auf die Nennung von zwei Komponisten, von denen sie stets nur die Nachnamen kannten. Darüber hinaus wies die Antwort eines Schülers *J. S. Bach, W. A. Mozart, Jürgen Hochweber, der macht Gitarrenstücke* (MB 33) auf die Tatsache hin, dass die Kenntnis vieler Komponisten und Arrangeure nicht dem schulischen Musikunterricht entstammte, sondern dass einige Probanden ihre Angaben aus dem Privatunterricht ableiteten. Insgesamt war es W. A. Mozart, der den Kindern am vertrautesten war, da er scheinbar am häufigsten besprochen wurde. In der Regel galt ihm die erste Nennung auf die Frage nach bekannten Komponisten (MB 8, 15, 18, 39, 40 u. a.), bei einigen war »Mozart« sogar die einzige Nennung (MB 20, 21, 31). Insgesamt wurde die Besprechung von Komponisten in einigen Klassen sehr einfühlsam vorbereitet, auch unter Beteiligung neuer Medien:

> *Wir schauen auch manchmal Filme an von Opern, und da sehen wir halt auch, wie ein Instrument aufgebaut ist oder wie die komponieren, wie z. B. Mozart, wie er das gemacht hat oder auch, wie Bach gelebt hat* (MB 51).

Ein Unterricht, der Filmmaterial einbezieht, kann vielseitig sein und den Kindern Komponist und Werk – wenn auch nicht in originaler Begegnung, so doch aus »zweiter Hand« – adäquat näher bringen. Auffällig war bei der Befragung, dass viele Kinder – befragt nach den Komponisten – nur eine ungenaue oder keine passende Antwort parat

[223] Einzelne Nennungen: Johannes Brahms (1833–1897) (MB 32), Carl Orff (1895–1982) (MB 42), Peter Tschaikowsky (1840–1893) (MB 41), Andrew Lloyd Webber (* 1948) (MB 34).

hatten[224], wenn es ihnen überhaupt gelang, einen oder zwei Namen zu nennen[225]. In Einzelfällen erweckte die Reaktion stärker den Eindruck, als sei sie ein Beitrag zu einem Ratespiel als eine Antwort auf eine sachliche Frage.[226] Für einige Kinder gehörten die Komponisten allerdings nicht mehr zur persönlichen Lebenswelt; mit ihren aktuellen Hits aus den Charts fühlten sie sich um ein Vielfaches stärker verbunden. Dass ein Grundschüler die Frage nach einigen großen Komponisten trotzdem mit »Mozart, dann die Shakira«[227] beantwortete (MB 23), mag im ersten Moment schon ein wenig verblüffen, gibt aber bei näherer Reflexion die musikalischen Vorlieben aus der Schülerperspektive zu erkennen, die wenig oder gar nicht nach den musikalischen Stilen der Erwachsenenwelt strukturiert waren. An diesem Beispiel kann recht gut nachvollzogen werden, in welchen Denkschemata die Beantwortung bei Kindern abläuft. Ihre Gedankengänge liegen weitab von denen der Erwachsenen; sie stellen neue Zusammenhänge her und leiten diese aus bereits vernommenen oder verwandten Fragestellungen ab.

Auf die Frage nach großen Musikwerken ergab sich ein ähnliches Bild wie bei der Komponistenfrage. Allein der Terminus »Musikwerk« gab einigen Kindern bereits ein Rätsel auf. Ausdrücke wie »Geschichten« oder »Märchen« mit Musik, mit denen sie die Werke des Musiktheaters im weitesten Sinne bezeichneten, waren ihnen wesentlich geläufiger.[228] Gleichzeitig trat zu Tage, dass in der Grundschule der Lernbereich »Musikhören« vielerorts ausgespart blieb, obwohl er ein fester Bestandteil des amtlichen Lehrplans für Grundschulen bilde-

---

224 *Mozart, wie heißt der andere, Beethoven und der andere fällt mir jetzt nicht ein* (MB 3). – *Beethoven, dann einer aus Berlin auch, dann Mozart* (MB 38). – *Wolfgang Amadeus Mozart, Ludwig van Beethoven, Franz-Josef* [!] *Strauß. Der hat den Walzer erfunden, mehr weiß ich jetzt nicht* (MB 62). – *Also Komponisten haben wir zwei gemacht, und viele Lieder machen wir, aber langweilige* (MB 7).

225 *Ich weiß jetzt nicht, wie sie heißen, aber mir fällt jetzt auch keiner ein* (MB 47). – *Da fällt mir keiner ein* (MB 19, 45). – Keine Nennung (MB 1, 4, 11).

226 *Mozart, Johannes Sebastian Bach, Shakespeare... Da fallen mir jetzt auch keine mehr ein* (MB 2).

227 Zu Shakira vgl. Musikmarkt © – Single Top 100 v. 24.02.2003. Ihr Titel »Objection« (Tango) war in dieser Woche verzeichnet auf Rang Nr. 51. Die 100 Titel mit der größten Verbrauchernachfrage wurden ermittelt durch media control (Baden-Baden), im Auftrag des Bundesverbandes der Phonographischen Wirtschaft e. V.

228 Vgl. dazu z. B. die »Geschichte von der Zauberflöte« (MB 17) oder das »Märchen vom Freischütz« (MB 55).

te.[229] Es existierte allenfalls ein enger Kreis von Werken, die immer wieder recht gerne in den Klassen besprochen wurden: Dazu gehörten W. A. Mozarts Oper »Die Zauberflöte« (KV 620), seine »Kleine Nachtmusik G-Dur« (KV 525), S. Prokofjews symphonisches Märchen »Peter und der Wolf«, op. 67, B. Smetanas Zyklus »Mein Vaterland« (daraus insbesondere der zweite Teil »Die Moldau«), J. Haydns Oratorium »Die Jahreszeiten« mit den »Vier Jahreszeiten« A. Vivaldis als gleichnamiges Pendant sowie C. M. von Webers romantische Oper »Der Freischütz«, op. 77. Als populäre Gattung wurde ebenfalls das Musical von den Kindern sehr gut angenommen: Sie kannten Andrew Lloyd Webbers »Phantom der Oper«, »Cats«, »Tanz der Vampire«.[230] Die erfolgreiche Verbreitung der Aufführungen und die Auskopplung verschiedener Stücke in Form von Klavierstimmen o. ä. machten die Werke auch unter den Grundschülern bekannt:

> *Ich wollte eigentlich in diese Musikstücke an meinem Geburtstag gehen, und dann hat mir meine Mama und Papa die Eintrittskarten für »Cats« gekauft. Weil ich hab' oft gehört, dass »Phantom der Oper« und »Tanz der Vampire« soll so schön sein und »Cats« auch* (MB 34).

Über die genannten Kompositionen hinaus waren Schülerkenntnisse nur vereinzelt vorhanden[231], und die Zuordnung der Komponisten zu den Werken gelang in der vierten Jahrgangsstufe nicht immer.[232] Eine originale Begegnung mit den Werken, sei es in Form eines Konzert-, Theater- oder Opernbesuches fand nur in Ausnahmefällen statt, ebenso wenig eine Vor- und Nachbereitung der Veranstaltung.[233] Auch

---

229 Dass Musik in der Schule selten gehört wurde, bestätigten viele Antworten: *Also ich würde jetzt auf jeden Fall die Kinder öfters Musik hören lassen* (MB 22). – *In Musik haben wir keine Musik angehört, bloß in Englisch haben wir manchmal so Lieder gesungen. Da hat unsere Lehrerin eine Kassette dazu gehabt* (MB 47).

230 Vgl. dazu MB 33, 34.

231 Folgende Werke wurden ebenfalls in einzelnen Interviewpassagen genannt: L. v. Beethovens 5. Symphonie op. 67 und die 9. Symphonie op. 125 (daraus besonders Friedrich Schillers Ode »An die Freude«), Georges Bizets Opéra en quattre actes »Carmen«, Edvard Griegs »Peer Gynt-Suiten Nr. 1 & Nr. 2« op. 46, 55 (daraus besonders »In der Halle des Bergkönigs«), W. A. Mozarts Opera buffa »Die Hochzeit des Figaro« (KV 492), sein Singspiel »Die Entführung aus dem Serail« (KV 384), Peter Tschaikowskys Märchenballett »Der Nussknacker« op. 71 (daraus besonders »Die Zuckerfee und der Prinz«).

232 *So gut kenne ich mich da noch nicht aus. Das dauert noch ein bisschen* (MB 48).

233 Ein Schüler gab in der Befragung diesen Aspekt zur Ausweitung seiner musikalischen Erfahrungen zu bedenken: *Also, ich würde nicht nur im Klassenzimmer sein, sondern auch mal organisieren, auch mal in ein Konzert zu gehen* (MB 35).

Orchestermusiker besuchten nur in äußerst seltenen Fällen die Klassen.[234] In den Fällen, in denen es erfreulicherweise zu einem Kontakt zu außerschulischen musikalischen Einrichtungen kam, hatten die Kinder Gelegenheit, unbekannte Stimmen und Instrumente auf sich wirken zu lassen[235] und Erfahrungen in der Rezeption von Musik zu sammeln, eine Aktivität, der viele in ihrer Freizeit nicht mehr bewusst nachgehen.[236] Eine erweiterte Werk- und Namenskenntnis rührte im Übrigen bei den befragten Fünftklässlern allein von der höheren Jahrgangsstufe her.[237] Insgesamt war aber trotzdem auffällig, dass selbst von den Instrumentalisten unter ihnen wenige bekannte Werke genannt wurden. Im Privatunterricht wurde scheinbar vieles gespielt, ohne dass es mit zusätzlichen Informationen zu Komponist und Werk im Unterricht zur Diskussion gestanden hätte. Das »Interessiert-Sein« der Kinder war daher vielfach bereits erschöpft, wenn ihr Interesse noch gar nicht geweckt war: *Ich kenn jetzt schon die Melodie, aber die Namen merke ich mir jetzt nicht so. Ich weiß bloß, dass Beethoven und Mozart viele Stücke gemacht haben* (MB 16). Die oben genannten Werke gehörten in vielen Klassen zwar zum Unterricht und wurden dort besprochen, ein Großteil kannte die Aufnahmen jedoch nur aus seiner Freizeit. Die Kinder besaßen eigene CDs, von denen sie die Werke abspielten[238]; einige Kinder liebten das Anhören von Hörspielkassetten, auf denen ebenfalls von den Komponisten und deren Werke berichtet wurde. Bei Kindern, die in ihrer Freizeit Klavier lernten, beinhaltete die Antwort auf die Frage nach großen Werken auch Stücke aus ihrem Klavierrepertoire, das einzelne Bearbeitungen aus größeren Kompositionen enthielt und das sie sich in ihrer Freizeit erarbeitet

---

[234] Wenn dies der Fall war, so handelte es sich um einen Kontakt mit der ortsansässigen Blaskapelle (MB 49, 56, 57), einem Lehrer aus der benachbarten Musikschule (MB 36, 44) oder dem privaten Geigenlehrer einer Schülerin der Klasse (MB 53).

[235] Eine Schülerin gab folgendes Beispiel für einen Theater- resp. Opernbesuch: *Theater macht einfach Spaß, da zuzugucken. Beim Theater, wenn die das da vorne spielen, das ist einfach schön. Oper ist ja auch schön zuzugucken, aber wenn die so hoch singen, da versteht man fast nie was* (MB 49).

[236] Ein Schüler berichtete von seiner Erfahrung als Besucher in einem Konzert: *Also, im Orchester, da spielt man halt für Zuschauer, und da muss man auch auf den Dirigenten aufpassen* (MB 35).

[237] *Naja, die haben wir jetzt eigentlich erst in der 5. Klasse gelernt ... das über Mozart und so. Aber wir haben vorher halt noch über Haydn gesprochen in der dritten Klasse, mit der Nationalhymne im Zusammenhang* (MB 13).

[238] *Meine Mutter hat uns die* [Zauberflöte] *mal auf CD gekauft, weil sie die so toll fand* (MB 40).

hatten.[239] Eine Reihe von Probanden konnte überraschender Weise keine Werke benennen[240], andere Antworten waren wiederum so ungenau, dass die Konturen der Werkbezeichnungen bisweilen noch stärker verschwammen als bei der Frage nach berühmten Komponisten.[241] Nicht vorhandene Werkkenntnisse waren bis hin zu folgender unbefriedigenden Antwort zu verfolgen: *Also die Musikstücke hab' ich mir nicht merken können* (MB 19). Es kann nachträglich nicht geklärt werden, ob diese Unkenntnis von mangelnder Unterweisung im Musikunterricht oder von der fehlenden Aufmerksamkeit des Schülers herrührt. Entscheidend ist, dass ein derartiges Ergebnis für das Ende der Grundschulzeit mehr als spärlich ist. Eine mangelnde Auseinandersetzung mit Musikwerken betrifft jedoch nicht allein die Grundschule und ihr Umfeld. Viele Kinder gehen nicht mit »offenen Augen« durch die Straßen, Plakate oder andere optische Formen der Ankündigung von Konzerten bleiben ihnen ebenso verborgen wie aktuelle Benachrichtigungen der Radiosender. Die Eltern scheinen diese Form des »Aufmerksam-Machens« ihrer Kinder anderen Stellen zu überlassen, zu einem Teil auch der Grundschule. In Anbetracht einer Vielzahl von verfügbaren musikalischen Werken aus Geschichte und Gegenwart muss auch die Forderung an die Lehrerausbildung ergehen, dass im Studium eine praxisrelevante Werkauswahl zum Pflichtprogramm gehört, das in konkreten Beispielen grundlegend vorgestellt und für den Einsatz in den Klassen methodisch-didaktisch aufbereitet werden sollte.

Ein Inhalt, der vereinzelt gepflegt, in den überwiegenden Fällen aber vernachlässigt wurde, ist der Lernbereich »Instrumentenbau«.[242]

---

239 Auf die Frage nach »großen Musikwerken« gaben einzelne Schüler folgende Klavierbearbeitungen/-kompositionen an: *»Für Elise«*, *»Ballade pour Aline«*, *»Conquest of paradise«*, *»Sonatina 3«* (MB 32). – *»Marmor, Stein und Eisen bricht«*, *»Knusperwalzer«* (MB 38). – *»Für Elise«, dann ein »Menuett« von Mozart, der »Blumenwalzer« oder irgendwie so und Präludium. Von »Cats« dieses »Memories«, dann von der »Zauberflöte«, wo der Papageno und der andere Vogel, wo die singen zusammen* (MB 41). – *»Ode an die Freude«* (MB 43). – *»Radetzky-Marsch«* (MB 44). – *Den »Freischütz«, ja und sonst so Sonaten, die wir im Klavierunterricht gespielt haben. Aber da weiß ich die Namen nicht* (MB 57).

240 *Ich weiß jetzt grade nicht, aber vielleicht ein Menuett. Und ansonsten weiß ich keines* (MB 45). – *Oh Gott. Da fällt mir jetzt eigentlich grad gar keins ein* (MB 3). – *Ja. Mir fallen keine ein, weil es gibt ja sehr viele* (MB 1). – *Keine Ahnung* (MB 5). – Vgl. dazu auch MB 12, 36, 50, 59, 61, 63.

241 *Ja, von Mozart gibt es irgendwie das »Nachtlied«* (MB 38).

242 Zwei Grundschüler berichteten von ihren einzigen Erfahrungen im Instrumentenbau: *Wir haben nur mal so zwei Stöcke genommen und die dann aufeinander ge-*

Bei den Kindern, die dabei Erfahrungen sammeln durften, blieb eine anhaltende Begeisterung spürbar:

> *Ja, wir haben mal so Rascheln* [!] *gebastelt mit so Erbsen in so 'ner Klopapierrolle, so 'ner leeren, und da haben wir das so bemalen müssen und oben so zukleben müssen. Und da haben wir dann immer so geraschelt, und dann einmal hat einer so fest geraschelt, dass alles dann aufgerissen ist. Und dann haben wir die Erbsen am Boden gehabt. Dann haben wir's aufräumen können* (MB 29).

Es ist anzunehmen, dass der Vorgang deswegen im Gedächtnis blieb, weil das Basteln nicht ohne Hindernisse vonstatten gegangen war. In einer anderen Unterrichtssituation war der Bau eines ähnlichen Instrumentes stärker von Erfolg gekrönt und blieb deswegen anhaltend präsent:

> *Ja, das war in der Grundschule: Da haben wir uns Rasseln gebaut aus Joghurtbecher und Reis.* [...] *Wir hatten einen leeren Jogurtbecher, haben oben Reis reingeschüttet, mit Klebestreifen zugeklebt, und dann hat es gerasselt* (MB 51).

Immerhin gab ein Teil der Schüler/-innen an, sich öfter schon einmal in seiner Freizeit mit Instrumentenbau beschäftigt zu haben. Die Anregungen dazu stammten jedoch nicht aus der Schule.[243] Wenn für die Kinder im Grundschulunterricht überhaupt etwas bemerkenswert war, so bestand es vorzugsweise in dem Basteln eines einfachen Schlag- und Effektinstrumentariums[244], an wenigen Schulen in der Konstruktion kleiner Panflöten.[245] Das Eingehen auf andere Instrumente bildete eine

---

schlagen und geschaut, was da für ein Ton rauskommt (MB 33). – *Nein, ...* [»Instrumente bauen«] *hatten wir eigentlich nie. Wenn ich meine Flöte mal vergessen habe, hab' ich als Flöte immer mein Lineal hergenommen und Punkte drauf gezeichnet für die Finger* (MB 34).

243 *Ja, bei meinem Freund am Geburtstag, da haben wir eine Rassel selbst gebaut* (MB 35). – *Nein, das haben wir nicht* [in der Schule] *gemacht. Aber ich hab's zu Hause mal probiert, so eine Panflöte zu bauen. Gar nicht so leicht* (MB 44). – *Nein, nur zu Hause hab' ich mal 'ne Trommel gebaut* (MB 55). – *Ja, ich hab' mir selber schon oft Rasseln aus Papier gemacht* (MB 60).

244 Vgl. dazu eine *Trommel und eine Rassel aus einem Becher mit Steinen oder Reis darin* (MB 9, 36), *eine Trommel, bespannt mit Butterbrotpapier* (MB 39), die *Rasseln aus alten Toilettenpapierrollen* (MB 42) sowie das *Sockenschlagzeug aus Fotodosen* (MB 48).

245 *Wir haben einmal mit Strohhalmen eine kleine ... Ich weiß jetzt nicht, wie die heißt, wo man dann so drüber blasen muss und die verschiedenen Längen verschiedene Klänge geben* (MB 43).

rühmliche Ausnahme.[246] Alarmierend ist in jedem Falle der Befund, dass die meisten der befragten Kinder weder privat noch in der Schule Erfahrungen mit dem Selbstbau von Instrumenten gesammelt haben[247] und dass sie selten Klänge oder Geräusche eines selbst gebastelten Musikinstrumentes als Erfolgserlebnis kennengelernt haben.[248]

Technische Geräte wie CD-Player, MP3-Player oder Handy durften die Kinder in der Regel nicht in die Schule mitnehmen[249], eine eigene CD-Aufnahme mit ihrer favorisierten Musik dagegen öfters. Das Hören oder das Tanzen zu dieser Musik fand dann in den folgenden Unterrichtsstunden statt, allerdings wurde selten über diese Musik gesprochen. Wenn es geschah, dann vorzugsweise an den Schulen, die einen Schwerpunkt im Fach Musik hatten. An regulären Grundschulen wurden Musikaufnahmen mitunter während des Arbeitens im Fach Kunst eingesetzt (MB 37). Der Umgang mit technischen Geräten blieb demnach wiederum auf die Freizeit beschränkt. Das betraf auch das Handy, bei dem die verschiedenen Klingelmelodien einen kreativen Ansatz auch für den Musikunterricht in der Schule bieten.[250] Interessanterweise hatten die Kinder auch nie Erfahrungen in eigenen Musikaufnahmen mit Mikrofon und Aufnahmegerät gesammelt. Gerade die Schule bietet sich hierfür an, um den Kindern neben dem gemeinsamen Klangerlebnis auch ein Klangergebnis auf Tonträger vorstellen zu können. Eine derartige Aufnahme motiviert, macht das Sin-

---

246 *Wir haben mal auf einen Karton so Holzschlegel drauf gelegt und dann mit so Stäben draufgehaun, und da gab's halt dann verschiedene Töne* (MB 26).

247 Vgl. dazu MB 1–8, 10–20, 21, 24, 25, 27, 37–38, 40–41, 44–45, 57 u. a.

248 *Ich als Lehrer persönlich würde die Kinder dann auch mal z. B. Rasseln basteln* [lassen]. *Dann würde ich sie auch mal vorspielen lassen, dass die Kinder und ich Spaß haben* (MB 42).

249 *CD-Player hat man nicht mitnehmen dürfen ... Also in die Grundschule hat man eigentlich fast nichts mitnehmen dürfen* (MB 32). – Von den Verordnungen für bayerische Grundschulen ist bekannt, dass sie die technischen Geräte der Kinder nur in Ausnahmefällen zulassen. Ab Mitte des Schuljahres 2005/06 wurde für ganz Bayern ein generelles Handyverbot für Schüler ausgesprochen. Diesem Alleingang Bayerns waren jedoch nicht alle Bundesländer bereit zu folgen.

250 Ein unbekannter Handyklingelton kann durchaus auch ein Anlass sein, neue Komponisten oder Kompositionen kennen zu lernen. Folgende Schülerantwort wäre dazu ein Beweggrund: *Also, interessieren von größeren Musikwerken tun mich eigentlich nicht sehr viele. Ich habe also eins, das habe ich auch als Handyklingelton, aber ich weiß nicht genau, welches das ist. Das ist irgendwas mit Mozart und 40, keine Ahnung* (MB 52). – Vgl. dazu auch Magnus Gaul: »Handymania. Möglichkeiten eines kreativ-produktiven Umgangs mit einem neuen Medium«, in: *klasse musik* 1/2004, S. 34–42.

gen und Spielen »ohrenfällig« und bietet unmittelbar nach dem Vortrag einen Ansatzpunkt, diesen mit Vor-, Zwischen- oder Nachspielen weiter auszubauen und zu perfektionieren. Die Schüler/-innen der Befragung gaben an, mit Aufnahmen dieser Art wiederum nur im privaten Bereich Erfahrungen gesammelt zu haben.[251]

Wenn Grundschulkinder über ihren Musikunterricht, den sie in der Schule genießen, ein Urteil fällen, verhält es sich in keiner Weise so, dass sie alles kritisch betrachten, den Sachverhalt einseitig sehen und nur ihren eigenen Standpunkt wahrnehmen. Viele machen sich Gedanken über die Inhalte, die in der Schule im Mittelpunkt stehen sollten und erkennen den schulischen Organisationsrahmen als Möglichkeit konstruktiven Arbeitens. Mit ihren kreativen Vorschlägen, von denen sie glauben, dass sie den Unterricht bereichern und auch ihren Klassenkameraden Spaß machen, stoßen die Schüler dabei in Bereiche vor, die gemeinhin als Lerninhalte vernachlässigt werden. Ein Beispiel dafür ist die folgende spielerische Übung zum Richtungshören, ein Beispiel für eine Vielzahl von Ideen, die kindgemäß vorgestellt wurden:

> *Ich würde sehr gut drauf Wert legen, wenn man einfach so mal einem Kind die Augen verbindet. Und dann irgendwo im Klassenzimmer z. B. singt ein Kind, und das muss zu dem Kind hingehen, das mit den verbundenen Augen. Darauf würde ich sehr viel Wert legen, aufs Hören, also besser gesagt, wo, in welche Richtung. Weil erstens muss man sehr gut aufpassen und zweitens ist es auch gut für das Ohr. Und man kann ja auch einfach Lieder mal summen und dann zu dem hinfinden und dann sagen, so, du bist jetzt z. B. mal der* [...], *und du summst mal »Alle meine Entchen«. Das wäre eigentlich sehr lustig, auch für andere Kinder, denke ich, und es macht auch sehr viel Spaß* (MB 34).

Ein anderes Kind formulierte ebenfalls eine Anregung zum Musikhören und setzte damit einen deutlichen Gegenpol zu musiktheoretischen Inhalten: *Dass z. B. einer summt und der andere muss es erraten, was er summt,* [...] *das finde ich eigentlich viel schöner als immer nur so Taktstriche üben* (MB 34). Neben der Sensibilisierung des Gehörs im Musikunterricht gilt der Funktionsweise und dem Bau von Instrumenten ein besonderes Interesse der Kinder, für die sie durchaus auch selbst Anregungen geben können:

[251] *Wir haben mal bei meinen Freunden einfach mal so rumgesungen und Witze gesprochen und Quatsch gemacht. Das haben wir alles auf Tonband aufgenommen. Und dann haben wir es uns angehört, und da mussten wir oft lachen, weil wir uns so komisch angehört haben.* [Und in der Schule?] *Nein, leider nicht* (MB 34).

Der Inhalt, den ich vermisst habe, war, wie ein Instrument funktioniert und so was, man weiß ja nicht ... Bei Schlagzeug weiß man es vielleicht schon, aber das wissen auch nicht alle. [...] *Ich würde halt auch, wenn man jetzt so auf ein Blatt Papier ... Da bräuchten sie* [nur] *zwei Pappdeckel oder so was mitbringen. Dann könnten sie z. B. mal, wenn man ihnen eine Vorlage gibt, eine Geige oder so was im Miniformat oder so bauen* (MB 52).

Wenn man die Kinder nach ihrem schulischen Musikunterricht befragt, stellt sich heraus, dass sie daran gewisse Erwartungen knüpfen, die keinesfalls unrealistisch sind. Neben einem hohen Maß an Singen[252] und Spielen[253] von Liedern, die den Kindern gefallen und die sie auch persönlich weiterbringen[254], gehören Notenkenntnisse, Anhören verschiedener Werke, interessante Informationen zu Leben und Werk der Komponisten, aber auch das Experimentieren mit dem Klang von Stimme und Instrumenten zum Unterricht. Darüber hinaus wünschen sich die Kinder eine Lehrkraft, die Einfühlungsvermögen unter Beweis stellt, damit die Lerninhalte im Fach Musik »nicht so streng«, sondern vorwiegend spielerisch erarbeitet werden.[255] Dazu gehört eine methodische Aufbereitung, die praxisorientiert und auf die Klassensituation abgestimmt ist und gleichzeitig die Neigungen der Heranwachsenden nicht aus dem Blickfeld verliert.

Schüler/-innen haben auch bestimmte Erwartungen an die Musikausstattung und den -raum, in dem sie unterrichtet werden.[256] Dieser Raum kann Ursprung vieler Ideen und Motivation für aktives Musizieren sein. Die Schülerbeschreibungen der Klassenzimmer, die an den Schulen für den Musikunterricht genutzt wurden, lassen jedoch vermuten, dass ein eigens für das Fach Musik eingerichteter Raum nur an wenigen Grundschulen vorhanden war. Allenfalls stand ein Kursraum zur Verfügung, wo Musik mit anderen AG-Stunden oder der Mittags-

---

252 *Ich würde oft singen. Vermisst hab' ich, dass wir nicht mehr so viel singen* (MB 57).

253 *Ich würde drauf Wert legen, dass alle richtig mitsingen, und dass die Schüler auch mal auf'nem Instrument vor der Klasse was vorspielen* (MB 56).

254 *Dass es auch Lieder sind, die einen ein bisschen bereichern, weil immer nur solche Scherzlieder ...* (MB 13).

255 *Man lernt halt nicht immer, sondern man macht auch mal Spiele, wo man was lernt. Bei der Frau* [...] *haben wir ein Kreuzworträtsel gemacht. Darunter waren Noten und die Buchstaben, und die haben ein Wort ergeben* (MB 50). – *Du lernst eigentlich spielerisch* [...] *und wenn nicht, dann hätte man wahrscheinlich mehr Mathe und mehr Deutsch und das würd', glaub' ich, auch nichts bringen* (MB 4).

256 Vgl. dazu Schneider: »Musikräume. Lernwirklichkeit für Schülerinnen und Schüler«, 1990, S. 336–340.

betreuung konkurrierte.[257] Wenn tatsächlich Räume zur Verfügung standen, die auch nominell als »Musikraum«[258] bezeichnet wurden und bisweilen sogar auch eine Ausstattung aufwiesen, wurden sie nicht regelmäßig genutzt, und der Unterricht fand verstärkt im Klassenzimmer statt.[259] Die Beschaffenheit des Bodens war selten so, dass der Raum zum Bewegen und zum Tanzen einlud.[260] Als Musikinstrumente fanden sich Stabspiele, Trommeln, bisweilen ein Keyboard oder ein Klavier.

Lernende erwarten von einer Schule, dass Neigungskurse z. B. im Spielen auf einem Musikinstrument, in Theater- oder Schulspiel von den Schulleitungen gefördert und über ein Schuljahr hinaus angeboten werden. Ein Schüler beklagte, dass er in der zweiten und dritten Klasse jeweils eine Stunde zusätzlich den Schulchor besuchte, ihn dieser Kurs besonders motivierte, dass der Chor aber entgegen der Erwartung vieler Kinder in der vierten Klasse nicht mehr weitergeführt wurde. Gleiches geschah auch mit dem Flötenunterricht oder mit anderen Kursen.[261] Der für jedes Schuljahr zu erstellende Stundenplan mit seinen Erfordernissen und Einschränkungen hatte bei der Planung des Unterrichts dergestalt Vorrang, dass die Kinder mit ihren mannigfaltigen Talenten, die in der Schule über ein Jahr gefördert wurden, in vielen Fällen nur noch privat die Möglichkeit hatten, ihre Fähigkeiten auszubauen.

Demokratische Umgangsformen im Unterricht sind eine weitere Erwartung von Schülerseite, gerade in einem Fach wie Musik, in das nicht nur operationalisierbare Lernziele einfließen. Es liegt nahe, dass

---

257 *Ja, da ist 'ne Tafel. Und der wird auch als LRS-Raum benutzt* (MB 34). – *Das war halt zur Hälfte auch noch ein Computerraum. Aber der eine Teil war der Musikraum.* [...] *Ja, dann gab's da noch einen Schrank, da durfte keiner reinschauen, da standen noch ein paar Instrumente drin* (MB 13). – *Ein Musikzimmer, wo aber jetzt ein Klassenzimmer ist* (MB 6). – *Ja, der ist nur leider jetzt wieder weg, weil wir da die Mittagsbetreuung machen müssen* (MB 44).

258 An Vorschulen für Musikgymnasien oder an weiterführenden Schulen stand in Ausnahmefällen auch ein »Chorsaal« zur Verfügung.

259 *Also mit der Klasse sind wir nur hingegangen, wenn jemand vorgespielt hat, zu besonderen Anlässen oder so* (MB 43).

260 *Also das war so ein Musik- und Stühleraum. Da war ein bisschen Teppich und Fliesen und da so ein großes Viereck in der Mitte mit Teppich. Und dann standen außenrum Tische, wo man sich hinsetzen kann, und in den Schränken waren dann die Musikinstrumente und andere Sachen* (MB 20). Vgl. auch MB 49.

261 Eine Schülerin hatte in der vierten Klasse mit dem Spiel auf ihrem Musikinstrument aufgehört, da das Unterrichtsangebot aussetzte: *Ich* [habe] *das immer in der sechsten Stunde gespielt* [...], *und dann hat es nicht mehr hingehauen* (MB 20).

die Lernmotivation im schulischen Unterricht und eine anhaltende Aufgeschlossenheit für Musik gefördert werden, wenn die Angebote den Schülern qualitative Kompetenz sowie individuelle Fortschritte vermitteln und wenn das Lernen nicht abseits der Schülerinteressen liegt. Schüler/-innen wünschen sich eine thematische Vielfalt. Dabei kommt es bei ihnen gut an, wenn sie in die Entscheidungsprozesse kleineren Umfangs eingebunden werden. Eine Schülerin formulierte dazu einen konkreten Vorschlag:

> *Ich glaube, ich würde zuerst mal fragen, was sie* [die Schüler, M. G.] *machen wollen. Denn wenn man ein Blatt nach dem anderen macht, hat man auch keinen Spaß dran. Und dann würde ich es irgendwie machen, dass es Spaß macht. Ja, es ist klar, dass die* [Schüler] *nicht unbedingt lernen wollen, aber halt, dass sie das eher machen und mögen, wie wenn man jetzt sagt: »So das müssen wir jetzt machen und basta!« Vielleicht machen wir heute das oder das: Damit es wenigstens eine kleine Auswahl gibt* (MB 48).

Eine derartige Antwort ist kein Einzelfall. Kinder genießen es, wenn sie an demokratische Entscheidungen herangeführt werden und dazu ihren Beitrag leisten dürfen. Das Interesse der Kinder wird dadurch wach gehalten, da sie sich stärker mit »ihrer« Musik identifizieren:

> *Ich würde darauf Wert legen, dass die Kinder sich auch an dem Unterricht interessieren und dass es ihnen nicht stocklangweilig ist oder so. Und wenn sie ihre Probleme haben, dass man ihnen auch hilft. Ich würde sagen, wenn* [...] *sie von drei Musikstücken abstimmen* [können], *welches sie haben wollen, und nicht: Das wird jetzt eingeklebt und das passt so ...* (MB 52).

Zu den Erwartungen, die Schüler/-innen an ihren Musikunterricht stellen, gehörte in erster Linie das gemeinsame Musizieren. Sie erkannten für sich selbst, dass sie damit ihre Kreativität und Phantasie förderten[262], ihre Lernfähigkeit steigerten[263] und die Kooperation mit anderen Kindern verbesserten.[264] Wenn auch diese Ziele aus der Perspektive der Schüler stammen und eines wissenschaftlichen Nachweises bedürfen, so wird deutlich, dass die Kinder der Musik in ihrem Schulleben eine besondere Position beimessen. Eine gelungene musikalische Aufführung oder ein Lob des Lehrers[265] führten zu unvergesslichen

[262] *... weil man damit die Kreativität der Kinder fördert.* [Was heißt Kreativität?] *Ja, Phantasie* (MB 50).
[263] *Ich finde das sehr gut, weil da wird auch die Lernfähigkeit gesteigert* (MB 60).
[264] *Musik fördert das Zusammenarbeiten mit anderen Leuten* (MB 25).
[265] *Mein Orchesterleiter hat mich immer gelobt, weil ich so schnell gelernt hab'* (MB 59).

Erlebnissen und hatten stets eine besondere Bedeutung. Unbestritten bleibt, dass Kinder auch negative Erinnerungen mit Musik in der Schule verbinden.[266] Der Großteil erkannte jedoch den Musikunterricht als ästhetischen und hedonistischen Erfahrungsraum, der in der Schule entscheidend dazu beitragen kann, das Arbeitsklima für alle Beteiligten gewinnbringend zu gestalten. Daher sah er auch den Musikunterricht als festen Bestandteil des Fächerkanons in der Schule und wünschte sich, dass er diese Bedeutung auch in Zukunft beibehält:

> *Es ist sonst blöd, wenn man den Musikunterricht abschafft, weil dann hat man überhaupt nichts mehr Schönes, weil dann gibt's ja nur Hauptfächer, wo man büffeln muss. Dann kann man sich auf nichts freuen* (MB 49).

Ein Teil der Schülerschaft favorisierte Musik in der Schule derart, dass er sich sogar vorstellen konnte, dass ein »erweitertes« Unterrichtsangebot in Musik auf Kosten anderer Fächer angeboten würde. Die Kinder sind aber realistisch und wissen, dass es für diesen Weg anderer Anstrengungen bedarf.[267] Die Kenntnis der Schülerinteressen und der daraus resultierenden Erwartungshaltung an den schulischen Unterricht ist für den (Musik-)Pädagogen grundlegende Voraussetzung, um seine didaktischen Bemühungen effektiv und adressatenorientiert zu gestalten. Der alte pädagogische Leitgedanke, dass Kinder »am meisten lernen, wenn sie mögen, was sie tun«[268] sollte im Musikunterricht heutiger Tage ernst genommen und neu überdacht werden. Die vielfältigen Ideen können jedoch nur zu Tage treten, wenn man die Schüler/-innen nach ihrer Einstellung und nach ihren Vorlieben und Interessen befragt. Dies

---

[266] Negative Erinnerungen, die manchmal nur auf eine einzige Erfahrung im Musikunterricht zurückgehen und auch in der Verhaltensweise eines Lehrers begründet liegen, bilden eher die Ausnahme: *Oh, da wo sie mich mal rausgeschmissen haben. Weil ich ... Oh, das weiß ich gar nicht mehr ganz genau. Das war, glaub' ich, in der ersten Klasse. Ich glaub', da hab' ich zweimal meine Flöte hintereinander vergessen. Genau! Und dann haben sie mich rausgeschmissen. Das werd' ich nie vergessen* (MB 21). – *Ich würde die Komponisten abschaffen, weil ich glaub', dass das für die meisten langweilig ist* (MB 26).

[267] *Naja, es wäre nicht schlecht, wenn es weniger Mathestunden und mehr Musikstunden geben würde, aber ich glaube, das ist schwer durchzusetzen* (MB 13).

[268] Weinert: »Analyse und Untersuchung von Lehrmethoden«, 1973, S. 174. – Wenn konzeptionelle Entwürfe zum Musikunterricht bereits vor einigen Jahren geäußert wurden und möglicherweise in Vergessenheit geraten sind, so impliziert dies nicht in allen Fällen einen Hinweis auf die Qualität dieser Gedanken. Auch in der Musikpädagogik waren in der Vergangenheit einige Denker ihrer Zeit weit voraus!

kann auch im Musikunterricht der Grundschule geschehen. Die dazugehörige Offenheit und Disponibilität ist jeder Lehrkraft zu wünschen, die an einer Aktualität ihres Unterrichts interessiert ist und die die Interessen der Heranwachsenden ernst nehmen möchte.

3.2.4 Musiklehrer/-innen aus Schülersicht

Die Lehrkraft hat für die Kinder in der allgemein bildenden Schule eine besondere Bedeutung. Sie kann Freund, Vorbild, Autorität oder einfach nur Vermittler von Wissen, Fähig- und Fertigkeiten sein. Mehr noch als in anderen Schulformen ist sie für das Entwicklungsstadium des Grundschulkindes von besonderer Bedeutung. Das in der Elementarstufe verbreitete Klassenlehrerprinzip gewährt, dass ein Lehrer den größten Anteil der Unterrichtsstunden in der jeweiligen Klasse übernimmt[269], damit für alle Belange des Schulalltages zuständig ist und für die Kinder bei Fragen und Problemen, die bis in den privaten Bereich hineinragen, ansprechbar bleibt.[270] Die Akzeptanz des Lehrers hängt mitunter davon ab, wie es ihm gelingt, einen Ausgleich zwischen den vielfältigen Anforderungen an seine Person zu schaffen, und wie er es versteht, auf die Schüler/-innen einzugehen. Seine Eigenschaft als Bezugsperson bietet – von der Idee her – die Möglichkeit, die Heranwachsenden zu beobachten und adäquat zu betreuen. Allein die stetig wachsenden Klassenstärken und die neuen Anforderungen, die ein verändertes Lernverhalten der Kinder mit sich bringen, verhindern ein individuelles Eingehen auf jeden Einzelnen. Auch der Musikunterricht in der Grundschule wird in der Regel vom Klassenleiter erteilt, in Ausnahmefällen von einem Fachlehrer. Ob es diesem gelingt, die Kinder in der Grundschule zu begeistern, hat entscheidenden Einfluss auf die Einstellung zur Musik in der weiteren Entwicklung der Kinder. Es ist bekannt, dass viele Schüler/-innen nicht in allen Fächern intrinsisch motiviert sind. Der Musiklehrer ist daher ein wesentliches Element im musikalischen Leben der Grundschüler und

---

[269] *Also wir hatten immer denselben, und zwar die Frau* […]. *Wir hatten in allen Fächern die Frau* […] *außer in THW* (MB 34). Auch die Probanden in MB 37 und 39 betonten, dass sie in der Grundschule immer den gleichen Musiklehrer hatten. Üblicherweise sollten die Lehrkräfte spätestens nach zwei Jahren wechseln, eine Forderung an die Schulpraxis, die jedoch nicht in allen Klassen einzulösen ist. Vgl. BayStM: *Grundschullehrplan*, S. 8.

[270] [Unsere Musiklehrerin] *war unsere Klassenlehrerin.* […] *Wenn wir ein Problem gehabt haben, konnten wir immer zu ihr kommen. Sie hat selber Blockflöte gespielt, und da hat sie uns auch manchmal was vorgespielt* (MB 42).

kann in erheblichem Maße zu der Motivation und damit zu einer Aufgeschlossenheit gegenüber allen Erscheinungsformen der Musik im Alltag der Kinder beitragen.

In der qualitativen Phase der Studie wurden die Probanden im vierten Teil der Interviews jeweils auch nach ihrem Musiklehrer in der Grundschule befragt. Zu spüren war hier deutlich, wenn es dem Musiklehrer gelungen war, den Kindern »als Pädagoge«, als Mensch gegenüberzustehen. In diesen Fällen wurde er in der Regel mit den Prädikaten »nett«, »lustig« und »hilfsbereit« bedacht.[271] Wichtig war den Kindern weiterhin, dass die Lehrkraft »viel Spaß verstand.«[272] Ihre Bereitschaft zu singen und ihre Fähigkeit, Instrumente zu spielen, waren Qualitäten für die Kinder, die sie beeindruckten und die für sie ein Zeichen von Musikalität darstellten.[273] Merkmale dieser Art wurden häufig in die Beschreibungen integriert und bei der Antwort bereits im ersten Atemzug genannt.[274] Dass ein Lehrer auch ab und zu »schimpfen« muss, akzeptierten die Kinder. Wichtig war, dass er trotz allem Spaß verstand.[275] Besonders gut kamen pädagogisches Einfühlungsvermögen und die Fähigkeit der Lehrkraft an, gut erklären zu können und sich dabei Mühe zu geben:

> *Wir haben jetzt die Frau* [...], *und die erklärt halt alles ausführlich, ist nicht zu streng, und wenn wer was nicht verstanden hat, der darf dann auch noch vorgehen, und dann erklärt die das noch mal ganz ausführlich, noch ausführlicher* [...] *für die ganze Klasse* (MB 9).

---

271 Vgl. dazu exemplarisch folgende Schülerantworten: *Sie ist nett, klein und lustig* (MB 57). – *Er ist nett, und er bemüht sich sehr, dass es uns auch gefällt* (MB 59). – *Groß, blonde Haare, ganz nett* (MB 40). – *Er ist nett und hilfsbereit* (MB 59).

272 *Also, sie ist ein bisschen streng, aber sie versteht auch sehr viel Spaß* (MB 56). – *Also, sie ist nett, und sie macht auch manchmal Späße mit uns* (MB 35).

273 Eine Schülerin empfand als sehr wichtig, *dass die Lehrer auch ein Instrument spielen können* (MB 40).

274 *Da hatten wir eine Lehrerin, die war sehr nett, und wir haben viel gesungen bei ihr und auch geschauspielert ein bisschen* (MB 43). – *Ja, der war recht lustig und hat auch oft mit Flöte oder Mundharmonika gespielt* (MB 25). – *In Musik ist sie gut, und die kann gut Keyboard spielen, Flöte und Gitarre* (MB 64). – *Ja, Herr* [...], *ein sehr netter, lustiger und sehr musikalischer Mensch* (MB 44). – *Die Frau* [...], *die war halt sehr, sehr musikalisch, für die war Musik eigentlich alles. Die hat auch ganz viel an uns weitergegeben* (MB 28).

275 *Manchmal hat er geschimpft, aber sonst war er recht nett* (MB 32). – *Lustig, aber auch streng, und sie hat bei der Gaudi immer mitgemacht* (MB 1). – *Wenn dann jemand rumblödelt, wird sie schon manchmal wütend,* [aber sie] *macht ab und zu Witze* (MB 33).

Antworten dieser Art konnten bei den Kindern recht häufig verfolgt werden, und man spürte, dass es ihnen wichtig war, wenn der Lehrer sie ernst nahm und sie im Unterricht im Visier behielt.[276] In einer anderen Schülerantwort hörte sich die Beschreibung der Empathie einer Lehrkraft wie folgt an: *Die war halt ganz nett und hat halt immer erklärt, was man nicht verstanden hat* (MB 37). Um die Unterrichtsinhalte adressatenorientiert vermitteln zu können, gehörte es für einige Kinder dazu, bei der Auswahl der Themen das Leistungsvermögen einer Klasse realistisch einzuschätzen; denn diese hatte durchaus ein Gespür für die Angemessenheit der angestrebten Unterrichtsziele.[277] Ein Schüler fand dafür die richtigen Worte:

> *Die kann alles so gut erklären, stellt das auch so ... verständnisvoll dar. Und die weiß auch, was sie mit uns machen kann und was sie nicht machen kann mit unserer Klasse* (MB 9).

Bei der Beschreibung ihres Musiklehrers standen für die Kinder primär nicht immer das musikalische Auftreten oder seine Fähigkeiten im Vordergrund, oft waren es scheinbar unwichtige Dinge in der Erscheinung der Persönlichkeit, die aus der Perspektive der Kinder besondere Beachtung verdienten und die daher zuerst genannt wurden. Dazu gehörten auch auffällige Gewohnheiten, die Art der Frisur und Besonderheiten im Verhalten des Musiklehrers. Die folgende Schülerantwort war dafür symptomatisch, da sich die Beschreibung des Probanden an Äußerlichkeiten orientierte; musikalische Aspekte blieben zunächst ausgespart:

> *Das ist auch unsere Klassenlehrerin. Sie ist ungefähr 1,75 groß,* [...] *ist aber noch nicht so alt. So grau-braune Haare, ein paar Schuppen, Falten, zieht meistens eine Bluse an und eine Jeans* (MB 62).

Gerade für Kinder, die sich in Freizeit und Schule lieber außermusikalischen Tätigkeiten widmeten, waren nicht allein die musikalischen Fähigkeiten eines Lehrers von Belang, sondern in erster Linie das äußere Erscheinungsbild; denn diesem gehörte in vielen Fällen die ganze Aufmerksamkeit.[278] Kuriose Gewohnheiten bei der Kleidung ihrer

---

276 *Naja, weil er hat sich mit uns halt befasst, und er war halt nie so streng wie die anderen* (MB 3).

277 Auf die Notwendigkeit einer Erkundung der vielfältigen Lebensstrategien von Kindern und aus dem daraus resultierenden »passenden« Lernangebot wurde bereits hingewiesen. Vgl. Prengel: »Perspektivität anerkennen. Zur Bedeutung von Praxisforschung in Erziehung und Erziehungswissenschaft«, S. 601.

278 *Unsere Lehrerin* [...] *hatte auch immer eine Brille in Musik auf, wenn sie lesen musste, und* [...] *immer schöne Haare* (MB 41).

Lehrer oder markante Accessoires[279] waren für die Schülerinnen und Schüler so auffällig, dass sie sich diese gut merken konnten: *Na ja, also manchmal hat er auch Witze erzählt. Er kam immer im Jackett, ob es warm war oder nicht* (MB 39). Eine Lehrerpersönlichkeit, die im Fach Musik besonders engagiert war, blieb allen Schülern angenehm in Erinnerung. Dass sie ihren Unterricht mit Erfolg bestritt, ist anzunehmen, denn die Motivation für das Singen und die aktive musikalische Betätigung blieb anhaltend spürbar. Einigen Lehrern gelang es, im Idealfall sogar Musik zur Rhythmisierung ihres Unterrichts einzusetzen:

> *Der Herr* [...] *war schon eigentlich nett.* [...] *Ein paar Stunden hintereinander haben wir gesungen, dann haben wir wieder mal was gelernt, und dann haben wir auch mal beides gemacht. Und je schneller wir vorangekommen sind, umso mehr haben wir dann musizieren dürfen. Weil wir durften dann halt auch immer vorsingen, und er hat immer mitgesungen. Der hat dann immer dazu gespielt, und wir haben immer dazu gesungen. Dann hat er auch mal Flöten eingeladen. Und die durften dann auch mit dazuspielen. Die mussten halt dann ein bisschen lernen, wer halt wollte. Und dann durften die spielen, und wir durften dann dazu singen* (MB 16).

Viele Kinder empfanden es als äußerst angenehm, wenn musikalische Unterrichtsinhalte im rechten Maß mit vorwiegend kognitiven Lerninhalten alternierten. Ihre Bereitschaft zu lernen wurde dadurch gesteigert. Wenn es einer Lehrkraft zudem gelang, die Schüler vom Wert musikalischen Tuns zu überzeugen, äußerte sich diese Einschätzung auch in der Einstellung zum Musikunterricht und zum Musiklehrer. In der Befragung brachten viele Kinder diese positive Haltung zum Ausdruck, als sie nach einer Note gefragt wurden, die sie ihrer Lehrkraft geben würden: *'Ne 1. Weil von 100 % ist sie mindestes nur 10 % nicht so gut, also schon 'ne 1. Also sie ist meistens lustig und macht mit uns wirklich gute Sachen in Musik* (MB 35). Das Lehrervorbild trat bei Antworten dieser Art deutlich zu Tage: Auf einige Schüler machte der Gesang des Lehrers einen besonderen Eindruck[280], auf andere das Spiel auf einem Instrument[281], eine dritte Gruppe stellte die Fähigkeit des

---

279 Der Terminus »Accessoire« ist in diesem Zusammenhang eher im Bedeutungskontext »nebensächlich, zusätzlich« zu verstehen als im Sinne von »modischem Zubehör«.

280 Ein Schüler gab aus diesem Grund folgende Bewertung an: *Eins, weil sie so gut singen kann* (MB 23).

281 *Ich täte meinem Musiklehrer schon, weil der kann ja gut Gitarre spielen, auf jeden Fall einen Einser geben. Der kann halt gut spielen und ist lustig in Musik* (MB 22).

Lehrers in den Vordergrund, wie es ihm nämlich gelang, die Klasse zum Musizieren zu motivieren.[282] Wenn die Lehrkraft nach dem Empfinden der Kinder zu wenige praktische Inhalte in ihrem Unterricht vereinigte, brachten die Kinder diesen Mangel mit einer Abwertung in der Zensur zum Ausdruck:

> [Ich würde] *vielleicht 'ne zwei oder eine drei* [geben], *weil sie soviel gesungen hat und halt Takte geklopft und so, und wir haben nur ganz selten selber musizieren dürfen und dann was anderes überhaupt machen dürfen* (MB 8).

Dies geschah ebenfalls, wenn die Lehrkraft im Musikunterricht zu streng war[283] oder wenn sie allzu oft lautstarke Ermahnungen an die Klasse richtete, die bei den Schülern als unberechenbare Stimmungsschwankungen ankamen[284]:

> *Die war eigentlich schon nett, aber die hat immer gleich gebrüllt. Die hat gelacht, und dann hat sie, weil jemand einen Witz gemacht hat, dann hat sie auf einmal gebrüllt. Das fand ich halt nicht so gut* (MB 4).

In den von den Lernenden erteilten Zensuren machte sich ein aus Schülersicht mangelndes Einfühlungsvermögen ebenfalls bemerkbar.[285] Um Disziplinschwierigkeiten und Störungen zu vermeiden, schienen sich gerade in Musik Lehrkräfte in vielen Klassen zu entschließen, frontal zu unterrichten. Der Unterricht bestand dann aus dem Abschreiben von Tafelanschriften oder der Bearbeitung von Arbeitsblättern. Diese Arbeitsweisen, die von den Kindern keinesfalls geliebt wurden, waren Reaktionen auf mangelnde Konzentration und Aufmerksamkeit im Musikunterricht. So beschrieb ein Proband das Verhalten seiner Lehrerin wie folgt:

---

282 [Ich gebe ihm] *bestimmt eine Eins, weil er so oft mit uns gesungen hat* (MB 25).

283 Strenge im Unterricht kommt bei einigen Kindern nicht so gut an, wie folgende Antwort zeigt: *Note drei. Sie weiß zwar sehr viel über Musik, aber sie sollte nicht so streng sein* (MB 55).

284 *Also, sie war eigentlich recht nett, aber die konnte das irgendwie, dass sie totale Stimmungsschwankungen geschafft hat: Die konnte im nächsten Moment gleich anfangen zu schreien* (MB 13).

285 *Also ich würde der Frau* [...] *eine zwei geben, weil sie manchmal zwischendurch ziemlich ausrastet. Aber sonst ist sie eigentlich ganz nett* (MB 33). – *Eins bis zwei. Weil der Zweier ist halt, weil sie dann gleich immer so ausflippt manchmal. Also wenn sie immer sagt, ja jetzt singt's halt mal gescheit mit. Also sie schimpft dann auch manchmal. Und die Eins ist halt, dass sie immer so schöne Lieder aussucht, dass sie uns das beibringt* (MB 54).

Die schreit oft rum. Die sagt immer: Wenn ihr jetzt laut seid, dann geht sie. Aber das macht sie dann nicht. Die schreibt immer an die Tafel, und wir schreiben oft auf Arbeitsblätter. Sie ist groß und kräftig (MB 17).

Schüler/-innen spürten überdies schnell, ob die Lehrkraft im Fach Musik ausgebildet war oder nicht, ob sie sich – und das ist entscheidend – für Musik begeistern und andere anstecken konnte oder ob dies weniger der Fall war. Dies hing mitunter entscheidend von ihren musikalischen Fähigkeiten ab, wie folgende Antwort zeigt:

Sie kann ziemlich gut singen. Sie kann mich schon begeistern, weil wenn sie uns manchmal ein Lied vorsingt, das wir dann hinterher auch singen müssen. Die kann sehr gut hoch singen. Das begeistert mich (MB 62).[286]

Auch das Spiel auf einem Instrument kam bei den Kindern sehr gut an. Sie hörten in der Regel zu und waren beeindruckt von dem Vortrag eines Stückes auf einem Instrument:

Sie hat selber Klavier gespielt, und da sind wir auch mal [in] *einen anderen* [Raum gegangen,] *wo wir nicht Musik hatten, sondern da sind wir in einen richtigen Musikraum gegangen, und da hat sie uns vorgespielt.* [...] *Das haben wir dann alle gehört und haben gesagt: Das ist toll* (MB 51).[287]

Für den Fall, dass sich nach Auffassung der Kinder Mängel in der Unterrichtsgestaltung der Lehrer zeigten, hatten die Kinder keine Skrupel, ungeniert die Ursache zu benennen. Das betraf zum einen eine allzu theoretische Ausrichtung des Unterrichts: *Also, dass die Lehrer, manche Lehrer, die reden immer soviel dazu und das, was uns eigentlich gar nicht so interessiert* (MB 3).[288] Zum anderen implizierte dies mangelnde künstlerische Qualitäten[289], die eine Begeisterung bei den Schü-

[286] Vgl. dazu auch die folgenden Schülerantworten: *Weil sie kann auch gut singen* (MB 23). – *Sie hat auch schön gesungen, und sie hat mich auch aufgemuntert beim Singen und so was* (MB 43). – Ein Schüler wurde durch seinen Lehrer sogar zum »Solo singen vor dem Publikum« angespornt (MB 36).

[287] Aufmerksamkeit entstand auch beim Vorspiel des Lehrers auf anderen Instrumenten: *Wenn sie uns z. B. auf der Gitarre was vorspielen oder was sie halt für ein Instrument spielen können* (MB 21). – *Zum Beispiel wenn der Herr* [...] *was vorgespielt hat, dann haben wir immer zugehört* (MB 32).

[288] Vgl. dazu auch folgende Antwort: *Einmal hat er eine ganze Stunde lang über ein Thema erzählt und erklärt* (MB 39).

[289] *Na ja, so gut hat sie nicht gesungen* (MB 38). – *Wir haben dann immer gelacht* [wenn die Lehrerin singt], *weil das so komisch aussah, und das hat so komisch ge-*

lern nicht aufkommen ließen.[290] Selbstverständlich konnten Defizite, die in der Ausbildung des Lehrers begründet lagen, von den Kindern nicht beurteilt werden. Ob sich die Lehrkraft allerdings mit Musik und den zugehörigen Lerninhalten identifizierte, ging an ihnen nicht spurlos vorüber. Denn wenn es ihr gelang, Vorbildcharakter einzunehmen und die Klasse derart zum Mitmachen anzuregen, dass sich ihr Interesse an Musik übertrug und die Inhalte für die Schüler/-innen interessant wurden, waren die Unterrichtsstunden erfolgreich.[291] Schaffte es die Lehrerin dagegen nicht, die Klasse zu motivieren, blieben es immer nur Einzelne, die ihr folgten; Musik in der Schule war in diesen Fällen zum Scheitern verurteilt: *Unsere Lehrerin hat halt von Musik nicht so viel gehalten. Da haben wir eh nur irgendwie gelacht und uns unterhalten und gar nicht richtig Musikunterricht gemacht* (MB 24). Dass die meisten Lehrer/-innen der 4. Klasse in der Vorbereitung auf das Übertrittsverfahren das Fach Musik weniger unterrichteten, war in Schülerkreisen bekannt.[292] Darüber hinaus war aber auch die Meinung weit verbreitet, dass offenbar viele Lehrer das Fach Musik generell nicht derart favorisierten, wie es sich der Großteil der Schüler wünschte. Ein Proband unterstellte in seiner Antwort, dass

> […] *die meisten Lehrer* [Musik] *gar nicht* [unterstützen]. *Die wollen lieber was anderes machen, die wollen eher mehr Druck auf Englisch und Deutsch und Mathe setzen.* [Musik ...,] *das vernachlässigen sie dann* (MB 27).

Eine weitere Antwort zum Engagement der Lehrerin verdeutlichte das Feingefühl der Kinder für ihre bevorzugten Unterrichtsfächer, aber auch eine gewisse Enttäuschung gegenüber dieser Einstellung: *Wir haben ja nicht recht oft Musik gemacht* […,] *weil* […] *einfach andere Sachen der Lehrerin nötiger waren zu machen* (MB 45). Die Einschätzung der Kinder ging in einigen Fällen so weit, dass sie ihre Lehrkraft in Schutz nahmen und für ein bestimmtes Maß an fachlichem und organisatorischem Versagen Mitgefühl empfanden:

---

klungen (MB 39). – *Sie wollte immer, dass wir singen, aber sie selber konnte es gar nicht* (MB 26).

290 *Ich weiß gar nicht, ob sie das mal versucht hat* [zu begeistern]. *Also mir ist nichts aufgefallen* (MB 63).

291 Für einzelne Kinder war der Lehrer allein schon deshalb ein Vorbild, *weil er selbst eine Band hatte* (MB 27).

292 *Weil unsere Lehrerin ist jetzt speziell auf Übertritt spezialisiert, und da machen wir den ganzen Tag fast nur Mathematik und Deutsch* (MB 62). – *Na ja, wir haben eigentlich auch nicht so,* […] *so richtig ernst Musikunterricht gemacht* (MB 24).

> *Das war eine Ordensschwester bei uns,* [...] *63 war die schon, und also die ist dann auch in Pension gegangen.* [...] *Die konnte nicht so gut umgehen mit unserer Klasse, also mit den Jungs, weil die waren immer so frech. Damit konnte sie halt nicht mehr so gut umgehen, weil sie schon so alt war, ... aber* [sie] *hat den Musikunterricht schön gemacht und sich bemüht* (MB 8).[293]

Das Bemühen bleibt ein wichtiges Element im Wirken der Lehrerpersönlichkeit. Kinder konnten sehr viel entschuldigen, hatten jedoch kein Verständnis, wenn der Unterricht langweilig gestaltet war[294] und ihre Interessen nicht berücksichtigt wurden. Das Eingehen auf ihre Vorlieben war für sie ein erster Beweis dafür, sie als Kind mit ihren Eigenheiten ernst zu nehmen. Dass einige Lehrer bei all ihren Pflichten scheinbar häufig vergaßen, was Kindern tatsächlich Spaß macht, war ein Kritikpunkt, den die Kinder den Lehrern am häufigsten ankreideten.[295]

Trotz zahlreicher Sympathien, die in der Regel dem Klassenleiter galten, hob sich seine Position von der zu anderen Bezugspersonen der Kinder ab. Bei allem Respekt, der trotz veränderter Kindheitsstrukturen gegenüber den Erziehungsaufgaben des Lehrers stets spürbar war, blieb die Intention der Kinder, sich mit ihren zum Teil exotischen Interessen, mit der hochkarätigen technischen Ausstattung im Kinderzimmer oder auch mit ihrem Musikgeschmack eine Nische zu suchen in ihrer persönlichen Entwicklung, womit sie sich bewusst von einer sie umgebenden Erwachsenenwelt abgrenzten. Die Kinder wussten bereits von ihren Eltern, dass Erwachsene gänzlich andere Interessen haben. Es ist zudem davon auszugehen, dass sie sich mit ihrer technischen Ausstattung, dem notwendigen Know-how in der Bedienung, aber auch allein mit der Kenntnis unterschiedlicher technischer Möglichkeiten ein breites (Spezial-)Wissen und eine Medienkompetenz aneignen, auf die an vielen Grundschulen aufgrund mangelhafter

---

293 Vgl. dazu auch folgende Schülerantwort: *Ja, er hat graue Haare, im Gesicht eine Brille, ist halt auch schon älter* (MB 49). – In einer Aufstellung »Meine Musiklehrer in freien Assoziationen« hat H. G. Bastian neben den Kategorien »Begeisterung«, »Ablehnung«, »Gleichgültigkeit«, »Dankbarkeit«, »Empörung« auch die Assoziation »Mitleid« als entscheidendes Bewertungskriterium ermittelt, das die Schüler seiner Untersuchung der Lehrkraft entgegenbrachten. Mitleid spricht auch aus den zitierten Äußerungen zum Musiklehrer in vorliegender Studie. Siehe dazu auch Bastian: »Musikunterricht im Schülerurteil«, 1992, S. 121f.

294 Ein Schüler fällte diesbezüglich folgendes vernichtende Urteil: *Also, eine langweilige Lehrerin ist sie* (MB 7).

295 [Ein Proband gab der Lehrkraft als Benotung] *'ne drei* [...,] *weil sie immer was vergisst, was Kindern Spaß macht* (MB 34).

Ausstattung, fehlender zeitlicher Freiräume oder nicht ausreichender technischer Kompetenz der Lehrkräfte nur in Ansätzen eingegangen werden kann. Und insgeheim waren die Schüler bei ihrem Musikgeschmack davon überzeugt, dass Lehrende ohnehin nicht den neuesten Trend kennen oder ihre Hörgewohnheiten nach den neuesten Chart-Hits richten.[296] Eine zusätzliche Betonung dieses Unterschiedes kam bei den Kindern nicht an. Jeder Art von Überheblichkeit des Lehrers standen sie ablehnend gegenüber:

> *Ja, also der Lehrer hat immer so angegeben.* [...] *Er hat gesagt: »Ich will jetzt nicht angeben, aber ich kenne keinen besseren Musiklehrer als mich.«* [...] *Da hab' ich mir gedacht: »So ein Affe«* (MB 39).[297]

Die Liedvermittlung fand in den Klassen auf unterschiedliche Art und Weise statt, je nach Engagement des Lehrers. Wenn es ihm gelang, ein Repertoire aufzubauen, das den Schülern gefiel[298], nahmen viele mit Aufmerksamkeit am Unterricht teil. Unterschiedliche Methoden gebrauchten die Lehrkräfte in der Liederarbeitung nicht.[299] Bei vielen Liedern sangen sie die Melodie zunächst einmal vor.[300] Bisweilen wurde die Flöte oder ein anderes Instrument gewählt, um einen Eindruck von der Melodie und dem Charakter des Stückes zu geben und um später den Gesang der Kinder zu verstärken.[301] Außer der Flöte wählten die Lehrkräfte hauptsächlich Klavier, Gitarre oder Keyboard als (Begleit-)Instrumente für den Musikunterricht. Die Bereitschaft zu singen konnte offenbar nicht bei allen Lehrern vorausgesetzt wer-

---

296 Auf die Frage, ob er schon einmal ein Konzert besucht habe, antwortete ein Schüler: *Nein, die Lehrer hören sich ja auch nicht die neueste Musik an* (MB 21).

297 *Die gleiche Schülerin äußerte in anderem Zusammenhang: Ich fand den halt so aufdringlich* (MB 39).

298 *Also, ich find', dass der Herr* [...] *schon gute Lieder raussucht, und manchmal kann er auch ganz lustig sein* (MB 6).

299 Zu vermuten steht, dass Musiklehrer in der Praxis weniger Inhalts- als Methodenprobleme haben. Vgl. Schulten: »Schülerwünsche zu Unterrichtsmethoden im Musikunterricht«, S. 96–111.

300 *Ja, die singt jedes Stück, das wir lernen, alleine vor* (MB 23). – *Ja, sie hat uns die Lieder, die wir dann lernen sollten, immer erst vorgesungen, und wer die Lieder schon konnte und wollte, konnte mitsingen, und dann haben wir sie alle zusammen gesungen* (MB 43).

301 *Dann hat sie auch manchmal die Melodie mit der Flöte erst mal vorgespielt, dass wir erst mal wissen, wie das geht und so* (MB 20). – *Oder er hat es uns immer erst vorgespielt und wie die Taktnoten sind und dass wir dann alle zusammen reinkommen, bevor wir dann so chaosmäßig* [!] *beginnen* (MB 16). – *Dass sie Flöte mitgespielt hat, das war schon schön* (MB 42).

den[302]: Lieber wählten sie vielfach das Vorspielen eines CD-Tracks als selbst zu singen.[303] Der Einsatz eines Video-Clips oder Films geschah sehr selten.

Für den Fall, dass die Schüler/-innen sich einmal selbst in die Rolle des Musiklehrers hineinversetzten, gaben sie die Absicht an, zuerst zu versuchen, die Disziplinschwierigkeiten zu minimieren; denn daran störten sie sich in hohem Maße:

> *Ich würd' die Leute, die immer so rumbrüllen, würd' ich gleich im Musikunterricht in die allererste Reihe reinsetzten. Dass man die immer im Blick hat, und nicht, dass die hinten immer am Boden rumkrabbeln, von einem Platz zum anderen Platz, und Zettel austauschen* (MB 13).

Störungen im Musikunterricht waren keine Seltenheit, ein Sachverhalt, den aber nicht immer nur die Kinder zu verantworten hatten. Es wurde bereits darauf hingewiesen, dass durch unnötigen Leerlauf im Unterricht zwangsläufig Unaufmerksamkeit entstand. Die Kinder entwickelten jedoch im Verlauf ihrer Grundschulzeit bereits einen Sinn für Gerechtigkeit und verstanden die Lehrer/-innen, die auf Störungen adäquat reagierten.[304]

> *Die Frau* [...] *ist halt, wenn Jungs immer so 'nen* [...] *machen, dann schimpft sie halt manchmal: »Jetzt singt halt auch mal gescheit mit!« Oder wenn wir immer ein Morgenlied singen, da bewegen manche bloß immer den Mund wie der Fisch und singen überhaupt nicht mit. Dann merkt das halt die Frau* [...], *also sie sieht alles* (MB 54).

Neben den zahlreichen positiven Aspekten im Musikunterricht waren es kuriose Dinge, die die Schüler/-innen memorierten, vor allem auch negative Merkmale in der Erscheinung einer Lehrkraft. Erfahrungen gingen auf Schlüsselerlebnisse zurück, die sie zwar auf den Musikunterricht oder den -lehrer zurückführten, für die jedoch andere (Hinter-)Gründe verantwortlich waren: Oft lagen diese in der defizitären Ausbildung der Musikpädagogen begründet, in der mangelnden Aner-

---

302 *Hat sie nie gemacht. Weil die ganzen Lehrer bei uns nicht singen konnten* (MB 52). – *Nee, eigentlich nicht so richtig. Aber sie zeigt uns halt immer, wie das geht und wie das richtig ist. Aber so alleine hat sie eigentlich noch nie was vorgesungen* (MB 54). Vgl. dazu auch MB 4, 5, 17, 34, 35, 48, 50 u. a.

303 *Meistens haben wir 'ne CD davon gehabt von den Liedern, die sie uns gegeben hat, und da haben die das dann vorgesungen* (MB 40).

304 *Aber wenn sich welche die ganze Zeit aufgeführt haben, dann hat sie schon öfters rumgeschrien und hat Strafarbeiten ausgeteilt* (MB 12). – *Sie ist streng, gibt viel Strafarbeiten, aber sonst ganz o.k.* (MB 55).

kennung, dem Interesse und in den daraus resultierenden Möglichkeiten, die innerhalb des Faches Musik gewährt wurden, in den Restriktionen, auferlegt durch die Schulleitung[305], durch Fachkollegen oder den Schulalltag insgesamt. Es verwundert daher nicht, wenn sich in der Befragung nur wenige Schülerinnen und Schüler in ihrem späteren Berufsleben auch eine Tätigkeit als Musiklehrer vorstellen konnten. Einstellungen dieser Art fanden sich einzig an Schulen, an denen dem Fach Musik eine besondere Aufmerksamkeit zuteil wurde:

> *Ich würde schon Lehrerin werden, mehr Grundunterricht wahrscheinlich, auch Musik in der Grundschule, erste und zweite Klasse. Weil irgendwie finde ich das toll, dass man den Kindern was lernen kann, und auch, wenn die das dann kapieren, dann weiß man ja:* [...] *Denen macht das auch irgendwie Spaß, und das Gefühl ist irgendwie schön* (MB 51).[306]

Andere Kinder, die bereits Erfahrung im Privatunterricht gesammelt hatten, sahen eine Möglichkeit, sich später beruflich auf einem Instrument zu spezialisieren:

> *Ja, ich würde eigentlich gerne mal Klavierlehrer werden. Aber Musiklehrer kann ich mir nicht vorstellen.* [...] *Weil Klavier macht mir so Spaß, und Chor ist eben nicht so stressig wie Lehrer* (MB 32).

»Stress« ist im Übrigen das Wort, das einige Kinder gerne mit dem Musikunterricht in Zusammenhang brachten. Das hängt zum einen damit zusammen, dass sie die Notwendigkeit einer musikalischen Qualifikation und einer gründlichen Vor- und Nachbereitung des Musikunterrichts erkannten[307], zum anderen fühlten sich Schüler vielerorts durch die permanenten Störungen gerade in den Musikstunden angegriffen.[308] Eine Belastung dieser Art schlossen sie a priori für ihr

---

305 Es ist an vielen Schulen üblich, dass Entscheidungen über die Unterrichtsversorgung im Fach Musik allein dem – in vielen Fällen in Musik nicht ausgebildeten – Schulleiter mit seinem Konrektor überlassen bleiben. Auch über den Instrumenten-Etat an einer Schule wird häufig von Nicht-Musikern beschieden. Vgl. dazu auch Hofmann: *Die Bedeutung des Schulleiters für eine gute Schule und seine Handlungsmöglichkeiten für Schulverbesserungen*, 2002.

306 Vgl. dazu auch folgende Aussage zum Berufswunsch Musiklehrer: *Könnte ich mir schon vorstellen. Ja, weil ich sehr musikalisch bin und weil auch die meisten sagen, dass ich das unbedingt weiter machen soll, weil ich dafür sehr sehr großes Talent habe* (MB 52).

307 *Ja, da muss man ja immer so viel vorbereiten, und außerdem singe ich nicht so solo oder so* (MB 6).

308 Zu diesem Aspekt vgl. auch Matthias Harnitz: »Lehren und Lernen im Schatten von Konflikten«, 2000, S. 20–27. – Rudolf-Dieter Kraemer: »Unterrichtsstörun-

eigenes späteres Berufsleben aus.[309] Erwartungsgemäß hatte eine Reihe von Schülern bereits im Grundschulalter andere Interessen und favorisierte Musik nicht als Hauptdisziplin.[310] Etwas zu denken gab die Antwort eines Schülers, der später auf keinen Fall den Beruf eines Musiklehrers ergreifen wollte und der damit seine Abgrenzung von der Lehrerposition noch einmal untermauerte: *Nein. Weil ich eher anders Musik machen will als ein Musiklehrer* (MB 50).

Die Lehrerpersönlichkeit sollte in ihrer Planung des Musikunterrichts auch die Perspektive der Schüler/-innen berücksichtigen, ihre Neigungen, Interessen und Vorlieben. Der Weitblick in ihren Entscheidungen schließt jedoch nicht aus, Kinder auch im Musikunterricht zu aktivieren, zum Singen und zum Musizieren anzuregen und zur Selbsttätigkeit im Improvisieren zu bringen, um sie auf vielfältige Weise zu fördern. Dies impliziert eine Erfüllung der Maxime, die bereits Heinz Antholz formulierte:

> Daß die didaktische Konzeption, mit Schülern zu planen, nicht ausschließt, auch ohne sie und sogar gegen sie und gerade deshalb für sie zu planen, geht in den Projekteinsatz ein, wenn es heißt, der Lehrer müsse sich gegenüber der aktuellen Bedürfnislage der Schüler zum Anwalt der Kenntnisse und Fähigkeiten machen, die für sie existenznotwendig sind.[311]

Zur Bewältigung dieses Spagats sollten den angehenden Musiklehrern bereits in der Ausbildung an Hochschulen und Universitäten das erforderliche Rüstzeug in Form eines praxisorientierten Methodenrepertoires mitgegeben werden. In ihrer späteren pädagogischen Arbeit wird es entscheidend sein, in welcher Form es ihnen gelingt, die Schüler/-innen an dem Prozess der Unterrichtsgestaltung teilhaben zu lassen. Die Einbeziehung von »Schülerwelten« wird den Lehrkräften bei der Vorbereitung ihres Unterrichts und bei der Entwicklung von tragfähigen Konzepten helfen, einen echten Bezug zur Lebenspraxis der Kinder herzustellen, der Interesse weckt.

---

gen im Fach Musik«, in: Kreutz & Bähr, *Anstöße – Musikalische Bildung fordern und fördern*, 2004, S. 41–52.

309 *Nee, weil ich keine Lust habe, und das wäre mir zu stressig* (MB 27). – *Nee, weil ich seh's ja an uns. Die Klassen sind sehr nett und alles. Aber unsere Lehrer, die flippen förmlich aus, wenn sie uns haben. Das ist nichts für mich* (MB 28).

310 *Nein, überhaupt nicht, weil ich lieber mathematisch was mache als musikalisch* (MB 55). – *Na ja, ich wollte eigentlich Architekt werden* (MB 36). – *Nein, ich mach' lieber was mit Pferden* (MB 39). – *Ich will lieber Astronaut werden. Das wollte ich eigentlich schon immer werden, weil ich mal in der Luft schweben will* (MB 34).

311 Antholz: »Der Schüler – der findet gar nicht statt«, 1984, S. 130.

3.2.5 Die Schüler/-innen in der Klassengemeinschaft

In den Grundlagen und Leitlinien zum amtlichen Lehrplan für die Grundschulen in Bayern ist das gemeinsame Lernen als wichtiges Lernziel ausgewiesen:

> In einem kind- und zeitgemäßen Unterricht hat neben der Individualisierung auch das gemeinsame Lernen große Bedeutung. Im Unterricht in der Gruppe oder in der Klasse tauschen die Schüler z. B. Kenntnisse und Meinungen aus, lassen andere Meinungen zu und ordnen ggf. eigene Interessen dem gemeinsamen Anliegen unter. Damit erfahren sie, wie bereichernd das Miteinander- und Voneinanderlernen sein kann. Sie sollen einsehen, dass manche Ziele nur in gemeinsamer Anstrengung und in Übereinstimmung mit dem Partner oder der Gruppe erreicht werden können.[312]

In der Tat entwickeln die Kinder im gemeinsamen Unterricht ein Gefühl für das Lernen in Gemeinschaft. Das ist auch notwendig, denn viele suchen in ihrer Freizeit schon gar nicht mehr Kontakt zu mehreren Freunden, wie es aus früheren Jahren bekannt ist.[313] Sie spielen allenfalls zu zweit – mit einem besten Freund oder einer besten Freundin – und suchen beim Spielen zudem auch nicht mehr so häufig den Weg nach draußen.[314] Bekannt ist, dass diese Kinder dann in der Schule gerne ihre Freunde treffen und dies ein wesentlicher Faktor dafür ist, ob sie sich wohl fühlen. Zu diesem Lernen in der Gruppe oder Klasse gehören in gleicher Weise gemeinsame Erfahrungen und Erlebnisse, zu denen in besonderer Weise auch der Musikunterricht seinen Beitrag leisten kann. In der Interviewstudie zeigte sich, dass obwohl viele unter den Lernenden das gemeinsame Musizieren noch nicht zu schätzen gelernt hatten[315], diese Art der Kommunikation

---

[312] Vgl. BayStM: *Grundschullehrplan*, S. 10.

[313] Helga Zeiher spricht in diesem Zusammenhang von einem »Verinselungstheorem«, das auf die Existenz zu weniger altersgleicher Kinder in erreichbarer Nähe und auf zu wenige Spielmöglichkeiten auf Außenflächen zurückzuführen ist. Vgl. dazu Helga Zeiher: »Kinder in der Gesellschaft und Kindheit in der Soziologie«, in: *Zeitschrift für Sozialisationsforschung und Erziehungssoziologie* 1/1996, S. 26–46.

[314] Jürgen Zinnecker bezeichnet diese Einschränkung des Bewegungsradius der Kinder, den Rückzug in die Innenräume der Häuser als »Verhäuslichung«. Fölling-Albers & Hopf sehen darin den Rückzug in die hausnahen Bereiche: Garten, Hof, Straße, Spielplatz. Vgl. Fölling-Albers & Hopf: *Auf dem Weg vom Kleinkind zum Schulkind*, 1995, S. 64–69.

[315] *Ich spiele eigentlich lieber alleine* (MB 46). – *Ich habe noch nie mit anderen zusammen gespielt, sondern immer alleine* (MB 2). Vgl. auch die ähnlichen Antworten in MB 14, 41, 42. – *Ich spiele lieber alleine und mach' mir dann meinen CD-Player*

doch die Möglichkeit bot, sich gegenseitig besser, d. h. auf musikalische Art kennenzulernen. So bekannte eine Schülerin in ihrer Antwort:

> *Beim Singen ist mir* [...] *aufgefallen, dass ich mich mit meiner Banknachbarin voll gut versteh* [...]. *Und vorher konnte ich die Andrea eigentlich nicht so gut leiden. Also, kann schon sein, dass das Zusammengehörigkeitsgefühl durch Musik besser geworden ist* (MB 56).

Die Kinder waren sich bewusst, dass im Musikunterricht nicht nur das Singen »gemeinschaftsbildend« ist, sondern auch das Tanzen und die Bewegungsspiele jeglicher Art:

> *Weil da machen wir auch was zusammen, z. B. tanzen gehen miteinander oder klatschen in die Hände.* [...] *Dass man da nicht immer auf sich selbst aufpasst, sondern einfach auch andere mitnimmt, oder dass man aufpasst, dass man mit den anderen gleichzeitig aufhört* (MB 35).

Schließlich war es auch das gemeinsame Spiel auf Instrumenten in einer Gruppe, das zu einem besseren Verständnis untereinander beitrug. *Da lernt man halt, mit anderen umzugehen* (MB 26), war eine weit verbreitete Ansicht, für die eine Schülerin eine plausible Erklärung fand: *Da kann sich der Gruppengeist ausüben* [!], *weil man halt aufeinander abgestimmt ist beim Musizieren* (MB 28). Für Schülerinnen und Schüler waren die positiven Wirkungen einer gemeinsamen musikalischen Beschäftigung in musikalischen und sozialen Lernbereichen wechselseitig zu verzeichnen. Sie erkannten zunächst den Wert auf fachlicher Seite, im Zusammenklang der Stimmen und Instrumente, im mehrstimmigen Musizieren.[316] Mit dem »mehrstimmigen Musizieren« dürfte bei den Kindern nicht immer eine echte Mehrstimmigkeit, sondern bereits das Spielen im Unisono gemeint sein. Der Arbeitsprozess bei der Erarbeitung von Melodien, das Alternieren und Harmonieren verschiedener Gruppen war für einige ein besonderes Erlebnis, dem sie in ihren Antworten Ausdruck verliehen:

---

an, weil den kann man abschalten und sagen: »Hey du nervst, hör jetzt auf!« Während mit anderen Kindern, da muss man sich dann immer so konzentrieren. Mich fasziniert das, wie die dann spielen, und dann schau ich da hin und nicht mehr auf meine Noten und spiel' dann irgendwas zusammen und falsch und bin dann schuld, wenn irgendwas schief geht. Und das ist blöd (MB 28).

316 *Mit anderen zusammen, weil es dann auch schöner klingt. Also, mehrstimmig und so* (MB 39). – *Da spiel' ich Flöte, und das gefällt mir richtig gut, weil wenn dann alle Stimmen zusammen spielen, dann hört sich das viel schöner an, als wenn man allein spielt* (MB 56). – *Ja, da haben* [wir] *in der vierten Klasse das ausprobiert mit unseren Rasseln und das haben wir dann zusammen erlebt* (MB 51).

Wenn man zusammen singt, dann kommt man irgendwie ... Dann wird man so in Gruppen eingeteilt, manchmal. [...] *Wenn zwei zusammen singen oder wieder andere die zweite Stimme singen, vorsingen, dann kommt irgendwann eine schöne Melodie raus.* [...] *Dass jeder halt mitmachen darf, und nicht der eine macht das, und der andere muss halt zuschauen* (MB 15).

Zum anderen spürten die Kinder, dass der Musikunterricht gleichzeitig dem Erwerb sozialer Handlungskompetenzen diente, dass er zu besseren Kontakten zu den Mitschülern führte[317] und sich positiv auf die Klassengemeinschaft auswirkte: *Das ist einfach cool. Weil wir auch eine ziemlich tolle Klassengemeinschaft sind* (MB 28). Singen und Musizieren bedeutete für viele eine Anstrengung, die man gemeinsam mit Freude bewältigt. Gemeinsame Erfahrungen wie der Vortrag bei einem Elternabend, bei einer Schulfeier oder zu einem besonderen Anlass stärkten das Zusammengehörigkeitsgefühl und die Einsatzbereitschaft füreinander. Es musste nicht immer ein Konzert sein, aber den Kindern blieben gemeinschaftsbildende Erlebnisse angenehm im Gedächtnis: *In der 2. Klasse* [...], *da haben wir mit unserer Musiklehrerin mal so ein Lied für unsere Eltern vorgesungen. Der Abend war voll schön* (MB 57). Gemeinsames Singen wurde vielerorts als besonderer Höhepunkt empfunden. Häufig war es aber nicht nur das Singen, das die Kinder begeisterte, sondern auch der in Gemeinschaft geleistete Vortrag, der mit denjenigen stattfand, mit denen man auch in den anderen Fächern den Schulalltag durchlebte. Und dieser soziale Aspekt scheint nicht unwesentlich zu sein. Nicht unbedingt eine Konzerterfahrung, sondern das gemeinsam Erarbeitete stand bei den Probanden hoch im Kurs, *weil's halt einfach zusammen mehr Spaß macht* (MB 55). *Der Höhepunkt, das war nicht der Schulchor, sondern wir, die Klasse, wir haben mal an einem Elternabend gesungen und schaugespielt* (MB 51). Die Kinder wussten in der Regel, dass man die zugeteilten Stimmen üben musste, um ein Klangergebnis zu erzeugen, mit dem alle zufrieden sein konnten.[318] Sie räumten ein, dass das Üben allein vonstatten

317 *Es gibt Leute, die sind nicht ganz so begnadet im Fach Musik, und wenn man denen ab und zu mal hilft, dann kann das schon bessere Kontakte aufbauen* (MB 13). – *Also, gemeinsames Musizieren ... da könnte man die auf andere Weise auch schätzen. Dann weiß man nicht nur, dass der z. B. so gut in der Schule ist, dann weiß man auch, dass der recht nett sein kann. Also dann gibt es auch mehrere Möglichkeiten, sich dann besser zu verständigen* (MB 30).

318 *Zusammen macht's schon auch Spaß, aber da machen wir viele Fehler und dann müssen wir wieder von vorne anfangen und so, aber zusammen macht's auch Spaß* (MB 43). – *Es macht schon Spaß, aber immer wenn jemand was Falsches spielt,*

gehen sollte, damit sich der Einzelne besser auf seine Stimme, in der Freizeit auf sein Instrument konzentrieren konnte.[319] Für die Musik in der Klasse sei es jedoch wichtig, dass man rechtzeitig zusammenfindet, um Freude am gemeinsamen Ergebnis zu finden:

> *Ich finde es schon schön, wenn du mit anderen zusammen spielen kannst. Das ist einfach schön. Dann kann man so Gemeinschaften ... Da gibt es so einen schönen Klang, wenn man das hört, was das Orchester, was das dann alles bringt* (MB 16).[320]

Um diese gemeinsamen musikalischen Erlebnisse zu ermöglichen, waren die Kinder im Grunde dafür, dass in den Unterrichtsstunden konstruktiv daran gearbeitet wurde. Dass gerade der Musikunterricht massiven Störungen ausgesetzt ist, stellt eine hinlänglich bekannte Tatsache dar, die bereits im vorangegangenen Kapitel angeklungen ist. Da in den Hauptfächern Deutsch, Mathematik, in den Sachfächern und in Englisch ähnliche Arbeitsweisen üblich sind, wird allein schon durch den Wechsel der Aktivitäten im Fach Musik suggeriert, dass die Aufmerksamkeit nicht in der gewohnten Form beibehalten werden müsse. Schüler/-innen kamen zu der Überzeugung, dass Unruhe entstehe,

> *weil* [...] *man einfach mit Freunden zusammen ist, und man kann sich auch in Musik unterhalten, und der Lehrer merkt es nicht. Und in Mathe und in Englisch merken sie es schon* (MB 41).

Zudem hat die Lehrkraft in den Hauptfächern durch gezielte Maßnahmen (z. B. Stillarbeitsphasen in Einzel-, Partner- oder Gruppenaufträgen) die Möglichkeit, auf die Kinder gezielt einzuwirken, sie zu

---

wenn man dann weiterspielt, muss man dann auch anhalten (MB 49). – *Naja, da dauert's länger bis man was kann, weil der eine sich mal verspielt. Aber da hat man ein bisschen mehr Freude am Musizieren, weil du da nicht nur dich selber hörst, sondern eben auch andere Leute* (MB 13).

319 *Zum Üben üb' ich jetzt lieber alleine. Deswegen hab' ich jetzt auch Privatunterricht. Weil das* [gemeinsame Üben] *würde mich irgendwie ein bisschen nerven* (MB 16).

320 Vgl. darüber hinaus folgende Schülerantworten zum gemeinsamen Musizieren: *Dass man mit anderen Musik machen kann, weil immer alleine, das macht auch keinen Spaß* (MB 3). – *Dass es halt mit den anderen mehr Spaß macht und da lernt man halt viele Sachen außer nur Instrumente spielen* (MB 35). – *Dass es halt Spaß macht, mit anderen mitzumachen, außer nicht nur immer solo* (MB 35). – *Ja, es macht einfach mehr Spaß, mit den anderen dann zu musizieren, und es ist einfach viel schöner fürs Leben. Und den anderen macht es ja auch Spaß, wenn man musiziert* (MB 34). – *Beim Klavierspielen spiele ich lieber alleine, in der Schule mag ich lieber zusammen mit den anderen singen.* [Und am Nachmittag?] *Da sing ich nicht, da spiel' ich bloß Klavier.* [Was ist das besondere, wenn man in einer Gruppe musiziert?] *Dass es mehr Spaß macht, als wenn man alleine da steht und singt* (MB 23).

beobachten und zu beruhigen. Störende Kinder können sogar durch das Medium Musik zur Raison gebracht werden, wie ein Schüler aus seinen Erfahrungen berichtete:

> *Manchmal singen wir im Unterricht, weil manche sind dann immer so störend, dass sie wieder beruhigt werden, dass sie wieder leise sind, weil dann arbeiten sie weiter danach wieder* (MB 7).

Unruhe entstand nicht nur durch klassische Störungen zu unterschiedlichen Anlässen, sondern auch, wenn wichtige Regeln zur gegenseitigen Akzeptanz und Toleranz bzgl. musikalischer Leistungen in der Klasse nie gepflegt wurden. Dieser Sachverhalt betrifft beispielsweise das Vorsingen in der Klasse, wie es bereits angeklungen war:

> *Ja, es war schon schön, aber irgendwie auch manchmal nervig. Weil wenn man singen musste und die Jungs sind dann hinten in der Bank gesessen und haben einen ausgelacht, das war dann schon ein bisschen doof* (MB 41).

Auch wenn einzelne Kinder aus Interesse dem Musikunterricht stärker folgten als andere – bekanntermaßen ist das Leistungsgefälle in den Klassen sehr hoch –, entstand Unruhe aufgrund der unterschiedlichen Mitarbeit und Einsatzbereitschaft: *Was mich störte war, dass mich die anderen Kinder oft im Musikunterricht ausgelacht haben, wenn ich etwas schon besser wusste* (MB 60). Das Interessante ist, dass diese Momente, in denen einzelne Schüler ungeniert die Gelegenheit wahrnahmen, sich in den Mittelpunkt der Aufmerksamkeit zu rücken, um ihr Desinteresse zu zeigen[321], gerade nicht bei allen Klassenkameraden auf Gegenliebe stießen. Mitschüler nahmen derartige Störer, die einen Unterrichtsfluss verhinderten, bewusst wahr und standen ihnen in vielen Fällen ablehnend gegenüber.[322] Gerade die Mädchen einer Klasse fühlten sich von ihren männlichen Klassenkameraden gestört.[323] Die

---

[321] *Weil ich nun mal ein Lausbub bin, und wenn man da eine Gaudi machen darf, das ist der Himmel* (MB 1). – *Weil viele Kinder in unserer Klasse und auch in anderen Klassen, die z. B. legen* [...] *sich auf das Musikheft und hören dem Lehrer gar nicht zu und machen immer was völlig anderes* (MB 62).

[322] *Also ich würde darauf Wert legen, dass die meisten oder vielleicht auch alle* [Schüler gemeinsam] *Instrumente spielen oder auf alle Fälle gut mitmachen und auch mitsingen und nicht irgendeinen Schmarren machen* (MB 43). – *Dass alle aufpassen.* [...] *Dass sie nicht schwätzen und aufpassen und mitmachen. Wenn ich ihnen was zeige, ob sie es auch verstanden haben* (MB 46). – *Wenn ich der Lehrer wäre, würde ich darauf Wert legen, dass die Schüler mitarbeiten und musikalisch werden* (MB 25).

[323] *Manchmal sind die Buben so komisch aufgedreht* (MB 57).

Antwort einer Schülerin gab einen ernst zu nehmenden Ratschlag, denn als Lehrerin würde sie persönlich darauf achten,

> *dass ich die Kinder auch nicht bloß im Unterricht nur rumspinnen lasse, sondern ich würde da schon was machen. Aber ich würde aber auch nicht so streng sein und nur vorne stehen und plappern, sondern ich würde dann auch mal zwischen drinnen ein paar Witze machen oder so was* (MB 42).

Trotz eines gewissen Maßes an Ordnung war es für die Kinder unabdingbar, im Unterricht Spaß zu haben. Ein anderer Schüler formulierte diesen Wunsch mit eigenen Worten:

> *Soll ich jetzt ganz ernst sein?* [...] *Also gut. Dass man den Kindern den Spaß lässt, aber dennoch ziemlich streng ist, denn wenn man die Zügel zu locker lässt, dann wird auch nichts Gescheites draus* (MB 1).

Im Kern waren die Schülerinnen und Schüler der Überzeugung, dass der Musikunterricht in der Grundschule für sie persönlich und für andere Personen etwas leisten kann: *Es ist schon wichtig, weil manche Menschen, wenn sie Musik kennenlernen, werden ruhiger und sind netter* (MB 59). Dies betraf unmittelbar das Leben an und in einer Grundschule, den freundlicheren Umgangston, den man sich wünschte, die Handgreiflichkeiten und Schlägereien, die es nach Ansicht der Kinder zu minimieren galt: *Zum Beispiel gibt es ja manche Menschen, die schlägern sehr viel, und dass es die dann doch beruhigt und* [ihnen] *ein sanfteres Gefühl gibt* (MB 44). Die Kinder sahen sich in der Lage, sich über Musik zu verständigen und über Musik neue Freunde zu gewinnen. Sie gingen aber nicht so weit, sich ihre Freunde danach auszusuchen, ob sie musizierten oder nicht.[324] Trotzdem räumten sie ein, dass eine musikalische Betätigung das soziale Miteinander fördern und sich daher durchaus positiv auf das Schulklima auswirken kann.[325] Eine Schule, in der der musikalische Anteil nicht zu kurz kommt, kann nach Ansicht der Grundschüler/-innen in ihrem Schulleben nur profitieren und die positiven Wirkungen nach außen tragen: *Also dann würde die Musik was bringen für die Freundlichkeit ... und außerhalb auch ein bisschen* (MB 30). Möglicherweise ist es auch die empirische Unterrichtsfor-

---

[324] *Weil es kommt ja nicht drauf an, ob du jetzt das tollste Instrument spielen kannst, sondern ob du nett bist, ob du eine gute Freundin bist. Es hat schon was mit Musik zu tun, aber im Grunde genommen hat das nicht die Vorderhand* [sic!] (MB 44).

[325] *An Schulen, an denen nicht so viel Musik gemacht wird, sind die Kinder vielleicht unkonzentrierter* [...] *und ein bisschen mehr gewalttätiger und nicht so froh und lustig* (MB 44).

schung, die ihren Beitrag zu diesem Ziel leisten kann. Ein Schüler verriet diesbezüglich Weitblick mit der folgenden Antwort: *Unsere Schule kann sich durch den Test verändern, den Sie da durchführen* (MB 38).

Es muss betont werden, dass wissenschaftliches Forschen und die kritische Hinterfragung von Ergebnissen dazu dienen, vorwissenschaftliche subjektive Meinungen in objektives Wissen zu überführen. Auf viele Fragen wird es nicht nur *eine* Antwort geben, da es sich bei dem Musikunterricht um ein vielschichtiges Phänomen handelt, das den verschiedensten Einflüssen unterliegt.[326] Auch in der mündlichen Befragung wurde deutlich, wie individuell die Zugänge der Kinder zum Musikunterricht waren. Ebenso wenig, wie es »den« Musikunterricht gibt, existiert in der Schulpraxis, um mit Hans Günther Bastian zu sprechen, »der« Schüler oder gar »der« Lehrer.[327] Festzuhalten bleiben konkrete Ergebnisse, die die Schüler/-innen in ihren Antworten formulierten: Dazu gehörten der Wunsch nach aktiver musikalischer Betätigung im Singen und Spielen auf Instrumenten, nach ausreichend Zeit im Musikunterricht, nach einer zeitnahen methodischen Aufbereitung der Lerninhalte durch den Lehrer, nach Toleranz untereinander und nach Kontinuität musikalischer Ausbildung in den Grundschul- sowie in den Folgejahren.[328] Fächer wie Sport, Kunst und gerade Musik übernehmen eine wichtige sozial-integrative Funktion in der allgemein bildenden Schule, die nicht zu unterschätzen ist. Denn wo anders als hier hat man als Lehrkraft die Möglichkeit, der Diversifikation von Kindheit in entscheidendem Maße entgegenzuwirken?

Das Fach Musik sollte in Zukunft seinen festen Platz im Bildungssystem der Elementarstufe behalten. Die musikalische Bildung – das belegen alle Schülerinterviews – dient einer individuellen Entwicklung und Entfaltung der Kinder. Um dieses anspruchsvolle Ziel zu

---

326 Der Autor schließt sich einem Verständnis von Unterrichtsforschung an, das M. L. Schulten wie folgt formulierte: »Es wäre […] vermessen, auf die zunächst einfach erscheinenden Fragen nur eine Antwort zu geben, da die Fragen Eindimensionalität und Linearität des Unterrichtsgeschehens vorgeben und den Unterricht auf einen Wenn-Dann-Handlungsablauf reduzieren. Forschungsergebnisse können nicht unmittelbar als Handlungsanweisungen formuliert werden, denn das hieße, aus Aussagen Imperative ableiten.« Maria Luise Schulten: »Musikpädagogische Forschung und die Praxis des Musikunterrichts. Forschungsergebnisse als Unterrichtshilfen«, in: *MuB* 12/1980, S. 542f.

327 Bastian: »Empirische Forschung in der Musikpädagogik«, 1999, S. 630.

328 Eine Schülerin formulierte den Wunsch nach einem »lückenlosen« Unterricht in folgender Weise: *In den 1., 2., 3. und 4. Klassen, da lernt man halt schon viel. Also von klein auf gleich, weil dann weiß man halt, dann kann man Musik halt später vielleicht ein bisschen besser, als wenn man es erst in der 5. oder 6. lernt* (MB 54).

erreichen, möchte die vorliegende Untersuchung ihren Beitrag leisten. Bereits in der Interviewstudie konnten wertvolle Anregungen und neue Facetten zur Beurteilung des Lernfeldes Musik gewonnen werden. Die Schülerperspektive hat neue Fragestellungen geniert, die allein aus Sicht der Lehrperson nicht erkennbar gewesen wären. »Dies ist [...] ein hoffnungsvolles Zeichen, denn Wissenschaft bedeutet auch, mehr zu suchen, als man im Moment findet.«[329] Um weiterführende Erkenntnisse im Forschungsfeld »Musikunterricht aus Schülersicht« zu erhalten, wäre es an dieser Stelle möglich gewesen, vertiefende Fallinterpretationen heranzuziehen.[330] Alternativ zu diesem Weg erschien es jedoch noch vielversprechender, mit Hilfe der gewonnenen Daten einen neuen methodischen Zugang zu wählen und einen Fragebogen zu konzipieren, der die Einbeziehung einer weit größeren Schülerstichprobe ermöglichte. Diese Maßnahme ließ erwarten, dass die Ermittlung quantitativer Daten und deren Analyse in empirisch-statistischen Verfahren[331] weitere Einblicke in den Musikunterricht gewährten, die letzten Endes zu einer Qualitätsentwicklung und -sicherung musikpädagogischer Perspektiven auf breiter Basis beitragen. Erfahrungswerte dieser Art, die aus erster Hand gewonnen wurden, werden für diejenigen Pädagogen auch in Zukunft einen hohen Stellenwert behalten müssen, die um Aktualität und Attraktivität ihrer angebotenen Lerninhalte bemüht sind. Dementsprechend gehört das letzte Wort der Interviewstudie einem Schüler, der danach befragt wurde, ob sich seine Schule unter der Wirkung von Musik verändert. Er antwortete mit einem richtungweisenden Diktum, das – bezogen auf die Schülerinteressen – Anklänge an Friedrich Nietzsches bekannten Aphorismus »Ohne Musik wäre das Leben ein Irrtum« assoziieren lässt: *Ja, wir werden musikalischer, denn eine Schule ohne Musik ist keine richtige Schule* (MB 60).

329 Bastian: »Unterrichtsforschung in der Musikpädagogik«, S. 357.

330 Vgl. Schmidt: »Am Material«, S. 563f.

331 Auf den Vorteil einer Methodenkombination und das einander ergänzende Potenzial wurde bereits hingewiesen. Vgl. Kap. II. 2.1.

4. Ableitung untersuchungsrelevanter Fragestellungen

Die empirisch-qualitative Feldstudie hat gezeigt, dass unter den Grundschulkindern die unterschiedlichsten Einstellungen und Kenntnisse vorherrschen im Hinblick auf das musikalische Angebot in Schule und Freizeit. Diese zu ermitteln, war ein erster wichtiger Schritt, geben sie doch aus erster Hand einen reichhaltigen Fundus individueller, bisweilen stark emotional ausgerichteter Schülereindrücke wieder. Die authentischen Aussagen der Schüler/-innen sind für die gesamte Untersuchung gerade deswegen wertvoll, da der Autor aufgrund des Mangels an theoriegeleiteter Grundlagenliteratur und fehlender Vorläuferstudien zu dem Thema auf die Informationen der Kinder angewiesen war, die eine Basis für den empirisch-quantitativen Teil der vorliegenden Untersuchung konstituierten. Eine Vorgehensweise dieser Art wird auch von einschlägigen methodologischen Quellen empfohlen. Die beiden miteinander verwobenen Forschungszugänge sind komplex und daher arbeitsintensiv, gleichwohl versprechen sie für die Fragestellungen der Studie einen maximalen Erkenntnisgewinn.[332] In einem zweiten Schritt sollen die Erkenntnisse der explorativen Phase wiederum mit empirischen Arbeitsweisen geprüft werden, um den Großteil der relevanten Kernfragestellungen quantitativ zu replizieren. Wichtig für den Forschungsfortgang war zunächst die Prämisse, dass das Interesse an Musik grundlegend davon abhängt, ob sich der Proband – sei es in der Freizeit oder im schulischen Kontext – aktiv mit Musik auseinandersetzte. Grundlegend war dabei die Annahme, dass sich die intensive Beschäftigung mit Musik im Verhalten und den Einstellungen der Schüler/-innen niederschlug. Dabei waren Effekte einerseits in Abhängigkeit davon zu erwarten, ob die Heranwachsenden ein Musikinstrument spielten oder nicht. Die im Fragebogen dargebotenen Items wurden daher mit Hilfe der unabhängigen Variablen »Musiker/Nicht-Musiker« genauer spezifiziert. Darüber hinaus stellte sich die Frage, ob das zusätzliche Angebot eines »erweiterten Musikunterrichts« (EMU) die Zielgruppen zu erhöhter Beschäftigung mit musikalischen Elementen führte und welche Effekte es hervorbrachte. Daher wurden im Hinblick auf diese Unterscheidung die Daten unter

---

332 »In der [... explorativen Studie] werden [üblicherweise] Erfahrungen gesammelt, aus denen sich [...] Vermutungen über [...] die Entwicklung von Einstellungen ableiten lassen. Diese Vermutungen können weitere Untersuchungen veranlassen, die die Tragfähigkeit der gewonnenen Einsichten an anderen Menschen überprüfen.« Bortz & Döring: *Forschungsmethoden*, 2002³, S. 34.

Einbeziehung der unabhängigen Variablen »erweiterter/regulärer Musikunterricht« aus anderem Blickwinkel untersucht, da von der Gruppierung beider Teilpopulationen ebenfalls Effekte zu erwarten waren.

Die empirischen Daten der einleitenden Interviewstudie dienten nicht nur der Exploration des Forschungsfeldes, sondern sie legten nahe, dass ähnliche Effekte auch bei einer repräsentativen Schülerstichprobe erwartet werden können. Diese Vermutung sollte in der zweiten Studie genauer untersucht werden. Die folgenden fünf globalen Forschungshypothesen, die theorie- und untersuchungsgeleitet entstanden sind, bilden die Themenbereiche ab, zu denen die Kinder in der ersten Phase der Untersuchung befragt worden sind. Die Fragestellungen bilden gleichzeitig den Mittelpunkt der vorliegenden Studie, das Verbindungsglied zwischen der qualitativen und der quantitativen Erhebung; denn die explorative Forschungsarbeit hat erst die neuen Fragestellungen generiert und motiviert.[333] Die Items sind insbesondere auf folgende Themenbereiche konzentriert: »Emotionale Gestimmtheit«, »Familiales Umfeld«, »Musikunterricht«, »Musiklehrer/-in« und »Soziale Einstellung«. Die Hypothesen sind zunächst für die Teilpopulationen Musiker/Nicht-Musiker formuliert, im Anschluss für die Kinder mit »erweitertem«/»regulärem« Musikangebot an den Schulen.

4.1 Hypothese I – Emotionale Gestimmtheit

Es kann als gesichert angenommen werden, dass Musik einen Einfluss auf die Emotionen von Viertklässlern ausübt und sie mit Hilfe musikalischer Einflüsse ihre Stimmungen und ihre innere Balance regulieren lernen. Dieser Sachverhalt trat in zahlreichen Schülerantworten der Interviewstudie zu Tage: Für die Grundschüler/-innen bedeutet Musik in erster Linie etwas Emotionales, der individuelle Zugang zum Lerninhalt schließt für einen Großteil emotionale Elemente mit ein (MB 48, 51, 56, 62 u. a.). Eine Schülerin entdeckte den »Sinn« einer musikalischen Beschäftigung darin, *dass man vielleicht ein bisschen mehr Gefühle fühlt* (MB 24), eine andere berichtete aus ihrer Erfahrung, dass Musik *manche Menschen* [...] *beruhigt und* [ihnen ...] *ein sanfteres Gefühl gibt* (MB 44). Für viele ihrer Altersgenossen bedeutete

[333] Bortz & Döring formulieren diese Schlüsselstellung in treffender Weise: »Eine Hypothese ist bei induktiver Vorgehensweise das Resultat und bei deduktiver Vorgehensweise der Ausgangspunkt einer empirischen Untersuchung.« Bortz & Döring: *Forschungsmethoden*, 2002[3], S. 35.

Musik vor allem Entspannung und eine Auflockerung im Schulalltag, die sie zur Regulation ihrer Gefühle benötigten. Eine theoriegeleitete Recherche hilft, diesen Sachverhalt weiter zu erhärten. Schramm (2005) zeigt ein breites Spektrum von Möglichkeiten auf, wie Musik das »Mood Management« in alltäglichen Situationen unterstützt.[334] Adamek kommt in seiner Studie zum »Singen als Lebenshilfe« zu dem Ergebnis, dass durch den Einfluss nahestehender Personen das Singen als »Bewältigungsstrategie positiver wie auch negativer Gefühle« fungieren kann.[335] Nach Volland & Hofmann (2003)[336] genügen Kindern und Erwachsenen einfache musikalische Mittel, wie sie z. B. in Improvisationen vorbereitet werden können, um ihren emotionalen Ausdruck deutlich zu kommunizieren. Im Hinblick auf die Zusammenhänge zwischen musikalischem Verhalten und aggressiven Einstellungen bei Viertklässlern konnten Kreutz & Litta (2004)[337] konkretisieren, dass relative Präferenzen für schnelle Musik mit erhöhten Aggressionswerten bei einer kleinen Gruppe von Kindern in ihren Befunden verknüpft waren. In jüngster Vergangenheit stellten Kreutz, Schonk & Upano (2007) Einflüsse von Modalität und Tempo auf die Wahrnehmung musikalischer Affekte auch bei Kindern fest.[338] Zur Untersuchung dieses Sachverhaltes wurde eine Zweiteilung der Hypothese I vorgenommen, da einerseits die Effekte von Interesse waren, die sich für alle diejenigen aktiv musizierenden Kinder der untersuchten vierten Klassen ergaben, die einen zusätzlichen privaten Instrumentalunterricht beanspruchten (Instrumentalisten vs. Nicht-Instrumentalisten), andererseits für die Kinder, die ein verstärktes Musikangebot an ausgewählten bayerischen Schulen genossen (EMU vs. regulärer

---

334 Holger Schramm: *Mood Management durch Musik. Die alltägliche Nutzung von Musik zur Regulation von Stimmungen*, Köln: Halem 2005.

335 Karl Adamek: *Singen als Lebenshilfe*, S. 98.

336 Cordelia Volland & Gaby Hofmann: »Darstellung und Erkennen des emotionalen Ausdrucks in musikalischen Improvisationen bei Kindern und Erwachsenen«, in: *Musiktherapeutische Umschau* 3(24)/2003, S. 205–214.

337 Gunter Kreutz & Gabriele Litta: »Musikpräferenzen und aggressive Einstellungen in der vierten Grundschulklasse«, in: *Musikpsychologie. Jahrbuch der Deutschen Gesellschaft für Musikpsychologie. Musikalische Begabung und Expertise*, Bd. 17, Göttingen u. a.: Hogrefe 2004, S. 72–88.

338 Gunter Kreutz, Christina Schonk & Leo Upano: »Einflüsse von Modalität und Tempo auf die musikalische Affekterkennung bei fünfjährigen und sechs- bis achtjährigen Kindern: Ergebnisse einer Replikationsstudie«, in: *Musicae Scientiae*, 9(1)/2007, pp. 121–143.

Musikunterricht).[339] Als Forschungshypothesen ergeben sich daher die folgenden Annahmen:

H I.1.0:	Kinder, die aktiv musizieren, nutzen Musik gleich oder weniger oft zur Regulation ihrer emotionalen Gestimmtheit als Kinder, die nicht musizieren.
H I.1.1:	Kinder, die aktiv musizieren, nutzen Musik häufiger zur Regulation ihrer emotionalen Gestimmtheit als Kinder ohne dieses Musik-Treatment.[340]
H I.2.0:	Kinder mit EMU und mit regulärem Musikunterricht nutzen Musik gleich oder weniger oft zur Regulation ihrer emotionalen Gestimmtheit.
H I.2.1:	Kinder, die EMU in der Schule erhalten, nutzen Musik häufiger zur Regulation ihrer emotionalen Gestimmtheit als Kinder ohne dieses Musik-Treatment.

4.2 Hypothese II – Familiales Umfeld

Ob sich ein Kind für Musik begeistern lässt, im Idealfall ein Instrument spielt und darauf regelmäßig übt, hängt nur sekundär von dem schulischen Musikunterricht ab, da die Kinder in ihrer Freizeit mit sehr vielen zusätzlichen Eindrücken konfrontiert sind. Die mündlichen Befragungen ergaben, dass in weit höherem Maße außerschulische Vorbilder für diese Motivation der Kinder verantwortlich zu machen sind, die viele in ihrem häuslichen Umfeld finden. Dazu gehören das Interesse der Eltern und Geschwister, mitunter auch das der Großeltern und die Aktivitäten, die von dieser Personengruppe ausgehen. Ein Kind berichtete in einem Interview: *Sie fragen mich halt auch nach dem Musikunterricht, wie's war, und wenn wir vorspielen müssen, ob mir's gut gegangen ist.* […] *Sie wollen mich halt schon fördern* (MB 42). Fallen das Interesse und der musikalische Einsatz der Kinder in der Familie auf fruchtbaren Boden (MB 4, 5), ist das der Ursprung

[339] Die beschriebene Zweiteilung wird im Folgenden auch für die Hypothesen II, III, IV und V vorgenommen. Für beide Hypothesen findet sich gesondert die statistische Nullhypothese (H_0) ergänzt. Die Nullhypothese stellt jeweils die Basis dar, von der aus entschieden wird, ob die Alternativhypothese akzeptiert werden kann oder nicht.

[340] Der Terminus »Treatment« ist an dieser Stelle nicht in einem experimentellen Sinne zu verstehen, da hier kein experimentelles Design vorliegt. Vgl. dazu auch die Ausführungen zum Ziehen der Stichprobe in Kap. II. 5.1.

einer Motivation, die bis in die Schule spürbar bleibt. Dies macht sich vor allem bei musikalisch aktiven Kindern bemerkbar, die bei sich in vielen Fällen ein Faible für häusliches Musizieren entdecken. So bekannte ein Kind: *Außerhalb der Schule ist mir Musik wichtiger, weil ich da einfach mehr Zeit hab', und mir wird nicht gesagt, was ich tun soll* (MB 59). Kinder, deren Eltern und/oder Geschwister an Musik nicht interessiert sind, reagieren dagegen häufig gleichgültiger und haben in der Regel kein Selbstvertrauen in ihre musikalischen Fähigkeiten. Eine Wechselwirkung von Eindrücken aus der Familie mit der Entstehung musikalischer Interessen ist auch für Howard Gardner (1991) wahrscheinlich. Bei einem bereits im häuslichen Umfeld breit gefächerten musikalischen Angebot liegt seiner Auffassung nach »Musik für die Kinder ebenso ›in der Luft‹ wie ihre Muttersprache«.[341] Dass das gemeinsame Musizieren – sei es im Klassenverband oder zu Hause – für Kinder wichtig, »auch wenn das Ergebnis noch nicht perfekt ist«, bestätigt Hassler (1998) aus ihrer Perspektive.[342] Schließlich ist der Darstellung Gembris' (2002^2) beizupflichten, dass ein Zusammenhang zwischen Elternhaus und (musikalischer) Erziehung besteht, der untrennbar mit den Determinanten Begabung und Entwicklung verbunden ist.[343] Diese Qualitäten werden auch im schulischen Musikunterricht stark gefördert. Es ist daher zu vermuten, dass Kinder, die ein verstärktes musikalisches Angebot durch Spielen eines Instrumentes oder durch einen erweiterten Musikunterricht genießen, in das häusliche Musizieren weit stärker aktiv eingebunden sind als andere Kinder.

H II.1.0:	Das Umfeld von Kindern, die aktiv musizieren, bietet gleich viele oder weniger musikalische Anreize/Anregungen als das Umfeld von Kindern, die nicht aktiv musizieren.
H II.1.1:	Das Umfeld von Kindern, die aktiv musizieren, bietet mehr musikalische Anreize/Anregungen als das Umfeld von Kindern, die nicht aktiv musizieren.
H II.2.0:	Kinder mit EMU musizieren zu Hause genauso viel oder weniger im Vergleich zu Kindern mit regulärem Musikunterricht.
H II.2.1:	Kinder mit EMU musizieren zu Hause häufiger im Vergleich zu Kindern mit regulärem Musikunterricht.

[341] Gardner: *Abschied vom IQ*, S. 338.

[342] Hassler: *Musikalische Begabung in der Pubertät. Biologische und psychologische Einflüsse*, S. 119.

[343] Gembris: *Grundlagen musikalischer Begabung und Entwicklung*, S. 185–192.

4.3 Hypothese III – Musikunterricht

Die Interviewstudie erhärtete den Eindruck, dass die Schüler/-innen von den Erfahrungen aus ihrem Musikunterricht geprägt sind. Nicht jedes Kind konnte zwar von sich behaupten: *Der Musikunterricht hat mich gesteigert, weil ich halt jetzt besser singen kann* (MB 57). Interessante Inhalte und abwechslungsreiche Zugangsweisen manifestierten sich jedoch in den Einstellungen zahlreicher Vpn. Umgekehrt führten Wiederholungen oder Unterforderungen schnell zu Langeweile und Unruhe in den Klassen, letzten Endes zu einer physischen und psychischen Belastung der Musiklehrer/-innen. Die Literatur beantwortet Fragen nach dem Musikunterricht in unterschiedlicher Art und Weise. Nach den Untersuchungen von Bastian (1992) und Graml & Reckziegel (1982) stehen die Schüler/-innen dem Musikunterricht kritisch gegenüber, äußern jedoch durchaus konstruktive Vorschläge zur Anhebung des Niveaus.[344] Es ist interessant, dass diese Tatsache nicht nur die Inhalte, sondern – worauf Schulten (1980) nachdrücklich hinweist – auch die Methodenfrage betrifft.[345] Es stellt sich die Frage, ob ein erweiterter Musikunterricht in diesem Falle Abhilfe schaffen kann, um die Kinder stärker für Musik zu interessieren. Die mehrfach zitierten EMU-Untersuchungen von Bastian (2002³) und Weber, Spychiger & Patry (1993) sehen einen Weg, durch ein erhöhtes Maß an Musik in den Schulen nicht nur den Spaß, sondern auch die Konzentration und Leistungsfähigkeit der Kinder dauerhaft zu erhalten. Zu fragen ist weiterhin, ob die erhöhte Beschäftigung mit Musik auch in der Wahrnehmung der Schüler spürbar ist und sich im fachinternen Interesse niederschlägt. Ähnlich wie in der Beurteilung der Musiklehrkraft sind die Kinder möglicherweise auch in der Lage, mit erhöhtem musikalischem Engagement die Musik in der Schule als interessanter wahrzunehmen, ein Sachverhalt, dem in den Hypothesen III nachgegangen werden soll:

---

344 Bastian: »Musikunterricht im Schülerurteil«, 1992, S. 112–137. – Graml & Reckziegel: *Die Einstellung zur Musik und zum Musikunterricht. Ein Beitrag zur Elternbefragung*, 1982.

345 Schulten: »Schülerwünsche zu Unterrichtsmethoden im Musikunterricht«, S. 96–111.

H III.1.0:	Kinder, die aktiv musizieren, haben ein gleich ausgeprägtes oder geringeres Interesse für das Fach Musik im Vergleich zu Kindern, die nicht musizieren.
H III.1.1:	Kinder, die aktiv musizieren, haben ein größeres Interesse am Fach Musik als Kinder, die nicht musizieren.
H III.2.0:	Kinder mit EMU haben ein gleich ausgeprägtes oder geringeres Interesse für das Fach Musik im Vergleich zu Kindern mit regulärem Musikunterricht.
H III.2.1:	Kinder mit EMU haben ein größeres Interesse am Fach Musik als Kinder mit regulärem Musikunterricht.

4.4 Hypothese IV – Musiklehrer/-in

Von der Musiklehrkraft hängt es in vielen Klassen ab, ob sich die Schüler/-innen motivieren, inspirieren und zu nachhaltigem Musizieren anregen lassen, da von ihr entscheidende Impulse für das musikalische Interesse – auch für die Folgezeit – ausgehen können. In der explorativen Studie hatten die Kinder ein deutliches Gespür dafür gezeigt, ob ein Lehrer »musikalisch« war (MB 44). Über diese Vorgabe hinaus legten die Grundschulkinder besonderen Wert darauf, dass er sich »nett«, »lustig« und »hilfsbereit« gab (MB 57, 59) und dass er »viel Spaß verstand« (MB 56). Die Bewertungsmaßstäbe der Kinder sind nicht neu, waren in der Literatur doch bereits bei Schaffrath & Funk-Hennings (1982) sowie bei Gerstenmaier (1975) deutliche Anzeichen für die Einschätzung des Musiklehrers in der Auffassung der Kinder formuliert worden.[346] Nach Pfeiffer (1994), Bastian (1993), Gembris (1991) und Schulten (1979) ist die zentrale Stellung des (Musik-)Lehrers im Bildungsprozess derart prägend, dass diese Eindrücke in der Entwicklung eines Individuums vielfach bis in spätere Jahre erhalten bleiben.[347] In den mündlichen Befragungen hatten viele Probanden eine Ablehnung gegen Unterrichtsstunden geäußert, in denen dem Lehrer ein Begeistern der Klasse nicht gelang oder wenn er das an und für sich beliebte Fach Musik nicht ernst nahm: *Unsere Lehrerin hat*

[346] Vgl. Gerstenmaier: *Urteile von Schülern über Lehrer. Eine Analyse ausgewählter empirischer Untersuchungen*, 1975. – Helmut Schaffrath, Erika Funk-Hennings et al.: *Studie zur Situation des Musikunterrichts und der Musiklehrer*, 1982.

[347] Pfeiffer: *Musiklehrer. Biographie, Alltag und berufliche Zufriedenheit von Musiklehrern an bayerischen Gymnasien*. – Bastian: »Musiklehrer und ihr Berufsbild im Schülerurteil«, S. 208ff. – Gembris: »Biographische Untersuchungen zum Berufsalltag von Musiklehrern«, S. 57–70. – Schulten: *Das Berufsbild des Musiklehrers*.

halt von Musik nicht so viel gehalten. Da haben wir eh nur irgendwie gelacht und uns unterhalten und gar nicht richtig Musikunterricht gemacht (MB 24). Durch Antworten dieser Art wurde deutlich, dass der fachlichen und erzieherischen Qualifikation der Lehrpersonen eine nicht zu unterschätzende Schlüsselstellung zukommt, die sich entscheidend auf die Einstellung der Schüler/-innen zum Musikunterricht auswirkt. Die Art der Beurteilung des Musiklehrers legt den Eindruck nahe, dass die Kinder mit erhöhtem musikalischem Engagement seine fachlichen Fähigkeiten positiver beurteilen als andere. Dieser Eindruck soll anhand der Hypothesen IV überprüft werden:

H IV.1.0:	Kinder, die aktiv musizieren, beurteilen die musikalischen Fähigkeiten ihrer Musiklehrerin/ihres Musiklehrers gleich hoch oder geringer im Vergleich zu Kindern, die nicht musizieren.
H IV.1.1:	Kinder, die aktiv musizieren, beurteilen die musikalischen Fähigkeiten ihrer Musiklehrerin/ihres Musiklehrers positiver als Kinder, die nicht musizieren.
H IV.2.0:	Kinder mit EMU beurteilen die musikalischen Fähigkeiten ihrer Musiklehrerin/ihres Musiklehrers gleich hoch oder geringer im Vergleich zu Kindern mit regulärem Musikunterricht.
H IV.2.1:	Kinder mit EMU beurteilen die musikalischen Fähigkeiten ihrer Musiklehrerin/ihres Musiklehrers positiver als Kinder mit regulärem Musikunterricht.

4.5 Hypothese V – Soziale Einstellung

Das gemeinsame Musizieren bildet für viele Kinder einen wichtigen Lerninhalt in der Grundschule. Sie erkennen dabei nicht nur fachinterne Möglichkeiten, z. B. im mehrstimmigen Zusammenspiel, im Aufeinander-Hören, sie sehen auch *mehrere Möglichkeiten, sich* [...] *besser zu verständigen* (MB 30). Zwar hat es in einigen Klassen, wie die Vpn berichteten, etwas länger gedauert, bis sie ihrem Anspruch, den sie an sich stellten, gerecht werden konnten: *Das war dann ganz schön. Da haben wir lange gebraucht, bis wir das gekonnt haben* (MB 22). Sie bestätigten jedoch, *dass das Zusammengehörigkeitsgefühl durch Musik besser geworden ist* (MB 56). In der Literatur finden sich diese Indizien bestätigt. Nach Bastian (2002[3]) hat der Umgang mit Musik im schulischen Unterrichtsalltag insbesondere einen positiven Einfluss auf die sozialen Kompetenzen von Kindern.[348] Weber, Spychiger & Patry (1993) hatten bereits in früheren Jahren auf die Verbesserung des Sozialklimas durch eine Erhöhung des musikalischen Unterrichtsanteils in allen Klassen ihrer Untersuchung hingewiesen.[349] Dass musikalische Elemente auf den Sozialisationsprozess einwirken und die Einstellungen im Musikunterricht determinieren, war bereits in früheren Jahren mehrfach bestätigt worden.[350] In diesem Kontext sind auch die Forschungen von Kreutz & Litta (2003) zu sehen, die einen Zusammenhang zwischen relativen Präferenzen für schnelle Musik und erhöhten Aggressionswerten von Viertklässlern erkannten. Kinder, die in ihrer Untersuchung angaben, mindestens eine Stunde pro Woche zu tanzen, wiesen ein geringeres Aggressionspotenzial auf.[351] Die in der einleitenden Interviewstudie ermittelten Ergebnisse und die zitierten Arbeiten führen vor Augen, dass das Lernen in der Grundschule in hohem Maße von der Pflege gegenseitiger Interaktionen und von Sozialbeziehungen lebt, gerade in einer Zeit veränderter Kindheitsstrukturen.[352] Diese Überzeugung dient als Grundlage der Hypothesen V:

H V.1.0:	Kinder, die aktiv musizieren, nehmen das soziale Klima in der Klasse als gleich gut oder schlechter wahr als Kinder, die nicht musizieren.
H V.1.1:	Kinder, die aktiv musizieren, nehmen das soziale Klima in der Klasse als besser wahr als Kinder, die nicht musizieren.
H V.2.0:	Kinder mit EMU nehmen das soziale Klima in der Klasse als gleich gut oder schlechter wahr als Kinder mit regulärem Musikunterricht.
H V.2.1:	Kinder mit EMU nehmen das soziale Klima in der Klasse als besser wahr als Kinder mit regulärem Musikunterricht.

348 Vgl. Bastian: *Musik(erziehung) und ihre Wirkung*, S. 295–342.

349 Weber, Spychiger & Patry: *Musik macht Schule*, S. 127.

350 Günther Rötter: »Die soziale Situation in der Klasse«, in: H. de la Motte-Haber (Hg.), *Psychologische Grundlagen des Musiklernens*, Kassel u. a.: Bärenreiter 1987, S. 332–382. – Renate Müller: *Soziale Bedingungen der Umgehensweisen Jugendlicher mit Musik. Theoretische und empirisch-statistische Untersuchung zur Musikpädagogik*, Essen: Die Blaue Eule 1990. – Maria Luise Schulten (Hg.): *Medien und Musik. Musikalische Sozialisation 5–15jähriger*, 1999.

351 Kreutz & Litta: »Musikpräferenzen und aggressive Einstellungen«, 2004, S. 82f.

352 Vgl. Petillon: *Soziales Lernen in der Grundschule*, 1993. – Lothar Krappmann & Hans Oswald: *Alltag der Schulkinder. Beobachtungen und Analysen von Interaktionen und Sozialbeziehungen*, 1995. – Zinnecker: »Soziale Welten von Schülern und Schülerinnen«, 2000, S. 667–685.

4.6 Skalenbericht

Die Operationalisierung der Fragestellungen erfolgte theoriegeleitet anhand intensiver Literaturrecherche. Entsprechend der jeweiligen Fragestellung wurde für jedes zu testende Konstrukt eine Itembatterie zusammengestellt. Die Berechnung interner Konsistenzen sowie der Interkorrelation der Items half, eine Aussage darüber zu treffen, ob die Messung der Konstrukte zuverlässig erfolgte. Mit Ausnahme der Skala »Musiklehrer/-in« weisen alle Itembatterien für Forschungszwecke ausreichende Cronbachs Alpha-Werte auf. In Tab. 10 findet sich eine Zusammenstellung der Itembatterien. Die Ergebnisse der inhaltlichen Entsprechung konnten in einer Faktorenanalyse weitgehend bestätigt werden. Eine Übereinstimmung der inhaltlichen Überlegungen mit den Ergebnissen der Faktorenanalyse war bei den Skalen »Emotionale Gestimmtheit«, »Familiales Umfeld« und »Soziale Einstellung« gegeben. Die Skalen »Musikunterricht« und »Musiklehrer/-in« sollten statistisch gesehen zu einer Itembatterie zusammengefasst werden (Interne Konsistenz α = ,63). Das wissenschaftliche Interesse an der Überprüfung der Hypothesen III und IV legte jedoch eine gesonderte Betrachtung beider Komplexe nahe.

Tab. 10: Zusammensetzung der statistischen Untersuchung mit den zugeordneten Items und der jeweiligen internen Konsistenz

Skala	Items	Interne Konsistenz
Hypothese I »Emotionale Gestimmtheit«	- Ich kann mich beim Musikhören gut entspannen (Fb 3, 17). - Musik hilft mir, wenn ich mal wütend bin, dass ich mich besser fühle (Fb 3, 18). - Wenn ich traurig bin, suche ich mir bestimmte Musik zum Anhören aus (Fb 3, 20).	,74
Hypothese II »Familiales Umfeld«	- Bei uns wird zu Hause viel gesungen oder musiziert (Fb 3, 16). - Meine Schwester/mein Bruder spielt ein Instrument (Fb 3, 19). - Ich finde es toll, wenn zu Hause musiziert wird (Fb 3, 22).	,64
Hypothese III »Musikunterricht«	- Musik gehört nicht zu meinen Lieblingsfächern (Fb 3, 23, invertiert). - In unserer Schule wird viel musiziert (Fb 3, 28).	,54

	- In Musik sollen die Schüler viel Spaß haben (Fb 3, 30). - Ich möchte mehr über Musikinstrumente lernen (Fb 3, 33). - Manchmal ist es in Musik langweilig (Fb 3, 37, invertiert).	
Hypothese IV »Musiklehrer/-in«	- Mein Musiklehrer kann mich für Musik begeistern (Fb 3, 53). - Unser Musiklehrer spielt oft auf einem Instrument vor (Fb 3, 55). - Mein Musiklehrer singt selten etwas alleine vor (Fb 3, 61, invertiert).	,31
Hypothese V »Soziale Einstellung«	- Ich fühle mich wohl in meiner Klasse (Fb 3, 4). - Schule gefällt mir, weil ich jeden Tag meine Freundinnen/Freunde treffe (Fb 3, 6). - Musizieren mit anderen Kindern gefällt mir (Fb 3, 42). - Wenn man mit anderen zusammen musiziert, versteht man sich danach besser (Fb 3, 58). - In unserer Klasse nehmen die meisten Kinder Rücksicht auf andere (Fb 3, 60).	,58

5. Quantitativ-analytische Studie

5.1 Methodik der quantitativen Erhebung

Um sich der Thematik »Musikunterricht aus Schülersicht« zu nähern, sind bereits zu Beginn unterschiedliche methodische Varianten diskutiert worden. Im Anschluss an die beschriebene explorative Untersuchung, die mit Hilfe der mündlichen Befragung geschah, wären beispielsweise vertiefende Fallstudien denkbar gewesen, die sich unter Einbeziehung weiterer Experten um einen neuen wissenschaftlichen Zugang zum Forschungsfeld erwiesen hätten.[353] Eine Konzentration vorwiegend auf qualitative Daten hätte zur Folge gehabt, dass sich das Forscherteam möglicherweise zu früh in seinen Erwartungen bestätigt gesehen hätte ohne ausreichende empirisch-statistische Überprüfung der ermittelten Daten. Um dieser Gefahr zu entgehen, wurde eine größtmögliche methodische Vielfalt angestrebt. Diese sah vor, den

353 Vgl. dazu Schmidt: »Am Material«, S. 563.

Musikunterricht mittels qualitativer *und* quantitativer Datenerhebung an repräsentativ ausgewählten Grundschulen nicht nur zu erfassen, sondern aus unterschiedlicher Perspektive zu beleuchten. Dazu wurde in einem weiteren Schritt eine umfangreiche Fragebogenerhebung angeschlossen. Es gelang damit, die Ergebnisse der Interviewstudie zu hinterfragen und mit Hilfe des neuen methodischen Zugriffs auf sicheren Boden zu stellen. Im Folgenden werden Stichprobe, Erhebungsinstrument und -form, Durchführung der Befragung sowie die Datenanalyse der Hauptuntersuchung vorgestellt, die sich in ihrer methodologischen Anlage deutlich von der vorausgegangenen Exploration des Forschungsfeldes unterscheidet.

5.1.1 Stichprobe

Die Datenerhebung erfolgte an ausgewählten Terminen gegen Ende des Schuljahres 2003/04 und wurde in den vierten Klassen verschiedener Grundschulen durchgeführt. Aus forschungsökonomischen Gründen blieb die Untersuchung auf bayerische Grundschulen beschränkt. Um dem spezifisch musikalischen Zuschnitt des Fragebogeninventars gerecht zu werden, lag es nahe, für die Befragung vor allem Schulen vorzusehen, an denen Musikunterricht stattfand, wenn auch eine Regelmäßigkeit nicht in allen Fällen gewährleistet war. In anderen Schulen hätten die Kinder nur eine unzureichende Vorstellung von den tatsächlichen Möglichkeiten eines kreativen Musikunterrichts gehabt, der motivieren und Freude bereiten kann. Durch diese Vorgabe war bereits eine Einschränkung in der Schulauswahl gegeben, weil nicht an allen Schulen die Lehrer- und Unterrichtsversorgung derart gesichert war, dass alle Fächer lt. Stundenplan erteilt werden konnten. Da der Unterricht im Fach Musik – so hatten die Vorläuferstichproben gezeigt – ungleich stärker als in anderen Fächern der Gefahr ausgesetzt war, besonders in der vierten Jahrgangsstufe entweder vernachlässigt oder gar nicht gegeben zu werden, nahm die Studie die Schulen in den Fokus, an denen in Musik nicht nur die in den Rahmenplänen vorgesehene Pflichtvorgabe von zwei Unterrichtsstunden erfüllt wurde, sondern die darüber hinaus in ihren Programmen eine Erweiterung mit musikalischen Inhalten anboten. Ein »erweiterter Musikunterricht« (EMU) sah an manchen bayerischen Schulorten vor, *eine* zusätzliche Musik-Unterrichtsstunde pro Woche anzubieten; andere Einrichtungen kamen sogar in den Genuss, seit Jahren *zwei* oder *mehr* Unterrichtsstunden über das Pflichtstundenkontingent hinaus einplanen zu können. Im Idealfall waren diese Unterrichtsstunden in den

Verlauf des Vormittags integriert[354], an anderen Schulen wurden sie in Form einer zusätzlichen Chor- oder Flötenstunde angeboten. Diese konnte als Arbeitsgemeinschaft (AG) belegt werden und war im Stundenplan meistens als Randstunde am Vormittag oder für den Verlauf des Nachmittags vorgesehen.[355] Im Idealfall gehörte die Erweiterung des Faches Musik zum Schulprofil und war fester Bestandteil musikpädagogischer Vernetzung in Unterricht und Schulleben.[356] Da in der vorliegenden Studie die Möglichkeiten erweiterter Musikerziehung von besonderem Interesse waren, nahmen dreizehn Grundschulen mit einem EMU-Angebot an der schriftlichen Befragung (SB) teil (Modellgruppe). Sechs Grundschulen mit »regulärem« Musikunterricht stellten eine Kontrollgruppe und halfen, die unterschiedlichen Reaktionen der Schülerinnen und Schüler auf ihren Unterricht zu vergleichen und in quantifizierbaren Messergebnissen darzustellen. Die einzelnen Schulen beider Kategorien waren nach dem Zufallsprinzip für die Untersuchung ausgewählt worden. Um sich der Fragestellung zu nähern, standen als Grundgesamtheit die Schülerinnen und Schüler, die an bayerischen Grundschulen das vierte Schuljahr besuchten, zur Befragung zur Verfügung. Zum einen überblickte diese Zielgruppe den gesamten Verlauf ihrer Grundschulzeit, kannte Eigenarten und schulische Besonderheiten in stärkerem Maße als andere Grundschulkinder und war in der Lage, die individuellen Erfahrungen in ihre Betrachtung einzubeziehen. Zum anderen wurden Viertklässler/-innen für diese Phase der Untersuchung ausgewählt, da sich ihre Lesefähigkeit und -fertigkeit als ausgereifter erwiesen und die intellektuelle (schulische) Reife in diesem Stadium kindlicher Entwicklung weit höher einzustufen war als in einer früheren Entwicklungsstufe.[357] An der Untersu-

[354] Zu einer derart »musikzentrierten« Anlage des Stundenplans einer Klasse gehörte sehr viel Enthusiasmus der Schulleiter resp. Konrektoren, die zu Beginn oder am Ende eines Schuljahres die einzelnen Stundenpläne koordinierten. An den meisten Schulen hatten jedoch andere stundenplantechnische Überlegungen vor der Einplanung des Musikunterrichts in den Vormittag Vorrang (Raumzuteilung, Gruppen- und Klassenbildung u. a.).

[355] Wenn der zusätzliche Unterricht am Nachmittag stattfand, hing der Erfolg der Unterrichtserweiterung in entscheidendem Maße davon ab, wie die Persönlichkeit des Lehrers bei den Schülern ankam.

[356] Seit dem Schuljahr 1967/68 wurde in einzelnen Klassen bayerischer Volksschulen offiziell erstmals EMU erteilt. Seit dieser Zeit hat sich diese Erweiterung an vielen Schulen eine ununterbrochene Tradition bewahrt.

[357] Das in den meisten Bundesländern vertraute Regelschulsystem, das die Grundschüler in den ersten vier Grundschuljahren zusammenfasst, um sie im Anschluss zu selektieren und einen Teil auf weiterführende Schulen zu senden, unterliegt

chung nahmen insgesamt 1016 Probanden teil, die im Schuljahr 2003/04 das vierte Schuljahr besuchten:

Tab. 11: Alter und Geschlecht der Probanden (N = 1016)

Alter	männlich	weiblich	gesamt	Prozent
9 Jahre	57	57	116	11 %
10 Jahre	382	374	756	75 %
11 Jahre	77	53	130	13 %
12 Jahre	8	4	12	1 %
13 Jahre	1	-	1	-
ohne Angabe	1	-	1	-
gesamt	526	488	1016	100 %

Die Gruppe der 10-Jährigen war in der Stichprobe am stärksten vertreten (75 %). Männliche und weibliche Probanden hielten sich in dieser Altersgruppe etwa die Waage. Ein ebensolches ausgeglichenes Geschlechterverhältnis war bei den Neunjährigen zu verzeichnen (11 %), die mit 116 Kindern weit unter der dominierenden Altersgruppe lag, ebenso wie die Elfjährigen, die die zweitgrößte Gruppe in der Befragung bildeten (13 %). Die übrigen Testpersonen waren 12 und 13 Jahre alt (1 %) und bildeten keine statistisch relevante Größe. Mit einem Anteil insgesamt von 48 % weiblicher und 51,8 % männlicher Probanden ergab sich ein ausgewogenes Verhältnis bzgl. der Geschlechtergruppierung. Die Schüler der EMU-Schulen, die in die Berechnung einbezogen wurden, gaben zu 66,9 % an, ein Instrument zu spielen, während sich 26,0 % als Nicht-Instrumentalisten sahen. Erwartungsgemäß erwies sich dieses Verhältnis bei den Kindern, die regulär unterrichtet wurden, als umgekehrt:

Tab. 12: Anteil der Instrumentalisten und Nicht-Instrumentalisten an der Grundgesamtheit

	Instrumentalisten	Nicht-Instrumentalisten	gesamt
EMU	66,9 %	26,0 %	44,8 %
regulärer MU	33,1 %	74,0 %	55,2 %
gesamt	100,0 %	100,0 %	100,0 %

sehr häufig fachinterner Kritik. Allein die Bundesländer Berlin und Brandenburg schaffen durch ihre festgeschriebene sechsjährige Grundschulzeit einen Raum für die subjektiven Entfaltungsmöglichkeiten und Entwicklungsstufen der Schülerinnen und Schüler. Bellenberg & Klemm: »Die Grundschule im deutschen Schulsystem«, 2005[2], S. 30–38.

Während sich die Interviewstudie im ersten Teil der Untersuchung aufgrund der begrenzten Probandenzahl noch bei den Befragten zu Hause in vertrauter Atmosphäre durchführen ließ, wurden im zweiten Teil der Studie die Schulen als Befragungsorte aufgesucht, da hier die Schülerinnen und Schüler als Sub-Stichproben zusammengefasst waren.

Tab. 13: Aufteilung der Probanden auf die unterschiedlichen Schulen (N = 1016)[358]

Schulen mit »erweitertem« Musikunterricht (N = 584)	Schulen mit »regulärem« Musikunterricht (N = 432)
Carl-Orff-Volksschule Andechs (33)	Volksschule Höchstädt a. d. Donau (96)
Josef-Anton-Laucher-Volksschule Dillingen (24)	Volksschule Nittendorf (58)
Sebastian-Franck-Volksschule Donauwörth (32)	Volksschule Oberstimm (46)
Carl-Orff-Grundschule Erding (68)	Grundschule Rg.-Königswiesen (58)
Grundschule Garmisch (48)	Grundschule Sonthofen-Mitte (44)
Grundschule Geiselhöring (25)	Grundschule Wolnzach (130)
Neustädter Schule Hof (54)	
Schrader-Volksschule Kaufbeuren (41)	
Volkssschule Karl-Heiß Landshut (45)	
Volksschule Oberammergau (57)	
Stiftung Pielenhofen der Regensburger Domspatzen (29)	
Volksschule Regensburg am Sallerner Berg (59)	
Carl-Orff-Volksschule Traunwalchen (69)	

Die Unterrichtsvoraussetzungen an diesen Schulen waren sehr unterschiedlich. Im weiteren Verlauf mussten die differierenden Auffassungen in der Interpretation eines erweiterten (Musik-)Unterrichts, die in der Praxis vorherrschten, hinterfragt werden, um zu einer zuverlässigen Schulauswahl zu gelangen, die die Forschungsansprüche an das jeweilige Unterrichtsprofil einzulösen versprach. EMU-Schulen zeigten bereits im Vorfeld ein hohes Engagement im Fach Musik, ein Sachverhalt, der sich häufig in einer entsprechenden Öffentlichkeitsarbeit äußerte. Sie wiesen gut ausgestattete Musikräume auf, eine engagierte Musiklehrkraft, die sich nicht selten persönlich mit dem EMU-Projekt identifizierte und an deren Persönlichkeit der Erfolg

358 In Klammern befindet sich jeweils die an den einzelnen Schulorten befragte Anzahl der Probanden.

musikalischer Erziehung gebunden war. In der Regel waren an diesen Schulen Lehrkräfte beschäftigt, die in Musik ausgebildet waren und dem Fach ein hohes Maß an Engagement entgegenbrachten. EMU-Stunden waren dort in den Vormittag integriert, denn bei der Stundenplangestaltung gehörte EMU zum Schulprofil. Da jede Schule dieser Kategorie Außenwirkung zeigte, um ihr zusätzliches Stundenmaß zu legitimieren, kam die öffentlichkeitswirksame Arbeit bei allen Schülern und deren Familien an. Das Fach Musik erzielte dadurch eine starke Breitenwirkung, da sich auch die weniger interessierten Kinder von der musikalischen Prägung der Schule anstecken ließen.

Um die Stichprobe der in die Untersuchung aufzunehmenden Schulen genauer zu spezifizieren, war es erforderlich, den Anteil zu eruieren, den das »praktische Musizieren« an den Standorten in der Unterrichtsarbeit tatsächlich einnahm. Obwohl die Daten einer Reihe von EMU-Schulen sorgfältig aufgenommen worden waren, lag es nach Durchsicht aller Begleitumstände, die in den Feldnotizen festgehalten wurden, nahe, auf die Ergebnisse einiger Schulen zu verzichten, um die gezogenen Stichproben nicht zu verfälschen und Artefakte zu vermeiden. Denn wie sich zeigte, war allein mit dem von der Schulbehörde an die Schulen zugewiesenen EMU-Stundenkontingent längst nicht ein erweitertes Musikangebot für die Schüler/-innen impliziert. Zu sehr machte sich die angespannte Unterrichtssituation infolge des nahenden Übertritts bemerkbar. Nicht in allen Fällen konnte deswegen eine kontinuierliche Aufbauarbeit über den Verlauf des ganzen Schuljahres in der Praxis verfolgt werden. Die Gründe dafür lagen auf der Hand: Das für die musikalische Erweiterung einzusetzende Stundendeputat wurde bereits im vorausgegangenen Schuljahr bei der zuständigen Schulbehörde beantragt. Die Zuteilung war dabei individuell verschieden und hing von dem zuständigen Schulaufsichtsbeamten ab und dessen Verbindung zur jeweiligen Schule. Nachdem die Stundenzuteilungen vollzogen waren, geschah es nicht selten, dass Verschiebungen im Personalhaushalt eintraten, seien sie durch Versetzungen, Beförderungen oder Schwangerschaften bedingt gewesen. Lücken, die dadurch auftraten, konnten nur schwer geschlossen werden. Zugeteilte Stunden wurden für andere Zwecke verwendet.

Eine schleichende »Verwässerung« der konzeptuellen Richtlinien zum erweiterten Musikunterricht geschah an einigen Schulen überdies durch die bereits angesprochene Platzierung der zugeteilten Unterrichtsstunden in den Verlauf des Nachmittags. Dass dieser Ergänzungsunterricht in Musik häufig nicht vom Klassenleiter erteilt wurde, hatte zur Folge, dass das Fach unter mangelnder Akzeptanz zu leiden hatte und dass diese Randstunden verstärkt von Unterrichtsausfall betroffen waren. Die ursprüngliche Idee, Musik in den Schultag zu integrieren und musikalische Elemente nicht als »Appendix«, sondern als Unterrichtsprinzip bewusst im Verlauf des Vormittags zu belassen, ging dadurch verloren.[359] Beim Ziehen der Stichprobe an den einzelnen EMU-Schulen wurde im Gespräch mit den Schulleitern, Klassen- und Fachlehrern sowie beim Abgleich der relevanten Stundenpläne sehr schnell deutlich, dass, wenn EMU tatsächlich ernsthaft erteilt wurde, ein überdurchschnittliches Engagement des Schulleiters für diese Idee vorlag. In diesen Fällen war EMU keine Eigeninitiative einer motivierten Lehrkraft, sondern wurde zum Schulprofil erhoben, das man über den Zeitraum mehrerer Jahre verfolgte und von dessen Erfolg Eltern, Lehrer/-innen und Schulbehörde überzeugt waren.

Demgegenüber war an einigen Schulen zu verfolgen, dass die Zuteilung eines EMU-Stundendeputats zwar dankbar angenommen, jedoch aus verschiedenen Gründen in der Praxis nicht (mehr) umgesetzt wurde. An diesen Schulen zeichnete sich die Entwicklung ab, EMU-Stunden in AG-Stunden am Nachmittag zu überführen und den Musikunterricht nicht ernsthaft zu betreiben. EMU unterlag in derartigen Fällen einem »Etikettenschwindel«. Konkret gipfelte diese Sachlage in einer Erfahrung, als ein ambitionierter Schulleiter – in seiner Freizeit passionierter Streicher – das Forscherteam irreleitete und bewusst zum Ziehen einer Stichprobe an seine Schule einlud, obwohl aufgrund der Versetzung einer Lehrkraft die konzeptionelle Erweiterung des Faches Musik seit zwei Schuljahren nicht mehr ausgefüllt wurde. Die einleitenden statistischen Berechnungen sowie die aufgenommenen Feldnotizen bestätigten post-hoc, dass es in der gezogenen Stichprobe für einige Schulen keine andere Lösung gab, als diese von anderen EMU-Stichproben, die die vorbildliche Einhaltung des Unterrichtskonzepts spiegelten, abzusondern. In einem anderen Beispiel wurde eine Gruppe von Schülern bei der Datenerhebung vom zuständigen Schulleiter als »schwierige Klasse« bezeichnet; von Kollegen war hier zu hören, dass in der Klasse seit Monaten kein Musikunterricht mehr erteilt wurde aufgrund ›dringenderer‹ Anliegen (zusätzlicher Mathematikunterricht vor dem Übertritt). Den Eltern wird die Gewichtung viel-

---

359 Die bewusste Entscheidung, EMU in den Vormittag zu integrieren, kommentierte ein Schulleiter in folgender Weise: »Lieber parallel und eine klare Entscheidung [für das EMU-Konzept, M. G.] als am Nachmittag und die Kinder kommen nicht« (Feldnotizen zu SB 13). An dieser Stelle zeigt sich wiederum, dass die Stundenzuteilung und -planung eine stark persönlichkeitsabhängige Entscheidung ist.

leicht nicht ungelegen gekommen sein, da der Großteil unter ihnen leistungsorientiert eingestellt war und daher den Kerndisziplinen weitaus mehr Verständnis entgegenbrachte. Nach Berücksichtigung aller Einflussgrößen ergab sich für die quantitative Untersuchung folgende Auswahl an Schulen, von denen jeweils eine aussagekräftige Stichprobe zu erwarten war:

Tab. 14: Schulen, die in die Untersuchung einbezogen wurden

Modellgruppe »EMU« (N = 584)	Kontrollgruppe »regulärer« Musikunterricht (N = 432)
Carl-Orff-Grundschule Erding (68)	Volksschule Höchstädt a. d. Donau (96)
Grundschule Garmisch (48)	Volksschule Nittendorf (58)
Grundschule Geiselhöring (25)	Volksschule Oberstimm (46)
Schrader-Volksschule Kaufbeuren (41)	Grundschule Rg.-Königswiesen (58)
Volkssschule Karl-Heiß Landshut (45)	Grundschule Sonthofen-Mitte (44)
Stiftung Pielenhofen der Regensburger Domspatzen (29)	Grundschule Wolnzach (130)
Volksschule Regensburg am Sallerner Berg (59)	
Carl-Orff-Volksschule Traunwalchen (36)	

An den Schulen der Kontrollgruppe konnte verstärkt beobachtet werden, dass der Musikunterricht nicht immer so stattfand, wie es dem Idealfall entsprochen hätte. Im Schulalltag war es kein Geheimnis, dass Musikstunden häufig für andere Fächer zweckentfremdet wurden, vor allem wenn ausgebildetes Musik-Fachpersonal an den Schulen fehlte oder wenn die Terminlage im Schuljahr ein Vorziehen anderer Disziplinen nahelegte.[360] Die wenigsten der kleineren Grundschulen hatten einen Musikraum mit den zugehörigen Musikinstrumenten, häufig fehlte sogar ein elementares Instrumentarium in der Schulausstattung. Die Anfrage nach einem Befragungstermin zeigte, dass zum großen Teil nur die Schulen der Befragung zustimmten, an denen der Musikunterricht zumindest in den meisten Fällen stattfand; denn ihre Unterrichtseinheiten wurden häufig von ausgebildeten Fachkräften erteilt und nicht – wie es vielerorts die Regel war – von fachfremd ausgebildeten Kolleginnen und Kollegen.[361] Für ein einmaliges Ziehen einer

[360] Die Problematik, die mit dem Übertrittsverfahren an eine weiterführende Schule einhergeht, wurde bereits mehrfach angesprochen.

[361] Einige Kollegen, die in Musik nicht ausgebildet waren, lehnten eine Befragung in ihren Klassen ab, ein Wunsch, der selbstverständlich respektiert wurde.

Stichprobe eigneten sich hauptsächlich die Schüler einer vierten Jahrgangsstufe, die sich in der Regel in hohem Maße motiviert an der Untersuchung beteiligten.[362] Es erwies sich als Vorteil, dass Kinder aller gesellschaftlichen Schichten und aller Leistungsniveaus diese Klassen besuchten und noch keine Trennung im Hinblick auf weiterführende Schulsysteme stattgefunden hatte.

5.1.2 Erhebungsinstrument

Um eine hohe Anzahl an Schülereinschätzungen bzgl. ihres Musikunterrichts einzubeziehen und mehrere Schulen in der empirischen Befragung zu berücksichtigen, bot sich an, als Erhebungsinstrument einen standardisierten Fragebogen zu verwenden, der aus den in der Feldforschung (Interviewstudie) gewonnenen Erkenntnissen und Erfahrungen schöpfte. Das auf Basis dieser Vorbefragungen neu entwickelte Instrument umfasste in 113 Items auf 13 Seiten Umfang, die grundschulgerecht gestaltet waren.[363] Drei voneinander unabhängige Teile, die den Kindern nacheinander zur Bearbeitung vorgelegt wurden, gliederten das Erhebungsinstrument. Es ist davon auszugehen, dass die äußere Form des Fragebogens die Kinder in der Regel ansprach. Zu dieser Vermutung gaben uns zahlreiche Eindrücke Anlass, die das Forscherteam während der Testläufe gewinnen konnte. Das an geeigneten Stellen platzierte Bildmaterial (Figuren aus Asterix/Uderzo, Abbildungen von bekannten elektronischen Unterhaltungsmedien u. a.) dürfte die Kinder zusätzlich motiviert haben. In mehreren Pretests war das Erhebungsinstrument an Grundschulen mit unterschiedlichen geographischen und sozialen Einzugsbereichen getestet worden. Auch variierende schulorganisatorische Strukturen sowie Fachprofile, die in besonderer Weise auf Musik zugeschnitten waren, gingen in den Vorlauftest ein. Dies hatte einen besonderen Grund; denn mit der Unterscheidung von Schulorten, die im Rahmen des erweiterten Musikunterrichts ein zusätzliches Musikangebot anboten, im Vergleich zu anderen Grundschulen, an denen der Musikunterricht »regu-

---

362 Auffälligerweise waren es schwächere oder auch nicht-deutsche Kinder, die sich unsicher fühlten und gegenüber einer Befragung Vorbehalte hatten (Feldnotizen zu SB 613). In einigen Klassen bildete sich bzgl. des Befragungstermins eine Eigendynamik, wenn die Kinder bemerkten, dass der Klassenleiter nicht eindeutig die Befragung unterstützte. In der genannten Schule nahm mit 12 Schülerinnen und Schülern einer Klasse eine verhältnismäßig hohe Schülerzahl nicht an der Befragung teil.

363 Vgl. dazu Anhang B: Fragebogen.

lär« erteilt wurde, lag ein besonderes Interesse in der Hauptstudie vor. Insgesamt stellte sich heraus, dass sich die Schüler mit den Fragestellungen, die ihnen im Vorfeld sorgfältig vorgestellt worden waren, und der Befragungssituation schnell anfreundeten.

Der dreiteilige Fragebogen enthielt in den einzelnen Abschnitten 22, 28 und 63 Items. Der erste Teil zielte auf die Erfassung demographischer Daten und die persönliche Einstellung zu Schule und Musik ab, in besonderer Weise auch auf das Verhältnis zu Fernsehen und Computer. »Eisbrecherfragen« halfen zu Beginn, eine kooperative Interviewatmosphäre aufzubauen. Insgesamt waren die Stimuli kurz und verständlich konzipiert, so dass sie für jeden Schüler nachvollziehbar waren. Konkret dienten offene Fragen zu Alter, Geschlecht, Geschwistern, Hobbys als »Warming up«, um die Vpn zunächst einmal mit der Thematik und der Fragebogensituation vertraut zu machen. Im Idealfall gelang es, die Erwartungshaltung der Kinder aufzulockern und ihnen das Interesse zu verdeutlichen, das mit der Aushändigung des Fragebogens verbunden war. Sie sollten von Anfang an den Eindruck gewinnen, dass ihre Lebenswelt für den Forscher interessant war, damit sie den Fragebogen mental nicht in eine Proben-/Testsituation einreihten, die ihnen aus dem Unterrichtalltag vertraut war. Insofern hatten die Kennenlernfragen zu Anfang die wichtige Aufgabe, die Schüler/-innen zu beruhigen und gleichzeitig intrinsisch zu motivieren, um für den weiteren Verlauf der Befragung die notwendige Aufmerksamkeit zu sichern.

Dieser erste Teil des Fragebogens wurde den Probanden in zwei unterschiedlichen Fassungen vorgelegt, um vor der Vergabe der Fragebögen die musizierenden Kinder von den nicht-musizierenden zu unterscheiden. Fragebogen 1 a (»Musiker-Fragebogen«) durften dementsprechend die Kinder ausfüllen, die vor der Befragung angaben, in Schule oder Freizeit ein Instrument zu spielen, dieses im (Privat-)Unterricht zu erlernen und auf dem Instrument regelmäßig zu üben. Dabei wurden auch die Kinder aufgenommen, die in der Schule ein zusätzliches Unterrichtsangebot im Rahmen des erweiterten Musikunterrichts genossen.[364] Probanden mit diesem Fragebogen bildeten in der Auswertung die Modellgruppe. Demgegenüber war Fragebogen 1 b für die Vpn vorgesehen, die kein Musikinstrument spielten resp.

---

364 Es wurde dabei unterstellt, dass die Modellschulen, die im Auftrag des Bayerischen Staatsministeriums erweiterten Musikunterricht anbieten, ihren Schülern nicht nur zeitlich, sondern auch qualitativ ein höheres Maß an praktischen Inhalten in der Auseinandersetzung mit Musik ermöglichten.

keinen zusätzlichen Musikunterricht genossen (»Nicht-Musiker«). Diese Kinder stellten in der Analyse die Kontrollgruppe. Die »Musiker« waren demnach die Grundschulkinder, die sich über das normale Pflicht(stunden)maß hinaus in Schule oder Freizeit intensiv mit musikpraktischen Aktivitäten auseinandersetzten.[365]

Im Gegensatz zum ersten Fragebogen, der zur Untersuchung in zwei Fassungen vorlag, blieben der zweite und dritte Teil zur Beantwortung für alle Kinder gleich. Der zweite Teil konzentrierte sich auf (musik-)psychologische Komponenten schulischen Lernverhaltens. Er bildete eine Besonderheit, da diese Items nicht aus der explorativen Untersuchung, sondern aus dem zweiten Frankfurter Kinder-Selbstkonzept-Inventar (FKSI) nach Ingrid Deusinger stammten.[366] Der FKSI ist ein Persönlichkeitstest für die diagnostische Einzelfalluntersuchung für Kinder von drei bis dreizehn Jahren. Die insgesamt 28 Items waren den Skalen »Kognitive Leistungsfähigkeit« (Skala SKAL, 8 Items), »Selbstsicherheit« (Skala SKSS, 7 Items), »Kontakt- und Umgangsfähigkeit« (Skala SKKU, 7 Items) sowie »Selbstbehauptungs- und Durchsetzungsfähigkeit« (Skala SKDS, 6 Items) entnommen. Die Auswahl der Items war zustande gekommen aufgrund untersuchungstechnischer theoretischer Überlegungen, der Ergebnisse der Pretests und – auch das ist Praxisforschung – infolge der Ablehnung einzelner Fragestellungen durch das Staatsministerium.[367] Deusinger hatte diese Skalen zuvor zur Definition und Messung der Selbstkonzepte von Kindern ab drei Jahren verwendet, von denen sie annahm, dass diese verschiedene Aspekte des Selbst wahrnehmen und unterschiedliche Einstellungen zur eigenen Person abbilden. Die Einbeziehung der Skalen in einen Fragebogen, der großenteils musikalische Fragestellungen zum Inhalt hatte, ließ für die Auswertung das Ziel entstehen,

---

[365] Die Schüler, die sich vorzugsweise sängerisch betätigten, bildeten innerhalb der Befragung eine Ausnahme und wurden nicht in die Modellgruppe eingereiht, ebenso wenig wie Tänzer oder diejenigen, die ihre Musikangebote nur hörend rezipierten.

[366] Ingrid M. Deusinger: *Frankfurter Kinder-Selbstkonzept-Inventar* (FKSI). Instrument und Manual, Göttingen: Hogrefe, in Vorbereitung.

[367] Die Fragen aus den normierten Skalen, von denen befürchtet werden musste, dass sie zu sehr in die Privatsphäre der Kinder vorstießen, wurden aus den genannten Gründen nicht beibehalten. Dies betraf beispielsweise einzelne Items zur »Moralorientierung und Selbstwertschätzung« (Skala SKMS). Abgelehnt wurden die Items »Manchmal tue ich etwas, das verboten ist« (Item 39) und »Ab und zu würde ich gerne etwas mitnehmen, ohne es zu bezahlen« (Item 40). Aus forschungstechnischen Gründen war es im Anschluss nicht vorteilhaft, unvollständige Skalen in den Fragebogen zu übernehmen.

die bereits gewonnenen Erkenntnisse aus dem Deusinger-Inventar mit den Einschätzungen der musizierenden und nicht-musizierenden Kinder in Verbindung zu bringen, um im Idealfall auf ein musikalisches Selbstkonzept der Grundschulkinder schließen zu können.[368] Der dritte Teil des Fragebogens beinhaltete die Fragestellungen, die bzgl. des Musikunterrichts im engeren Sinne von Interesse waren. In den insgesamt 63 Items waren die Kinder aufgefordert worden, zur ihrer persönlichen Charakterisierung beizutragen, ihr Verhältnis zur Musik zu skizzieren, zum Musikunterricht in der Schule, zum Lehrer und den Mitschülern sowie zu elektronischen Geräten und deren Verwendung in der Freizeit. Diese Items waren wiederum Ergebnisse der Einschätzungen aus der qualitativen Studie.

Für die Aufgabenbeantwortung waren drei unterschiedliche Itemformate maßgebend. Die *offenen Fragen* zu Beginn trugen dazu bei, dass die Kinder ihre Hemmschwelle abbauten, die sie möglicherweise in der Befragungssituationen verspürten. »Nenne drei deiner liebsten Hobbys« war z. B. eine Aufforderung, der die Kinder nachkommen sollten.[369] Offene Fragen schienen für die Items interessant, die für jedes Kind individuelle Angaben erwarten ließen. In einem zweiten Aufgabentypus trat in dem Inventar die Möglichkeit zur *Mehrfach-Auswahl* auf (*Multiple Choice*), die in Fragebogen 1 a überdies das Format einer *Filterfrage* einnahm, um genauere Informationen zu den musizierenden Kindern zu ermitteln. Das folgende Beispiel (Abb. 7) mag die Vorgehensweise in der Bearbeitung näher verdeutlichen. Die Fragestellung findet sich als Item 17 resp. 9 in die beiden Fassungen des ersten Fragebogenteils integriert:

---

[368] Vgl. dazu Ingrid M. Deusinger (Hg.): *Wohlbefinden bei Kindern, Jugendlichen und Erwachsenen. Gesundheit in medizinischer und psychologischer Sicht*, 2002. – In dieser Quelle wird das Verfahren näher skizziert, vornehmlich bezogen auf die Skalen aus dem »Körperbereich des Selbst«.

[369] Vgl. Fragebogen 1 a und 1 b, Item 4.

Singst du gerne in deiner Freizeit? ▢ ja

▢ nein

Wenn ja, wann? ▢ nachmittags
▢ am Wochenende
▢ in den Ferien

Und wo? ▢ zu Hause
▢ im Chor
▢ ______________

Abb. 7: *Filterfrage* in der Anlage des Fragebogens 1 a resp. 1 b

Streng genommen handelte es sich bei dem *Multiple Choice*-Format um einen neuen geschlossenen Aufgabentypus. Da dieser jedoch mit dem vorausgegangenen dichotomen Antwortformat (»Ja-Nein«) eng verwandt war, führte er zu keinerlei Verständnisschwierigkeiten bei den Kindern. Beim zweiten Aufgabentypus lagen einige Items teilstrukturiert vor und verwerteten die Angaben, die in der Explorationsphase am häufigsten von den Probanden gemacht wurden:[370]

In welchen Musikgruppen hast du in der Grundschule mitgemacht?

▢ Flötengruppe
▢ Schulchor
▢ Orff-Gruppe
▢ Tanzgruppe
▢ Gitarrengruppe
▢ Orchester

▢ andere Gruppe: ______________
▢ in keiner Gruppe

Abb. 8: *Multiple Choice*-Aufgabe in Fragebogen 1 a resp. 1 b[371]

[370] Vgl. das Kapitel zur Testkonstruktion bei Markus Bühner: *Einführung in die Test- und Fragebogenkonstruktion*, München u. a.: Pearson-Studium 2004, S. 45–113.

[371] Die Fragestellung findet sich als Item 16 und 13 in Fragebogen 1 a resp. 1 b integriert.

Als weiteres Itemformat, das sich deutlich von den beiden vorausgegangenen unterschied, fanden sich im zweiten und dritten Untersuchungsabschnitt konkrete Aussagen formuliert, die anhand einer dreistufigen Skalenfrage (*Ratingskala*) zu kommentieren waren. Antwortkategorien mit einer höheren Stufung wurden bewusst vermieden, um die Probanden mit dem Differenzierungsgrad des Itemformats nicht zu überfordern.[372]

	trifft zu	trifft etwas zu	trifft nicht zu
In der Schule habe ich viele Freundinnen / Freunde.	▢	▢	▢

Abb. 9: Dreistufiger *Ratingskala*-Typus in Fragebogen 2 und 3

Bei der Itemformulierung musste sorgfältig darauf geachtet werden, dass die Aufgaben eindeutig und für die Viertklässler sprachlich verständlich gestaltet waren.[373] Dazu gehörte z. B. das Vermeiden von Begriffen, die nur einem Teil der Schüler/-innen geläufig sind. Außerdem sollten die Items in dem standardisierten Fragebogen nur einen sachlichen Gedanken zu Grunde legen, keine doppelten Verneinungen, Verallgemeinerungen oder umständliche Längen in den Formulierungen beinhalten. Bzgl. der Itempolung wurde ein Ausgleich angestrebt, um Effekten entgegenzuwirken, die sich möglicherweise aus der Fragestellung ergaben.[374] Ausstrahlungs-, d. h. Priming- und Platzierungseffekte konnten weitgehend durch ein Rotieren der Items innerhalb der drei Teile des Fragebogens vermieden werden, soweit der untersuchungstechnisch vorteilhafte Zusammenhalt einzelner Themenblöcke nicht gefährdet war. Unter Beachtung dieser Regeln, von denen die hier angeführten einen kleinen Ausschnitt bilden, wurden die Items sukzessive an die verbale Kompetenz der 10-Jährigen angepasst. In den Pretests zeigte sich, dass die Kinder wenige Probleme mit dem Verständnis sowie der Beantwortung der Fragen und Sti-

---

372 Lt. Bühner können zu viele Antwortkategorien reliabilitäts- und validitätsmindernd sein. Bühner: *Einführung in die Test- und Fragebogenkonstruktion*, S. 51.

373 Hilfen zur Aufgaben- resp. Itemkonstruktion finden sich bei Bühner: *Einführung in die Test- und Fragebogenkonstruktion*, S. 64ff. – Bortz & Döring: *Forschungsmethoden*, 2002³, S. 254ff. – Hron: »Interview«, S. 121ff.

374 So wurden in der Itempolung einzelne negative Formulierungen eingearbeitet, um einer Zustimmungs- oder »Ja-sage-Tendenz« entgegenzuwirken (Akquieszenz). Vgl. Bühner: *Einführung in die Test- und Fragebogenkonstruktion*, S. 62.

muli hatten. Verbesserungen wurden allein dort eingearbeitet, wo es einer noch deutlicheren Formulierung oder einer größeren Übersicht in der Anlage der Fragestellungen bedurfte. Nachdem die Testbögen zur weiteren Abstimmung innerhalb eines erweiterten interdisziplinären Forschungsteams noch einmal einer kritischen Revision unterzogen worden waren und das Staatsministerium für Unterricht und Kultus den Entwurf genehmigt hatte, stand der Fragebogen zum Einsatz bereit.[375]

5.1.3 Erhebungsform

Die Untersuchung von Einstellungen zum Musikunterricht in Bezug auf eine kleinere Population war von Anfang an nicht die Intention der Studie. Vielmehr sollten die qualitativen Ergebnisse aus der ersten gezogenen Stichprobe einen Anstoß für weitere Analysen geben, um im Rahmen einer zweiten Datenerhebung die Aussagekraft der gewonnen Informationen zu erhöhen und im Idealfall zu allgemeingültigen Aussagen zu gelangen. Die Hauptstudie verfolgte einen quantitativen Forschungsansatz, der methodologisch als komplementäre Ergänzung zum qualitativen Verfahren in der Explorationsphase zu sehen ist. In der Anlage des Forschungsdesigns liegt begründet, dass diese zweite Phase thematisch eine Winkeleinschränkung vornahm. Gegenüber der ersten Phase, die in den offenen Fragestellungen der mündlichen Befragungen noch eine angemessene Freiheit in den Antworten gewährte, war das Antwortverhalten mit einem Fragebogen nunmehr großenteils standardisiert. Dabei wurde in Kauf genommen, dass die Arbeit mit strukturierten Fragebögen nicht derart in die Tiefe ging, wie es aus der qualitativen Phase bekannt war. Der große Vorteil lag jedoch in dem Zuschnitt der Erweiterungsstudie auf eine größere Stichprobe und in der Möglichkeit, die ermittelten Ergebnisse zu generalisieren. Der Ansatz eignete sich mitunter zur Überprüfung der aus der ersten Phase entwickelten Hypothesen, da die Zusammensetzung der Gruppen, mit der die Untersuchung operierte, Einblick in die unterschiedlichen Formen erweiterten und regulären Musikunterrichts gab.

Der entscheidende Unterschied zu anderen Untersuchungen liegt in erster Linie darin, dass die Studie die Situation des Musikunterrichts

375 Die Genehmigung des Fragebogens erfolgte durch das Bayerische Staatsministerium im April 2004, nachdem der überarbeitete Entwurf den zuständigen Mitarbeitern vorgelegt worden war.

in einem Querschnittdesign abbildete. Der Erhebung von Einstellungen und Haltungen zur Musik und zum Musikunterricht ging demnach kein Treatment voraus, das im Rahmen eines »Schulversuches« mit mehreren Messzeitpunkten als Längsschnittuntersuchung seine gezielte Anwendung gefunden hätte.[376] Der Versuchsaufbau vorliegender Studie konnte einerseits nicht berücksichtigen, ob und wie die Kinder an den Schulen auf die Befragung vorbereitet wurden, zum anderen, welche musikalischen Inhalte im Musikunterricht bis zu diesem Zeitpunkt erarbeitet worden waren. Zudem war die Unterweisung in Musik an die vom amtlichen Lehrplan vorgegebene Anzahl von Unterrichtsstunden gebunden. Ein Unterricht, der über dieses Maß hinausging, bedeutete für die Kinder eine längere Zeit, die sie in der Schule verbrachten, und bedurfte einer zusätzlichen Genehmigung durch das Staatsministerium.[377] Auf der Ermittlung dieser Sachverhalte lag jedoch nicht der Fokus der Untersuchung. Vielmehr ging es darum, Grundeinstellungen zum (Musik-)Unterricht aufzuzeigen, die bei jedem Schüler und an jeder Schule – unter individuellen Bedingungen generiert – vorlagen. Von Interesse waren dabei die Äußerungen von Kindern, die ein Musikinstrument spielten (im Folgenden als »Musiker« bezeichnet), und anderen, die nicht dieser Tätigkeit nachgingen (»Nicht-Musiker«). Gleichzeitig gingen Schüler/-innen in die Befragung ein, die einerseits an Schulen mit spezifischem Fachprofil Musik unterrichtet wurden, andererseits, die einen »regulären« Musikunterricht genossen.

---

[376] Vgl. dazu die folgenden beiden Studien, in denen das Lernverhalten von Schülern über einen längeren Zeitraum beobachtet wurde. Weber, Spychiger & Patry: *Musik macht Schule*, 1993. In diesem Bericht werden Ergebnisse und Erfahrungen des groß angelegten Schulversuchs »Bessere Bildung mit mehr Musik« zusammengefasst, der durch den Schweizerischen Nationalfonds zur Förderung der wissenschaftlichen Forschung unterstützt wurde. Der Untersuchung lag eine dreijährige Versuchszeit in der Schweiz zu Grunde. – Bastian: *Musik(erziehung) und ihre Wirkung*, 2002³. Das Projekt und die Publikation wurden mit Mitteln des Bundesministeriums für Bildung und Forschung gefördert. Diese Studie war für die Dauer von insgesamt sechs Jahren angelegt.

[377] Im schweizerischen Schulversuch »Bessere Bildung mit mehr Musik« war es beispielsweise ein wesentliches konzeptionelles Kriterium, dass zusätzliche Unterrichtsstunden im Fach Musik mit einer Reduzierung der gleichen Anzahl von Unterrichtsstunden in den Haupt- oder Sachfächern einhergingen. Im Gegensatz zu anderen Entwürfen ließ dieses Modell für die Unterrichtsversorgung keine zusätzlichen Kosten entstehen. Vgl. Spychiger: »Hören und Zuhören im erweiterten Musikunterricht«, 2000, S. 149–165.

Die Entscheidung für eine empirische Untersuchung im quantitativen Paradigma und der sich damit neu eröffnenden methodischen Möglichkeiten lag nahe, da sich der in die Institution Schule eingebettete Musikunterricht als komplexes Feld erwies, das es mit einer methodischen Vielfalt zu erforschen galt. Die regionalen Unterschiede im Musikunterricht, die in den unterschiedlichen Regierungsbezirken Bayerns anzutreffen waren, flossen in das sich konstituierende Gesamtbild ein. Aus den organisatorischen Voraussetzungen entstanden in der vorliegenden Studie Vorgaben für die Einbeziehung der an der Untersuchung beteiligten Lehrkräfte und für das Ziehen der Stichproben.[378] Anvisiertes Forschungsziel war die Datenermittlung im Querschnitt, die in einem überschaubaren Rahmen und mit den zur Verfügung stehenden Mitteln realisiert werden konnte. Trotz erschwerter Ausgangslage wurde die quantitative Studie bzgl. des zeitlichen Aufwandes straff durchgeführt. Nur wenige Fragebögen mussten zur Bearbeitung verschickt werden. Bei dem größten Teil der Teilstichproben an den Schulen war ein Forscherbesuch vonnöten. Die Methode führte somit verhältnismäßig schnell zu greifbaren Ergebnissen. Die Anlage der Fragebögen und deren Bearbeitung war den Kindern ausführlich erläutert worden. Ein Ausfüllen mittels »Paper & Pencil« empfahl sich aus forschungsökonomischen Gründen und sprach die Kinder in ihren Erfahrungsbereichen an.

Das empirisch-statistische Testverfahren hat sich im Rahmen der Studie als ein äußerst hilfreiches Instrument zur Konkretisierung von Daten und zur Prüfung von Hypothesen erwiesen. »Bei größeren Stichproben ist die Datenaufbereitung mit vertretbarem Arbeitsaufwand [ohnehin] nur noch mit Computerunterstützung möglich.«[379] In der Tat können mit Hilfe quantitativer Angaben die Thesen bestätigt oder widerlegt werden, zu denen man in vorbereitenden Studien gelangt ist, sei es durch mühsame Feldforschungsarbeit oder durch die Beschäftigung mit anderen Studien, die man repliziert. Andreas Diekmann drückt diesen Sachverhalt treffend aus, wenn er den

> Hauptunterschied zur Alltagswahrnehmung und »naiven« Verfahren der Hypothesenprüfung [...] darin [... sieht], daß die empirische Sozialforschung Methoden zur Verfügung stellt, mit deren Hilfe Fehlerquellen kontrollierbar sind. Kontrollierbarkeit heißt, daß Verzerrungseffekte identi-

[378] Beispielsweise konnten den Lehrkräften keine Fortbildungsveranstaltungen angeboten werden, wie es bei der Betreuung des Schweizer Projektes der Fall war. In der vorliegenden Situation wurde dieses Manko jedoch nicht als gravierend empfunden, da an jeder Schule in der Regel nur ein Messzeitpunkt vorlag.

[379] Vgl. dazu Diekmann: *Empirische Sozialforschung*, 2002[8], S. 554.

fizierbar sind, ausgeblendet oder wenigstens vermindert werden können oder im Hinblick auf Richtung und Ausmaß der Verzerrung berechenbar sind.[380]

5.1.4 Durchführung

Nachdem die schriftliche Befragung und die endgültige Fassung des Fragebogens durch das Bayerische Staatsministerium genehmigt worden waren[381], konnte von Mai bis Juli 2004 die Haupterhebung der Studie an bayerischen Grundschulen stattfinden. Dazu wurden Befragungstermine mit 21 nach dem Zufallsprinzip ausgewählten Schulen vereinbart. Die Genehmigung der jeweiligen Schulleitung und das Einverständnis der Schülereltern waren eine zusätzliche unabdingbare Voraussetzung. In Anbetracht der laufenden Termine im Schuljahr, zahlreicher unterrichtsorganisatorischer Maßnahmen bzgl. der im Frühling/Sommer regelmäßig stattfindenden Lehrveranstaltungen in Schwimmen, Verkehrserziehung, der Vorbereitung und Durchführung von Sportwochen und Bundesjugendspielen war ein Termin nicht immer leicht zu finden. Die größte zeitliche Einschränkung war darüber hinaus bestimmt durch das bereits mehrfach angesprochene »Übertrittsverfahren«: Da es sich bei der zu befragenden Grundgesamtheit um Kinder der vierten Grundschulklassen handelte, von denen sich zahlreiche Schüler um einen Übertritt an weiterführende Schulen bewarben, war in der Regel das Einverständnis der Schulleitungen erst nach Ablauf dieses Verfahrens einzuholen, um etwaigen Beschwerden der Eltern bzgl. eines Unterrichtsausfalls vorzubeugen. Rücksicht musste in diesem Zusammenhang ebenfalls auf den bayernweit stattfindenden Probeunterricht genommen werden, der an Realschulen und Gymnasien terminlich gebunden stattfand. Diese schulorganisatorischen Vorgaben berücksichtigend, ergab sich für die Befragungstermine ein begrenzter Zeitrahmen, der zusätzlich mit den Terminvorgaben des Forscherteams koordiniert werden musste.[382] Nachdem dieses in einige grundlegende Vorgehensweisen bei der Datenerhebung im

---

[380] Diekmann: *Empirische Sozialforschung*, 2002[8], S. 52.

[381] Nach § 71 VSO, § 85 BayEUG ist die Erhebung und Verarbeitung von Daten genehmigungspflichtig, die in allgemein bildenden Schulen erhoben wurden. Vgl. BayEUG, S. 32, 76f. – Mit dem Genehmigungsschreiben Nr. IV/1-O7106-4/112974 MinNr. 3413 v. 23.10.2002 sowie der Vorlage des Fragebogens im Staatsministerium waren wichtige organisatorische Voraussetzungen erfüllt.

[382] Das Forscherteam für die Fragebogenerhebung bestand aus zwei männlichen und zwei weiblichen Personen. Die Befragungen wurden unter den genannten Forschern nach Terminlage und geographischer Disponibilität aufgeteilt.

Allgemeinen und bzgl. der Befragungstechnik im Speziellen eingewiesen worden war, wurden zunächst in Blindversuchen erste Erfahrungen gesammelt. Mögliche Versuchsleitereffekte konnten durch diese Maßnahme weitgehend ausgeschaltet werden. Der Autor koordinierte die unterschiedlichen Erfahrungen und übernahm in einigen Befragungen selbst die Anleitung und Durchführung der Datenerhebung.

In den wenigen Klassen, in denen der Versuchsleiter bei Befragungsbeginn nicht anwesend sein konnte, wurde der Klassenlehrer in die einleitenden Schritte eingewiesen. Zu den Anweisungen, die den Kindern vor Beginn der Befragung gegeben wurden, gehörten die üblichen Verfahrensweisen beim Bearbeiten eines Arbeitsblattes, die den Kindern aus dem Unterricht bekannt waren. Bei mehreren Gruppen oder Klassen innerhalb einer Schule erwies es sich als vorteilhaft, für diese Erläuterungen alle Probanden nach Möglichkeit räumlich zusammenzufassen. Der Hinweis auf die Möglichkeit, noch einmal die Toiletten benutzen zu dürfen, war eine wichtige Maßnahme für die Zehnjährigen, da dies im ungünstigsten Falle zu einer größeren Unruhe in der Klasse führen konnte. Die Anmerkungen, dass es bei der Befragung kein Grund zur »Nervosität« gab, dass es keine »richtigen« oder »falschen« Antworten gäbe, dass die Schüler/-innen nicht mit einer Bepunktung oder gar einer Benotung zu rechnen hätten, vermittelten zusätzliche Ruhe. Auf das Positionieren der Schultaschen zwischen den einzelnen Plätzen wurde in dieser Phase bewusst verzichtet, um den Kindern nach all den Vorüberlegungen nicht noch durch diese Maßnahme eine Prüfungssituation zu suggerieren.[383] Ein Abschreiben von Antworten wurde dadurch verhindert, dass die Blätter innerhalb der Fragebögen geheftet wurden. Diese Maßnahme verhinderte den Austausch von Informationen und war gleichzeitig Garant für eine Ordnung in der Beantwortung der Fragen und der Zusammenfassung der einzelnen Fragebögen. Die Kinder waren außerdem – und darauf wurden sie in den einleitenden Bemerkungen ebenfalls hingewiesen – beim Beantworten zur »Ehrlichkeit« angehalten. Es kam allein auf ihre persönliche Überzeugung zu den dargestellten Sachverhalten an, zu deren schriftlicher Fixierung sie sich ausreichend Zeit nehmen konnten. Dass auf den Fragebögen, die anonym behandelt wurden, nur ein

---

[383] Diese Vorgehensweise wurde bei der Befragung von zahlreichen Lehrkräften begrüßt, die ihrerseits bestätigen konnten, dass sich bei den Schülern in vorgegebenen Prüfungssituationen ein anderes Antwortverhalten ergeben hätte als in einer »alltäglichen« Lernsituation im Klassenverband.

ausgedachtes persönliches Kennwort (»Geheimwort«) anzugeben war, das die Zusammengehörigkeit der drei Fragebögen kennzeichnete, gab den Kindern zusätzlich Sicherheit in der Bearbeitung.

Am Befragungstag wurde den Probanden zunächst der erste Teil des Fragebogens ausgehändigt.[384] Wichtig zur Bearbeitung waren die Klärung von Verständnisschwierigkeiten[385], die Erläuterung unbekannter Wörter (z. B. »Übertrittsfach«) sowie der Hinweis auf *genaues* Lesen der Fragestellungen. Diese Forderung erwies sich im Zusammenhang mit der Itempolung im Fragebogen, in besonderer Weise jedoch mit den doppelt verneinten Aussagen als wichtig.[386] Sobald sie den ersten Fragebogen erarbeitet und auf Vollständigkeit überprüft hatten, durften sich die Kinder – so lautete die Anweisung am Ende des ersten Bogens – an einer zentralen Stelle im Klassenzimmer selbstständig den zweiten Teil abholen, danach den dritten Teil. Die beiden ersten Abschnitte konnten im Zusammenhang bearbeitet werden, schnelle Kinder erhielten in der Anlage des zweiten Bogens zusätzlich ein ausgewähltes Bild, das sie nach eigenem »Gusto« bearbeiten durften. Es handelte sich dabei um einen angehefteten Vordruck, auf dem die Instrumente eines Orchesters sichtbar waren. Die Kinder hatten die Aufgabe, die Instrumente, die ihnen bekannt waren, farbig zu zeichnen. In die Auswertung ging die zeichnerische Betätigung nicht ein; sie hatte allein die Aufgabe, die Kinder, die die Bögen zügig bearbeiteten, mit einer verwandten Thematik zu beschäftigen, um für die Untersuchung eine musikimmanente Motivation zu erhalten. Nach etwa 25 Minuten Bearbeitungszeit wurde in den Klassen mit den Schülern gemeinsam ein Auflockerungs-/Bewegungsspiel durchgeführt, damit sich die Kinder im Anschluss wieder auf die Fragestellungen des

384 Da die Befragung als »Fragespiel« bekannt gegeben wurde, waren die Schüler von Beginn an intrinsisch motiviert und bearbeiteten ihre Bögen mit Ausdauer.

385 Dazu gehörten beispielsweise die im Fragebogen auftretenden Doppelnennungen von Begriffen. Die Angabe »meine Freundin« bezog sich in der Regel auf weibliche Probanden, »meine Freunde« auf männliche Probanden, die Bezeichnung »meine Schwester« auf Kinder, die tatsächlich eine Schwester hatten, »mein Bruder« auf männliche Geschwister.

386 Als Beispielsatz wurde den Kindern ein Item aus dem dritten Teil des Fragebogens genannt: »Sport machen in der Freizeit gefällt mir nicht so gut.« Sie hatten sich dabei für eine der folgenden Antworten zu entscheiden: »trifft zu«, »trifft etwas zu« oder »trifft nicht zu«. Zur Überprüfung, ob sie die Formulierung verstanden hatten, sollten sie sich zusätzlich zu der ergänzenden Frage äußern: »Was hätte wohl ›Olli Kahn‹ bei dieser Frage angekreuzt?« Der Name des allseits bekannten Torhüters half, sich die Verneinung in der Itemformulierung bewusst zu machen und damit besser zu erkennen, worauf die Fragestellung abzielte.

dritten Teils konzentrierten. So konnte dieser in entspannter Atmosphäre wiederum gemeinsam begonnen; denn hier handelte es sich mit zahlreichen Fragen zum Musikunterricht um den Kern der Studie.

Um sich in die Befragungssituation eingewöhnen zu können und Missverständnisse bei der Bearbeitung zu vermeiden, las der Versuchsleiter den ersten Teil der Aufgaben und weite Strecken des zweiten Teils zunächst mit den Schülern gemeinsam.[387] Der Fragebogen wurde dazu zusätzlich auf Overheadprojektor (OHP) präsentiert. Erfahrungsgemäß gab es aufgrund des Leistungsgefüges in den Klassen immer wieder Schüler, die mit dem Lesen und – in vielen Fällen daraus resultierend – beim Verständnis des Textes Schwierigkeiten zeigten. Für das Unterrichten von Kindern mit Lese-/Rechtschreibschwäche resp. -störung (LRS) ist das gemeinsame (Er-)Lesen schriftlich fixierter Aufgabenstellungen bekanntermaßen als besondere pädagogische Maßnahme empfohlen.[388] Darüber hinaus ist diese Hilfestellung für andere Schülergruppen sinnvoll, z. B. für diejenigen Kinder mit nichtdeutscher Muttersprache.[389] Daran anschließend wurden die unterschiedlichen Fragetypen besprochen, die die Schüler/-innen in den Bögen vorfanden, sowie die Bearbeitungstechnik. Dazu dienten zwei bekannte Beispiele aus der Freizeit der Kinder, die zunächst nicht mit der Beantwortung von Musik-Fragen in Zusammenhang standen. Die Bearbeitung wurde den Kindern vor dem Austeilen der Arbeitsblätter auf Overheadprojektor verdeutlicht:[390]

---

387 Die Bögen 1 a und 1 b waren bis Item Nr. 8 identisch. Vgl. dazu den Fragebogen in Anhang B.

388 Langsame Leser und Legastheniker werden in der Regel in schulischen Förderkursen zusammengefasst, um die Lesefähigkeit und -fertigkeit der Kinder zusätzlich zu unterstützen.

389 Vor allem die in die Klassen integrierten türkischen Kinder profitieren von dieser Maßnahme, aber auch die Grundschüler anderen Ursprungs. Zur Zusammensetzung der Gesamtpopulation bayerischer Grundschüler mit und ohne Migrationshintergrund vgl. auch die ermittelten Schülerzahlen in Kap. I. 1.3.

390 Zur Testkonstruktion vgl. Bühner: *Einführung in die Test- und Fragebogenkonstruktion*, 2004, S. 45ff.

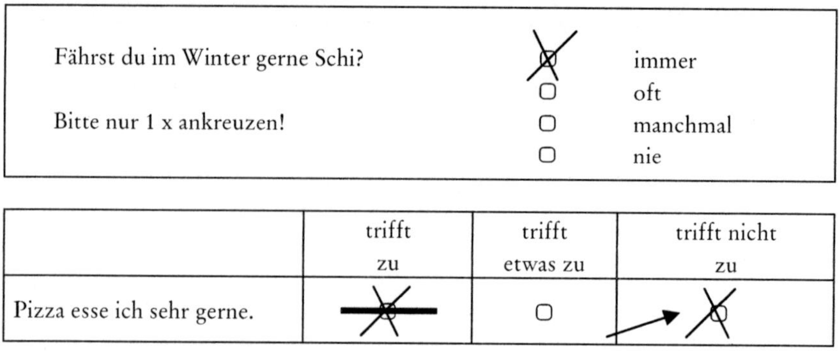

Abb. 10: Vorlagen auf OHP zur Erläuterung der Technik des Beantwortens

Das Ausfüllen des Fragebogens erfolgte mit einem dunklen Stift, Bleistift oder Füller. Wichtig war der Hinweis, dass die Kinder, ohne noch einmal fragen zu müssen, zu einem anderen Stift greifen durften, wenn die Beantwortung aus schreibtechnischen Gründen nicht fortgesetzt werden konnte. Falls Korrekturen erforderlich waren, sollten sie eindeutig kenntlich gemacht und mit einem zusätzlichen Pfeil versehen werden. Im Anschluss an diese Einführung war sichergestellt, dass die Kinder den Umgang mit den Aufgabenstellungen verstanden hatten und nicht zu viele allgemeine Fragen gestellt werden mussten, die den reibungslosen Ablauf der Klassenbefragungen gestört hätten. Am Ende der Einweisung wurden die Kinder noch einmal auf einige essenzielle Dinge hingewiesen, die als Erfahrungswert aus der Arbeit mit Grundschulkindern und den ersten Befragungen hervorgegangen waren und die den späteren Auswertungsprozess entscheidend erleichterten. Dazu gehörten die Kontrolle, ob sich auf jedem Fragebogen das Kennwort der Kinder befand, die Frage nach Vollständigkeit, also ob die Kinder alle Fragen beantwortet hatten, und ob die angebrachten Kreuzchen eindeutig zugeordnet waren. Alle Fragebögen wurden vom Versuchsleiter zusätzlich bei der Abgabe überprüft. Die Kontrollmaßnahmen sorgten dafür, dass für die Analyse ein sehr hoher Anteil gültiger Antworten einbezogen und die Anzahl der »missing values« minimiert werden konnte. Nachdem die Schüler/-innen alle Fragebögen abgegeben hatten, wurden mit Hilfe des Kennwortes die drei Teil-Fragebögen zusammengeführt und lagen somit für die Dateneingabe bereit. Allen teilnehmenden Kindern war für das Ende der Befragung eine »kleine Belohnung« zugesichert worden, eine Maßnahme, die die Konzentration und Ausdauer förderte. Die Erfahrungen, die bei der Befragung mit auffälligen Schülern, z. B. mit langsameren Lesern gemacht wurden, gingen in die Feldnotizen ein. Ebenfalls wurde die Zeit aufgenommen, die jeder einzelne Schüler zur Bearbeitung des Fragebogens benötigte. Am Ende der Datenerhebung sollten die Kinder noch einmal ihre Eindrücke zur Technik der Befragung äußern. Das Ausfüllen wurde in den meisten Schülerkommentaren als angenehm beurteilt, ebenfalls die selbstständige Versorgung mit Fragebögen, deren graphische Gestaltung die Kinder in besonderer Weise ansprach. Der demokratische Umgang mit Schülermeinungen, der an vielen Schulen scheinbar nicht ausreichend gepflegt wurde, war schließlich ein Vorzug der schriftlichen Befragung, den sehr viele Kinder in ihren Äußerungen zum Ausdruck brachten: *Ich fand ganz toll, dass man mal seine eigene Meinung sagen durfte und nicht so wie bei Proben ...*[391]

5.1.5 Datenanalyse

Der erste Teil der schriftlichen Befragung sah zunächst die Aufnahme der demographischen Daten vor, die dazu dienten, die Stichprobe näher zu beschreiben. Die Fragen nach Alter, Geschlecht, Art und Anzahl der Geschwister (Fb 1, 1; 1, 2; 1, 3) lieferten wichtige deskriptive Informationen, die im Verlauf der Auswertung zu dem folgenden Fragenkatalog in Beziehung gesetzt werden konnten.[392] Der dreiteilige Fragebogen der quantitativ-analytischen Studie war begrenzt auf wenige Antwortmodi, die im Vorfeld der Befragung den Kindern erläutert worden waren.[393] Die Frage nach den beliebten Freizeitbeschäftigungen der Viertklässler (Fb 1, 4) war in einen freien Antwortmodus eingebunden. Nach Sichtung aller Daten wurde für die jeweilige Fragestellung ein Kategoriensystem erarbeitet, um die von den Schülern geäußerten Angaben in geeigneter Weise zusammenzufassen und handhabbar zu machen. Die Hobbyangabe »Schwimmen« wurde z. B. ebenso wie »Fußball spielen« der Kategorie »Sport« zugeordnet und numerisch codiert. Ebensolches geschah mit der Zuordnung der Schülerangabe »Klavier spielen« oder »Singen« zur Kategorie »Musizieren« und der damit vollzogenen Zuordnung eines anderen numerischen Codes. Letztere Maßnahme ermöglichte erst eine Eingabe der Werte

---

391 Vgl. SB 603.

392 Zur Datenanalyse vgl. auch Jürgen Janssen & Wilfried Laatz: *Statistische Datenanalyse mit SPSS für Windows*, Berlin u. a.: Springer 2005^5. – Diekmann: *Empirische Sozialforschung*, 2002^8, S. 545ff.

393 Vgl. dazu die Ausführungen zur Methodik in Kap. II. 5.1.

in das Datenfile zur Vorbereitung der statistischen Auswertung, die mit einschlägigen Softwareprogrammen (Excel, SPSS) geschah. Im Falle der Freizeitbeschäftigungen erforderte die Deskriptivstatistik Häufigkeitsangaben zu den Kategorien »Sport«, »Musizieren«, »Musik hören«, »Computer«, »Lesen«, »Kunst«, »Gemeinsam spielen«, »Alleine spielen«, »Sonstige Angaben«. Das Prinzip der Kategorienbildung wiederholte sich in der Datenanalyse mehrfach. Dies galt im Anschluss auch für die Frage nach den unter den Schülern beliebten und den für wichtig erachteten Fächern (Fb 1, 6; Fb 1, 7). Hier bot die Kategorienzuteilung zu den Fächern Deutsch, Mathematik, HSU, Englisch, Sport, Musik, Kunst und Religion die erforderliche systematische Ordnung. Kategorien waren notwendig, da die Angaben einiger Viertklässler breit gestreut vorlagen. Mit der häufig anzutreffenden Angabe »Lesen« waren möglicherweise andere Fächer intendiert, in denen die Kinder des Öfteren mit dieser Tätigkeit beschäftigt waren. Es bot sich an, diese mit dem Fach »Deutsch« zu kategorisieren.[394] Die Ergebnisse des freien Antwortmodus, der ebenso der Frage nach den gespielten Instrumenten (Fb 1 a, 13; 15) zu Grunde lag, wurden in ähnlicher Weise über den Weg der Kategorienbildung in die dafür vorgesehene Datenmatrix übertragen und zur Auswertung vorbereitet.[395] Das Kategoriensystem mit Instrumentenangaben unterlag der konventionellen Klassifikation. Die qualitativen Angaben, die die Schüler darüber hinaus zur Begründung von Musikhören in der Freizeit (Fb 1, 8) und zur Wirkung der Instrumente machten (Fb 1, 9), wurden gesondert erfasst und standen für eine Spezifizierung der Ergebnisse zur Verfügung. Neben der Frage nach den Freizeitbeschäftigungen und dem Fächerkanon in der Schule wurde der freie Antwortmodus in das Item zum Singen in der Schule einbezogen, um die Gründe zu ermitteln, die in diesem Bereich für Zustimmung oder Ablehnung in der Schülerschaft sorgten (Fb 1 a, 18; 1 b, 10). Bezeichnenderweise war dabei die Angabe »Spaß« resp. »kein Spaß« bei den Schülern sehr häufig vertreten. Angaben zur Lehrerpersönlichkeit, zum

[394] Unter die Kategorie Deutsch wurden überdies die Angaben »LRS« (Lese- und Rechtschreibförderung), »Schrift«, »Förderunterricht« subsumiert. Zur Kategorie HSU (Heimat- und Sachunterricht, lt. Lehrplan für Grundschulen 2000) zählten die Angaben »Hsk« (Heimat- und Sachkunde), »Erdkunde«, »Geschichte«, »Verkehrserziehung«, »Biologie«, »Chemie«. Darüber hinaus wurden die Antworten »Computer« zu Mathematik, »Schwimmen« zu Sport, »EMU«, »Percussion«, »Chor« zu Musik, »WTG«, »Handarbeit«, »Werken«, »Textil« zu Kunst sowie »Ethik« zu Religion gezählt.

[395] Diekmann: *Empirische Sozialforschung*, 2002[8], S. 551f.

Liedrepertoire oder zur didaktischen Ausrichtung des Unterrichts halfen, sich den Vorlieben und negativen Eindrücken der Schüler zu nähern und dabei subjektive Erfahrungsmomente zu den Wirkungen von Musik kennenzulernen.[396]

Neben den Items mit freien Antwortmöglichkeiten waren in den Fragebogen standardisierte Items integriert. Dazu gehörten dichotome Antwortmodi, beispielsweise bei der Frage nach musikalischer Tätigkeit (Musiker/Nicht-Musiker, Fb 1, 9), nach der qualitativen Ausrichtung des schulischen Musikunterrichts (EMU/regulärer MU) sowie – wie bereits oben erwähnt – zur Einordnung der Probanden nach ihrem Geschlecht (Fb 1, 2). Diese Bestandteile des Fragebogens waren entscheidende Filterfragen zur Auswertung des Datensatzes. Das polytome Antwortformat, das den Schülern in einigen Fragestellungen zusätzlich vorlag, gestattete im Rahmen eines Mehrfachantworten-Sets verschiedene Alternativen.[397] Ein ähnlicher Antwortmodus lag im zweiten und dritten Teil des Fragebogens in Form von dreifach gestuften Likert-Skalen vor, bei denen Aussagen zu ihrem Selbstkonzept (Fb 2) und zu ihrem schulischen (Musik-)Unterricht von den Schülern auf ihre Gültigkeit hin beurteilt werden sollten. In einem dritten Antwortmodus schließlich waren quantitative Angaben zu dem Übepensum auf ihrem Instrument gefragt, wenn es sich um musizierende Kinder handelte, sowie zu der zeitlichen Investition, die sie für den täglichen Fernsehkonsum (Fb 1 a, 20; 1 b, 15) oder die Beschäftigung mit einem Computer (Fb 1 a, 22; 1 b, 17) aufwendeten.

Nachdem der Datensatz die Prozesse des Ausschlusses fehlender Eingaben (»missing values«), der Fehlerkontrolle und -bereinigung, durchlaufen hatte, verschiedene Variablen transformiert, invertierte Items umcodiert worden waren, konnten neue Kategorien gebildet und neue Variablen aus den Werten des Datenfiles konstruiert werden.[398] Letztgenannte Prozedur war erforderlich zur Auswertung der Daten des zweiten Fragebogens; die Testwerte wurden gebildet gemäß

[396] So gaben einige Schüler an, Musik zur »Stimmungsregulation« in Anspruch zu nehmen: *Das relaxt mich* (SB 61), *es beruhigt mich* (SB 81).

[397] Dieses Antwortformat betraf z. B. die Frage nach der Beliebtheit des Schulbesuchs (Fb 1, 5), nach den musikalischen Tätigkeiten innerhalb (Fb 1 a, 16) und außerhalb der Grundschule (Fb 1 a, 14) und nach den (elektronischen) Medien, die die Kinder benutzen (Fb 3, 63).

[398] Dieser Vorgang geschah mit der »Recode-« resp. mit der »Compute-Prozedur« im Programm SPSS. Die Programmanweisungen erlaubten die Neudefinition von Variablen resp. die Konstruktion einer neuen Variablen durch eine Rechenoperation. Für alle entstandenen Kategorien wurden die Wertelabels neu definiert.

dem Testmanual des Frankfurter Kinder-Selbstkonzept-Inventars von Deusinger.[399] Dabei errechnete sich der Skalenwert eines Kindes aus der Summe der einzelnen Itemantworten, die addiert wurden und schließlich als »Summenscore« für jede der vier Subskalen in Form einer neuen Variablen vorlag. Diese Maßnahme gewährleistete eine Vergleichbarkeit der einzelnen Vpn, die in die Untersuchung eingingen.

Die Daten wurde im Anschluss mit den Mitteln deskriptiver Statistik, d. h. mit Häufigkeitstabellen unter Berechnung von Fallzahl- und Prozentangaben, mit zweidimensionalen Kontingenztafeln (Kreuztabellen) sowie mit den Möglichkeiten der explorativen Datenanalyse erschlossen.[400] Es schlossen sich Berechnungen des arithmetischen Mittelwerts (AM) an für die Dauer, die musizierende Kinder durchschnittlich für das Üben an einem Instrument investierten, und der jeweiligen Standardabweichung (SD). Diese konnten in Beziehung gesetzt werden zu den erstellten Häufigkeitsberechnungen zur Nutzung von Medien sowie zu den Mittelwertberechnungen der Zeiten, die die Kinder vor Fernseher oder Computer verbrachten. Damit waren die Voraussetzungen für inferenzstatistische Analysen geschaffen. In den vorgenommenen t-Statistiken wurden Mittelwertunterschiede dahingehend analysiert, ob die entstandenen Abweichungen zufällig zustande gekommen oder von Bedeutung waren. Im letzteren Falle konnte man den Unterschied auch für die der Stichprobe zu Grunde liegenden Grundgesamtheit annehmen.[401]

Der Hauptteil der Studie bestand aus der Überprüfung der Hypothesen in Kap. II. 5.3, die in Kap. II. 4 abgeleitet wurden. Hierbei bildete die t-Statistik den Ausgangspunkt, die der Berechnung des Eta-Maßes mit der Erhebung der zugehörigen Signifikanz zu Grunde lag. Dieses Zusammenhangsmaß bezog sich auf die Verbindung zwischen den nominalskalierten unabhängigen Variablen Musiker/Nicht-Musiker resp. EMU/regulärer Musikunterricht und den abhängigen Variablen »Emotionale Gestimmtheit«, »Familiales Umfeld«, »Musikunterricht«, »Musiklehrer« und »Soziale Einstellung«. Der Anteil erklärter

---

399 Deusinger: *Frankfurter Kinder-Selbstkonzept-Inventar* (FKSI).

400 Dazu wurden verschiedene Chi-Quadrat-Unabhängigkeitstests (χ^2-Test), Berechnungen des Kontingenzkoeffizienten sowie des Eta-Maßes durchgeführt. Vgl. dazu auch die unter »Analysieren« zusammengefassten Prozeduren in SPSS. – Siehe ebenso Janssen & Laatz: *Statistische Datenanalyse*, 2005[5], S. 33ff.

401 Die t-Wert-Berechnung ist ein Vergleich zweier Mittelwerte, deren evtl. Differenz auf Signifikanz überprüft wird. Zu den Mittelwertvergleichen und t-Tests vgl. Janssen & Laatz: *Statistische Datenanalyse*, 2005[5], S. 323ff.

Varianz dieser Variablen konnte auf diesem Wege bestimmt werden und nicht zuletzt die Frage, ob sich ein gefundener Mittelwertunterschied als praktisch bedeutsam erwies. Bei der Überprüfung der Hypothesen handelte es sich demnach nicht um einen Nachweis von Kausalzusammenhängen, die für die Korrelationen ohne ausreichende Zusatzinformationen ohnehin nicht angenommen werden durften. Vielmehr wurden von den Variablen, die in den Hypothesen miteinander verbunden waren, wechselseitige Wirkungen erwartet. Als Ergänzung zu statistischen Signifikanztests, die in der Regel mindestens erforderlich sind zur Ermittlung der Zuverlässigkeit eines Effekts, wurden im Hinblick auf die Überprüfung der Hypothesen schließlich in Kap. II. 5.4 die zu den einzelnen Hypothesen zugehörigen Effektgrößen errechnet. Diese gaben genauer Auskunft über die Wirksamkeit der untersuchten Variablen auf die Zielgruppen, die in der Studie von besonderem Interesse waren (Kindern mit erweitertem/regulärem Musikunterricht, Musiker/Nicht-Musiker). Unter Einbeziehung des Effektgrößemaßes gelang es, die zwischen den Gruppen festgestellten Unterschiede mit dem Vorteil zu normieren, dass sie sich als unabhängig erwiesen, sowohl von der Größe der Stichprobe als auch von Schwankungen innerhalb der Messwertstreuungen.[402] Damit wurde ein Nachteil der statistischen Signifikanzmaße ausgeschaltet, so dass die Effekte objektiv bewertet werden konnten. Nach Lind (2005) sind Effektgrößemaße als sinnvoll zu erachten, »solange nicht genau festgelegt ist, wie groß die Stichproben sein müssen und sein dürfen, und wie groß die Streuung der Messwerte im Vortest sein soll/darf.«[403] Signifikanzwerte, die möglicherweise durch die hohe Stichprobengröße oder eine zu geringe Standardabweichung zustande gekommen sind, wurden durch Hinzuziehung der Effektgröße ergänzend bewertet und somit hinsichtlich ihrer praktischen Bedeutsamkeit eingeordnet.

5.2 Ergebnisse der deskriptiven und explorativen Statistik

In den folgenden Ergebnissen der quantitativen Untersuchung finden sich zunächst deskriptive Statistiken (Tabellen, Kreuztabellen) mit Häufigkeits- und Prozentangaben sowie explorative Statistiken mit Mittelwert- und Varianzberechnungen. Sie dienen der Beschreibung des

---

402 Vgl. dazu Georg Lind: »Effektstärken: Statistische versus praktische und theoretische Bedeutsamkeit«. Vortrag v. 04.07.2005, überarbeitete Fassung, in: http://www.uni-konstanz.de/ag-moral/pdf/Lind-2008_Effektstaerke-Vortrag.pdf [recherchiert am 31.05.09]. – Bortz & Döring: *Forschungsmethoden*, S. 502ff.

403 Lind: »Effektstärken«, S. 12.

Datensatzes und zur Überprüfung der Voraussetzungen für inferenzstatistische Analysen.

Tab. 15: Beliebtheit des Schulbesuchs unter Viertklässlern (N = 1012)

Beliebtheit des Schulbesuchs	Häufigkeit	Prozent
immer	262	25,8 %
oft	340	33,4 %
manchmal	344	33,8 %
nie	66	6,5 %
gesamt	1012	99,5 %

Etwa 600 Kinder, also mehr als die Hälfte der Befragten, gaben an, »immer« oder »oft« gerne zur Schule zu gehen. Den höchsten Einzelwert erreichten die Kinder, die für »manchmal« votierten.

Tab. 16: Beliebtheit und Wichtigkeit der Fächer (N = 1016)

Fach	Beliebtheit des Faches		Wichtigkeit des Faches	
	Häufigkeit	Prozent	Häufigkeit	Prozent
Deutsch	336	8,26 %	947	23,28 %
Mathematik	494	12,14 %	956	23,50 %
HSU	461	11,33 %	876	21,53 %
Englisch	126	3,09 %	211	5,19 %
Sport	840	20,67 %	274	6,76 %
Musik	580	14,26 %	310	7,62 %
Kunst	879	21,63 %	149	3,69 %
Religion	176	4,35 %	174	4,30 %
ohne Angabe	172	4,25 %	167	4,13 %
gesamt	4.064[404]	99,98 %[405]	4.064	100,00 %

In der Beliebtheitsskala des Fächerkanons nahmen Kunst und Sport mit jeweils rund 20 % der Antworten den höchsten Stellenwert ein. Mit etwa 14 % kam dem Fach Musik – immerhin noch vor den Hauptfächern – ein beachtlicher dritter Platz zu. Grundlegend anders verhielten sich die Kinder bei der Beurteilung der Wichtigkeit der Fächer. Hier

404 Die Summe der Nennungen entspricht den jeweiligen Fächerangaben (4 Nennungen) der 1.016 Probanden.

405 Der von 100 % abweichende Wert entsteht durch den Rundungsfehler, der beim Auf- und Abrunden der Dezimalstellen in Kauf genommen werden muss.

waren sie sich des enormen Gewichts der Kerndisziplinen Mathematik, Deutsch sowie Heimat- und Sachunterricht (HSU) bewusst. Diese erlangten mit jeweils über 20 % der Antworten eindeutig die höchsten Werte. Das Fach Musik erhielt einen Wert von 7,62 % vor den anderen ästhetischen Fächern. Für Englisch votierten 5,19 %.

Tab. 17: Freizeitbeschäftigungen, jeweils drei Nennungen (N = 1016)

Hobbys	Häufigkeit	Prozent
Sportarten	1706	55,93 %
Musizieren	284	9,30 %
Gemeinsam spielen	241	7,97 %
Computer	139	4,53 %
Kunst	125	4,07 %
Lesen	122	3,97 %
Sonstige	104	3,43 %
Musik hören	93	3,03 %
Tanzen	76	2,50 %
Fernsehen	40	1,33 %
Alleine spielen	25	0,83 %
ohne Angabe	93	3,10 %
gesamt	3.048	99,99 %

Unter den Freizeitbeschäftigungen der Viertklässler wurden insbesondere die Sportarten favorisiert: Mit über 55 % dominierten sie gegenüber den anderen Freizeitbeschäftigungen der Grundschulkinder. Einen zweiten Platz nahm das Musizieren mit etwa 9 % ein, jedoch war der Abstand zu den Sportnennungen beträchtlich. Der Bereich »Musik hören« wurde in etwa 3 % der Antworten benannt, Tanzen in 2,5 %. Erwartungsgemäß dominierte das »Gemeinsam spielen« (7,97 %) gegenüber der Isolation im »Alleine spielen« (0,83 %).

Tab. 18: Musik hören in der Freizeit (N = 1014)

Musik hören in der Freizeit	männlich	weiblich	gesamt
ja	89,1 %	96,3 %	92,2 %
nein	10,9 %	3,7 %	7,5 %
gesamt	100,0 %	100,0 %	99,7 %[406]

406 0,3 % der Kinder machten bzgl. des Musikhörens keine Angaben.

Fast alle Viertklässler gaben an, in ihrer Freizeit Musik zu hören, nur ein Prozentsatz von etwa 7 % war sich dieser Tätigkeit nicht bewusst. Bei den ermittelten Werten tritt außerdem ein Geschlechtereffekt zu Tage: Nahezu 90 % der Jungen bekannten, Musik zu hören, während bei den Mädchen mit über 96 % ein noch höherer Wert zu verzeichnen war ($p < ,001$).

Tab. 19: Instrumentalspiel der befragten Grundschüler/-innen (N = 1016)

Spiel eines Musikinstrumentes	Häufigkeit	Prozent
ja	460	45,2 %
nein	554	54,5 %
ohne Angabe	1	0,3 %
gesamt	1016	100,0 %

Von den 1016 Befragten gaben 460 Schüler/-innen an, aktiv ein Instrument zu spielen, während dies 554 verneinten. Es bot sich an, die Musiker, die 45,2 % der Stichprobe stellten, in besonderer Weise zu untersuchen. Bei dieser Gruppe waren im Hinblick auf die favorisierten Instrumente folgende Vorlieben zu ermitteln:

Tab. 20: Instrumentenaufteilung unter den Grundschülern, Zweitinstrument eingeschlossen (N = 461)

Instrument	Häufigkeit des ersten Instrumentes	Prozent	Häufigkeit mit Mehrfachnennungen
Flöte	176	38,2 %	223[407]
Tasteninstrumente	153	33,2 %	170[408]
Gitarre und Zupfinstrumente	51	11,1 %	57
Blechblasinstrumente	26	5,6 %	27
Streichinstrumente	17	3,7 %	18

407 47 Schüler gaben Flöte als Zweitinstrument an, so dass für dieses Instrument 223 Gesamtnennungen zu registrieren waren.

408 11 von 170 Kindern bekannten, Klavier als Zweitinstrument zu spielen, 6 Schüler sogar, dass sie sich damit als drittes Instrument beschäftigen. Die Angabe »Klavier« dominierte bei den Schülerantworten, »Keyboard« bildete überraschenderweise einen geringeren Anteil. Inwieweit es sinnvoll ist, die Angaben zu einem dritten genannten Instrument bei Grundschülern ernst zu nehmen, muss der Diskussion vorbehalten bleiben. Festzuhalten bleibt, dass es sich bei Kindern mit diesen Nennungen um Schüler/-innen handelte, die im musikalischen Bereich außerordentlich engagiert waren.

Schlaginstrumente	15	3,3 %	16
Stabspiele	12	2,6 %	15
Rohrblattinstrumente	11	2,4 %	13[409]
gesamt	461	100,0 %	539

Die beliebtesten Instrumente unter den Viertklässlern waren mit einem Prozentsatz von über 70 % Flöte und Klavier. Mit 11,1 % folgten in deutlichem Abstand Gitarre und Zupfinstrumente, während die Blechblas- (5,6 %), Streich- (3,7 %) und Schlaginstrumente (3,3 %) im Mittelfeld zu finden waren. Stabspiele und Rohrblattinstrumente bildeten mit jeweils etwa 2,5 % der Antworten die Schlussgruppe.

Tab. 21: Häufigkeit des Übens auf dem Musikinstrument (N = 456)

	Häufigkeit	Prozent
jeden Tag	177	38,8 %
etwa jeden zweiten Tag	176	38,6 %
ein- oder zweimal pro Woche	102	22,4 %
ohne Angabe	1	0,2 %
gesamt	456	100,0 %

Der überwiegende Teil der musizierenden Kinder gab an, regelmäßig auf seinem Musikinstrument zu üben. Das betraf zusammen über 77 % der Kinder, die jeden Tag oder jeden zweiten Tag übten. Etwa ein Viertel der Kinder beschäftigte sich ein- oder zweimal in der Woche mit Üben auf einem Instrument.

Tab. 22: Übedauer der musizierenden Kinder pro Tag – Gesamt-Übedauer und unterschieden nach Geschlecht und Intensität des Musikunterrichts[410]

Übedauer pro Tag/Min.	N	AM	SD
alle Musiker	452	22,18	15,60
männlich	202	22,34	16,90
weiblich	249	21,97	14,49
EMU	236	22,78	16,01
regulärer MU	117	20,49	12,57

409 Mit Rohrblattinstrumenten sind an dieser Stelle Klarinette und Saxophon gemeint.

410 Die Angabe »N« bezeichnet den jeweiligen Stichprobenumfang, »AM« das errechnete arithmetische Mittel, »SD« die Standardabweichung/standard deviation.

Die durchschnittliche tägliche Übedauer der musizierenden Kinder ist mit einem t-Wert von 30,21 statistisch signifikant von Null verschieden ($df = 451$; $p < ,001$). Im Hinblick auf die Unterscheidung von Unterkategorien ergeben sich keine signifikanten Ergebnisse. Der Unterschied zwischen den musizierenden Kindern beider Geschlechter bzgl. der subjektiven Einschätzung der täglichen Übedauer an ihrem Instrument ist mit einem t-Wert von 0,246 nicht signifikant ($df = 449$; $p = ,577$). Der Unterschied zwischen den Kindern mit EMU und regulärem Musikunterricht ist mit einem t-Wert von 1,35 ebenfalls nicht signifikant ($df = 351$; $p = ,299$).

Tab. 23: Instrumentenwunsch der Nicht-Musiker (N = 494)

Instrumentenwunsch	Häufigkeit	Prozent
ja	198	40,0 %
nein	296	60,0 %
gesamt	494	100,0 %

Von den 494 Nicht-Musikern äußerten 40 % den Wunsch, in der Schule gerne ein Instrument zu spielen. 60 % konnten sich dagegen mit diesem Gedanken nicht anfreunden.

Tab. 24: Frage an die Nicht-Musiker nach früherem Instrument (N = 493)

Instrument früher	Häufigkeit	Prozent
ja	186	38,0 %
nein	307	62,0 %
gesamt	493	100,0 %

Ein ähnliches Verhältnis, das beim Instrumentenwunsch der Kinder festzustellen war, ergab sich auch auf die Frage, ob die Schüler bereits früher einmal ein Instrument gespielt hatten. 38 % der Kinder bejahten diese Frage, 62 % hatten noch niemals Kontakt mit einem Musikinstrument.

Tab. 25: Wunsch der Musiker nach einem weiteren Instrument (N = 504)

Wunsch nach einem Zweitinstrument	Häufigkeit	Prozent
ja	233	46,0 %
nein	271	54,0 %
gesamt	504	100,0 %

Bei einem verhältnismäßig hohen Prozentsatz musizierender Kinder (46 %) war die Begeisterung für ihr Instrument derart ausgeprägt, dass sie sich sogar vorstellen konnten, in der Schule oder in der Freizeit ein zweites Instrument zu lernen.

Tab. 26: Teilnahme an Musikgruppen in der Schule (N = 1016)

AG	Häufigkeit	Prozent	Häufigkeit mit Mehrfachnennungen
Flötengruppe	321	31,6 %	-
Schulchor	147	14,5 %	234
Orff-Gruppe	59	5,8 %	83
Tanzgruppe	26	2,6 %	51
Gitarrengruppe	13	1,3 %	20
Orchester	4	0,4 %	7
keine Teilnahme	446	44,0 %	-
gesamt	1016	100,2 %	-

Von den 1016 befragten Viertklässlern waren im Schuljahr 2003/04 mit 56 % mehr als die Hälfte der Kinder in musikalische Neigungsgruppen innerhalb der Grundschulen eingebunden.[411] Davon beteiligte sich der größte Teil (31,6 %) an einer Flötengruppe, 14,5 % der Kinder an dem Schulchor-Angebot. Weiteren Formationen wie Orff-Gruppe (5,8 %), Tanz- oder Gitarrengruppe (2,6 resp. 1,3 %) sowie Schulorchester (0,4 %) kam eine wesentliche geringere Bedeutung zu.

Tab. 27: Beliebtheit des Singens in der Schule (N = 1016)

	Häufigkeit	Prozent
ja	679	67,0 %
nein	324	32,0 %
indifferent	10	1,0 %
ohne Angabe	3	-
gesamt	1016	100,0 %

[411] Der Zeitpunkt der Befragung erwies sich gerade für dieses Item als besonders wichtig, da es den Schülern in diesem Schuljahr noch möglich war, an vielfältigen musikalischen AG-Angeboten teilzunehmen. Die Zusatzangebote wurden in den beiden folgenden Schuljahren seitens des Staatsministeriums stark eingeschränkt. Vgl. dazu Hahn: »Klassenbildung und Unterrichtsversorgung«, 2005, S. 170.

Etwa zwei Drittel der befragten Grundschulkinder (67 %) sangen gerne in der Schule. 32 % lehnten das Singen kategorisch ab. Die Positionen einer Befürwortung oder Ablehnung wurden von den Vpn eindeutig bezogen. Die Gruppe, die zum »Singen in der Schule« nicht Stellung bezog, hatte keine nennenswerte Größe.

Tab. 28: Gründe zur Befürwortung des Singens in der Schule (N = 677)

	Häufigkeit	Prozent
»Spaß«	409	59 %
Gemeinschaftsgefühl	85	13 %
Liedrepertoire	76	11 %
Gestaltung des MU	36	5 %
Selbstdarstellung	27	4 %
Lehrerpersönlichkeit	12	2 %
Stimmungsregulation	11	2 %
ohne Angabe	23	4 %
gesamt	679	100 %

Die meisten Kinder, die das Singen in der Schule befürworteten, empfanden »Spaß« bei dieser Art musikalischer Betätigung (59 %). 13 % genossen das Gemeinschaftsgefühl, das ihnen das Singen vermittelte, 11 % führten die positive Wirkung dieser Tätigkeit auf das vielfältige Liedrepertoire zurück. Die Lehrerpersönlichkeit schien bei der Benennung der Gründe nur eine untergeordnete Rolle zu spielen.

Tab. 29: Gründe für die Ablehnung des Singens in der Schule (N = 336)

	Häufigkeit	Prozent
»kein Spaß«	103	30 %
Schamgefühl	73	22 %
sängerisches Unvermögen	46	14 %
Liedrepertoire	38	11 %
Gestaltung des MU	22	7 %
Störungen	10	3 %
Lehrerpersönlichkeit	4	1 %
mangelnde Kontrolle	2	1 %
ohne Angabe	38	11 %
gesamt	336	100 %

Die Kinder, die nicht gerne in der Schule sangen, hatten zu 30 % »keinen Spaß«. 22 % der Schülerinnen und Schüler gaben an, dass sie sich beim Singen schämten, während 14 % das sängerische Unvermögen und das einfältige Liedrepertoire als Ursache der Ablehnung nannten. Die Bedeutung der Lehrerpersönlichkeit für das Singen wurde an dieser Stelle ebenfalls nur mit 1 % der Antworten bedacht.

Tab. 30: Beliebtheit des Singens in Schule und Freizeit kombiniert (N = 956)

	singt gerne in der Schule	singt nicht gerne in der Schule	gesamt
singt gerne in der Freizeit	71,5 %	41,9 %	61,8 %
singt nicht gerne in der Freizeit	28,5 %	58,1 %	38,2 %
gesamt	100,0 %	100,0 %	100,0 %

71,5 % der Kinder, die gerne in der Schule sangen, waren ebenfalls in der Freizeit sängerisch aktiv. Zwar gebrauchten 28,5 % gerne ihre Singstimme in der Schule, jedoch weniger in der Freizeit. Umgekehrt war das Singen bei 41,9 %, die sich gerne in der Freizeit sängerisch engagierten, in der Schule nicht beliebt, während 58,1 % der Schülerinnen und Schüler angaben, weder in der Schule noch in der Freizeit gerne zu singen.

Tab. 31: Häufigkeit der Fernseh- und Computernutzung (N = 1016)

	Fernsehen		Computer	
	Häufigkeit	Prozent	Häufigkeit	Prozent
jeden Tag	528	51,9 %	121	11,9 %
etwa jeden zweiten Tag	304	29,9 %	204	20,1 %
ein- oder zweimal pro Woche	155	15,2 %	512	50,3 %
nie	19	1,9 %	163	16,0 %
ohne Angabe	10	1,1 %	16	1,7 %
gesamt	1016	100,0 %	1016	100,0 %

Über die Hälfte aller befragten Kinder (ca. 52 %) sahen jeden Tag fern, nahezu 30 % nutzten das Medium immer noch jeden zweiten Tag. Nur etwa 2 % der Viertklässler kamen ohne das Fernsehgerät aus.

Die Computernutzung war für das Alter der Befragten gegenüber dem Fernsehen als wesentlich geringer einzustufen. Über die Hälfte der Kinder nutzte den PC gelegentlich (ein- oder zweimal pro Woche) und nur 11,9 % war täglich mit dem Medium beschäftigt. Auffällig war, dass zum Zeitpunkt der Befragung ein verhältnismäßig hoher Prozentsatz (16 %) nach eigenen Angaben nie den Computer in Gebrauch hatte.

Tab. 32: Durchschnittliche Fernsehdauer pro Tag – Gesamtdauer bei allen Kindern und unterschieden nach Geschlecht, Instrumentenspiel und Intensität des Musikunterrichts

Fernsehdauer pro Tag/Min.	N	AM	SD
gesamt	960	79,58	70,00
männlich	491	88,82	77,73
weiblich	467	70,04	59,53
Musiker	432	71,89	67,27
Nicht-Musiker	526	85,75	71,71
EMU	331	71,00	62,63
regulärer MU	411	86,40	71,83

Die durchschnittliche tägliche Zeit, die ein Vierklässler vor dem Fernsehgerät verbrachte, war mit einem t-Wert von 35,22 statistisch signifikant von Null verschieden (df = 959; p < ,001). Der Unterschied zwischen den Geschlechtern bzgl. der subjektiven Einschätzung der Fernsehdauer war mit einem t-Wert von 4,21 statistisch hoch signifikant (df = 914,86; p < ,001). Der Unterschied zwischen den Musikern/Nicht-Musikern bzgl. der subjektiven Einschätzung der Fernsehdauer war mit einem t-Wert von -3,061 signifikant (df = 956; p = ,002). Der Unterschied zwischen den EMU-Kindern und den Kindern mit regulärem Musikunterricht bzgl. der subjektiven Einschätzung der Fernsehdauer war mit einem t-Wert von -3,073 signifikant (df = 740; p = ,002).

Tab. 33: Durchschnittlicher Computernutzung pro Tag – Gesamtdauer und unterschieden nach Geschlecht, Instrumentenspiel und Intensität des Musikunterrichts

Computernutzung pro Tag/Min.	N	AM	SD
gesamt	826	53,75	48,45
männlich	451	66,23	56,36

weiblich	374	38,72	30,74
Musiker	386	47,27	38,66
Nicht-Musiker	438	59,37	55,16
EMU	301	50,26	48,38
regulärer MU	346	56,55	52,68

Die durchschnittliche tägliche Zeit, die ein Vierklässler am Computer verbrachte, war mit einem t-Wert von 31,89 statistisch signifikant von Null verschieden (df = 825; p < ,001). Der Unterschied zwischen den Geschlechtern bzgl. der subjektiven Einschätzung der Dauer der Computernutzung pro Tag war mit einem t-Wert von 8,89 hoch signifikant (df = 719,15; p < ,001). Der Unterschied zwischen den Musikern/Nicht-Musikern bzgl. der subjektiven Einschätzung der Dauer der Computernutzung pro Tag war mit einem t-Wert von -3,68 ebenfalls hoch signifikant (df = 783,54; p < ,001). Der Unterschied zwischen den EMU-Kindern und den Kindern mit regulärem Musikunterricht bzgl. der Einschätzung der Computerzeit war dagegen mit einem t-Wert von -1,58 nicht signifikant (df = 643,09; p = ,114).

Tab. 34: Selbsteinschätzung der Kinder hinsichtlich der Nutzung elektronischer Medien

Technisches Gerät	oft	manchmal	nie	unbekannt	N
CD-Player	68,51 %	24,44 %	6,14 %	0,91 %	994
Walkman	11,60 %	40,36 %	31,38 %	16,65 %	991
Kassettenrekorder	31,49 %	48,45 %	18,76 %	1,30 %	997
Radio	41,94 %	44,54 %	13,31 %	0,20 %	999
Discman	26,91 %	30,72 %	28,41%	13,96 %	996
MP3-Player	15,52 %	15,72 %	32,35 %	36,41 %	986
Stereoanlage	38,40 %	29,38 %	26,55 %	5,67 %	987
Mikrofon	8,18 %	16,77 %	72,22 %	2,83 %	990
Fernseher	62,49 %	34,29 %	3,08 %	0,20 %	1005
Handy	26,65 %	31,84 %	40,62 %	0,90 %	1002
Computer	38,61 %	50,65 %	10,25 %	0,50 %	1005
CD-ROM	35,54 %	42,64 %	18,32 %	3,50 %	999
DVD-Player	28,14 %	37,96 %	30,77 %	3,14 %	988
Nintendo	16,72 %	22,29 %	48,83 %	12,16 %	987
Gameboy	29,52 %	36,14 %	31,43 %	2,91 %	996
Video-Rekorder	27,90 %	55,59 %	15,91 %	0,60 %	993
Play Station 2	18,62 %	17,31 %	48,68 %	15,38 %	988
Internet	18,11 %	37,53 %	42,66 %	1,71 %	994
X-Box	7,48 %	7,68 %	56,52 %	28,31 %	989

CD-Player, Fernseher, Radio und Computer gehörten zu den Medien, die von den Viertklässlern bevorzugt benutzt wurden. Der Kassettenrekorder besaß immer noch einen beachtlichen Stellenwert. Bei »Mikrofon« und »Nintendo« gab eine Vielzahl der Schüler an, dazu nie Zugang zu haben. Unter den Geräten, die ebenfalls nie zum Einsatz kamen, gehörten zum Zeitpunkt der Befragung noch X-Box, Play Station 2, Internet und Handy.

Tab. 35: Frankfurter Kinder-Selbstkonzept-Inventar (FKSI) nach Deusinger

Skalen		N	Mittelwert	s	t-Wert	df	Signifikanz
Kognitive Leistungsfähigkeit	Musiker	460	19,42	2,685	5,528	1012	,000
	Nicht-Musiker	554	18,45	2,850			
	EMU	351	19,17	2,674	2,360	781	,019
	regulärer MU	432	18,69	2,958			
Selbstsicherheit	Musiker	460	16,68	2,485	3,182	1012	,002
	Nicht-Musiker	554	16,16	2,728			
	EMU	351	16,31	2,530	-0,300	781	,764
	regulärer MU	432	16,36	2,622			
Kontakt- und Umgangsfähigkeit	Musiker	460	18,51	1,850	2,404	1012	,016
	Nicht-Musiker	554	18,21	2,067			
	EMU	351	18,42	2,015	0,163	781	,870
	regulärer MU	432	18,40	1,908			
Selbstbehauptungs- und Durchsetzungsfähigkeit	Musiker	460	15,33	1,827	-0,281	1012	,779
	Nicht-Musiker	554	15,37	1,974			
	EMU	351	15,22	1,811	-1,618	781	,106
	regulärer MU	432	15,44	1,892			

Für die Gruppen der Musiker und Nicht-Musiker gibt es statistisch signifikante Unterschiede in drei der vier FKSI-Skalen: Musiker gaben an, höhere kognitive Fähigkeiten als Nicht-Musiker zu haben ($t = 5{,}53$; $p < {,}001$). Sie bekannten, selbstsicherer zu sein ($t = 3{,}18$; $p = {,}002$), und schätzen ihre Kontakt- und Umgangsfähigkeit höher ein (t = 2,40; p = ,016). Die Gruppen mit und ohne erweiterten Musikunterricht unterscheiden sich lediglich im Hinblick auf ihre Einschätzung der eigenen kognitiven Fähigkeiten (t = 2,36; p = ,019).

5.3 Überprüfung der Hypothesen

Auf den im vorausgegangen Kapitel errechneten deskriptiven und explorativen Daten aufbauend, werden im weiteren Verlauf die Hypothesen, die in Kap. II. 4 abgeleitet wurden, mit Hilfe von Unterschieds- und Zusammenhangsmaßen überprüft.[412] In einem zweiten Schritt werden zu den einzelnen Hypothesen die Effektgrößen berechnet. Diese Maßnahme erfolgt aufgrund der Tatsache, dass es problematisch ist, ausgehend von einer statistischen Signifikanz der Befunde direkt auf deren theoretische und praktische Bedeutsamkeit zu schließen.[413] Lind schlägt daher vor, den Fokus auf eine »praktische Signifikanz« zu legen, d. h. auf die Errechnung einer »relativen Effektstärke«, die weitgehend unabhängig von der Größe der Stichprobe und von der Streubreite der ermittelten Werte ist.

- Überprüfung der Hypothese I – Emotionale Gestimmtheit

H I.1.0:	Kinder, die aktiv musizieren, nutzen Musik gleich oder weniger oft zur Regulation ihrer emotionalen Gestimmtheit als Kinder, die nicht musizieren.
H I.1.1:	Kinder, die aktiv musizieren, nutzen Musik häufiger zur Regulation ihrer emotionalen Gestimmtheit als Kinder ohne dieses Musik-Treatment.
H I.2.0:	Kinder mit EMU und mit regulärem Musikunterricht nutzen Musik gleich oder weniger oft zur Regulation ihrer emotionalen Gestimmtheit.
H I.2.1:	Kinder, die EMU in der Schule erhalten, nutzen Musik häufiger zur Regulation ihrer emotionalen Gestimmtheit als Kinder ohne dieses Musik-Treatment.

[412] Nach Bortz kann »die Überprüfung einer Unterschiedshypothese auch durch die Ermittlung eines Zusammenhangskoeffizienten erfolgen«. Jürgen Bortz: *Statistik für Sozialwissenschaftler*, Berlin u. a.: Springer 1993[4], S. 257.

[413] Vgl. dazu Lind: »Effektstärken«, S. 2. – Von Bortz ist bekannt, dass Korrelationen ohne Zusatzinformationen ohnehin nicht kausal interpretiert werden sollten. Siehe Jürgen Bortz: *Statistik für Human- und Sozialwissenschaftler*, Heidelberg: Springer Medizin Verlag 2005[6], S. 236.

Der Terminus »Treatment« ist an dieser Stelle nicht in einem experimentellen Sinne zu verstehen, da hier kein experimentelles Design vorliegt.[414] Der Zusammenhang zwischen der nominalskalierten Variablen »Instrument spielen« und der intervallskalierten Variablen »Emotionale Gestimmtheit« wurde mit Hilfe des Eta-Maßes berechnet. Dieser beträgt ,15 ($p < ,001$). Somit haben die beiden Variablen 2,3 % gemeinsamer Varianz. Für die EMU-Variable ergibt sich ein Eta-Maß von ca. ,09 ($p = ,014$). Somit ergeben sich für diese Variable 0,8 % gemeinsamer Varianz.

Tab. 36: Berechnung der Zusammenhangsmaße zur abhängigen Variablen »Emotionale Gestimmtheit«

	Eta	Eta-Quadrat	Signifikanz	N
Emotionale Gestimmtheit * Instrument spielen	,152	,023	,000	1011
Emotionale Gestimmtheit * EMU	,088	,008	,014	782

Die Hypothesen I.1.1 und I.2.1 konnten angenommen werden. Das Ergebnis zu H I.1.1 ist hoch signifikant auf dem 1 %-Niveau ($p < ,001$), H I.2.1 ist signifikant auf dem 5 %-Niveau, d. h. $p < ,05$.

- Überprüfung der Hypothese II – Familiales Umfeld

H II.1.0: Das Umfeld von Kindern, die aktiv musizieren, bietet gleich viele oder weniger musikalische Anreize/Anregungen als das Umfeld von Kindern, die nicht aktiv musizieren.
H II.1.1: Das Umfeld von Kindern, die aktiv musizieren, bietet mehr musikalische Anreize/Anregungen als das Umfeld von Kindern, die nicht aktiv musizieren.

H II.2.0: Kinder mit EMU musizieren zu Hause genauso viel oder weniger im Vergleich zu Kindern mit regulärem Musikunterricht.
H II.2.1: Kinder mit EMU musizieren zu Hause häufiger im Vergleich zu Kindern mit regulärem Musikunterricht.

Eine Vorhersage für den Einfluss des Familienumfeldes macht wenig Sinn, da für die Variable mehrere individuelle Umstände verantwort-

[414] Vgl. dazu auch die Ausführungen zum Ziehen der Stichprobe in Kap. II. 5.1.

lich zu machen sind, die sich auch aus dem privaten Umfeld der Probanden ergeben (Berufstätigkeit der Eltern, musikalisches Umfeld, wirtschaftliche Möglichkeiten der Haushalte u. a.). Eine Erfassung dieser Determinanten mit Hilfe des Fragebogens war von Anfang an nicht intendiert und muss Folgeuntersuchungen vorbehalten bleiben. Die statistische Auswertung beschränkt sich daher für diese Variable auf die Berechnung von Zusammenhangsmaßen (N = 782). Zwischen der nominalskalierten Variablen »Instrument spielen« und der intervallskalierten Variablen »Familienumfeld« ergab sich ein Eta-Maß von ,46 ($p < ,001$). Somit haben die beiden Variablen 21,3 % gemeinsamer Varianz. Für die EMU-Variable ergibt sich ein Eta-Maß von ca. ,227 ($p < ,001$) hervor. Für diese Variable ergeben sich im Vergleich nur 5,1 % gemeinsamer Varianz.

Tab. 37: Berechnung der Zusammenhangsmaße zur abhängigen Variablen »Familienumfeld«

	Eta	Eta-Quadrat	Signifikanz	N
Familienumfeld * Instrument spielen	,462	,213	,000	1011
Familienumfeld * EMU	,227	,051	,000	782

Die Hypothesen II.1.1 und II.2.1 konnten angenommen werden. Beide Ergebnisse sind mit $p < ,001$ hoch signifikant.

- Überprüfung der Hypothese III – Musikunterricht

H III.1.0:	Kinder, die aktiv musizieren, haben ein gleich ausgeprägtes oder geringeres Interesse für das Fach Musik im Vergleich zu Kindern, die nicht musizieren.
H III.1.1:	Kinder, die aktiv musizieren, haben ein größeres Interesse am Fach Musik als Kinder, die nicht musizieren.
H III.2.0:	Kinder mit EMU haben ein gleich ausgeprägtes oder geringeres Interesse für das Fach Musik im Vergleich zu Kindern mit regulärem Musikunterricht.
H III.2.1:	Kinder mit EMU haben ein größeres Interesse am Fach Musik als Kinder mit regulärem Musikunterricht.

Darüber hinaus wurde der Zusammenhang zwischen der nominalskalierten Variablen »Instrument spielen« und der intervallskalierten Variablen »Musikunterricht« mit Hilfe des Eta-Maßes berechnet. Dieser beträgt ,32 ($p < ,001$). Somit haben die beiden Variablen 10,8 % gemeinsamer Varianz. Für die EMU-Variable ergibt sich ein Eta-Maß von ca. ,34 ($p < ,001$). Es ergeben sich für diese Variable 11,4 % gemeinsamer Varianz.

Tab. 38: Berechnung der Zusammenhangsmaße zur abhängigen Variablen »Musikunterricht«

	Eta	Eta-Quadrat	Signifikanz	N
Musikunterricht * Instrument spielen	,329	,108	,000	1014
Musikunterricht * EMU	,337	,114	,000	783

Die Hypothesen III.1.1 und III.2.1 konnten angenommen werden. Beide Ergebnisse sind mit $p < ,001$ hoch signifikant.

- Überprüfung der Hypothese IV – Musiklehrer/-in

H IV.1.0:	Kinder, die aktiv musizieren, beurteilen die musikalischen Fähigkeiten ihrer Musiklehrerin/ihres Musiklehrers gleich hoch oder geringer im Vergleich zu Kindern, die nicht musizieren.
H IV.1.1:	Kinder, die aktiv musizieren, beurteilen die musikalischen Fähigkeiten ihrer Musiklehrerin/ihres Musiklehrers positiver als Kinder, die nicht musizieren.
H IV.2.0:	Kinder mit EMU beurteilen die musikalischen Fähigkeiten ihrer Musiklehrerin/ihres Musiklehrers gleich hoch oder geringer im Vergleich zu Kindern mit regulärem Musikunterricht.
H IV.2.1:	Kinder mit EMU beurteilen die musikalischen Fähigkeiten ihrer Musiklehrerin/ihres Musiklehrers positiver als Kinder mit regulärem Musikunterricht.

Der Zusammenhang zwischen der nominalskalierten Variablen »Instrument spielen« und der intervallskalierten Variablen »Musiklehrer/-in« beträgt ca. ,25 ($p < ,001$). Somit haben die beiden Variablen 6,0 %

gemeinsamer Varianz. Für die EMU-Variable ergibt sich ein Eta-Maß von ca. ,38 (p < ,001). Es ergeben sich für diese Variable 14,4 % gemeinsamer Varianz.

Tab. 39: Berechnung der Zusammenhangsmaße zur abhängigen Variable »Musiklehrer«

	Eta	Eta-Quadrat	Signifikanz	N
Musiklehrer * Instrument spielen	,246	,060	,000	1010
Musiklehrer * EMU	,379	,144	,000	779

Die Hypothesen IV.1.1 und IV.2.1 konnten angenommen werden. Beide Ergebnisse sind mit p < ,001 hoch signifikant.

- Überprüfung der Hypothese V – Soziale Einstellung

H V.1.0:	Kinder, die aktiv musizieren, nehmen das soziale Klima in der Klasse als gleich gut oder schlechter wahr als Kinder, die nicht musizieren.
H V.1.1:	Kinder, die aktiv musizieren, nehmen das soziale Klima in der Klasse als besser wahr als Kinder, die nicht musizieren.
H V.2.0:	Kinder mit EMU nehmen das soziale Klima in der Klasse als gleich gut oder schlechter wahr als Kinder mit regulärem Musikunterricht.
H V.2.1:	Kinder mit EMU nehmen das soziale Klima in der Klasse als besser wahr als Kinder mit regulärem Musikunterricht.

Der Zusammenhang zwischen der nominalskalierten Variablen »Instrument spielen« und der intervallskalierten Variablen »Soziale Einstellung« beträgt ,25 (p < ,001). Somit haben die beiden Variablen 6,5 % gemeinsamer Varianz. Für die EMU-Variable ergibt sich ein Eta-Maß von ca. ,32 (p < ,001). Es ergeben sich für diese Variable 10,2 % gemeinsamer Varianz.

Tab. 40: Berechnung der Zusammenhangsmaße zur abhängigen Variablen »Soziale Einstellung«

	Eta	Eta-Quadrat	Signifikanz	N
Soziale Einstellung * Instrument spielen	,254	,065	,000	1013
Soziale Einstellung * EMU	,319	,102	,000	783

Die Hypothesen V.1.1 und V.2.1 konnten angenommen werden. Beide Ergebnisse sind mit $p < ,001$ hoch signifikant.

5.4 Berechnung der Effektgrößen

Zu den abgeleiteten Hypothesen werden im Anschluss die zugehörigen Effektgrößen berechnet. Diese Maßnahme erfolgt aufgrund der Tatsache, dass es problematisch ist, ausgehend von einer statistischen Signifikanz der Befunde direkt auf deren theoretische und praktische Bedeutsamkeit zu schließen.[415] Lind schlägt daher vor, den Fokus auf eine »praktische Signifikanz« zu legen, d. h. die Errechnung einer »relativen Effektgröße«, die weitgehend unabhängig von der Größe der Stichprobe und von der Streubreite der ermittelten Werte ist.

Tab. 41: Effektgrößen bei Kindern mit Instrumentalunterricht

Hypothesen	Effekte	Effektgröße (Eta)[416]
H I.1	Emotionale Gestimmtheit	,152
H II.1	Familiales Umfeld	,462
H III.1	Musikunterricht	,322
H IV.1	Musiklehrer	,246
H V.1	Soziale Einstellung	,254

Alle Effekte sind statistisch hoch signifikant.

---

415 Vgl. dazu Lind: »Effektstärken«, S. 2. – Siehe auch das Kap. II. 5.3.

416 Die Angabe von Effektgrößen ist in wissenschaftlichen Untersuchungen noch kein Standard. Es gibt daher verschiedene Möglichkeiten, diesen Wert auszudrücken. Denkbar wären die Angabe der Wurzel aus dem partiellen Eta-Quadrat-Wert, oder, wie hier aus Gründen der besseren Überschaubarkeit geschehen, die Angabe des Eta-Wertes. Aus diesem Ergebnis können bei Bedarf alle weiteren Werte errechnet werden. Vgl. dazu auch Lind: »Effektstärken«. – Janssen & Laatz: *Statistische Datenanalyse*, 2005[5], S. 379f.

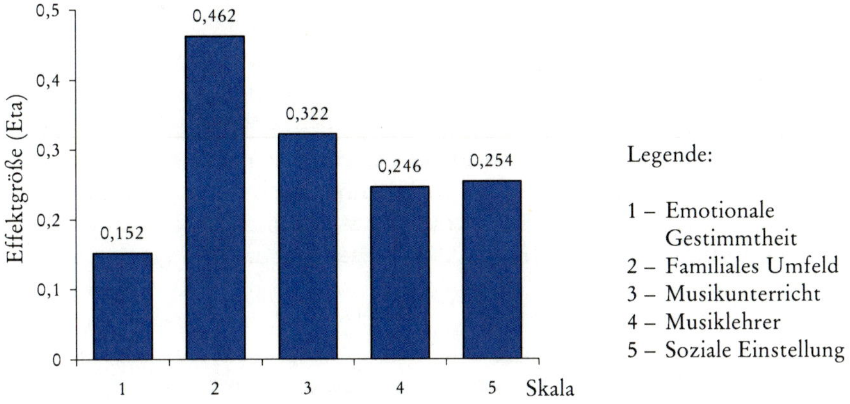

Abb. 11: Effektgrößen der errechneten Zusammenhänge (Instrumentalunterricht)

Tab. 42: Effektgrößen bei Kindern mit erweitertem Musikunterricht (EMU)

Hypothesen	Effekte	Effektgröße (Eta)
H I.2	Emotionale Gestimmtheit	,088
H II.2	Familiales Umfeld	,227
H III.2	Musikunterricht	,337
H IV.2	Musiklehrer	,379
H V.2	Soziale Einstellung	,319

Alle Effekte außer »Emotionale Gestimmtheit« (p = ,424) sind statistisch hoch signifikant.

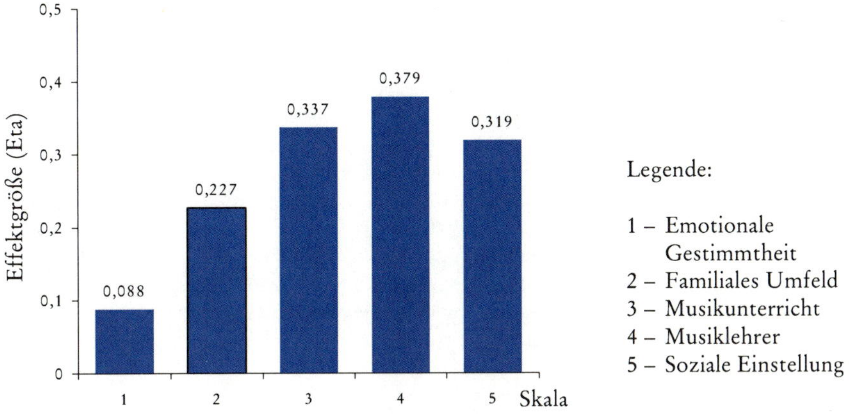

Abb. 12: Effektgrößen der errechneten Zusammenhänge (EMU)

5.5 Diskussion

5.5.1 Die Verbindung des Grundschulkindes zur Musik

Der größte Teil der befragten Kinder, die zum Zeitpunkt der Befragung die vierte Jahrgangsstufe einer Grundschule in Bayern besuchten, ging gerne zur Schule (Tab. 15).[417] Es überrascht, dass nur bei etwa 6,5 % der Befragten der Schulbesuch auf absolute Ablehnung stieß. Die Grundschule bildete für die Kinder möglicherweise noch eine Art Schonraum, in dem sie einerseits viele Altersgenossen trafen und ihre Interessen austauschen konnten, der andererseits für den überwiegenden Teil motivierend war und zahlreiche Anregungen bot. Dieses positive Ergebnis kann bei realistischer Einschätzung von einer vierten Jahrgangsstufe nicht immer vorausgesetzt werden, zu eng sind die Grenzen, die den Schülern bereits hier durch die Notengebung und die Bestimmungen für einen Übertritt an eine weiterführende Schule gesetzt sind. Es ist zu erwarten, dass sich nach dem Wechsel – durch die wachsenden Leistungsanforderungen bedingt – die Zahl der Ablehnungen drastisch erhöht.

Die Motivation für den Schulbesuch leiteten die meisten Kinder von der »Beliebtheit« der Fächer ab, die sie im Fächerkanon der Grundschule fanden (Tab. 16). Den musikalisch-ästhetischen Disziplinen (Kunst, Sport, Musik) kam dabei in ihrem Ansehen der höchste Stellenwert zu (über 56 % aller Nennungen, Musik mit 14,26 %).[418] Die

---

[417] Im Verlauf des Kapitels finden sich die Tabellen, auf die die Diskussion Bezug nimmt, in Klammern ergänzt. Diese Ergebnisse der deskriptiven und explorativen Statistik sind in Kap. II. 5.2 systematisch dokumentiert.

[418] Bereits Sievert hatte den Wert ästhetischer Erziehung in der Grundschule als sehr hoch veranschlagt. – Adelheid Staudte: *Ästhetisches Verhalten von Vorschulkindern. Eine empirische Untersuchung zur Ausgangslage für Ästhetische Erziehung*, Weinheim u. a.: Beltz 1977. – Dies.: *Ästhetische Erziehung* 1–4. Praxis und Theorie des Unterrichtens, München u. a.: Urban und Schwarzenberg 1980. – Dies. (Hg.): *Ästhetisches Lernen auf neuen Wegen*, Weinheim u. a.: Beltz 1993. – Vgl. dazu auch Heidi Richter & Georg Peez (Hg.): *Kind – Kunst – Kunstpädagogik. Beiträge zur ästhetischen Erziehung*, Norderstedt: Books on Demand 2004. – Für die zukünftige Grundschulausbildung plant die Kultusministerkonferenz (KMK) das Fach »Ästhetische Bildung«, ein Bildungsgemisch aus Kunst, Musik und Bewegung, ohne dass die bildungstheoretischen, inhaltlichen und didaktischen Hintergründe im Vorfeld näher begründet oder erörtert worden wären. Vgl. dazu Michael Jenne: »Zurück in die musische Steinzeit? Die KMK plant für die Grundschulausbildung ein ästhetisches Bildungsgemisch aus Kunst, Musik und Bewegung«, in: *nmz* 2/2009, S. 9.

Fächer Mathematik sowie Heimat- und Sachunterricht (HSU) liegen dahinter. Erstaunlich bleibt, dass das Fach Deutsch nur mit etwa 8 % der Nennungen in der Beliebtheitsskala bedacht wurde, obwohl die Freizeitbeschäftigung »Lesen« bei den Viertklässlern weit stärker verbreitet war, als durch diesen Rang zum Ausdruck kam. Möglicherweise waren jedoch die Einschätzungen durch die hohe Wochenstundenzahl und die fachlichen Anforderungen auf diesem Gebiet beeinträchtigt (Tab. 17).

Die Ergebnisse, mit denen die Kinder die »Wichtigkeit« einschätzten, die den einzelnen Fächern in der Schule zukam, unterschieden sich dagegen grundlegend von der Nennung der beliebten Unterrichtsstunden. Dabei wurden die ersten Ränge von den sogenannten »Übertrittsfächern« Mathematik (23,50 %), Deutsch (23,28 %) und HSU (21,53 %) besetzt, während Englisch, das zum Zeitpunkt der Befragung erst langsam flächendeckend eingeführt wurde, noch mit 5,19 % Anerkennung fand. Musik nahm bei den meisten Kindern einen Platz unter den beliebten Fächern ein, und es kam ihm hinter den Kerndisziplinen mit 7,62 % ein für ein Nebenfach beachtlicher Wert zu. Insgesamt war es erfreulich zu verfolgen, dass die Grundschule eine bunte Vielfalt an Disziplinen bot, die den Kindern offensichtlich große Freude bereiteten. In der Bedeutung der einzelnen Fächer für ihre weitere Schullaufbahn differenzierten die Schülerinnen und Schüler deutlich, und sie schätzten die Situation realistisch ein. Die sich dabei eröffnende Diskrepanz zwischen beliebten Fächern und wichtigen Fächern stimmt bedenklich und führt die Tiefgründigkeit der Thematik vor Augen. Die Kinder hatten sich demnach in der Schule vielfach mit einem Lernstoff zu befassen, der sie nicht intrinsisch motivierte, sondern den sie betrieben, weil er von der Schule resp. von der unterrichtenden Lehrkraft als notwendig erachtet wurde. Frappierend – weil sie nicht in dieser Form zu erwarten war – ist die Tatsache, dass das Fach Musik von den vermeintlich kleineren Fächern immer noch das höchste Ansehen genoss und ihm in den Augen der Schüler/-innen nicht nur ein hoher Stellenwert für ihre eigene Person, sondern ebenfalls eine Bedeutung für die Schule insgesamt zugemessen wurde. Dieser Befund ist insofern bemerkenswert, als dass er dem in der Schulpraxis zu verfolgenden faktischen Rückgang musikalischer Bestandteile[419] und der damit verbundenen schwindenden Konfrontation der Kinder mit musikpraktischen Ele-

[419] 80 % der Musik-Unterrichtsstunden fallen nach Angaben des Verbandes deutscher Schulmusiker e. V. bundesweit in der Grundschule aus oder werden fachfremd erteilt.

menten entgegensteht. Der zunehmende Stundenausfall im Fach Musik, die Kürzung von Musik-AG-Stunden in allen Schulformen werden von den Schülerinnen und Schülern in keiner Weise akzeptiert. Im Gegensatz dazu scheinen die gegenwärtigen politischen Lager diesen Bildungsnotstand, der quer zu den Interessen der Schüler/-innen steht, nicht ernst zu nehmen. Musikalische Elemente wären in der Lage, sich positiv auf die Einstellung zur Schule auszuwirken und die Kinder anhaltend zu motivieren. Das Potenzial wird jedoch unbesonnen geopfert, wenn eine Integration dieses Bildungsgutes nicht gefördert wird. Davon unberührt bleibt, dass die Beschäftigung mit Musik auch auf andere schulische Teilbereiche eine positive Ausstrahlung hat und Anstoß für eine wechselseitige Stärkung unterschiedlicher Arbeitsfelder sein könnte.

Um das Umfeld von Kindern der vierten Jahrgangsstufe genauer kennen zu lernen, das zu einem großen Teil von ihren Freizeitinteressen bestimmt und in die Schule hineingetragen wird, waren sie im Zuge der schriftlichen Befragung aufgefordert worden, über ihre bevorzugten Freizeitbeschäftigungen Auskunft zu geben (Tab. 17). Sie nannten drei ihrer favorisierten Hobbys, wobei bei der Nennung kein Ranking impliziert war. Es stellte sich heraus, dass in etwa 56 % aller Schülerantworten die Angaben zum Sport dominierten. Entsprechend zeigte die Datenanalyse ein vielseitiges Angebot, das von Fußball, Tennis, Schwimmen, Fahrrad und Inliner fahren bis hin zu Judo, Taekwondo, Ropeskipping und Eisstockschießen reichte. Mit dem Lesen und mit Kunst (beide etwa 4 %) waren überdies kreative Tätigkeiten unter den Freizeitbeschäftigungen vertreten. Das Musizieren, d. h. das Singen und die aktive musikalische Betätigung auf unterschiedlichen Instrumenten, erhielt mit 9 % der Antworten die zweithäufigsten Nennungen. Weitere Beschäftigungen mit Musik waren mit dem »Musik hören« (3 %) und dem »Tanzen« (2,5 %) unter den Schülerangaben repräsentiert. Gemeinsam mit den Bereichen »Musik hören« und »Tanzen« nahm die Freizeitbeschäftigung »Musik« über 15 % der Nennungen ein, gegenüber anderen Hobbys ein doch beachtlicher Wert.[420] Dass einige Kinder als bevorzugte Interessen »Fernsehen« und »Computer« nannten, mag an dieser Stelle erstaunen. Elektronische Medien hatten bei Kindern der befragten Altersgruppen jedoch einen eigenen Stellenwert,

[420] Auch die KIM-Studie 2005 bescheinigte der Musik unter den Themeninteressen eine sehr große Bedeutung. Hinter »Freunde/Freundschaft« und »Schule« kam ihr mit 80 % der Nennungen eine dritte Position zu. Vgl. Medienpädagogischer Forschungsverbund Südwest: *KIM-Studie* 2005, S. 9.

der im Zusammenhang mit der »musikalischen Sozialisation« diskutiert wird.[421]

Bevor die Aufmerksamkeit dem aktiven Musizieren der Viertklässler gilt, soll die Hobbynennung »Musik hören« genauer spezifiziert werden, die in einem eigenen Item angesprochen wurde (Tab. 18). Es stellte sich heraus, dass über 90 % der Lernenden in ihrer Freizeit Musik hörten. Bei Mädchen war diese Tätigkeit sogar noch beliebter. Obwohl »Musik hören« für viele Kinder keine Freizeitbeschäftigung darstellte, der sie bewusst nachgingen – als Hobby waren es lediglich 3 % –, war Musik trotzdem unter den Viertklässlern verbreitet. Offensichtlich hörten die Kinder Musik eher »nebenbei« und verbanden damit andere Tätigkeiten. Dass Schülerinnen und Schüler in rezeptiver Weise Zugang zur Musik fanden, setzte jedoch noch nicht voraus, dass sie auch für eine praktische musikalische Betätigung offen waren. Die Frage nach dem Spiel eines Musikinstrumentes ergab, dass sich weniger als die Hälfte der befragten Viertklässler (45,2 %) tatsächlich als »Instrumentalist« resp. als »Musiker« sah (Tab. 19). Es ist anzunehmen, dass sich der hohe Prozentsatz, der gerne Musik hörte, zwar mit einer individuell unterschiedlich ausgerichteten Musik identifizieren konnte, dass die aktive Beschäftigung an einem Instrument jedoch noch einmal eine andere Motivation erforderlich macht, die wesentlich durch soziale oder familiale Determinanten geprägt ist.

Auf die Frage nach den Instrumenten, die von den Kindern bevorzugt wurden, ergab sich eine bunte Vielfalt (Tab. 20). Die Viertklässler machten bei den Nennungen keine Unterschiede zwischen den Instrumenten, die sie in der Schule spielten, und denen, die sie in ihrer Freizeit erlernten. Die Angabe »Flöte«, die bei 38 % der Kinder zu registrieren war, dürfte sich in den meisten Fällen auf einen schulischen Kontext beziehen, da dieses Instrument in zahlreichen Ensembles und Arbeitsgemeinschaften verbreitet ist. Möglicherweise ist das ein Grund dafür, dass eine sehr viel höhere Schülerzahl, als es bei anderen Instrumenten der Fall war, »Flöte« als Zweitinstrument angaben, das sie zusätzlich erlernten. Aus der Verbreitung in schulischen Neigungsgruppen dürften ebenfalls die Angaben des Schlaginstrumentariums (3,3 %) und der Stabspiele (2,6 %) resultieren. Alle anderen Instrumentenangaben sind den Freizeitbeschäftigungen der Kinder zuzurechnen, da sie diese in der Regel in einer Musikschule oder bei einem Privatlehrer erlernten und mit ihren Kenntnissen und Fähigkeiten den schulischen Musikunterricht bereicherten. Unter diesen Nennungen zeigte sich mit 33,2 %

[421] Vgl. dazu Kap. II. 5.5.2.

eindeutig eine Bevorzugung der Tasteninstrumente vor allen anderen Instrumentengattungen. Dazu gehörten namentlich Klavier, Keyboard und elektronische Orgel. Dieser verhältnismäßig hohe Wert überrascht, da aus keiner der untersuchten Schulen ein Lehrgang bekannt war, in dem Schüler unter Zuhilfenahme von Tasteninstrumenten unterrichtet wurden. Im Gegensatz zur »Flöte« ist daher davon auszugehen, dass alle Kinder, die diese Angabe machten, zusätzlichen privaten Instrumentalunterricht erhielten. Gleiches gilt für den Unterricht in Gitarre und auf Zupfinstrumenten (11,1 %), für Blechblasinstrumente (5,6 %) und Streichinstrumente (3,7 %). Die Nennung von Klarinette und Saxophon spielte mit 2,4 % nur eine geringe Rolle. Bei den meisten Kindern mit dieser Instrumentenangabe war die Beschäftigung mit einem täglichen Zeitaufwand zum Üben verbunden, den sie gerne aufbrachten. Mit über 77 % spielte der Großteil der Kinder jeden Tag oder jeden zweiten Tag auf seinem Instrument (Tab. 21). Weniger als ein Viertel übte nur gelegentlich. Die Zeit, die die Kinder nach eigenen Angaben dabei investierten, betrug im Durchschnitt etwa 22 Minuten (Tab. 22). Jungen und Mädchen schätzen sich gleich ein, die EMU-Kinder wiesen eine leichte Tendenz zu höherer Übezeit auf.

Der untergeordnete Stellenwert von Blechblas- und Streichinstrumenten erklärt sich möglicherweise dadurch, dass konzeptionelle Entwürfe zum Klassenmusizieren (Bläserklassen, Streicherklassen u. a.) noch nicht in allen Grundschulklassen einsetzen. Der Anteil dürfte in der Zwischenzeit erheblich angewachsen sein. Ein Hauptargument, vorerst von derartigen Initiativen und Investitionen abzusehen, lag für viele Schulen in dem »Übertritt«, der für eine immer größer werdende Anzahl von Kindern nach der vierten Jahrgangsstufe an eine weiterführende Schule erfolgte und der einen Einschnitt in den kontinuierlichen Unterrichtsfortgang aller Fächer bedeutete. Der zeitliche Spielraum zum Erlernen eines Instrumentes erwies sich infolgedessen als zu eingeschränkt, um individuelle Begabungen ausreichend zu entwickeln und zu fördern. Das Erlernen eines Instrumentes blieb daher in diesen Fällen der privaten Initiative der Schüler/-innen und deren Eltern anheim gestellt. Häufig lernten nur die Probanden ein Instrument, deren Eltern einem gehobenen sozialen Status entstammten. Diesem Dilemma zu begegnen, ist eine zukünftige Aufgabe und Herausforderung für Grundschulen, da in der Eingangsstufe in das dreigliedrige Schulsystem die Lernenden jeglicher sozialen Herkunft vereinigt sind. Mit der flächendeckenden Einführung einer konzeptuellen Erweiterung des Musikunterrichts (EMU) für alle Kinder könnten deutliche Akzente gesetzt werden, denn Musik darf nicht elitär bleiben!

In der Befragung besaß die praktische Auseinandersetzung mit Musik für alle befragten Viertklässler eine große Relevanz. Für einige wenige war die Bedeutung so groß, dass sie sogar zwei Instrumente in Schule und Freizeit spielten. Zwar dürften die Angaben der Zehnjährigen zu einem Zweitinstrument nicht in allen Fällen der Realität entsprechen und sich bisweilen nur auf schlaglichtartige Einzelerfahrungen beziehen (Tab. 20, rechte Spalte), jedoch ist die Leistungsfähigkeit der Grundschulkinder in keiner Weise zu unterschätzen. Die vorliegende Arbeit stützt sich hauptsächlich auf die Erstinstrumente der Schüler, die als zuverlässige Angaben aus der Datenanalyse hervorgingen. Dass nicht nur diese Kinder hoch interessiert an Musikinstrumenten sind, die sich konkret zu ihren musikalischen Freizeitbeschäftigungen äußerten, sondern eine weit größere Zahl, zeigt die Tatsache, dass von den befragten nicht-musizierenden Kindern bereits 38 % in früherer Zeit Erfahrungen mit einem Instrument gesammelt hatten (Tab. 24). Es gelang ihnen jedoch nicht, ihre anfängliche Motivation zu erhalten, und so gaben sie den Instrumentalunterricht auf. Über die Gründe kann an dieser Stelle nur spekuliert werden. Sie reichen von einer mangelnden Betreuung durch die betreuende Lehrkraft, über die Belastung durch entstandene Kosten bis hin zu anderen Freizeitaktivitäten, die die musikalischen Interessen der Kinder möglicherweise »überlagerten«. Erfreulich stimmt, dass aber in der Befragung immerhin noch 40 % der Nicht-Musiker/-innen interessiert waren, in der Schule ein Instrument *neu* zu erlernen (Tab. 23). Diejenigen unter den Instrumentalisten, die täglich übten, konnten sich durchaus vorstellen, dass in der Schule ein zweites Instrument dazutritt (Tab. 25). Von diesem lebendigen Interesse nahezu aller Schüler/-innen an aktiven musikalischen Tätigkeiten könnte ein persönliches Engagement, das zum Üben erforderlich ist, seinen Ausgangspunkt nehmen. Auch Marianne Hassler hatte bereits aus neurobiologischer Perspektive proklamiert, »daß man für sein Kind nichts Besseres tun kann, als es ein Instrument lernen zu lassen, wenn es dies wünscht.«[422]

Motivierend für die Kinder ist dabei nicht nur das solistische Spiel, sondern ferner das gemeinsame Musizieren in der Gruppe. In der Schule gibt es dazu reichlich Möglichkeiten, die in unterschiedlichen Formati-

422 Hassler: *Musikalische Begabung in der Pubertät*, S. 113. – Einen ähnlichen Ton, der sich um die musikalische Ausbildung junger Menschen verdient macht, schlagen Hans Günther Bastian (»Kinder optimal fördern – mit Musik«) und Manfred Spitzer (»Instrumente statt Instrumentalisierung«) an oder auch die Initiative »Jedem Kind ein Instrument« (JeKi) des Bundeslandes Nordrhein-Westfalen, die inzwischen auf mehrere Bundesländer ausgeweitet wurde.

onen genutzt werden (Tab. 26). Von 1016 Probanden waren zum Zeitpunkt der Befragung mehr als die Hälfte der Kinder in Flötengruppen, Schulchor, Ensemble-, Tanz- oder Gitarrengruppen eingebunden. Die meisten schlossen sich einer Flötengruppe (31,6 %) oder dem Schulchor (14,5 %) an. Als bedenklich bei den Angaben fällt das schlechte Abschneiden anderer Ensembles auf, beispielsweise der Orff- und Orchestergruppen. Ein Grund mag darin liegen, dass sich nicht an allen Grundschulen interessierte Kinder fanden. Zu bedenken ist, dass nach wie vor viele Schulen in ihrer Ausstattung noch nicht über die Instrumente verfügen, die zu einem ansprechenden Ensemblespiel vonnöten wären. Ein gut ausgestatteter Musikraum, in dem die Klassen ungestört musizieren konnten, fehlte an einigen Orten. In diesem Bereich hat sich im Vergleich zu den vergangenen Jahren verhältnismäßig wenig getan. Die mangelnde Kontinuität, mit denen die Ensembles an vielen Schulen unterrichtet wurden, war ein anderer Sachverhalt, der in der Unterrichtspraxis nachweisbar war, der jedoch in dem Querschnitt aus methodischen Gründen nicht zum Ausdruck kam. Häufig fand ein zusätzlicher Instrumentalunterricht in einem Schuljahr statt und konnte im Anschluss nicht mehr fortgesetzt werden, da kein Fachkollege zur Verfügung stand, der den Unterricht – und damit die Interessen der Schüler – fortführte. Durch die radikale Streichung von AG-Stunden, die an bayerischen Grundschulen im Jahre 2005/06 einsetzte[423], waren für die Folgezeit der Entwicklung musikalischer Fähig- und Fertigkeiten Grenzen gesetzt. Mit dem Verlust an musikalischen Erfahrungen in unterschiedlichen Neigungsgruppen verschenkten viele Grundschulen eine entscheidende Möglichkeit zur Profilbildung und einen Großteil ihres Humanisierungspotenzials. Der oft beklagte Verlust an sozialen Erfahrungsmöglichkeiten, die zunehmende Verrohung des Schulklimas, darüber hinaus die immer häufiger werdenden gewaltsamen Übergriffe von Schülern auf ihre Klassenkameraden und auf Lehrer/-innen könnten mit musikalischen Mitteln beantwortet werden.[424] Eine buchstäblich »konzertierte« Abstimmung gemeinsam erarbeiteter Regeln, die für das Sin-

---

[423] Auslöser dafür war eine Initiative des Bayerischen Staatsministeriums. Vgl. Hahn: »Klassenbildung und Unterrichtsversorgung«, 2005, S. 170.

[424] Vgl. dazu exemplarisch Regina Köhler zur Situation in Berlin: »Gewalt an Schulen nimmt dramatisch zu. Zahl der Delikte steigt um ein Drittel – Mehr Übergriffe auf Lehrer«, in: *Berliner Morgenpost* v. 10.11.2004, S. 1, 2, 15. – Siehe dazu auch das Kap. »Sozialpsychologische Aspekte des Musikunterrichts«, in: Wolfgang Beck & Werner D. Fröhlich: *Musik machen – Musik verstehen. Psychologische Aspekte des handlungsorientierten Musikunterrichts im Klassenverband*, Mainz u. a.: Schott 1992, S. 100–113.

gen und Spielen essenziell sind, hat nicht nur auf musikalischem Terrain, sondern ebenso in anderen schulischen Bereichen ihren Platz. Die Regeln sind in der Lage, Konzentration und Aufmerksamkeit zu fördern und tragen nicht zuletzt zu Toleranz und Solidarität im gesamten Schulleben bei.

Dass Musik für die meisten Grundschulkinder ein besonderes Bedürfnis in Schulalltag und Freizeit bedeutet, dass sie eine exzellente Möglichkeit für Primärerfahrungen darstellt, tritt an mehreren Stellen der Untersuchung sehr deutlich zu Tage.[425] Für aktiv musizierende Kinder impliziert dies vor allem das Spiel auf ihrem Instrument, für alle Kinder das Hören von Musik, das Singen und die Bewegung. Mit musikalischen Aktivitäten sind nahezu alle Grundschulkinder emotional verbunden. Den abgeleiteten und überprüften Hypothesen kommt in dieser Argumentation ein besonderes Gewicht zu. Die Annahme von Hypothese I.1.1 zeigte mit statistisch hoch signifikantem Ergebnis[426], dass Musik für viele musizierende Kinder der Untersuchung einen Ausgleich darstellte, eine echte Alternative zu anderen Tätigkeiten. »Musiker« tendierten eher dazu, Musik zur Regulation ihrer emotionalen Gestimmtheit zu nutzen als ihre Altersgenossen, die kein Instrument spielten. Für die Schüler, die an EMU-Schulen unterrichtet wurden, ergab sich ebenso ein Effekt. Die Kinder erlebten an diesen Orten das verstärkte Musikangebot aktiv und nutzten es zum Stimmungsausgleich zu anderen schulischen Fächern, die ihnen nicht so viel bedeuteten wie die musikalischen Beschäftigungen. In jedem Falle bestätigte sich auch hier die Vermutung, dass Kinder mit Musik stark emotional verbunden sind. Diese Tatsache war bereits in der Nennung des Faches Musik unter den drei beliebtesten schulischen Disziplinen angeklungen (Tab. 16). Die Skala zur »Emotionalen Gestimmtheit« weist mit einer internen Konsistenz von r = ,74 einen sehr hohen Wert auf und ist daher in der Lage, die subjektiven Befindlichkeiten der Kinder vortrefflich abzubilden. Die Ergebnisse aus der Explorativstudie, die den musikalischen Elementen aus subjektiver Perspektive der Kinder einen immens hohen Stellenwert bescheinigten[427], finden damit in den Befunden der empirisch-quantitativen Untersuchung eine klare Bestätigung.

---

[425] Ähnlich wie die folgende Vpn zieht der größte Teil der Schülerinnen und Schüler primäre Erfahrungen den Sekundäreindrücken vor: *Ich finde die Musik von der CD doof, wenn man sie nicht live erlebt* (SB 157).

[426] Untersuchungsrelevante Hypothesen, die im Verlauf des Kapitels diskutiert werden, finden sich in Kap. II. 4 aus der explorativen Studie abgeleitet. Eine Überprüfung der Hypothesen fand in Kap. II. 5.3 statt.

[427] Vgl. dazu Kap. II. 3.2.1.

Dass die Kinder in ihrem Selbstkonzept von der Affinität zu musikalischen Bildungsinhalten profitieren, geht aus den Daten hervor, die im Rahmen des Frankfurter Kinder-Selbstkonzept-Inventars nach Deusinger erhoben wurden (Tab. 35). In drei der vier gemessenen Skalen ergaben sich für die musizierenden Kinder erfreuliche Ergebnisse. Als statistisch hoch signifikant gingen zunächst die Werte der Musiker zur »Kognitiven Leistungsfähigkeit« hervor ($p < ,001$). Die Unterschiede in dieser Skala dürften zum Teil auf den Einfluss der Musik, womöglich aber auf das Interesse im Elternhaus und dessen Bildungsnähe zurückgehen. Das Instrument verlieh den Musikern ein hohes Maß an Selbstsicherheit ($p = ,002$), und sie zeigten sich kontakt- und umgangsfreudiger ($p = ,016$) als nicht-musizierende Kinder. Zwar sind die errechneten Differenzen zwischen den Schülergruppen nicht sehr groß, die Tendenzen bzgl. eines Vorteils musizierender Kinder sind jedoch eindeutig. Mit großer Wahrscheinlichkeit spiegelt sich in den geringen Unterschieden das Design der Querschnitterhebung. Es ist zu erwarten, dass die Abweichungen in einem Längsschnitt weit deutlicher zu Tage treten würden, wie es bereits bei Hassler der Fall war.[428] Bei den EMU-Kindern erwiesen sich allein die Unterschiede in der Einschätzung zur eigenen kognitiven Leistungsfähigkeit als statistisch signifikant ($p = ,019$). Möglicherweise ist das ein Indiz dafür, dass sich Schüler/-innen der Tatsache bewusst waren, ein erweitertes schulisches Musikangebot zu erhalten, von dem landläufig angenommen wird, dass es auf kognitive Lernbereiche ausstrahlen kann. Das Untersuchungsdesign ist vermutlich auch ein Grund dafür, warum in den übrigen Skalen keine Effekte erkennbar waren. Aus der Praxis ist bekannt, dass zur Feststellung der Einflüsse eines Treatments, wie es in Form der musikalischen Erweiterung gegeben war, ein längeres Einwirken auf die Probanden vonnöten ist, das durch mindestens zwei Messzeitpunkte nachgewiesen werden müsste.[429] Der enge zeitliche Rahmen, in dem die Messungen in der vorliegenden

---

428 Für Marianne Hassler »besteht kein Zweifel, dass der zusätzliche Musikunterricht [in ihrer Langzeitstudie] sich positiv auf die kognitive Entwicklung der Kinder ausgewirkt hat«. Hassler: *Musikalische Begabung in der Pubertät*, S. 117.

429 Einige Autoren von Langzeitstudien bestätigen, dass sich bestimmte Effekte erst nach dem Verlauf einer Initiationsphase einstellen. Bastian beispielsweise betont in seiner Langzeitstudie an Berliner Grundschulen, dass sich in den ersten drei Jahren des Treatments allenfalls Tendenzen beobachten ließen. Vgl. dazu die Entwicklung der musikalischen Reproduktionsleistungen, in Bastian: *Musik(erziehung) und ihre Wirkung*, S. 378ff.

Untersuchung durchzuführen waren, ließ jedoch nur *eine* Messung an den jeweiligen Schulen zu.

Im Gegensatz zur EMU-Variablen waren bei der Gruppe der Musiker auf mehreren Skalen Effekte nachweisbar; die Skalen erwiesen sich demnach als konsistenter. Es ist plausibel, dass sich bei Kindern, die durch ihr – aus privater Initiative erlerntes – Instrumentalspiel in einem hohen Maße motiviert waren, leichter Effekte zeigen konnten, da hier kein schulisches Treatment erforderlich war. Insofern verwundert es nicht, wenn sich die für die Musikergruppe ermittelten Werte als robuster in der statistischen Auswertung erwiesen. Da aus der Literatur bekannt ist, dass das Selbstkonzept in der Einschätzung eigener Fähigkeiten im Laufe des Grundschulalters eher sinkt als gestärkt wird[430], überrascht das Ergebnis, dass in der vorliegenden Studie mit Hilfe der Deusinger-Daten durchaus statistisch signifikante Unterschiede nachweisbar waren. Ergebnisse dieser Art blieben beispielsweise Berlein (2005), die ebenfalls mit den verwendeten Deusinger-Skalen operierte, in ihrer Untersuchung zur Funktion des Theaterspielens als Fördermöglichkeit des Selbstkonzepts verwehrt.[431] Bastian, der im Rahmen seiner Berlin-Studie bilanziert, dass »Musikerziehung [...] keinen Einfluss auf das Selbstkonzept von Kindern im Alter zwischen sieben [... bis] zwölf Jahren« hat und dass »tief greifende Entwicklungen [...] eher in der Zeit nach der Grundschule zu vermuten«[432] sind, ist insofern zuzustimmen, als es sich bei den Ergebnissen der vorliegenden Untersuchung nur um geringe Mittelwertsunterschiede in den Summenscores der Selbstkonzeptskalen zum Vorteil der musizierenden Kinder handelt. Diese Tendenzen sind jedoch erfreulich, zeigen sie doch, dass der Beitrag musikalischer Elemente zur Erziehung der Kinder Früchte trägt. Natürlich kann in diesem Alter noch nicht von »tief greifenden Veränderungen« gesprochen werden. Dennoch ist aus den Befunden auf musikpsychologischer Ebene erkennbar, dass bei den Schülerinnen und Schülern, die musikalisch aktiv sind, wichtige Denk- und Interaktionsstrukturen angebahnt werden, die sich auf den gesamten Entwicklungsprozess gewinnbringend auswirken. So sind Kinder nicht nur in der Lage, durch das Spiel auf einem Instrument ihre Selbstsicherheit sowie ihre Kontakt- und Um-

---

430 Zu diesem Phänomen vgl. auch die Ausführungen in Kap. I. 3.2 sowie Helmke: »Vom Optimisten zum Realisten«, 1998, S. 115-132.

431 Berlein hatte in ihre Untersuchung sogar Probandinnen und Probanden einbezogen, die das fünfte und sechste Schuljahr besuchten. Vgl. Berlein: *Kreativität als Ressource*, 2005.

432 Bastian: *Musik(erziehung) und ihre Wirkung*, S. 453.

gangsfähigkeit, sondern auch ihre kognitive Leistungsfähigkeit zu steigern. Diese Qualität kann das gesamte Lernverhalten im Kontext Schule positiv beeinflussen.[433] Persönlichkeitsbildende Kräfte sind dabei nicht allein nur als Produkt des täglichen Übens auf einem Musikinstrument anzusehen. Sie stellen vielmehr ein wichtiges Element zur Körpererfahrung dar, zur Stärkung des Selbstwertgefühls und Selbstvertrauens im Grundschulalter. Diese charakterbildenden Eigenschaften sind für den kindlichen Entwicklungsprozess von tragender Bedeutung.

5.5.2 Musikalische Sozialisation und schulisches Verhalten

Wie aus den eingangs erhobenen deskriptiven Ergebnissen abgeleitet werden kann, geben die Kinder in der Einschätzung ihrer Freizeitbeschäftigungen ein weites Spektrum an Neigungen und Interessen zu erkennen (Tab. 17). Diese werden in der Unterrichtspraxis der Grundschule jedoch nur zum Teil aufgegriffen, da viele Lehrerinnen und Lehrer zwar nach den Hobbys ihrer Schüler/-innen fragen, diese Informationen aber nicht für die weitere Unterrichtsgestaltung nutzen. Das Interesse der Kinder und die Vielfalt, die auf diesem Terrain in den Klassen vorliegt, bleiben den Lehrenden damit verborgen. Die Trennung von Schule und Freizeit ist jedoch ein Kriterium, mit dem die Viertklässler insofern Probleme haben, als sie erst langsam ihre schulischen Pflichten kennenlernen und ein Verantwortungsgefühl in diesem Stadium noch nicht bei allen Kindern eingetreten ist.[434] Die Freizeitbeschäftigungen haben somit, sofern die zeitliche Disposition nicht auch am Nachmittag durch eine Ganztagesbetreuung eingeschränkt ist, ihren Einfluss auch auf schulische Belange.

Es wurde bereits ausgeführt, dass unter den Freizeitbeschäftigungen das Musizieren sehr beliebt ist. Generell ist erkennbar, dass sich nahezu alle Schülerinnen und Schüler in ihrer Freizeit mit Musik beschäftigen, jedoch ist der Anteil an Eigenaktivität unterschiedlich. Er reicht von aktivem musikalischem Engagement beim täglichen In-

---

433 Dazu gehört auch die Förderung des Schriftspracherwerbs mit Hilfe musikalischer Mittel. Die dabei zur Verfügung stehenden Wege sind erst in Ansätzen erforscht. Ein vielversprechender Ansatz findet sich bei J. E. Gromko: »The Effect of Music Instruction on Phonemic Awareness in Beginning Readers«, 2005, pp. 199–209.

434 Henning Scheich: »Visuelle Medien und unreife Gehirne«, in: K. Meisel & C. Schiersmann (Hg.), *Zukunft Weiterbildung. Standortbestimmungen für Forschung, Praxis und Politik*, Bielefeld: Bertelsmann 2006, S. 223–230.

strumentenspiel bis hin zum »Musik hören«, das sozusagen »nebenbei« geschieht und den musikalischen Abläufen nur ein geringes Maß an Aufmerksamkeit schenkt.[435] Aus der Aufstellung favorisierter Freizeitbeschäftigungen ist gleichzeitig ersichtlich, dass die Nutzung von Computer und Fernseher für die Grundschulkinder mittlerweile einen überragenden Stellenwert einnimmt. Auch diese tragen durch die unterschiedlichsten Angebote zur musikalischen Sozialisation bei.[436] Die beiden Medien waren bei Angabe der favorisierten freizeitlichen Aktivitäten mit 4,53 % resp. 1,33 % der Schülerantworten bedacht worden. Die beobachtbare Tendenz, dass sich Grundschulkinder nach der Schule in einem hohem Maße mit technischen Medien beschäftigen, erhärtete sich an mehreren Stellen der Befragung und gewann in den zu dieser Thematik erhobenen Items eine eigene Dimension. Bevor der Blick auf die Vielfalt elektronischer Medien gelenkt wird, soll der immense zeitliche Aufwand, den die Viertklässler für Fernseher und Computer investierten, dargestellt werden (Tab. 31). Hatte bei der Angabe beliebter Freizeitaktivitäten noch die Beschäftigung mit dem Computer vor dem Fernsehen rangiert, so kam bei der Erhebung der Häufigkeit, wie oft die Grundschulkinder zu diesen Medien Zugang hatten, dem Fernseher der bei weitem höhere Wert zu. Damit fanden die Ergebnisse der KIM-Studie 2005 eine Bestätigung.[437] Während fast 52 % der befragten Kinder täglich fernsahen, beschäftigten sich nur etwa 12 % jeden Tag mit dem Computer. Bedenklich stimmt die Angabe, dass bei etwa 2 % der Viertklässler die Medienbindung derart fortgeschritten war, dass sie nicht ohne täglichen Fernsehgenuss auskamen, wohingegen etwa 16 % der Kinder nie, über 50 % nur ein oder zweimal in der Woche einen Computer verwendeten. Es ist zu erwarten, dass die PC-Nutzung bei den Viertklässlern bis heute weit verbreiteter ist als zum Zeitpunkt der Befragung, d. h. dass durch die

---

435 Die Hörertypologien sollen an dieser Stelle nicht thematisiert werden. Vgl. dazu ausführlich Klaus-Ernst Behne: *Hörertypologien. Zur Psychologie des jugendlichen Musikgeschmacks*, Regensburg: Gustav Bosse-Verlag 1990², S. 119ff.

436 Bayerisches Staatsministerium für Unterricht und Kultus: *Medienwelten. Kritische Betrachtung zur Medienwirkung auf Kinder und Jugendliche*, 2005. – Nach Rösing existieren wichtige Bedingungsvariablen zur sozialisatorischen Außenorientierung, die wesentlich von Schule, Peers und Medien mitbestimmt werden. Vgl. Rösing: »Musikalische Sozialisation«, 1995, S. 356.

437 In der Studie rangierte die Tätigkeit Fernsehen als »liebste Freizeitaktivität« zwar hinter dem »Draußen spielen« und »Freunde treffen«, jedoch bei den Zehnjährigen noch um etwa 11 % höher als die Nutzung des Computers. Vgl. Medienpädagogischer Forschungsverbund Südwest: *KIM-Studie* 2005, S. 8.

schnelle flächendeckende Erschließung dieses Kommunikationsmediums die Zeitinvestition der Grundschüler in jüngster Vergangenheit stetig anstieg und in Zukunft weiter ansteigen wird.[438] Schaut man sich die Fernsehzeiten genauer an, so fällt auf, dass die Streuung der Dauer, die der Einzelne dafür investierte, besonders stark war (Tab. 32). Sie reichte von keinem Fernsehkonsum über ein bis zweimal 10 Minuten wöchentlich bei den Wenigsehern bis hin zu etwa 6 Stunden täglich bei den Vielsehern. Ob letztgenannte Angaben tatsächlich der Realität entsprechen, muss – in Anbetracht des bei einigen Viertklässlern noch nicht zuverlässig ausgeprägten Zeitbegriffes – in Frage gestellt werden. Auf der anderen Seite sind jedoch hinreichend Fälle bekannt, in denen eine zunehmende Medienverwahrlosung[439] um sich greift. Outlier-Werte unter den Zeitangaben der Schülerinnen und Schüler sind daher nicht ganz von der Hand zu weisen. Bei den Mittelwertberechnungen wurden diejenigen Angaben nicht berücksichtigt, die außerhalb des 95 %-Konfidenzintervalls lagen. Durchschnittlich verbrachten die befragten Grundschülerinnen und -schüler der vierten Jahrgangsstufe täglich etwa 80 Minuten vor dem Fernsehapparat. Auf die hohe Standardabweichung, die bzgl. dieses Wertes bei 70 Minuten liegt, wurde bereits hingewiesen. Jungen lagen mit statistisch hochsignifikantem Ergebnis mit einer Fernsehdauer von über 88 Minuten vor den Mädchen, die durchschnittlich 70 Minuten vor dem Fernsehgerät verbrachten ($p < ,001$). Hier liegt ein Geschlechtereffekt vor, der sich in der Literatur ebenfalls bestätigt findet.[440] Die ermittelte durchschnittliche Fernsehzeit bestätigt den Wert von 72 Minuten, den die Forscher-

438 Der Anteil der privaten PC-Ausstattung in den Haushalten der Bundesrepublik Deutschland liegt bei über 75 %. Siehe dazu auch die AP-Meldung v. 04.01.07: »Drei von vier Haushalten haben Computer«. – Vgl. die Angaben zur »Medienbindung 2005« aus der KIM-Studie, die der Computernutzung hinter dem Fernsehen bereits einen zweiten Rang bescheinigen. Medienpädagogischer Forschungsverbund Südwest: *KIM-Studie* 2005, S. 18.

439 Vgl. den Bericht des Kriminologischen Forschungsinstituts Niedersachsen e. V, in: Bayerisches Staatsministerium für Unterricht und Kultus, *Medienwelten*, 2005, S. 104–108.

440 Vgl. dazu die im Jahre 2006 veröffentlichte Studie von Mößle et al.: »Mediennutzung, Schulerfolg, Jugendgewalt und die Krise der Jungen«, S. 4ff. – Die Frage nach dem unterschiedliche Lernverhalten von Mädchen und Jungen wird in verschiedenen Publikationen thematisiert. Im Hinblick auf den Musikunterricht vgl. dazu Markus Meier: »Musikunterricht als Koedukation? Eine empirische Longitudinalstudie an einer ländlichen hessischen Gesamtschule«, in: Knolle, *Lehr- und Lernforschung*, 2006, S. 127–137. – Ders.: *Musikunterricht als Koedukation?*, Göttingen: Cuvillier 2008.

gruppe um Christian Pfeiffer (Kriminologisches Forschungsinstitut Niedersachsen e. V.) für Kinder der vierten Klasse aus dem Raum München feststellte.[441] Der verhältnismäßig hohe Fernsehkonsum überrascht nicht in Anbetracht der Tatsache, dass viele Kinder in ihrem Kinderzimmer ein eigenes Fernsehgerät verfügbar hatten. Nach Erkenntnissen derselben Forschergruppe ergab sich bei diesen Kindern an Schultagen eine durchschnittliche zeitliche Investition von 124 Minuten gegenüber 70 Minuten bei Probanden ohne eigenes Gerät. Am Wochenende erhöhte sich dieser Wert sogar auf 185 Minuten.[442] Reflektiert man den Sachverhalt, dass in der vorliegenden bayerischen Studie die Musiker – wie in Tabelle 22 veranschaulicht – für ihr Instrument eine tägliche Übezeit von etwa 22 Minuten veranschlagten, ist die für alle Vpn ermittelte drei- bis fünfmal so hohe Fernsehdauer doch beträchtlich!

Eine differenziertere Betrachtung des Zeitaufwandes, der von den Probanden täglich für Fernsehen investiert wurde, ist durch die Gegenüberstellung der Angaben von musizierenden/nicht-musizierenden Kindern möglich (Tab. 32). Für diese Gruppen zeigte die Berechnung der Mittelwerte mit statistisch signifikanten Unterschieden ($p = ,002$), dass bei den Musikern – bedingt durch die erhöhte Zeitinvestition für ihr Instrument – zwar die Nutzung des Fernsehgerätes nicht zwangsläufig ausgeschlossen war, sie jedoch einen um nahezu 20 % geringeren Fernsehkonsum aufwiesen. Durch diesen Befund

---

441 In dieser hochinteressanten Studie kamen bei Pfeiffer zusätzlich starke regionale Unterschiede zum Tragen, die bei den Zehnjährigen aus dem Ballungsraum Dortmund einen durchschnittlichen Fernsehwert von 135 Minuten ergaben. Die weite Spanne in der Fernsehzeit zwischen Münchener und Dortmunder Kindern veranlasste Pfeiffer dazu, in seinen weiteren Berechungen Extremgruppenvergleiche zwischen Probanden aus süddeutschen und norddeutschen Städten durchzuführen. Vgl. Mößle et al.: »Mediennutzung, Schulerfolg, Jugendgewalt und die Krise der Jungen«, 2006, S. 7.

442 Mößle et al.: »Mediennutzung, Schulerfolg, Jugendgewalt und die Krise der Jungen«, 2006, S. 4. – Klingler & Groebel hatten in ihrer Repräsentativbefragung von 6- bis 13-jährigen Kindern bereits vor mehr als zehn Jahren nachgewiesen, dass bei 17 % der westdeutschen und 25 % der ostdeutschen Haushalte ein Fernsehgerät im Kinderzimmer stand. Walter Klingler & Jo Groebel: *Kinder und Medien* 1990. *Eine Studie der ARD/ZDF-Medienkommission*, Baden-Baden: Nomos 1994. – Die Ergebnisse werden bestätigt durch die KIM-Studie 2005, nach der 51 % der befragten Kinder aus den neuen Bundesländern gegenüber nur 38 % aus den alten Bundesländern ein eigenes Fersehgerät besaßen. Vgl. Medienpädagogischer Forschungsverbund Südwest: *KIM-Studie* 2005, S. 15.

wurden die Ergebnisse von Bastian aus den 1980er Jahren bestätigt.[443] Ein Effekt ähnlicher Größenordnung zeigte sich bei den EMU-Kindern. Sie wiesen mit 71 Minuten im Durchschnitt die geringste Fernsehzeit aller Gruppen auf, wie bereits bei den Instrumentalisten ein statistisch signifikantes Ergebnis ($p < ,001$). Es war zu erwarten, dass sich im Vergleich der Geschlechter ebenfalls ein Effekt einstellen würde und dass die zeitliche Investition musizierender Mädchen noch unter der für alle Musiker resp. EMU-Kinder errechneten TV-Dauer von etwa 71 Minuten liegen würde. Insgesamt wurde deutlich, dass – unabhängig von der Wirkungs- und Inhaltsdebatte – allein die Tätigkeit »Fernsehen« den Kindern viel Zeit raubte, die sie für kreativere Beschäftigungen, z. B. für das Lernen eines Musikinstrumentes, hätten nutzen können. Die Befunde bestätigten das Ergebnis aus der Untersuchung von Myrtek & Scharff (2000), dass bei Vielsehern die Zeit für andere Tätigkeiten knapp wird und diese durch den erhöhten Fernsehkonsum in höherem Maße emotional beansprucht sind.[444]

Geringer fallen die Durchschnittswerte für die Zeit aus, die Kinder vor dem häuslichen PC verbrachten, sie wiesen jedoch ein ähnliches Verhältnis zueinander auf wie die TV-Konsumwerte. Während als täglicher Fernsehkonsum noch eine durchschnittliche Zeit der Kinder von 80 Minuten errechnet wurde, zeigte sich, dass sie nur etwa 54 Minuten am Tag für den Computer investierten (Tab. 33). Männliche User erreichen mit durchschnittlich 66 Minuten einen wesentlich höheren Wert als die Mädchen gleichen Alters mit einer Investition von 39 Minuten ($p < ,001$). Schülerinnen und Schüler, die ein Musikinstrument erlernten, verbrachten täglich etwa 47 Minuten, Nicht-Musiker 60 Minuten vor dem Computer. Eine ähnliche Tendenz ergab sich bei der Ermittlung der PC-Beschäftigung von EMU-Kindern, die wesentlich weniger Zeit für derartige Tätigkeiten aufwendeten als Kinder mit regulärem Musikunterricht. Diese Ergebnisse lassen sich jedoch inferenzstatistisch nicht erhärten. Summiert man die Werte, die

443 Vgl. dazu Bastian: »Schüler und Musikunterricht. Neue Daten zu alten Fragen an 13–16jährige«, 1985, S. 34–46. – Ders.: *Musik im Fernsehen. Funktion und Wirkung bei Kindern und Jugendlichen*, 1986, S. 57ff.

444 Durch die erhöhte Fernsehnutzung leidet nach Erkenntnis der Forscher vor allem die Kommunikation mit Freunden. Die zitierte psychophysiologische Untersuchung brachte die Erkenntnis, dass Vielseher stärker emotional beansprucht sind als Wenigseher. Langfristig zieht dieses Verhalten eine Unausgeglichenheit der Schüler/-innen und eine Verschlechterung schulischer Leistungen nach sich. Vgl. Myrtek & Scharff: *Fernsehen, Schule und Verhalten. Untersuchungen zur emotionalen Beanspruchung von Schülern*, 2000, S. 78–96.

die Kinder täglich im Durchschnitt vor dem Fernseher *und* dem Computer verbrachten, so errechnet sich für alle Kinder ein Wert von etwa 2 Std. 13 Min. In den Kategorien Musiker/Nicht-Musiker sowie EMU/regulärer Musikunterricht reichte die Spanne von ca. 2 Std. bis hin zu 2 Std. 25 Min. Das wiederum ergibt einen um etwa 20 % geringeren Medienkonsum bei den musikalisch Aktiven. Insgesamt zeigte sich in der Befragung der Grundschüler/-innen, dass Jungen nachweislich stärker auf Fernsehen und Computer fixiert waren als Mädchen. Hier bestätigte sich die Tendenz zu einer »Männerdomäne«, die sich bereits im Grundschulalter anzubahnen scheint.[445] Ein weiterer aktueller Trend ist – verstärkt zu beobachten bei den Usern ab 14 Jahren –, dass das Internet das Fernsehen in die Defensive drängt. Bei den Zehnjährigen konnte diese Tendenz jedoch noch nicht nachgewiesen werden.[446] Ernst zu nehmen sind bei den hohen Medienzeiten in jedem Falle die Warnungen zahlreicher Forscher, die bei übermäßiger Beanspruchung von Fernseher und Computer eine schädigende Wirkung auf das Verhalten von Kindern und Jugendlichen erkennen.[447] Dazu gehören die Erhöhung der Aggressivität, die Erzeugung eines unzutreffenden Bildes der sozialen Wirklichkeit sowie der nachweislich negative Einfluss auf Schulleistungen.[448]

Zur (musikalischen) Sozialisation tragen jedoch nicht nur das Fernsehgerät und der Computer bei, die von den Kindern nach der Schule benutzt werden. Inzwischen sind eine Vielzahl elektronischer Kleingeräte unter den Viertklässlern verbreitet (»MP3-Player«, »Handy« u. a.), die sie an den verschiedensten Orten benutzen können, auch im schulischen Kontext. Hier wird augenfällig, dass die Kinder »ihre« Musik mit in die Schule hineintragen. In Tabelle 34 ist die Vielfalt der technischen Ausstattung dokumentiert, die die Kinder mehr oder weniger täglich benutzen. Die Aufstellung spiegelt das Spektrum an Unterhaltungsmedien, mit denen Grundschülerinnen und -schüler

---

445 Vgl. dazu die dpa-Meldung v. 20.08.05 (»Computer als Männerdomäne. Anteil der Frauen auf der ›Games Convention‹ gering«). – Nach Mößle et al. sind Jungen besonders dann für Computerspiele empfänglich, wenn sie eine eigene Konsole in ihrem Zimmer verfügbar haben. Siehe Mößle et al.: »Mediennutzung, Schulerfolg, Jugendgewalt und die Krise der Jungen«, 2006, S. 11f.

446 Vgl. dazu die dpa-Meldung v. 19.08.05 (»Internet drängt Fernsehen in die Defensive. TV bei vielen jüngeren Verbrauchern nur Nebenmedium«).

447 Myrtek & Scharff: *Fernsehen, Schule und Verhalten*, 2000, S. 140ff. – Fuchs & Wößmann: »Computer können das Lernen behindern«, 2005, S. 5.

448 Vgl. Mößle et al.: »Mediennutzung, Schulerfolg, Jugendgewalt und die Krise der Jungen«, 2006, S. 12.

aufwachsen, die für sie einen hohen Stellenwert besitzen. Die Insider-Informationen zu ihrer Ausstattung überragen in nicht wenigen Fällen den Kenntnisstand eines Erwachsenen. Von jeweils über 85 % der befragten Viertklässler wurden Fernseher, Radio, Computer als wichtige Medien genannt, die sie »oft« und »manchmal« benutzten. Darüber hinaus standen »CD-Player«, »Discman« und »Handy« hoch im Kurs. Die Benutzung von »X-Box« oder »MP3-Files«, die zum Zeitpunkt der Befragung noch als »neu« galten, erhielt mit immerhin 15 % resp. 30 % der Angaben einen beachtlichen Wert.[449] Umgekehrt muss konstatiert werden, dass eine vermeintlich ›ältere‹ Ausrüstung, die z. B. aus »Walkman« (16 %) und »Stereoanlage« (5 %) bestand, vielen Kindern schon gar nicht mehr bekannt bzw. als Bezeichnung geläufig war. Im Gegensatz dazu wussten nur 17 der befragten 1016 Probanden mit dem Terminus »Internet« nichts anzufangen (1,7 %). Über 58 % der Viertklässler/-innen benutzten ihr »Handy« zum Zeitpunkt der Befragung »oft« oder »manchmal« und nahmen es mit hoher Wahrscheinlichkeit auch in die Grundschule mit. Der Verbreitung dieses Mediums mit einem »Handyverbot«[450] zu begegnen, hat Befürworter und Gegner auf den Plan gerufen. Diese Maßnahme trug weder dazu bei, den Nutzen des »Handys« zu erschließen noch zu einem verantwortungsvollen Umgang anzuleiten.[451] Ein im selben Schuljahr an vielen Schulorten ausgesprochenes MP3-Player-Verbot hatte keinen offiziellen Charakter mehr und stieß bei den meisten Schülern eher auf Unverständnis als auf Akzeptanz.[452] Welche Bedeutung die elektronischen Kleingeräte, die mittlerweile zum Statussymbol der Kinder

---

449 Die an dieser Stelle für die »X-Box« und den »MP3-Player« zu findenden Prozentwerte entsprechen jeweils den Schülerangaben, die die Nutzung der Kleingeräte mit »oft« und »manchmal« bestätigten. – Am MP3-Player wird die schnellebige Entwicklung der neuartigen Technologie in besonderer Weise deutlich. Während das Gerät zum Zeitpunkt der Befragung (Mai bis Juli 2004) nur von einzelnen Kindern benutzt wurde, gehört es inzwischen zur Ausstattung aller Kinder. Vgl. dazu die speziell zur Nutzung der MP3-Player ausgewiesenen Daten, in: Medienpädagogischer Forschungsverbund Südwest, *KIM-Studie* 2005, S. 16.

450 Mit dieser Maßnahme, die im Schuljahr 2005/06 ausgesprochen wurde, setzte Bayern als einziges Bundesland auf ein gesetzlich verordnetes Verbot von Mobiltelefonen an Schulen. Vgl. dazu die dpa-Meldung v. 24.07.06 (»Handyverbot an Schulen – Bayern im Alleingang«).

451 Einen kreativen Umgang, ausgehend vom Fach Musik, stellt beispielsweise der folgende Beitrag vor. Gaul: »Handymania. Möglichkeiten eines kreativ-produktiven Umgangs mit einem neuen Medium«, 2004, S. 34–42.

452 Vgl. dazu die Nachricht »Verbot auch für MP3-Player«, in: http://www-br-online.de v. 07.04.06 [recherchiert am 19.03.07, 31.05.09].

und Jugendlichen geworden sind, mit den sich eröffnenden technischen Welten haben, lässt sich erahnen, wenn man bedenkt, dass sich die Probanden in nicht wenigen Fällen bei der Nennung ihrer Freizeitbeschäftigungen schon über ihre Geräte definiert hatten, die sie in der Familie, in vielen Fällen sogar in ihrem Kinderzimmer verfügbar hatten.[453] Insgesamt ist davon auszugehen, dass sich die Schülerinnen und Schüler mit ihrer technischen Ausstattung, dem notwendigen Know-how in der Bedienung, selbst allein mit der Kenntnis unterschiedlicher technischer Möglichkeiten ein breites (Spezial-)Wissen und eine Medienkompetenz aneignen, auf die an vielen Grundschulen aufgrund mangelhafter Ausstattung sowie des Fehlens an zeitlichen Freiräumen und der technischen Kompetenz der Lehrkräfte nur in geringem Umfang eingegangen werden kann.

Da die Kinder die Medien vorwiegend im häuslichen Umfeld verfügbar haben, stellt sich die Frage, inwieweit Eltern auf das beschriebene Medienverhalten und die damit verbundene musikalische Sozialisation Einfluss nehmen können. Von Seiten der Forschung und der Erkenntnisse aus der Unterrichtspraxis ist angeraten, die Schülerinnen und Schüler nicht einem unkontrollierten Einfluss von Fernseher und Computer zu überlassen.[454] Zwar bieten alle Medien ein offenes Zugangsfeld, das im Rahmen der musikalischen Sozialisation das Kennenlernen unterschiedlicher Stile und Klangexperimente, der Künstler und deren Umfeld ermöglicht, gleichwohl sind mit diesem Umgang Gefahren verbunden, die nicht zu unterschätzen sind. Denn Anbieter unterschiedlicher Art missbrauchen diesen Zugang ebenso zu Werbezwecken oder zur Verbreitung von Inhalten, die gemeinhin nicht als kinder- und jugendfrei eingestuft werden können. Ohne eine kontinuierliche Medienbegleitung und -erziehung bleiben die Kinder sich selbst überlassen und sind den Angriffen hilflos ausgesetzt. Diese wichtige Erziehungsaufgabe kann nicht allein von den Schulen über-

---

453 Die Probanden machten beispielsweise folgende Hobbyangaben: »Computer spielen« (SB 827), »Nintendo spielen« (SB 802), »X-Box spielen« (SB 838), »auf Konsolen spielen« (SB 617).

454 Nach den Erkenntnissen von Myrtek & Scharff (2000) ist beispielsweise der Einfluss des Fernsehens größer, als es sich viele Eltern eingestehen. Nach ihrer Berechnung liegt die jährliche Kontaktzeit, die die Eltern für die Erziehung ihrer elfjährigen Kinder aufwenden können, und damit ihr potenzieller Einfluss mit dem des Fernsehens gleichauf (1.100 Stunden). Der Einfluss der Schule falle mit 1.000 Stunden geringer aus. Zu dieser Berechnung vgl. Myrtek & Scharff: *Fernsehen, Schule und Verhalten*, 2000, S. 140.

nommen werden, sondern fällt zu einem großen Teil in den Verantwortungsbereich der Eltern.[455]

Wie die Studie belegt, erweist sich das familiale Umfeld als entscheidender Einflussfaktor dafür, wie Grundschulkinder mit ihrer Freizeit umgehen. Diejenigen unter ihnen, die sich musikalisch aktiv zeigten, z. B. beim Erlernen eines Musikinstrumentes, setzten die zur Verfügung stehende Zeit ein zum bewussten Kennenlernen musikalischer Abläufe und Strukturen, zum Erwerb von Faktenwissen, zur Erweiterung ihrer technischen Fähigkeiten am Instrument. Durch diesen aktiven Prozess gelang es ihnen außerdem, über das Musizieren soziale Kontakte zu Gleichaltrigen und zu anderen Personen aufzubauen. Dies geschah vielfach immer noch über das Vorbild oder die Anleitung, die vom Elternhaus ausgingen.[456] Das aktive Singen und Musizieren zu Hause beflügelte die Kinder, und sie wurden, wie zu beobachten war, von dieser Begeisterung getragen. In Hypothese II.1.1 konnte mit hochsignifikantem Ergebnis nachgewiesen werden, dass sich musizierende Kinder zu Hause häufiger auf aktives Musizieren einließen als Kinder, die sich als nicht-musizierend einschätzten ($p < ,001$). Das Messergebnis kann als zuverlässig angesehen werden, da die Skala »Familiales Umfeld«, die aus drei Items bestand, einen guten Reliabilitätsfaktor aufwies ($r = ,64$). In Anbetracht der weiten Verbreitung technischer Medien bot die Beschäftigung mit Musik eine Alternative, von der die Kinder in einem hohen Maße profitierten. Eltern, die ihren Nachwuchs nicht ganz den technischen Medien überlassen möchten, sollten ihn als »Anti-Medien-Therapie« ein Instrument lernen lassen, vorausgesetzt es handelt sich um das Wunschinstrument und die Kinder haben Freude am Musizieren. Für diejenigen unter ihnen, die in ihrer Freizeit nicht die Möglichkeit haben, sich einer persönlichkeitsbildenden, mitunter kreativen Tätigkeit zu widmen, wie es beispielsweise im Singen oder Musizieren geschieht, geht das weite Feld musikalisch-sozialer Erfahrungsmöglichkeiten verloren. Hier sollten den Schülern andere Freizeitangebote gezielt vermittelt

---

[455] Nach Erkenntnissen von Myrtek & Scharff sowie der Forschungsgruppen um Pfeiffer wäre es eine elementare Voraussetzung, den Kindern durch ihre technische Ausstattung im Kinderzimmer nicht eine unbegrenzte Fernseh- und Computernutzung zu ermöglichen. Vgl. dazu das Kap. »Was können Eltern tun?«, in: Myrtek & Scharff, *Fernsehen, Schule und Verhalten*, S. 143f. – Mößle et al.: »Mediennutzung, Schulerfolg, Jugendgewalt und die Krise der Jungen«, 2006, S. 18.

[456] Nach Rösing sind Eltern und Geschwister diejenigen, die für die (musikalische) Primärsozialisation in erster Instanz verantwortlich sind. Vgl. Rösing: »Musikalische Sozialisation«, 1995, S. 356.

werden, um Alternativen zu schaffen. Kinder, für die bereits in der Familie keine strukturellen Vorgaben vorliegen, sind in Anbetracht ihrer zur Verfügung stehenden freien Zeit stark gefährdet durch die beschriebenen medialen Einflüsse. Wenn im Zusammenhang mit der Diskussion um die PISA-Studien des Öfteren die »Bildungsnähe« der Familien thematisiert wird, so ist dieser Ansatz aus musikpädagogischer Perspektive – in analoger Schreibweise – durch das Erfordernis einer »Musiknähe« zu erweitern. Martina Claussen konnte in einer Studie überzeugend darstellen, dass die Musikalisierung der Eltern Einfluss auf die musikalische Förderung der Kinder haben kann. Nach ihrer Ansicht liegt in einer generationenübergreifenden Elementarpädagogik ein Schlüssel zur Musikalisierung der Gesellschaft.[457] Dem generellen Verlust musikalischer Grunderfahrungen, wie er in der Entwicklung vieler Schülerinnen und Schüler zu beklagen ist, könnte auf diese Weise aktiv entgegengewirkt werden. Die Grundschulen hätten ihrerseits die Möglichkeit, mit einer Akzentuierung der musikalischen Ausbildung eine stärkere Anbindung der Kinder an das familiale Umfeld zu erreichen. Die Annahme von Hypothese II.2.1 verdeutlichte, dass Kinder mit erweitertem Musikangebot in der Schule (EMU) sich eindeutig häufiger auf häusliches Musizieren einließen als Kinder ohne diese konzeptuelle Erweiterung des Unterrichts ($p < ,001$). Dieser Sachverhalt wiederum wirkt sich positiv auf die musikalische Sozialisation und letzten Endes auf das schulische Verhalten aus. Die Grundschule hat demnach die Möglichkeit, Kinder intensiv zu fördern und zur musikalischen Sozialisation beizutragen, indem sie ihr Angebot in Musik nicht vordergründigen Sparzwängen oder Zeitvorgaben opfert, wie sie beispielsweise zu Zeiten des Übertrittsverfahrens in der vierten Klasse bestehen. Vielmehr sollten die Lehrerinnen und Lehrer das Fach Musik ernst nehmen und es – gemäß dem Stand ihrer musikalischen Ausbildung – nach Möglichkeit in den Mittelpunkt des Unterrichtsgeschehens rücken, wie es an vielen EMU-Schulen geschieht. Zwar muss eingeräumt werden, dass diese privilegierten Ausbildungsorte im Hinblick auf die musikalische Förderung z. T. ideale Voraussetzungen zur Verfügung hatten. Jedoch war und ist in gleicher Weise zu verfolgen, dass das Fach Musik mit der unterrichtenden Lehrkraft und den individuellen Schwerpunkten, die sie in ihrer Arbeit setzt, steht und fällt. Ihre schulischen Aktivitäten im Fach Musik haben nicht nur einen Selbstzweck, sondern sie

[457] Martina Claussen: *Elementare Musikerziehung in Eltern-Kind-Kursen*, Augsburg: Wißner 2001.

helfen den Schülerinnen und Schülern, einen aktiven Prozess musikalischer Sozialisation einzuleiten, die gewonnenen Informationen zu verarbeiten und gleichzeitig den immer bedeutender werdenden Erfordernissen gezielter Medienerziehung Rechnung zu tragen.

5.5.3 Musik als Ursprung besonderer Einstellungen

Ernst zu nehmenden Forschungserkenntnissen zufolge ist Musikunterricht in der Lage, die Entwicklung musikalischer Fähigkeiten anzuregen, zu unterstützen und den emotional-kognitiven Reifungsprozess der beteiligten Individuen nicht nur in Gang zu bringen, sondern darauf in entscheidender Weise Einfluss zu nehmen.[458] Bei den Schülerinnen und Schülern, die die Grundschule besuchen, kristallisieren sich im Laufe ihrer Schulzeit bestimmte fachliche Präferenzen heraus, die neben den sozialen Kontakten über die Beliebtheit des Schulbesuchs entscheiden. So wird die Beliebtheit des Faches Musik, dem die Viertklässler einen hohen Stellenwert einräumen (Tab. 16), entscheidend davon abhängen, in welchem Maße die Kinder in das tägliche Singen, Spielen, Tanzen, kurzum in aktiv musikalische Tätigkeiten eingebunden sind. Wie aus Hypothese I hervorging, fühlten sich die Kinder der vorliegenden Stichprobe mit Musik auf emotionaler Ebene stark verbunden. Fachliche Sympathien wurden im Grundschulalter vor allem durch musikalisches Tun erreicht, ein Bereich, der sich im Dienste aktiver Sinneswahrnehmung mit dem Hören, Umsetzen, Gestalten und Erfinden von Musik wechselseitig ergänzt. Dem ästhetischen Erfahrungsraum kommt hier – ähnlich wie bei den Fächern Kunst oder Sport – im Vergleich zu anderen schulischen Disziplinen eine wichtige Schlüsselstellung zu. Er ermöglicht es, die Kinder in einen gemeinschaftsbildenden Erarbeitungsprozess einzubinden und dabei gleichzeitig individuelle Begabungen und spontane Gestaltungsmöglichkeiten zu fördern.[459] Die Tatsache, dass Musik zu den vermeint-

---

458 Schellenberg: »Music lessons enhance IQ«, 2004, S. 511. – Nach Johannes Bährs Ansicht entwickeln sich »viele musikalische Fähigkeiten [...] nicht weiter – vor allem im Bereich der Ausübung[,] aber auch der Wahrnehmung, wenn sie nicht durch Unterricht gefördert werden«. Bähr: *Zur Entwicklung musikalischer Fähigkeiten von Zehn- bis Zwölfjährigen*, 2001, S. 37.

459 Nach Adelheid Sievert zielt der ästhetische Erfahrungsbereich auf eine Erweiterung der Aisthesis ab, der Lehre von der sinnlichen Wahrnehmung, über die einzelnen Fächergrenzen hinaus. Ästhetische Erziehung ist durch eine »fächerübergreifende pädagogische Leitidee« charakterisiert. Staudte: *Ästhetische Erziehung* 1–4. *Praxis und Theorie des Unterrichtens*, 1980, S. 11.

lichen Nebenfächern gehört, könnte im Kern eine intrinsische Motivation der Schüler/-innen begünstigen, da sie hier einen Ausgleich zu anderen Fächern finden und nur sekundär den strikten Vorgaben der Leistungsbeurteilung verpflichtet sind.

Neben der aktiven Beschäftigung mit Instrumenten war es vor allem das Singen, das in vielen Klassen den Hauptteil des Musikunterrichts in der Grundschule ausmachte. Da mit 92,2 % der befragten Kinder eine überwältigende Mehrheit angab, in ihrer Freizeit gerne Musik zu hören (Tab. 18), stellte sich die Frage, ob diese auch für das Singen in Schule oder Freizeit aufgeschlossen war und ob dieser Sachverhalt sich mit einem ähnlich überragenden Ergebnis, wie er für das »Musik hören« ermittelt wurde, belegt werden konnte. In der Tat gaben zwei Drittel der Kinder an (67 %), in der Schule gerne zu singen (Tab. 27). Die Positionen, die dabei von den Kindern bezogen wurden, traten recht deutlich zu Tage, ließen sich aber nicht in allen Fällen klar voneinander abgrenzen (Tab. 28/29). Den meisten Kindern, die gerne sangen, bereitete das Singen Freude (59 %). Es wurde bereits bei den Verbaldaten darauf hingewiesen, dass das Wort »Spaß« für die Viertklässler eine Sinnzuweisung bedeutet, die aus ihrer Perspektive zunächst keine zusätzlichen Erläuterungen erfordert. Weit dahinter sind das im Singen empfundene positive Gemeinschaftsgefühl (13 %) und das verbreitete Liedrepertoire (11 %) angesiedelt. Alle anderen Faktoren wie die Gestaltung des Musikunterrichts, die Selbstdarstellung durch das Singen oder die Stimmungsregulation wurden von den Kindern zwar genannt, jedoch nicht als ausschlaggebende Faktoren für die positive Einordnung des Singens. Auffällig war, dass die Lehrerpersönlichkeit in diesem Zusammenhang von den Schülern nicht als Variable benannt wurde. Dies war nur bei einem verschwindend geringen Prozentsatz der Fall (2 %). Offensichtlich war den Schülerinnen und Schülern nicht bewusst, dass es sich mit der Lehrkraft und deren musikalischer Ausbildung um einen entscheidenden Faktor in der Unterrichtsgestaltung handelt. Vielmehr schienen für sie mehrere Gründe gemeinsam den Erfolg des Musikunterrichts zu konstituieren.

Bei allem Enthusiasmus, dass Kinder besonders vom Singen in der Schule profitierten und eine hohe Motivation für sich selbst schöpften, musste in der Untersuchung zugleich konstatiert werden, dass mit 32 % ein hoher Prozentsatz das Singen kategorisch ablehnte (Tab. 27). Möglicherweise war darin die Schülerklientel zu finden, denen selten oder nie vergönnt war, in der Schule musikalisch aktiv zu sein. Im Gegensatz zu dem großen Anteil der Schüler/-innen, die gerne in ihrer Freizeit Musik hörten, ist dieser Prozentsatz alarmierend hoch. Er steht der

Annahme, dass diejenigen Kinder, die gerne Musik hören, auch gerne singen und dafür Interesse entwickeln, unvereinbar gegenüber. Die negativen Einstellungen können die unterschiedlichsten Ursachen haben, die an dieser Stelle exemplarisch aufgezeigt werden sollen (Tab. 29). Ein Hauptgrund für die Negativnennungen lag für die Viertklässler vor allem darin begründet, dass ihnen das Singen »keinen Spaß macht«. Dies war bei 30 % der 10- und 11-Jährigen der Fall. Negative Vorerfahrungen führten bisweilen dazu, dass die Kinder von Anfang an eine »Blockadehaltung« gegenüber dem Musikunterricht aufbauten. Hatte einerseits das subjektive »Gemeinschaftsgefühl« noch bei immerhin 13 % für eine positive Einstellung zum Singen gesorgt, so lag andererseits ein Ablehnungsgrund in dem empfundenen Schamgefühl (22 %). Unter den Antworten ergaben sich allein 40 Fundstellen, die vor allem das solistische Vorsingen als »peinlich« bewerteten. Dies mag in persönlichen Negativerfahrungen begründet liegen, die den Schülerinnen und Schülern seitens ihrer Peers, der Lehrkraft oder anderer Bezugspersonen suggeriert wurden. So gaben sie an, dass sie *nicht unbedingt eine gute Stimme* haben (SB 295), dass *es für* [... sie] *peinlich ist, wenn* [... sie] *den Ton nicht treffe*[n] (SB 339), dass sie *eine* [zu] *dunkle Stimme* haben (SB 291).[460] Bei Mädchen in der vorpubertären Phase war eine Hemmschwelle spürbar (*Die Jungs lachen mich immer aus!*, SB 273), die von Seiten der Lehrkraft respektiert werden sollte. Der Übergang zur Unterkategorie »Sängerisches Unvermögen«, bei der 14 % der befragten Kinder angaben, »nicht singen zu können«, ist sicher als fließend anzusehen. Die Angst vor falschen Tönen, vor dem Versagen in der Klasse und vor der Notengebung war für andere der ausschlaggebende Grund für eine Negativbeurteilung.

Ein weiterer Aspekt, auf den die Lehrkraft in der Regel großen Einfluss ausübte, der jedoch bei den Kindern vielfach auf Unverständnis stieß (11 %), ist die Liedauswahl im Unterricht. Zum einen empfanden die Schüler das angebotene Liedgut als zu einfach und wenig anspruchsvoll (*weil wir lauter Kinderlieder singen*, SB 153; *weil wir Babylieder lernen*, SB 428), zum anderen stuften sie es als »langweilig«, »doof«, »öde« und »nicht so cool« ein (SB 6, 172, 369, 326). Hier

---

460 Im Gegensatz zur Auswertung der statistisch relevanten Kategorien finden sich die verbalen Zusatzinformationen, die die Kinder bei der Beantwortung der Fragebögen zu einigen offenen Fragen beisteuerten, nicht in den Ergebnissen in Kap. II. 5.2 dokumentiert. Diese Anmerkungen aus der schriftlichen Befragung (SB) spiegeln subjektive Eindrücke der Vpn. Analog den Ergebnissen der Interviewstudie (Kap. II. 3.2) sind diese wörtlichen Schülerzitate, die einen Kern der Studie bilden, ebenfalls in kursiver Schrift in den Text eingebunden.

schien ein Schlüssel für die Motivation im Fach Musik zu liegen, und einige gaben dementsprechend ihre Präferenzen zu erkennen. Ein Schüler betonte, er könne *nur Hip-Hop und Rap-Musik singen* (SB 345). Die Gestaltung des Unterrichts wurde im Hinblick auf das Singen von 7 % der Befragten als wenig gewinnbringend empfunden. Dazu gehörten bezeichnenderweise Ablenkungen und Störungen im Musikunterricht. Viele hätten sich durch die angebotenen Inhalte durchaus motivieren lassen, allerdings war das Störungspotenzial aus organisatorischen oder aus methodisch-didaktischen Gründen im Musikunterricht besonders ausgeprägt (*weil manche immer falsch singen*, SB 32; *weil die in der Klasse so viel Quatsch machen*, SB 349; *andere Kinder lenken mich ab*, SB 23; *es ist ein einziges Gekreische*, SB 358). Viele Lehrkräfte versuchten nach Auskunft der Probanden, dem Mangel an Disziplin mit Strenge und Ordnungsmaßnahmen zu begegnen, allerdings wurde dadurch eine dem Fach innewohnende Begeisterung bei den Schülern in ihr Gegenteil umgekehrt. Als bemerkenswert hoben sich einige konstruktive Vorschläge der Schüler/-innen zum Singen von den übrigen Antworten ab. Es zeigte sich der wichtige Aspekt, dass Kinder bisweilen am Entscheidungsprozess beteiligt werden wollen, z. B. in der Auswahl der Lieder: Einige waren mit dem Musikunterricht nicht einverstanden, *weil es immer die Lehrer aussuchen, was die Kinder singen sollen. Kinder möchten auch aussuchen, welches Lied* (SB 338). Die Freiheit der Schülerinnen und Schüler, im Hinblick auf die erarbeiteten Lieder mitbestimmen zu dürfen, lässt an dieser Stelle die Antwort eines zehnjährigen Schülers aus der Explorativstudie assoziieren, bei dem bereits eine Präferenz für das Singen in der Freizeit angeklungen war: *Außerhalb der Schule tu ich halt nicht genau das singen* [...]. *Nach der Schule kann ich singen, was ich mag* (MB 22). Insgesamt zeigte sich bei den Schülerantworten, dass den meisten Kindern das Singen in der Grundschule sehr wichtig war, dass sie eine starke emotionale Verbindung mit diesem Inhalt des Musikunterrichts hatten. Sie zeigten sich enttäuscht, wenn nicht regelmäßig gesungen wurde oder das schulische Angebot nicht ihren Erwartungen entsprach.

Die Integration musikalischer Elemente in den Tagesablauf stellt eine wichtige Herausforderung für den unterrichtenden Pädagogen dar, da erst durch ein »Involvement« der Kinder ein Interesse am Singen und Musizieren zu erreichen ist. Dieses Interesse erweist sich gerade in einer Zeit als wichtig, in der viele Kinder in ihrem Elternhaus nicht mehr singen und diesbezüglich in vielen Fällen kein besonderes musikalisches Engagement in die Schule mitbringen. Singen und Stimmbildung sind jedoch zentrale Inhalte für die Grundschulkinder, die in der Grundschularbeit zur Vermittlung eines tragenden musikalischen Selbstkonzeptes genutzt werden sollten.[461] Einem Schüler, der in seiner Grundschulzeit nie ein Instrument gespielt, in einem Chor gesungen oder an einer (Instrumental-)Gruppe teilgenommen hat, bleibt die besondere Qualität einer gemeinschafts- und zugleich persönlichkeitsbildenden Unterrichtsarbeit verborgen. Denn diese ist im Zusammenspiel, beim Chorgesang oder beim Tanz permanent zu spüren. Um eine emotionale Ebene zu schaffen, sind die methodisch-didaktischen Zugangsweisen im Fach Musik vorzüglich geeignet. Das Potenzial, das von der Begeisterung der Kinder ausgehen kann, ist nicht zu unterschätzen. Wenn Schülerinnen und Schüler in einen musikalischen Erarbeitungsprozess eingebunden werden und sie sich von dem gemeinsamen Musizierenerlebnis »anstecken« lassen, wird es ihnen im Schulalltag schneller gelingen, sich mit ihrer Klasse, ihrer Lehrerin/ihrem Lehrer, ihren Mitschülern zu identifizieren. Langeweile im Unterricht und die daraus entstehenden Disziplinprobleme, von denen sich ohnehin gerade die musizierenden Kinder gestört fühlen, lassen sich minimieren, wenn in der Klasse ein gemeinsames Interesse – motiviert durch Musik – vorliegt. Diese Notwendigkeit betrifft nicht nur den »Grundlegenden Unterricht« der ersten beiden Jahrgangsstufen, sondern gleichfalls die dritten und vierten Klassen, in denen die Schüler/-innen – als Ausgleich zu den leistungsorientierten Kernfächern – die Musik als hedonistischen Erfahrungsraum benötigen. Wie die Kinder vom Fach Musik profitieren, geht eindeutig aus ihren Angaben zu den erhobenen standardisierten Fragestellungen, jedoch vor allem aus den qualitativen Zusatzinformationen hervor. Die Beurteilungen des Singens lassen erkennen, dass Musik den Kindern vor allem »Spaß« macht, und sie verbinden diese Tätigkeit zunächst mit emotionalen und sozialen, weniger aber mit kognitiven Erfahrungswerten. Ein Weg, wie diese Zustimmung unter den Schülern zu erreichen ist, liegt nicht nur im aktiven Musizieren, sondern auch darin, die Neugier der Kinder zu wecken. Viele verlangen von selbst danach, wie aus der

---

[461] Diese Forderung legitimiert sich nicht nur vor dem historischen Hintergrund der vorliegenden Studie, der belegt, dass das Singen seit jeher zentraler Gegenstand musikalischer Ausbildung war. Neuere Erkenntnisse zeigen, dass ein Treatment, das sich auf stimmbildnerische Aktivitäten und Liedersingen konzentriert, bereits nach einem Jahr einen deutlichen Zuwachs im Hinblick auf die stimmliche Entwicklung der Kinder mit sich bringt. Vgl. Wibke Freudenhammer & Gunter Kreutz: »Development of Vocal Performance in 5th Grade Children: A Longitudinal Study of Choral Class Singing«, in: *European Society for the Cognitive Sciences of Music (ESCOM)*, Jyväskylä (Finnland), 12.–16.08.2009.

qualitativen Studie erkennbar war, mehr über Komponisten, Werke, Musikinstrumente zu erfahren. Methodische Anleihen aus anderen Disziplinen, beispielsweise der aus dem Fach Physik bekannte experimentelle Ansatz, könnten das forschende Denken auch in Musik anleiten. Dies wäre z. B. in Fragestellungen zur Akustik oder zur Instrumentenkunde denkbar. Klangexperimente könnten unter Zuhilfenahme des weit verbreiteten »Kassettenrekorders«[462], neuerdings des »MP3-Players« oder des »Handys« durchgeführt werden (Tab. 34). Das Mikrofon, das vielen zwar zu Hause nicht zur Verfügung stand, das jedoch in den Schulen mit einem zugehörigen Aufnahmegerät zur Elementarausstattung gehören sollte, bietet ein reiches Erfahrungspotenzial zum forschenden Umgang mit musikalischen Parametern. Wenn es gelänge, die Experimentierfreude der Schüler zu stärken, käme die prinzipielle Offenheit wiederum anderen Fächern zugute.

Die Kinder, die in den vierten Klassen der bayerischen Grundschulen unterrichtet wurden, unterschieden sich grundlegend in ihrer musikalischen Vorbildung. Für die Untersuchung war daher zu erwarten, dass die Erwartungen an die schulische Musikausübung differierten und sich in der Wahrnehmung des Unterrichts niederschlugen. Durch Annahme von Hypothese III.1.1 konnte mit statistisch hochsignifikantem Ergebnis belegt werden ($p < ,001$), dass Kinder, die aktiv musizierten, das Fach Musik als interessanter wahrnahmen als nicht-musizierende Kinder, denn erstere ließen sich von den Angeboten begeistern und leisteten zum Gelingen des Musikunterrichts ihren Beitrag. Den Unterricht nur an den Kindern auszurichten, die zusätzlich privaten Musikunterricht beanspruchen, kann jedoch nicht das Ziel einer allgemein bildenden Schule sein. Denn die didaktische Konzeption sollte grundsätzlich alle Kinder erreichen. Eine Ausweitung des Musikunterrichtsangebotes an Grundschulen ist daher nicht abwegig. Die Kinder nehmen diese Erweiterung durchaus wahr, erkennen die Maßnahme als Gewinn für sich selbst und beginnen, sich für musikalische Inhalte stärker zu interessieren. Die statistische Auswertung der Einstellungskonzepte aller EMU-Kinder zum Musikunterricht zeigte mit hochsignifikanten Werten ($p < ,001$), dass diese das Fach Musik in der Schule als interessanter kennenlernten. Es erwies sich, dass diese Schülerinnen und Schüler nicht nur mehr musizierten, sondern dass sie außerdem aus ihrem Unterricht motivierter hervor-

[462] Zum Zeitpunkt der Befragung war der Kassettenrekorder noch verbreitet. Mittlerweile finden sich diese Geräte nicht mehr in den Kinderzimmern, da sie von MP3-Playern abgelöst wurden.

gingen. Die beschriebenen fachinternen Arbeitsweisen und die Inhalte konnten sie anhaltend motivieren. Sie schöpften Neugier, hatten Spaß am Lernen, eine Arbeitseinstellung, die dem gesamten schulischen Lernprozess zugute kam. Von dem Unterricht ging gleichzeitig eine freizeitanregende Wirkung aus, eine durchaus wünschenswerte Funktion des Musikunterrichts.[463] Am Beispiel des Singens konnte diese positive Ausstrahlung auf das Freizeitverhalten sehr gut nachvollzogen werden. Da immerhin 67 % aller befragten Kinder eine positive Einstellung äußerten, war es interessant zu sehen, dass bei vielen Kindern das Singen in der Schule mit dem Singen in der Freizeit korrelierte, woraus sich konkrete positive Ansätze für die Unterrichtspraxis ergaben (Tab. 30). Denn die Schüler, die in der Schule gerne sangen, taten dies ebenso in ihrer Freizeit mit Begeisterung. Schüler, die bereits im Musikunterricht eine ablehnende Haltung aufbauten, sangen auch nachmittags nicht oder ungern in Chor, Gottesdienst oder bei anderen Gelegenheiten. Die musikalische Betätigung in der Schule sollte aber entscheidenden Einfluss auf die Freizeitgestaltung aller Kinder nehmen, sonst bliebe die Schule eine Kontrast-Insel zum eigentlichen Leben, bekannt im Diktum: *Non vitae, sed scholae discimus* (Seneca). Nach den Erfahrungen der 10- und 11-Jährigen wird jedoch in den Klassen der Regelschule immer noch zu wenig aktiv musiziert. Darüber hinaus steht zu vermuten, dass die Lehrkräfte für aktive Musikerziehung zu wenig ausgebildet sind. Diese These wird durch die Einschätzung des Verbandes deutscher Schulmusiker (vds) gestützt, der zufolge weniger als 20 % des Musikunterrichts in der Grundschule fachgerecht erteilt werden.[464] Diese Einschätzung bezieht sich auf die Situation in der gesamten Bundesrepublik. Es steht zu erwarten, dass in dem Bereich des nicht-qualifiziert erteilten Unterrichts eine hohe Dunkelziffer liegt. Bekannt ist der eklatante Mangel an Musikfachkräften auch in Bayern und die Tatsache, dass ein hohes Maß des Unterrichtskontingentes fachfremd erteilt wird.

Zu diesem Abbild der Unterrichtsrealität bietet der »erweiterte Musikunterricht« einen kontrastreichen Gegenentwurf, der ein weitaus größeres Engagement der Schülerinnen und Schüler sowie der unterrichtenden Lehrkräfte mit sich bringt. In diesem Entwurf scheint ein Schlüssel zu liegen, die Kinder – ihren eigenen Wünschen folgend – stärker für Singen und Musizieren in der Schule zu begeistern, ihnen

---

[463] Vgl. dazu auch Bastian: Art. »Schüler«, S. 238.

[464] Vgl. dazu die Ausführungen zum Musikunterricht und zur Lehrerausbildung in Kap. I. 2.3.

tägliche Anreize und Anlässe zum Musizieren zu bieten und damit in entscheidender Weise zur Beliebtheit des Schulbesuchs und zu einer ausgeglichenen Arbeitsatmosphäre beizutragen. Die Frage nach einer zu befürwortenden Zuteilung von EMU-Stunden ist jedoch nicht so eindeutig zu beantworten, wie es auf den ersten Blick erscheinen mag. In der Untersuchung konnten einige Schulen ermittelt werden, die zwar das Label »EMU« trugen, die jedoch das Stundenkontingent, das ihnen für die musikalische Erweiterung zugeteilt worden war, für andere schulische Aufgabenfelder zweckentfremdeten. Dieser Sachverhalt ging eindeutig aus den Befragungen sowie aus den Feldnotizen hervor und ließ sich durch die statistischen Berechnungen bestätigen. Zum anderen muss eingeräumt werden, dass es nicht immer gelang, alle Schüler an EMU-Schulen ausnahmslos für eine musikalische Tätigkeit zu begeistern. Dies geschah in den Fällen, in denen es keine Auswahlmöglichkeiten für die Kinder gab, z. B. bei der Wahl der in der Schule gespielten Musikinstrumente. Dass ein EMU-Schüler, der für seine Freizeit angab, doch lieber Fußball zu spielen, auf die Frage »Was gefällt dir an Flöte?« nur die lapidare Antwort gab *Nichts, es ist Pflicht!*, stimmte etwas bedenklich (SB 161). Instrumente – das ist daraus erkennbar, und dies ist als kritischer Punkt zu einigen EMU-Schulen anzumerken – sollten aus pädagogischen Gründen durchaus einmal gewechselt werden können, um den Kindern unterschiedliche Erfahrungen zu ermöglichen. Diese Notwendigkeit erkannte auch Marianne Hassler aus entwicklungspsychologischer Perspektive.[465]

Es ist leicht nachzuvollziehen, dass ein Unterricht, in dem unterschiedliche Instrumente ausprobiert werden dürfen, auch die Freizeitinteressen prägen kann. Denn viele Schüler/-innen der EMU-Schulen gaben an, die Vielfalt in der musikalischen Ausbildung zu genießen. So ließ sich ein Junge gerade aus dem Grund für das Singen begeistern, *weil die Schule musikalisch* war (SB 930). Wie die Ergebnisse vermuten lassen, kann die musikalische Betätigung in der Schule nicht nur bzgl. des Singens und des Interesses für ein Instrument einen entscheidenden Einfluss auf die Freizeitgestaltung der Kinder nehmen, sondern zugleich – und dieses Argument erweist sich als richtungweisend – das Verhalten gegenüber den Medien beeinflussen. Eine Vielzahl der EMU-Kinder bekannte, eine wesentlich geringere Zeit für Medien zu investieren als Nicht-EMU-Kinder (Tab. 32/33). Dies erwies sich für die Jungen, die im Hinblick auf den Mediengebrauch weit gefährdetere Gruppe, als besonders wichtig. Es ist zu erwarten, dass gezielte För-

465 Vgl. Hassler: *Musikalische Begabung in der Pubertät*, 1998, S. 119.

dermaßnahmen, wie sie sich z. B. im aktiven Musizieren bieten, den Medienkonsum eindämmen können. Um dieses Ergebnis zu bestätigen, bedarf es nicht nur eines Alternativangebotes in Form von erweiterter Musikerziehung, sondern – unterrichtsbegleitend – weiterer wissenschaftlicher Untersuchungen. Bereits in vorliegender Studie ist deutlich zu erkennen, dass EMU in der Lage ist, den Schülerinnen und Schülern primäre Grunderfahrungen im Musikunterricht anzubieten, die sich als Einstellungskonzepte manifestieren. Die Heranbildung derartiger persönlicher Erfahrungswerte ist für die Grundschuljahre entscheidend, da sie den Blick auf das Fach Musik und die eigenen Fähigkeiten frühzeitig prägen und für die Entwicklung der reifenden Persönlichkeit von existenzieller Bedeutung sind.

5.5.4 Die Lehrerpersönlichkeit als prägender Faktor

In der Grundschule sind die Klassenlehrerinnen und Klassenlehrer die zentralen Bezugspersonen im Schulalltag. Weit stärker als in anderen Schulformen sind sie für die Kinder die erforderliche Ansprechperson und bilden einen Rückhalt in ihrer individuellen Reifung. Für den Eintritt in das Regelschulsystem erweist sich das Klassenlehrerprinzip als hilfreich, um die Schülerinnen und Schüler in allen Fragen, die die Schullaufbahn betreffen, zu beraten und ihnen – mitunter auch bei privaten Problemen – unterstützend zur Seite zu stehen. Durch die immer komplexeren Erziehungsaufgaben, die die Kinder in die Schule hineintragen, weil sie von manchen Elternhäusern weniger als in früheren Jahren wahrgenommen werden, haben sich die Anforderungen an die Grundschulen keinesfalls verringert. In der heutigen Klassensituation ist daher eine weit größere Verschmelzung schulischer Anforderungen und privater Interessen zu beobachten.

Das Fach Musik der vierten Jahrgangsstufe, das in der Hierarchie des Fächerkanons bayerischer Grundschulen mit zwei Wochenstunden bedacht ist, gehört zu den vermeintlichen Nebenfächern in der Schule. Wie aus Tabelle 16 abzulesen war, ist den Kindern vor allem in der vierten Grundschulklasse diese zugeschriebene Bedeutung durchaus bewusst. Obwohl ihnen die musikalisch-ästhetischen Fächer sehr viel bedeuteten, tendierten die meisten unter ihnen dazu, den Rang der Musik hinter die für den Übertritt entscheidenden Kernfächer zu positionieren. Diese Gewichtung der Disziplinen wird ihnen von Eltern, Peers, von der Schule und nicht zuletzt von der eigenen (Klassen-)Lehrkraft frühzeitig suggeriert. Da die Klassenleiterin resp. der Klassenleiter aus organisatorischen Gründen die größte Anzahl an Unterrichtsstunden in der Klasse erteilt, bleibt es ihm überlassen, welche individuellen Schwerpunkte er in seinem Unterricht setzt und welchen Stellenwert die einzelnen Fächer für ihn besitzen. Musik wird in der Mehrzahl der Fälle vom Klassenleiter erteilt, in Ausnahmen von einem Fachlehrer. Dieser kommt jeweils nur für die beiden vorgesehenen Unterrichtsstunden in die Klassen und hat daher eine verhältnismäßig geringe Präsenz bei den Viertklässlern, ein Sachverhalt, der mitunter Disziplinprobleme mit sich bringt. Andererseits profitieren die Kinder von der Fachlehrkraft, da der Unterricht, zumindest wenn er am Vormittag in den Stundenplan eingereiht ist, regelmäßig stattfindet. Wird der Unterricht dagegen vom Klassenleiter erteilt, nehmen ihn die Lernenden eher als Bestandteil des Pflichtpensums wahr. Die Einhaltung des vorgesehenen Stundendeputats bleibt in diesen Fällen der Planung des Klassenleiters vorbehalten, was in nicht seltenen Fällen zu einer Beschneidung, wenn nicht sogar Kappung der Musik-Unterrichtsstunden führt, ohne dass sich alle Schülerinnen und Schüler dessen bewusst sind. In dem Gesamteindruck vom Unterricht ihrer Klasse sind den Schülern jedoch diese Akzentsetzungen präsent. Sie leiten daraus ab, ob es sich bei Musik um ein Schwerpunktfach der Klassenleiterin handelt, das sie mit Hingabe und persönlichem Engagement unterrichtet, oder ob sie es nur unterrichtet, weil es der Stundenplan vorsieht. Die Haltungen und Einstellungen der Lehrkraft haben somit eine entscheidende Bedeutung, denn sie werden sich in den Reaktionen und Interessen der Edukanden wiederfinden.

Man könnte an dieser Stelle einwenden, dass unterrichtsspezifische Gegebenheiten dieser Art in jeder schulischen Disziplin zu finden sind. Der Kenner des täglichen Unterrichtsgeschäfts weiß jedoch aus eigener Erfahrung, dass die Unterschiede zwischen den unterrichtenden Lehrkräften im Fach Musik gravierend sind. Während für das Fach Deutsch oder Mathematik Grundstandards in der Lehrerausbildung vorliegen, sind diese in Musik keineswegs zu finden. Lehrkräfte, die ihr Studium nach »alter« Studienordnung absolvierten, hatten zumindest noch ein musikalisch-ästhetisches Pflichtprogramm zu absolvieren, um sich für den Lehrberuf zu qualifizieren. Nach aktueller Studienordnung wird in Bayern ein Hauptfach studiert, das im Studium der Grundschullehrkräfte von einer dreiteiligen Fachdidaktik-Kombination und des Studiums der Erziehungswissenschaften begleitet wird. Da von den studierten Fächern in der Regel nur ein Fach musikalisch-ästhetischen Charakters ist, kommt es in der Praxis zu einem eklatanten Mangel an einer ästhetischen Ausrichtung des Grundschulunterrichts. Im Fach Musik fehlen Lehrkräfte an allen

Ecken und Enden. Bei denjenigen, die in der Unterrichtspraxis eingesetzt werden, ist eine weite Spanne fachlicher Qualifikationen zu registrieren. Sie reicht von ausgewiesenen Spezialisten, die im Hauptfach Musik ausgebildet sind und die möglicherweise noch ein Zusatzstudium am »Orff-Institut« in Salzburg absolviert haben, über Lehrkräfte, die Musik pflichtbewusst unterrichten und sich regelmäßig fortbilden, bis hin zu fachfremd Unterrichtenden, die keine didaktische Unterweisung bekamen und Musik nach eigenen Vorstellungen vermitteln, ohne selbst ein Instrument zu spielen. Bezogen auf die Studie blieb die Ausbildung, die die Lehrkräfte genossen, nicht ohne Wirkung und schlug sich zwangsläufig in der Qualität des Musikunterrichts und damit auch in den Einstellungen der Schülerinnen und Schüler nieder.

Bei den Viertklässlern der vorliegenden Untersuchung wiesen die Kenntnisse und Fähigkeiten im Fach Musik – ähnlich wie bei ihren Lehrkräften – ein weites Spektrum auf. Diejenigen, die aus privater Initiative ein Instrument erlernten, waren ihren Altersgenossen in der Klasse weit voraus. Eine schulische Förderung war in diesen Fällen außerordentlich schwierig, da sich die Leistungsspanne in den Klassen als sehr hoch zeigte. Fördermaßnahmen hingen zum einen von dem entsprechenden Kursangebot an den Schulen ab, das zur Differenzierung zur Verfügung stand, zum anderen waren sie von der fachlichen Kompetenz der Lehrkraft abhängig. Im jedem Falle – so erwies die statistische Auswertung – waren die Kinder, die ein Musikinstrument spielten, besser in der Lage, die musikalischen Fähigkeiten ihrer Lehrkraft zu beurteilen (H IV.1.1). In der Regel schätzten sie sie gleichzeitig als positiver ein, denn sie hatten gelernt, diese als wichtigen Bestandteil ihres Unterrichts wahrzunehmen ($p < ,001$). Dazu gehörten das Spiel der Lehrer/-innen auf einem Instrument ebenso wie der solistische Vortrag eines Liedes in der Klasse, der in der Lage war, die Kinder zu inspirieren. Es muss eingeräumt werden, dass den Unterrichtenden die musikalischen Fähigkeiten ihrer Schülerinnen und Schüler nicht verborgen blieben. Insofern lag es nahe, dass sie eher geneigt waren, die bisweilen herausragenden Schülerqualitäten eigens zu fördern. Die geförderten Schüler/-innen fühlten sich dadurch bestärkt, und es kam zu einer wechselseitigen Akzeptanz, die möglicherweise das gute Abschneiden der »musizierenden Kinder« in dieser Skala erklärt. Dass in diesem Bereich der erweiterte Musikunterricht seine Früchte trägt, zeigt die Annahme der zweiten Teilhypothese (H IV.2.1), die ebenfalls ein hoch signifikantes Ergebnis aufwies ($p < ,001$): Kinder mit einem erweiterten musikalischen Angebot in der Schule (EMU) beurteilten die musikalischen Fähigkeiten ihres

Musiklehrers positiver als Kinder mit regulärem Musikunterricht. Das gute Abschneiden der Lehrkräfte geschah erwartungsgemäß, denn an den EMU-Schulen wurden ausschließlich Lehrer mit dem Schwerpunktfach Musik eingesetzt, die allesamt wussten, wie sie die Mädchen und Jungen in den Klassen für das Musizieren begeistern konnten.

Insgesamt fiel bei der Auswertung der Skala »Musiklehrer/-in« auf, dass sich die Kinder in einem hohen Maße mit der Lehrperson im Fach Musik identifizierten. Sie trennten jedoch nicht eindeutig den Faktor »Musiklehrer« von ihren übrigen Eindrücken zum Musikunterricht, wie aus der vergleichsweise geringen Reliabilität der Skala hervorgeht (r = ,31). Vielmehr schien bei den Probanden ein Gesamteindruck des Musikunterrichts vorzuliegen, da sie weniger zwischen den Einflüssen, die auf die Lehrkraft zurückzuführen waren, oder anderen Parametern differenzierten. Statistisch lässt sich dieser Sachverhalt erhärten, wenn man die Items der beiden Skalen »Musiklehrer« und »Musikunterricht« zusammenfasst.[466] Der inhaltlichen Differenzierung der Items und der damit herbeigeführten höheren Transparenz der untersuchten Skalen wurde jedoch gegenüber rein rechnerischer Vorteile der Vorzug gegeben. Eine Trennung der beiden Skalen »Musiklehrer« und »Musikunterricht« empfahl sich auch aufgrund der Tatsache, dass die Kinder zu beiden Bereichen sowohl in den Leitfadeninterviews als auch in den Fragebögen getrennt befragt wurden.

Bereits in der Beurteilung des Singens im Musikunterricht war deutlich geworden, dass der Musiklehrer aus Schülerperspektive eine Variable darstellt, die in der Einschätzung der Kinder eher hinter anderen Einflüssen zurücktritt (Tab. 28, 29). Trotzdem darf diese Wahrnehmung der Lehrerpersönlichkeit nicht darüber hinwegtäuschen, dass für die Schülerinnen und Schüler die gebotene musikalische Anleitung eine wichtige Stütze im täglichen Lernen und Erleben von Musik darstellte. Kinder spürten sehr schnell, ob eine Lehrkraft in Musik ausgebildet war oder nicht, denn ihnen entging nicht, welchen Stellenwert das Fach im Gesamtkontext aller Disziplinen einnahm. Dass Musik mehr als andere Fächer von der unterrichtenden Lehrkraft abhängig war, wurde den Schülern an deren persönlichem Engagement, am Besuch des schulinternen Musikraumes, am Singen und Musizieren in der Klasse, an den behandelten Unterrichtsthemen oder -projekten u. a. m. schnell deutlich. Wenn in der Praxis immer noch zu wenig Musikunterricht erteilt wird – sei es mangels ausgebildeter Lehre-

---

466 Diese Maßnahme würde die interne Konsistenz der Itembatterie erhöhen (r = ,63), sie stand jedoch nur aus statistischen Gründen zur Debatte.

rinnen und Lehrer in diesem Fach, sei es aufgrund eines untergeordneten Stellenwertes in der Stundenzuteilung –, so ist an dieser Stelle die bildungspolitische Forderung zu erheben, dass für Musiklehrkräfte in der Grundschule die notwendigen Voraussetzungen geschaffen werden sollten. Denn mit der notwendigen Akzeptanz und der für das Studium und die Unterrichtspraxis erforderlichen Ausstattung ist es möglich, die Vorzüge des Faches Musik den Schülerinnen und Schülern spürbar zu vermitteln. Diese Forderung setzt voraus, dass Musik als eigenständiges Fach – formal, inhaltlich und organisatorisch – neben den anderen ästhetischen Fächern dem Grundschulunterricht in vollem Umfang erhalten bleibt. Denn nur wenn die Potenziale des Faches »Musik« in der Schule nicht eingedämmt werden, sondern wenn es gelingt, darin einen Beitrag zu einem umfassenden Bildungsbegriff zu erkennen, erst dann wird es gelingen, Musik nicht nur als Fach, sondern als prägenden persönlichkeitsbildenden Faktor zu erfahren.

5.5.5 Soziale Förderung durch Musik

Dass Musik in der Lage ist, Schülerinnen und Schüler in ihrer sozialen Einstellung zu fördern, ist eine Kernaussage der vorliegenden Studie. Bereits aus den geführten Interviews in der explorativen Phase fiel das starke Engagement der musizierenden Kinder zu Gunsten ihrer Klassenkameraden auf. Dieser Befund konnte durch die statistische Erhebung eindeutig belegt werden. Für musizierende Kinder, die aktiv ein Instrument spielten, zeigte sich mit statistisch hochsignifikantem Ergebnis ($p < ,001$), dass sie in der Klasse eher ein soziales Wohlbefinden verspürten als nicht-musizierende Kinder (H V.1.1). Ihnen gefiel, dass sie in der Schule jeden Tag ihre Freundinnen und Freunde trafen, und sie erlebten eine deutliche Verbesserung der sozialen Einstellungen in ihrer Klassengemeinschaft. Musizieren mit anderen Kindern nahm für sie einen hohen Stellenwert ein. Denn sie waren davon überzeugt, dass zu dem »guten Ton« untereinander das gemeinsame Musizieren gehörte. Schließlich gaben sie an, dass in ihrer Klasse die meisten Kinder Rücksicht auf andere nehmen, eine Eigenschaft, die in der heutigen Klassensituation bei weitem nicht mehr selbstverständlich ist. Die fünfstufige Skala zur »Sozialen Einstellung« wies eine interne Konsistenz von $r = ,58$ auf und bildete die soziale Umgangsfähigkeit der Viertklässler in zuverlässiger Weise ab.

Dass sich dieser Effekt, der bei musizierenden Kindern zu erkennen war, auch in Grundschulklassen mit erweitertem Musikunterricht nachweisen ließ, ist ein mehr als erfreulicher Befund; denn er zeigte, dass sich ein erhöhter musikalischer Aufwand in der täglichen Unterrichtsarbeit bezahlt machte. Kinder mit EMU erlebten demnach eher ein soziales Wohlbefinden in der Klasse und eine deutliche Verbesserung der sozialen Einstellungen untereinander als andere Kinder (H V.2.1). Das Ergebnis war wiederum hoch signifikant ($p < ,001$) und zeigte, dass es sich bei EMU in der Tat um eine echte Alternative zu anderen Unterrichtskonzeptionen handelt, aus der nicht nur ein verstärktes musikalisches Engagement hervorgeht, sondern mit deren Hilfe in spielerischer Form wichtige Grundeinstellungen der Schüler gefördert werden können. Es muss noch einmal betont werden, dass es sich bei dem wissenschaftlichen Nachweis der Verbesserung sozialer Einstellungen um ein Kernanliegen der Studie handelt. Eine Reaktion auf die starken Defizite, die manche Grundschulkinder in der Bewältigung gemeinsamer Aufgaben an den Tag legen, ist dringend erforderlich. Durch diese Anleitung erhalten die Kinder frühzeitig Einblick in demokratische Interessen innerhalb der Klassengemeinschaft und nicht zuletzt in elementare gesellschaftliche Grundordnungen. Da sich viele, wie in der Untersuchung erkennbar war, in ihrer Freizeit alleine beschäftigen und die zur Verfügung stehende Zeit vorzugsweise mit Fernseher, Computer oder anderen elektronischen Medien statt im direkten Kontakt mit mehreren Freunden verbringen, ergeben sich zwangsläufig starke Defizite im sozialen Verhalten, die in der Schule kompensiert werden müssen.[467] Das Fach Musik gibt dazu den Pädagogen hervorragende Möglichkeiten an die Hand, die in der Regelschule bei weitem noch nicht ausgeschöpft sind. Denn eine musikalische Sozialisation, die in direktem Kontakt mit der Lehrkraft und den Kindern untereinander geschieht, ist in der Lage, Primärerfahrungen zu vermitteln, auf die sie in einer zunehmend medial organisierten Umwelt ansonsten verzichten müssen.[468]

---

467 Obwohl viele, wie die KIM-Studie 2005 berichtet, einen hohen Wert darauf legen, »Freunde zu treffen«, wird bei diesem Ergebnis die Tatsache verkannt, dass die Gleichaltrigen ihre elektronischen Medien zum Anlass nehmen, um ihre Interessen nachmittags auszutauschen. Eine echte soziale Interaktion bleibt dabei jedoch dem Einfluss der Medien untergeordnet. Vgl. Medienpädagogischer Forschungsverbund Südwest: *KIM-Studie* 2005, S. 5.

468 Hoppe-Graff & Kim fassen den Verlust primärer Erfahrungen wie folgt zusammen: »Die modernen Medien sind ihrer Natur nach etwas Schlechtes für junge Menschen. Sie zerstören, wie Postman (1983) behauptet hat, die Kindheit, und sie wirken, um mit Winns (1979) Worten zu reden, wie eine Droge im Wohnzimmer.« Siegfried Hoppe-Graff & Hye-On Kim: »Die Bedeutung der Medien für die Ent-

Im Grunde ist eine Stärkung der sozialen Kompetenz in allen Schularten vonnöten. Sie sollte jedoch in besonderer Weise in der Grundschule ansetzen, da die Kinder hier zum ersten Mal in verschiedenen Lernformen interagieren und eine Basis für das gemeinsame Lernen gelegt wird. Auf diese Basis kann in späteren Jahren aufgebaut werden. Das Klassenleiterprinzip eignet sich, den Schülern zu helfen, Eindrücke wechselseitig aufzuarbeiten und für sich fruchtbar zu machen. Für das Fach Musik per se bedeutet dieser Sachverhalt, dass wichtige Erfahrungen im aktiven Musizieren gelegt werden, die grundlegend für die Entwicklung der Schülerpersönlichkeit sein können. Schüler/-innen werden aus diesen persönlichkeitsbildenden Maßnahmen schöpfen lernen, werden nicht nur eigene Fähig- und Fertigkeiten auf dem Instrumentenspiel zeigen, sondern diese ebenfalls im Zusammenspiel der Gemeinschaft zugänglich machen. Musik sollte daher nicht nur einer elitären Minderheit vorbehalten bleiben, die diese in ihrer Freizeit betreibt. Vielmehr ist es erforderlich, sie als festen Bestandteil in eine schulische Ausbildung zu integrieren, die jedem Kind zugute kommt, unabhängig seines sozialen Status' oder seiner Herkunft. Dass eine intensive Beschäftigung im Singen und Spielen nicht nur eine positive Grundeinstellung zur Musik erzeugte und damit die besten Vorraussetzungen für das Erlernen eines Musikinstrumentes schaffte, sondern dass sich dieses »Involvement« zugleich auf die Kontakt- und Umgangsfähigkeit in der Gruppe positiv auswirkte (Tab. 35), ist eine richtungweisende Erkenntnis dieser Studie.

Überraschend war, dass der Nachweis sozialer Kompetenz für EMU-Schulen offensichtlich einen längeren Vorlauf erforderte, denn ein signifikantes Ergebnis ergab sich nur bei den »Musiker«-Kindern. Dass sich ein Effekt bei EMU-Kindern erwarten lässt, liegt auf der Hand. Denn mit einer noch intensiveren Auseinandersetzung mit musikalischen Lerninhalten an EMU-Schulen, die an mindestens zwei Messzeitpunkten erhoben wird, werden sich auch die EMU-Schülerinnen und Schüler eher als »Musiker« sehen, als es bei dem einmaligen Messzeitpunkt geschah. Gleiches gilt für die Selbstbehauptungs- und Durchsetzungsfähigkeit, die in einer vierten Skala des FKSI nach Deusinger gemessen wurde. Effekte, die weder für Musiker noch für EMU-Kinder nachweisbar waren, lassen sich möglicherweise nur in einem Längsschnittdesign nachweisen. Als unerwartet muss dagegen der Effekt, der in der subjektiven Einschätzung der »Kognitiven Leis-

wicklung von Kindern und Jugendlichen«, in: Oerter & Montada, *Entwicklungspsychologie*, 2002^5, S. 919.

tungsfähigkeit« für alle musizierenden Personengruppen abzulesen war, gewertet werden. Dass dieser Befund sogar mit dem deutlichsten aller Ergebnisse aus den Deusinger-Skalen zu Tage trat, mag möglicherweise damit zusammenhängen, dass sich das zu dieser Messung verwendete Fragebogeninventar ursprünglich an Fragestellungen orientierte, die originär aus der Psychologie stammten. Spezifisch musikalische Fragestellungen waren in der vorliegenden Studie vor allem in den dritten Teil der quantitativen Erhebung integriert.

Insgesamt bilden die Skalen zur »Emotionalen Gestimmtheit«, zum »Familialen Umfeld«, zum »Musikunterricht«, zum »Musiklehrer« und zur »Sozialen Einstellung« einen Einfluss- und Erfahrungsbereich der Kinderwelt ab, der aus ihrer eigenen Perspektive den Musikunterricht mit einer Vielzahl von Faktoren bedingt. Dass sich für Kinder mit Instrumentalunterricht die stärksten Effekte im familialen Umfeld zeigten, ist eine Beobachtung, die viele Pädagoginnen und Pädagogen bereits aus ihrer Unterrichtstätigkeit kennen (Eta = ,462). Erfreulich ist aber bei diesen Kindern, dass sie durch den Musikunterricht in der Schule gefördert wurden und sich daher bei dieser Einflussgröße Effekte registrieren ließen (Eta = ,322). Dass bei Kindern mit erweitertem Musikunterricht sowohl der Musiklehrer als auch der Musikunterricht die größten Effekte zeigten (Eta = ,379 resp. ,337), stimmt sehr zuversichtlich in Anbetracht der Bildungsmaßnahmen, die an den betreffenden Schulen in organisatorischer, didaktischer und finanzieller Hinsicht unternommen werden. Erweiterter Musikunterricht ist demnach – trotz des zu registrierenden Rückgangs in der pädagogischen Praxis – ein ernst zu nehmendes didaktisches Alternativmodell für die Regelschule, das nach den Erkenntnissen aus Forschung und Unterrichtspraxis nach Möglichkeit weiter ausgebaut werden sollte. Zum einen können durch diesen Unterrichtsentwurf alle Schülerinnen und Schüler erreicht werden, zum anderen werden unter Einbeziehung aller Sinne nicht nur kognitive Lerninhalte transportiert, sondern schöpferische Anlagen weiterentwickelt. Es wird auf diese Weise leichter gelingen, die Schülerinnen und Schüler in ihrer Individualität anzunehmen und zu fördern. Eine Schule, die sich diesem Bildungsansatz verschreibt, sollte sich dem ganzen Menschen verpflichtet fühlen. Denn, um es mit den Worten des Alt-Bundespräsidenten Johannes Rau auszudrücken, wer sich nur an die Köpfe der Menschen wendet, der hat nicht den ganzen Menschen erreicht. Darum ist Musik so wichtig, die ist eben nicht die Sahne auf dem Kuchen, sondern die Hefe im Teig. Das gilt für Literatur und Musik, das gilt dafür, dass unsere Sinne genauso angesprochen werden müssen wie unser Verstand. Das muss Bildung zu erreichen versuchen.[469]

[469] Erwiderung von Bundespräsident Johannes Rau († 27.01.06) anlässlich der Verleihung des Georg-Schulhoff-Preises am 07.11.2003 [recherchiert am 09.04.07, 31.05.09].

III. Musikunterricht aus Schülersicht – Fazit und Ausblick

Musik stand über den Verlauf der Jahrhunderte im Zentrum von Bildung und Erziehung und gehörte unumstritten zu den wichtigsten erzieherischen und persönlichkeitsbildenden Maßnahmen. Ganz anders heute: Ihre Position im Bildungssystem hat sich in entscheidender Weise geändert. Obwohl eine sehr hohe Anzahl von Personen in ihrer Freizeit gerne Musik hört[1], zählen musikalische Fähig- und Fertigkeiten weder zum Allgemein*gut* gesellschaftlicher Betätigungsfelder noch werden detaillierte Kenntnisse in und um Musik als notwendige Bestandteile einer Allgemein*bildung* betrachtet. Der erste Entwurf dieses Bildes, das sich in der Erwachsenenwelt allzu selbstverständlich manifestiert und das der Musik allenfalls den Charakter eines schmückenden Beiwerkes zubilligt, liegt bei Kindern bereits in den Kindergärten und Grundschulen vor. In der Schullaufbahn scheinen viele Ausbildungsstätten – über die Definition ihrer Bildungsstandards in den Kernfächern hinaus – nicht zu registrieren, dass vermeintlich kleinere Disziplinen wie Musik, Kunst und Sport eine wertvolle Orientierungshilfe für Schülerinnen und Schüler bieten, die diese in ihrer individuellen Entwicklung stützen und fördern. Die *Grund*schulen als Eingangsstufe in das deutsche Regelschulsystem, die in der vorliegenden Untersuchung im Mittelpunkt des Interesses stehen, leiden unter dem Dilemma, dass sie sich einer starken Akzentuierung der Bildungsfächer – sogenannter »Hauptfächer« – verschreiben, eine Entwicklung, die nach Bekanntwerden der Ergebnisse aus den ersten PISA-Erhebungen weiter forciert wurde. Die Institution Grundschule nimmt damit in Kauf, die individuelle Förderung des Nachwuchses mangels Einbeziehung musikalisch-ästhetischer Fächer zu vernachlässigen. Diese rein bildungspolitische Entscheidung kann fatale Folgen haben, deren Auswirkungen sich gegebenenfalls weit stärker bemerkbar machen werden, als es bislang absehbar ist. Denn in Anbetracht veränderter Kindheitsstrukturen und eines Überangebotes elektronisch-medialer Einflüsse haben Heranwachsende einen erhöhten Bedarf an Gemeinschaftserlebnissen und Persönlichkeitszuwendung, die in den Grundschulen allen Schülerinnen und Schülern u. a. im Musikunterricht und den darin immanenten Arbeitstechniken erfahrbar

1 Shell Deutschland Holding: *Jugend* 2006, S. 78. – Die Angaben beziehen sich auf die häufigsten Freizeitbeschäftigungen von Jugendlichen im Alter zwischen 12 und 25 Jahren.

gemacht werden sollten.[2] Im erweiterten Sinne versteht sich das Fach Musik als integraler Bestandteil eines umfassenden Bildungsbegriffes, der die Kinder durch Musizieren, Singen, Tanzen, Gestalten und Spielen zu fröhlichen, angstfreien und offenen Menschen macht.[3]

Mit der vorliegenden Arbeit zum »Musikunterricht aus Schülersicht« bietet der Autor einen Beitrag zur Unterrichts- und Bildungsforschung, der neben den dargestellten historischen Befunden insbesondere die empirische Forschung einbezieht. Dabei erwies sich die Verbindung mehrerer empirisch-methodischer Zugänge als fruchtbar, um die Erfahrungen, Einstellungen und Ansichten zu ermitteln, die die »Schulwirklichkeit« aus Schülerperspektive ausmachen. Mit ihrem direkten Blick auf die Realität tragen die befragten Kinder selbst dazu bei, den »Musikunterricht« als komplexes adaptives System zu erfassen. Die existenzielle Frage nach Bedeutungsinhalten können die Betroffenen am besten beantworten, wenn man sie – wie es der Offenheit des vorliegenden Forschungsansatzes entspricht – danach fragt. Aus den daraus resultierenden Ergebnissen leiten sich die für sie relevanten Variablen ab, die den Musikunterricht in der Grundschule bedingen. Die Studie sieht sich damit im Kontext der wissenschaftlichen Untersuchungen, die das Zusammenwirken der am Unterrichtsprozess beteiligten *Individuen* erforschen; denn durch die Diskussion allein von *Inhalten* musikalischer Praxis würde dieser persönlichkeitsbezogene Bildungskontext verloren gehen.

Als Reflexionsmedium für die eigene Unterrichtspartizipation und Lebenssituation der Schülerinnen und Schüler sowie der Unterrichtspraxis der in gleicher Weise einzubeziehenden Lehrerinnen und Lehrer impliziert der Ansatz die Bildung von Allianzen mit zahlreichen anderen wissenschaftlichen Arbeiten, die von Seiten der Erziehungs- und anderer Fachwissenschaften motiviert sind und sich eben-

---

2 Im Fach Musik gilt mittlerweile – bedingt durch die Erkenntnisse in der Elementarpädagogik (Ribke 1995) und der musikalischen Frühförderung (Gruhn 2003, Stippler 2009) – als unumstritten, dass musikalische Aktivitäten Entwicklungspotenziale im Kind freilegen, die wichtige Stimuli für die allgemeine Entwicklung geben können. »Musik wirkt unmittelbar sinnlich und kognitiv anregend, in Spiel und Imitation sozial vermittelnd und fördert damit indirekt die Persönlichkeit des heranwachsenden Kindes.« Kreutz: Art. »Musikerziehung«, 2006, S. 194–200.

3 Hans Bäßler sieht die »Musik als integrale[n ...] Bestandteil einer Bildung, die allen zuteil werden müsste.« Bäßler: »Töne, Klänge, Farben. Vom Umgehen mit und Leben in der Musik als Horizont der Allgemeinbildung«, 1997, S. 56.

falls einem personenbezogenen Ansatz verpflichtet fühlen.[4] In ihrer Gesamtheit tragen Forschungsbeiträge dieser Art nicht nur zu einem deutlich ausgeprägten Profil und damit auf der Seite der Lehrenden zu einem Selbstverständnis ihres Faches bei, sondern sie ergänzen sich wechselseitig. Wie zu erkennen war, lassen sich durch empirische Befunde vielseitige Erkenntnisse aus der Realität gewinnen, um sie wiederum – im Sinne echter Praxisforschung – für eine Fortentwicklung von Unterrichtsstrategien verfügbar zu machen.[5] Die durchgeführten Leitfadeninterviews und die standardisierten Befragungen setzten einen Akzent auf die Ermittlung musikbezogener Verhaltensweisen und Einstellungen von Grundschulkindern der vierten Jahrgangsstufe. Die aktive Einbeziehung dieser Zielgruppe steht im Zusammenhang mit der Förderung von Mündigkeit und sozialer Verantwortung, ein Anliegen, dessen Notwendigkeit sich als unabdingbare Herausforderung aus der täglichen Unterrichtspraxis ergibt und sich daher auch als wichtige Aufgabe musikpädagogischer Forschung aufdrängt. Die Erkenntnisse empirischer Forschung sind dabei stets relativ zu sehen.

---

4 Erziehungswissenschaftliche Arbeiten weisen z. T. eine Tradition von über zwanzig Jahren auf. Vgl. dazu exemplarisch Gerstenmaier (1975) als Überblick. In der Musikpädagogik haben besonders H. G. Bastian und M. L. Schulten, in der Ästhetischen Erziehung A. Sievert (geb. Staudte) diesen Ansatz bereits in den 1980er Jahren aufgegriffen und mit ihrer empirischen Forschung entscheidend dazu beigetragen, dass die Frage nach dem Lernen und Lehren der Individuen, d. h. der Kinder und Lehrer/-innen, nachhaltig ernst genommen wird. Vgl. Staudte: *Ästhetisches Verhalten von Vorschulkindern. Eine empirische Untersuchung zur Ausgangslage für Ästhetische Erziehung*, 1977. – Zur Forschung im Fach Musikpädagogik siehe auch Bastian: »Brauchen wir Forschung im kulturpolitischen Alltag?«, 2005, S. 48–51. – Gunter Kreutz & Ulrike Wingenbach: »Musikunterricht in der Grundschule – Ja! Aber wie?«, in: L. Huber & J. Kahlert (Hg.), *Hören lernen*, S. 66–79.

5 Der Autor schließt sich der Auffassung A. Prengels an, dass Pädagoginnen und Pädagogen nur dann die Chance haben, ein »passendes« Lehrangebot entwerfen zu können, »wenn [sie] die vielfältigen Lern- und Lebensstrategien der Kinder, Jugendlichen [...], mit denen sie arbeiten, erkunden. Vgl. Prengel: »Perspektivität anerkennen. Zur Bedeutung von Praxisforschung in Erziehung und Erziehungswissenschaft«, 2003, S. 601. – »Generell können anwendungsbezogene Untersuchungen mit den Methoden der empirischen Sozialforschung neue Wege zur Lösung sozialer Probleme aufzeigen und damit einen nicht zu unterschätzenden Beitrag zur Verbesserung sozialer Verhältnisse leisten.« Diekmann: *Empirische Sozialforschung*, 2002[8], S. 23. – Siehe dazu auch Hans Günther Bastian: »(Empirische) Forschung in der Musikpädagogik im Fokus pragmatischer Methodologie«, in: M. Pfeffer, J. Vogt et al. (Hg.), *Systematische Musikpädagogik oder: Die Lust am musikalisch geleiteten Nachdenken*, Augsburg: Wißner 1998, S. 205–228.

Zwar schickt sich Empirie als »Erfahrungswissenschaft« stets an, »allgemeingültige Erkenntnisse [zu] gewinnen«[6], jedoch muss eingeräumt werden, dass Einzeluntersuchungen günstigstenfalls Mosaiksteine eines Gesamtbildes sein können. »Erst wenn mehrere Studien mit möglichst unterschiedlichen Methoden zu den gleichen Schlüssen gelangen, wird das Vertrauen in die gefundenen Resultate bekräftigt werden, ohne [aber] daß dabei letztgültige Gewißheit erlangt werden könnte.«[7]

Die vorliegende Studie wurde exemplarisch an bayerischen Grundschulen durchgeführt. Um die mündlichen Befragungen geschlossen in einem Schuljahr aufnehmen und in die schriftliche Erhebung zahlreiche Schülerantworten einarbeiten zu können, musste die Anzahl der Klassen und der Termine zur Ziehung der Stichprobe zwangsläufig eingeschränkt werden. Da das EMU-Modell an einigen bayerischen Grundschulen im Folgejahr nicht mehr weitergeführt wurde, war das Forschungsdesign bisweilen von den Möglichkeiten abhängig, die sich aus der Schulpraxis ergaben. Die Untersuchung war daher von Beginn an als Querschnitterhebung geplant und zielte darauf ab, das Bild des Grundschülers als Aktivfaktor im Unterrichtsprozess zu erhellen, die Schulpraxis als Ort musikpädagogischer Forschung weiter zu etablieren und nicht zuletzt die Gräben zwischen wissenschaftlicher Theorie und pädagogischer Praxis zu überwinden.[8] Trotz der angestrebten methodischen Vielfalt (historischer, qualitativ-hermeneutischer und quantitativ-analytischer Ansatz) mussten immer noch viele Fragen unbeantwortet bleiben. Um die Entwicklung der Zehnjährigen über einen längeren Zeitraum im Auge zu behalten und die Erfolge der konzeptuellen Erweiterung des Musikunterrichts an ausgewählten Schulorten zu präzisieren, wäre eine Längsschnittuntersuchung mit ähnlichen Fragestellungen wünschenswert, besonders im Hinblick auf die viel versprechenden Ergebnisse des Frankfurter Persönlichkeitstests für die diagnostische Einzelfalluntersuchung von Deusinger (FKSI). Aufgrund des eingeschränkten organisatorischen

6 Bortz & Döring: *Forschungsmethoden*, S. 34.

7 Diekmann: *Empirische Sozialforschung*, S. 59.

8 »Wenn die Schule [als] eigentlicher Ort musikalischen Lernens zugleich Ort musikpädagogischer Forschung wird, lässt sich vielleicht langfristig der bisherige Abstand zwischen pädagogischer Praxis und wissenschaftlicher Theorie überwinden.« Schmitt: »Musik«, 2005², S. 613. – Schulten: »Musikpädagogische Forschung und die Praxis des Musikunterrichts. Forschungsergebnisse als Unterrichtshilfen«, 1980, S. 542f.

Rahmens, der zur Verfügung stand, muss ein derartiger Untersuchungsplan jedoch künftigen Studien vorbehalten bleiben.

Der Gedanke, Musik als zentralen Bestandteil von Bildung zu betrachten, um sie als Unterrichtsprinzip in allgemein bildende Grundschulen zu integrieren, ist nicht neu und wurde in der Geschichte der Musikerziehung des Öfteren artikuliert. Besonders zu Zeiten, in denen die Diskussion reformpädagogischen Gedankenguts in der didaktischen Ausrichtung des Unterrichts lebendig war, wurden konzeptionelle Ansätze dieser Art nicht als abwegig bezeichnet. Dass es letzten Endes diesbezüglich nie zu einem Durchbruch kam, der der Musik zu einer herausragenden Position im deutschen Bildungssystem verhalf, mag mitunter an der Tatsache liegen, dass es vor allem – heute wie damals – einzelne Persönlichkeiten aus Forschung und Lehre waren, die die richtungweisenden Ideen musikalischer Förderung transportierten. Diese Impulse wiederum wurden von den Vertretern der Bildungspolitik dankbar aufgegriffen, jedoch nicht in allen Fällen in die Praxis umgesetzt.

Aus dem historischen Überblick dieser Arbeit geht die tragende Bedeutung der beiden Protagonisten bayerischer Musikerziehung, Carl Orff und Hermann Handerer, hervor, die in einem zuvor noch nicht gekannten Maße auf die Möglichkeiten aufmerksam machten, die eine Schlüsselstellung des Faches Musik im Fächerkanon der Grundschule eröffnet. Ihrer Initiative aus den 1960er Jahren ist es zu verdanken, dass Musik in das Bewusstsein der Bildungspolitik rückte. Denn in Bayern wurde als erstem Bundesland noch vor der Initiative einiger benachbarter deutschsprachiger Länder ein Modellversuch zum erweiterten Musikunterricht flächendeckend eingerichtet, der in der Unterrichtspraxis der folgenden Jahre eine fruchtbare musikalische Aufbauarbeit nach sich zog. Wenn auch die EMU-Konzeption durch die um sich greifenden Sparmaßnahmen heutiger Tage mehr und mehr ins Wanken gerät, so verdeutlicht das Überdauern dieses Entwurfes erfolgreicher Musikerziehung doch die Qualität des Ansatzes und die für viele Folgemodelle beispielgebende inhaltliche Ausrichtung. In diesem Zusammenhang ist auch der Schweizer Pädagoge Ernst Weber zu nennen. Seine »waghalsige Idee« aus dem Schuljahr 1972/73, den Musikunterricht seiner Klassen um wöchentlich drei Singstunden zu erhöhen und gleichzeitig den Hauptfachunterricht (Deutsch, Französisch, Rechnen) um je eine Wochenstunde zu reduzieren, war ein Novum und barg bildungspolitischen Zündstoff.[9] Webers Einsatz für eine musikalische Grundbildung ist an dieser Stelle ebenso zu würdigen wie das Engagement Hans Günther Bastians, dem es gerade aufgrund kontrovers geführter Diskussionen mit seiner »Berlin-Studie« gelang, die Öffentlichkeit für musikerzieherische Belange zu sensibilisieren. Leitbilder dieser Art, sei es in Vergangenheit oder Gegenwart, waren und sind der Garant zur Forderung und Förderung musikalischer Bildung, die Schülerinnen und Schüler ernst nimmt, ihre individuellen Anlagen bewusst macht und diese im Hinblick auf eine persönliche Ausgeglichenheit fördert.[10] Trotz aller Euphorie, in die der Musiker angesichts positiver Wirkungen von Musik verfallen mag, ist jedoch in der gegenwärtigen Bildungssituation Realitätssinn angeraten. Musik als Unterrichtsfach in der Grundschule ist nun einmal Nebenfach und kann nicht, auch wenn es wünschenswert wäre, von heute auf morgen zu einer zentralen Position gelangen. Gerade in diesem Sinne sind die empirischen Untersuchungen insgesamt auch als »Werbung« für einen Forschungsansatz zu verstehen, durch den es möglich ist, den Stellenwert der Musik für unterschiedliche Schülergruppen genauer zu ermitteln.

In der vorliegenden Studie wird unterstellt, dass die Perspektive von Schülerinnen und Schülern einen Blickwinkel auf den Musikunterricht an Grundschulen eröffnet, aus dem wertvolle Anregungen für die musikpädagogische Praxis abgeleitet werden können. Forschung ist frei, und es muss daher gestattet sein, alle verfügbaren Ressourcen, Frage- und Hilfestellungen zu mobilisieren, wenn sie dazu beitragen, die Konzeption und die Erfordernisse von Musikunterricht weiterzuentwickeln, um sie auf die zu unterrichtenden Mädchen und Jungen in idealer Weise abzustimmen. Aus dieser Zielvorstellung sind die folgenden Empfehlungen entstanden, die als Wunsch an eine Schulpraxis zu verstehen sind, in der sich die Kinder in ihren elementaren Bedürfnissen ernst genommen fühlen und von ihrem Musikunterricht in hohem Maße profitieren.

9 Vgl. dazu auch Spychiger: »Hören und Zuhören im erweiterten Musikunterricht«, 2000, S. 150.

10 »Kinder und Jugendliche [sind in diesem Kontext] als handelnde Subjekte, als Produzenten ihrer eigenen Lebensverhältnisse [zu] verstehen und ernst [zu] nehmen.« Bastian: »Empirische Forschung in der Musikpädagogik«, 1999, S. 611.

Wer Spitzen fördern will, muss an der Wurzel beginnen![11]

Der Schlüssel zur musikalischen Förderung und Erziehung ist und bleibt die Regelschule. Da die Heranwachsenden in den Grundschulen, der Eintrittsstufe in das Regelschulsystem, ohne Trennung nach sozialer Schichtzugehörigkeit, spezifischer Interessen oder Leistungsunterschiede vereinigt sind, kann nur in dieser Institution musikalische Bildung *alle* Kinder erreichen und damit den im BayEUG verankerten Bildungsauftrag umsetzen.[12] Musik ist dabei als Disziplin zu verstehen, der ein kultureller Eigenwert zukommt und die einen Teil der Allgemeinbildung ausmacht. Im Musikunterricht sollten daher kontinuierlich und strukturiert elementare Kenntnisse und Fähigkeiten vermittelt werden, um Freude an der Musik entstehen zu lassen und wertvolle musikalische Traditionen zu bewahren. Ein Wahlfachstatus oder eine zu sparsame Auslegung des Unterrichtsbedarfs im Fach Musik erweist sich kontraproduktiv. Musikalische Bildung darf nicht nur einem elitären Kreis, sondern sollte jedem Kind in Kindergarten und Grundschule erschlossen werden, unabhängig von seiner Herkunft. Gleichzeitig wird die Beschäftigung mit Musik helfen, die individuelle Kreativität anzuregen und die geistige Flexibilität anzubahnen. Um einem derartigen Anspruch nachkommen zu können, ist die adäquate Ausstattung der Grundschulen mit passenden Musikräumen und Instrumenten eine wichtige Voraussetzung. Solange viele Schulleitungen nicht bereit sind, die Basis für eine erfolgreiche Musikerziehung zu legen, wird es nicht gelingen, das Fach dauerhaft und erfolgreich an einer Schule zu etablieren. Die immensen Summen, die in vergangenen Jahren zur schulischen Nutzung von Computern investiert wurden, stehen in keinem Verhältnis zu der mangelhaften Einrichtung vieler Grundschulen mit Musikinstrumenten, deren fehlender Wartung sowie einer erforderlichen medialen Grundausstattung, mit der im Musikunterricht konstruktiv gearbeitet werden könnte. Die Grundschüler artikulieren den existenziellen Bedarf an musikalischer Bildung in der vorliegenden Studie deutlich und selbstbewusst, denn *eine Schule ohne Musik ist* [für sie] *keine richtige Schule* (MB 60).

---

11 Vgl. dazu den gleichlautenden Beitrag Karl Heinrich Ehrenforths, in: H. G. Bastian (Hg.), *Schulmusik und Musikschule in der Verantwortung*, Mainz u. a.: Schott 1997, S. 33–40.

12 Vgl. Schmitt: »Musik«, 2005², S. 614.

Gleichermaßen wie der Musikunterricht in der Schule für alle Kinder zugänglich gemacht werden sollte, wäre es zu begrüßen, wenn über die schulischen Anregungen das Interesse der Kinder an Musik in ihrer Freizeit geweckt werden könnte, besonders an dem Erlernen eines Instrumentes. Nach Kindt (1997) trägt der Musikunterricht darin eine wichtige Verantwortung, dass er »Anregungen für eine sinnvolle Freizeitgestaltung« gibt.[13] Wie aus den Befunden zum Singen in der Schule im Verhältnis zum Singen in der Freizeit exemplarisch erkennbar war, liegt im schulischen Musizieren offenbar ein entscheidender Schlüssel, der Zugang zu den Schülern verschafft und auf eine sinnvolle Freizeitgestaltung der Kinder ausstrahlen kann. Zu untersuchen bleibt, ob dieser Effekt auch beim aktiven schulischen Instrumentalspiel oder beim Tanzen eintritt. In jedem Falle belegen die statistisch hoch signifikanten Ergebnisse der musizierenden Kinder gegenüber denjenigen, die kein Instrument spielen, dass sich die Begeisterung für musikalische Aktivität auszahlt und in den verschiedensten persönlichkeitsbildenden Bereichen positive Effekte hervorbringt. Musizierende Grundschüler finden vor allem zu Hause den notwendigen Rückhalt in ihrem familialen Umfeld. Musik bedeutet für sie einen wichtigen emotionalen Ausgleich, den sie in Freizeit und Schule zur Regulation ihrer emotionalen Gestimmtheit nutzen. Dieser Sachverhalt macht sie insgesamt auch in der sozialen Interaktion mit anderen Kindern ausgeglichener. Mit der Annahme der Hypothesen zur »Emotionalen Gestimmtheit«, zum »Familialen Umfeld«, zum »Musikunterricht«, zur »Musiklehrerin bzw. zum Musiklehrer« sowie zur »Sozialen Einstellung«, d. h. dem durchweg positiven Befund musizierender gegenüber nicht-musizierender Kinder, werden die Vorteile des Instrumentalspiels offensichtlich.[14] Für Kinder, die ein Musikinstrument spielen, zeigt sich zudem ein positiver Nebeneffekt, denn – durch diese ausfüllende Beschäftigung bedingt – haben sie in ihrer Freizeit weniger Zeit und Interesse für den Computer und andere elektronische Medien. Diese wichtige Erziehungsmaßnahme kommt vor allem den Jungen im Grundschulalter zugute, die ansonsten einem übermäßigen Medien-

---

13 Georg Kindt: »Umgang mit Musik – Chancen und Risiken«, in: H. G. Bastian (Hg.), *Schulmusik und Musikschule in der Verantwortung*, 1997, S. 86.

14 Die positiven Ergebnisse beziehen sich auf die statistisch hoch signifikanten Werte der Musikergruppe in den Skalen zur »Emotionalen Gestimmtheit«, zum »Familialen Umfeld«, zum »Musikunterricht«, zum »Musiklehrer« und zur »Sozialen Einstellung«. Vgl. dazu die berechneten Effektgrößen in Kap. II. 5.4.

konsum ausgesetzt sind (Tab. 32/33). Insgesamt ist zu verfolgen, dass die nachweislich schädigende Wirkung eines zu hohen Medienkonsums den Musikerkindern dadurch weitgehend erspart bleibt. Wenn auch viele Eltern sich nicht im Stande sehen, ihr Kind für ein Musikinstrument zu begeistern, so sollten sie zumindest vom Spiel eines Instrumentes nicht abraten. Denn diese Freizeitbeschäftigung fördert nicht nur Konzentration, Präzision und Ausdauer im Üben, also Fähigkeiten, die auch für andere Arbeitsprozesse wichtig sind, sondern sie ist gleichzeitig in der Lage, zur Entwicklung einer Identität und eines Selbstkonzepts von Grundschulkindern beizutragen. Auch ihre individuellen Erfahrungsprozesse werden durch diese Tätigkeit gezielt angeregt. Dass die Förderung der persönlichkeitsbildenden Kräfte gleichzeitig Anteil an einer aktiven Medienerziehung hat, ist ein wichtiges Ergebnis der vorliegenden Untersuchung.

Musik als Beitrag zur Schaffung eines angenehmen Lernklimas in der Grundschule

Musikunterricht sollte gerade in der Grundschule dazu beitragen, »Atmosphäre« zu schaffen. In einem Fach, das sehr stark von emotionalen Eindrücken und Äußerungen lebt, sollte jedes Kind Gelegenheit haben, sich im Singen, Spiel auf Instrumenten, in Bewegung und Tanz aktiv einzubringen, denn dies wünschen sich die meisten Kinder. Ihre Freude in der Auseinandersetzung mit Musik wird sich auch in den Einstellungen zur Schule niederschlagen, denn viele haben im Alter von zehn Jahren noch einen schulischen Gesamteindruck und fangen erst langsam an, die Stimmungen zu differenzieren, die einzelne Fächer bei ihnen hinterlassen. Dies ist mitunter auch darauf zurückzuführen, dass der Musikunterricht in den meisten Fällen den Klassenleiterinnen und Klassenleitern, die ohnehin den Großteil der Unterrichtsstunden erteilen, vorbehalten bleibt. Für ein positives Lernklima ist es unabdingbar, den Schülern mit dem Fach Musik zu einem Erfahrungsraum zu verhelfen, den sie als wichtigen Gegenpol zu den kognitiv orientierten Lerninhalten nutzen können, um eine emotionale Balance herzustellen. Wie die Annahme der ersten Hypothese zeigte, nutzen musizierende Kinder die Musik auch in der Schule zur Regulation ihrer emotionalen Gestimmtheit. In diesen Fällen trägt sie tatsächlich zu einem »Wohlfühlen« der Schülerinnen und Schüler in der Klasse bei. In einem angenehmen Klima werden sich die Lernerfolge in Musik und in anderen Fächern leichter einstellen und langfristige Ergebnisse erzeugen.[15] Diese Auffassung ist keineswegs neu und bestätigt die Befunde von M. L. Schulten, die diese vor Jahren in ähnlicher Weise bereits für das Gymnasium formulierte.[16] Pädagoginnen und Pädagogen sollten daher den Musikunterricht ernst nehmen, sollten die dafür vorgesehenen Unterrichtsstunden nicht für andere Zwecke einsetzen und sich insgesamt um Inhalte bemühen, die die Schüler interessieren und ihnen Freude bereiten. Anregungen dafür könnten die Schüler/-innen auch selbst geben, wenn man sie danach fragt. Auf diese Weise wird schnell deutlich werden, dass die Kinder heutiger Tage in anderen Klang- und Lebenswelten aufwachsen als in früheren Jahren. In der Schule sollten sie daher eine reichhaltigere Klangkultur kennenlernen, die, wenn sie als Primärerfahrung in der aktiven Auseinandersetzung mit Musik vermittelt wird, zu einem persönlichen Erlebnis werden kann. Dazu gehört auch das Anregen von Kreativität, Phantasie und Experimentierfreude, wie es in einfacher Form im Umgang mit Aufnahmegeräten (Mikrofon, MP3-Player, technischen Bearbeitungsprogrammen wie »Music maker« in Schulversion u. a.), beispielsweise bei der Verfremdung von Stimmen, geschehen kann. Es ist sicherlich richtig, dass Schule nicht Reparaturwerkstatt der ganzen Gesellschaft sein kann (Fölling-Albers, 1990), jedoch ermöglicht sie den Grundschülerinnen und -schülern neben den fachinternen Arbeitstechniken wichtige emotionale, soziale und ästhetische Erfahrungsmöglichkeiten, zu denen viele Kinder außerhalb des schulischen Rahmens nur bedingt Zugang haben.

Plädoyer für eine konzeptuelle Erweiterung des Musikunterrichts

Der historische Rückblick auf eine über vierzigjährige Tradition erweiterter Musikerziehung in Bayern trägt zu der Erkenntnis bei, dass die Begründungen zur Ausweitung des Faches Musik in der Grundschule originär in der Disziplin selbst liegen und primär nicht in Hinweisen auf kognitive Transfereffekte.[17] Dass in der vorliegenden quantitativ-

[15] Barkholz & Homfeldt: »Eine Schule zum Wohlfühlen. Viertklässler/innen artikulieren ihre Vorstellungen«, S. 73.

[16] »Der Wunsch nach Eigenaktivität, nach einem angenehmen Lernklima und die Zurückweisung eines strengen lehrerzentrierten Unterrichts lassen deutlich werden, daß Gymnasiasten sehr klare Vorstellungen von ihrem Musikunterricht haben, in dem es anders zugehen soll als in andern Fächern.« Schulten: »Welche Unterrichtsmethoden wünschen sich Schüler«, 1981, S. 342.

[17] Vgl. dazu exemplarisch Wilfried Gruhn: »Die Schwierigkeit mit den Transfer-Effekten der Musik«, 2005, S. 221–233.

analytischen Erhebung der Nachweis von Tendenzen zu einer Verbesserung der kognitiven Leistungsfähigkeit bei Musikern und EMU-Kindern mit signifikantem Ergebnis geführt werden konnte, ist jedoch als Nebeneffekt der Studie zu werten, der durchaus die Erkenntnisse Schellenbergs (2004) und anderer internationaler Forscher stützt.[18] In noch weit stärkerem Maße machte sich die Einbindung der Schüler in musikalische Lernprozesse, wie es im erweiterten Musikunterricht geschieht, bei der Auswertung der Skalen zum »Familialen Umfeld«, zum »Musikunterricht«, zum »Musiklehrer« sowie zur »Sozialen Einstellung« bemerkbar. Alle Skalen wiesen statistisch hoch signifikante Ergebnisse der EMU-Kinder im Vergleich zu nicht-musizierenden Schülerinnen und Schülern auf. Die Lernenden profitierten nicht nur von dem EMU-Unterricht, der ihnen zuteil wurde, sondern auch von der Ausstrahlung und fachlichen Kompetenz ihrer Musiklehrerinnen und Musiklehrer. Darüber hinaus wiesen sie durch das tägliche Musizieren ein erheblich höheres Maß an sozialer Kompetenz auf, das sich in Offenheit, Toleranz und Empathie gegenüber anderen Kindern äußerte. Ein schulisches Wahlpflichtangebot im Spiel auf einem obligatorischen Musikinstrument, wie es bereits an vielen Schulen europaweit praktiziert wird (z. B. Polen, Ungarn), wäre auch für deutsche Grundschulen keinesfalls abwegig. Wenn es im Rahmen des erweiterten Musikunterrichts gelänge, allen Schülern nicht nur musikalische Fähig- und Fertigkeiten, sondern gleichzeitig – im Sinne einer Erziehung durch Musik – soziale Handlungskompetenzen zu erschließen, so dürfte das Fach mehr als andere Disziplinen in der Lage sein, nicht nur prüfbares Fachwissen, Begeisterung und Spaß, sondern ebenfalls Werte, Normen und Haltungen zu vermitteln. Damit leistet es seinen Beitrag zu einer – heute mehr denn je – wichtigen schulischen Werteerziehung.[19] Die verminderte Zuweisung von EMU-Stunden, die aufgrund notwendiger Sparmaßnahmen seitens der Schulbehörde eingeleitet wurde, sowie die dadurch in Kauf genommene Be-

---

[18] »Although many public schools across America are cutting their music programs, a number of studies suggest that music classes can benefit children not only culturally, but intellectually as well.« Vgl. Schellenberg: »Music lessons enhance IQ«, 2004, pp. 511–514.

[19] Eine Moralerziehung durch gerechte Gemeinschaft und Demokratisierung in der Schule zu praktizieren, ist eine große Chance, die in Anbetracht der Bildungsverantwortung, die auf der Schule lastet, nicht vertan werden sollte. Vgl. Fritz Oser & Wolfgang Althoff: *Moralische Selbstbestimmung. Modelle der Entwicklung und Erziehung im Wertebereich*, Stuttgart: Klett-Cotta 1992, S. 337–458. – Mauermann: »Moralentwicklung und Werteerziehung«, 2005^2, S. 271–275.

schneidung vieler traditionsreicher EMU-Schulen in ihrem Unterrichtsprofil lassen sich mit den vorliegenden Forschungsergebnissen in keiner Weise vereinbaren, da sie den natürlichen Bedürfnissen der Grundschulkinder und der Verantwortung gegenüber dieser Zielgruppe diametral entgegenstehen. Die konzeptuelle Erweiterung des Musikunterrichts, die als Unterrichtsprinzip realisiert wird, stellt vielmehr eine echte Alternative dar zur bildungspolitisch motivierten Ausweitung anderer Lernbereiche, von der man in Reaktion auf die PISA-Erhebungen annimmt, dass die erhöhte Beschäftigung mit einem Fach gleichzeitig eine Verbesserung der Leistungen nach sich zöge. Konzentration und Motivation nehmen jedoch ab mit steigender Arbeitsbelastung, das werden viele Pädagoginnen und Pädagogen aus ihrer täglichen Unterrichtspraxis bestätigen. Gleichwohl könnte an einer aktiven, interessenbedingten Aufmerksamkeit und der sich daraus ergebenden Konzentrationsfähigkeit durch eine Akzentuierung musikalischer Elemente weit effektiver gearbeitet werden, da diese Qualitäten in der handlungsorientierten Auseinandersetzung mit Musik permanent zur Anwendung gelangen und spielerisch gefördert werden.

Schule neu denken – mit Musik

An die Grundschulen heutiger und zukünftiger Tage stellen sich neue Anforderungen angesichts veränderter Einflüsse und Lebensgewohnheiten der Schülerinnen und Schüler.[20] Allerdings ergeben sich hieraus auch neue Chancen. Durch eine erweiterte Betreuung, die auch den Nachmittag mit einem schulischen Wahlpflichtangebot einbezieht, ergeben sich zahlreiche Möglichkeiten für die Grundschulen, in Kooperation mit benachbarten Bildungseinrichtungen zu treten. Auf diesem Wege könnte – und dies ist bereits an einigen Orten geschehen – auch das Fach Musik mit zusätzlichen Angeboten als fester Bestandteil in eine Ganztagsbetreuung der Kinder eingehen. Ein Kooperationsvertrag, wie er erfreulicherweise im April 2005 zwischen dem Bayerischen Staatsministerium, dem Verband Bayerischer Sing- und Musikschulen e. V. und dem Bayerischen Blasmusikverband zustande kam[21], ist als erster Anfang zu werten, den Schülern auch nach der Regel-Unterrichtszeit ein gewinnbringendes Alternativprogramm in

[20] Kindheit – psychologisch betrachtet – ist ein sich ständig wandelndes Konstrukt. Die Entwicklung, dass »Kindheit […] immer offener, fließender [wird] und an Konturen« [verliert], erkannte Fölling-Albers bereits vor mehr als fünfzehn Jahren. Vgl. Fölling-Albers: *Veränderte Kindheit*, 1989, S. 49.

[21] Vgl. *nmz* 4/2005, S. 31.

Musik zu bieten. Dieses Programm sollte jedoch nicht nur aus zusätzlichen Unterrichtsstunden bestehen, um die Kinder zu beaufsichtigen. Vielmehr ist hier eine echte Integration anzustreben, eine wechselseitige Beziehung der Vormittags-Unterrichtsstunden mit dem Nachmittagsprogramm. Lehrerinnen und Lehrer sollten sich dafür interessieren, was sich die Schüler/-innen am Nachmittag erarbeiten, und mit ihrem erzieherischen Wirken wenigstens teilweise auch in den Verlauf des Nachmittags einbezogen sein. Die Kinder werden auf diese Weise schnell merken, dass aktives Musizieren eine Identifikation mit der Schule und ihrem direkten Umfeld schafft. Schule von heute soll die »Lust auf Leben wecken«.[22] Ein vielfältiges Angebot in Sport, Musik, Kunst und Kultur könnte den Kindern zahlreiche Anregungen verschaffen, nicht zuletzt mit dem Ziel, eine »konstruktive Antwort auf die Medienverwahrlosung«[23] zu geben, der viele Kinder in ihrer Freizeit ausgesetzt sind. Selbst der »erweiterte Musikunterricht« hätte im Ganztagesangebot der Grundschulen seinen Platz als gezielte Fördermöglichkeit. Modelle wie der angesprochene Kooperationsvertrag weisen dazu in jedem Falle den richtigen Weg.

Musik als Unterrichtsprinzip in den Tagesablauf zu integrieren, impliziert zugleich, ein neues Verständnis von Lehren und Lernen anzubahnen. Im Sinne Hartmut von Hentigs, »die Schule neu [zu] denken«[24], eröffnen sich in der Rhythmisierung des Unterrichts und des gesamten Tagesablaufs durch das Einbinden musikalischer Elemente neue Möglichkeiten, die Lernprozesse natürlich zu strukturieren und in ihrer Effektivität zu optimieren. Dazu empfiehlt sich auf Dauer auch ein Aufweichen der 45-Minuten-Strukturierung des Unterrichtstages, denn das Lernen vollzieht sich nicht in diesen »Einheiten« und ist – entwicklungspsychologisch gesehen – individuell verschieden. Eine Verteilung des zu erarbeitenden Unterrichtsstoffes könnte im Rahmen der Ganztagesbetreuung auch über den Tag erfolgen. Allein das Gefühl, ausreichend Zeit zur Verfügung zu haben, lässt im Unterricht eine größere Ruhe einkehren und bringt eine größere Flexibilität im Umgang mit den Bestimmungen des amtlichen Lehr-

---

22 Mößle et al.: »Mediennutzung, Schulerfolg, Jugendgewalt und die Krise der Jungen«, 2006, S. 19.

23 Ebd.

24 Hartmut von Hentig: *Die Schule neu denken. Eine Übung in pädagogischer Vernunft*, Weinheim u. a.: Beltz 2003.

plans.[25] Der Anspruch, der für den Unterrichtstag im Kleinen gilt, ist auf die gesamte Zeit, die die Kinder in der Grundschule verbringen, auszuweiten. Das Bundesland Berlin macht mit der Regelung, die Grundschulzeit auf sechs, statt auf vier Jahre auszulegen, sehr gute Erfahrungen. Im Sinne einer individuellen Förderung der Heranwachsenden kommt es den Kindern entgegen, in dieser Zeit unterschiedliche Anregungen kennenzulernen und austesten zu können, um das zu finden, was sie in ihrer Entwicklung motiviert und ihnen Erfolgserlebnisse verleiht. Von einem zu frühen Übertritt von einer Grundschule an weiterführende Schulen ist daher dringend abzuraten.

Lehrerausbildung

Die Forderung Hermann Handerers, des tatkräftigen und einflussreichen Förderers bayerischer Musikerziehung in den 1960er und 1970er Jahren, die Musik-Ausbildung zumindest im Primarbereich auf alle Lehrkräfte auszuweiten, konnte bis auf den heutigen Tag nicht verwirklicht werden. Wünschenswert wäre gerade für die Grundschule die Ausbildung einer ausreichenden Zahl von Musiklehrerinnen und Musiklehrern, um das Fach Musik ebenso flächendeckend unterrichten zu können wie die »Hauptfächer«. In ihrer musikalischen Ausbildung sollte jede Lehrkraft zumindest elementare Kenntnisse im Spiel auf einem Musikinstrument nachweisen, denn das, was von den Heranwachsenden idealiter in der Schule verlangt wird, sollte auch von Lehrer/-innen im Rahmen ihres Studiums in der für die Grundschule angemessenen Weise erbracht werden. Von der Lehrerausbildung in der Schweiz ist beispielsweise bekannt, dass alle Lehrerinnen und Lehrer im Elementarbereich auch auf einem Musikinstrument ausgebildet sind.[26] Für die Unterrichtspraxis wäre ein Harmonieinstrument von Vorteil, damit die Lieder, die in der Klasse gesungen werden, auch begleitet werden können. Dabei ist die instrumentale Ausbildung der Lehrkräfte keineswegs mit einem hohen künstlerischen Anspruch zu belegen, sondern der Schwerpunkt im Studium sollte auf didaktisch-methodischen Zugangsweisen zu den Kindern liegen. Die Aufnahmeprüfungen an Hochschulen und Universitäten, die für viele geeignete Studienbewerber/-innen für das Lehramt an Grundschulen noch sehr

---

25 Vgl. Bärbel Becker: »Zeit nehmen – Mut haben – Phantasie bilden. Begabtenfindung und -förderung in der Grundschule«, in: H. G. Bastian (Hg.), *Schulmusik und Musikschule in der Verantwortung*, 1997, S. 91–95.

26 Vgl. Spychiger: »Hören und Zuhören im erweiterten Musikunterricht«, S. 150.

hohe fachpraktische Anforderungen beinhalten und unüberwindbare Hürden darstellen, sollten dementsprechend stärker auf die Erfordernisse der *pädagogischen* Praxis ausgerichtet sein. Mit einer derartigen Ausrichtung des Lehramtsstudiums wird es gelingen, die Ausbildung stärker am Anforderungsprofil der Musikpädagogen auszurichten, einen flächendeckenden Einsatz von Musik-Lehrkräften vorzubereiten und damit die Musiklehrerausbildung in allen drei Phasen der Lehrerbildung an Hochschulen und Universitäten effektiver zu gestalten.

Unterrichtsforschung als wichtiger Beitrag zur pädagogischen Praxis

Durch empirische (Unterrichts-)Forschung können detailreiche Informationen zur Lebenswelt der Grundschülerinnen und -schüler sowie grundlegende Erkenntnisse zur Realität von (Musik-)Unterricht ermittelt werden. Ein großer Vorteil dieses Zugangs ist, dass die Kinder in ihrer Individualität angesprochen werden und die Erhebungsinstrumente in jeder Altersgruppe gezielt Anwendung finden. Anders ausgedrückt: Die Beschäftigung mit empirischer Forschung trägt zu einem erhöhten Wissen und einer Umgangskompetenz mit Schülerinnen und Schülern bei als »eine den Musikunterricht bestimmende Variable« (Abel-Struth). Zur Ermittlung von Schülerperspektiven und Grundeinstellungen, die im Unterricht zu Tage treten, kann dieser Forschungsansatz einen wichtigen Beitrag leisten. Er ist in der Lage, Erkenntnisse über die Realität anzubieten, die letztlich der Qualität von Musikunterricht zugute kommen. Bei den untersuchten Kindern der vierten Jahrgangsstufe wurde an einigen Stellen deutlich, in welchen komplexen Denkprozessen die hermeneutisch-verstehende Umgangsweise mit Musik, die zum Selbst- und Weltverständnis beiträgt, angebahnt wird. Wünschenswert wäre, dass empirische Unterrichtsforschung sich an den Hochschulen und Universitäten zu einem eigenständigen Studienzweig entwickelt, in dem die Vorteile dieses Forschungsansatzes für eine effektive Unterrichtsarbeit ausgiebig herausgearbeitet werden können und der gleichzeitig garantiert, dass eine praxisorientierte Forschung dieser Art auch tatsächlich die Lehrer in der Praxis erreicht. Die Einbeziehung einer repräsentativen Probandenzahl kann bei aller Subjektorientierung des Forschungsansatzes dazu beitragen, vom Einzelfall auf eine höhere Anzahl von Schülerinnen und Schülern zu schließen. Unterrichtsforschung tritt auf diese Weise in wechselseitige Beziehung mit der Unterrichtspraxis und rechtfertigt sich über die Vielzahl der zu Tage tretenden Ergebnisse. Das Selbstverständnis und die Legitimation des Faches Musikpädagogik ist über empirische Forschung zu erreichen, wodurch sich neue Möglichkeiten erschließen, zusammen mit Forschungsansätzen aus der Erziehungswissenschaft sowie der Pädagogischen Psychologie Allianzen zu bilden.

Nutzung finanzieller Ressourcen

Nach der Prognose des Bayerischen Staatsministeriums für Unterricht und Kultus sind bis zum Jahre 2015 und darüber hinaus stetig sinkende Schülerzahlen im Volksschulbereich zu erwarten.[27] Diese Voraussage trifft auch auf andere Bundesländer zu. Die Veränderung bedingt, dass in den kommenden Jahren voraussichtlich weniger Kosten im Schulsystem anfallen und daher die Investitionen, die die Bundesländer für Bildung zu tätigen haben, geringer ausfallen. Wie aus der Studie »Demographie als Chance« der Prognos AG hervorgeht, die von der Robert-Bosch-Stiftung in Auftrag gegeben wurde und in Zusammenarbeit mit der »Welt am Sonntag« entstand, werden im deutschen Bildungssystem mittelfristig bis zum Jahr 2020 Gelder in Milliardenhöhe frei.[28] Trotz der allgemein angespannten finanziellen Ausgangslage, deren wirtschaftliche Folgen im Moment nicht überblickt werden können, wäre es mehr als sinnvoll, zumindest einen großen Teil der frei werdenden finanziellen Ressourcen gezielt für Bildungszwecke einzusetzen. Die Investition in die Aus-, Fort- und Weiterbildung von Pädagoginnen und Pädagogen ist dringend geboten, beispielsweise auch, um eine stärkere Einbeziehung von musikalisch-ästhetischen Fächern in die Unterrichtspraxis anzustreben. Dafür allerdings ist eine strukturelle Planung vonnöten. Die ungünstigste Maßnahme für die Bildung wäre, den begonnenen Sparkurs fortzusetzen und die aus dem Bildungssektor frei werdenden Summen, die »demographische Rendite«, für andere Bereiche zu missbrauchen. Ersten Tendenzen zufolge gingen bereits im Jahr 2005 in Deutschland die Aufwendungen für Bildungsbelange zurück.[29] Der Prognosdirek-

---

[27] Vgl. Hahn: »Klassenbildung«, 2005, S. 164.

[28] Joachim Peter: »Schülerschwund bringt Milliardeneinsparungen. Durch den Geburtenrückgang müssen Bundesländer weniger für Bildung ausgeben«, in: http://www.welt.de/print-wams/article144796/Schuelerschwund_bringt_Milliardeneinsparungen.html [recherchiert am 05.04.07, 31.05.09].

[29] Vgl. dazu folgende Meldung: »Weniger Geld für Bildung« [dpa, 05.04.07]. – Zwar ist der hier für das Jahr 2005 referierte Rückgang der Ausgaben, die für Bildung getätigten wurden, nur geringfügig, jedoch gilt es, diese Tendenz zur Einsparung in den zukünftigen Jahren zu vermeiden.

tor Michael Schlesinger wird in seiner Warnung vor Zweckentfremdung demographischer Renditen sehr deutlich, wenn er behauptet, dass die Bundesländer »ihre eigene Zukunft« gefährden, für den Fall, dass sie »Mittel aus dem Bildungssystem abziehen.«[30] Sein Vorschlag klingt daher sehr plausibel, mit dem eingesparten Geld den Teil einer umfassenden Bildungsreform zu finanzieren und es damit wieder den Schulen, Hochschulen und Universitäten zu Bildungszwecken zuzuführen. Finanzielle Mittel stehen demnach ausreichend zur Verfügung, um neue schulpolitische Perspektiven zu eröffnen. Es wäre wünschenswert, den Bildungspolitikern vor Augen zu führen, dass gerade Investitionen, die für musikalisch-ästhetische Bildung eingesetzt werden, Investitionen in die Zukunft sind, von denen die Schulen, Lehrerinnen und Lehrer und nicht zuletzt die Schülerinnen und Schüler profitieren. Dass eine Finanzierung von Bildungspolitik, wie sie auf diese Weise möglich ist, keine echte Beschaffung pekuniärer Mittel aus anderen Quellen erfordert, sondern allein durch Rückführung der Gelder geschehen könnte, ist – eingedenk angespannter finanzieller Verhältnisse – sicher ein glücklicher Umstand, der geprüft und gewissenhaft in die Praxis umgesetzt werden sollte. Um den Einsatz dieser Mittel zu legitimieren, bedarf es wiederum empirischer Forschung, die einen wichtigen Beitrag zur Bildungspolitik leisten kann.

Dieser Tatsache fühlt sich auch die vorliegende Studie verpflichtet und bietet zuversichtlich einen Einblick in den Erfahrungshorizont und die Einstellungen der Grundschulkinder. Sie liefert Erkenntnisse zum Sprachverhalten und der altersgemäßen Entwicklung vor allem bzgl. musikalischer Verhaltensweisen. Obwohl die »Ergebnisse empirischer Forschung [...] niemals endgültig«[31] sind, wird sie helfen, gemeinsam mit anderen Untersuchungen ähnlicher Fragestellungen, das Gesamtbild der Schülerperspektive zu konstituieren. Anspruch der Studie war, Forschung aus der Praxis für die Praxis zu leisten im Sinne einer Betroffenenwissenschaft, die alle beteiligten Lehrerinnen und Lehrer, Studierenden sowie Schülerinnen und Schüler mit hoher Motivation ein Stück weit qualifizieren kann. Ein wichtiges Ziel wäre erreicht, wenn es gelänge, Folgeuntersuchungen zu motivieren. Für alle geneigten (Musik-)Pädagoginnen und Pädagogen wird sich der vorgestellte Entwurf empirischer Forschung nicht als eine vom Unterrichtsalltag abgehobene Wissenschaft präsentieren, sondern er wird vielmehr

---

30 M. Schlesinger, zit. nach Joachim Peter: »Schülerschwund bringt Milliardeneinsparungen«, 2007.

31 Bastian: »Empirische Forschung in der Musikpädagogik«, 1999, S. 636.

dazu beitragen, neue Hintergründe und Bedingungen für die pädagogische Praxis zu erschließen, die – da es sich um komplexe gesellschaftliche Fragestellungen handelt – in jeweils modifizierter Weise auf alle Schulformen übertragbar sind.

Literatur- und Quellenverzeichnis

I. Literatur

Abel-Struth, Sigrid: *Grundriss der Musikpädagogik*, Mainz u. a.: Schott 2005².

Abel-Struth, Sigrid: »Allgemeine und musikpädagogische Unterrichtsforschung. Gegenstand – Methoden – Probleme«, in: Arbeitskreis Musikpädagogische Forschung e. V. (Hg.), *Musikpädagogische Forschung. Kind und Musik*, Bd. 5, Laaber: Laaber-Verlag 1984, S. 360–374.

Abel-Struth, Sigrid: »Methodik der Musikpädagogik. Versuch zur methodologischen Situation musikpädagogischer Forschung«, in: H. G. Bastian & D. Klöckner (Hg.), *Musikpädagogik. Historische, systematische und didaktische Perspektiven*, Düsseldorf: Schwann 1982, S. 39–56.

Adamek, Karl & Blank, Thomas: *Singen in der Kindheit. Zu Theorie, Empirie und Praxis gesunder Entwicklung*, Münster: Waxmann 2010, in Vorbereitung.

Adamek, Karl: *Singen als Lebenshilfe. Zu Empirie und Theorie von Alltagsbewältigung*, Münster/New York: Waxmann 2003³.

Altenmüller, Eckart: »Musikerziehung als ›Brainjogging‹. Zu den Auswirkungen musikalischer Aktivität auf neuronale Netzwerke«, in: Huber & Kahlert (Hg.), *Hören lernen*, 2003, S. 16–35.

Althoff, Wolfgang (1992) s. Oser, Fritz.

Ametsbichler, Josef (2003) s. Maras, Rainer.

Ammergauer Spiel-Gemeinschaft, Oberammergau (Hg.): *Das Rosner Spiel. Eine Dokumentation über Oberammergaus barocke Passion in der Probe* 1977, Oberammergau: [Eigenverlag] 1987.

Antholz, Heinz: »›Schülermusik‹ – ›Lehrermusik‹. Variationen über das Thema interpersonaler Beziehungsdifferenzen im Musikunterricht der allgemein bildenden Schulen«, in: G. Kreutz & J. Bähr (Hg.), *Anstöße – Musikalische Bildung fordern und fördern*, 2004, S. 25–40.

Antholz, Heinz: »›Der Schüler – der findet gar nicht statt‹. Zum Oldenburger Projekt ›Mehr Schülerorientierung‹«, in: Fred Ritzel & Wolfgang Martin Stroh (Hg.), *Musikpädagogische Konzeptionen und Schulalltag*, 1984, S. 124–133.

Apel, Hans Jürgen: *Lehrplan- und Curriculumentwicklung in Bayern* (1950–1991), München: PimS-Verlag 1991.

Arbeitskreis Musikpädagogische Forschung e. V. (1981) s. Behne, Klaus-Ernst.

Arbeitskreis Musikpädagogische Forschung e. V. (Hg.): *Musikpädagogische Forschung. Einzeluntersuchungen,* Bd. 1, Laaber: Laaber-Verlag 1980.

Archiv der ungarischen Volksmusik: *A Magyar Népzene Tára*, Budapest: Akadémiai Kiado 1951.

Ariès, Philippe: *Geschichte der Kindheit.* Mit einem Vorwort von Hartmut von Hentig, München/Wien: Hanser 1976.

Arndt, Jens: »Der Musiklehrer und sein Unterricht im Urteil des Schülers«, in: U. Günther & S. Helms (Hg.), *Schülerbild – Lehrerbild – Musiklehrerausbildung*, Essen: Die Blaue Eule 1992, S. 138ff.

Aster, Reiner: *Schule und Kultur. Zur Rekonstruktion schulischer Wirklichkeit aus dem Blickwinkel von Schülern und Lehrern. Monographie einer Hauptschule als Beitrag zur ethnographischen Schulforschung*, Europäische Hochschulschriften, Reihe 11, Bd. 434, Frankfurt/M.: Peter Lang 1990.

Auer, Margot & Hartwig, Horst W.: *Lehrplankommentar für die bayerische Grundschule. Didaktische Grundlagen und praktische Umsetzung*, Bd. 1, Donauwörth u. a.: Auer 2001.

Baacke, Dieter: *Die 6- bis 12-jährigen. Einführung in die Probleme des Kindesalters*, Weinheim u. a.: Beltz 1995[6].

Bähr, Johannes (2004) s. Kreutz, Gunter.

Bähr, Johannes: *Zur Entwicklung musikalischer Fähigkeiten von Zehn- bis Zwölfjährigen. Evaluation eines Modellversuchs zur Kooperation von Schule und Musikschule*, Göttingen: Cuvillier-Verlag 2001.

Bamberger, Jeanne: *The mind behind the musical ear. How children develop musical intelligence,* Harvard: University Press 1995.

Barkholz, Ulrich & Homfeldt, Hans Günther: »Eine Schule zum Wohlfühlen. Viertklässler/innen artikulieren ihre Vorstellungen«, in: *Pädagogik und Schulalltag* 49/1994, S. 73–86.

Barkóczi, Ilona & Pléh, Csaba: *Psychologische Untersuchungen zur Effektivität der Musikerziehung nach der Kodály-Methode* [masch. Manuskript o. J., NHH].

Barth, Dorothee: *Ethnie, Bildung oder Bedeutung? Zum Kulturbegriff in der interkulturell orientierten Musikpädagogik*, Forum Musikpädagogik, Bd. 78, Augsburg: Wißner 2008.

Bäßler, Hans: »Töne, Klänge, Farben. Vom Umgehen mit und Leben in der Musik als Horizont der Allgemeinbildung«, in: Hans Werner Heymann (Hg.), *Allgemeinbildung und Fachunterricht*, Hamburg: Bergmann und Helbig 1997, S. 55–66.

Bastian, Hans Günther: »Brauchen wir Forschung im kulturpolitischen Alltag?«, in: *Diskussion Musikpädagogik* 27/2005, S. 48–51.

Bastian, Hans Günther: »›Ohne Musik ist die Schule ein Irrtum‹. Nachdenken über Humanisierungspotenziale von (Musik)erziehung«, in: H. G. Bastian & G. Kreutz (Hg.), *Musik und Humanität*, 2003, S. 73–88.

Bastian, Hans Günther & Kreutz, Gunter (Hg.): *Musik und Humanität. Interdisziplinäre Grundlagen für (musikalische) Erziehung und Bildung*, Mainz u. a.: Schott 2003.

Bastian, Hans Günther: *Musik(erziehung) und ihre Wirkung. Eine Langzeitstudie an Berliner Grundschulen*, Mainz u. a.: Schott 2002[3] (unter Mitarbeit von A. Kormann, R. Hafen, M. Koch).

Bastian, Hans Günther: *Kinder optimal fördern – mit Musik. Intelligenz, Sozialverhalten und gute Schulleistungen durch Musikerziehung*, Mainz u. a.: Atlantis/Schott 2001.

Bastian, Hans Günther: »Empirische Forschung in der Musikpädagogik. Historische, systematische, methodologische, dokumentarische und hochschulische Aspekte«, in: Peter Maria Krakauer, Christoph Khittl & Monika Mittendorfer (Hg.), *Der Diskurs des Möglichen. Musik zwischen Kunst, Wissenschaft und Pädagogik.* Festschrift für Wolfgang Roscher zum 70. Geburtstag, Anif/Salzburg: Müller-Speiser 1999, S. 599–637.

Bastian, Hans Günther: »(Empirische) Forschung in der Musikpädagogik im Fokus pragmatischer Methodologie«, in: M. Pfeffer, J. Vogt et al. (Hg.), *Systematische Musikpädagogik*, 1998, S. 205–228.

Bastian, Hans Günther: »Beeinflusst intensive Musikerziehung die Entwicklung von Kindern?«, in: *Musikforum* 86/1997, S. 4–22.

Bastian, Hans Günther (Hg.): *Schulmusik und Musikschule in der Verantwortung*, Mainz u. a.: Schott 1997.

Bastian, Hans Günther: Art. »Schüler«, in: S. Helms, R. Schneider & R. Weber (Hg.), *Neues Lexikon der Musikpädagogik*, Sachtl., Kassel: Gustav Bosse 1994, S. 237–239.

Bastian, Hans Günther: »Musiklehrer und ihr Berufsbild im Schülerurteil. Teilergebnisse einer Repräsentativstudie«, in: H. J. Kaiser, E. Nolte & M. Roske (Hg.), *Vom pädagogischen Umgang mit Musik*, Mainz u. a.: Schott 1993, S. 208–224.

Bastian, Hans Günther: »Musikunterricht im Schülerurteil. Ergebnisse und Konsequenzen aus qualitativer und quantitativer Forschung«, in: U. Günther & S. Helms (Hg.), *Schülerbild – Lehrerbild – Musiklehrerausbildung*, Essen: Die Blaue Eule 1992, S. 112–137.

Bastian, Hans Günther & Kraemer, Rudolf-Dieter: *Musikpädagogische Forschung in Deutschland. Dokumentation und Analyse*, Mainz u. a.: Schott 1992.
Bastian, Hans Günther: *Jugend am Instrument. Eine Repräsentativstudie*, Mainz u. a.: Schott 1991.
Bastian, Hans Günther: »Dem Leben auf der Spur. Ein Plädoyer für musikpädagogische Biographieforschung. Methodische und methodologische Überlegungen am Beispiel des themenzentrierten narrativen Interviews«, in: Kraemer (Hg.), *Musikpädagogik. Unterricht – Forschung – Ausbildung*, 1991, S. 208–220.
Bastian, Hans Günther: »Zur Ökologie des Musikunterrichts. Von emotionalen Wechselbädern im Fachpraktikum einer Hauptschule«, in: *MuB* 5/1991, S. 38–42.
Bastian, Hans Günther: *Leben für Musik. Eine Biographie-Studie über musikalische (Hoch-)Begabungen*, Mainz u. a.: Schott 1989.
Bastian, Hans Günther: »Zwischen Frustration und Faszination. Ein Protokoll erlebter Unterrichtswirklichkeit im Grundschulpraktikum«, in: *MuB* 9/1989, S. 485–490.
Bastian, Hans Günther: *Musik im Fernsehen. Funktion und Wirkung bei Kindern und Jugendlichen*, Taschenbücher zur Musikwissenschaft, Bd. 103, Wilhelmshaven: Heinrichshofen 1986.
Bastian, Hans Günther: »Schüler und Musikunterricht. Neue Daten zu alten Fragen an 13-16jährige«, in: *MuB* 1/1985, S. 34–46.
Bastian, Hans Günther: »Unterrichtsforschung in der Musikpädagogik. Erkenntniskritische Aspekte und forschungspraktische Perspektiven«, in: Günter Kleinen (Hg.), *Kind und Musik*, Musikpädagogische Forschung, Bd. 5, Laaber: Laaber-Verlag 1984, S. 339–359.
Bastian, Hans Günther: »Methoden empirischer Forschung in Musikpsychologie und Musikpädagogik«, in: R.-D. Kraemer & W. Schmidt-Brunner (Hg.), *Psychologische Forschung im Musikunterricht*, Mainz u. a.: Schott 1983, S. 101–144.
Bastian, Hans Günther: »Musikunterricht – Musikkultur. Eine Befragung 13- bis 16jähriger«, in: K. H. Ehrenforth (Hg.), *Schulische Musikerziehung und Musikkultur*, Mainz u. a.: Schott 1983, S. 56ff.
Bastian, Hans Günther: *Neue Musik im Schülerurteil. Eine empirische Untersuchung zum Einfluß von Musikunterricht*, Mainz u. a.: Schott 1980.
Bastian, Hans Günther: »Die sozialpsychologische Bedingtheit des musikalischen Urteils. Interpretation von Teilergebnissen einer musikpsychologischen Untersuchung bei 11jährigen«, in: Klaus-

Ernst Behne, Hg. im Auftrag des Arbeitskreises Musikpädagogische Forschung e. V., *Musikpädagogische Forschung*, Bd. 1, Einzeluntersuchungen, Laaber: Laaber-Verlag 1980.

Baumert, Jürgen et al. (Hg.): *PISA 2000 – die Länder der Bundesrepublik Deutschland im Vergleich*, Opladen: Leske u. Budrich 2002.

Baumert, Jürgen et al. (Hg.): *PISA 2000 – Basiskompetenzen von Schülerinnen und Schülern im internationalen Vergleich*, Opladen: Leske u. Budrich 2001.

Bayerisches Landesamt für Statistik und Datenverarbeitung (Hg.): *Volksschulen in Bayern*, München: [Eigenverlag] 2006, 2005, 2004, 2003, 2002, 2001.

Bayerisches Staatsministerium für Unterricht und Kultus/Bayerisches Landesamt für Statistik und Datenverarbeitung (Hg.): *Schulverzeichnis*, München: Max Schick GmbH 2006, 2005, 2004, 2003, 2002, 2001.

Bayerisches Staatsministerium für Unterricht und Kultus: *EZ. Die Elternzeitschrift des Bayerischen Kultusministeriums*, Nürnberg: Prinovis 2005.

Bayerisches Staatsministerium für Unterricht und Kultus (Hg.): *Medienwelten. Kritische Betrachtung zur Medienwirkung auf Kinder und Jugendliche*, München: [Eigenverlag] 2005.

Bayerisches Staatsministerium für Unterricht und Kultus (Hg.): *Konkretisierung des Lehrplans Fremdsprachen in der Grundschule – Englisch* (zu KMS IV.1-5 S 7402.17 – 4.31735), München: [Eigenverlag] 2004.

Bayerisches Staatsministerium für Unterricht und Kultus: *Schulordnung für die Volksschulen in Bayern – Volksschulordnung (VSO) und Bayer. Erziehung- und Unterrichtsgesetz (BayEUG)*, Kronach u. a.: Carl Link 2000^{28}.

Bayerisches Staatsministerium für Unterricht und Kultus: *Lehrplan für die bayerischen Grundschulen*, KWMBl I So.-Nr. 20/1981.

Bayerisches Staatsministerium für Unterricht und Kultus: *Lehrplan für die Grundschule* v. 01.04.1971, Nr. III A – 4/41 020, Textausgabe, Donauwörth: Auer 1971.

[Bayerisches Staatsministerium für Unterricht und Kultus:] *Richtlinien für die bayerischen Volksschulen* 1966, KMBl. 1966, S. 266ff.

Bayerisches Staatsministerium für Unterricht und Kultus: »Bildungsplan für die Bayrischen Volksschulen. Bekanntmachungen des Staatsministers für Unterricht und Kultus« v. 22.08.1950, Nr. IV 57477, in: *Amtsblatt des Bayrischen Staatsministeriums für Unterricht und Kultus*, München: [Eigenverlag] 1950.

Bayerische Staatsministerien für Unterricht und Kultus und Wissenschaft, Forschung und Kunst: *Lehrplan für die Grundschulen in Bayern*, KWMBl I So.-Nr. 1/2000 [BayStM: *Grundschullehrplan*].

BayEUG (Bayerisches Erziehungs- und Unterrichtsgesetz) s. Bayerisches Staatsministerium für Unterricht und Kultus (2000).

BayStM: *Grundschullehrplan* (2000) s. Bayerische Staatsministerien für Unterricht und Kultus und Wissenschaft, Forschung und Kunst.

Beck, Wolfgang & Fröhlich, Werner D.: *Musik machen – Musik verstehen. Psychologische Aspekte des handlungsorientierten Musikunterrichts im Klassenverband*, Mainz u. a.: Schott 1992.

Becker, Bärbel: »Zeit nehmen – Mut haben – Phantasie bilden. Begabtenfindung und -förderung in der Grundschule«, in: H. G. Bastian (Hg.), *Schulmusik und Musikschule in der Verantwortung*, S. 91–95.

Beckers, Erich & Beckers, Renate: *Faszination Musikinstrument – Musikmachen motiviert. Bericht über die zweijährige Evaluationsforschung zum Bochumer Projekt »Jedem Kind ein Instrument«*, Theorie und Praxis der Musikvermittlung, Bd. 7, Münster u. a.: LIT 2008.

Beckers, Renate: *Die musikalische Lebenswelt 4- bis 10-jähriger Kinder. Eine musikökologische Erkundung*, Theorie und Praxis der Musikvermittlung, Bd. 5, Münster u. a.: LIT 2004.

Beckers, Renate: »Musik und Medien in der Erfahrungswelt von Kindern«, in: H. Gembris, R.-D. Kraemer & G. Maas (Hg.), *Vom Kinderzimmer bis zum Internet. Musikpädagogische Forschung und Medien*, Augsburg: Wißner 2004, S. 11–35.

Behne, Klaus-Ernst; Kleinen, Günter & de la Motte-Haber, Helga (Hg.): *Musikpsychologie. Jahrbuch der Deutschen Gesellschaft für Musikpsychologie*, Bd. 14, Göttingen u. a.: Hogrefe 1999.

Behne, Klaus-Ernst: »Die Zufriedenheit des Lehrers – ein paradoxes, ein utopisches Lernziel«, in: Kraemer (Hg.), *Musikpädagogik. Unterricht – Forschung – Ausbildung*, 1991, S. 28–36.

Behne, Klaus-Ernst: *Hörertypologien. Zur Psychologie des jugendlichen Musikgeschmacks*, Perspektiven zur Musikpädagogik und Musikwissenschaft, Bd. 10, Regensburg: Gustav Bosse-Verlag 1990[2].

Behne, Klaus-Ernst (Hg.): *Musikpädagogische Forschung. Musikalische Sozialisation*, Bd. 2, Laaber: Laaber-Verlag 1981.

Behne, Klaus-Ernst (1980) s. Bastian, Hans Günther.

Behne, Klaus-Ernst (1980) s. Schulten, Maria Luise.

Behne, Klaus-Ernst: *Der Einfluss des Tempos auf die Beurteilung von Musik*, Köln: Arno Volk Verlag 1972.

Bellenberg, Gabriele & Klemm, Klaus: »Die Grundschule im deutschen Schulsystem«, in: Einsiedler, *Handbuch Grundschulpädagogik*, 2005², S. 30–38.
Bentley, Arnold: *Musikalische Begabung bei Kindern und ihre Messbarkeit*, Frankfurt: Diesterweg 1968.
Berlein, Eva: *Kreativität als Ressource. Ist Theaterspielen eine Maßnahme der Gesundheitsförderung?* Unveröff. Diplomarbeit, Fachbereich Psychologie der Universität Landau 2005.
Berndt, Jörg; Busch, Dirk W. & Schönwälder, Hans-Georg (Hg.): *Schul-Arbeit. Belastung und Beanspruchung von Schülern*, Braunschweig: Westermann 1982.
Berndt, Jörg: »Schule aus der Sicht der Schüler: Lernort oder Arbeitsplatz?«, in: J. Berndt, D. W. Busch & H. G. Schönwälder (Hg.), *Schul-Arbeit. Belastung und Beanspruchung von Schülern*, S. 12–29.
Berthold, Michael & Schepp, Heinz-Hermann (Hg.): *Politik und Schule von der Französischen Revolution bis zur Gegenwart. Eine Quellensammlung zum Verhältnis von Gesellschaft, Schule und Staat im 19. und 20. Jahrhundert*, Bd. 2, Frankfurt/M.: Athenäum-Fischer 1973/74.
Binder, Sigrid (2006) s. Kahlert, Joachim.
Blank, Thomas (2010) s. Adamek, Karl.
Blaukopf, Kurt: *Musik im Wandel der Gesellschaft. Grundzüge der Musiksoziologie*, Darmstadt: WBG 1996².
Bonney, Helmut (2002³) s. Hüther, Gerald.
Bortz, Jürgen: *Statistik für Human- und Sozialwissenschaftler*, Heidelberg: Springer Medizin Verlag 2005⁶.
Bortz, Jürgen & Döring, Nicola: *Forschungsmethoden und Evaluation für Human- und Sozialwissenschaftler*, Heidelberg: Springer Medizin Verlag 2002³.
Bortz, Jürgen: *Statistik für Sozialwissenschaftler*, Berlin u. a.: Springer 1993⁴.
Bos, Wilfried; Lankes, Eva-Maria et al. (Hg.): *IGLU. Einige Länder der Bundesrepublik Deutschland im nationalen und internationalen Vergleich*, Münster: Waxmann 2004.
Bos, Wilfried; Lankes, Eva-Maria et al. (Hg.): *Erste Ergebnisse aus IGLU. Schülerleistungen am Ende der vierten Jahrgangsstufe im internationalen Vergleich*, Münster: Waxmann 2003.
Bröcker, Marianne (1997) s. Salmen, Walter.
Brück, Horst: *Die Angst des Lehrers vor seinem Schüler. Zur Problematik verbliebener Kindlichkeit in der Unterrichtsarbeit des Lehrers – ein Modell*, Reinbek bei Hamburg: Rowohlt 1978.

Brügner, Georg (1997) s. Wilhelm, Peter.

Bruhn, Herbert: »Methoden«, in: Akademie für Lehrerfortbildung Dillingen (Hg.), *Musikpsychologie in der Schule*, Forum Musikpädagogik, Bd. 15, Augsburg: Wißner 2002², S. 119–140.

Bruhn, Herbert: »Rezension zu Hans Günther Bastian (2000): Musik(erziehung) und ihre Wirkung. Eine Langzeitstudie an Berliner Grundschulen« , in: H. Gembris, R.-D. Kraemer, G. Maas (Hg.), *Macht Musik wirklich klüger?*, 2001, S. 271–275.

Bruhn, Herbert: *Empirische Forschung in der Musikpsychologie*, Kieler Arbeiten zur Musikpsychologie, Seminarskript, Kiel: [Eigendruck] 2000³.

Bruhn, Herbert: »Hör auf zu singen – Du bist ja ein Brummer!«, in: Kraemer (Hg.), *Musikpädagogik. Unterricht – Forschung – Ausbildung*, 1991, S. 49–63.

Brünger, Peter: *Singen im Kindergarten. Eine Untersuchung unter bayerischen und niedersächsischen Kindergartenfachkräften*, Forum Musikpädagogik, Bd. 56, Augsburg: Wißner 2003.

Brünger, Peter: »Musik mit der Stimme«, in: *Grundschule* 1/1998, S. 25f.

Buff, Alex: »Schulische Selektion und Selbstkonzeptentwicklung«, in: R. Pekrun & H. Fend (Hg.), *Schule und Persönlichkeitsentwicklung. Ein Resümee der Längsschnittforschung*, Stuttgart: Enke 1991, S. 100–114.

Bühler-Niedernberger, Doris: »Analytische Induktion«, in: Uwe Flick et al. (Hg.), *Handbuch Qualitative Sozialforschung. Grundlagen, Konzepte, Methoden und Anwendungen*, 1991, S. 446–450.

Bühner, Markus: *Einführung in die Test- und Fragebogenkonstruktion*, München u. a.: Pearson-Studium 2004.

Bullerjahn, Claudia; Gembris, Heiner & Lehmann, Andreas C. (Hg.): *Musik: gehört, gesehen und erlebt.* Festschrift für Klaus-Ernst Behne zum 65. Geburtstag, IfMpF-Monographie Nr. 12, Hannover: Institut für Musikpädagogische Forschung 2005.

Bullerjahn, Claudia; Erwe, Hans-Joachim & Weber, Rudolf (Hg.): *Kinder – Kultur: Ästhetische Erfahrungen. Ästhetische Bedürfnisse*, Opladen: Leske u. Budrich 1999.

Butch, Charles & Fischer, Hardi (Hg.): *Seashore-Test für musikalische Begabung*, Bern/Stuttgart: Huber 1966.

Büttner, Gerhard (2002⁵) s. Schneider, Wolfgang.

Campbell, Marius R.: »Musical Learning and the development of psychological processes in perception«, in: *Council for Research in Music Education*, bull. no. 107/1991, pp. 35–48.

Charlton, Michael & Neumann-Braun, Klaus: *Medienkindheit – Medienjugend. Eine Einführung in die aktuelle kommunikationswissenschaftliche Forschung*, München: Quintessenz 1992.
Christakis, Dimitri A. (2005) s. Zimmerman, Frederick J.
Claussen, Martina: *Elementare Musikerziehung in Eltern-Kind-Kursen*, Augsburg: Wißner 2001.
Cohen, Louis; Manion, Lawrence & Morrison, Keith: *Research Methods in Education*, London: Routledge-Falmer 2000.
Creswell, John W.: *Research design. Qualitative & quantitative approaches,* London: Sage Publications 1994.
Cslovjecsek, Markus: »Klingend rechnen und sprechen lernen«, in: Huber & Kahlert (Hg.), *Hören lernen*, 2003, S. 80–94.
Cslovjecsek, Markus & Spychiger, Maria: *MUS–IK oder MUS–IK nicht? – Musik als Unterrichtsprinzip*, Hölstein: SVSF Verlag des Schweizerischen Vereins für Schule und Fortbildung 1998.
Dartsch, Michael: »Musik und Transfer – ein weites Feld. Hans Günther Bastians Untersuchungen und ihre Folgen«, in: *nmz* 2/2003, S. 24.
Daschner, Peter (2005[2]) s. Vieluf, Ulrich.
Davidson, Lyle & Colley, Burt: »Children's rhythmic development from age 5 to 7: Performance, notation, and reading of rhythmic patterns«, in: J. Craig Peery, I. Weiss Peery, T. W. Draper (Ed.), *Music and Child Development*, New York: Springer 1987.
Deusinger, Ingrid M. (Hg.): *Wohlbefinden bei Kindern, Jugendlichen und Erwachsenen. Gesundheit in medizinischer und psychologischer Sicht*, Göttingen u. a.: Hogrefe 2002.
Deusinger, Ingrid M.: *Die Frankfurter Körperkonzeptskalen* (FKKS). Handanweisung mit Bericht über vielfältige Validierungsstudien, Göttingen u. a.: Hogrefe 1998.
Deusinger, Ingrid M.: *Die Frankfurter Selbstkonzeptskalen* (FSKN). Handanweisung, Göttingen u. a.: Hogrefe 1986.
Deusinger, Ingrid M.: *Frankfurter Kinder-Selbstkonzept-Inventar* (FKSI). Instrument und Manual, Göttingen u. a.: Hogrefe, in Vorbereitung.
Deutsches Institut für Normung e. V. (Hg.): *Anforderungen an Verfahren und deren Einsatz bei berufsbezogenen Eignungsbeurteilungen*, Berlin: Beuth 2002.
Diehl, Joerg M. & Staufenbiel, Thomas: *Statistik mit SPSS*, Eschborn: Klotz 2002.
Diekmann, Andreas: *Empirische Sozialforschung. Grundlagen, Methoden, Anwendungen*, Reinbek: Rowohlt 2002[8].

Döring, Nicola (2002³) s. Bortz, Jürgen.
Dreher, Eva: »Entwicklungspsychologie des Kindes«, in: Einsiedler, *Handbuch Grundschulpädagogik*, 2005², S. 146–154.
Eberhard, Daniel Mark: »Unterrichtsstörungen im Fach Musik aus Sicht von Schülerinnen und Schülern. Zwischenbericht eines Forschungsprojekts an der Universität Augsburg«, in: W. Pfeiffer & J. Terhag (Hg.), *Schülerorientierter Musikunterricht – Wunsch und Wirklichkeit*, 2006, S. 271–285.
Eckert-Kalthoff, Beate (2003) s. Maras, Rainer.
Ehrenforth, Karl Heinrich (1997) s. Richter, Christoph.
Ehrenforth, Karl Heinrich: »Musik als Leben. Zu einer lebensweltlich orientierten ästhetischen Hermeneutik«, in: *MuB* 6/1993, S. 14ff.
Ehrenforth, Karl Heinrich (1981) s. Schulten Maria Luise.
Eibach, Martin: *Musikalisches Lernen in der Ensemblearbeit mit erwachsenen Laien. Ein Beitrag zu einer musikpädagogischen Theorie musikalischen Lernens in der Lebensspanne*, Forum Musikpädagogik, Bd. 58, Augsburg: Wißner 2003.
Eibach, Martin; Münch, Thomas & Knolle, Niels: »MusiklehrerInnen als Lernende. Überlegungen zu Strategien der Fortbildung im Fach Musik«, in: Knolle (Hg.), *Lehr- und Lernforschung*, 2006, S. 43–69.
Eiholzer, Hubert (1997) s. Scheidegger, Josef.
van Eimeren, Birgit & Löhr, Paul: »Kinderfernsehen und gesellschaftliche Verantwortung. Beitrag zu einer notwendigen Diskussion«, in: *Media Perspektiven* 10/1991, S. 649–660.
Einsiedler, Wolfgang; Götz, Margarete et al. (Hg.): *Handbuch Grundschulpädagogik und Grundschuldidaktik*, Bad Heilbrunn: Klinkhardt 2005².
Einsiedler, Wolfgang: »Grundlegende Bildung«, in: Einsiedler, *Handbuch Grundschulpädagogik*, 2005², S. 217–228.
Einsiedler, Wolfgang: »Lehr-Lern-Konzepte für die Grundschule«, in: Einsiedler, *Handbuch Grundschulpädagogik*, 2005², S. 373–385.
Elschenbroich, Donata: *Weltwissen der Siebenjährigen. Wie Kinder die Welt entdecken können*, München: Goldmann 2002⁴.
Engler, Steffani: »Zur Kombination von qualitativen und quantitativen Methoden«, in: Friebertshäuser & Prengel (Hg.), *Handbuch Qualitative Forschungsmethoden*, 2003, S. 118–130.
Ennemoser, Marco: *Der Einfluss des Fernsehens auf die Entwicklung von Lesekompetenzen. Eine Längsschnittstudie vom Vorschulalter bis zur dritten Klasse*, Studien zur Kindheits- und Jugendforschung, Bd. 28, Hamburg: Kovač 2003.

Ennemoser, Marco: »Effekte des Fernsehens im Vor- und Grundschulalter. Ursachen, Wirkmechanismen und differenzielle Effekte«, in: *Nervenheilkunde* 9/2003, S. 443–453.

Ennemoser, Marco; Schiffer, Kathrin; Reinsch, Christiane & Schneider, Wolfgang: »Fernsehkonsum und die Entwicklung von Sprach- und Lesekompetenzen im frühen Grundschulalter. Eine empirische Überprüfung der SÖS-Mainstreaming-Hypothese«, in: *Zeitschrift für Entwicklungspsychologie und Pädagogische Psychologie* 35(1)/2003, S. 12–26.

Erikson, Erik: *Kindheit und Gesellschaft*, Stuttgart: Klett-Cotta 1984[9].

Erwe, Hans-Joachim (1999) s. Bullerjahn, Claudia.

Fatke, Reinhard (Hg.): *Jean Piaget. Meine Theorie der geistigen Entwicklung*, Frankfurt/M.: Fischer 1985[2].

Faust, Gabriele: »Individualentwicklung und Sozialerziehung«, in: Einsiedler, *Handbuch Grundschulpädagogik*, 2005[2], S. 266–270.

Fenninger, Josef: *Untersuchung zum schulischen Musikunterricht in Bayern vom Ende des Zweiten Weltkriegs bis zum Beginn der siebziger Jahre*, Beiträge zur Geschichte der Musikpädagogik, Bd. 5, Frankfurt/M. u. a.: Peter Lang 1997.

Ferrara, Eliana & Tafuri, Johannella: »Kinetic patterns in children's responses to music«, in: I. Deliège (Ed.), *ESCOM Proceedings of the 3rd international conference for music perception and cognition*, Liège: Univ. of Liège 1994, pp. 328–330.

Fine, Gary A.: »Cracking diamonds. Observer role in little league baseball settings and the acquisition of social competence«, in: W. Schaffir et al. (Hg.), *Fieldwork experience*, New York: St. Martin's Press 1980, pp. 117–132.

Finscher, Ludwig (Hg.): Die Musik in Geschichte und Gegenwart. Allgemeine Enzyklopädie der Musik, 26 Bde., Kassel u. a.: Bärenreiter 1994[2]ff. [MGG2].

Fischer, Peter Michael: »Inhaltsanalytische Auswertung von Verbaldaten«, in: Huber & Mandl (Hg.), *Verbale Daten*, 1994[2], S. 179–196.

Flick, Uwe: *Qualitative Sozialforschung. Eine Einführung*, Reinbek: Rowohlt 2002[6].

Flick, Uwe; Kardorff, Ernst v. et al.: *Handbuch Qualitative Sozialforschung. Grundlagen, Konzepte, Methoden und Anwendungen*, München: PVU 1991.

Fölling-Albers, Maria: »Nicht nur Kinder sind verschieden. Kindheiten unter generationaler und (grundschul-)pädagogischer Perspektive«, in: Vogt (Hg.), *Musiklernen im Vor- und Grundschulalter*, 2005, S. 17–36.

Fölling-Albers, Maria: »Soziokulturelle Bedingungen der Kindheit«, in: Einsiedler, *Handbuch Grundschulpädagogik*, 2005[2], S. 155–165.
Fölling-Albers, Maria (2002) s. Hartinger, Andreas.
Fölling-Albers, Maria: »Entscholarisierung von Schule und Scholarisierung von Freizeit? Überlegungen zu Formen der Entgrenzung von Schule und Kindheit«, in: *Zeitschrift für Sozialisationsforschung und Erziehungssoziologie* 20(2)/2000, S. 118–131.
Fölling-Albers, Maria: »Kindheitsforschung im Wandel. Eine Analyse der sozialwissenschaftlichen Forschungen zur ›Veränderten Kindheit‹«, in: Walter Köhnlein et al. (Hg.), *Kinder auf dem Wege zum Verstehen der Welt*, Bad Heilbrunn: Klinkhardt 1997, S. 39–54.
Fölling-Albers, Maria & Hopf, Arnulf: *Auf dem Weg vom Kleinkind zum Schulkind*, Opladen: Leske u. Budrich 1995.
Fölling-Albers, Maria (Hg.): *Schulkinder heute. Auswirkungen veränderter Kindheit auf Unterricht und Schulleben*, Weinheim/Basel: Beltz 1992.
Fölling-Albers, Maria: »Kind und Schule heute«, in: *Pädagogische Welt* 10/1990, S. 440–444.
Fölling-Albers, Maria (Hg.): *Veränderte Kindheit – Veränderte Grundschule*, Frankfurt/M.: Arbeitskreis Grundschule e. V. 1989.
Fölling-Albers, Maria & Wandelt, Martina: »Kindsein – wie Kinder es sehen«, in: Fölling-Albers, *Veränderte Kindheit*, 1989, S. 18–27.
Freudenhammer, Wibke & Kreutz, Gunter: »Development of Vocal Performance in 5th Grade Children: A Longitudinal Study of Choral Class Singing«, in: *European Society for the Cognitive Sciences of Music (ESCOM)*, Jyväskylä (Finnland), 12.–16.08.2009.
Friebertshäuser, Barbara: »Interviewtechniken – ein Überblick«, in: Friebertshäuser & Prengel (Hg.), *Handbuch Qualitative Forschungsmethoden*, 2003, S. 371–395.
Friebertshäuser, Barbara & Prengel, Annedore (Hg.): *Handbuch Qualitative Forschungsmethoden in der Erziehungswissenschaft*, Nachdruck Studienausgabe, Weinheim/München: Juventa-Verlag 1997/2003.
Frigyes, Sándor (Hg.): *Musikerziehung in Ungarn*, Stuttgart/Budapest: Klett u. Corvina 1966.
Friss, Gábor: »Die Musikgrundschule«, in: Frigyes, *Musikerziehung in Ungarn*, S. 153–197.
Fröhlich, Werner D. (1992) s. Beck, Wolfgang.
Fuchs, Thomas & Wößmann, Ludger: »Computer können das Lernen behindern«, in: Institut für Wirtschaftsforschung (Hg.), *Ifo-Schnelldienst* 18/2005, S. 3–10.

Funk-Hennings, Erika (1982) s. Schaffrath, Helmut.
Garbarino, James & Scott, Frances M.: *What children can tell us. Eliciting, Interpreting and Evaluating Information from children*, San Francisco u. a.: Jossey-Boss 1990.
Gardner, Howard: *Der ungeschulte Kopf. Wie Kinder denken*, Stuttgart: Klett-Cotta 1993.
Gardner, Howard: *Abschied vom IQ. Die Rahmen-Theorie der vielfachen Intelligenzen*, Stuttgart: Klett-Cotta 1991.
Gardner, Howard: *Frames of mind. The theory of multiple intelligences*, New York: Basic Books 1985.
Gassen, Helmut: »Grundschullehrer/Primarstufenlehrer«, in: H. R. Becher & J. Bennack (Hg.), *Taschenbuch Grundschule*, Hohengehren: Schneider 1998^{3}, S. 99–116.
Gaul, Magnus (Hg.): *Zukunftsmusik. Förderung musikalischer Potenziale in Kindergarten und Grundschule*, Mainz u. a.: Schott 2009.
Gaul, Magnus: »Musikunterricht an Grundschulen aus Schülersicht. Regionale, kulturelle und interdisziplinäre Begegnungen aus erster Hand«, in: Ortwin Nimczik (Hg.), *Begegnungen: Musik – Regionen – Kulturen*. Berichtsband zur 27. Bundesschulmusikwoche, Mainz u. a.: Schott, im Druck.
Gaul, Magnus: »Musikalisches Leben und Erleben von 10- und 11-jährigen Schülern. Eine Interviewstudie«, in: Detlef Altenburg et al. (Hg.), *Musik und kulturelle Identität*. Bericht des XIII. Internationalen Kongresses der Gesellschaft für Musikforschung, Kassel u. a.: Bärenreiter, im Druck.
Gaul, Magnus: »Jeder Volksschullehrer ein Elementarmusikerzieher. Über die Anfänge des erweiterten Musikunterrichts an bayerischen Grundschulen«, in: Vogt (Hg.), *Musiklernen im Vor- und Grundschulalter*, 2005, S. 94–105.
Gaul, Magnus: »Chancen und Grenzen des Schülerinterviews. Erfahrungsprozesse in der Vorbereitung einer empirischen Studie«, in: G. Kreutz & J. Bähr (Hg.), *Anstöße – Musikalische Bildung fordern und fördern*, 2004, S. 71–81.
Gaul, Magnus: »Handymania. Möglichkeiten eines kreativ-produktiven Umgangs mit einem neuen Medium«, in: *klasse musik* 1/2004, S. 34–42.
Gembris, Heiner (2005) s. Bullerjahn, Claudia.
Gembris, Heiner (2003, 2004) s. Schellberg, Gabriele.
Gembris, Heiner; Kraemer, Rudolf-Dieter & Maas, Georg (Hg.): *Vom Kinderzimmer bis zum Internet. Musikpädagogische Forschung und*

Medien, Forum Musikpädagogik, Bd. 59, Musikpädagogische Forschungsberichte, Bd. 9, Augsburg: Wißner 2004.
Gembris, Heiner: *Grundlagen musikalischer Begabung und Entwicklung*, Reihe Wißner-Lehrbuch, Bd. 1, Forum Musikpädagogik, Bd. 20, Augsburg: Wißner 2002².
Gembris, Heiner; Kraemer, Rudolf-Dieter & Maas, Georg (Hg.): *Macht Musik wirklich klüger? Musikalisches Lernen und Transfereffekte*, Musikpädagogische Forschungsberichte, Bd. 8, Forum Musikpädagogik, Bd. 44, Augsburg: Wißner 2001.
Gembris, Heiner; Kormann, Adam & Steinberg, Reinhard: Art. »Musikalität«, in: *MGG2*, Sachtl., Bd. 6/1997, Sp. 867–921.
Gembris, Heiner; Kraemer, Rudolf-Dieter & Maas, Georg (Hg.): *Musikpädagogische Forschungsberichte* 1995, Forum Musikpädagogik, Bd. 21, Augsburg: Wißner 1996.
Gembris, Heiner; Kraemer, Rudolf-Dieter & Maas, Georg (Hg.): *Musikpädagogische Forschungsberichte* 1991, Forum Musikpädagogik, Bd. 1, Augsburg: Wißner 1992.
Gembris, Heiner: »Das Interdisziplinäre Gespräch. Über das Verhältnis von qualitativer und quantitativer Forschung«, Heiner Gembris im Gespräch mit Philipp Mayring, in: Gembris, Kraemer & Maas (Hg.), *Musikpädagogische Forschungsberichte* 1991, S. 138–148.
Gembris, Heiner: »Biographische Untersuchungen zum Berufsalltag von Musiklehrern«, in: R.-D. Kraemer (Hg.), *Musiklehrer – Beruf, Berufsfeld, Berufsverlauf*, Essen: Die Blaue Eule 1991, S. 57–70.
Georgiades, Thrasybulos: *Musik und Rhythmus bei den Griechen. Zum Ursprung der abendländischen Musik*, Hamburg: Rowohlt 1958.
Gerards, Marion (2007) s. Vogt, Sabine.
Gerstenmaier, Jochen: *Urteile von Schülern über Lehrer. Eine Analyse ausgewählter empirischer Untersuchungen*, Erziehungswissenschaftliche Forschungen, Bd. 6, Weinheim/Basel: Beltz 1975.
Glaser, Barney G. & Strauss, Anselm L.: *Grounded Theory. Strategien qualitativer Forschung*, Bern: Hans Huber 2005².
Glaser, Barney G. & Strauss, Anselm L.: »Die Entdeckung gegenstandsbezogener Theorie. Eine Grundstrategie qualitativer Sozialforschung«, in: Hopf & Weingarten, *Qualitative Sozialforschung*, 1993³, S. 91–118.
Glaser, Barney G. & Strauss, Anselm L.: *Theoretical sensitivity. Advances in the methodology of Grounded Theory*, Mill Valley: The Sociology Press 1978.

Gläser, Eva: »Von der Orientierung am Kind zur Perspektivität von Kindern. Ein didaktisches Prinzip des Sachunterrichts im Wandel«, in: Petillon, *Individuelles und soziales Lernen in der Grundschule*, 2002, S. 153–160.

Glogner, Patrick (2002) s. Müller, Renate.

Goleman, Daniel: *Emotionale Intelligenz*, München: dtv 2007^{19}.

Gordon, Edwin E.: *A music learning theory for newborn and young children*, Chicago: GIA Publ. Inc. 1997.

Gordon, Edwin E.: *Musikalische Begabung. Beschaffenheit, Beschreibung, Messung und Bewertung*, Mainz u. a.: Schott 1986.

Gotthardt, Christoph: »Kinder malen Konzerte. Musikverarbeitung zwischen Erlebnisreflexion und Selbstvergewisserung«, in: Knolle (Hg.), *Lehr- und Lernforschung*, 2006, S. 85–103.

Gotthardt, Christoph: *Zur Wirkung von kommentierten Schülerkonzerten*, Diss. Goethe-Universität Frankfurt, in Vorbereitung.

Götz, Margarete (2005^{2}) s. Einsiedler, Wolfgang.

Götze, Willibald (1969) s. Thomas, Werner.

Graml, Karl: »Bewundern und Kopfschütteln. Volksschulklassen mit erweitertem Musikunterricht in Bayern«, in: *MuB* 11/1985, S. 748–753.

Graml, Karl & Reckziegel, Walter: *Die Einstellung zur Musik und zum Musikunterricht. Ein Beitrag zur Elternbefragung*, Musikpädagogik – Forschung u. Lehre, Bd. 6, Mainz u. a.: Schott 1982.

Grebosz, Katarzyna: *Der Einfluss musikalischer Ausbildung auf die Entwicklung der Psyche von Kindern. Eine empirische Untersuchung an drei unterschiedlichen Grundschulen in Polen*, Diss. Universität Mozarteum Salzburg 2006.

Grimm, Hannelore: »Sprachentwicklung – allgemeintheoretisch und differentiell betrachtet«, in: Oerter & Montada, *Entwicklungspsychologie*, 2002^{5}, S. 705–749.

Grimm, Hannelore & Weinert, Sabine: »Sprachentwicklung«, in: Oerter & Montada, *Entwicklungspsychologie*, 2002^{5}, S. 517–550.

Grimm, Hannelore (Hg.): *Sprachentwicklung. Enzyklopädie der Psychologie*, Bd. C 3, Göttingen u. a.: Hogrefe 2000.

Groebel, Jo (1994) s. Klingler, Walter.

Groebel, Jo: »Kinder und Medien: Nutzung, Vorlieben, Wirkungen«, in: *Media Perspektiven* 1/1994, S. 21–27.

Gromko, Joyce Eastlund: »The Effect of Music Instruction on Phonemic Awareness in Beginning Readers«, in: *Journal of Research in Music Education*, vol. 53(3)/2005, pp. 199–209.

Gruhn, Wilfried: »Die Schwierigkeit mit den Transfer-Effekten der Musik«, in: Bullerjahn, Gembris & Lehmann (Hg.), *Musik: gehört, gesehen und erlebt*, 2005, S. 221–233.
Gruhn, Wilfried: *Kinder brauchen Musik. Musikalität bei kleinen Kindern entfalten und fördern*, Weinheim u. a.: Beltz 2003.
Gruhn, Wilfried: *Lernziel Musik. Perspektiven einer neuen theoretischen Grundlegung des Musikunterrichts*, Olms Forum 5, Hildesheim/Zürich/New York: Georg Olms 2003.
Gruhn, Wilfried: *Geschichte der Musikerziehung. Eine Kultur- und Sozialgeschichte vom Gesangsunterricht der Aufklärungspädagogik zu ästhetisch-kultureller Bildung*, Hofheim: Wolke 1993.
Gudjons, Herbert: »Projektorientiertes Lernen«, in: Einsiedler, *Handbuch Grundschulpädagogik*, 2005², S. 402–406.
Gudmundsdottir, Hrafnhildur R.: »Children's auditory discrimination of simultaneous melodies«, in: *Journal of Research in Music Education*, vol. 47(2)/1999, pp. 101–110.
Gundlach, Willi: »Aspekte der Schülerzentriertheit im Musikunterricht«, in: Kraemer (Hg.), *Musikpädagogik. Unterricht – Forschung – Ausbildung*, 1991, S. 21–27.
Günther, Ulrich: »Klassenlehrer – Fachlehrer«, in: Helms, Schneider & Weber, *Handbuch des Musikunterrichts*, Bd. 1, 1997, S. 27–31.
Günther, Ulrich: »Ist der Musikunterricht in der Grundschule noch zu retten? Erfahrungen mit der Fortbildung von Klassenlehrern«, in: H.-J. Erwe & W. Keil (Hg.), *Beiträge zur Musikwissenschaft und Musikpädagogik*. Festschrift für Rudolf Weber zum sechzigsten Geburtstag, Hildesheimer Musikwissenschaftliche Arbeiten, Bd. 4, Hildesheim u. a.: Georg Olms 1997, S. 297–311.
Günther, Ulrich & Helms, Siegmund (Hg.): *Schülerbild – Lehrerbild – Musiklehrerausbildung*, Gegenwartsfragen der Musikpädagogik, Bd. 4, Essen: Die Blaue Eule 1992.
Gutschmidt, Gunhild: »Kinder in Einelternfamilien und Einzelkinder«, in: Fölling-Albers, *Veränderte Kindheit*, 1989, S. 75–84.
Hafen, Roland (2004) s. Kormann, Adam.
Hafen, Roland (2002) s. Bastian, Hans Günther.
Hafen, Roland: »›Ich und die Musik‹ – Kinder malen Bilder zur Musik«, in: Bastian, *Musik(erziehung) und ihre Wirkung*, S. 511–533.
Hafen, Roland: »Außermusikalische Interessen und Orientierungen«, in: Bastian, *Musik(erziehung) und ihre Wirkung*, S. 533–541.
Hafen, Roland: »5 Stunden Musik – und immer noch Lieblingsfach?! Bericht zum Modellversuch ›Vertiefte und erweiterte Musikerziehung‹ an der Gesamtschule Duisburg-Mitte«, in: Gembris, Krae-

mer & Maas (Hg.), *Musikpädagogische Forschungsberichte* 1995, S. 155–167.
Hagstedt, Herbert & Hildebrand-Nilshon, Martin (Hg.): *Schüler beurteilen Schule*, Düsseldorf: Schwann 1980.
Hahn, Georg: »Klassenbildung und Unterrichtsversorgung an den Grund- und Hauptschulen im Schuljahr 2005/2006«, in: *SchVw BY* Nr. 5/2005, S. 164–171.
Hancox, Robert J.; Milne, Barry J. & Poulton, Richie: »Association between child and adolescent television viewing and adult health. A longitudinal birth cohort study«, in: *The Lancet*, 364/2004, pp. 257ff.
Handerer, Hermann: *Bildungsbedeutsamkeit des Faches Musik in der Primarstufe*, hg. v. Bayerischen Lehrerinnen- und Lehrerverband e. V. (BLLV), Regensburg: Fachbereich Erziehungswissenschaften der Universität 1974 [NHH].
Handerer, Hermann: »Die Randexistenz der Musikerziehung in Lehrerbildung und Schule als Folge des ›musischen‹ Bildungsgedankens«, in: *MiU(B)* 1968, S. 86–90 [NHH].
Handerer, Hermann: »Grundprinzipien der Musikdidaktik«, in: *Die Bayerische Schule* 18(30)/1965, S. 473–480 [NHH].
Handerer, Hermann: »Ein Ausbildungsweg des Musikdozenten an Pädagogischen Hochschulen«, in: *MiU(B)* 1964, S. 359–362 [NHH].
Handerer, Hermann: *Kontinuierliche Entwicklung der Musikerziehung in der Volksschule*, Regensburg: Gustav Bosse 1959 [NHH].
Handerer, Hermann: »Jeder Volksschullehrer ein Elementarmusikerzieher«, in: *Bayerische Schule* 10/1958, S. 1–10.
Handerer, Hermann: »Zur anthropologischen, soziologischen und psychologischen Grundlegung des Musikunterrichts«, in: *Handbuch des Musikunterrichts* [Manuskript o. J., NHH].
Hargreaves, David J. (2003) s. Lamont, Alexandra.
Hargreaves, David J.: *The developmental psychology of music*, Cambridge: University Press 1986.
Harnischmacher, Christian: *Instrumentales Üben und Aspekte der Persönlichkeit. Eine Grundlagenstudie zur Erfahrung physischer und psychischer Abweichungen durch Instrumentalspiel*, Studien zur Musik, Bd. 6, Frankfurt/M. u. a.: Peter Lang 1993.
Harnitz, Matthias: »Musikalische Identität Jugendlicher und Konflikte im Musikunterricht. Eine empirische Studie in der Sekundarstufe I«, in: Müller, Glogner et al. (Hg.), *Wozu Jugendliche Musik und Medien gebrauchen*, 2002, S. 181–194.

Harnitz, Matthias: »Lehren und Lernen im Schatten von Konflikten. Ergebnisse einer empirischen Studie zum Musikunterricht«, in: *MuB* 3/2000, S. 20–27.

Harter, Susan: *The construction of the self. A development perspective*, New York u. a.: Guilford Press 1999.

Hartig, Johannes (2003) s. Moosbrugger, Helfried.

Hartinger, Andreas & Fölling-Albers, Maria: *Schüler motivieren und interessieren. Ergebnisse aus der Forschung und Anregungen für die Praxis*, Bad Heilbrunn/Obb.: Klinkhardt 2002.

Hartwig, Horst-Werner (2004, 2003, 2002) s. Lott, Horst Günter.

Hartwig, Horst-Werner (2001) s. Auer, Margot.

Hassler, Marianne: *Musikalische Begabung in der Pubertät. Biologische und psychologische Einflüsse*, Forum Musikpädagogik, Bd. 31, Augsburg: Wißner 1998.

Haußer, Karl: *Identitätspsychologie*, Berlin u. a.: Springer 1995.

Havers, Norbert: »Verhaltensauffälligkeiten«, in: Einsiedler, *Handbuch Grundschulpädagogik*, 2005², S. 196–204.

Heckhausen, Heinz: *Motivation und Handeln*, Berlin u. a.: Springer 1989².

Heimann, Walter: Art. »Musiklehrerausbildung«, in: Helms, Schneider & Weber, *Neues Lexikon der Musikpädagogik*, 1994, S. 184–187.

Heinzel, Friederike: »Qualitative Interviews mit Kindern«, in: Friebertshäuser & Prengel (Hg.), *Handbuch Qualitative Forschungsmethoden*, 2003, S. 396–413.

Heinzel, Friederike & Prengel, Annedore: »Mädchen und Jungen in der Grundschule«, in: Einsiedler, *Handbuch Grundschulpädagogik*, 2005², S. 182–186.

Helbig, Paul (1999) s. Opp, Günther.

Helbig, Paul: »Schüler mit Lernschwierigkeiten«, in: Einsiedler, *Handbuch Grundschulpädagogik*, 2005², S. 187–195.

Helmke, Andreas: »Vom Optimisten zum Realisten? Zur Entwicklung des Fähigkeitsselbstkonzeptes vom Kindergarten bis zur 6. Jahrgangsstufe«, in: Weinert, *Entwicklung im Kindesalter*, S. 115-132.

Helms, Siegmund: »Musikunterricht in allgemein bildenden Schulen«, in: Helms, Schneider & Weber, *Praxisfelder der Musikpädagogik*, 2001, S. 115–139.

Helms, Siegmund; Schneider, Reinhard & Weber; Rudolf: *Kompendium der Musikpädagogik*, Kassel: Gustav Bosse 2004³, 1995.

Helms, Siegmund; Schneider, Reinhard & Weber; Rudolf (Hg.): *Praxisfelder der Musikpädagogik*, Kassel: Gustav Bosse 2001.

Helms, Siegmund; Schneider, Reinhard & Weber; Rudolf (Hg.): *Neues Lexikon der Musikpädagogik*, Personentl., Kassel: Gustav Bosse 2001².
Helms, Siegmund; Schneider, Reinhard & Weber; Rudolf (Hg.): *Handbuch des Musikunterrichts*, Bd. 1, Primarstufe, Kassel u. a.: Gustav Bosse 1997.
Helms, Siegmund; Schneider, Reinhard & Weber; Rudolf (Hg.): *Neues Lexikon der Musikpädagogik*, Sachtl., Kassel: Gustav Bosse 1994.
Helms, Siegmund (1992) s. Günther, Ulrich.
Hemming, Jan: »Illeg(eni)al: Kulturelle und wissenschaftliche Dimensionen von MP3-Tauschbörsen im Internet«, in: Gembris, Kraemer & Maas (Hg.), *Vom Kinderzimmer bis zum Internet. Musikpädagogische Forschung und Medien*, S. 109–123.
Hemming, Jan: *Begabung und Selbstkonzept. Eine qualitative Studie unter semiprofessionellen Musikern in Rock und Pop*, Beiträge zur Musikpsychologie, Bd. 3, Münster u. a.: LIT 2000.
Hentig, Hartmut von: *Die Schule neu denken. Eine Übung in pädagogischer Vernunft*, Weinheim u. a.: Beltz 2003.
Hentig, Hartmut von: *Bildung*, München u. a.: Hanser 1996.
Henze, Godehard; Sandfuchs, Uwe & Zumhasch, Clemens: »Hochbegabte in der Grundschule«, in: Einsiedler, *Handbuch Grundschulpädagogik*, 2005², S. 205–216.
Herrlitz, Hans-Georg; Hopf, Wulf et al.: *Deutsche Schulgeschichte von 1800 bis zur Gegenwart. Eine Einführung*, Königstein: Athenäum 1986².
Herrmann, Ulrich (1992) s. Key, Ellen.
Herrmann, Ulrich: »Biographische Konstruktion und das gelebte Leben. Prolegomena zu einer Biographie und Lebenslaufforschung«, in: *Zeitschrift für Pädagogik* 33/1987, S. 303–323.
Heymann, Hans Werner (Hg.): *Allgemeinbildung und Fachunterricht*, Hamburg: Bergmann und Helbig 1997.
Hofmann, Bernhard: *Die Bedeutung des Schulleiters für eine gute Schule und seine Handlungsmöglichkeiten für Schulverbesserungen*, Diss. Pädagogische Hochschule Weingarten, Berlin: Logos Verlag 2002.
Hofmann, Bernhard: Art. »Hermann Handerer«, in: S. Helms, R. Schneider & R. Weber (Hg.), *Neues Lexikon der Musikpädagogik*, Personentl., CD ROM, Kassel u. a.: Gustav Bosse 2002.
Hofmann, Bernhard: »Erziehung zum denkenden Reinsingen? Zur Didaktik und Methodik des bayerischen Schulgesangsunterrichts der 1920er Jahre«, in: Gembris, Kraemer & Maas (Hg.), *Musikpädagogische Forschungsberichte* 1995, S. 141–154.

Hofmann, Gabriele (2003) s. Volland, Cordelia.
Hofmann, Gabriele: »Musikbezogenes und persönliches Selbstkonzept. Einzelergebnisse einer Studie über Musiker mit medizinischen Problemen«, in: N. Knolle (Hg.), *Kultureller Wandel und Musikpädagogik*, Musikpädagogische Forschung, Bd. 21, Essen: Die Blaue Eule 2000, S. 108–123.
Holtappels, Heinz Günther: »Grundschule mit erweitertem Zeitrahmen: Halbtagsgrundschule und Ganztagsschule«, in: Einsiedler, *Handbuch Grundschulpädagogik*, 2005², S. 77–81.
Homfeldt, Hans Günther (1994) s. Barkholz, Ulrich.
Honig, Michael-Sebastian: *Entwurf einer Theorie der Kindheit*, Frankfurt/M.: Suhrkamp 1999.
Hopf, Arnulf: »Grundschule und außerschulische Institutionen«, in: Einsiedler, *Handbuch Grundschulpädagogik*, 2005², S. 97–101.
Hopf, Arnulf (1995) s. Fölling-Albers, Maria.
Hopf, Christel & Weingarten, Elmar (Hg.): *Qualitative Sozialforschung*, Stuttgart: Klett-Cotta 1993³.
Hopf, Wulf (1986²) s. Herrlitz, Hans-Georg.
Hoppe-Graff, Siegfried & Kim, Hye-On: »Die Bedeutung der Medien für die Entwicklung von Kindern und Jugendlichen«, in: Oerter & Montada, *Entwicklungspsychologie*, 2002⁵, S. 907–922.
Hron, Aemilian: »Interview«, in: Huber & Mandl, *Verbale Daten*, 1994², S. 119–140.
Huber, Günther L. & Mandl, Heinz (Hg.): *Verbale Daten. Eine Einführung in die Grundlagen und Methoden der Erhebung und Auswertung*, Weinheim/Basel: Beltz 1994².
Huber, Ludowika & Kahlert, Joachim (Hg.): *Hören lernen. Musik und Klang machen Schule*, Braunschweig: Westermann 2003.
Huber, Ludowika & Odersky, Eva (Hg.): *Zuhören – Lernen – Verstehen*, Braunschweig: Westermann 2000.
Hübinger, Dirk: *Musiklehrer/-in in der Grundschule. Biographie, Alltag und Berufszufriedenheit. Eine theoretische und empirische Studie am Beispiel von Rheinland-Pfalz*, Diss. Goethe-Universität Frankfurt, in Vorbereitung.
Hurrelmann, Klaus: *Einführung in die Sozialisationstheorie. Über den Zusammenhang von Sozialstruktur und Persönlichkeit*, Weinheim u. a.: Beltz 1998⁶.
Hüschen, Heinrich (1997) s. Riethmüller, Albrecht.
Huston, Aletha C. & Wright, John C.: »Mass Media and Children's Development«, in: Irving E. Sigel & K. Ann Renninger (Ed.),

Handbook of Child Psychology, vol. 4, »Child Psychology in Practice«, New York: Wiley 1998, pp. 999–1058.
Hüther, Gerald & Bonney, Helmut: *Neues vom Zappelphilipp. ADS/ADHS verstehen, vorbeugen und behandeln*. Düsseldorf u. a.: Walter 2002[3].
Imberty, Michel: »Acculturation tonale et structuration perspective du temps musical chez l'enfant«, in: H. Astrand (Ed.), *Basic musical functions and musical ability*, Stockholm: Uza 1981, pp. 81–106.
Imhof, Margarete: »Lehr- und Lernerfolg am Ende der Grundschule«, in: Einsiedler, *Handbuch Grundschulpädagogik*, 2005[2], S. 116–128.
Jacob, Thomas (2003) s. Warkus, Hartmut.
Jäger, Reinhold (2003) s. Kubinger, Klaus D.
Jank, Birgit: »Vom verordneten zum nicht verordneten Lehrerbild!?«, in: U. Günther & S. Helms (Hg.), *Schülerbild – Lehrerbild – Musiklehrerausbildung*, 1992, S. 67–83.
Jank, Werner: »Das implizite Lehrerbild in ausgewählten musikpädagogischen Konzeptionen«, in: U. Günther & S. Helms (Hg.), *Schülerbild – Lehrerbild – Musiklehrerausbildung*, 1992, S. 11–32.
Jank, Werner; Meyer, Hilbert & Ott, Thomas: »Zur Person des Lehrers im Musikunterricht. Methodologische Probleme und Perspektiven zum Konzept offenen Musikunterrichts«, in: H. J. Kaiser (Hg.), *Unterrichtsforschung*, Laaber: Laaber-Verlag 1986, S. 87–132.
Janssen, Jürgen & Laatz, Wilfried: *Statistische Datenanalyse mit SPSS für Windows*, Berlin u. a.: Springer 2005[5].
Jenne, Michael: »Zurück in die musische Steinzeit? Die KMK plant für die Grundschulausbildung ein ästhetisches Bildungsgemisch aus Kunst, Musik und Bewegung«, in: *nmz* 2/2009, S. 9.
Jessen, Silke (2000) s. Meyer, Meinert A.
Jonkisz, Ewa & Moosbrugger, Helfried: »Planung und Entwicklung von psychologischen Tests und Fragebögen«, in: H. Moosbrugger & A. Kelava (Hg.), *Testtheorie und Fragebogenkonstruktion*, Heidelberg: Springer 2007, S. 27–72.
Jungmair, Ulrike E.: *Das Elementare. Zur Musik- und Bewegungserziehung im Sinne Carl Orffs*, Mainz u. a.: Schott 1992.
Jürgens, Eiko: »Schwerpunkt: Übergang. Editorial«, in: *Grundschulmagazin* 74(1)/2006, S. 3.
Jürgens, Eiko: *Die »neue« Reformpädagogik und die Bewegung Offener Unterricht: Theorie, Praxis und Forschungslage*, Sankt Augustin: Academia-Verlag 2004[6].

Kahlert, Joachim; Lieber, Gabriele & Binder, Sigrid (Hg.): *Ästhetisch bilden. Begegnungsintensives Lernen in der Grundschule*, Braunschweig: Westermann 2006.
Kahlert, Joachim (2003) s. Huber, Ludowika.
Kaiser, Hermann J.: »Die Grundschule als Ort musikalischen Lernens«, in: Vogt (Hg.), *Musiklernen im Vor- und Grundschulalter*, 2005, S. 63–77.
Kaiser, Hermann J. (Hg.): *Musikpädagogische Forschung in Deutschland. Dimensionen und Strategien*, Musikpädagogische Forschung, Bd. 24, Essen: Die Blaue Eule 2004, S. 37–46.
Kaiser, Hermann J.: *Musik in der Schule? Gespräche über Musik und Erziehung mit Sigrid Abel-Struth, Ulrich Günther, Wolfgang Klafki, Friedrich Klausmeier, Werner Klüppelholz, Thomas Ott*, Beiträge zur Musikpädagogik, Bd. 1, Paderborn: Schöningh 1982.
Kaiser, Hermann J.; Nolte, Eckhard & Roske, Michael (Hg.): *Vom pädagogischen Umgang mit Musik*, Mainz u. a.: Schott 1993.
Kaminska, Barbara (1993) s. Manturzewska, Maria.
Karbusicky, Vladimir: »Zur empirisch-soziologischen Musikforschung« [1966/1974], in: Tibor Kneif (Hg.), *Texte zur Musiksoziologie*, Köln: Arno Volk Verlag 1975, S. 253–267.
Kardorff, Ernst v. (1991) s. Flick, Uwe.
Keller, Monika: *Moralische Sensibilität. Entwicklung in Freundschaft und Familie*, Weinheim u. a.: Beltz 1996.
Kendall, Patricia L. (1993[3]) s. Merton, Robert K.
Kepper, Gabriele: *Qualitative Marktforschung. Methoden, Einsatzmöglichkeiten und Beurteilungskriterien*, Wiesbaden: Deutscher Universitäts-Verlag 1996[2].
Key, Ellen: *Das Jahrhundert des Kindes*, neu hg. v. Ulrich Herrmann, Weinheim u. a.: Beltz 1992.
Kim, Hye-On (2002[5]) s. Hoppe-Graff, Siegfried.
Kindt, Georg: »Umgang mit Musik – Chancen und Risiken«, in: H. G. Bastian (Hg.), *Schulmusik und Musikschule in der Verantwortung*, S. 86–90.
Kirk, Sabine: »Eltern und Schule«, in: Einsiedler, *Handbuch Grundschulpädagogik*, 2005[2], S. 245–250.
Kleinen, Günter (Hg.): *Musik und Kind. Chancen für Begabung und Kreativität im Zeitalter der Neuen Medien*, Laaber: Laaber-Verlag 2003.
Kleinen, Günter: »Über kulturelle Differenz: Schülererwartungen gegen offiziellen Lehrplan«, in: Bastian & Kreutz (Hg.), *Musik und Humanität*, 2003, S. 62–72.

Kleinen, Günter: »Die Leistung der Sprache für ein Verständnis musikalischer Wahrnehmungsprozesse«, in: Behne, Kleinen & de la Motte-Haber (Hg.), *Musikpsychologie*, 1999, S. 52–68.

Kleinen, Günter: »Qualitative Verfahren bei der Erforschung musikalischer Lebenswelten von Kindern«, in: C. Bullerjahn, H.-J. Erwe & R. Weber (Hg.), *Kinder – Kultur: Ästhetische Erfahrungen. Ästhetische Bedürfnisse*, 1999, S. 67–82.

Kleinen, Günter (1999) s. Behne, Klaus-Ernst.

Kleinen, Günter: »Sozialisation – Entwicklung – Selbstfindung«, in: Helms, Schneider & Weber, *Handbuch des Musikunterrichts*, Bd. 1, 1997, S. 11–20.

Kleinen, Günter & Kreutz, Gunter: »Kommunikationsmedien«, in: Helms, Schneider & Weber (Hg.), *Kompendium der Musikpädagogik*, 1995, S. 373–392.

Kleinen, Günter & Schmitt, Rainer: *Musik verbindet. Musikalische Lebenswelten auf Schülerbildern*, Musikwissenschaft/Musikpädagogik in der Blauen Eule, Bd. 4, Essen: Die Blaue Eule 1991.

Kleining, Gerhard: »Umriß zu einer Methodologie qualitativer Sozialforschung«, in: *Kölner Zeitschrift für Soziologie und Sozialpsychologie* 33/1982, S. 224–253.

Klemm, Klaus (2005[2]) s. Bellenberg, Gabriele.

Klewitz, Elard & Mitzkat, Horst: »Das Kind als Agent seiner Lernprozesse. Science 5–13: Zeit und Zeitmessung«, in: *Die Grundschule* 7/1974, S. 376–381.

Klingler, Walter & Groebel, Jo: *Kinder und Medien* 1990. *Eine Studie der ARD/ZDF-Medienkommission*, Media Perspektiven, Bd. 13, Baden-Baden: Nomos 1994.

Knigge, Jens: *Intelligenzsteigerung und gute Schulleistungen durch Musikerziehung: Die Bastian-Studie im öffentlichen Diskurs*, Saarbrücken: VDM Verlag 2007.

Knolle, Niels (Hg.): *Lehr- und Lernforschung in der Musikpädagogik*, Musikpädagogische Forschung, Bd. 27, Essen: Die Blaue Eule 2006.

Knolle, Niels (2006) s. Eibach, Martin; s. III. Internet-Quellen.

Knolle, Niels (2000) s. Hofmann, Gabriele.

Koch, Martin (2002) s. Bastian, Hans Günther.

König, René (Hg.): *Handbuch der Empirischen Sozialforschung. Grundlegende Methoden und Techniken*, Stuttgart: Enke und Deutscher Taschenbuch Verlag 1973[3].

Konrad, Klaus: *Mündliche und schriftliche Befragung*, Forschung, Statistik und Methoden, Bd. 4, Landau: Verlag Empirische Pädagogik 1999.

Kopp, Markus Alexander: *Ist Musikalität messbar? Möglichkeiten und Grenzen von Musikalitätstests*, Marburg: Tectum-Verlag 2002.

Kormann, Adam: »Ist musikalische Begabung messbar? Über den Aussagewert von Musikalitätstests«, unter Mitarbeit von Roland Hafen und Almuth Süberkrüb, in: *mip-Journal* 10/2004, S. 6–13.

Kormann, Adam (2002) s. Bastian, Hans Günther.

Kormann, Adam (1997) s. Gembris, Heiner.

Kormann, Adam: »Die Angst vor dem Vorsingen«, in: Kraemer (Hg.), *Musikpädagogik. Unterricht – Forschung – Ausbildung*, S. 64–78.

Kormann, Adam: »Ergebnisse und Probleme bei der Evaluation der musikdidaktischen Konzeption nach Carl Orff«, in: D. Rüdiger & M. Perrez (Hg.), *Anthropologische Aspekte der Psychologie*, Salzburg: Otto Müller 1979, S. 83–90.

Kormann, Adam: »Die Einschätzung der Zuverlässigkeit von Befragungsbefunden«, in: W. Tack (Hg.), *Bericht über den 30. Kongreß der Deutschen Gesellschaft für Psychologie,* Göttingen u. a.: Hogrefe 1977, Bd. 1, S. 78–80.

Kormann, Adam: *Zusammenstellung der Hauptbefunde der wissenschaftlichen Untersuchungen zu den Orff-Modell-Klassen Regensburg*. Unveröff. Manuskript 1977 [NHH].

Kormann, Adam: *Der Zusammenhang zwischen Intelligenz und Musikalität unter entwicklungs- und kreativitätspsychologischem Aspekt.* Unveröff. Diss. Universität Salzburg 1972.

Kormann, Adam: »Erfahrungen mit dem Seashore-Test zur Prüfung der musikalischen Begabung«, in: *Schule und Psychologie* 7/1968, S. 207–211.

Kraemer, Rudolf-Dieter: *Musikpädagogik – eine Einführung in das Studium*, Forum Musikpädagogik, Bd. 55, Reihe Wißner-Lehrbuch, Bd. 6, Augsburg: Wißner 2004.

Kraemer, Rudolf-Dieter: »Unterrichtsstörungen im Fach Musik. Der mühsame Beginn eines Forschungsprojektes«, in: G. Kreutz & J. Bähr (Hg.), *Anstöße – Musikalische Bildung fordern und fördern*, 2004, S. 41–52.

Kraemer, Rudolf-Dieter (2004, 2001, 1996, 1992) s. Gembris, Heiner.

Kraemer, Rudolf-Dieter (1992) s. Bastian, Hans Günther.

Kraemer, Rudolf-Dieter (Hg.): *Musikpädagogik. Unterricht – Forschung – Ausbildung*, Mainz u. a.: Schott 1991.

Kraemer, Rudolf-Dieter (Hg.): *Musiklehrer. Beruf, Berufsfeld, Berufsverlauf*, Musikpädagogische Forschung, Bd. 12, Essen: Die blaue Eule 1991.

Krampen, Günter: »Persönlichkeits- und Selbstkonzeptentwicklung«, in: Oerter & Montada, *Entwicklungspsychologie*, 2002[5], S. 675–710.
Kränzl-Nagl, Renate; Riepl, Barbara & Wintersberger, Helmut (Hg.): *Kindheit in Gesellschaft und Politik. Eine multidisziplinäre Analyse am Beispiel Österreichs*, Wohlfahrtspolitik und Sozialforschung, Bd. 5, Frankfurt/M. und New York: Campus Verlag 1998.
Krappmann, Lothar: »Untersuchungen zum sozialen Lernen«, in: Petillon, *Individuelles und soziales Lernen in der Grundschule*, 2002, S. 89–102.
Krappmann, Lothar & Oswald, Hans: *Alltag der Schulkinder. Beobachtungen und Analysen von Interaktionen und Sozialbeziehungen*, Weinheim/München: Juventa Verlag 1995.
Krappmann, Lothar & Oswald, Hans: »Freunde, Gleichaltrigengruppen, Geflechte. Die soziale Welt der Kinder im Grundschulalter«, in: Fölling-Albers (Hg.), *Veränderte Kindheit*, 1989, S. 94–102.
Krappmann, Lothar: »Kinder lernen mit und von Gleichaltrigen – auch in der Schule?«, in: *Die Grundschulzeitschrift* 2/1987, S. 42–46.
Kraus, Egon (1963) s. Wagner, Robert.
Kraus, Egon (1955) s. Rinderer, Leo.
Kreutz, Gunter (2009) s. Freudenhammer, Wibke.
Kreutz, Gunter; Schonk, Christina & Upano, Leo: »Einflüsse von Modalität und Tempo auf die musikalische Affekterkennung bei fünfjährigen und sechs- bis achtjährigen Kindern: Ergebnisse einer Replikationsstudie«, in: *Musicae Scientiae*, 9(1)/2007, pp. 121–143.
Kreutz, Gunter: Art. »Musikerziehung«, in: Lilian Fried & Susanna Roux (Hg.), *Pädagogik der frühen Kindheit. Handbuch und Nachschlagewerk*, Weinheim u. a.: Beltz 2006, S. 194–200.
Kreutz, Gunter & Wingenbach, Ulrike: »Lernbereich Musik«, in: Kahlert et al. (Hg.), *Ästhetisch bilden*, 2006, S. 169–182.
Kreutz, Gunter & Bähr, Johannes (Hg.): *Anstöße – Musikalische Bildung fordern und fördern.* Festschrift für Hans Günther Bastian zum 60. Geburtstag, Forum Musikpädagogik, Bd. 63, Augsburg: Wißner 2004, S. 71–81.
Kreutz, Gunter & Litta, Gabriele: »Musikpräferenzen und aggressive Einstellungen in der vierten Grundschulklasse«, in: *Musikpsychologie. Jahrbuch der Deutschen Gesellschaft für Musikpsychologie. Musikalische Begabung und Expertise*, Bd. 17, Göttingen u. a.: Hogrefe 2004, S. 72–88.
Kreutz, Gunter & Wingenbach, Ulrike: »Musikunterricht in der Grundschule – Ja! Aber wie?«, in: Huber & Kahlert (Hg.), *Hören lernen*, 2003, S. 66–79.

Kreutz, Gunter (2003) s. Hans Günther Bastian.
Kreutz, Gunter (1995) s. Kleinen, Günter.
Krieck, Ernst: *Musische Erziehung*. Vortrag, gehalten auf der III. Reichsführerwoche der Musikantengilde in Lichtental, Werkschriften der Musikantengilde, Bd. 4, Wolfenbüttel u. a.: Kallmeyer 1928.
Kriminologisches Forschungsinstitut Niedersachsen (2006, 2005) s. Pfeiffer, Christian.
Kubinger, Klaus D. & Jäger, Reinhold S. (Hg.): *Schlüsselbegriffe der Psychologischen Diagnostik*, Weinheim u. a.: Beltz PVU 2003.
Kuckartz, Udo: *Einführung in das Textanalysesystem Maxqda*, Berlin: Verbi Software, Consult Sozialforschung 2001.
Kuckartz, Udo: »Qualitative Daten computergestützt auswerten: Methoden, Techniken, Software«, in: Friebertshäuser & Prengel (Hg.), *Handbuch Qualitative Forschungsmethoden*, S. 584–595.
Kugler, Michael: *Die Methode Jaques-Dalcroze und das Orff-Schulwerk Elementare Musikübung. Bewegungsorientierte Konzeptionen der Musikpädagogik*, Beiträge zur Geschichte der Musikpädagogik, Bd. 9, Frankfurt/M.: Peter Lang 2000.
Kugler, Michael (Hg.): *Elementarer Tanz – Elementare Musik. Die Günther-Schule München 1924 bis 1944*, Mainz u. a.: Schott 2000.
Kühne, Norbert: *Wie Kinder Sprache lernen. Grundlagen, Strategien, Bildungschancen*, Darmstadt: Primus-Verlag 2003.
Kurzka, Anton & Winkler, J. B.: *Kommentar zum Lehrplan für die Grundschule in Bayern* 1971, 1.–4. Jahrgangsstufe, Kronach: Carl Link 1974[7].
Laatz, Wilfried (2005[5]) s. Janssen, Jürgen.
Lamnek, Siegfried: *Qualitative Sozialforschung*. Lehrbuch, Weinheim u. a.: Beltz 2005[4].
Lamnek, Siegfried: *Qualitative Sozialforschung*, Bd. 1 u. 2, Weinheim u. a.: Beltz 1995[3].
Lamont, Alexandra; Hargreaves, David J.; Marshall, Nigel A. & Tarrant, Mark: »Young people's music in and out of school«, in: *British Journal of Music Education*, vol. 20(3)/2003, pp. 1–13.
Langer, Armin: »Lehrerkompetenzen aus Schülersicht«, in: *mip-Journal* 6/2003, S. 6–11.
Lankes, Eva-Maria (2004, 2003) s. Bos, Wilfried.
Laufer, Daniela: *Untersuchungen zur Transferwirkung der Musik auf die sprachlichen Leistungen von Menschen mit geistiger Behinderung*, Kölner Studien zur Musik in Erziehung und Therapie, Bd. 2, Köln: Dohr 1995.

Lehmann, Andreas C. (2005) s. Bullerjahn, Claudia.
Lehmann, Andreas C.: *Habituelle und situative Rezeptionsweisen beim Musikhören. Eine einstellungstheoretische Untersuchung*, Schriften zur Musikpsychologie und Musikästhetik, Bd. 6, Frankfurt/M.: Peter Lang 1994.
Lehmann, Rainer H. & Peek, Rainer: *Aspekte der Lernausgangslage von Schülerinnen und Schülern der fünften Klassen an Hamburger Schulen*, Hamburg: Behörde für Schule, Jugend und Berufsbildung 1997.
Lettowsky, Franziska: *Gründung des Orff-Instituts*. Unveröff. Diplomarbeit zur Erlangung des Magistergrades, Universität Salzburg 1997.
Levitin, Daniel J. (2005) s. Menon, Vinod.
Lieber, Gabriele (2006) s. Kahlert, Joachim.
Lind, Georg (2005, 2007, 2009) s. III. Internet-Quellen.
Linsenkirchner, Peter: »Auswahl-Bibliographie: Carl Orff«, in: Gembris, Kraemer & Maas (Hg.), *Musikpädagogische Forschungsberichte* 1991, S. 239–250.
Lott, Horst Günter & Hartwig, Horst-Werner: *Schulleiter-ABC*, begründet von Willi Weber 1976. Eine Sachkartei für den verwaltungstechnischen Bereich der Schulleitung in Bayern (Volks- und Förderschulen), Kulmbach: Baumann 2004, 2003, 2002.
Maas, Georg (2004, 2001, 1996, 1992) s. Gembris, Heiner.
Mahler, Fabienne (1998) s. Spychiger, Maria.
Mahlert, Ulrich (1997) s. Richter, Christoph.
Mandl, Heinz (1994^2) s. Huber, Günther L.
Manion, Lawrence (2000) s. Cohen, Louis.
Manturzewska, Maria & Kaminska, Barbara: »Human musical development«, in: A. Langen & W. Priel (Hg.), *Musik und Heilpädagogik.* Festschrift für Hellmut Moog zum 65. Geburtstag, Frankfurt/M.: Peter Lang 1993, S. 221–250.
Maras, Rainer; Ametsbichler, Josef & Eckert-Kalthoff, Beate: *Handbuch für die Unterrichtsgestaltung in der Grundschule. Planungshilfen, Strukturmodelle, didaktische und methodische Grundlagen*, Donauwörth: Auer 2003.
Marsh, Herbert W.: »A multidimensional, hierachical model of selfconcept. Theoretical and empirical justification«, in: *Educational Psychology Review*, 2/1990, pp. 77–172.
Marshall, Catherine & Rossmann, Gretchen B.: *Designing qualitative research*, London: Sage Publikations 1989.

Martschinke, Sabine: »Identitätsentwicklung und Selbstkonzept«, in: Einsiedler, *Handbuch Grundschulpädagogik*, 2005², S. 262–266.
Mauermann, Lutz: »Moralentwicklung und Werteerziehung«, in: Einsiedler, *Handbuch Grundschulpädagogik*, 2005², S. 271–275.
Mayring, Philipp: *Qualitative Inhaltsanalyse. Grundlagen und Techniken*, Weinheim/Basel: Beltz 2003⁸.
Mayring, Philipp: *Einführung in die qualitative Sozialforschung. Eine Anleitung zu qualitativem Denken*, Weinheim/Basel: Beltz 2002⁵.
Mayring, Philipp: *Einführung in die qualitative Sozialforschung*, München: PVU 1993².
McCormick, John (2006) s. McPherson, Gary E.
McCormick, John & McPherson, Gary E.: »The role of self-efficacy in a musical performance examination. Exploratory structural equation analysis«, in: *Psychology of Music*, vol. 31(I)/2003, pp. 37–51.
McPherson, Gary E. & McCormick, John: »Self-Efficacy and Music Performance«, in: *Psychology of Music*, vol. 34(3)/2006, pp. 322–336.
McPherson, Gary E. (2003) s. McCormick, John.
Mead, George Herbert: *Geist, Identität und Gesellschaft. Aus der Sicht des Sozialbehaviorismus*, Frankfurt/M.: Suhrkamp 1973.
Medienpädagogischer Forschungsverbund Südwest (Hg.): *KIM-Studie* 2006. *Kinder und Medien, Computer und Internet. Basisuntersuchung zum Medienumgang 6- bis 13-Jähriger in Deutschland*, Stuttgart: [Eigenverlag] 2007.
Medienpädagogischer Forschungsverbund Südwest (Hg.): *KIM-Studie* 2005. *Kinder und Medien, Computer und Internet. Basisuntersuchung zum Medienumgang 6- bis 13-Jähriger in Deutschland*, Stuttgart: [Eigenverlag] 2006.
Meier, Markus: *Musikunterricht als Koedukation? Eine dreijährige Longitudinalstudie an einer ländlichen hessischen Gesamtschule*, Göttingen: Cuvillier 2008.
Meier, Markus: »Musikunterricht als Koedukation? Eine empirische Longitudinalstudie an einer ländlichen hessischen Gesamtschule«, in: Knolle (Hg.), *Lehr- und Lernforschung*, 2006, S. 127–137.
Menon, Vinod; Levitin, Daniel J. et al.: »The rewards of music listening: Response and physiological connectivity of themesolimbic system«, in: *NeuroImage*, 28(1)/2005, pp. 175–184.
Merkens, Hans: »Stichproben bei qualitativen Studien«, in: Friebertshäuser & Prengel (Hg.), *Handbuch Qualitative Forschungsmethoden*, 2003, S. 97–106.

Merton, Robert K. & Kendall, Patricia L.: »Das fokussierte Interview«, in: Hopf & Weingarten, *Qualitative Sozialforschung*, S. 171–204.

Meyer, Hilbert (1986) s. Jank, Werner.

Meyer, Meinert A. & Jessen, Silke: »Schülerinnen und Schüler als Konstrukteure ihres Unterrichts«, in: *Zeitschrift für Pädagogik* 46(5)/2000, S. 711ff.

MGG2 s. Finscher, Ludwig.

Mietzel, Gerd: *Wege in die Entwicklungspsychologie*, Weinheim u. a.: Beltz PVU 2002.

Miller, Patricia: *Theorien der Entwicklungspsychologie*, aus dem Amerikanischen übers. v. Angelika Hildebrandt-Essig, Heidelberg u. a.: Spektrum Akademischer Verlag 1993.

Milne, Barry J. (2004) s. Hancox, Robert J.

Minkenberg, Hubert: *Das Musikerleben von Kindern im Alter von fünf bis zehn Jahren. Eine Längsschnittuntersuchung als Basis für die Erforschung von abweichender Musikrezeption*, Studien zur Musik, Bd. 4, Frankfurt/M. u. a.: Peter Lang 1991.

Mittmann, Eva: *Musikalische Potenziale hörgeschädigter Kinder. Musikunterricht im Grundschulalter und dessen Einfluss auf Stimmentwicklung und Spracherkennungsfähigkeiten*, Diss. Goethe-Universität Frankfurt, in Vorbereitung.

Mitzkat, Horst (1974) s. Klewitz, Elard.

Montada, Leo (2002⁵) s. Oerter, Rolf.

Montada, Leo: »Fragen, Konzepte, Perspektiven«, in: Oerter & Montada, *Entwicklungspsychologie*, 2002⁵, S. 3–53.

Montada, Leo: »Die geistige Entwicklung aus der Sicht Jean Piagets«, in: Oerter & Montada, *Entwicklungspsychologie*, 2002⁵, S. 419–436.

Moosbrugger, Helfried (2007) s. Jonkisz, Ewa.

Moosbrugger, Helfried & Hartig, Johannes: Art. »Klassische Testtheorie«, in: Klaus D. Kubinger & Reinhold S. Jäger (Hg.), *Schlüsselbegriffe der Psychologischen Diagnostik*, 2003, S. 408–415.

Mößle, Thomas; Kleimann, Matthias; Rehbein, Florian & Pfeiffer, Christian: »Mediennutzung, Schulerfolg, Jugendgewalt und die Krise der Jungen«, in: *Zeitschrift für Jugendkriminalrecht und Jugendhilfe* 3/2006, S. 1–22.

Morrison, Keith (2000) s. Cohen, Louis.

Motte-Haber, Helga de la (1999) s. Behne, Klaus-Ernst.

Müller, Renate; Glogner, Patrick et al. (Hg.): *Wozu Jugendliche Musik und Medien gebrauchen. Jugendliche Identität und musikalische und mediale Geschmacksbildung*, Weinheim u. a.: Juventa 2002.

Müller, Renate: »Erfolgstyp Musiklehrer. Dimensionen der Interaktionskompetenz«, in: Kraemer (Hg.), *Musiklehrer. Beruf, Berufsfeld, Berufsverlauf*, 1991, S. 90–101.

Müller, Renate: *Soziale Bedingungen der Umgehensweisen Jugendlicher mit Musik. Theoretische und empirisch-statistische Untersuchung zur Musikpädagogik*, Musikwissenschaft/Musikpädagogik in der Blauen Eule, Bd. 5, Essen: Die Blaue Eule 1990.

Münch, Thomas: »Musik, Medien und Entwicklung im Jugendalter«, in: Müller, Glogner et al. (Hg.), *Wozu Jugendliche Musik und Medien gebrauchen*, 2002, S. 70–83.

Münch, Thomas (2006) s. Eibach, Martin.

Münch, Thomas (2006) s. Knolle, Niels (III. Internet-Quellen).

Münster, Robert & Wagner, Renata, Hg. im Auftrag der Bayerischen Staatsbibliothek: *Das Orff-Schulwerk*, Bayerische Staatsbibliothek, Ausstellungs-Kataloge, Bd. 18, Tutzing: Schneider 1978.

Myrtek, Michael & Scharff, Christian: *Fernsehen, Schule und Verhalten. Untersuchungen zur emotionalen Beanspruchung von Schülern*, Bern u. a.: Huber 2000.

Myrtek, Michael (1997) s. Wilhelm, Peter.

Nave, Karl-Heinz: *Die allgemeine deutsche Grundschule. Ideengeschichtliche Grundlegung und Verwirklichung in der Weimarer Republik*, Forschungsbeiträge zur Grundschulreform, Bd. 3, Frankfurt/M.: Arbeitskreis Grundschule e. V. 1961, Reprint 1980.

Neuhaus, Daniela: *Perspektive Musiklehrer/in. Der Berufswahlprozess von Lehramtstudierenden mit dem Unterrichtsfach Musik,* musicolonia 3, Köln: Verlag dohr 2008.

Neumann-Braun, Klaus (1992) s. Charlton, Michael.

Niessen, Anne: »Musikalische und pädagogische Selbstkonzepte von Musiklehrerinnen und Musiklehrern«, in: *Diskussion Musikpädagogik* 33(1)/2007, S. 30–40.

Niessen, Anne: *Individualkonzepte von Musiklehrern*, Theorie und Praxis der Musikvermittlung, Münster/Berlin: LIT 2006.

Nisbett, Richard E. & Wilson, Timothy D.: »Telling more than we can know: verbal reports on mental processes«, in: *Psychological Review*, 84(3)/1977, pp. 231–259.

Nolte, Eckhard (1993) s. Kaiser, Hermann J.

Nolte, Eckhard: »Zum Musiklernen bei den alten Ägyptern«, in: Kraemer (Hg.), *Musikpädagogik. Unterricht – Forschung – Ausbildung*, 1991, S. 265–269.

Nolte, Eckhard: *Die Musik im Verständnis der Musikpädagogik des 19. Jahrhunderts. Ein Beitrag zur Geschichte der Theorie musikalischen*

Lernens und Lehrens in der Schule, Beiträge zur Musikpädagogik, Bd. 2, Paderborn u. a.: Schöningh 1982.

Nolte, Eckhard: *Die neuen Curricula, Lehrpläne und Richtlinien für den Musikunterricht an den allgemeinbildenden Schulen in der Bundesrepublik Deutschland und West-Berlin. Einführung und Dokumentation. Teil I: Primarstufe*, Musikpädagogik, Forschung und Lehre, Bd. 16, Mainz u. a.: Schott 1982.

Nolte, Eckhard: *Lehrpläne und Richtlinien für den schulischen Musikunterricht in Deutschland vom Beginn des 19. Jahrhunderts bis in die Gegenwart. Eine Dokumentation*, Musikpädagogik – Forschung und Lehre, Bd. 3, Mainz u. a.: Schott 1975.

Odersky, Eva (2000) s. Huber, Ludowika.

Oerter, Rolf & Montada, Leo (Hg.): *Entwicklungspsychologie*, Weinheim u. a.: Beltz 2002[5] (darin folgende Kapitel von Rolf Oerter: »Kultur, Ökologie und Entwicklung«, S. 72–104; »Persönlichkeitsentwicklung in der Kindheit«, S. 210–221; »Schule als Umwelt«, S. 240–243; »Die Gleichaltrigen: Zur Entwicklung sozialer Kompetenz«, S. 243–257; »Hochleistungen in Musik und Sport«, S. 787–799).

Oerter, Rolf: *Psychologie des Spiels*, Weinheim u. a.: Beltz 1999.

Oerter, Rolf: »Warum hören Kinder auf zu singen? Folgen einer einseitigen Enkulturation«, in: *ESTA-Nachrichten* 34/1995, S. 22–46.

Oeveste, Hans von: »Kognitive Entwicklung im Schulalter«, in: J. Berndt, D. W. Busch & H.-G. Schönwälder (Hg.), *Schul-Arbeit. Belastung und Beanspruchung von Schülern*, S. 100–117.

Opp, Günther; Helbig, Paul & Speck-Hamdan, Angelika: *Problemkinder in der Grundschule*, Studientexte zur Grundschulpädagogik und -didaktik, Bad Heilbrunn: Klinkhardt 1999.

Orff-Institut an der Akademie »Mozarteum« Salzburg (Hg.): *Jahrbuch* III, 1964–1968, Mainz u. a.: Schott 1969.

Orff, Carl: »Denkschrift über die Einrichtung von Modellklassen mit erweitertem Musikunterricht an Volksschulen« [1966], in: Thomas & Götze, *Orff-Institut an der Akademie »Mozarteum« Salzburg. Jahrbuch* III, 1964–1968, Mainz u. a.: Schott 1969, S. 266–269.

Orff, Carl: »Memorandum. Forderung nach Einführung elementaren Musikunterrichts in Kindergärten und Volksschulen in Deutschland« [1965], in: Thomas & Götze, *Orff-Institut. Jahrbuch* III, S. 263–265.

Orff-Institut an der Akademie »Mozarteum« Salzburg (Hg.): *Jahrbuch* 1963, Mainz u. a.: Schott 1964.

Orff-Institut an der Akademie »Mozarteum« Salzburg (Hg.): *Jahrbuch* 1962, Mainz u. a.: Schott 1962.

Oser, Fritz & Althoff, Wolfgang: *Moralische Selbstbestimmung. Modelle der Entwicklung und Erziehung im Wertebereich*, Stuttgart: Klett-Cotta 1992.

Oswald, Hans (1995) s. Krappmann, Lothar.

Ott, Thomas: Art. »Musiklehrer«, in: Helms, Schneider & Weber, *Neues Lexikon der Musikpädagogik*, Sachtl., Kassel: Gustav Bosse 1994, S. 182–184.

Ott, Thomas: »Der heimliche Lehrplan der berufsbildenden Institutionen«, in: U. Günther & S. Helms (Hg.), *Schülerbild – Lehrerbild – Musiklehrerausbildung*, 1992, S. 33–48.

Ott, Thomas (1986) s. Jank, Werner.

Ott, Thomas (1982) s. Schaffrath, Helmut.

Pahlen, Kurt: *Es gibt keine unmusikalischen Kinder! Die Entwicklung der natürlichen Musikalität in den ersten Lebensjahren oder eine echte musikalische Früherziehung*, Zürich/Wiesbaden: Orell Füssli 1989.

Pape, Winfried (1982) s. Schaffrath, Helmut.

Papousek, Hanus: »Spiel in der Wiege der Menschheit«, in: Mechthild Papousek & Alexander Gontard (Hg.), *Spiel und Kreativität in der frühen Kindheit*, Stuttgart: Klett 2003, S. 17–55.

Patry, Jean-Luc (1993) s. Weber, Ernst.

Patry, Jean-Luc (Hg.): *Feldforschung. Methoden und Probleme sozialwissenschaftlicher Forschung unter natürlichen Bedingungen*, Bern/Stuttgart/Wien: Hans Huber 1982.

Peek, Rainer (1997) s. Lehmann, Rainer H.

Peez, Georg (2004) s. Richter, Heidi.

Pekrun, Reinhard: »Schüleremotionen und ihre Förderung. Ein blinder Fleck der Unterrichtsforschung«, in: *Psychologie in Erziehung und Unterricht* 45/1998, S. 230–248.

Petillon, Hanns: »Grundschulkinder und ihre soziale Beziehungen«, in: Einsiedler, *Handbuch Grundschulpädagogik*, 2005², S. 166–175.

Petillon, Hanns (Hg.): *Individuelles und soziales Lernen in der Grundschule. Kindperspektive und pädagogische Konzepte*, Jahrbuch Grundschulforschung, Bd. 5, Opladen: Leske u. Budrich 2002.

Petillon, Hanns: *Soziales Lernen in der Grundschule. Anspruch und Wirklichkeit*, Themen der Pädagogik, Frankfurt/M.: Diesterweg 1993.

Petillon, Hanns: *Das Sozialleben des Schulanfängers. Die Schule aus der Sicht des Kindes*, Weinheim: PVU 1993.

Petillon, Hanns: *Der Schüler. Rekonstruktion der Schule aus der Perspektive von Kindern und Jugendlichen*, Darmstadt: WBG 1987.
Pfeffer, Martin; Vogt, Jürgen et al. (Hg.): *Systematische Musikpädagogik oder: Die Lust am musikalisch geleiteten Nachdenken*, Forum Musikpädagogik, Bd. 34, Augsburg: Wißner 1998.
Pfeiffer, Christian (2006) s. Mößle, Thomas.
Pfeiffer, Christian: *Medienkonsum im Leben von 10-Jährigen*. Unveröff. Manuskript, Hannover: Kriminologisches Forschungsinstitut Niedersachsen e. V. (KFN) 2005.
Pfeiffer, Wolfgang: »Das musikalische Selbstkonzept. Effekte und Wirkungen«, in: *Diskussion Musikpädagogik* 33(1)/2007, S. 40–44.
Pfeiffer, Wolfgang: »Das musikalische Selbstkonzept. Eine Studie zum Einfluss bereichsspezifischer Expertise auf das Selbstkonzept«, in: Norbert Schläbitz (Hg.), *Interkulturalität als Gegenstand der Musikpädagogik*, Musikpädagogische Forschung, Bd. 28, Essen: Die Blaue Eule 2007, S. 239–254.
Pfeiffer, Wolfgang & Terhag, Jürgen (Hg.): *Schülerorientierter Musikunterricht – Wunsch und Wirklichkeit*, Musikunterricht heute, Bd. 6, Oldershausen: Lugert-Verlag 2006.
Pfeiffer, Wolfgang: *Musiklehrer. Biographie, Alltag und berufliche Zufriedenheit von Musiklehrern an bayerischen Gymnasien. Eine theoretische und empirische Analyse*, Musikwissenschaft/Musikpädagogik in der Blauen Eule, Bd. 17, Essen: Die Blaue Eule 1994.
Pflederer, Marylin: »The response of children to musical tasks embodying Piaget's principle of conservation«, in: *Journal of Research in Music Education*, vol. 12/1964, pp. 251–268.
Pfützner, Thomas: *Untersuchungen zum Stimmwechselverhalten bei Sängern eines Knabenchores*. Diplomarbeit Hochschule für Musik Dresden 2001.
Piaget, Jean: *Sprechen und Denken des Kindes*, Sprache und Lernen, Internationale Studien zur pädagogischen Anthropologie, Bd. 1, Düsseldorf: Schwann 1982^5.
Piaget, Jean: *Das Weltbild des Kindes*, München: Klett-Cotta im Ullstein-Taschenbuch 1981.
Piaget, Jean: *Psychologie der Intelligenz*, Olten u. a.: Walter 1971.
Pléh, Csaba (o. J.) s. Barkóczi, Ilona.
Poulton, Richie (2004) s. Hancox, Robert J.
Prengel, Annedore (1997/2003) s. Friebertshäuser, Barbara.
Prengel, Annedore: »Perspektivität anerkennen. Zur Bedeutung von Praxisforschung in Erziehung und Erziehungswissenschaft«, in:

Friebertshäuser & Prengel (Hg.), *Handbuch Qualitative Forschungsmethoden*, 2003, S. 599–627.
Prengel, Annedore (2005[2]) s. Heinzel, Friederike.
Prenzel, Manfred et al. (Hg.): *Pisa 2003. Der Bildungsstand der Jugendlichen in Deutschland. Ergebnisse des zweiten internationalen Vergleichs*, Münster u. a.: Waxmann 2004.
Prenzel, Manfred: *Die Wirkungsweise von Interesse. Ein pädagogisch-psychologisches Erklärungsmodell*, Beiträge zur psychologischen Forschung, Bd. 13, Opladen: Westdeutscher Verlag 1988.
Preyer, Wilhelm Thierry: *Die Seele des Kindes*, Leipzig: Grieben 1923[4].
Radnor, Hilary A. (Ed.): *Qualitative/interpretative research. Collecting and analysing interview data*, Educational research Monograph Series, vol. 3, Exeter: School of Education, University of Exeter 1994.
Rau, Johannes (2004) s. »Grußwort« (III. Internet-Quellen)
Reckziegel, Walter (1982) s. Graml, Karl.
Reinfandt, Karl-Heinz: »Zur Didaktik des Singens in Gesangslehren des 19. Jahrhunderts«, in: Kraemer (Hg.), *Musikpädagogik. Unterricht – Forschung – Ausbildung*, 1991, S. 334–341.
Reinsch, Christiane (2003) s. Ennemoser et al.
Renninger, K. Ann (1998) s. Huston, Aletha C.
Ribke, Juliane: *Elementare Musikpädagogik: Persönlichkeitsbildung als musikerzieherisches Konzept*, ConBrio-Fachbuch, Bd. 3, Regensburg: ConBrio 1995.
Richter, Christoph: »Musik als Musik oder als Genussmittel. Musikunterricht zwischen Gegenstand und Funktion«, in: *nmz* 3/2004, S. 23.
Richter, Christoph; Ehrenforth, Karl Heinrich & Mahlert, Ulrich: Art. »Musikpädagogik«, in: *MGG2*, Sachtl., Bd. 6/1997, Sp. 1440–1534.
Richter, Christoph: »Lebensweltliche Orientierung des Musikunterrichts – nur eine Utopie?«, in: *MuB* 6/1993, S. 24–29.
Richter, Heidi & Peez, Georg (Hg.): *Kind – Kunst – Kunstpädagogik. Beiträge zur ästhetischen Erziehung*. Festschrift für Adelheid Sievert, Norderstedt: Books on Demand 2004.
Riemer, Markus: *Entwicklung und Erprobung eines computergestützten Testverfahrens zur Diagnostik musikalischer Fähigkeiten in Bezug auf musikalische Begabung im schulreifen Alter*, Diss. Universität Rostock 2005.

Riemer, Otto: *Einführung in die Geschichte der Musikerziehung*, Taschenbücher zur Musikwissenschaft, Bd. 4, Wilhelmshaven: Heinrichshofen's Verlag 1970.

Riepl, Barbara (1998) s. Kränzl-Nagl, Renate.

Riethmüller, Albrecht; Hüschen, Heinrich & Simon, Artur: Art. »Musiké – musica – Musik«, in: *MGG2*, Sachtl., Bd. 6/1997, Sp. 1195–1213.

Riethmüller, Albrecht: »Musik zwischen Hellenismus und Spätantike«, in: Albrecht Riethmüller & Frieder Zaminer (Hg.), *Die Musik des Altertums*, Neues Handbuch der Musikwissenschaft, Bd. 1, Laaber: Laaber-Verlag 1989, S. 207–325.

Rinderer, Leo: *Musikerziehung. Ganzheitlicher Unterricht im Schulgesang*, unter Mitarbeit von Egon Kraus, Innsbruck: Helbling 1955.

Rinderer, Leo: *Erstes Liederbuch für die Einführung ins Notensingen*, Hamburg: Sikorski 1954.

Ritzel, Fred & Stroh, Wolfgang Martin (Hg.): *Musikpädagogische Konzeptionen und Schulalltag*, Musikpädagogische Bibliothek, Bd. 31, Wilhelmshaven: Heinrichshofen 1984.

Ritzel, Fred (1984) s. Antholz, Heinz.

Robinsohn, Saul B.: *Bildungsreform als Revision des Curriculums*, Arbeitsmittel für Studium und Unterricht, Neuwied am Rhein u. a.: Luchterhand 1967.

Rogge, Klaus-Eckart (Hg.): *Methodenatlas für Sozialwissenschaftler*, unter Mitarbeit von R. Bürgy, F. J. Geider, H. Müller, Ch. Rott, Berlin u. a.: Springer 1995.

Rolff, Hans-Günther & Zimmermann, Peter: »Veränderte Kindheit – Veränderte pädagogische Herausforderungen«, in: Fölling-Albers (Hg.), *Veränderte Kindheit*, 1989, S. 28–39.

Rolle, Christian: *Musikalisch-ästhetische Bildung. Über die Bedeutung ästhetischer Erfahrung für musikalische Bildungsprozesse*, Perspektiven zur Musikpädagogik und Musikwissenschaft, Bd. 24, Kassel: Gustav Bosse Verlag 1999.

Rora Constanze: »Musikunterricht in der Grundschule aus der Perspektive Musisch-Ästhetischer Erziehung«, in: Vogt (Hg.), *Musiklernen im Vor- und Grundschulalter*, 2005, S. 50–62.

Rösing, Helmut: »Musikalische Sozialisation und Musikpädagogik«, in: Scheidegger & Eiholzer, *Persönlichkeitsentfaltung durch Musikerziehung*, 1997, S. 164–185.

Rösing, Helmut: »Musikalische Sozialisation«, in: Helms, Schneider & Weber (Hg.), *Kompendium der Musikpädagogik*, 1995, S. 349–372.

Roske, Michael: »Der Schüler – der fand schon statt. Zu den Ursprüngen moderner Musikpädagogik im 19. Jahrhundert«, in: H. J. Kaiser, E. Nolte et al. (Hg.), *Vom pädagogischen Umgang mit Musik*, Mainz u. a.: Schott 1993, S. 110–117.

Rossmann, Gretchen B. (1989) s. Marshall, Catherine.

Rossmann, Peter: *Einführung in die Entwicklungspsychologie des Kindes- und Jugendalters*, Bern u. a.: Huber 1996.

Roszak, Theodore: *Der Verlust des Denkens. Über die Mythen des Computer-Zeitalters*, Stuttgart/München: Knaur 1986.

Rötter, Günther: »Die soziale Situation in der Klasse«, in: Helga de la Motte-Haber (Hg.), *Psychologische Grundlagen des Musiklernens*, Handbuch der Musikpädagogik, Bd. 4, Kassel u. a.: Bärenreiter 1987, S. 332–382.

Rudow Bernd: *Die Arbeit des Lehrers. Zur Psychologie der Lehrertätigkeit und Lehrergesundheit*, Bern u. a.: Huber 1994.

Salmen, Walter & Bröcker, Marianne: Art. »Musiker«, in: *MGG2*, Sachtl., Bd. 6/1997, Sp. 1213–1258.

Sandfuchs, Uwe (2005^2) s. Henze, Godehard.

Schäfer, Thomas: »Werte in der Schule«, in: Bayerisches Staatsministerium für Unterricht und Kultus (Hg.), *Lehrerinfo* 3/2005, S. 5–8.

Schäffer, Fritz: »Hilflose Augenärzte«, in: *Bayerische Schule* 59(1)/2006, S. 22.

Schaffrath, Helmut; Funk-Hennings, Erika et al.: *Studie zur Situation des Musikunterrichts und der Musiklehrer an allgemeinbildenden Schulen*, Musikpädagogik – Forschung und Lehre, Bd. 20, Mainz u. a.: Schott 1982.

Scharff, Christian (2000) s. Myrtek, Michael.

Scheich, Henning: »Visuelle Medien und unreife Gehirne«, in: K. Meisel & C. Schiersmann (Hg.), *Zukunft Weiterbildung. Standortbestimmungen für Forschung, Praxis und Politik*. Festschrift für Prof. E. Nuissl von Rein, Bielefeld: Bertelsmann 2006, S. 223–230.

Scheidegger, Josef: »Die schweizerischen Schulversuche mit erweitertem Musikunterricht (1988–1991). Ein nationales Forschungsprojekt des Nationalfonds«, in: Kreutz & Bähr (Hg.), *Anstöße – Musikalische Bildung fordern und fördern*, 2004, S. 53–70.

Scheidegger, Josef & Eiholzer, Hubert: *Persönlichkeitsentfaltung durch Musikerziehung*. Europäischer Kongress für Musikpädagogik (Luzern), Wege – Musikpädagogische Schriftenreihe, Bd. 10, Aarau (Schweiz): Musikedition Nepomuk 1997.

Schellberg, Gabriele: *Zur Entwicklung der Klangfarbenwahrnehmung von Vorschulkindern*, Beiträge zur Musikpsychologie, Bd. 1, Münster u. a.: LIT 1998.
Schellberg, Gabriele & Gembris, Heiner: »Musikalische Vorlieben von Grundschulkindern für Klassik. Neue Musik und Popmusik«, in: Kaiser (Hg.), *Musikpädagogische Forschung in Deutschland*, 2004, S. 37–46.
Schellberg, Gabriele & Gembris, Heiner: »Was Grundschulkinder (nicht) hören wollen. Eine neue Studie über Musikpräferenzen von Kindern der 1. bis 4. Klasse«, in: *Musik in der Grundschule* 4/2003, S. 48–52.
Schellenberg, Glenn E.: »Music lessons enhance IQ«, in: *American Psychological Society*, vol. 15(8)/2004, pp. 511–514.
Schepp, Heinz-Hermann (1973/74) s. Berthold, Michael.
Scheuch, Erwin Karl: »Das Interview in der Sozialforschung«, in: R. König (Hg.), *Handbuch der Empirischen Sozialforschung*, Bd. 2, Grundlegende Methoden und Techniken, Stuttgart: Enke und Deutscher Taschenbuch Verlag 1973^3, S. 66–190.
Schiffer, Kathrin (2003) s. Ennemoser et al.
Schläbitz, Norbert (2007) s. Pfeiffer, Wolfgang.
Schlegel, Clemens M.: *Europäische Musiklehrpläne im Primarbereich. Eine vergleichende Inhaltsanalyse*, Forum Musikpädagogik, Bd. 50, Augsburg: Wißner 2001.
Schmidt, Christiane: »›Am Material‹: Auswertungstechniken für Leitfadeninterviews«, in: Friebertshäuser & Prengel (Hg.), *Handbuch Qualitative Forschungsmethoden*, 2003, S. 544–568.
Schmidt, Hans Christian: »Der Lehrer im Musikunterricht«, in: H. G. Bastian & D. Klöckner, *Musikpädagogik. Historische, systematische und didaktische Perspektiven*, Düsseldorf: Schwann 1982, S. 152–170.
Schmidt, Josef: *Vorbilder – Leitbilder. Wer das Ziel nicht kennt, wird den Weg nicht finden*, Bayreuth: [Eigenverlag] 1989 [NHH].
Schmidt-Gaden, Gerhard: *Wege der Stimmbildung für Kinder und Erwachsene*, Frankfurt: Ed. Hieber im Allegra-Musikverlag 2006^2.
Schmitt, Rainer: »Musik«, in: Einsiedler, *Handbuch Grundschulpädagogik*, 2005^2, S. 604–615.
Schmitt, Rainer: »Qualitative Verfahren bei der Erforschung musikalischer Lebenswelten von Kindern«, in: C. Bullerjahn, H.-J. Erwe & R. Weber (Hg.), *Kinder – Kultur: Ästhetische Erfahrungen. Ästhetische Bedürfnisse*, Opladen: Leske u. Budrich 1999, S. 67–82.
Schmitt, Rainer (1991) s. Kleinen, Günter.

Schneider, Ernst Klaus: »Unterrichtsräume«, in: Helms, Schneider & Weber, *Handbuch des Musikunterrichts*, Bd. 1, 1997, S. 79–82.
Schneider, Ernst Klaus: »Musikräume. Lernwirklichkeit für Schülerinnen und Schüler«, in: *MuB* 6/1990, S. 336–340.
Schneider, Ilona K.: »Wirkungen des Erziehungsverhaltens von Lehrerinnen aus der Sicht von Grundschulkindern«, in: Petillon, *Individuelles und soziales Lernen in der Grundschule*, 2002, S. 169–176.
Schneider, Reinhard (2004[3], 2001, 2001[2], 1997) s. Helms, Siegmund.
Schneider, Wolfgang (2003) s. Ennemoser et al.
Schneider, Wolfgang & Büttner, Gerhard: »Entwicklung des Gedächtnisses bei Kindern und Jugendlichen«, in: Oerter & Montada, *Entwicklungspsychologie*, 2002[5], S. 495–516.
Schonert-Reichl, Kimberly: »Relations of peer acceptance, friendship adjustment, and social behaviour to moral reasoning during early adolescence«, in: *Journal of Early Adolescence*, 19/1999, pp. 249–279.
Schorch, Günther: »Computergestütztes Lernen in der Grundschule«, in: Einsiedler, *Handbuch Grundschulpädagogik*, 2005[2], S. 407–414.
Schramm, Holger: *Mood Management durch Musik. Die alltägliche Nutzung von Musik zur Regulation von Stimmungen*, Köln: Halem 2005.
Schründer-Lenzen, Agi: »Triangulation und idealtypisches Verstehen in der (Re-)Konstruktion subjektiver Theorien«, in: Friebertshäuser & Prengel (Hg.), *Handbuch Qualitative Forschungsmethoden*, 2003, S. 107–117.
Schulordnung für die Volksschulen in Bayern (2000) s. Bayerisches Staatsministerium.
Schulten, Maria Luise (Hg.): *Medien und Musik. Musikalische Sozialisation 5–15jähriger*, Theorie und Praxis der Musikvermittlung, Bd. 1, Münster u. a.: LIT 1999.
Schulten, Maria Luise: *Musikpräferenz und Musikpädagogik. Ein Beitrag zur musikpädagogischen Grundlagenforschung*, Europäische Hochschulschriften, Reihe 36, Bd. 46, Frankfurt/M. u. a.: Peter Lang 1990.
Schulten, Maria Luise: »Welche Unterrichtsmethoden wünschen sich Schüler? Ergebnisse einer empirischen Untersuchung«, in: Karl Heinrich Ehrenforth, Hg. im Auftrag des Verbandes Deutscher Schulmusiker, *Musikerziehung als Herausforderung der Gegenwart*, Kongressbericht der 13. Bundesschulmusikwoche, Mainz u. a.: Schott 1981, S. 334–347.

Schulten, Maria Luise: »Zur Entwicklung musikalischer Präferenzen«, in: Klaus-Ernst Behne (Hg.), *Musikpädagogische Forschung*, Musikalische Sozialisation, Bd. 2, Laaber: Laaber-Verlag 1981, S. 86–93.

Schulten, Maria Luise: »Musikpädagogische Forschung und die Praxis des Musikunterrichts. Forschungsergebnisse als Unterrichtshilfen«, in: *MuB* 12/1980, S. 542f.

Schulten, Maria Luise: »Schülerwünsche zu Unterrichtsmethoden im Musikunterricht«, in: Klaus-Ernst Behne, Hg. im Auftrag des Arbeitskreises Musikpädagogische Forschung e. V., *Musikpädagogische Forschung. Einzeluntersuchungen*, Bd. 1, Laaber: Laaber-Verlag 1980, S. 96–111.

Schulten, Maria Luise: *Das Berufsbild des Musiklehrers*, Beiträge zur Systematischen Musikwissenschaft, Bd. 2, Hamburg: Karl Dieter Wagner 1979.

Schwarzer, Gudrun; Siegismund, Annette & Wilkening, Friedrich: »Entwicklung des Tonalitätsverstehens bei der Beurteilung und Produktion von Liedschlüsseln«, in: *Jahrbuch Musikpsychologie*, Bd. 10, Wilhelmshaven: Noetzel 1994, S. 75–89.

Scott, Frances M. (1990) s. Garbarino, James.

Seashore, Carl Emil: *Seashore measurement of musical talent*, New York 1919, rev. Fassungen 1939, 1956, 1960.

Seiderer, Ilka: *Die Musikerziehung in der Volksschule und in gemeindlichen Einrichtungen in Oberammergau für die Passionsspiele im Laufe der Jahrhunderte*. Zulassungsarbeit zur 1. Lehramtsprüfung an bayerischen Volksschulen, Pädagogische Hochschule Regensburg 1965, Betreuer: Prof. Hermann Handerer [NHH].

Seiffge-Krenke, Inge: »Gesundheit als aktiver Gestaltungsprozess im menschlichen Lebenslauf«, in: Oerter & Montada, *Entwicklungspsychologie*, 2002[5], S. 846.

Serafine, Mary Louise: *Music as cognition. The development of thought in music*, New York: Columbia University Press 1988.

Serafine, Mary Louise: *A measure of meter conservation in music based on Piaget's theory*, Genetic Psychology Monografies, Diss. University Florida 1975.

Shavelson, Richard J.; Hubner, Judith J. & Stanton, George C.: »Self-concept. Validation of construct interpretations«, in: *Review of Educational Research*, 46/1976, pp. 407–441.

Shell Deutschland Holding (Hg.): *Jugend 2006. Eine pragmatische Generation unter Druck*. Konzeption & Koordination: Klaus Hurrelmann, Mathias Albert & TNS Infratest Sozialforschung, Frankfurt/M.: Fischer 2006.

Shuter-Dyson, Rosamund: »Psychologie musikalischen Verhaltens. Angloamerikanische Forschungsbeiträge«, in: S. Abel-Struth (Hg.), *Musikpädagogik. Forschung und Lehre*, Bd. 14, Mainz u. a.: Schott 1982.

Sievert, Adelheid s. Staudte, Adelheid; s. Richter & Peez (2004).

Sigel, Irving E. (1998) s. Huston, Aletha C.

Silbereisen, Rainer K. (1996) s. Zinnecker, Jürgen.

Simon, Artur (1997) s. Riethmüller, Albrecht.

Spanhel, Dieter: »Medienerziehung«, in: Einsiedler, *Handbuch Grundschulpädagogik*, 2005^2, S. 657–661.

Speck-Hamdan, Angelika (1999) s. Opp, Günther.

Spitzer, Manfred: *Musik im Kopf. Hören, Musizieren, Verstehen und Erleben im neuronalen Netzwerk*, Stuttgart u. a.: Schattauer 2005.

Spychiger, Maria: »Nein, ich bin ja unbegabt und liebe Musik.« Ausführungen zu einer mehrdimensionalen Anlage des musikalischen Selbstkonzepts«, in: *Diskussion Musikpädagogik* 33(1)/2007, S. 9ff.

Spychiger, Maria: »Lernforschung. Ein Blick in ihre Grundlagen und Anwendungen im Wechsel der psychologischen Paradigmen«, in: *Diskussion Musikpädagogik* 19/2003, S. 3–26.

Spychiger, Maria: »Was bewirkt Musik? Probleme der Validität, der Präsentation und der Interpretation bei Studien über außermusikalische Wirkungen musikalischer Aktivität«, in: Gembris, Kraemer & Maas (Hg.), *Macht Musik wirklich klüger?*, 2001, S. 13–37.

Spychiger, Maria: »Antwort auf Hans Günther Bastian & Adam Kormann ›Transfer im musikpädagogischen Diskurs‹«, in: Gembris, Kraemer, Maas (Hg.), *Macht Musik wirklich klüger?*, S. 67–69.

Spychiger, Maria: »Hören und Zuhören im erweiterten Musikunterricht«, in: Ludowika Huber & Eva Odersky (Hg.), *Zuhören – Lernen – Verstehen*, Braunschweig: Westermann 2000, S. 149–165.

Spychiger, Maria; Mahler, Fabienne et al.: *Fehlerkultur aus der Sicht von Schülerinnen und Schülern*, Schriftenreihe zum Projekt »Lernen Menschen aus Fehlern? Zur Entwicklung einer Fehlerkultur in der Schule«, Freiburg: Pädagogisches Institut der Universität Freiburg 4/1998.

Spychiger, Maria (1998) s. Cslovjecsek, Markus.

Spychiger, Maria: *Mehr Musikunterricht an den öffentlichen Schulen? Entwicklung eines zeichentheoretisch orientierten Begründungsansatzes als Alternative zu einer aussermusikalischen Argumentation*, Diss. Univ. Freiburg i. d. Schweiz, Hamburg: Kovac 1995.

Spychiger, Maria (1993) s. Weber, Ernst.

Spychiger, Maria: »Leistungsfähiger mit Gesang?«, in: *Zytglogge-Zytig*, Nr. 148/1990.
Staatsinstitut für Schulpädagogik und Bildungsforschung (Hg.): *1.–4. Jgst. Fremdsprachen*, München: [Eigenverlag] 2003.
Staatsinstitut für Schulpädagogik und Bildungsforschung (Hg.): *Materialsammlung für Klassen mit erweitertem Musikunterricht an Volksschulen*, München: [Eigenverlag] 1996.
Stadler Elmer, Stefanie: *Kinder singen Lieder. Über den Prozess der Kultivierung des vokalen Ausdrucks*, Münster: Waxmann 2002.
Stadler Elmer, Stefanie: *Spiel und Nachahmung. Über die Entwicklung der elementaren musikalischen Aktivitäten*, Aarau: Nepomuk 2000.
Statistisches Bundesamt (2009, 2005) s. III. Internet-Quellen.
Staudte, Adelheid (2004) s. Richter, Heidi.
Staudte, Adelheid (Hg.): *Ästhetisches Lernen auf neuen Wegen*, Weinheim u. a.: Beltz 1993.
Staudte, Adelheid: *Ästhetische Erziehung* 1–4. *Praxis und Theorie des Unterrichtens*, München u. a.: Urban und Schwarzenberg 1980.
Staudte, Adelheid: *Ästhetisches Verhalten von Vorschulkindern. Eine empirische Untersuchung zur Ausgangslage für Ästhetische Erziehung*, Weinheim u. a.: Beltz 1977.
Staufenbiel, Thomas (2002) s. Diehl, Joerg.
Steinberg, Reinhard (1997) s. Gembris, Heiner.
Stern, Elsbeth: »Wie abstrakt lernt das Grundschulkind? Neuere Ergebnisse der entwicklungspsychologischen Forschung«, in: Petillon, *Individuelles und soziales Lernen*, 2002, S. 28–42.
Stippler, Renate: *Musikalische Früherziehung. Entwicklungen und Aspekte eines Faches im letzten Drittel des 20. Jahrhunderts*, Diss. Goethe-Universität Frankfurt 2009.
Strauss, Anselm L. (2005^2, 1993^3, 1978) s. Glaser, Barney G.
Stroh, Wolfgang Martin (1984) s. Antholz, Heinz.
Szagun, Gisela: *Sprachentwicklung beim Kind*, Weinheim: Beltz 2006.
Tafuri, Johannella (1994) s. Ferrara, Eliana.
Tenorth, Heinz-Elmar: »Die Historie der Grundschule im Spiegel ihrer Geschichtsschreibung«, in: *Zeitschrift für Pädagogik* 46(4)/2000, S. 541–554.
Terhag, Jürgen (2006) s. Pfeiffer, Wolfgang.
Terhart, Ewald: »Grundschularbeit als Beruf«, in: Einsiedler, *Handbuch Grundschulpädagogik*, 2005^2, S. 129–140.
Thomas, Werner: »Carl Orff 1895–1982«, in: L. Gall (Hg.), *Die großen Deutschen unserer Epoche*, Berlin: Propyläen Verlag 1985, S. 445ff.

Thomas, Werner & Götze, Willibald: *Orff-Institut an der Akademie »Mozarteum« Salzburg. Jahrbuch* III, 1964–1968, Mainz u. a.: Schott 1969.
Verband Deutscher Schulmusiker (1981) s. Schulten, Maria Luise.
Verband Deutscher Schulmusiker (1963) s. Wagner, Robert.
Vieluf, Ulrich & Daschner, Peter: »Lehrpläne für die Grundschule«, in: Einsiedler, *Handbuch Grundschulpädagogik*, 2005², S. 363–372.
Vogt, Jürgen (Hg.): *Musiklernen im Vor- und Grundschulalter*, Musikpädagogische Forschung, Bd. 26, Essen: Die blaue Eule 2005.
Vogt, Jürgen: »Musikunterricht in allgemein bildenden freien Schulen«, in: Helms, Schneider & Weber (Hg.), *Praxisfelder der Musikpädagogik*, Kassel: Gustav Bosse 2001, S. 141–158.
Vogt, Jürgen (1998) s. Pfeffer, Martin.
Vogt, Sabine & Gerards, Marion: »Musikbezogene Selbstkonzepte von Jugendlichen und ihre Konsequenzen für die Musikvermittlung aus sozialpädagogischer Perspektive«, in: *Diskussion Musikpädagogik* 33(1)/2007, S. 21–30.
Volland, Cordelia & Hofmann, Gaby: »Darstellung und Erkennen des emotionalen Ausdrucks in musikalischen Improvisationen bei Kindern und Erwachsenen«, in: *Musiktherapeutische Umschau* 3(24)/2003, S. 205–214.
VSO (Volksschulordnung, 2000) s. Bayerisches Staatsministerium für Unterricht und Kultus.
Wagner, Renata (1978) s. Münster, Robert.
Wagner, Robert: »Die audio-visuelle Gestaltsauffassung im Vorschulalter«, in: E. Kraus (Hg.), *Der Einfluß der technischen Mittler auf die Musikerziehung unserer Zeit.* Vorträge der 7. Bundesschulmusikwoche, Mainz u. a.: Schott 1968, S. 112–122.
Wagner, Robert: »Musikalische Leistungsteste [sic!] mit Kindern«, in: E. Kraus, Hg. im Auftrag des Verbandes Deutscher Schulmusiker, *Quantität und Qualität in der deutschen Musikerziehung.* Vorträge der 5. Bundesschulmusikwoche, Mainz u. a.: Schott 1963, S. 128–135.
Warkus, Hartmut & Jacob, Thomas: »Von LANs und Clans. Gespräche am Rande der Games Convention in Leipzig«, in: *medien u. erziehung* 1/2003, S. 32–34.
Wassum, Sylvesta: »Elementary school children's concept of tonality«, in: *Journal of Research in Music Education*, vol. 28/1980, pp. 18–33.
Weber, Ernst Waldemar; Spychiger, Maria & Patry, Jean-Luc: *Musik macht Schule. Biografie und Ergebnisse eines Schulversuchs mit er-*

weitertem Musikunterricht, Pädagogik in der Blauen Eule, Bd. 17, Essen: Die Blaue Eule 1993.

Weber, Ernst Waldemar: *Bericht über den Schulversuch mit einer Singklasse an der Sekundarschule Muri* 1974 *bis* 1979 v. 01.07.1980 [masch. Manuskript, NHH].

Weber, Ernst Waldemar: *Bericht über den Schulversuch mit einer Singklasse an der Sekundarschule Muri im Schuljahr* 1972/73 [masch. Manuskript o. J., NHH].

Weber, Rudolf (2004[3], 2001, 2001[2], 1997, 1994) s. Helms, Siegmund.

Weber, Rudolf (1999) s. Bullerjahn, Claudia.

Weidenhiller, Michael: »Musik als Schulfach – Wirklichkeit und Vision«, in: Huber & Kahlert (Hg.), *Hören lernen*, 2003, S. 56–65.

Weinert, Franz E. (Hg.): *Entwicklung im Kindesalter*, Weinheim u. a.: Beltz 1998.

Weinert, Franz E.: »Überblick über die psychische Entwicklung im Kindesalter. Was wir darüber wissen, was wir noch nicht wissen und was wir wissen sollten«, in: Weinert (Hg.), *Entwicklung im Kindesalter*, S. 1–35.

Weinert, Franz: »Analyse und Untersuchung von Lehrmethoden«, in: Karlheinz Ingenkamp (Hg.), *Beobachtung und Analyse von Unterricht*, Weinheim/Basel: Beltz 1973.

Weinert, Sabine (2002[5]) s. Grimm, Hannelore.

Weinert, Sabine: *Spracherwerb und implizites Lernen. Studien zum Erwerb sprachanaloger Regeln bei Erwachsenen, sprachunauffälligen und dysphasisch sprachgestörten Kindern*, Bern: Huber 1991.

Weingarten, Elmar (1993[3]) s. Hopf, Christel.

Wellek, Albert: Art. »Begabung«, in: H. H. Eggebrecht (Hg.), *Riemann Musiklexikon*, Sachtl., Mainz u. a.: Schott 1967, S. 93–94.

Wilhelm, Peter; Myrtek, Michael & Brügner, Georg: *Vorschulkinder vor dem Fernseher. Ein psychophysiologisches Feldexperiment*, Bern u. a.: Huber 1997.

Wille, Günther: »Rhythmisch-musikalische Heilpädagogik in der Antike«, in: Orff-Institut an der Akademie »Mozarteum« Salzburg (Hg.), *Jahrbuch* 1962, Mainz u. a.: Schott, S. 41–52.

Wilson, Timothy D. (1977) s. Nisbett, Richard E.

Wingenbach, Ulrike (2006, 2003) s. Kreutz, Gunter.

Wingenbach, Ulrike: »Die liebe Not mit Noten – oder: Warum wird die Taste schwarz, wenn der Ton heller wird? Ein Beitrag zum besseren Verständnis für die Schwierigkeiten mit der Vermittlung der traditionellen Notation im Musikunterricht«, in: G. Kreutz &

J. Bähr (Hg.), *Anstöße – Musikalische Bildung fordern und fördern*, 2004, S. 199–213.
Winkler, J. B. (1974[7]) s. Kurzka, Anton.
Winter, Johann: »Instrumentalspiel und Lehrerbildung. Zur Instrumentalausbildung in den Lehramtsstudiengängen in Bayern«, in: Kraemer (Hg.), *Musikpädagogik. Unterricht – Forschung – Ausbildung*, 1991, S. 363–372.
Wintersberger, Helmut (1998) s. Kränzl-Nagl, Renate.
Wittmann, Helmut: »Die Chancen nützen! Musikunterricht in der Grundschule«, in: Volksmusikberaterstellen des Bayerischen Landesvereins für Heimatpflege e. V. (Hg.), *Volksmusik in Bayern*, 3/2003, S. 33–40.
Wößmann, Ludger (2005) s. Fuchs, Thomas.
Wright, John C. (1998) s. Huston, Aletha C.
Young, Linda Patricia: *An investigation on young children's music concept development using nonverbal manipulative techniques*, Diss. Ohio State University 1982.
Zeiher, Helga: »Kinder in der Gesellschaft und Kindheit in der Soziologie«, in: *Zeitschrift für Sozialisationsforschung und Erziehungssoziologie* 1/1996, S. 26–46.
Zeiher, Helga: »Über den Umgang mit der Zeit bei Kindern«, in: Fölling-Albers (Hg.), *Veränderte Kindheit*, 1989, S. 103–113.
Zenatti, Arlette: »Children's musical cognition and taste«, in: T. J. Tighe & W. J. Dowling (Ed.), *Psychology and music. The understanding of melody and rhythm*, Hillsdale/N. J.: Erlbaum 1993, pp. 177–196.
Zimmerman, Frederick J. & Christakis, Dimitri A.: »Children's Television Viewing and Cognitive outcomes. A longitudinal analysis of national data«, in: *Archives of Pediatrics & Adolescent Medicine*, 159(7)/2005, pp. 619–625.
Zinnecker, Jürgen: »Soziale Welten von Schülern und Schülerinnen. Über populäre, pädagogische und szientifische Ethnographien«, in: *Zeitschrift für Pädagogik* 46(5)/2000, S. 667–685.
Zinnecker, Jürgen & Silbereisen, Rainer K.: *Kindheit in Deutschland*, Weinhein u. a.: Juventa 1996.
Zöfel, Peter: *Statistik für Psychologen im Klartext*, München u. a.: Pearson Education 2003.

II. Ungedruckte Quellen

- Nachlass Hermann Handerer [NHH]

Unveröffentlichte Aktenbestände, Notizen, Manuskripte, Korrespondenzen (Regierung von Oberbayern, Bayerisches Staatsministerium u. a.), Skizzen, Partituren, Stimmenmaterial sowie zahlreiche Bücher und Drucke aus dem Nachlass Hermann Handerers (Regensburg), in: Sammlung M. Gaul (ehem. Familienbesitz Ingeborg Grosz). Die gedruckten Quellen des Nachlasses sind in das Literaturverzeichnis (I.) aufgenommen und mit dem Kürzel »NHH« versehen. Die Briefe, Aktenbestände, Kompositionen und das Aufführungsmaterial werden z. Zt. katalogisiert.

- Unveröff. Aktenbestände im Archiv des Orff-Zentrums München

  - Hermann Handerer: *Aufbau einer kontinuierlichen Musikerziehung in der Volksschule Oberammergau und Angliederung einer staatlichen Sing- und Jugendmusikschule* [konzeptueller Entwurf o. J.].
  - Hermann Handerer: *Schulversuch »Modellklassen mit erweitertem Musikunterricht« an bayerischen Volksschulen* [konzeptueller Entwurf o. J.].

- Briefesammlung im Archiv des Orff-Zentrums München

  - Hermann Handerer: »Plan zum Ausbau von ›Modellklassen mit erweitertem Musikunterricht‹ zu ›Musikvolksschulen‹«, in: *Brief an das bayerische Staatsministerium* v. 01.03.1969.
  - Hermann Handerer: »Ausbildung für die künftige Betreuung des Orff'schen Schulwerkes«, in: *Brief an das Staatsministerium für Unterricht und Kultus* v. 13.03.1962.
  - Carl Orff: *Brief an Hermann Handerer* v. 24.11.1960.

- Unveröff. Aktenbestände im Stadtarchiv Oberammergau

  - Korrespondenz v. 09.11.1984 mit Dr. Stümmer, Landesverband Bayerischer Tonkünstler e. V., München [NHH].
  - Handerer, Hermann: *Brief an die Gemeinde Oberammergau* v. 07.08.1952, in: Ordner Nr. 2/2001, Abt. 312/12.
  - Protokollbuch des Gemeinderates 1976.

- Korrespondenz des Autors mit verschiedenen Lehrbeauftragten und Dozenten, mit den Schulen, den zuständigen Schulämtern und Bezirksregierungen sowie dem Bayerischen Staatsministerium für Unterricht und Kultus, Wissenschaft und Kunst.
- 64 Leitfadeninterviews (mit Feldnotizen), die im Zeitraum der mündlichen Befragung (MB) durchgeführt und transkribiert wurden; vgl. dazu den Interviewleitfaden in Anhang A.
- Schüleraufsätze zu folgenden Themen: »Mein Wunsch zu unserem Musikunterricht«, »Wenn ich der Musiklehrer meiner Klasse wäre« (Pretest).
- Schülerzeichnungen, die anlässlich des Malwettbewerbes »Musikunterricht in der Grundschule« entstanden (Pretest).

III. Internet-Quellen

- Bastian, Hans Günther: »Nach langem Schweigen: Zur Kritik an der Langzeitstudie ›Musikerziehung und ihre Wirkung‹ (2000)«, in: http://www.musik-redaktion.de/HGBastian-replik.pdf. - Vgl. auch http://www.musikpaedagogik-online.de/unterricht/netzspezial/reflexion/bastian/show,17681.html [recherchiert am 07.06.09]
- »Erwiderung von Bundespräsident Johannes Rau [† 27.01.06] anlässlich der Verleihung des Georg-Schulhoff-Preises«, Düsseldorf, 07.11.03. Vgl. http://www.bundespraesident.de/Reden-und Interviews/Reden-Johannes-Rau-,11070.93470/Erwiderung-von-Bundespraesiden.htm [recherchiert am 09.04.07, 31.05.09].
- »Gemeinsam gegen Kinderarmut!«, in: http://www.kinder-armut.de [recherchiert am 25.02.07, 31.05.09].
- »Grußwort von Bundespräsident Johannes Rau bei der Eröffnung des Kongresses der Kulturstiftung der Länder ›Kinder zum Olymp!‹«, Leipzig 29.01.04. Vgl. http://www.bundespraesident.de/dokumente/-,2.94157/Rede/dokument.htm [recherchiert am 09.04.07, 31.05.09].
- Jäncke, Lutz: »Musiktherapie bei Hirnverletzung«, erschienen bei *Fragile Swiss* 12(3)/2004. Vgl. auch http://www.psychologie.unizh.ch/neuropsy [recherchiert am 24.02.07, 31.05.09].
- Knolle, Niels & Münch, Thomas: »Me[i]Mus.Ergebnisse« [2006]. Vgl. http://www.hfm-wuerzburg.de/~muench/studien/meimus/meimus_ergebnis.html [recherchiert am 31.03.07], http://www.hfm-wuerzburg.de/en/professors-amp-teachers/muench/publikationen/dokumentationen-von-forschungsprojek-

ten/meimus-neuemedien-als-werkzeugmusikinstrument-und-thema-im-musikunterricht/ergebnisse.html
[recherchiert am 31.05.09].

- Lind, Georg: »Effektstärken: Statistische versus praktische und theoretische Bedeutsamkeit«,
Vortrag v. 04.07.2005, überarbeitete Fassung.
Vgl. http://www.uni-konstanz.de/ag-moral/pdf/Lind 2005_Effektstaerke-Vortrag.pdf [recherchiert am 26.03.07], http://www.uni-konstanz.de/ag-moral/pdf/Lind-2008_Effekt-staerke-Vortrag.pdf [recherchiert am 31.05.09].
- Peter, Joachim: »Schülerschwund bringt Milliardeneinsparungen«.
Vgl. http://www.welt.de/print-wams/article144796/Schuelerschwund_bringt_Milliardeneinsparungen.html
[recherchiert am 05.04.07],
http://www.welt.de/print-wams/ar-ticl144796/Schuelerschwund_bringt_Milliardeneinsparungen.html [recherchiert am 31.05.09].
- Schellenberg, Glenn: »Music & IQ« [2006].
Vgl. http://www.sciencenetlinks.com/sci_update.cfm?DocID=235 [recherchiert am 15.03.07],
http://www.learnnc.org/lp/external/ScienceNet200_606_212122
[recherchiert am 31.05.09].
- Statistisches Bundesamt Deutschland: »Schülerzahlen an allgemein bildenden Schulen« [2005].
Vgl. http://www.destatis.de/basis/d/biwiku/schultab5.phb
[recherchiert am 12.12.05, 14.12.08].
- Statistisches Bundesamt (Hg.): *Im Blickpunkt: Jugend und Familie in Europa*, Wiesbaden: [Eigenverlag] 2009.
Vgl. http://www-ec.destatis.de [recherchiert am 14.05.09].
- »Verbot auch für MP3-Player«.
Vgl. http://www.br-online.de/wissen-bildung/artikel/0604/07-mp3 verbot/index.xml v. 07.04.06 [recherchiert am 09.04.07],
http://www.lehrerverband.de/mp3.htm
[recherchiert am 31.05.09].

Anhang

A. Interviewleitfaden[1]

A.1 Interviewleitfaden für musizierende Kinder

Projekt:	Musikunterricht aus Schülersicht
Zielgruppe:	Mündliche Schülerbefragung an bayerischen Grund-/ Haupt-/Realschulen und Gymnasien (4./5. Klassen)
Ziel:	Qualitative Explorationsphase zur Konstruktion eines Schülerfragebogens

Ansage auf Tonträger zu Beginn der mündlichen Befragung (MB): Name der Schule, Klasse, Nr. des Schülers, zuletzt besuchte Schulorte, Alter, Geschlecht, Datum, Uhrzeit.

Während der folgenden Hinführung zum Interview wird das Aufnahmegerät eingeschaltet: »Du hast doch sicher schon einmal mit einem Aufnahmegerät zu tun gehabt. […] Wir können uns später anhören, was wir da fabriziert haben. Tu so, als ob das Mikrofon gar nicht da wäre!«

1. Fragen zur Person

* Was ich dich fragen wollte: Gehst du eigentlich gerne zur Schule?
* Fühlst du dich wohl in deiner Schule? Warum/warum nicht?
* Bist du in der Schule gut oder eher nicht so gut?
* In der Schule muss man etwas arbeiten. Stimmt's? Arbeitest du gerne und gut mit?
* Welche Fächer hast du besonders gerne? Warum?
* Welche Fächer sind besonders wichtig? Warum?
* Kannst du dir vorstellen, dass Kinder manchmal Angst vor der Schule haben? Wann besonders?
* Bist du ein guter Schüler im Fach Musik?
* Bist du musikalisch? Warum ja/nein?
* Spielst du ein Musikinstrument?

[1] Der Interviewleitfaden A.1 lag Gesprächen mit den Kindern zu Grunde, die angaben, »aktiv« ein Instrument zu spielen. Interviewleitfaden A.2, der sich im Anschluss findet, war für »nicht-musizierende« Kinder vorgesehen.

(Wenn ja:)
- Was bedeutet das für dich?
- Bringt eigentlich das Lernen eines Instrumentes und das Musizieren in einer Gruppe etwas für dich?
- Welchen Sinn hat das Ganze für dich?
- Übst du regelmäßig? Wie sieht das aus bei dir?
- Stört dich das Üben oder hättest du lieber Zeit für andere Hobbys? Welche?
- Siehst du weniger fern, seitdem du musizierst?

* Welche Musik hörst du gerne zu Hause? (Titel/Gruppen/Stile usw.)
* Was halten deine Eltern vom Fach Musik in der Schule? Interessieren sie sich für das, was du da machst? Wie stellst du das fest?
* Glaubst du, dass du (vielleicht) ein anderer Mensch werden kannst, wenn du Musik machst? Warum/warum nicht?

2. Fragen zur Musik und zum außerschulischen Musikleben/-erleben

* Was bedeutet die Musik für dich? Wie wichtig ist sie für dich?
* Machst du noch etwas anderes außerhalb der Schule, was mit Musik zu tun hat (Gruppe/Verein)?

(Wenn ja:)
- Wie wichtig ist dir die Musik außerhalb der Schule im Vergleich zur Musik innerhalb der Schule?

* Hat sich dein Musikgeschmack in der letzten Zeit geändert? Warum?
* Wenn du die Möglichkeit hättest, in der Schule ein zweites Instrument zu lernen: Würde dir das gefallen? Für welches Instrument würdest du dich entscheiden?
* Wird bei dir zu Hause, also in deinem Elternhaus musiziert?

(Wenn ja:)
- Machen deine Eltern Musik?
- Wie findest du das?

* Hast du zu Hause Geräte zum Abspielen von Musik?

(Wenn ja:)
- Benutzt du sie jeden Tag? Warum/warum nicht?
- Welche Geräte hast du in deinem Zimmer? Wo sind die anderen Geräte?
- Welches Gerät gehört dir?

3. Fragen zum Musikunterricht in der Schule

* Erzähl mir von deinem Musikunterricht in der Schule! Welche besonderen Erlebnisse hattest du?
* Was hat dich am meisten beeindruckt, was hat dich geprägt?
* Es gibt Klassen, die musizieren sehr viel. Findest du gut, dass man in der Schule musiziert? Warum/warum nicht?
* Was kannst du außer »Notenlernen« im Musikunterricht für dich selbst dazugewinnen?
* Du hast das Fach Musik jetzt schon drei/vier Jahre in der Schule gehabt. Welche Erinnerungen hast du an diese Zeit?
* Es ist doch sicher einiges geschehen. Fällt dir spontan etwas Lustiges zum Musikunterricht ein?
* Was hat dir am meisten Spaß gemacht im Musikunterricht in der Schule?
* Hast du manchmal das Gefühl gehabt, dass es dir im Musikunterricht langweilig ist? Warum? Warum nicht?
* Was magst/mochtest du nicht am Musikunterricht in der Grundschule? Was stört/e dich?
* Welche Instrumente hast du im Musikunterricht kennengelernt/gespielt? Wie?
* Habt/hattet ihr einen Schulchor?
* Hast du da mitgesungen? Warum/warum nicht?
* Spielst du auch in einer Gruppe/einer AG mit? Macht das Spaß? Warum/warum nicht?
* Ist das Fach Musik in der Schule wichtig? Warum?
* Was sollte man im Musikunterricht in der Grundschule machen/lernen?
* Warum gehst du in eine musikbetonte Klasse/Schule? (vor allem eine wichtige Frage an den Modellschulen mit »erweitertem Musikunterricht«)

* Welche Fächer hattest du denn besonders gerne? Welche waren besonders wichtig?
* War der Musikunterricht in der Grundschule verlorene Zeit für dich?
* Durftest du im Unterricht auf einem Musikinstrument vorspielen? Bei einer Schulveranstaltung?
* Was hast du für dich gelernt?
* Hast du im Unterricht einmal selbst ein kleines Instrument gebaut?
* An welchen besonderen *musikalischen* Höhepunkt erinnerst du dich aus deiner Grundschulzeit?
* Was interessiert dich besonders im Fach Musik?
* Du kennst vielleicht einige große Musikwerke! Kannst du mir einige nennen?
* Habt ihr im Unterricht große Musikwerke besprochen oder woher kennst du sie?
* Du kannst mir doch sicher die Namen einiger großer Komponisten nennen!
* Habt ihr über diese Komponisten im Unterricht gesprochen?
* Welche größeren Musikwerke interessieren dich noch?
* Hat dich der Musikunterricht in der Grundschule bereichert? Hat er etwas gebracht?
* Habt ihr in Musik mit Liederbüchern gearbeitet? Habt ihr Liedblätter/Fotokopien bekommen?
* Welche Inhalte waren für dich wichtig? Welche waren für die Schule wichtig?
* Hast du im Unterricht etwas vermisst? Worauf würdest du Wert legen, wenn du der Lehrer wärst?
* Kannst du Noten lesen?
* Ihr habt euch doch sicher schon einmal selbst auf Kassette aufgenommen. Oder habt ihr mit einer Tonbandaufnahme Experimente gemacht?
* Habt ihr an eurer Schule einen Musikraum (gehabt)?

(Wenn ja:) - Wie sieht es dort aus? Beschreibe kurz!
- Geht ihr dort regelmäßig hin?

* Hast du im Musikunterricht schon einmal das Wort »Projekt« gehört? In welchem Zusammenhang?
* Macht dir das gemeinsame Musizieren mit der ganzen Klasse Spaß? Kennst du die Situation?

* Durftet ihr auch einmal eine eigene CD mitbringen und anhören? Öfter?
* Habt ihr danach über *deine* Musik gesprochen?
* Ihr habt ansonsten bestimmt noch Musik angehört? Welche?
* Habt ihr über die Aufnahmen genauer gesprochen?
* War der Unterricht einstündig oder mehrstündig an einem Tag?
* Hast du im Musikunterricht etwas kennengelernt, was du auch in deiner Freizeit tust?
* Gab es schon einmal eine Situation im Musikunterricht, die Einfluss auf deine Freizeit hatte?
* Hast du an dir im Musikunterricht neue Eigenschaften entdeckt? Hast du andere Eigenschaften abgelegt?
* Findet bei euch der Musikunterricht jede Woche statt? Regelmäßig?
* Hast du auch schon einmal etwas auswendig lernen müssen? Viel? Wie oft?
* Gibt es bei euch von der Schule aus eine »Orff-Gruppe«?
* Gibt es Flötenunterricht? Eine Tanzgruppe?

(Wenn ja:)
- Machst du das heute noch? Warum/warum nicht?

* Habt ihr mit der Schule schon einmal ein Konzert besucht?

(Wenn ja:)
- Welches?
- Ist das Musizieren in einem Konzert ein schönes Erlebnis oder eher Stress? Warum?

* Hat euch ein »richtiger« Musiker (z. B. Orchestermusiker) schon einmal sein Instrument vorgestellt?
* Bringt/brachte der Musikunterricht etwas?
* Könnte oder sollte man den Musikunterricht in der Grundschule »abschaffen«?

4. Fragen zum Lehrer/zur Lehrerin

* Kannst du deinen Musiklehrer des 4. Schuljahres beschreiben?
* Können/konnten dich deine Lehrer für das Musizieren begeistern? Warum/warum nicht?
* Welche Note würdest du deinem Musiklehrer geben? Warum?
* Hat der Lehrer auch *allein* etwas vorgesungen?

- Hat er Klavier gespielt oder andere Instrumente?
- Oder hat er lieber eine CD eingelegt?
- Wie war dein Verhältnis zu deinem Musiklehrer, wie zu deinen Mitschülern im Fach Musik?
- Hat euch euer Lehrer ab und zu einen Musikfilm mitgebracht?
- Erzähl mir von deinem witzigsten Musiklehrer!
- Warum hast du deinen Musiklehrer gemocht/nicht gemocht?
- Stell dir vor, du wärest der Musiklehrer eurer Klasse! Würdest du etwas anders machen? Warum? Warum nicht?
- Was müsste ein Lehrer machen, damit du Spaß hast?
- Kannst du dir vorstellen, später einmal Musiklehrer zu werden? Warum? Warum nicht?

5. Fragen zu den Mitschülern

- Mögen deine Freunde (auch) Musik?
- Suchst du dir deine Freunde danach aus, ob sie musizieren?
- Sollten alle Menschen musizieren? Warum/warum nicht?
- Musizierst du auch manchmal nachmittags mit anderen Kindern zusammen oder nur in der Schule?
- Spielst du lieber für dich alleine oder mit anderen zusammen? (in Musik/generell)
- Glaubst du, dass das gemeinsame Musizieren in der Schule auch zu besseren Kontakten zu deinen Mitschülern führt? Was ist das besondere, wenn man in einer Gruppe musiziert?
- Glaubst du, dass sich eine/eure Schule mit Musik verändert?

Ich danke dir für deine Mitarbeit!

Ansage auf Tonträger: Ende des Interviews (Uhrzeit), Dauer.

A.2 Interviewleitfaden für nicht-musizierende Kinder

Projekt:	Musikunterricht aus Schülersicht
Zielgruppe:	Mündliche Schülerbefragung an bayerischen Grund-/Haupt-/Realschulen und Gymnasien (4./5. Klassen)
Ziel:	Qualitative Explorationsphase zur Konstruktion eines Schülerfragebogens

Ansage auf Tonträger zu Beginn der mündlichen Befragung (MB): Name der Schule, Klasse, Nr. des Schülers, zuletzt besuchte Schulorte, Alter, Geschlecht, Datum, Uhrzeit.

Während der folgenden Hinführung zum Interview wird das Aufnahmegerät eingeschaltet: »Du hast doch sicher schon einmal mit einem Aufnahmegerät zu tun gehabt. [...] Wir können uns später anhören, was wir da fabriziert haben. Tu so, als ob das Mikrofon gar nicht da wäre!«

1. Fragen zur Person

* Was ich dich fragen wollte: Gehst du eigentlich gerne zur Schule?
* Fühlst du dich wohl in deiner Schule? Warum/warum nicht?
* Bist du in der Schule gut oder eher nicht so gut?
* In der Schule muss man etwas arbeiten. Stimmt's? Arbeitest du gerne und gut mit?
* Welche Fächer hast du besonders gerne? Warum?
* Welche Fächer sind besonders wichtig? Warum?
* Kannst du dir vorstellen, dass Kinder manchmal Angst vor der Schule haben? Wann besonders?
* Was sind denn deine Hobbys? Was machst du denn so in deiner Freizeit?
* Bist du ein guter Schüler im Fach Musik?
* Bist du musikalisch? Warum ja/nein?
* Wie sieht das bei dir mit dem Fernsehen aus? Erzähl mal!
* Welche Musik hörst du gerne zu Hause?
* Was halten deine Eltern vom Fach Musik in der Schule? Interessieren sie sich für das, was du da machst? Wie stellst du das fest?
* Glaubst du, dass du (vielleicht) ein anderer Mensch werden kannst, wenn du Musik machst? Warum/warum nicht?

2. Fragen zur Musik und zum außerschulischen Musikleben/-erleben

* Was bedeutet die Musik für dich? Wie wichtig ist sie für dich?
* Machst du noch etwas anderes außerhalb der Schule, was mit Musik zu tun hat (Gruppe/Verein)?
* Hat sich dein Musikgeschmack in der letzten Zeit geändert? Warum?
* Wenn du die Möglichkeit hättest, in der Schule ein Instrument zu lernen: Würde dir das gefallen? Für welches Instrument würdest du dich entscheiden?
* Wird bei dir zu Hause, also in deinem Elternhaus musiziert?

(Wenn ja:)
- Machen deine Eltern Musik?
- Wie findest du das?

* Hast du zu Hause Geräte zum Abspielen von Musik?

(Wenn ja:)
- Benutzt du sie jeden Tag? Warum/warum nicht?
- Welche Geräte hast du in deinem Zimmer? Wo sind die anderen Geräte?
- Welches Gerät gehört dir?

3. Fragen zum Musikunterricht in der Schule

* Erzähl mir von deinem Musikunterricht in der Schule! Welche besonderen Erlebnisse hattest du?
* Gab es etwas, was dich im Musikunterricht beeindruckt oder geprägt hat?
* Gab es etwas, was dich im anderen Unterricht in der Schule beeindruckt oder geprägt hat?
* Es gibt Klassen, die musizieren sehr viel. Findest du gut, dass man in der Schule musiziert? Warum/warum nicht?
* Was kannst du denn in Musik für dich selbst lernen?
* Du hast das Fach Musik jetzt schon drei/vier Jahre in der Schule gehabt. Welche Erinnerungen hast du an diese Zeit?
* Es ist doch sicher einiges geschehen. Fällt dir spontan etwas Lustiges zum Musikunterricht ein?
* Was hat dir am meisten Spaß gemacht im Musikunterricht in der Schule?

* Hast du manchmal das Gefühl gehabt, dass es dir im Musikunterricht langweilig ist? Warum? Warum nicht?
* Was magst/mochtest du nicht am Musikunterricht in der Grundschule? Was stört/e dich?
* Welche Instrumente hast du im Musikunterricht kennengelernt/ gespielt? Wie?
* Habt/hattet ihr einen Schulchor?
* Hast du da mitgesungen? Warum/warum nicht?
* Arbeitest du im Musikunterricht mit? Warum/warum nicht?
* Wenn ihr Musik habt, darfst du da auch etwas spielen?
* Was passiert denn da so alles?
* Spielst du auch in einer Gruppe/einer AG mit? Macht das Spaß? Warum/warum nicht?
* Ist das Fach Musik in der Schule wichtig? Warum?
* Was sollte man im Musikunterricht in der Grundschule machen/ lernen?
* Welche Fächer hattest du denn besonders gerne? Welche waren besonders wichtig?
* War der Musikunterricht in der Grundschule verlorene Zeit für dich?
* Durftest du im Unterricht auf einem Musikinstrument vorspielen? Bei einer Schulveranstaltung?
* Was hast du für dich gelernt?
* Hast du im Unterricht einmal selbst ein kleines Instrument gebaut?
* An welchen besonderen *musikalischen* Höhepunkt erinnerst du dich aus deiner Grundschulzeit?
* Gab es einen anderen Höhepunkt in deiner Grundschulzeit?
* Was interessiert dich besonders im Fach Musik?
* Was interessiert dich besonders in anderen Fächern?
* Du kennst vielleicht einige große Musikwerke! Kannst du mir einige nennen?
* Habt ihr im Unterricht große Musikwerke besprochen oder woher kennst du sie?
* Du kannst mir doch sicher die Namen einiger großer Komponisten nennen!
* Habt ihr über diese Komponisten im Unterricht gesprochen?
* Welche größeren Musikwerke interessieren dich noch?
* Hat dich der Musikunterricht in der Grundschule bereichert? Hat er etwas gebracht?

* Habt ihr in Musik mit Liederbüchern gearbeitet? Habt ihr Liedblätter/Fotokopien bekommen?
* Welche Inhalte waren für dich wichtig? Welche waren für die Schule wichtig?
* Hast du im Unterricht etwas vermisst? Worauf würdest du Wert legen, wenn du der Lehrer wärst?
* Kannst du Noten lesen?
* Ihr habt euch doch sicher schon einmal selbst auf Kassette aufgenommen. Oder habt ihr mit einer Tonbandaufnahme Experimente gemacht?
* Habt ihr an eurer Schule einen Musikraum (gehabt)?

(Wenn ja:)
- Wie sieht es dort aus? Beschreibe kurz!
- Geht ihr dort regelmäßig hin?

* Hast du im Musikunterricht schon einmal das Wort »Projekt« gehört? In welchem Zusammenhang?
* Macht dir das gemeinsame Musizieren mit der ganzen Klasse Spaß? Kennst du die Situation?
* Wenn die anderen gespielt haben, was hast du denn in der Zeit gemacht?
* Würde dir Musik besser gefallen, wenn du mitmachen dürftest?
* Durftet ihr auch einmal eine eigene CD mitbringen und anhören? Öfter?
* Habt ihr danach über *deine* Musik gesprochen?
* Ihr habt ansonsten bestimmt noch Musik angehört? Welche?
* Habt ihr über die Aufnahmen genauer gesprochen?
* War der Unterricht einstündig oder mehrstündig an einem Tag?
* Hast du im Musikunterricht etwas kennengelernt, was du auch in deiner Freizeit tust?
* Gab es schon einmal eine Situation im Musikunterricht, die Einfluss auf deine Freizeit hatte?
* Hast du an dir im Musikunterricht neue Eigenschaften entdeckt? Hast du andere Eigenschaften abgelegt?
* Findet bei euch der Musikunterricht jede Woche statt? Regelmäßig?
* Hast du auch schon einmal etwas auswendig lernen müssen? Viel? Wie oft?
* Gibt es bei euch von der Schule aus eine »Orff-Gruppe«?
* Gibt es Flötenunterricht? Eine Tanzgruppe?
* Machst du da mit? Warum/warum nicht?

* Habt ihr mit der Schule schon einmal ein Konzert besucht?

(Wenn ja:)
- Welches?
- Ist das Musizieren in einem Konzert ein schönes Erlebnis oder eher Stress? Warum?

* Hat euch ein »richtiger« Musiker (z. B. Orchestermusiker) schon einmal sein Instrument vorgestellt?
* Bringt/brachte der Musikunterricht etwas?
* Könnte oder sollte man den Musikunterricht in der Grundschule »abschaffen«?

4. Fragen zum Lehrer/zur Lehrerin

* Kannst du deinen Musiklehrer des 4. Schuljahres beschreiben?
* Können/konnten dich deine Lehrer für das Musizieren begeistern? Warum/warum nicht?
* Welche Note würdest du deinem Musiklehrer geben? Warum?
* Hat der Lehrer auch *allein* etwas vorgesungen?
* Hat er Klavier gespielt oder andere Instrumente?
* Oder hat er lieber eine CD eingelegt?
* Wie war dein Verhältnis zu deinem Musiklehrer, wie zu deinen Mitschülern im Fach Musik?
* Hat euch euer Lehrer ab und zu einen Musikfilm mitgebracht?
* Erzähl mir von deinem witzigsten Musiklehrer!
* Warum hast du deinen Musiklehrer gemocht/nicht gemocht?
* Stell dir vor, du wärest der Musiklehrer eurer Klasse! Würdest du etwas anders machen? Warum? Warum nicht?
* Was müsste ein Lehrer machen, damit du Spaß hast?
* Kannst du dir vorstellen, später einmal Musiklehrer zu werden? Warum? Warum nicht?

5. Fragen zu den Mitschülern

* Mögen deine Freunde (auch) Musik?
* Wonach suchst du dir deine Freunde aus?
* Sollten alle Menschen musizieren? Warum/warum nicht?
* Spielst du lieber für dich alleine oder mit anderen zusammen? (in Musik/generell)

* Glaubst du, dass das gemeinsame Musizieren in der Schule auch zu besseren Kontakten zu deinen Mitschülern führt? Was ist das besondere, wenn man in einer Gruppe musiziert?
* Glaubst du, dass sich eine/eure Schule mit Musik verändert?

Ich danke dir für deine Mitarbeit!

Ansage auf Tonträger: Ende des Interviews (Uhrzeit), Dauer.

B. Fragebogen[2]

Fragebogen 1 a

Mein Geheimwort: ________________

Bitte schreibe in die leeren Linien hinein, was gefragt ist.
Oder mach ein Kreuz, wo es verlangt ist!

1. Ich bin _____ Jahre alt.
2. Ich bin
   - ▢ ein Junge.
   - ▢ ein Mädchen.
3. Ich habe
   - _____ Geschwister:
   - _____ Schwester(n)
   - _____ Bruder / Brüder
4. Nenne drei deiner liebsten Hobbys:

   ____
5. Gehst du eigentlich gerne zur Schule?
   - ▢ immer
   - ▢ oft
   - ▢ manchmal
   - ▢ nie
6. Welche vier Fächer machen dir in der Schule am meisten Spaß?

   ____
7. Welche vier Fächer findest du besonders wichtig?

   ____

---

[2] Die Fragebögen 1 a, 2 und 3 wurden von Kindern ausgefüllt, die ein Instrument erlernten; 1 b, 2 und 3 bearbeiteten diejenigen, die kein Instrument spielten. – Obwohl von den Abbildungen, die zum Zeitpunkt der Datenerhebung in den Fragebogen integriert waren, für die Kinder eine hohe Motivation ausging, musste beim vorliegenden Druck der Fragebögen aus urheberrechtlichen Gründen auf diese graphische Gestaltung verzichtet werden. Vgl. dazu auch die Überlegungen zur Konzeption des Erhebungsinstruments in Kap. II. 5.1.2.

8. Hörst du in deiner Freizeit Musik an?
- ▢ ja
- ▢ nein

Warum? Warum nicht?

____

9. Spielst du ein Musikinstrument?
- ▢ ja
- ▢ nein

Wenn ja, welches Instrument spielst du? ________________

Was gefällt dir an diesem Instrument? ________________

10. Übst du auf deinem Musikinstrument regelmäßig?
- ▢ ja, jeden Tag
- ▢ etwa jeden zweiten Tag
- ▢ ein oder zwei Mal pro Woche

11. Wie lange übst du auf deinem Instrument?
- ▢ jedes Mal ungefähr gleich, etwa ___ Minuten
- ▢ ganz unterschiedlich, zwischen ___ und ___ Minuten

12. Hast du Unterricht auf deinem Instrument?
- ▢ ja
- ▢ nein

Wenn ja, wann und wie lange? __________________________

13. Wie lange spielst du schon dein Musikinstrument?

____

14. Machst du auch außerhalb von der Schule Musik?

- ▢ ja
- ▢ nein

Wenn ja, wann?

- ▢ nachmittags
- ▢ am Wochenende
- ▢ in den Ferien

Und wo?

- ▢ zu Hause
- ▢ in der Musikschule
- ▢ ______________
- ▢ ______________

15. Würdest du gerne in der Schule ein weiteres Instrument lernen?

- ▢ ja
- ▢ nein

Wenn ja, für welches Instrument würdest du dich entscheiden?

____

Was gefällt dir gerade an diesem Instrument?

____

16. In welchen Musikgruppen hast du in der Schule mitgemacht?

- ▢ Flötengruppe
- ▢ Schulchor
- ▢ Orff-Gruppe
- ▢ Tanzgruppe
- ▢ Gitarrengruppe
- ▢ Orchester

- ▢ andere Gruppe(n): ______________
- ▢ in keiner Gruppe

17. Singst du gerne in der Freizeit?

- ▢ ja
- ▢ nein

Wenn ja, wann?

- ▢ nachmittags
- ▢ am Wochenende
- ▢ in den Ferien

Und wo?

- ▢ zu Hause
- ▢ im Chor
- ▢ ____________________
- ▢ ____________________

18. Singst du gerne in der Schule?

- ▢ ja
- ▢ nein

Warum? Warum nicht?

____

19. Schaust du in deiner Freizeit Fernsehen?

- ▢ ja, jeden Tag
- ▢ etwa jeden zweiten Tag
- ▢ ein oder zwei Mal pro Woche
- ▢ nie

20. Wenn ja, wie lange schaust du Fernsehen pro Tag?

- ▢ jedes Mal ungefähr gleich, etwa ___ Minuten
- ▢ ganz unterschiedlich, zwischen ___ und ___ Minuten
- ▢ zwischen ___ und ___ Stunden
- ▢ etwa ___ Stunde(n)

21. Benutzt du in deiner Freizeit einen Computer?

- ▢ ja, jeden Tag
- ▢ etwa jeden zweiten Tag
- ▢ ein oder zwei Mal pro Woche
- ▢ nie

22. Wenn ja, wie viel Zeit verbringst du vor dem Computer?

- ▢ jedes Mal ungefähr gleich, etwa ___ Minuten
- ▢ ganz unterschiedlich, zwischen ___ und ___ Minuten
- ▢ zwischen ___ und ___ Stunden
- ▢ etwa ___ Stunde(n)

Du hast ganz prima mitgearbeitet!
Du darfst dir jetzt den zweiten Fragebogen vorn holen!

Fragebogen 1 b

Mein Geheimwort: ________________

Bitte schreibe in die leeren Linien hinein, was gefragt ist.
Oder mach ein Kreuz, wo es verlangt ist!

1. Ich bin ____ Jahre alt.
2. Ich bin
   - ▢ ein Junge.
   - ▢ ein Mädchen.
3. Ich habe
   - ____ Geschwister:
   - ____ Schwester(n)
   - ____ Bruder / Brüder
4. Nenne drei deiner liebsten Hobbys:

   ____

5. Gehst du eigentlich gerne zur Schule?
   - ▢ immer
   - ▢ oft
   - ▢ manchmal
   - ▢ nie
6. Welche vier Fächer machen dir in der Schule am meisten Spaß?

   ____

7. Welche vier Fächer findest du besonders wichtig?

   ____

8. Hörst du in deiner Freizeit Musik an?
- ▢ ja
- ▢ nein

Warum? Warum nicht?

____

9. Singst du gerne in der Freizeit?
- ▢ ja
- ▢ nein

Wenn ja, wann?
- ▢ nachmittags
- ▢ am Wochenende
- ▢ in den Ferien

Und wo?
- ▢ zu Hause
- ▢ im Chor
- ▢ ______________
- ▢ ______________

10. Singst du gerne in der Schule?
- ▢ ja
- ▢ nein

Warum? Warum nicht?

____

11. Hast du schon einmal früher ein Musikinstrument gespielt?
- ▢ ja
- ▢ nein

Wenn ja, welches Instrument? ______________

Wenn ja, wo hast du es gelernt? ______________

Warum hast du damit aufgehört?

____

____

12. Würdest du gerne in der Schule ein Musikinstrument lernen?

- ▢ ja
- ▢ nein

Wenn ja, für welches Instrument würdest du dich entscheiden?

____

Was gefällt dir gerade an diesem Instrument?

____

13. In welchen Musikgruppen hast du in der Schule mitgemacht?

- ▢ Flötengruppe
- ▢ Schulchor
- ▢ Orff-Gruppe
- ▢ Tanzgruppe
- ▢ andere Gruppe(n): ____________________
- ▢ in keiner Gruppe

14. Schaust du in deiner Freizeit Fernsehen?

- ▢ ja, jeden Tag
- ▢ etwa jeden zweiten Tag
- ▢ ein oder zwei Mal pro Woche
- ▢ nie

15. Wenn ja, wie lange schaust du Fernsehen pro Tag?

- ▢ jedes Mal ungefähr gleich, etwa ___ Minuten
- ▢ ganz unterschiedlich, zwischen ___ und ___ Minuten
- ▢ zwischen ___ und ___ Stunden
- ▢ etwa ___ Stunde(n)

16. Benutzt du in deiner Freizeit einen Computer?

- ▢ ja, jeden Tag
- ▢ etwa jeden zweiten Tag
- ▢ ein oder zwei Mal pro Woche
- ▢ nie

17. Wenn ja, wie viel Zeit verbringst du vor dem Computer?

- ▢ jedes Mal ungefähr gleich, etwa ___ Minuten
- ▢ ganz unterschiedlich, zwischen ___ und ___ Minuten
- ▢ zwischen ___ und ___ Stunden
- ▢ etwa ___ Stunde(n)

Du hast ganz prima mitgearbeitet!
Du darfst dir jetzt den zweiten Fragebogen vorn holen!

Fragebogen 2

Mein Geheimwort: ______________

Gleich geht es weiter mit dem Fragespiel. Heute Morgen habe ich dir einiges über mich erzählt. Jetzt möchte ich dich etwas besser kennenlernen! Mach bitte hinter jeden der folgenden Sätze immer nur *ein* Kreuz!

		trifft zu	trifft etwas zu	trifft nicht zu
1.	Ich bin sicher so klug wie andere.	▢	▢	▢
2.	Ich traue mich fast immer, andere Kinder zu fragen, ob sie mich mitspielen lassen.	▢	▢	▢
3.	Ich wechsle oft meine Freunde.	▢	▢	▢
4.	Ich weine, wenn ich im Spiel verliere.	▢	▢	▢
5.	Ich kann nicht so gut schreiben.	▢	▢	▢
6.	Ich traue mich oft nicht, jemanden etwas zu fragen.	▢	▢	▢
7.	Ich bin lieber mit Erwachsenen zusammen als mit Kindern.	▢	▢	▢
8.	Wenn andere Kinder mich ärgern, kann ich mich alleine wehren.	▢	▢	▢
9.	Es fällt mir schwer, ruhig zu sitzen.	▢	▢	▢
10.	Ich traue mich, überall hinzugehen.	▢	▢	▢
11.	Wenn ich mit anderen Kindern zusammen bin, habe ich immer etwas Angst.	▢	▢	▢
12.	Ich weine, wenn ich etwas nicht machen kann.	▢	▢	▢

		trifft zu	trifft etwas zu	trifft nicht zu
13.	Ich kann der Lehrerin / dem Lehrer nicht immer zuhören.	▢	▢	▢
14.	Ich habe Angst, wenn ich vor einer Reihe von Leuten sprechen soll.	▢	▢	▢
15.	Ich sollte höflicher zu anderen sein.	▢	▢	▢
16.	Ich weine, wenn andere mir etwas wegnehmen.	▢	▢	▢
17.	Oft kann ich nicht zuhören oder aufpassen, wenn jemand etwas sagt oder erzählt.	▢	▢	▢
18.	Ich schäme mich, wenn man von mir spricht.	▢	▢	▢
19.	Am liebsten werde ich nicht beachtet.	▢	▢	▢
20.	Ich bin beleidigt, wenn andere sich über mich lustig machen.	▢	▢	▢
21.	Ich kann gut Rätsel (oder Puzzles) lösen.	▢	▢	▢
22.	Ich habe immer etwas Angst, wenn man mir Fragen stellt.	▢	▢	▢
23.	Ich spiele lieber mit kleineren Kindern.	▢	▢	▢
24.	Ich bin traurig, wenn andere nicht mit mir spielen wollen.	▢	▢	▢
25.	Ich weiß schon ganz schön viele Dinge.	▢	▢	▢
26.	Ich habe Angst, Fehler zu machen.	▢	▢	▢
27.	Ich bin ein freundlicher Mensch.	▢	▢	▢
28.	Oft verstehe ich Dinge nicht.	▢	▢	▢

Gut gemacht!
Du darfst dir jetzt den dritten Fragebogen holen!

Fragebogen 3

Mein Geheimwort: ________________

Die folgenden Sätze wollen dich beschreiben.
Kreuze an, was für dich zutrifft.

		trifft zu	trifft etwas zu	trifft nicht zu
1.	In der Schule habe ich viele Freundinnen / Freunde.	▢	▢	▢
2.	Ich lese gerne Geschichten in Büchern.	▢	▢	▢
3.	Ich unternehme am Wochenende oft etwas mit meinen Eltern und / oder Geschwistern.	▢	▢	▢
4.	Ich fühle mich wohl in meiner Klasse.	▢	▢	▢
5.	Am liebsten verabrede ich mich mit meiner Freundin / meinem Freund.	▢	▢	▢
6.	Schule gefällt mir, weil ich jeden Tag meine Freundinnen / Freunde treffe.	▢	▢	▢
7.	Ich spiele nachmittags lieber alleine.	▢	▢	▢
8.	Beim Lösen von Rechenaufgaben habe ich große Mühe.	▢	▢	▢
9.	Sport machen in der Freizeit gefällt mir nicht so gut.	▢	▢	▢
10.	Das Lernen macht mir keinen Spaß.	▢	▢	▢
11.	Schule finde ich oft anstrengend.	▢	▢	▢

		trifft zu	trifft etwas zu	trifft nicht zu
12.	Mir gefällt es, immer etwas Neues zu lernen.	▢	▢	▢
13.	Meine Eltern wollen immer wissen, was in der Schule los war.	▢	▢	▢
14.	In meiner Freizeit bin ich häufig mit mehreren Freundinnen / Freunden zusammen.	▢	▢	▢
	Nun interessieren uns einige Fragen zur Musik.			
15.	Ich höre mir gerne Musik an.	▢	▢	▢
16.	Bei uns wird zu Hause viel gesungen oder musiziert.	▢	▢	▢
17.	Ich kann mich beim Musikhören gut entspannen.	▢	▢	▢
18.	Musik hilft mir, wenn ich mal wütend bin, dass ich mich besser fühle.	▢	▢	▢
19.	Meine Schwester / mein Bruder spielt ein Instrument.	▢	▢	▢
20.	Wenn ich traurig bin, suche ich mir bestimmte Musik zum Anhören aus.	▢	▢	▢
21.	Meine Mutter / mein Vater spielt häufig auf einem Musikinstrument.	▢	▢	▢
22.	Ich finde es toll, wenn zu Hause musiziert wird.	▢	▢	▢
23.	Musik gehört nicht zu meinen Lieblingsfächern.	▢	▢	▢
24.	Meinen Eltern erzähle ich selten vom Musikunterricht.	▢	▢	▢
25.	In meiner Freizeit mache ich mehr Musik als in der Schule.	▢	▢	▢

Nun geht es um deinen Musikunterricht in der Schule.

		trifft zu	trifft etwas zu	trifft nicht zu
26.	Im Musikunterricht machen wir viele tolle Sachen.	▢	▢	▢
27.	Ich habe in Musik schon verschiedene Instrumente ausprobieren dürfen.	▢	▢	▢
28.	In unserer Schule wird viel musiziert.	▢	▢	▢
29.	Ab und zu darf ich in der Schule auf einem Instrument vorspielen.	▢	▢	▢
30.	In Musik sollen die Schüler viel Spaß haben.	▢	▢	▢
31.	Ich lerne in Musik viele wichtige Dinge für mein Leben.	▢	▢	▢
32.	Ich kann mich im Musikunterricht gut konzentrieren.	▢	▢	▢
33.	Ich möchte mehr über Musikinstrumente lernen.	▢	▢	▢
34.	In der Schule singen wir jeden Tag.	▢	▢	▢
35.	Wenn wir in der Klasse musizieren, darf fast jeder ein Instrument spielen.	▢	▢	▢
36.	Ich habe Angst, mich zu verspielen, wenn ich auf einem Instrument vorspiele.	▢	▢	▢
37.	Manchmal ist es in Musik langweilig.	▢	▢	▢
38.	Ich finde, dass wir zu wenig Musik in der Schule machen.	▢	▢	▢

		trifft zu	trifft etwas zu	trifft nicht zu
39.	Vor anderen vorsingen finde ich peinlich.	▢	▢	▢
40.	Die Übertrittsfächer interessieren mich mehr als das Fach Musik.	▢	▢	▢
41.	Von großen Musikstücken will ich mehr erfahren (z. B. Stücke von Mozart).	▢	▢	▢
42.	Musizieren mit anderen Kindern gefällt mir.	▢	▢	▢
43.	Wenn ich singe, fühle ich mich gut.	▢	▢	▢
44.	Wenn man mit verschiedenen Instrumenten in der Klasse spielt, muss man gut aufeinander hören.	▢	▢	▢
45.	Ich möchte selber gerne Musik komponieren.	▢	▢	▢
46.	Im Musikunterricht habe ich schon Musik aus der ganzen Welt kennengelernt.	▢	▢	▢
47.	Es gefällt mir, einiges über große Komponisten zu erfahren.	▢	▢	▢
48.	Noten lernen finde ich doof.	▢	▢	▢
49.	Das Musizieren finde ich sehr anstrengend.	▢	▢	▢
50.	Die Lieder im Musikunterricht finde ich langweilig.	▢	▢	▢
51.	Ich würde lieber andere Musik machen als die, die in der Schule gemacht wird.	▢	▢	▢
52.	Den Musikunterricht finde ich anstrengend.	▢	▢	▢

Jetzt folgen Fragen zu deinem Musiklehrer und deinen Mitschülern.

		trifft zu	trifft etwas zu	trifft nicht zu
53.	Mein Musiklehrer kann mich für Musik begeistern.	▢	▢	▢
54.	Unser Lehrer erzählt uns in Musik viele spannende Geschichten.	▢	▢	▢
55.	Unser Musiklehrer spielt oft auf einem Instrument vor.	▢	▢	▢
56.	Ich möchte mal so musizieren können wie mein Musiklehrer.	▢	▢	▢
57.	Später möchte ich mal Musiklehrer werden.	▢	▢	▢
58.	Wenn man mit anderen zusammen musiziert, versteht man sich danach besser.	▢	▢	▢
59.	Ich bin gerne mit anderen Kindern zusammen.	▢	▢	▢
60.	In unserer Klasse nehmen die meisten Kinder Rücksicht auf andere.	▢	▢	▢
61.	Mein Musiklehrer singt selten etwas alleine vor.	▢	▢	▢
62.	Mich stört, wenn andere Kinder im Musikunterricht stören oder rumkaspern.	▢	▢	▢

Eine letzte Frage zu dir:

63. Auf der nächsten Seite findest du einige Geräte. Welche benutzt du davon regelmäßig?

Kreuze bitte an, was du oft, manchmal oder nie benutzt! Wenn du etwas aus der Liste nicht kennst, dann mach dein Kreuzchen in der Spalte ganz rechts!

	oft	manchmal	nie	kenne ich gar nicht
Walkman	▢	▢	▢	▢
Kassettenrekorder	▢	▢	▢	▢
Radio	▢	▢	▢	▢
CD-Player	▢	▢	▢	▢
Discman	▢	▢	▢	▢
MP3-Player	▢	▢	▢	▢
Stereoanlage	▢	▢	▢	▢
Mikrofon	▢	▢	▢	▢
Fernseher	▢	▢	▢	▢
Handy	▢	▢	▢	▢
Computer	▢	▢	▢	▢
CD-ROM	▢	▢	▢	▢
DVD-Player	▢	▢	▢	▢
Nintendo	▢	▢	▢	▢
Gameboy	▢	▢	▢	▢
Video-Rekorder	▢	▢	▢	▢
Play Station 2	▢	▢	▢	▢
Internet	▢	▢	▢	▢
X-Box	▢	▢	▢	▢

64. Oder benutzt du noch andere Geräte?

____

65. Welche Geräte davon hast du in deinem Zimmer?

____

Danke! Du hast super mitgearbeitet. Als Belohnung darfst du dir vorn eine kleine Überraschung abholen!

C. Abkürzungen

Abt.	- Abteilung
AG	- Arbeitsgemeinschaft(en)
AM	- Arithmetisches Mittel, Mittelwert
Aufl.	- Auflage
BayStM	- Bayerische Staatsministerien für Unterricht und Kultus und Wissenschaft, Forschung und Kunst
BayEUG	- Bayerisches Erziehungs- und Unterrichtsgesetz
df	- Degrees of freedom (Freiheitsgrade der untersuchten Einflussquelle)
EMU	- Erweiterter Musikunterricht
GS	- Grundschule
GTS	- Ganztagsschulen
GTH	- Grund- und Teilhauptschule
GVBl	- Bayerisches Gesetz- und Verordnungsblatt
GY	- Gymnasium
HS	- Hauptschule
HSK/HSU	- Heimat- und Sachkunde, Heimat- und Sachunterricht
KMBl.	- Amtsblatt des Bayerischen Staatsministeriums für Unterricht und Kultus
LRS	- Lese-/Rechtschreibschwäche
MB	- Mündliche Befragung/Interview im Rahmen der qualitativen Studie
MU	- Musikunterricht
N	- Stichprobenumfang
NHH	- Nachlass Hermann Handerer
o. J.	- Ohne Angabe des Jahres der Veröffentlichung
OZM	- Orff-Zentrum München, Staatsinstitut für Forschung und Dokumentation
p	- Statistische Signifikanz, dem t-Wert zugehörige Wahrscheinlichkeit
PH	- Pädagogische Hochschule
Repr.	- Reprint
Rg.	- Regensburg, -er
RS	- Realschule
SB	- Schriftliche Befragung der Teilnehmer an der quantitativen Studie
SD	- Standard deviation (Standardabweichung)
t	- Prüf- bzw. Testverteilung, asymptotischer Test

THW	-	Textilarbeit, Handarbeit, Werken
Tl., Tle.	-	Teil, Teile
Vpn	-	Versuchsperson(-en), Proband(-en)
VS	-	Volksschule
VSO	-	Schulordnung für die Volksschulen in Bayern

Enzyklopädien, Zeitschriften und Nachschlagewerke

FAZ	-	Frankfurter Allgemeine Zeitung
MGG2	-	Die Musik in Geschichte und Gegenwart (vgl. Literaturverzeichnis)
MiU(B)	-	Musik im Unterricht. Ausgabe B, Zeitschrift für Musik in Schule und Lehrerbildung (ab 1956), Organ des Verbandes Deutscher Schulmusikerzieher
MuB	-	Musik und Bildung. Schott Verlag, Mainz
nmz	-	Neue Musikzeitung. Gustav Bosse-Verlag, Regensburg
PVU	-	Psychologie-Verlags-Union
SchVw BY	-	SchulVerwaltung Bayern. Zeitschrift für Schulleitung, Schulaufsicht und Schulkultur
SZ	-	Süddeutsche Zeitung
WBG	-	Wissenschaftliche Buchgesellschaft
WMBl	-	Amtsblatt der Bayerischen Staatsministerien für Unterricht und Kultus und Wissenschaft, Forschung und Kunst